LES

C000059006

C. G. JUNG

LES RACINES
DE LA CONSCIENCE

Études sur l'archétype

TRADUIT DE L'ALLEMAND PAR YVES LE LAY

Présentation de Michel Cazenave

Ouvrage publié sous la direction du Dr Roland Cahen

BUCHET/CHASTEL

Présentation

De tous les livres de Jung, *Les Racines de la conscience* est certainement l'un de ceux qui soulèvent
le plus de questions, tout au moins quant au fond :
car on peut se confier dans le flot des images, le
sens caché des symboles, la profonde étrangeté des
matériaux alchimiques, spirituels ou mythiques qui y
sont utilisés, et tenter d'en recevoir le sens interne
« comme d'ailleurs », pour en amplifier à la suite les
suggestions et les rêves dans une méditation personnelle.

Il faut pourtant se méfier de ce genre de lecture :
c'est souvent la fascination qui y gagne, et à céder
devant elle, on passe très exactement à côté de ce
que Jung recherchait, c'est-à-dire la différenciation,
le gain de la conscience, le retrait des projections qui
nous permet de *comprendre* au lieu de nous laisser
subjuguer par la charge numineuse des contenus de
l'inconscient.

Pour aborder cette œuvre, il faut sans doute la
situer d'emblée dans l'évolution même de la pensée
de Jung — et marquer plus précisément qu'elle
appartient à ce que, quant à moi, j'appelle, sa quatrième période.

Non point que je veuille enfermer Jung dans des
cadres temporels contraignants, et chaque étape de
son œuvre, dans son début et sa fin, se mêle toujours
peu ou prou à celle qui l'a précédée ou à celle qui
la suit – mais enfin, il me semble qu'on peut distinguer sans peine les strates d'avant la rencontre avec
Freud en 1907, celle de la collaboration jusqu'à la
parution des *Métamorphoses et symboles de la libido*
qui consacre la rupture en 1913, celle de la recherche tâtonnante de sa propre pensée, d'abord dans

l'affrontement dramatique avec l'inconscient puis avec la remontée au jour qui trouve son accomplissement dans le *Commentaire sur le mystère de la Fleur d'Or* (1929) — puis cette quatrième étape de mise en forme d'une pensée maintenant assurée, munie de ses principaux outils et de ses notions essentielles, bref, désormais structurée et dialectiquement disposée dans ses différents aspects, avant de connaître son ultime efflorescence — et du coup, par beaucoup d'endroits, son propre dépassement — dans la toute dernière partie de la vie et de la production de Jung, celle qui verra la parution de ses œuvres majeures comme *Aion, Mysterium Conjunctionis,* la *Synchronicité* ou *Réponse à Job.*

Depuis «Les archétypes de l'inconscient collectif» jusqu'à l'étude sur «Le symbole de la transsusbstantiation dans la messe», il se passe seulement sept ans, de 1934 à 1941, au plein cœur de cette période d'affirmation où Jung domine désormais son sujet, et dont on pourrait dire que s'y livre son «système», si la caractéristique de toute l'œuvre de Jung n'était pas, justement, d'échapper à toute totalisation et de maintenir béante cette ouverture sur l'inconnu par laquelle sa propre systématique ne peut jamais s'épuiser comme telle.

Quant aux deux derniers textes de ce livre, «L'arbre philosophique» et les «Réflexions théoriques sur la nature du psychisme», datant déjà des années 45 et 46, ils font la transition avec la dernière période de Jung dont ils annoncent à l'évidence certaines des réflexions les plus fortes, en particulier la double mise en perspective et en compréhension de l'alchimie (et du développement de l'âme sur son socle inconscient) comme travail réciproque de l'expérience psychique et de la *theoria* qui dirige et interprète l'*opus*, et l'exposition d'une épistémologie nouvelle où s'ébauche le statut de l'âme comme médiatrice entre l'esprit et la matière, cependant que des limites sont posées au phénomène de connaissance, au profit d'un inconnu, ou plutôt d'un *inconnaissable* premier qui gage précisément la validité de la science.

Mon propos, bien entendu, n'est pas d'«expliquer» cette œuvre avant même que le public ait commencé de la lire. Je voudrais simplement lui fournir quelques clés en mettant en relief certaines conceptions qui s'y trouvent exposées, et auxquelles on risque éventuellement de ne pas prêter l'attention suffisante devant le foisonnement et la richesse de ces pages.

Et d'abord l'allusion au travail de Flournoy, ce psychiatre aussi bien que philosophe suisse, dont le dépassement du strict point de vue médical est mis en relation par Jung avec la réclamation d'un point de vue *phénoménologique*. Pourquoi est-ce important ? Parce que Fournoy, avec le cas de la schizophrénie naissante de «Miss Miller» puis celui de cette patiente glossolalique qu'il a développé dans le désormais célèbre *Des Indes à la planète Mars* est à la fois à la source du tournant décisif de la pensée de Jung tel qu'on le trouve dans les *Métamorphoses et symboles de la libido*, et des recherches linguistiques de Ferdinand de Saussure, dont on sait à quel point elles vont irriguer plus tard la psychanalyse selon Lacan. On ne s'étonnera pas, derechef, entre Jung et Lacan, de la proximité de certains thèmes (inconscient collectif et réel, archétype et signifiant, le moi comme instance imaginaire par exemple), sans qu'on puisse pourtant jamais les confondre. Lorsque Lacan écrit de Jung qu'il «croit à l'âme du monde», il a certainement raison, et c'est bien là que se produit la fracture irréparable.

Or, pourquoi cette fracture, — et subsidiairement, ou originairement au contraire —, pourquoi cette «âme du monde» chez Jung, sinon parce qu'il s'est constamment réclamé dès le début des années 20, c'est-à-dire au moment où, dans le mouvement ascendant de sa troisième période, il commence à entrevoir l'architecture de sa pensée, il s'est donc constamment réclamé d'une *attitude phénoménologique* où on ne tente pas tant de réduire ce qui apparaît à la conscience que, en le posant comme horizon de cette conscience, d'en dégager le sens – c'est-à-dire, aussi bien, d'en faire venir les structures à jour, d'en expliciter significations et intentions, en un mot, de le comprendre comme il se présente et non point comme il déroberait une vérité qui lui serait, de quelque façon, extérieure.

Bref, devant un rêve, une image, et *a fortiori* un symbole, le travail de Jung consiste bien à les interpréter — mais non pas en cherchant ce qui se trouverait *derrière* et qu'ils auraient pour fonction de dérober en le travestissant, mais en tentant d'en extraire ce qui se trouve dedans, et qui y demeure caché tant que n'est pas conduite la tentative explicatrice.

(Ce qui ne signifie pas, d'autre part, que Jung récuse ici la découverte de Freud : il la relativise en la renvoyant au fonctionnement de l'appareil psychique dans le même pas qu'il veut la dépasser en comprenant pour lui-même quel est le mouvement de l'âme. Contrairement à ce qu'on croit souvent, Jung ne prétend pas que la théorie freudienne est fausse : il pense seulement qu'elle est incomplète et que certains de ses résultats finissent par en être faussés de ceci qu'ils ignorent le mode propre de réalité qui est celui de l'âme.)

D'où le thème assez ardu, et souvent mal compris, de ce que vise Jung réellement à travers sa psychologie. Quelques lignes, ici, sont à méditer, celles qui terminent son étude sur le *Symbole de la transsubstantiation dans la messe*. Ce qui y est affirmé, et qui sera plus tard développé de plus en plus clairement, c'est le *refus de la psychologisation* par laquelle on essaie de réduire les *phénomènes psychiques*. Qu'est-ce à dire ? « Le psychologue moderne, écrit-il, a conscience qu'il ne peut réaliser rien de plus qu'une description, formulée à l'aide de symboles scientifiques, d'un phénomène psychique, dont la nature véritable est aussi transcendante par rapport à la conscience que le mystère de la vie ou de la matière. » L'expression de phénomène psychique étant ici ramenée au sens même que lui confère sa double étymologie : *ce qui fait apparition dans la psyché*, il devient dès lors évident pour Jung que, devant un symbole religieux, la vision d'un mystique ou l'opération d'un alchimiste hellénistique ou médiéval, il ne s'agit pas tant d'en conclure par un « ce n'est que psychologique » (au sens d'une production de notre appareil psychique), que de reconduire ce symbole, cette vision ou cette opération aux processus d'une imagination créatrice qui est l'organe de l'âme en même temps qu'elle en est organisatrice — autrement dit, de poser qu'il existe un monde de l'âme dont la réalité est tout aussi irrévocable que celle de la matière et de l'esprit, ou pour adopter un autre vocabulaire, du sensible et de l'intelligible.

La psychologie, de ce fait, ce n'est pas de tenter de définir la nature de cette âme (l'âme est pour la psychologie une donnée, et se constitue en dehors de son champ), mais d'en explorer les figures dans la mesure où cette âme se manifeste sans cesse, et où ses épiphanies à la conscience se marient, se conjuguent, se dialectisent aux contenus de l'appareil psychique proprement dit : ainsi, lorsque Jung délimite soigneusement les *imagines* des parents de nos parents réels dans le chapitre sur l'*anima*, il ne distingue pas en fait, comme on le fait d'habitude, les fantasmes que nous avons à propos de nos parents de nos parents comme ils sont, mais l'archétype des parents, c'est-à-dire la *forme imaginante* qui donne lieu à leur figure (que celle-ci relève du registre du Père ou du royaume des Mères de Goethe), de l'ensemble à strictement parler psychologique au sens traditionnel tel que le forment conjointement nos parents et les productions imaginaires que nous ne cessons de fournir à leur propos. Dès lors, le travail de désintrication à mener ne sera pas double mais triple : comprendre comment, à propos de nos parents de chair, et selon les aléas de notre histoire, nous avons constitué des noyaux imaginaires, puis comprendre comment ces noyaux, à leur tour, ont annexé les archétypes des parents, de sorte que ces archétypes y paraissent indiscernables dans le même temps qu'ils « informaient » ces noyaux et leur donnaient leur orientation particulière.

Autrement dit, dans l'explicitation de l'imaginaire, il s'agit de rendre à la réalité immédiate ce qui lui revient (parvenir à voir ses parents « de ce monde », simplement, comme ils sont), et à l'âme ce qui relève d'elle en ayant posé la distinction claire et nette de l'imaginaire et de l'imagination (savoir que les *imagines* des parents sont des formes de cette âme, qu'elles n'ont de sens qu'en elle et que c'est dans ce seul lieu qu'elles ont réellement lieu).

Les alchimistes anciens, et Jung le note soigneusement dans sa *Psychologie du transfert*, faisaient la différence entre l'*imaginatio vera* et l'*imaginatio fantastica* : c'est à cette différence que nous sommes ici très précisément confrontés, à peine de verser dans l'illusion et de nous laisser submerger par la puissance de l'imaginaire. Ou, pour en revenir à notre exemple, de ne plus savoir distinguer notre père de Notre Père et de devenir, de ce dernier, l'otage, en l'expatriant de son lieu dans le seul et même mouvement où nous nous exilons de nous-même.

Ce n'est qu'à avoir bien saisi cette proposition, que l'on peut comprendre alors comment Jung aborde l'alchimie dans ce livre, en l'inscrivant dans une problématique nouvelle qui dépasse la vieille querelle de ceux qui ne la tenaient que pour de la simple préchimie (même si elle l'est aussi, historiquement), et de ceux qui n'y voyaient au contraire que les rêveries délirantes de songe creux de la matière.

En optant d'emblée, et conjointement, pour un statut symbolique, et donc non-scientifiquement opératoire de l'alchimie, Jung la rend du même pas à sa visée essentielle qui est de rédimer l'âme par l'éclosion du *puer aeternus*, du fils de la sagesse, et de sauver le monde en général de sa chute ontologique. Il ne s'agit plus ainsi, au cœur même de l'alchimie, de transformer du plomb en or, mais de conduire les métamorphoses intérieures par lesquelles, hors de l'abîme de l'inconscience, l'âme peut se détacher du chaos de la *massa confusa* où elle se trouve engluée, et découvrir l'*or spirituel* qui lui révèle sa vraie nature, cet espace qu'elle devient du déploiement dans l'homme de l'*imago Dei*.

Lisons donc à ce propos la toute fin de «L'arbre philosophique»: «L'alchimie a perdu sa substance vitale propre au moment où une partie des alchimistes a émigré du "laboratoire" dans l'"oratoire" et une autre, du second dans le premier, les uns pour s'égarer dans un mysticisme de plus en plus vague, les autres pour découvrir la chimie. Nous plaignons les uns et admirons les autres, et personne ne s'inquiète du destin de l'âme qui, à cette occasion, a disparu et sombré pour des siècles.»

Or, ce qui est ici désigné, c'est ce moment dramatique du XVIIᵉ siècle où le divorce se produit entre la nature et l'esprit, et où s'installe le dualisme antagoniste d'un matérialisme conquérant et d'un spiritualisme de plus en plus illusoire, sans qu'un tiers médiateur en assure la cohérence. Après les grands travaux de Paracelse et de son élève Gérard Dorn, ou de Michael Maier et de son *Atalanta fugiens*, le sens interne du symbole commence à s'étioler, la conception de l'âme du monde s'effondre, les efforts des derniers platoniciens de Cambridge, et en particulier de Henry More, ne peuvent empêcher la nouvelle idéologie de devenir dominante: l'âme disparaît en tant que telle de l'horizon philosophique pour n'être plus qu'un appareillage dont on tentera désormais de décrire la physique cependant que, n'ayant plus de lieu où se manifester, les «imaginations vraies» se retireront de ce monde, ou, si elles se manifestent pourtant, ne seront plus tenues pour des visions, mais pour des hallucinations — et seront rabattues de ce fait, par une tragique méprise dont nous ne nous sommes pas encore tout à fait relevés, dans le domaine de la psychopathologie.

Ironie, peut-être, que ce soit précisément un psychiatre qui les en dégage fermement, qui pointe au contraire comme un phénomène d'aliénation la confusion entretenue entre l'imaginaire et l'imagination, et qui rende cette dernière à son monde, c'est-à-dire à l'espace où s'expriment authentiquement des *représentations* qui ne soient pas seulement des simulacres, des productions mimétiques du sensible, mais des réalités *suo modo* qui symbolisent à leur tour avec le monde de l'esprit.

Quelques réflexions encore, avant de terminer.

Dans un schéma très proche de l'un des mythes fondateurs du manichéisme originel, celui du Dieu déchiqueté dont les parcelles de lumière scintillent encore faiblement dans les ténèbres du monde, Jung propose le thème très mystérieux de l'*inconscient comme conscience multiple* — autrement dit, de la présence en l'homme d'une *lumen naturae* qui renvoie derechef au thème de l'âme du monde. Je n'ai pas la place, ici, pour m'étendre sur ce sujet — mais pour inviter seulement le lecteur à méditer s'il le veut sur un engendrement de la conscience à partir d'un fonds de l'in-conscient qui aurait beaucoup à voir avec les considérations de Schelling sur l'histoire transcendantale du sujet, et à se demander en même temps quelle est la vraie nature de cet inconscient où brûlent autant d'étincelles de lumière, de cet inconscient qui ne demande d'une certaine façon qu'à se révéler pour se laisser inonder par le flot de l'esprit ?

Jung y voit quant à lui l'attraction de l'archétype majeur du *Soi*, c'est-à-dire de la forme imaginatrice par laquelle se donne à la conscience le *vrai* moi du sujet, ou encore en d'autres termes, le « moi-autre » qui fonde le *je* de l'homme dans son authenticité la plus profonde — dans et par l'espace de l'âme, ou plutôt d'un monde de l'âme grâce auquel peuvent surgir toutes les âmes singulières.

De fait, nous sommes ici, on le voit, aux frontières mêmes de la philosophie — et il est remarquable à ce point de vue que Jung n'ait jamais tenté de bâtir une métapsychologie, qu'il n'ait jamais adopté une position anti-philosophique, mais qu'il ait toujours, au contraire, reconnu le domaine propre de la démarche métaphysique en réclamant en même temps que toute prise de position en ce domaine soit d'abord examinée en fonction des figures de l'âme qu'elle mobilisait. Encore une fois, il ne s'agissait pas là non plus, à ses yeux, de mener une critique psychologisante de la philosophie, mais de savoir sur quels éléments, ou plutôt quelles *intuitions d'une imagination transcendantale* celle-ci se bâtissait, et quels étaient de ce fait les requisits de l'âme qu'elle convoquait pour se constituer.

On l'aura sans doute compris : nous n'en avons pas fini de nous expliquer avec Jung — et peut-être est-ce maintenant, plus de trente ans après sa mort, les distances nécessaires étant désormais prises et l'architecture de son œuvre apparaissant au grand jour, qu'on peut commencer le travail qui permette de comprendre ce qu'il a réellement voulu dire.

Michel CAZENAVE.

AVERTISSEMENT AU LECTEUR

La traduction de cet ouvrage avait été initialement entreprise par Yves LE LAY, avant sa disparition prématurée.

Un autre traducteur, qui préfère rester anonyme, a par la suite été associé à la révision et à l'élaboration du manuscrit français. Bien qu'il n'ait pas pu mener la publication jusqu'à son terme — ce que nous avons vivement regretté — nous tenons ici à le remercier du travail qu'il a accompli.

Nous avons finalement procédé aux ultimes mises au point et donné à ce volume sa forme définitive.

Il nous est un agréable devoir de remercier tous nos amis qui ont bien voulu nous assister dans cette tâche : Mme Andrée BOKOR, Mlle Marie-Magdeleine DAVY, le Père LIRAN, Mlle Geneviève MESUREUR, M. Henry PERNET, Mme Andrée SEGOND. Leur appui attentif nous a été très précieux.

Il nous est un plaisir particulier d'adresser ici nos vifs remerciements à la FONDATION PRO HELVETIA, qui a bien voulu considérer que l'édition en français de l'œuvre de C. G. JUNG était d'un intérêt national pour la Suisse, sa culture et son rayonnement, et l'honorer de ses encouragements.

Salomé CAHEN et Dr Roland CAHEN.
Paris, janvier 1971.

Avant-propos

J'ai rassemblé dans cet ouvrage un certain nombre
de travaux issus pour la plupart de conférences faites
à Ascona aux Rencontres d'*Eranos*. Les uns ont été
revus, d'autres complétés, d'autres enfin entièrement
remaniés. La partie consacrée à «*L'arbre philosophique*» est nouvelle, quoique j'en aie déjà esquissé le
sujet naguère. Le thème général de ce livre est
l'*archétype*, dont la nature et la signification sont
décrites et commentées sous différents angles : histoire, exposé de cas, pratique et théorie psychologiques. Bien que ce sujet ait été traité par moi-même
et aussi par d'autres auteurs comme H. Zimmer,
K. Kerényi, E. Neumann, M. Eliade, etc., il paraît
loin d'être épuisé et, il faut l'ajouter, particulièrement difficile à comprendre, si l'on doit en croire les
critiques mêlées de préjugés et de malentendus auxquelles il a donné lieu. On ne peut se défendre du
soupçon qu'en de nombreux cercles le point de vue
psychologique et les conséquences qui en découlent
sont accueillis sans sympathie et que, dans ces
milieux, on ne veut en entendre parler à aucun prix.
Tandis que des modes de raisonnement simplifica-
teurs qui promettent de rendre superflue la réponse à
certains problèmes difficiles sont assurés d'obtenir les
suffrages du grand nombre, il est par contre des
réflexions solidement fondées qui indisposent, en
remettant en question des données en apparence simples et claires. La doctrine des archétypes paraît
entrer dans cette catégorie. Pour les uns, elle va de
soi et constitue un précieux auxiliaire en vue de
l'intelligence de la formation des symboles individuels aussi bien que collectifs et historiques ; pour

les autres, au contraire, elle semble constituer le comble d'une erreur fâcheuse que l'on doit s'efforcer d'extirper par tous les moyens, même les plus ridicules.

Bien que l'existence et l'action des archétypes soient aisées à démontrer, leur phénoménologie soulève des questions extrêmement délicates, dont ce volume contient quelques spécimens. Pour le moment, il n'existe sans doute aucun moyen de les simplifier et de construire des routes « *ubi stulti non errent*[1] ».

C. G. JUNG, *mai 1953*.

1. « Où les sots ne s'égarent pas. »

LIVRE PREMIER

Des archétypes de l'inconscient collectif[1]

1. Publié pour la première fois dans les Annales d'Eranos (*Eranos-Jahrbuch*), 1934, pp. 179 et *sq*. Le texte a été remanié.

L'hypothèse d'un inconscient collectif fait partie de
ces idées qui déconcertent le public au premier abord,
mais passent bientôt dans son patrimoine et dans son
usage comme conceptions courantes, ainsi que cela
s'est produit, en somme, pour la notion d'inconscient.
Après que l'idée philosophique d'inconscient, telle
qu'elle se rencontre principalement chez C. G. Carus
et E. von Hartmann, eut disparu sans laisser de traces
sous le déferlement de la vague matérialiste et empiriste, on la vit émerger à nouveau progressivement
dans la psychologie médicale d'orientation scientifique. Tout d'abord le concept d'inconscient désigna
seulement l'état des contenus refoulés ou oubliés.
Chez Freud, bien que l'inconscient apparaisse déjà
— au moins métaphoriquement — comme sujet agissant, il n'est essentiellement que le réceptacle de ces
contenus oubliés et refoulés et n'a de valeur pratique
qu'en fonction d'eux. Il est, par suite, selon cette
manière de voir, de caractère exclusivement personnel[2]
bien que Freud ait, par ailleurs, déjà clairement discerné
le mode de pensée archaïque et mythologique de
l'inconscient.

Une couche pour ainsi dire superficielle de l'inconscient est sans aucun doute personnelle. Nous l'appelons *inconscient personnel*. Mais celui-ci repose sur
une autre couche plus profonde qui ne provient pas
d'expériences ou d'acquisitions personnelles, mais qui

2. FREUD a différencié dans ses travaux ultérieurs son idée fondamentale
indiquée ici. Il a donné à la psyché instinctive le nom de « ça » tandis
que son « surmoi » désigne la conscience collective dont l'individu est en
partie conscient et en partie inconscient (refoulement).

est innée. Cette couche plus profonde est celle que l'on désigne du nom d'*inconscient collectif.* J'ai choisi le terme « collectif » parce que cet inconscient n'est pas de nature individuelle mais *universelle*: par opposition à la psyché personnelle, il a des contenus et des modes de comportement qui sont — *cum grano salis* — les mêmes partout et chez tous les individus. En d'autres termes, il est identique à lui-même dans tous les hommes et constitue ainsi un fondement psychique universel de nature suprapersonnelle présent en chacun.

On ne reconnaît l'existence psychique que par la présence de contenus susceptibles de devenir conscients. Par conséquent, nous ne pouvons parler d'un inconscient que si nous pouvons prouver l'existence de ses contenus. Les contenus de l'inconscient personnel sont surtout ce que l'on appelle les *complexes à tonalité affective*, qui constituent l'intimité personnelle de la vie psychique. Par contre, les contenus de l'inconscient collectif sont les « *archétypes* ».

L'expression « archétype » se rencontre déjà chez Philon d'Alexandrie (*De opificio mundi*, § 69) et se réfère à l'*imago Dei* (image de Dieu) dans l'homme. De même chez Irénée (*Adversus Haereses*, 2, 7, 4) où il est dit: « *Mundi fabricator non a semetipso fecit haec, sed de alienis archetypis transtulit* » (Le créateur du monde n'a pas fait ces choses à partir de lui-même mais il les transforma à partir d'archétypes différents de lui.) Dans le *Corpus Hermeticum*, Dieu est appelé τὸ ἀρχέτυπον φῶς (la lumière archétype). Chez Denys l'Aréopagite, l'expression revient fréquemment; ainsi, dans *La Hiérarchie céleste* (chap. II, § 4), αἱ ἄϋλαι ἀρχετυπίαι (les archétypes immatériels); de même, *Des noms divins* (chap. II, 6). Chez saint Augustin, on ne trouve pas le terme « *archetypus* », mais on en rencontre l'idée. Ainsi dans *De diversis quaestionibus*, 46 : « *Ideae quae ipsae formatae non sunt... quae in divina intelligentia continentur* » (Des idées qui n'ont pas été elles-mêmes formées... qui sont contenues dans l'intelligence divine)[3]. «*Archetypus*» est une périphrase explicative pour l'εἶδος platonicien. Cette désignation est pertinente et utile pour le but que nous poursuivons, car elle nous dit que nous avons affaire, dans les contenus inconscients collectifs, à des types anciens ou, mieux encore, originels, c'est-à-dire à des images universelles présentes depuis toujours. L'expression «représentations collectives» que Lévy-Bruhl emploie pour désigner les figures symboliques des conceptions du monde primitives peut être appliquée sans difficulté aux contenus inconscients, car elle concerne à peu près les mêmes choses. Les *enseignements de la tribu* primitive traitent en effet d'archétypes infléchis dans un sens spécial. Toutefois ce ne sont plus ici des contenus de l'inconscient, mais les archétypes se sont déjà transformés en des formules conscientes enseignées traditionnellement, la plupart du temps sous la forme de doctrine secrète qui constitue en général un mode de transmission typique de contenus collectifs provenant, à l'origine, de l'inconscient.

Un autre mode d'expression, bien connu, de l'archétype se rencontre dans le *mythe* et le *conte*. Mais, ici encore, il s'agit de formes ayant reçu une empreinte spécifique, transmise à travers de longues périodes de temps. La notion d'archétype ne convient donc qu'indirectement aux représentations collectives, car elle ne désigne que les contenus psychiques qui n'ont pas encore été soumis à une élaboration consciente, donc *une donnée psychique encore immédiate*. En

---

3. *Archetypus* est employé de façon analogue par les alchimistes, ainsi dans le *Traité d'Or d'Hermès Trismégiste* (*Hermetis Trismegisti Tractatus Aureus. Theatr. Chem.*, 1613, IV, 718): «*Ut Deus omnem divinitatis suae thesaurum... in se tanquam archetypo absconditum... eodem modo Saturnus occulte corporum metallicorum simulachra in se circumferens...*» (Comme Dieu [faisant tourner en lui] le trésor tout entier de sa divinité... caché en lui comme dans l'archétype... ainsi Saturne faisant tourner en lui de façon occulte les images des corps métalliques...) Chez VIGENÈRE (*Tract. de igne et sale. Theatr. Chem.*, 1661, VI, 3), l'univers est «*ad archetypi sui similitudinem factus*» (fait à la ressemblance de son archétype) et il est pour cette raison appelé «*magnus homo*» (*homo maximus* chez SWEDENBORG).

conséquence, l'archétype diffère sensiblement de la formule qui a subi une évolution ou une élaboration historique. A des degrés supérieurs, des doctrines secrètes notamment, les archétypes apparaissent en une formulation qui révèle en général de façon indiscutable l'action de jugement et d'appréciation exercée par l'élaboration consciente. Par contre, leur apparition immédiate telle qu'elle se manifeste à nous dans les rêves et les visions est beaucoup plus individuelle, plus incompréhensible ou plus naïve que, par exemple, dans le mythe. L'archétype représente essentiellement un contenu inconscient modifié en devenant conscient et perçu, et cela dans le sens de la conscience individuelle où il émerge[4].

Ce que l'on entend par « archétype » est sans doute clairement énoncé dans ce qui vient d'être dit de ses rapports avec le mythe, la doctrine secrète et le conte. Si, par contre, nous tentons d'approfondir la nature *psychologique* de l'archétype, l'affaire se complique. Dans l'étude des mythes, on s'est toujours contenté jusqu'à présent de représentations auxiliaires, solaires, lunaires, tirées de la météorologie, de la végétation, etc. Mais que les mythes soient avant tout des manifestations psychiques représentant la nature de l'âme, c'est là un fait que pour l'instant on n'a pratiquement pas voulu admettre. Le primitif se soucie peu, tout d'abord, d'une explication objective des choses notoires, mais il éprouve par contre une tendance irrépressible, ou plutôt son âme inconsciente éprouve une impulsion invincible à assimiler toute expérience sensible extérieure à un événement psychique. Il ne suffit pas au primitif de voir le soleil se lever et se coucher, cette observation extérieure doit être *à la fois aussi un événement psychique*, c'est-à-dire que le soleil doit représenter dans sa métamorphose le destin d'un dieu

---

4. On doit, pour être exact, distinguer entre « archétype » et « représentation archétypique ». L'archétype en soi est un modèle hypothétique, non manifeste, comme le « *pattern of behaviour* » des biologistes. Cf. le Livre VII du présent ouvrage.

ou d'un héros qui n'habite, en définitive, nulle part ailleurs que dans l'âme de l'homme. Tous les phénomènes «mythisés» de la nature, comme l'été et l'hiver, les phases de la lune, les saisons des pluies, etc., ne sont rien moins que des allégories[5] représentant ces expériences objectives ; ce sont bien plutôt des expressions symboliques de ce drame intérieur et inconscient de l'âme, qui devient connaissable à la conscience humaine par la voie de la projection, c'est-à-dire en se reflétant dans les phénomènes naturels. La projection est si profondément ancrée dans l'homme qu'il a fallu des millénaires de civilisation pour la séparer, et seulement jusqu'à un certain point, de l'objet extérieur. Dans le cas de l'astrologie, par exemple, on en est même venu à accuser d'hérésie absolue cette très ancienne « *scientia intuitiva* » parce qu'on ne parvenait pas à dissocier la caractérologie psychologique des étoiles. Celui qui, de nos jours, croit encore plus ou moins à l'astrologie retombe presque toujours dans l'acceptation superstitieuse d'une influence astrale, alors que quiconque est capable de dresser un horoscope devrait savoir que depuis l'époque d'Hipparque d'Alexandrie le point vernal a été fixé au degré zéro du Bélier et que, par conséquent, tout l'horoscope repose sur un zodiaque arbitraire puisque, par suite de la précession des équinoxes, le point vernal s'est avancé peu à peu jusqu'aux premiers degrés des Poissons.

L'homme primitif est d'une subjectivité si impressionnante que la toute première conjecture aurait dû être de rapporter les mythes à la vie psychique. Sa connaissance de la nature est essentiellement langage et revêtement extérieur de l'événement psychique inconscient. C'est dans la nature inconsciente de ce dernier que se trouve la raison pour laquelle on a pensé à tout plutôt qu'à l'âme pour expliquer le

---

5. L'allégorie est une paraphrase d'un contenu conscient. Le symbole, par contre, est la meilleure expression possible d'un contenu inconscient seulement pressenti, mais non encore reconnu.

mythe. On a tout simplement ignoré que l'âme contient toutes les images dont les mythes sont issus et que notre inconscient est un sujet qui agit et qui pâtit, dont l'homme primitif retrouve de façon analogique le drame dans tous les phénomènes naturels, grands et petits[6].

« C'est dans ton cœur que se trouvent les étoiles de ta destinée », dit Seni à Wallenstein, ce qui devrait donner satisfaction à toute astrologie, si seulement on avait quelque connaissance de ce secret du cœur. Mais on n'avait jusqu'à présent qu'une piètre intelligence de ce domaine. La situation est-elle en principe meilleure de nos jours ? Je n'oserais l'affirmer.

La doctrine de la tribu est *périlleuse et sacrée*. Tous les enseignements secrets cherchent à saisir les événements invisibles de l'âme et tous revendiquent pour eux-mêmes la plus haute autorité. Ce qui est vrai de ces doctrines primitives l'est encore à un degré plus élevé des religions mondiales régnantes. Elles contiennent, à l'origine, un savoir révélé secret et ont exprimé en des images splendides les mystères de l'âme. Leurs temples et leurs saintes écritures proclament par l'image et par la parole les enseignements antiques et sacrés accessibles à tout cœur croyant, à toute intuition délicate, à toute pénétration de pensée. Oui, on doit même dire que plus l'image modelée et transmise est belle, majestueuse et ample, plus elle est éloignée de l'expérience individuelle. Nous pouvons encore la pénétrer intuitivement et la ressentir, mais l'expérience primitive est perdue. Pourquoi donc la psychologie est-elle la plus jeune des sciences expérimentales ? Pourquoi n'a-t-on pas depuis longtemps découvert l'inconscient et ramené au jour son trésor d'images éternelles ? Tout simplement parce que nous avions pour toutes les choses de l'âme une formulation bien plus belle et bien plus ample que l'expé-

6. Cf. C. G. JUNG et Karl KERÉNYI: *Introduction à l'essence de la mythologie*. Traduction française d'Henri DEL MEDICO, Payot, Paris, 1953.

rience immédiate. Si, pour beaucoup, le monde des représentations chrétiennes a pâli, les trésors symboliques de l'Orient sont encore remplis de merveilles qui pourraient pendant longtemps nourrir le goût de la contemplation et des vêtements nouveaux. En outre, ces images — qu'elles soient chrétiennes, bouddhiques ou ce que l'on voudra d'autre — sont belles, mystérieuses et pleines de pressentiments. Il est vrai que plus elles nous sont familières, plus l'usage fréquent les a patinées, si bien qu'il ne reste plus d'elles que leur apparence banale dans leur forme paradoxale presque absurde. Le mystère de la naissance virginale ou l'homoousie (consubstantialité) du Fils avec le Père, la Trinité qui n'est pas une triade ne donnent plus d'ailes à aucune imagination philosophique. Ce ne sont plus que de simples objets de foi. Ce n'est donc pas étonnant que le besoin religieux, le sens religieux et la spéculation de l'Européen cultivé se sentent attirés par les symboles de l'Orient, les conceptions grandioses de la divinité en Inde et les abîmes de la philosophie taoïste en Chine, de même qu'autrefois le cœur et l'esprit de l'homme antique furent saisis par les idées chrétiennes. Il en est beaucoup qui se sont abandonnés à l'action du symbole chrétien jusqu'au moment où ils se sont trouvés pris dans les fils de la névrose kierkegaardienne, ou bien que leur rapport avec Dieu, par suite de l'appauvrissement croissant du symbolisme, a évolué en une relation moi-toi poussée à un paroxysme insupportable, pour succomber ensuite à la fraîche étrangeté des symboles orientaux. Celui qui succombe ainsi ne subit pas nécessairement une défaite mais peut démontrer, par là, la capacité d'ouverture et la vitalité du sentiment religieux en lui. Nous observons quelque chose d'analogue chez l'Oriental cultivé; il n'est pas rare qu'il se sente attiré par le symbole chrétien ou par la science, si mal accordée à l'esprit oriental, et qu'il développe à l'égard de ces domaines une faculté de compréhension enviable. Que l'on s'abandonne au pouvoir de ces images éternelles, c'est là en soi chose normale. Ces images ne sont-elles pas là pour cela? Elles ont pour rôle d'attirer, de convaincre, de fasciner et de subjuguer. Elles sont faites incontestablement de la matière originelle de la révélation et figurent chaque fois l'expérience originelle de la divinité. C'est pourquoi elles permettent aussi toujours à l'homme de pressentir le divin et lui évitent tout à la fois d'en faire l'expérience immédiate. Grâce à un effort souvent séculaire de l'esprit humain, ces images sont couchées en un ample système de pensées qui ordonne le monde, et elles sont en même temps représentées par une institution puissante, vaste et vénérable, nommée Eglise.

La meilleure manière d'illustrer ce que je veux dire me sera fournie par l'exemple d'un mystique et ermite suisse tout récemment canonisé, le frère Nicolas de Flue. Son expérience la plus importante fut sans doute la vision dite de la *Trinité*, qui l'occupa à tel point qu'il alla jusqu'à la peindre ou à la faire peindre sur les murs de sa cellule. La vision est représentée en un tableau contemporain conservé dans l'église paroissiale de Sachseln : c'est un *mandala* divisé en six parties dont le centre est le visage couronné de Dieu. Nous savons que le frère Nicolas, en s'aidant de l'opuscule d'un mystique allemand, chercha à pénétrer la nature de sa vision et s'efforça de traduire son expérience primordiale dans une forme qui lui fût intelligible. Il consacra des années à cette tâche. C'est ce que j'ai appelé l'« élaboration » du symbole. Sa réflexion sur la nature de sa vision, influencée par le diagramme mystique de son guide, le conduisit nécessairement à la conclusion qu'il avait dû voir la sainte Trinité elle-même, donc le *summum bonum*, l'Amour éternel lui-même. C'est à lui que correspond la représentation clarifiée de Sachseln.

Mais l'expérience originelle était toute différente. Durant son ravissement, en effet, le spectacle qui s'offrit aux yeux du frère fut si terrifiant que son visage s'en trouva changé au point que les gens en

étaient effrayés et éprouvaient de la terreur devant lui.
Car ce qu'il avait vu était une vision de la plus
haute intensité. Woelflin écrit à ce sujet : «Tous
ceux qui étaient venus vers lui furent frappés d'une
extrême stupeur dès qu'ils le virent. Il disait que la
cause de cette terreur était qu'il avait vu une splen-
deur très intense, montrant une face humaine dont il
avait craint que la vue ne réduisît son cœur en
petits morceaux. C'est pourquoi, rempli lui-même de
stupeur, détournant aussitôt le visage, il s'était pré-
cipité à terre, et c'est pourquoi aussi son aspect
semblait aux autres si terrifiant[7]. »

C'est à très juste raison que cette vision est placée en parallèle avec celle de l'Apocalypse, I, 13 et
suivants[8], c'est-à-dire avec cette singulière image
apocalyptique du Christ, qui n'est surpassée en
étrangeté redoutable que par celle de l'agneau monstrueux aux sept yeux et aux sept cornes (Apoc., v,
6 et suivants). Le rapport de cette figure avec le
Christ des évangiles est difficile à comprendre.
C'est pourquoi cette vision du frère Nicolas fut
interprétée de très bonne heure par la tradition dans
un sens déterminé. Ainsi l'humaniste Karl Bovillus
écrit à un ami en 1508 : «Je vais rapporter une
vision qui lui apparut dans le ciel, au cours d'une
nuit étoilée où il vaquait à la prière et à la méditation. Il vit en effet la forme d'un visage humain
avec une expression terrifiante *pleine de colère
et de menaces, etc.*[9] » Cette interprétation concorde parfaitement avec l'amplification moderne par

7. Fr. BLANK : *Bruder Klaus von Flüe*, 1948, pp. 92 et *sq.* : « *Quotquot
autem ad hunc advenissent, primo conspectu nimio stupore sunt perculsi.
Ejus ille terroris hanc esse causam dicebat, quod splendorem vidisset
intensissimum, humanam faciem ostentantem, cujus intuitu cor sibi in
minuta dissiliturum frustula pertimesceret: unde et ipse stupefactus,
averso statim vultu, in terram corruisset atque ob eam rem suum
aspectum caeteris videri horribilem.* »

8. BLANKE : *loc. cit.*, p. 94.

9. P. Alban STÖCKLI, O.M. Cap. : *Die Visionen des seligen Bruder
Klaus*, 1933, p. 34.

Apoc., I, 13[10]. On ne doit pas non plus oublier les autres visions comme celles du Christ dans la peau d'ours, le Seigneur et la Dame Dieu avec le frère Nicolas pour fils, etc. Elles présentent en partie des traits étrangers au dogme.

L'image de la Trinité dans l'église de Sachseln, ainsi que le symbolisme de la roue dans le traité dit du pèlerin ont été, suivant la tradition, rapprochés de cette grande vision : le frère Nicolas montra l'image de la roue au pèlerin qui lui rendait visite. Manifestement cette image l'avait préoccupé. Blanke est d'avis que, contrairement à la tradition, il n'y a pas de rapport entre cette vision et l'image de la Trinité[11]. Il me semble que ce scepticisme va un peu trop loin. L'intérêt du frère pour l'image de la roue doit avoir eu une raison. Des visions comme la sienne provoquent souvent confusion et désagrégation (le cœur qui « se brise en morceaux »). L'expérience enseigne que le « cercle magique », le *mandala*, est l'antidote utilisé de toute antiquité dans les états d'esprit chaotiques. C'est pourquoi il n'est que trop compréhensible que le frère ait été fasciné par le symbole de la roue. L'interprétation de la vision de terreur comme expérience de Dieu ne devrait pas non plus être erronée. La connexion entre la grande vision et l'image de la Trinité de Sachseln ou le symbole de la roue me paraît très vraisemblable, pour des raisons intérieures et psychologiques.

10. M.B. Lavaud, o.p. (*La Vie profonde de Nicolas de Flue*, 1942), établit un parallèle également frappant avec l'*Horologium Sapientiae* d'Henri Suso, dans lequel le Christ apocalyptique apparaît sous les traits d'un vengeur furieux et plein de colère, tout à l'opposé du Jésus du *Sermon sur la Montagne*.

11. Blanke: *loc. cit.*, pp. 95 et *sq.* [L'amplification est « l'extension et l'approfondissement d'une image onirique au moyen d'associations tirées des sciences humaines et de l'histoire des symboles ». Extrait du glossaire annexé à : C.G. Jung: *Ma Vie*. Souvenirs, rêves et pensées recueillis par Aniela Jaffe. Trad. fr. par le Dr Roland Cahen et Yves Le Lay, Gallimard, Paris 1966. — *N. d. T.*]

Cette vision, propre sans aucun doute à susciter l'effroi, qui, telle une éruption volcanique, avait surgi brutalement dans le monde religieux de contemplation du frère, sans préparation dogmatique ni commentaire exégétique, nécessita naturellement un long travail d'assimilation pour s'intégrer à l'âme et à sa vue d'ensemble et rétablir ainsi l'équilibre détruit. La confrontation avec cette expérience fut effectuée sur le terrain du dogme, alors solide comme le roc, qui prouva sa puissance d'assimilation en transformant de façon libératrice le terrible élément vital en la belle clarté de l'idée trinitaire. Mais la confrontation aurait également pu avoir lieu sur le terrain tout différent de la vision elle-même et de sa redoutable réalité, au grand dam, sans doute, de la conception chrétienne de Dieu et, à coup sûr, au dommage encore plus grand du frère, qui serait devenu, dans ce cas, non un saint, mais peut-être un hérétique (sinon un malade) et aurait pu terminer sa vie sur le bûcher.

Cet exemple montre l'utilité du symbole dogmatique : mis en présence d'une expérience spirituelle aussi violente que dangereusement décisive, qui, en raison de sa puissance écrasante, est à bon droit désignée du nom d'«expérience de Dieu», il la formule d'une manière supportable pour la capacité de compréhension humaine, sans diminuer la portée de la réalité vécue ni causer de préjudice fâcheux à sa signification. La vision de la colère divine, que nous retrouvons — dans un certain sens — chez Jacob Boehme, s'accorde bien mal avec le Dieu du Nouveau Testament, le Père céleste aimant, et c'est pourquoi elle aurait pu facilement devenir la source d'un conflit intérieur. Un tel conflit eût même été conforme à l'esprit du temps, cette fin du XVᵉ siècle, époque d'un Nicolas de Cues qui, par la formule de la *«complexio oppositorum»*, voulait prévenir le schisme menaçant. Peu de temps après, la conception yahviste de Dieu subit une série de renaissances dans le protestantisme. Yahvé est une expression de Dieu qui contient des opposés non encore séparés.

Le frère Nicolas s'est tenu en dehors du domaine coutumier et traditionnel en abandonnant maison et famille, en vivant longtemps seul et en regardant profondément dans le sombre miroir, si bien que la merveille et la terreur de l'expérience originelle lui échurent. Dans cette situation, l'image dogmatique de la divinité, développée au cours de nombreux siècles, agit à la manière d'un breuvage salutaire. Elle l'aida à assimiler l'irruption fatale d'une image archétypique et à échapper ainsi à son propre déchirement. Angelus Silesius fut moins heureux[12]; il a été, quant à lui, désagrégé par le conflit intérieur, car, à son époque, la solidité de l'Eglise qui garantit le dogme était déjà ébranlée.

Jacob Boehme connaissait un Dieu du « feu de la colère », un véritable *absconditus* (Dieu caché). Cependant, il put jeter un pont sur l'opposition profondément ressentie, en premier lieu, grâce à la formule chrétienne Père-Fils, et l'incorporer spéculativement à sa conception du monde, qui est gnostique certes, mais chrétienne pourtant sur tous les points essentiels, car sans cela il serait devenu dualiste. En outre l'alchimie, qui préparait en secret, depuis longtemps, l'union des opposés, lui est indubitablement venue en aide. Toujours est-il que l'opposition a encore laissé des traces évidentes dans son mandala annexé aux « *Quatorze Questions sur l'âme* », qui représente la nature de la divinité, car il est divisé en une moitié obscure et une moitié lumineuse, et les demi-cercles correspondants, au lieu de se compléter, se tournent le dos l'un à l'autre[13].

Le dogme remplace l'inconscient collectif en donnant de lui une formulation d'une grande ampleur. En principe, la forme de vie catholique ne connaît donc

---

12. [Sur l'auteur du *Pèlerin chérubinique* (trad. fr. par Henri PLARD, Paris, Aubier, 1943) voir H. PLARD: *L'Expérience mystique d'Angelus Silesius*, Paris, 1943. — *N. d. T.*]

13. C. G. JUNG: *Gestaltungen des Unbewussten*, Rasher, Zurich, 1950, p. 96, tableau 3.

pas de problèmes psychologiques dans ce sens. La vie de l'inconscient collectif est presque intégralement captée dans les représentations archétypiques du dogme, et s'écoule comme un fleuve dompté dans le symbolisme du *credo* et du rituel. Sa vie se révèle dans l'intériorité de l'âme catholique. En somme, l'inconscient collectif, tel que nous le connaissons aujourd'hui, ne fut jamais psychologique, car, avant l'Eglise chrétienne, il y eut des mystères antiques qui remontent jusqu'aux grisailles les plus reculées du néolithique. Jamais l'humanité n'a manqué d'images puissantes offrant une protection magique contre la vie angoissante des profondeurs de l'âme. Toujours les formes et figures de l'inconscient ont été exprimées en des images protectrices et salutaires, ce par quoi ils ont été bannis dans l'espace cosmique, extérieur à l'âme.

L'assaut de la Réforme contre les images ouvrit littéralement une brèche dans le rempart protecteur des images saintes, lesquelles sont, depuis tombées en poussière l'une après l'autre. Elles devinrent incertaines, car elles entraient en collision avec l'éveil de la raison. De plus on avait depuis longtemps déjà oublié ce qu'elles signifiaient. L'avait-on vraiment oublié ? Ou peut-être n'avait-on, en définitive, jamais su quel sens était le leur et peut-être ne fut-ce qu'à une époque assez récente que l'humanité protestante s'aperçut qu'au fond on ne savait absolument pas ce que pouvaient bien vouloir dire la naissance virginale, la divinité du Christ ou les complexités de la Trinité ? Il semblerait presque que ces images aient été simplement vivantes et qu'on se soit contenté d'accepter leur existence sans douter et sans réfléchir, un peu comme tout le monde orne des arbres de Noël et cache des œufs de Pâques sans jamais savoir au fond ce que signifient ces coutumes. Les images archétypiques sont précisément pleines d'une telle signification *a priori* que l'on ne se pose absolument jamais la question de ce qu'elles peuvent bien vouloir dire. C'est pourquoi les dieux meurent de temps en temps parce qu'on a subitement découvert qu'ils ne signifient rien, qu'ils sont des inutilités faites de main d'homme et taillées dans le bois et la pierre. En réalité, l'homme a simplement découvert à ce moment qu'il n'avait jusqu'alors rien pensé au sujet de ses images. Et quand il se met à y réfléchir, il le fait à l'aide de ce qu'il appelle la « raison », qui n'est, au fond, rien d'autre que la somme de ses idées préconçues et de ses vues étroites.

L'histoire du développement du protestantisme est un iconoclasme chronique. Les murs se sont écroulés les uns après les autres. Et la destruction n'était pas non plus trop difficile une fois que l'autorité de l'Eglise eut été ébranlée. Nous savons comment ; en gros et en détail, en général et en particulier, l'édifice tomba en ruines, morceau par morceau, et comment on en arriva à l'effrayante indigence de symboles qui règne de nos jours. Ainsi s'est également évanouie la puissance de l'Eglise, forteresse privée de ses bastions et de ses casemates, demeure dont les murs ont été enfoncés, livrée à tous les vents du monde et à tous les périls. C'est véritablement une débâcle déplorable, douloureuse pour le sentiment historique, que cet éclatement du protestantisme en des centaines d'étiquettes, signe infaillible de la persistance de l'inquiétude. L'homme protestant se trouve véritablement poussé dehors, dans une absence de protection qui pourrait faire frémir l'homme naturel. La conscience « éclairée » ne veut, il est vrai, rien savoir de tout cela, mais elle cherche en toute tranquillité, n'importe où ailleurs, ce qui a été perdu en Europe. On recherche les images agissantes, les formes de contemplation qui apaisent l'inquiétude du cœur et de l'âme, et on trouve les trésors de l'Orient. En elle-même une telle attitude ne saurait soulever d'objection. Personne n'a obligé les Romains à procéder à l'importation en gros des cultes asiatiques. Si le christianisme, prétendument de nature étrangère, n'avait pas en réalité convenu très profondément aux peuples germaniques il aurait été facile à ces peuples de le rejeter lorsque le pres-

tige des légions romaines eut pâli. Mais il s'est main-
tenu, car il correspond au modèle archétypique présent. Il est devenu cependant, au cours des siècles,
quelque chose qui aurait passablement surpris son fondateur s'il avait vécu assez longtemps pour le voir.
Quant à ce dont est fait le christianisme des Noirs et
des Indiens, il y aurait là matière à nombre de considérations historiques. Pourquoi donc ne serait-il pas
permis à l'Occident d'assimiler les formes orientales ?
Les Romains n'allaient-ils pas à Eleusis, à Samothrace
et en Egypte pour se faire initier ? Il semble même
qu'il y ait eu en Egypte un véritable tourisme orga-
nisé de ce genre.

Les dieux de l'Hellade et de Rome mouraient de la
même maladie que nos symboles chrétiens : alors,
comme maintenant, les hommes découvraient qu'ils ne
pensaient rien à leur sujet. Par contre, les dieux étrangers avaient un *mana* non encore épuisé. Leurs noms
étaient étranges et incompréhensibles, et leurs actes
d'une obscurité pleine d'appels nostalgiques, bien différents de la « chronique scandaleuse[14] », perpétuelle-
ment ressassée, de l'Olympe. Les symboles asiatiques,
du moins, n'étaient pas compris et c'est pourquoi ils
n'avaient pas la banalité des dieux auxquels on était
depuis longtemps accoutumé. Et le fait qu'on réfléchissait aussi peu pour accepter la nouveauté que pour
rejeter l'ancien patrimoine ne constitua pas alors un
problème.

En est-ce un aujourd'hui ? Irons-nous prendre des
symboles tout prêts, nés sur un sol étranger, impré-
gnés de sang étranger, exprimés en des langues étrangères, nourris de civilisation étrangère et ayant suivi
le cours d'une histoire étrangère, pour les endosser
comme un vêtement neuf ? Mendiant qui s'enveloppe
dans des vêtements royaux, roi qui se déguise en mendiant ? Sans aucun doute, c'est possible. Ou bien y a-
t-il quelque part en nous un commandement qui nous
enjoint de ne pas nous livrer à des mascarades et

14. [En français dans le texte. — *N. d. T.*]

peut-être même de coudre nos vêtements nous-mêmes ?

Je suis convaincu que l'appauvrissement croissant en symboles a un sens. Cette évolution a une logique intérieure. Tout ce sur quoi l'homme ne pensait rien et qui s'est ainsi trouvé privé de connexion avec la conscience, tandis qu'elle continuait de se développer, tout cela a été perdu. Si donc on essayait de cacher sa nudité dans des vêtements d'apparat orientaux, comme le font les théosophes, on serait infidèle à sa propre histoire. On ne commence pas par s'abaisser à un état de mendiant pour poser ensuite en roi hindou de théâtre. Il serait bien préférable, me semble-t-il, de se résoudre à confesser *l'indigence spirituelle de l'absence de symboles* au lieu de s'arroger une richesse illusoire dont on n'est en aucun cas l'héritier légitime. Sans doute sommes-nous les héritiers légitimes du symbolisme chrétien, mais nous avons en quelque sorte dilapidé cet héritage. Nous avons laissé s'écrouler la maison que nos pères avaient construite et nous cherchons maintenant à pénétrer par effraction dans des palais orientaux que nos pères n'ont jamais connus. Qui a perdu les symboles historiques et ne peut se satisfaire des « succédanés » est aujourd'hui, il est vrai, dans une situation difficile : devant lui bâille le néant, dont on se détourne avec angoisse. Pis encore : le vide se remplit d'idées politiques et sociales absurdes qui, toutes, se caractérisent par leur inanité spirituelle. Mais celui qui ne peut s'accommoder de ce pédantisme prétentieux se voit obligé d'avoir sérieusement recours à ce qu'on appelle sa confiance en Dieu, et il apparaît alors, il est vrai, la plupart du temps, que l'angoisse a une force de conviction encore plus grande. Elle n'est toutefois pas injustifiée, car c'est lorsque Dieu est le plus proche que le danger apparaît le plus grand. Il est en effet dangereux de confesser sa pauvreté religieuse, car le pauvre désire, et celui qui désire attire sur lui un destin. Un proverbe suisse le dit brutalement : « Derrière chaque riche se tient un démon et derrière chaque pauvre,

deux. » Dans le christianisme, le vœu de pauvreté temporelle détournait les sens des biens de ce monde ;
ainsi, la pauvreté spirituelle veut renoncer de son côté
aux fausses richesses de l'esprit pour s'écarter non
seulement des maigres restes d'un grand passé qui se
dénomme aujourd'hui « Eglise » protestante, mais
aussi de toutes les séductions des parfums exotiques,
afin de rentrer en elle-même où, dans la froide
lumière de la conscience, la nudité du monde s'étend
jusqu'aux étoiles. Nous avons déjà hérité cette pauvreté de nos ancêtres. Je me rappelle encore fort bien
l'instruction religieuse que je reçus de mon père en
vue de ma confirmation. Le catéchisme m'ennuyait
plus que je ne saurais le dire. Je feuilletai un jour
mon petit livre pour y trouver quelque chose d'intéressant et mon regard tomba sur le paragraphe traitant
de la Trinité. Cela excita mon intérêt et j'attendis
avec impatience que le cours fût arrivé à ce passage.
Quand vint l'heure attendue, mon père dit : « Ce chapitre, nous allons le sauter : je n'y comprends rien
moi-même. » C'est ainsi que mon dernier espoir fut
enterré. J'admirai, certes, la probité de mon père, mais
cela n'empêcha en rien qu'à dater de ce jour tout
bavardage religieux me causa un ennui mortel.

Notre intellect a réalisé des prodiges et, pendant ce
temps, notre demeure spirituelle est tombée en ruine.
Nous sommes on ne peut plus profondément convaincus qu'avec le télescope le plus grand et le plus
moderne construit en Amérique on ne découvrira
aucun empyrée derrière les nébuleuses les plus lointai-
nes, et nous savons que notre regard errera désespérément à travers le vide mort des espaces
incommensurables. Et les choses ne vont pas mieux
quand la physique mathématique nous découvre l'univers de l'infiniment petit. Finalement, nous exhumons
la sagesse de tous les temps et de tous les peuples et
découvrons que ce qu'il y a de plus cher et de plus
précieux est dit depuis longtemps dans le plus beau
des langages. Tels des enfants avides, nous tendons
les mains vers ces richesses et croyons que si nous les

saisissions, nous les posséderions aussi. Mais ce que l'on possède n'a plus de valeur et les mains se fatiguent de saisir, car il y a des richesses partout, aussi loin que s'étend le regard. Toute cette possession se transforme en eau et plus d'un apprenti sorcier a fini par se noyer dans ces eaux qu'il a lui-même appelées, à moins qu'il n'ait auparavant succombé à la folie salvatrice de penser que telle sagesse est bonne et telle autre mauvaise. C'est parmi ces adeptes que se recrutent ces malades angoissants qui croient avoir une mission prophétique à remplir. Car cette séparation artificielle de la vraie et de la fausse sagesse fait naître une tension de l'âme, une solitude et une passion analogues à celles du morphinomane qui espère toujours rencontrer des compagnons de vice.

Lorsque notre héritage naturel s'est volatilisé, alors, pour parler comme Héraclite, tout esprit est également descendu de sa hauteur flamboyante. Mais quand l'esprit s'alourdit, il devient *eau*, et l'*intellect* dans une présomption luciférienne, s'est emparé du siège où trônait naguère l'esprit. L'esprit a certes le droit de s'arroger la *patris potestas*, la puissance paternelle sur l'âme, mais non l'intellect né de la terre, qui est, pour l'homme, une épée ou un marteau et non un créateur de mondes spirituels, un père de l'âme. Klages a bien orienté sa visée et la restauration de l'esprit tentée par Scheler était assez modeste, car tous deux appartenaient à un âge du monde où l'esprit n'est plus en haut mais en bas, où il n'est plus feu mais eau.

La voie de l'âme qui cherche le père perdu, comme la Sophia gnostique, le *Bythos* (le Fond), conduit donc à l'eau, à ce sombre miroir qui repose au fond d'elle-même. Quiconque a élu pour lui l'état d'indigence spirituelle qui est le véritable héritage d'un protestantisme vécu jusqu'au bout de façon conséquente, parvient au chemin de l'âme qui conduit à l'eau. Cette eau n'est pas un bavardage métaphorique mais un symbole vivant de la psyché obscure. Je ne puis sans doute mieux illustrer ceci que par un exemple concret qui en remplacera de nombreux autres :

Un théologien protestant faisait souvent le même rêve. Il se tient sur le penchant d'une colline ; au-dessous s'étend une profonde vallée au fond de laquelle se trouve un lac sombre. Il sait en rêve que jusqu'à présent quelque chose l'a toujours retenu de s'approcher du lac. Mais cette fois il se décide à aller jusqu'à l'eau. Comme il s'approche du rivage, tout devient sombre et sinistre et brusquement un coup de vent passe sur la surface de l'eau. Alors une angoisse panique le saisit et il s'éveille.

Ce rêve nous présente le langage naturel des symboles. Le rêveur descend dans sa propre profondeur et le chemin le conduit à l'eau mystérieuse. Et ici se produit le miracle de la piscine de Béthesda[15] : un ange descend et touche l'eau, qui acquiert ainsi une vertu curative. Dans le rêve, c'est le vent, le *pneuma* qui souffle où il veut. Il faut que l'homme descende jusqu'à l'eau pour provoquer le miracle de la vivification de l'eau. Mais le souffle de l'esprit qui passe sur les eaux sombres est inquiétant, comme tout ce dont on n'est pas ou dont on ne connaît pas la cause première. Ainsi se trouve indiquée une présence invisible, un *numen*, auquel ni une attente humaine ni un calcul arbitraire n'ont prêté vie. Il vit de lui-même, et un frisson saisit l'homme pour qui l'esprit n'a jamais été que ce que l'on croit, ce que l'on fait soi-même, ce qu'il y a dans les livres ou ce dont les gens parlent. S'il se manifeste spontanément, c'est alors un fantôme, et une angoisse primitive s'empare de l'entendement naïf. C'est de la même façon que les vieillards des Elgonyis au Kenya m'ont décrit l'action du dieu nocturne qu'ils nomment « le faiseur d'angoisse » : « Il vient vers toi, disaient-ils, comme un coup de vent froid, et tu frissonnes, ou bien il tourne tout autour en sifflant dans l'herbe haute » : Pan africain qui court dans les roseaux à l'heure de

---

15. [Jean, v, 1-4. — *N. d. T.*]

midi peuplée de fantômes, jouant de la flûte et effrayant les bergers.

Ainsi ce souffle du *pneuma* a, en rêve, effrayé une fois de plus un pasteur, un berger du troupeau qui, à une heure sombre de la nuit, foulait le rivage de l'eau planté de roseaux dans la profonde vallée de l'âme. Sans doute cet esprit jadis flamboyant est descendu pour devenir la nature, l'arbre, le rocher et les eaux de l'âme, comme ce vieillard dans le *Zarathoustra* de Nietzsche qui, lassé par l'humanité, s'était retiré dans la forêt pour grogner avec les ours en l'honneur du Créateur. Sans doute faut-il suivre le chemin de l'eau qui descend toujours, si l'on veut remonter vers le trésor, le précieux héritage du Père. Dans l'hymne gnostique de l'âme, le fils est envoyé par ses parents pour rechercher la perle perdue, tombée de la couronne de son royal père. Elle gît au fond d'un puits profond gardé par un dragon, au pays des Egyptiens, dans le monde avide de chair et ivre des richesses de la nature physique et spirituelle. Le fils et héritier se met en route pour rechercher le joyau, mais s'oublie lui-même et oublie sa mission dans l'orgie des plaisirs mondains de l'Egypte, jusqu'à ce qu'une lettre de son père le rappelle à son devoir. Il part vers l'eau et plonge dans la profondeur obscure du puits, où il trouve au fond la perle, pour la présenter finalement à la divinité suprême.

Cet hymne attribué à Bardesanes provient d'une époque qui ressemble par plus d'un trait à la nôtre. L'humanité cherchait et attendait, et ce fut le *Poisson — levatus de profundo*[16] — sortant de la source, qui devint le symbole du Sauveur. Alors que j'écrivais ces lignes, j'ai reçu de Vancouver une lettre d'une main inconnue. Le scripteur s'étonne de ses rêves qui s'occupent sans cesse d'eau : «*Almost every time I dream it is about water : either I am having a bath, or the water-closet is overflowing, or*

---

16. « Tiré de la profondeur. » Saint AUGUSTIN : *Confessions*, Livre XIII, ch. XXI.

*a pipe is bursting, or my home has drifted down to
the water edge, or I see an acquaintance about to
sink into water, or I am trying to get out of water, or
I am having a bath and the tub is about to overflow,
etc.[17] »*

L'eau est le symbole le plus fréquent de l'*inconscient*. Le lac dans la vallée est l'inconscient qui se
trouve en quelque sorte au-dessous du conscient ;
c'est pourquoi on l'appelle également assez souvent
« subconscient », non sans faire naître plus d'une
fois l'arrière-goût désagréable d'une conscience
inférieure. L'eau est « l'esprit de la vallée », le dragon aquatique du Tao dont la nature ressemble à
l'eau, Yang reçu dans le Yin. L'eau signifie donc
psychologiquement : esprit devenu inconscient. C'est
aussi pourquoi le rêve du théologien dit fort justement qu'il peut vivre au bord de l'eau l'action de
l'esprit vivant comme une guérison miraculeuse
dans la piscine de Béthesda. La descente dans la
profondeur paraît précéder toujours l'ascension.
C'est ainsi qu'un autre théologien[18] rêva qu'il aper-
cevait sur une montagne une sorte de château du
Graal. Il marchait dans une rue qui paraissait mener
au pied de la montagne et amorcer la montée. Mais
comme il s'approchait de la montagne, il découvrit à
sa grande déception qu'il en était séparé par un gouf-
fre, une gorge obscure et profonde dans laquelle
bruissait une eau infernale. Cependant un sentier
abrupt menait dans la profondeur et grimpait péniblement sur l'autre versant. Mais les chances de réussite

17. « Presque chaque fois que je rêve, il est question d'eau : ou bien
je prends un bain, ou bien le W.C. déborde, ou encore un tuyau éclate,
ou ma maison a glissé jusqu'au bord de l'eau, ou je vois quelqu'un de
ma connaissance sur le point de s'enfoncer dans l'eau, ou j'essaie de sortir
de l'eau, ou je prends un bain et le *tub* est sur le point de déborder, etc. »

18. Le fait qu'il s'agisse encore d'un rêve de théologien n'a rien
d'étonnant, car un pasteur doit s'occuper du thème de la résurrection, ne
serait-ce que pour de simples raisons professionnelles. Il est si souvent
obligé d'en parler que la question se pose d'elle-même de savoir de quoi
peut bien être faite sa propre ascension spirituelle.

étaient maigres et le rêveur s'éveilla. Ici encore, le
sujet qui veut s'élever vers les hauteurs lumineuses
voit se présenter à lui la nécessité de plonger d'abord
dans une profondeur obscure qui se révèle être la
condition indispensable d'une ascension plus haute.
Dans cette profondeur, un danger menace, que
l'homme avisé évite, manquant du même coup le bien
qu'il pouvait conquérir au prix d'une audace coura-
geuse mais non conforme à la raison.

L'affirmation du rêveur se heurte à une violente
opposition de la part de la conscience qui ne connaît
« l'esprit » que comme quelque chose qui se trouve
dans la hauteur. « L'esprit », semble-t-il, vient toujours
d'en haut. D'en bas vient tout ce qui est trouble et
répréhensible. Pour cette façon de voir, l'esprit signifie liberté suprême, ce qui plane au-dessus de la profondeur, libération de la captivité chtonienne et, par
suite, refuge pour tous les anxieux qui refusent de
« devenir ». L'eau, par contre, est terrestre et tangible,
elle est aussi la fluidité du corps dominé par l'instinct, le sang, la plaie saignante, l'odeur de la bête et
la nature corporelle lourde de passion. L'inconscient
est cette psyché qui descend de la clarté diurne d'une
conscience spirituelle et moralement claire dans ce
système nerveux désigné depuis toujours du nom de
sympathique ; il n'entretient pas, comme le système
cérébro-spinal, la perception et l'activité musculaire,
et ne règne pas avec eux sur l'espace environnant,
mais, sans organes sensoriels, il assure l'équilibre de
la vie et, le long de voies mystérieuses, par excitation
et résonance, non seulement il transmet des nouvelles
de la nature la plus intime d'une autre vie, mais fait
rayonner en outre sur celle-ci une activité intérieure.
C'est dans ce sens un système hautement collectif,
fondement véritable de toute participation mystique,
tandis que la fonction cérébro-spinale culmine dans la
séparation de la détermination du moi et ne fait
jamais que saisir, par l'intermédiaire de l'espace, ce
qu'il y a de superficiel et d'extérieur. La seconde sai-

sit tout comme événement extérieur, le premier au contraire comme événement intérieur.

L'inconscient passe d'ordinaire pour une sorte d'intimité personnelle, close, constituant à peu près ce que la Bible appelle « le cœur » et considère, entre autres, comme le lieu d'origine de toutes les pensées mauvaises. C'est dans les chambres du cœur qu'habitent les mauvais esprits du sang, de la colère subite et de la faiblesse des sens. Tel apparaît l'inconscient vu à partir du conscient. La conscience, elle, semble être essentiellement une affaire du cerveau antérieur, qui dissocie et voit séparément toutes choses, donc aussi l'inconscient, lequel est absolument considéré comme *mon* inconscient. Par suite, on pense d'ordinaire que celui qui descend dans l'inconscient parvient dans l'angoissante étroitesse d'une subjectivité égocentrique et se trouve, dans ce cul-de-sac, livré à l'assaut de toutes les bêtes mauvaises qu'abrite la caverne des bas-fonds de l'âme.

Qui regarde dans le *miroir* de l'eau aperçoit, il est vrai, tout d'abord sa propre image. Qui va vers soi-même risque de se rencontrer soi-même. Le miroir ne flatte pas, il montre fidèlement ce qui regarde en lui, à savoir le visage que nous ne montrons jamais au monde, parce que nous le dissimulons à l'aide de la *persona*, du masque du comédien. Le miroir, lui, se trouve derrière le masque et dévoile le vrai visage. C'est la première épreuve du courage sur le chemin intérieur, épreuve qui suffit pour effaroucher la plupart, car la rencontre avec soi-même est de ces choses désagréables auxquelles on se soustrait tant que l'on a la possibilité de projeter sur l'entourage tout ce qui est négatif. Si l'on est à même de voir sa propre ombre et de supporter de savoir qu'elle existe, une petite partie seulement de la tâche est accomplie : on a du moins supprimé l'*inconscient personnel*. Mais l'ombre est une partie vivante de la personnalité, aussi veut-elle participer à sa vie sous une forme quelconque. On ne saurait l'écarter ou en faire par des raisonnements subtils quelque chose d'anodin. Ce problème est démesurément difficile, parce que non seulement il met sur la sellette l'homme tout entier, mais il lui rappelle en même temps sa détresse et son impuissance. Les natures fortes — ou bien faut-il plutôt les appeler faibles? — n'aiment pas ces allusions personnelles; elles préfèrent s'inventer quelque héroïque *au-delà du bien et du mal* et tranchent le nœud gordien au lieu de le dénouer. Pourtant, on doit tôt ou tard payer la note. Il faut bien s'en faire l'aveu: il y a des problèmes que l'on ne peut absolument pas résoudre par ses propres moyens. Un tel aveu a l'avantage de l'honnêteté, de la vérité et de la réalité effectives, et ainsi se trouve posé le fondement d'une réaction compensatrice de l'inconscient collectif, ce qui veut dire que l'on a désormais tendance à prêter l'oreille à une idée secourable qui surgira subitement, ou à percevoir des pensées que l'on ne laissait pas, auparavant, se formuler en paroles. On fera peut-être attention à des rêves qui surviennent à de tels moments, ou l'on réfléchira à certains événements intérieurs qui se produisent en nous précisément à cette époque. Si l'on observe une telle attitude, des forces secourables qui sommeillent dans la nature profonde de l'homme peuvent s'éveiller et intervenir, car l'impuissance et la faiblesse sont l'expérience éternelle et l'éternelle question de l'humanité, à laquelle il existe aussi une réponse éternelle, sinon l'homme aurait depuis longtemps péri. Quand on a fait tout ce qu'on pouvait, il ne reste plus que ce qu'on pourrait faire si on savait. Qu'est-ce que l'homme sait de lui-même? Selon toute expérience, très peu de chose. Il reste donc encore beaucoup de place pour l'inconscient. On sait que la prière exige une attitude très semblable et exerce par suite un effet correspondant.

La réaction nécessaire et réclamée de l'inconscient collectif s'exerce dans des représentations de forme archétypique. La rencontre avec soi-même signifie d'abord la rencontre avec sa propre ombre. L'ombre est, il est vrai, un défilé, une porte étroite dont le pénible étranglement n'est épargné à aucun de ceux qui descendent dans le puits profond. *Mais il faut apprendre à se connaître soi-même pour savoir ce que l'on est,* car ce qui vient après la mort[19] est, de façon inattendue, un espace sans limite rempli d'une indétermination inouïe, qui semble n'avoir ni intérieur ni extérieur, ni haut ni bas, ni ici ni là, ni mien ni tien, ni bien ni mal. C'est le monde de l'eau où plane, suspendu, tout ce qui est vivant, où commence le royaume du « sympathique », âme de tout ce qui vit, où je suis inséparablement ceci et cela, où je ressens l'autre en moi et où l'autre me ressent en tant que moi. L'inconscient collectif est tout sauf un système personnel clos, c'est une objectivité vaste comme le monde et ouverte au monde entier. Je suis l'objet de tous les sujets, dans le plus total renversement de ma conscience ordinaire où je suis toujours un sujet qui *a* des objets. Là, dans l'inconscient collectif, je suis à ce point relié au monde dans une liaison tellement plus immédiate que je n'oublie que trop facilement qui je suis en réalité. « Perdu en soi-même » est une heureuse expression pour caractériser cet état. Mais ce soi est le monde, ou un monde, si un conscient pouvait le voir. C'est pourquoi on doit savoir *qui* l'on est.

En effet, à peine l'inconscient nous touche-t-il qu'on l'est déjà, car on devient inconscient de soi-même. C'est là le danger premier déjà connu instinctivement de l'homme primitif, qui se tient encore si près de ce plérôme, et objet de son effroi. Sa conscience est en effet encore incertaine et chancelante. Elle est encore enfantine, émergeant à peine des eaux premières. Une vague de l'inconscient peut facilement le submerger ; il oublie alors qui il était et fait des choses dans lesquelles il ne se connaît plus lui-même. Si les primitifs ont une telle peur des affects incontrôlés, c'est que la conscience disparaît trop facilement au cours de ceux-ci et laisse le champ libre à la

19. [La mort à soi-même, ou plus exactement à l'ego, que constitue l'entrée dans le défilé de l'inconscient personnel. Cette mort et l'au-delà dans lequel elle donne accès intéressent avant tout l'empiriste JUNG. — *N. d. T.*]

possession. C'est pourquoi tous les efforts de l'humanité tendent à la *consolidation de la conscience.* C'est à cela que servaient les rites, les « représentations collectives », les dogmes ; c'étaient des digues et des murailles élevées contre les dangers de l'inconscient, les *« perils of the soul »*. C'est pourquoi le rite primitif consiste à chasser les esprits, à ôter les sorts, à écarter le mauvais œil, à rendre propice, à purifier et à produire de façon analogique, c'est-à-dire magique, l'événement secourable.

Ce sont des murs construits depuis les temps les plus lointains, qui plus tard devinrent les fondements de l'Eglise. Ce sont aussi, pour cette raison, ces murs qui s'effondrent lorsque les symboles s'affaiblissent sous l'effet de l'âge. Les eaux alors montent plus haut et des catastrophes déferlent à perte de vue sur l'humanité. Le guide religieux, celui qu'on appelle le *loco tenente gubernador* des Taos Pueblos me dit un jour : « Les Américains devraient cesser d'entraver notre religion, car si celle-ci vient à périr et que nous ne puissions plus aider le soleil, notre père, à traverser le ciel, alors, d'ici dix ans, il arrivera quelque chose aux Américains et au monde entier. » Cela veut dire que la nuit tombe, que la lumière de la conscience s'éteint et que la mer obscure de l'inconscient déferle. Primitive ou non, l'humanité se tient toujours aux frontières des choses qu'elle fait elle-même et que cependant elle ne domine pas. Tout le monde veut la paix et tout le monde se prépare à la guerre suivant l'axiome : « *Si vis pacem, para bellum* », pour ne citer qu'un seul exemple. L'humanité ne peut rien à l'égard de l'humanité, et des dieux, plus que jamais, lui montrent les chemins du destin. Nous nommons aujourd'hui les dieux « facteurs », mot qui vient de *facere* = faire. Les faiseurs se tiennent derrière les coulisses du théâtre du monde. Il en est en grand comme en petit. Dans la conscience, nous sommes nos propres maîtres, nous sommes, semble-t-il, nous-mêmes les « facteurs ». Mais si nous franchissons la porte de l'ombre, nous nous apercevons avec effroi que nous sommes des objets de facteurs. Savoir cela est franchement désagréable, car rien ne déçoit plus que la découverte de notre incapacité. Cela peut même faire naître la panique primitive, car la suprématie de la conscience, anxieusement affirmée et préservée, qui est en fait un secret du succès des hommes, se trouve dangereusement remise en question. Mais comme l'ignorance ne garantit nulle sécurité et augmente au contraire encore l'insécurité, il vaut sans doute encore mieux, malgré toutes nos frayeurs, être renseignés sur ce qui nous menace. Poser correctement la question c'est déjà résoudre à moitié le problème. En tout cas, nous savons alors que le plus grand danger qui nous guette provient du caractère imprévisible de la réaction psychique. C'est pourquoi des esprits clairvoyants ont compris depuis longtemps déjà que des conditions historiques extérieures de quelque nature qu'elles soient ne sont que les occasions des dangers qui menacent réellement l'existence, à savoir de folles chimères politiques et sociales, qui doivent être regardées non pas comme des conséquences nécessaires de conditions extérieures, mais comme des décisions de l'inconscient.

Cette manière de poser le problème est nouvelle, car toutes les époques qui nous ont précédés croyaient encore à des dieux sous une forme quelconque. Il a fallu que se produisît un appauvrissement sans exemple du symbolisme pour que l'on découvre à nouveau les dieux sous l'aspect de facteurs psychiques, c'est-à-dire d'archétypes de l'inconscient. Sans doute, cette découverte demeure encore pour l'instant peu digne de foi. Pour en être convaincu, on a besoin de cette expérience esquissée dans le rêve du théologien ; ce n'est qu'alors que l'activité propre de l'esprit au-dessus des eaux est objet d'expérience. Depuis que les étoiles sont tombées du ciel et que nos symboles les plus sublimes ont pâli, une vie secrète règne dans l'inconscient. C'est pourquoi nous avons de nos jours une psychologie et c'est pourquoi nous parlons de l'inconscient. Tout cela serait et est même, en fait, entièrement inutile à une époque et dans une forme de civilisation qui possèdent des symboles. Car ceux-ci sont esprit d'en haut et l'esprit est alors aussi en haut. C'est pourquoi ce serait pour de tels hommes une aventure folle et dépourvue de sens que de vouloir faire l'expérience ou l'exploration d'un inconscient qui ne contient rien que l'action silencieuse et paisible de la nature. Mais notre inconscient recèle une eau vivante, c'est-à-dire un esprit devenu naturel, à cause duquel il est troublé. Le ciel est devenu pour nous l'espace cosmique des physiciens, et l'empyrée divin, un beau souvenir de ce qui fut autrefois. Pourtant «notre cœur est embrasé» et une inquiétude secrète ronge les racines de notre être. Nous pourrions demander avec la *Völuspa*:

Que murmure encore Wotan avec la tête de Mimir ?
Déjà cela bout dans la source[20].

C'est pour nous une question vitale que de nous occuper de l'inconscient. Il s'agit d'être ou de ne pas être, spirituellement parlant. Tous les hommes à qui est survenue l'expérience rapportée dans le rêve cité savent que le trésor repose dans la profondeur des eaux et ils chercheront à l'en tirer. Parce qu'ils ne doivent jamais oublier qui ils sont, ils ne doivent jamais, à aucun prix, perdre leur conscience. Ils tiendront ainsi solidement leur position sur la terre ; ils deviendront de la sorte — pour demeurer dans la parabole — *des pêcheurs* qui capturent avec des hameçons et des filets ce qui nage dans l'eau. S'il y a des insensés purs et impurs qui ne comprennent pas ce que font les pêcheurs, ceux-ci ne se tromperont pas sur le sens de leur activité séculaire, car le symbole de leur métier est plus ancien de bien des siècles que l'annonce non encore fanée du saint Graal. Mais tout le monde n'est pas pêcheur. Il arrive aussi que cette figure reste à un premier stade instinctif et c'est donc alors une loutre[21], comme nous le savons par le Conte de la loutre d'Oscar A. H. Schmitz.

20. Ce passage fut — *nota bene* — écrit en 1934. [Cf. Wotan. Article recueilli dans *Aspects du drame contemporain*, trad. du Dr Roland Cahen Librairie de l'Université, Genève, 2e éd., 1971 — *N. d. T.*]

21. [Rapprochement facilité par la ressemblance des noms allemands du pêcheur (*Fischer*) et de la loutre (*Fischotter*). — *N. d. T.*]

Quiconque regarde dans l'eau voit, certes, sa propre image, mais derrière émergent bientôt des êtres vivants; ce sont sans doute des poissons, d'inoffensifs habitants des profondeurs, inoffensifs si le lac n'était pas, pour beaucoup, hanté par des spectres. Ces poissons sont des êtres aquatiques d'un genre spécial. Parfois c'est une ondine qui tombe dans le filet du pêcheur, un poisson femelle à moitié humain[22].

Les ondines sont des êtres captivants:

> *Elle l'attira à moitié,*
> *A moitié il s'enfonça*
> *Et on ne le vit plus.*

L'ondine est un degré encore plus instinctif d'un être féminin fascinant que nous désignons du nom d'*anima*. Ce peuvent être également des sirènes, des mélusines[23], des sylvaines, des Grâces, des filles du roi des Aulnes, des lamies et des succubes qui affolent les jeunes hommes et sucent leur vie. Ces figures, dira le critique moralisant, sont des projections d'états affectifs pleins de désir nostalgique et d'imaginations de nature répréhensible. On ne peut manquer d'accorder une certaine justesse à cette constatation. Mais est-ce là toute la vérité? L'ondine n'est-elle véritablement que le produit d'un relâchement moral? De tels êtres n'ont-ils pas existé depuis longtemps déjà, et cela dès une époque où la conscience humaine commençant à poindre était encore entièrement liée à la nature? Les esprits existèrent assurément d'abord dans la forêt, le champ et les cours d'eau, bien avant qu'il fût question de conscience morale. En outre, ces

---

22. Voir à ce sujet: PARACELSE: *De vita longa*, éd. par Adam von BODENSTEIN, 1562, et mon commentaire dans *Paracelsica*, 1942.

23. [GOETHE: *Le Pêcheur.* Cf. à ce sujet l'image de l'adepte dans le *Liber Mutus* de 1677. (Nouvelle édition: Paris, J.-J. Pauvert 1967.) Il pêche et prend une *ondine*, tandis que sa *soror mystica* capture un *oiseau*, qui représente l'animus. L'idée de l'anima se retrouve plus d'une fois dans la littérature des XVIe et XVIIe siècles, par exemple chez Richard VITUS, ALBROVANDUS et le commentateur du *Tractatus Aureus*. Cf. mon étude sur «*L'Enigme de Bologne*» [in *Mysterium Conjunctionis*, Rascher, Zurich, 1955-1956, t. I, pp. 56-95. — *N. d. T.*]

êtres étaient si redoutés que leurs allures érotiques assez étranges ne les caractérisent que d'une façon toute relative. La conscience était alors bien plus simple et son actif ridiculement petit. Une proportion infinie de ce que nous ressentons aujourd'hui comme une composante de notre être psychique propre prend ses ébats chez le primitif, qui la projette encore allégrement sur un vaste champ.

Le mot de « projection » convient fort mal, car rien n'a été projeté en dehors de l'âme, mais c'est bien plutôt l'âme qui est devenue, par une série *d'actes d'introjection*, la complexité que nous connaissons aujourd'hui. Cette complexité a augmenté dans la même proportion où la nature était dépouillée d'esprits. Une inquiétante Grâce d'antan s'appelle aujourd'hui « phantasme érotique », ce qui complique notre vie psychique de pénible manière. Sans doute, nous ne la rencontrons pas moins qu'une ondine ; elle ressemble en outre à un succube : elle se métamorphose en toutes sortes de figures comme une sorcière ; et manifeste même une insupportable autonomie qui ne reviendrait pas de droit, à vrai dire, à un contenu psychique. A l'occasion, elle provoque des fascinations qui peuvent rivaliser avec les meilleurs ensorcellements, ou des états d'angoisse qu'aucune apparition diabolique ne pourrait surpasser. C'est un être malicieux qui court sur notre chemin dans bien des métamorphoses et des déguisements, nous joue toutes sortes de tours, nous cause des illusions bienheureuses et malheureuses, des dépressions, des extases, des affects indomptés, etc. Même à l'état d'intégration raisonnable, l'ondine ne perd pas sa nature espiègle. La sorcière n'a pas cessé de mélanger ses douteux philtres d'amour et de mort, mais son poison magique a pris la forme plus subtile d'intrigues et d'illusions, invisibles, certes, mais non moins dangereuses.

Mais d'où nous vient le courage de désigner cet elfe du nom d'« anima » ? « Anima », pourtant, veut dire âme, et désigne quelque chose de merveilleux et d'immortel. C'est qu'il n'en fut pas toujours ainsi. Il ne faut pas oublier que cette sorte d'âme est un concept dogmatique qui a pour but de conjurer et de tenir prisonnier quelque chose de terriblement spontané et vivant. Le mot allemand *Seele* (âme) est, par l'intermédiaire de la forme gothique *saiwalô*, apparenté de très près au grec αἰόλος qui signifie « en mouvement, chatoyant », donc quelque chose comme un papillon (en grec : ψυχή) qui volette, ivre, de fleur en fleur, et vit de miel et d'amour. Dans la typologie gnostique, l'ἄνθρωπος ψυχικός (l'homme psychique) est placé au-dessous du πνευματικός (spirituel) et enfin il y a bien aussi des *âmes* méchantes qui doivent rôtir dans l'enfer durant toute l'éternité. Même l'âme tout à fait innocente du nouveau-né est, à tout le moins, privée de la vue de Dieu. Chez le primitif, elle est souffle de vie (d'où « anima ») ou flamme.

Une parole non canonique du Seigneur dit de façon adéquate : « Celui qui est près de moi est dans le feu. » Chez Héraclite, l'âme, à un degré élevé, est ignée et sèche, car le terme « ψυχή » est en lui-même proche parent de « souffle frais » : ψύχειν veut dire « souffler », ψυχρός « froid », ψῦχος, « fraîcheur ».

Un être animé est un être vivant. L'âme est ce qui vit en l'homme, ce qui vit par soi-même et qui cause la vie ; si Dieu insuffle à Adam un souffle de vie, c'est pour qu'il vive. L'âme, par ses ruses et les jeux de ses illusions, séduit l'inertie et le refus de vivre de la nature pour l'amener à vivre. Elle persuade de choses incroyables pour que la vie soit vécue. Elle est pleine d'embûches et de chausse-trapes pour que l'homme vienne à tomber, touche la terre, s'y empêtre et y demeure attaché de manière que la vie soit vécue, tout comme déjà Eve au Paradis ne put s'empêcher de persuader Adam que le fruit défendu était bon. N'étaient le mouvement et le chatoiement de l'âme, l'homme deviendrait immobile dans sa passion suprême, la paresse[24]. Un certain genre de bon sens plaide pour elle et un certain genre de moralité lui donne sa béné-

24. F. de LA ROCHEFOUCAULD: *Maximes*, LIV.

diction. Avoir une âme, c'est le risque de la vie, car l'âme est un génie dispensateur qui joue son jeu d'elfe au-dessous et au-dessus de l'existence humaine et c'est pourquoi, à l'intérieur du dogme, on la menace et on se la rend propice à l'aide de châtiments et de bénédictions unilatéraux qui dépassent de beaucoup le mérite possible de l'homme. Le ciel et l'enfer sont des destins de l'âme et non de l'homme civil qui, dans sa nudité et sa sottise, ne saurait que faire de lui-même dans la Jérusalem céleste.

L'anima n'est pas une âme dogmatique, une *anima rationalis* qui est un concept philosophique, mais un archétype naturel qui englobe de façon satisfaisante toutes les affirmations de l'inconscient, de l'esprit primitif, de l'histoire du langage et de la religion. Elle est un «*factor*» au sens propre du terme. On ne peut la faire, mais elle est toujours l'*a priori* des humeurs, des réactions, des impulsions et de tout ce que la spontanéité psychique peut comporter d'autre. Elle est quelque chose de vivant par soi-même, qui nous fait vivre, une vie derrière la conscience qui ne peut être intégrée complètement à cette dernière, alors que cette dernière, au contraire, est plutôt issue d'elle. Car, en définitive, la vie psychique est pour sa plus grande part quelque chose d'inconscient qui entoure la conscience de tous côtés; c'est là une pensée immédiatement évidente, pour peu que l'on cherche à se rendre compte de la préparation inconsciente qui est nécessaire, par exemple, pour reconnaître une perception sensible.

Bien qu'il semble que la totalité de la vie inconsciente de l'âme revienne à l'*anima*, celle-ci n'est pourtant qu'un archétype entre beaucoup d'autres. C'est pourquoi elle n'est pas à elle seule caractéristique de l'inconscient. Elle en constitue seulement un aspect. Cela se remarque déjà dans le fait de sa féminité. Ce qui n'est pas moi, c'est-à-dire masculin, est selon toute vraisemblance féminin et, puisque le non-moi est ressenti comme n'appartenant pas au moi et par suite comme extérieur, l'image de l'*anima* est aussi, en général, projetée sur des femmes. L'image du sexe opposé réside, jusqu'à un certain point, dans chaque sexe, puisque biologiquement c'est seulement le plus grand nombre de gènes mâles qui fait pencher la balance dans le choix du sexe masculin. Le nombre moins grand de gènes féminins paraît constituer un caractère féminin qui, cependant, demeure d'ordinaire inconscient par suite de son infériorité quantitative.

Avec l'archétype de l'anima nous pénétrons dans le royaume des dieux, dans le domaine que la métaphysique s'est réservé. Tout ce qui touche à l'anima est numineux, c'est-à-dire inconditionné, dangereux, tabou, magique. C'est le serpent dans le paradis de l'homme innocent rempli de bons desseins et de bonnes intentions. La métaphysique présente les raisons convaincantes qui s'opposent à ce qu'on s'occupe de l'inconscient, attitude qui détruirait les inhibitions morales et déchaînerait des forces qu'on aurait mieux fait de laisser dans l'inconscient. Comme d'ordinaire, elle n'a pas non plus ici tout à fait tort, *car la vie elle-même n'est pas seulement bonne*, elle est également mauvaise. L'anima, puisqu'elle veut la vie, veut le bien et le mal. Dans le domaine vital des elfes, ces catégories n'existent pas. La vie corporelle aussi bien que la vie psychique ont l'indiscrétion de se tirer souvent bien mieux d'affaire et de demeurer saines sans la morale conventionnelle. L'anima croit au καλὸν κἀγαθόν (beau et bon) qui est une idée primitive, antérieure à toutes les oppositions de l'esthétique et de la morale découvertes plus tard. Il a fallu une longue différenciation chrétienne pour rendre évident le fait que le bon n'est pas toujours beau et que le beau n'est pas nécessairement bon. Le caractère paradoxal de cette vision conceptuelle n'a causé aucune difficulté aux anciens, non plus qu'aux primitifs. L'anima est conservatrice et s'en tient de façon énervante à l'humanité plus ancienne. C'est pourquoi elle apparaît volontiers dans un vêtement historique, avec une préférence particulière pour la Grèce ou l'Egypte. L'on voudra bien comparer à ce propos les « classiques »

Rider Haggard et Pierre Benoit[25]. Le rêve de la
Renaissance, *Le Songe de Poliphile*[26] et le *Faust* de
Goethe ont également puisé dans l'antiquité pour trouver « le vrai mot de la situation[27] ». Le premier
implora la reine Vénus, le second la Troyenne Hélène.
Aniela Jaffé a esquissé une image vivante de l'anima
dans le monde de l'Allemagne bourgeoise et romantique du XIXe siècle[28]. Nous ne voulons pas multiplier
le nombre des témoins no 1 au-dessus de tout soupçon ; ceux-ci donnent suffisamment de matière et de
symbolisme spontané et authentique pour alimenter
abondamment notre méditation. Si l'on veut savoir ce
qui se passe quand l'anima apparaît dans la société
moderne, je puis recommander de la façon la plus
chaleureuse *Helen of Troy* d'Erskin. Cette œuvre n'est
pas sans profondeur, car sur tout ce qui est vivant
plane un souffle d'éternité. L'anima est la vie au-delà
de toutes catégories, et c'est pourquoi elle peut aussi
se passer d'injures et de louanges. La reine du ciel et
la petite oie blanche prise au piège de la vie ! A-t-on
jamais remarqué quel triste destin dans la légende de
Marie l'a située au milieu des astres divins ?

La vie sans signification ni règle, impuissante à
s'assouvir de sa propre plénitude, est un objet de peur
et de défense pour l'homme adapté à sa civilisation,
et on ne peut lui donner tort, car elle est aussi la mère
de toutes les absurdités et de toutes les tragédies.
C'est pourquoi l'homme né de la terre lutte, depuis le
commencement, avec son salutaire instinct animal,

25. [Pierre BENOIT: *L'Atlantide*. L'ouvrage de Rider HAGGARD: *She* a
été récemment traduit en français par Michel BERNARD, Paris, 1965. —
N.d. T.]

26. [La traduction française publiée en 1546 de l'œuvre célèbre de
Francesco COLONNA a été reproduite en 1963 par le Club des Librairies
de France, avec une introduction d'Albert-Marie SCHMIDT. — *N. d. T.*]
Cf. aussi Linda FIERZ-DAVID: *Der Liebestraum des Poliphile* Zurich,
1947.

27. [En français dans le texte. — *N. d. T.*].

28. « Bilder und Symbole aus E. T. A. HOFFMANNS Märchen: Der
Goldene Topf » (Images et symboles du conte d'Hoffmann « Le pot d'or »)
in C. G. JUNG, *Gestaltungen des Unbewussten*, op. cit., pp. 239 et *sq*.

contre son âme et ses démons. Si elle était radicalement ténébreuse, l'affaire serait simple. Malheureusement ce n'est pas le cas, car la même anima peut aussi apparaître comme un ange de lumière, comme psychopompe, et conduire au Sens suprême, ainsi que le montre *Faust*.

Si l'explication avec l'ombre est l'œuvre de l'apprenti et du compagnon, l'explication avec l'anima est l'œuvre du maître. La relation avec l'anima est elle aussi en effet une épreuve du courage et une ordalie du feu pour les forces spirituelles et morales de l'homme. On ne doit jamais oublier que la sphère de l'anima est composée précisément de faits psychiques qui ne furent pour ainsi dire jamais auparavant le bien de l'homme, puisqu'ils étaient retenus, en raison de la projection, hors du domaine psychique. Pour le fils, la suprématie de la mère recèle l'anima, qui souvent laisse subsister un lien sentimental toute la vie durant et entrave bien lourdement le destin de l'homme, à moins qu'elle ne donne des ailes à son courage pour accomplir les actes les plus audacieux. A l'homme de l'antiquité, l'anima apparaît sous les traits d'une déesse ou d'une sorcière ; l'homme du Moyen Age, au contraire, a remplacé la déesse par la reine du ciel et la Mère Eglise. Le monde vidé de symboles du protestant a produit d'abord une sentimentalité malsaine, puis une aggravation du conflit moral qui conduit logiquement au *Par-delà le bien et le mal* de Nietzsche, et cela uniquement en raison de son caractère insupportable. Cet état s'exprime dans les centres civilisés par l'instabilité croissante du mariage. En bien des endroits d'Europe, la moyenne américaine des divorces est atteinte sinon dépassée ; cela prouve que l'anima se trouve de préférence dans la projection sur l'autre sexe, ce qui entraîne des rapports magiques compliqués. Ce fait, pour des raisons dont les moindres ne sont pas ses conséquences pathologiques, conduit à l'apparition de la psychologie moderne qui, sous sa forme freudienne, professe l'opinion que la base essentielle de tous les troubles est la sexualité, affirmation qui ne fait encore que rendre plus aigu le conflit déjà existant[29]. C'est que l'on confond la cause et l'effet : le trouble sexuel n'est en aucune façon la cause des embarras névrotiques mais, comme ceux-ci, l'un des effets pathologiques qui découlent d'une adaptation insuffisante, diminuée, de la conscience ; en d'autres termes, la conscience est confrontée avec une situation et une tâche qui la dépassent. Elle ne comprend pas comment son monde s'est modifié ni quelle attitude elle devrait prendre pour être de nouveau adaptée. « Le peuple porte le sceau d'un hiver qu'on n'explique pas[30] », comme le dit la traduction de l'inscription d'une stèle coréenne.

L'ombre et l'anima sont des réalités à propos desquelles il ne suffit pas d'avoir une connaissance conceptuelle ou d'exercer sa réflexion. On peut aussi ne jamais faire l'expérience de leur contenu par pénétration intuitive ou avec sa sensibilité. Il ne sert de rien d'apprendre par cœur une liste des archétypes. Les archétypes sont des complexes que l'on vit, qui apparaissent comme un destin dans notre vie la plus personnelle. L'anima ne vient plus vers nous sous les traits d'une déesse, mais dans certains cas comme notre méprise la plus personnelle ou comme notre aventure la plus osée et la meilleure. Quand, par exemple, un vieux savant de grand mérite abandonne sa famille à soixante-dix ans pour épouser une actrice rousse de vingt ans, nous savons que les dieux une fois encore se sont emparés d'une victime. C'est ainsi que se manifeste parmi nous une redoutable puissance démoniaque. Il n'y a pas si longtemps qu'il eût été encore aisé de se débarrasser de cette jeune personne sous l'étiquette de sorcière.

29. J'ai exposé en détail mon point de vue sur ce problème dans *Die Psychologie der Uebertragung*, Rascher, Zurich, 1946. [Traduction par Yves LE LAY à paraître sous le titre : *La Psychologie du transfert.* — N. d. T.]

30. [En français dans le texte. — N. d. T.]

Selon mon expérience, il y a un très grand nombre de gens possédant un certain degré d'intelligence et d'instruction qui comprennent facilement et tout de suite l'idée d'anima et sa relative autonomie : il en est de même du phénomène d'animus chez les femmes. Des psychologues ont à cet égard d'assez grandes difficultés à surmonter, sans doute parce qu'ils ne sont pas obligés d'affronter les états de faits complexes qui caractérisent la psychologie de l'inconscient. S'ils sont en même temps médecins, ils sont gênés par leur pensée somato-psychologique qui croit pouvoir expliquer des phénomènes psychologiques par des concepts intellectuels, biologiques ou physiologiques. Mais la psychologie n'est ni la biologie, ni la physiologie, ni aucune autre science que la connaissance de l'âme.

L'image que j'ai dessinée jusqu'ici de l'anima n'est pas complète. Celle-ci est, certes, une poussée vitale chaotique, mais en outre il s'attache à elle une signification étrange, quelque chose comme un savoir secret ou une sagesse cachée, qui forme un contraste des plus singuliers avec sa nature irrationnelle d'elfe. Je voudrais renvoyer ici une fois encore aux auteurs cités plus haut. Rider Haggard appelle « *She* » « La fille de la sagesse » (« *Wisdom's daughter* »), et la reine de l'Atlantide de Benoit possède à tout le moins une bibliothèque choisie qui contient même un livre disparu de Platon[31]. L'Hélène de Troie réincarnée est délivrée du bordel de Tyr par le sage Simon le Mage et l'accompagne dans ses pérégrinations[32]. C'est intentionnellement que je n'ai pas signalé dès le début cet aspect tout à fait caractéristique de l'anima, car la première rencontre avec elle amène d'ordinaire à conclure à son sujet à tout autre chose qu'à la sagesse[33].

---

31. [Le *Critias*, ouvrage traitant de l'Atlantide, dont seul le début nous a été conservé. — N. d. T.]

32. [Voir H. LEISEGANG : *La Gnose* ; trad. de Jean GOUILLARD, Payot, Paris, 1951, pp. 50, 52. — N. d. T.]

33. Je me réfère ici à des exemples littéraires généralement accessibles, au lieu de recourir à des cas cliniques. L'exemple littéraire est amplement suffisant pour le but que nous poursuivons.

Cet aspect n'apparaît qu'à celui qui est confronté avec l'anima. Seul ce pénible travail permet de reconnaître à un degré croissant[34] que derrière tout ce jeu cruel avec la destinée humaine il y a comme une intention secrète qui semble correspondre à une connaissance supérieure des lois de la vie. C'est justement ce qu'il y a d'inattendu tout d'abord, le chaos angoissant, qui dévoile un *sens* profond. Et plus on reconnaît ce sens, plus l'anima perd son caractère pressant et contraignant. Peu à peu des digues s'élèvent contre le raz de marée du chaos; car ce qui est plein de sens se sépare de ce qui en est dépourvu et, du fait que le sens et le non-sens ne sont plus identiques, la puissance du chaos se trouve affaiblie par la dissociation du sens et du non-sens. C'est ainsi que naît un nouveau cosmos. Ce que l'on entend par là n'est pas quelque nouvelle découverte de la médecine psychologique, mais la très antique vérité qui veut que de la plénitude des expériences vitales sorte un enseignement que le père transmet à son fils[35].

Non seulement sagesse et bouffonnerie apparaissent dans l'être à la nature d'elfe comme une seule et même chose, mais elles sont une seule et même chose tant qu'elles sont représentées par l'anima. La vie est bouffonne et signifiante. Et si l'on ne rit pas de l'un de ces aspects et que l'on ne spécule pas sur l'autre, alors la vie est banale, alors tout est de dimension minuscule. Il n'y a alors qu'un sens réduit et un non-sens réduit. Au fond rien n'a de signification, car lorsqu'il n'y avait pas d'homme pensant, personne n'était là pour interpréter les phénomènes. Celui-là seul qui ne comprend pas a besoin d'une interprétation. Seul l'incompréhensible a une significa-

---

34. Je veux parler de la confrontation avec les contenus de l'inconscient en général. Elle représente l'unique grande tâche du processus d'intégration.

35. On en trouvera un bon exemple dans le petit livre de G. Schmaltz: *Oestliche Weisheit und Westliche Psychotherapie*, 1951.

tion[36]. L'homme s'est éveillé dans un monde qu'il ne comprend pas et c'est pourquoi il cherche à l'interpréter.

Ainsi l'anima, et par conséquent la vie, sont sans signification en tant qu'elles n'offrent pas d'interprétation. Mais elles possèdent une nature susceptible d'être interprétée, car dans tout chaos est un cosmos, et dans tout désordre un ordre secret, dans tout arbitraire une loi constante, car tout ce qui agit procède d'une polarité. Pour le reconnaître, il faut la raison discriminante de l'homme, qui décompose toutes choses en jugements antinomiques. S'il se confronte avec l'anima, l'arbitraire chaotique de cette dernière lui donne l'occasion de pressentir un ordre secret, en d'autres termes (serions-nous tentés de dire) de « postuler », par-delà la nature de l'anima, une disposition, un sens, une intention. Mais « postuler » n'est pas le mot qui correspond à la vérité, car en réalité nous n'avons pas d'abord pour nous aider une froide réflexion ; nulle science et nulle philosophie même ne nous sont de quelque secours et la doctrine religieuse traditionnelle ne nous apporte qu'une aide très limitée. On se trouve emmêlé et empêtré dans des événements sans but, et le jugement avec toutes ses catégories se révèle impuissant. L'interprétation humaine est défaillante, car ce qui est apparu est une situation vitale turbulente à laquelle aucune interprétation reçue ne convient. C'est là un facteur décisif de l'effondrement. On sombre dans une profondeur dernière, comme le dit justement Apulée : « *Ad instar voluntariae mortis*[37]. » Ce n'est pas une renonciation artificiellement voulue à nos propres capacités, mais une renonciation provoquée par une contrainte naturelle ; ce n'est pas une soumission ou une humiliation volontaire et parée de raisons morales, mais une défaite

36. [En effet, qui dit « signification » dit : expression d'un sens qui n'apparaît pas immédiatement et qui requiert une interprétation. Les deux mots sont très proches en allemand (*Bedeutung* et *Deutung*) : au point de vue sémantique, la *Bedeutung* (la signification) est le résultat de la *Deutung* (l'interprétation. — *N. d. T.*]
37. « A la manière d'une mort volontaire. »

complète sans équivoque, couronnée de l'angoisse panique de la démoralisation. Quand tous les soutiens et toutes les béquilles sont brisés et que n'existe même pas la moindre réassurance promettant encore un abri quelque part, alors seulement se présente la possibilité de faire l'expérience d'un archétype qui jusque-là s'était tenu caché dans l'absurdité lourde de signification de l'anima. *C'est l'archétype du Sens, tout comme l'anima représente purement et simplement l'archétype de la vie.* Le sens, il est vrai, nous semble toujours le dernier-né des événements, parce que nous admettons avec une certaine raison que c'est nous-mêmes qui le donnons, et parce que nous croyons également, sans doute à juste titre, que le grand univers peut exister sans être interprété.

Et comment donnons-nous un sens? Où prenons-nous le sens, en définitive? Les formes que nous utilisons pour cela sont des catégories historiques qui remontent jusqu'à une antiquité nébuleuse dont on ne se rend pas suffisamment compte d'ordinaire. Pour donner le sens, on se sert de certaines matrices linguistiques qui proviennent à leur tour d'images originelles. Nous pouvons prendre ce problème où nous voulons, partout nous débouchons sur l'histoire du langage et des thèmes, qui ramène toujours en droite ligne dans le merveilleux univers primitif. Prenons par exemple le mot *idée*: il remonte au concept d'εἶδος chez Platon, et les Idées éternelles sont des images primordiales, gardées comme formes transcendantes éternelles ἐν ὑπερουρανίῳ τόπῳ (dans un lieu supracéleste). L'œil du voyant les contemple comme des « *imagines et lares* » ou comme des images du rêve et de la vision révélatrice. Ou encore prenons le concept d'*énergie*; qui signifie un événement physique. Autrefois c'était le feu mystérieux des alchimistes, le *phlogiston*, la puissance calorique inhérente à la matière, comme la chaleur originelle des Stoïciens ou le πῦρ ἀεὶ ζῶον (le feu éternellement vivant) d'Héraclite, qui est déjà tout proche de l'idée primitive d'une force vivifiante universellement répandue, force de croissance et de guérison magique que l'on désigne d'ordinaire du nom de *mana*.

Je ne veux pas accumuler les exemples sans nécessité. Il suffit de savoir qu'il n'y a pas une *seule* idée ou représentation qui ne possède des antécédents historiques. Toutes ont à leur base, en définitive, des formes primordiales archétypiques dont la perceptibilité est apparue en un temps où la conscience ne pensait pas encore mais *percevait*. La pensée (*Gedanke*) était objet de perception intérieure, non véritablement pensée (*gedacht*), mais ressentie comme apparition, et pour ainsi dire vue ou entendue. La pensée était essentiellement révélation, rien d'inventé, mais quelque chose qui s'imposait ou emportait la conviction par sa réalité immédiate. La pensée (*Denken*) précède la conscience primitive du moi, et celle-ci est plutôt son objet que son sujet. Mais nous-mêmes n'avons pas non plus gravi encore l'ultime sommet des degrés de la conscience, et c'est pourquoi nous avons également une pensée préexistante dont, il est vrai, nous ne nous rendons pas compte tant que nous nous appuyons sur des symboles traditionnels, ou, pour s'exprimer dans le langage du rêve : tant que le père ou le roi n'est pas mort.

Je voudrais donner un exemple de la manière dont l'inconscient «pense» ou prépare les solutions. Il s'agit d'un jeune étudiant en théologie que je ne connais pas personnellement. Il éprouvait des difficultés avec ses croyances religieuses et, à cette époque, il fit le rêve suivant[38] :

Il se tenait devant un beau vieillard tout vêtu de *noir*. Il savait que c'était le mage *blanc*. Celui-ci venait de lui tenir un long discours dont le rêveur ne pouvait plus se souvenir. Il n'en avait retenu que les derniers mots : «Et pour cela nous avons besoin de l'aide du mage *noir*.» A ce moment, la porte s'ouvrit et l'on vit entrer un vieillard tout semblable, sauf

---

38. J'ai déjà cité ce rêve dans : *Symbolik des Geistes*, Rascher, Zurich, 1948, pp. 16 et *sq.* et dans *Psychologie et Education* (trad. d'Yves LE LAY, Buchet/Chastel, Paris, 1963, p. 93, comme exemple de grand rêve, sans en donner de commentaire détaillé.

qu'il était vêtu de *blanc*. Il dit au mage blanc : « J'ai
besoin de ton conseil », mais jeta un regard interrogatif du
côté du rêveur, sur quoi le mage blanc dit : « Tu peux
parler en toute sécurité ; c'est un innocent. » Alors le
mage noir se mit à raconter son histoire : il venait d'un
pays lointain où il s'était passé quelque chose d'étrange.
Le pays était en effet gouverné par un vieux roi qui se
sentait près de la mort. Il — le roi — s'était cherché un
tombeau. Il y avait en effet dans ce pays un grand nombre
de tombeaux de l'ancien temps et le roi s'était choisi le
plus beau pour lui-même. D'après la légende, une vierge
y était ensevelie. Le roi fit ouvrir le tombeau pour le préparer à son intention. Or, lorsque les ossements qui s'y
trouvaient furent mis à l'air, ils reprirent soudain vie et se
transformèrent en un cheval noir qui s'enfuit aussitôt dans
le désert où il disparut. Il — le mage noir — avait entendu
parler de cette histoire et s'était immédiatement mis à la
poursuite de ce cheval. Au bout d'un voyage de plusieurs
jours, toujours sur les traces du cheval, il était parvenu au
désert et l'avait traversé jusqu'à l'autre extrémité où
recommençait l'herbage. Là il avait trouvé le cheval en
train de paître et c'est là aussi qu'il avait fait la trouvaille
pour laquelle il avait besoin du conseil du mage blanc. Il
avait en effet trouvé là *les clés du paradis* et il ne savait
pas ce que maintenant on pouvait bien en faire. C'est
à cet endroit passionnant que le rêveur s'éveilla.

À la lumière des indications précédentes, le sens du
rêve n'est sans doute pas difficile à deviner : le vieux
roi est le symbole régnant qui veut entrer dans le
repos éternel, et cela, au lieu où de semblables
« dominantes » sont déjà ensevelies. Son choix mûre-
ment calculé tombe sur la sépulture de l'anima qui,
telle une Belle au bois dormant, dort du sommeil de
la mort tant qu'un principe valable (prince ou *prin-
ceps*) règle la vie et l'exprime. Mais le roi touche à
sa fin[39] ; elle reprend donc vie et se transforme dans

---

39. Cf. le thème du « vieux roi » dans l'alchimie. [Ce thème est
longuement traité dans *Mysterium Conjunctionis, op. cit.* II, pp. 9 et *sq.*
— *N. d. T.*]

le cheval noir qui, déjà dans la parabole platonicienne, traduit le caractère rebelle de la nature passionnée. Celui qui le suit parvient au désert, c'est-à-dire dans un pays sauvage, éloigné des hommes, image de l'isolement spirituel et moral. C'est là pourtant que se trouvent les clés du paradis. Mais qu'est-ce que le paradis? Manifestement le jardin d'Eden avec son arbre à double face, l'arbre de vie et de la connaissance, et ses quatre fleuves. Dans la version chrétienne, c'est aussi la cité céleste de l'Apocalypse qui est conçue sous la forme d'un mandala tout comme le jardin d'Eden. Or le mandala est un symbole de l'individuation. Le magicien noir est donc celui qui trouve les clés résolvent les difficultés dont le rêveur est accablé dans sa foi, les clés qui ouvrent le chemin de l'individuation. L'opposition paradis-désert signifie donc l'autre opposition isolement-individuation ou réalisation de soi. Cette partie du rêve est en même temps une remarquable paraphrase de la parole du Seigneur éditée et complétée par Hunt et Grenfell, dans laquelle le chemin du royaume des cieux est montré par les animaux et où l'admonition dit : « Aussi connaissez-vous vous-mêmes, car vous êtes la ville et la ville est le royaume. » De plus, c'est aussi une paraphrase du serpent du paradis qui incita nos premiers parents au péché et qui, dans le cours ultérieur des événements, conduisit à la rédemption du genre humain par le Fils de Dieu. Ce lien causal fournit, on le sait, l'occasion aux Ophites d'identifier le serpent avec le *Sôter* (sauveur, rédempteur). Le cheval noir et le mage noir sont — et cela fait partie du bagage spirituel de l'homme moderne — des éléments quasi mauvais, dont la relativité par rapport au bien est indiquée dans l'échange de vêtements. Les deux mages sont deux aspects du vieillard, maître et instructeur supérieur, de l'archétype de l'esprit qui représente le sens préexistant caché dans la vie chaotique. C'est le père de l'âme, laquelle est, d'une façon merveilleuse, sa mère-vierge. C'est pourquoi il était désigné par les alchimistes du nom de « très antique fils de la mère ». Le mage noir et le cheval noir correspondent à la descente dans l'obscurité des rêves mentionnés précédemment.

Quelle leçon ardue et pénible à un point intolérable, pour un jeune étudiant en théologie ! Par bonheur, il n'a rien remarqué du fait que le Père de tous les prophètes lui a parlé en songe et a mis un grand secret à portée de sa main. On s'étonne, il est vrai, que de telles expériences soient si mal appropriées. Pourquoi un tel gaspillage ? A cela je dois toutefois répondre ici que nous ne savons pas quel effet ce rêve a exercé, à la longue, sur l'étudiant ; et en outre je dois faire ressortir qu'à moi au moins ce rêve a dit bien des choses. Il ne devrait pas être perdu, même si le rêveur ne l'a pas compris.

Le maître de ce rêve cherche manifestement à représenter le bien et le mal dans leur fonction commune, vraisemblablement comme réponse au conflit moral qui demeure toujours sans solution dans l'âme chrétienne. Grâce à cette manière singulière de rendre les contraires relatifs, on voit se produire un certain rapprochement avec l'idée de l'Orient, le *nirdvandva* de la philosophie hindoue, la libération des opposés qui est représentée comme une possibilité de solution réconciliant les éléments en conflit. A quel point la relativité orientale du bien et du mal est dangereusement pleine de sens, on peut le voir par cette question de la sagesse hindoue : « Qui a besoin de plus de temps pour la réalisation, celui qui aime Dieu ou celui qui hait Dieu ? » La réponse dit : « Celui qui aime Dieu a besoin de sept incarnations pour arriver à la réalisation, et celui qui hait Dieu, de trois seulement, car celui qui Le hait pense à Lui plus que celui qui L'aime. » La libération des opposés présuppose un équilibre fonctionnel qui est contraire à notre sentiment chrétien. Mais, comme le montre l'exemple de notre rêve, la collaboration ordonnée des opposés moraux n'en demeure pas moins une vérité naturelle qui est également reconnue de façon naturelle par l'Orient, ainsi que la philosophie taoïste le manifeste sans doute de la façon la plus claire. Il y a du reste aussi dans la tradition chrétienne des affirmations qui se rapprochent de ce point de vue ; je rappellerai seulement la parabole du régisseur infidèle. Notre rêve ne représente à cet égard rien d'unique, car la tendance à rendre les contraires relatifs est une propriété bien affirmée de l'inconscient. On doit ajouter aussitôt que ceci ne vaut que pour une sensibilité morale aiguisée à l'extrême ; dans d'autres cas, l'inconscient peut aussi montrer impitoyablement l'incompatibilité des contraires. En règle générale il adopte une position relative par rapport à l'attitude consciente. C'est pourquoi on est sans doute autorisé à dire que notre rêve présuppose les convictions et les doutes spécifiques d'un conscient théologique d'observance protestante. Cela signifie une limitation de l'énonciation à une catégorie déterminée de problèmes. Mais même en réduisant ainsi sa portée, le rêve démontre la supériorité de son point de vue. C'est pourquoi son sens s'exprime de façon adéquate comme l'opinion et la voix d'un mage blanc qui est, à tous égards, bien supérieur à la conscience du rêveur. Le mage est un synonyme du vieux sage qui remonte en droite ligne au medicine-man de la société primitive. Il est, comme l'anima, un *daïmon* immortel qui transperce de la lumière du sens les obscurités chaotiques de la vie ordinaire. Il est l'illuminateur, l'instructeur et le maître, un psychopompe (guide des âmes) à la personnification duquel « le destructeur des tables » lui-même, Nietzsche, n'a pu échapper : n'en a-t-il pas évoqué l'incarnation dans Zoroastre, esprit supérieur d'une époque proche de celle d'Homère, pour être le porteur et l'annonciateur de son illumination et de son extase « dionysiaques » ? Dieu, certes, était mort pour lui, mais le *daïmon* de la sagesse devint en quelque sorte son double corporel, ainsi qu'il le dit :

> *Alors l'un devint deux*
> *Et Zarathoustra passa devant moi.*

Zarathoustra est pour Nietzsche plus qu'une figure poétique, il est une confession involontaire. Lui aussi s'était égaré dans les obscurités d'une vie détournée de Dieu, déchristianisée, et c'est pourquoi celui qui révèle et qui illumine vint à lui comme la source parlante de son âme. C'est de là que provient le langage hiératique du *Zarathoustra*, car c'est le style de cet archétype.

En vivant cet archétype, le moderne fait l'expérience du mode le plus ancien de la pensée comme activité autonome dont on est l'objet. *Hermès Trismégiste* ou le *Thot* de la littérature hermétique, *Orphée*, *Poimandrès* et le *Poimên* (*Pasteur*) d'*Hermas* qui lui est apparenté[40] sont d'autres formulations de la même expérience. Le nom de « Lucifer » conviendrait fort bien à cet archétype, s'il n'était déjà compromis. C'est pourquoi je me suis contenté de le désigner comme *l'archétype du vieux sage* ou *du sens*. Comme tous les archétypes, celui-ci possède un aspect positif et un aspect négatif, mais je ne veux pas entrer dans un tel examen. Le lecteur pourra trouver une représentation détaillée du double aspect du « vieux sage » dans mon étude sur la phénoménologie de l'esprit dans le conte[41].

Les trois archétypes étudiés, l'ombre, l'anima et le vieux sage sont de ceux qui apparaissent personnifiés dans l'expérience immédiate. J'ai tenté d'indiquer dans ce qui précède, d'une façon générale, les conditions psychologiques préalables d'où provient l'expérience qu'on en fait. Mais ce que j'ai communiqué ne consistait qu'en des rationalisations abstraites. On pourrait, mieux, on devrait donner véritablement une description du processus tel qu'il se présente à l'expérience immédiate. Au cours de ce processus, en effet, les archétypes apparaissent dans les rêves et les phantasmes comme des personnalités actives. Le processus lui-même se représente dans une autre sorte d'archétypes que l'on pourrait d'une façon générale désigner comme archétypes de la *transformation*. Ce ne sont pas des personnalités mais

40. Reitzenstein voit dans le *Pasteur* d'Hermas un ouvrage chrétien concurrent du *Poimandrès*.

41. Dans : *Symbolik des Geistes*, *op. cit.*, pp. 17 et *sq*.

plutôt des situations, des lieux, des moyens, des voies typiques, etc., qui symbolisent chaque fois le genre de la transformation. Comme les personnalités, ces archétypes sont aussi d'authentiques, de purs symboles qui ne peuvent être interprétés de manière exhaustive ni comme σημεῖα, ni comme allégories. Ce sont bien plutôt de vrais symboles dans la mesure où ils sont dotés de sens multiples, pleins de pressentiments et finalement inépuisables. Ces principes fondamentaux, les ἀρχαί de l'inconscient sont, en raison de la richesse de leurs rapports, indescriptibles bien que faciles à reconnaître. Le jugement intellectuel cherche naturellement toujours à établir leur univocité et passe ainsi à côté de l'essentiel, car la seule chose que l'on puisse établir tout d'abord comme caractéristique de leur nature, c'est leur multiplicité de sens, l'abondance presque infinie de leurs rapports qui rend impossible toute formulation univoque. En outre, ils sont paradoxaux dans leur principe : ainsi l'esprit est présenté chez les alchimistes comme *senex et juvenis simul* (en même temps vieillard et jeune homme).

Si l'on veut se faire une image du processus symbolique, les séries d'images des alchimistes en fournissent de bons exemples, bien que leurs symboles soient, pour l'essentiel, traditionnels, même s'ils sont souvent d'origine et de signification obscures. Un exemple oriental frappant est le système tantrique des chakras[42], ou le système nerveux mystique du yoga chinois[43]. Selon toute apparence, les séries d'images du tarot seraient également des rejetons des archétypes de la transformation, opinion qui a été renforcée en moi par une conférence lumineuse du professeur Bernoulli[44].

---

42. Arthur AVALON : *The Serpent Power Being the Shat-Chakra-Nirupana and Paduka-Panchaka*, 1919. (Trad. fr. : *La Puissance du serpent*, Lyon, 1959.)

43. E. ROUSSELLE : *Seelische Führung im lebenden Taoismus. Eranos-Jahrbuch* 1933, pp. 133 et *sq.*

44. R. BERNOULLI : *Zur Symbolik geometrischer Figuren und Zahlen. Eranos-Jahrbuch* 1934, pp. 397 et *sq.*

Le processus symbolique consiste à *vivre dans l'image et à vivre l'image*. Son déroulement montre en règle générale une structure énantiodromique, comme le texte du *Yi King*[45], et représente par suite un mouvement de négation et d'affirmation, de perte et de gain, de clarté et d'obscurité. Son commencement est presque toujours caractérisé par une impasse ou toute autre situation impossible ; son but est, pour s'exprimer en termes généraux, *une illumination ou une conscience supérieure* grâce à laquelle la situation initiale se trouve surmontée à un niveau plus élevé. Le processus peut se représenter, d'une façon condensée, en un seul rêve ou en un court moment d'expérience vécue, ou bien s'étendre sur des mois et des années, selon la nature de la situation initiale de l'individu compris dans le processus et du but à atteindre. Il va de soi que la richesse en symboles varie d'une façon extraordinaire. Quoique tout soit d'abord vécu en images, c'est-à-dire symboliquement, il ne s'agit nullement de dangers en carton mais de risques très réels auxquels, dans certains cas, un destin peut être suspendu. Le danger principal consiste à succomber à l'influence fascinante des archétypes, ce qui peut se produire surtout lorsqu'on ne *prend pas conscience* des images archétypiques. S'il existe une prédisposition psychotique, il peut se produire dans certaines circonstances que les figures archétypiques qui, de toute manière, jouissent d'une certaine autonomie en vertu de leur numinosité naturelle, se libèrent totalement du contrôle de la conscience et acquièrent une indépendance complète, autrement dit, engendrent des *phénomènes de possession*. Dans un cas de possession par l'anima, le malade veut, par exemple, se transformer, en se châtrant, en une femme nommée Marie, ou bien il a peur qu'on ne lui fasse subir par violence quelque mutilation de ce genre. On possède

---

45. [Cf. *Le Yi King* ou Livre des Transformations. Traduction française par Etienne PERROT, de la célèbre version allemande publiée en 1924 par Richard WILHELM, Librairie Médicis, Paris, 1968. — *N. d. T.*]

à ce sujet l'exemple connu de D. P. Schreber[46]. Les malades découvrent souvent toute une mythologie de l'anima avec de multiples thèmes archaïques. Un cas de ce genre a été publié en son temps par J. Nelken[47]. Un autre patient a décrit et commenté lui-même ses expériences dans un ouvrage[48]. Je cite ces cas parce qu'il y a toujours des gens pour penser que les archétypes sont mes divagations personnelles.

Ce qui apparaît brutalement dans la maladie mentale demeure encore à l'arrière-plan dans la névrose mais n'en exerce pas moins à partir de là une influence sur le conscient. Lorsque l'analyse pénètre alors à l'arrière-plan des phénomènes conscients, elle découvre ces mêmes archétypes qui animent les délires des psychotiques. *Last but not least*, de nombreux documents historiques et littéraires prouvent que ces archétypes sont des types normaux de l'imagination qui se présentent pratiquement partout, et nullement des élucubrations de la maladie mentale. L'élément pathologique ne se trouve pas dans l'existence de ces représentations, mais dans la dissociation de la conscience, désormais incapable de dominer l'inconscient. Dans tous les cas de dissociation se manifeste par suite la nécessité de l'*intégration de l'inconscient* dans le conscient. Il s'agit d'une opération synthétique que j'ai dénommée «processus d'individuation».

Ce processus correspond proprement au déroulement naturel d'une vie dans laquelle l'individu devient ce qu'il était déjà depuis toujours. Parce que l'homme a un conscient, un tel développement ne se déroule pas toujours sans accroc; il est varié et troublé de bien des manières, étant donné que le conscient ne cesse de s'écarter du fondement instinctif archétypique et d'entrer en opposition avec lui. Il en résulte alors la

46. D. P. SCHREBER: *Denkwürdigkeiten eines Nervenkranken*, Leipzig, 1903.

47. *Analytishe Beobachtungen über Phantasien eines Schizophrenen.* (Jahrb. f. Psychoan. und Pychopath. Forschung, 1912, vol. IV, pp. 504 et *sq.*)

48. John CUSTANCE: *Le Livre de la sagesse et de la folie.* Préface de C. G. JUNG. Trad. fr. de Christian et Janine BOUSCAREN, Paris, 1954.

nécessité d'une synthèse des deux positions. C'est déjà la psychothérapie au stade primitif où elle se pratique sous la forme de rites de restauration. Nous en avons pour exemples les identifications régressives avec les ancêtres du temps des Alcherringas en Australie, l'identification avec les fils du soleil chez les Taos Pueblos, l'apothéose solaire dans les mystères d'Isis chez Apulée, etc. La méthode thérapeutique de la psychologie complexe consiste en conséquence d'une part en un effort pour rendre conscients aussi complètement que possible les contenus inconscients constellés et d'autre part dans la synthèse de ces derniers avec la conscience au moyen de l'acte de connaissance. Comme l'homme civilisé possède une très grande tendance à la dissociation et qu'il en fait un usage continuel pour se soustraire à tous les risques possibles, il n'est absolument pas certain de prime abord qu'une connaissance sera suivie de l'action correspondante. On doit au contraire compter avec une inefficacité bien marquée de la connaissance et, par suite, insister sur une utilisation de celle-ci qui corresponde à sa signification. D'ordinaire la connaissance à elle seule n'a pas une telle action, et elle ne signifie pas non plus en elle-même une force morale. Dans de tels cas on se rend clairement compte à quel point la guérison d'une névrose est un problème moral.

Comme les archétypes sont relativement autonomes, de même que tous les contenus numineux, ils ne peuvent pas être purement et simplement intégrés sous une forme rationnelle, ils exigent un traitement dialectique, c'est-à-dire une véritable confrontation que le patient réalise fréquemment sous forme de dialogue, vérifiant ainsi, sans le savoir, la définition alchimique de la *méditation* : « *Colloquium cum angelo bono* », dialogue intérieur avec l'ange gardien[49]. Le déroulement de ce processus est d'ordinaire dramatique et offre de nombreuses péri-

---

49. RULAND : *Lexicon Alchemiae*, 1612, *s.v. meditatio*. [On trouvera un exemple de cette méthode dans *Ma Vie, op. cit.*, pp. 216-218. — *N. d. T.*]

péties. Il s'exprime ou est accompagné par des symboles oniriques apparentés à ces «représentations collectives» qui ont depuis toujours représenté les phénomènes de la transformation psychique sous forme de thèmes mythologiques[50].

Dans le cadre d'une conférence j'ai dû me contenter d'étudier simplement quelques exemples d'archétypes. J'ai choisi ceux qui jouent le rôle principal dans l'analyse d'un inconscient masculin et j'ai également tenté d'esquisser dans une certaine mesure le processus de transformation psychique dans lequel ils apparaissent. Depuis la première publication de cette conférence, les figures de l'ombre, de l'anima et du vieux sage dont il a été question ont été exposées en détail, en même temps que les figures correspondantes de l'inconscient féminin, dans mes *Contributions à la Symbolique du Soi* [51], et j'ai consacré une étude plus approfondie au processus d'individuation dans son rapport avec le symbolisme alchimique[52].

50. Je renvoie à mes exposés dans: *Métamorphose de l'âme et ses symboles*. Trad. d'Yves LE LAY, Librairie de l'Université, Genève, 1953, 2e éd., 1967.

51. In *Aion*, Rascher, Zurich, 1951.

52. *Psychologie et Alchimie*, trad. par Henry PERNET et le Dr Roland CAHEN. Buchet/Chastel Paris, 1970.

LIVRE II

De l'archétype
et en particulier
de l'idée d'anima[1]

1. Paru pour la première fois dans la revue *Zentralblatt für Psychotherapie*, 1938. Le texte en a été revu.

Bien que la conscience contemporaine semble avoir déjà oublié qu'il y eut jadis une psychologie qui n'était pas empirique, l'attitude fondamentale demeure encore, d'une façon générale, identique à celle d'autrefois qui identifiait la psychologie à une théorie sur le psychisme. Il a fallu dans le monde universitaire cette énergique révolution dans les méthodes provoquée par Fechner[2] et Wundt[3] pour faire comprendre au monde scientifique que la psychologie est un domaine de l'expérience et non une théorie philosophique. Pour le matérialisme grandissant de la fin du XIXe siècle, cela signifiait simplement, il est vrai, qu'il y avait eu une « science expérimentale de l'âme » à laquelle nous sommes encore aujourd'hui redevables de précieuses descriptions[4]. Je rappellerai seulement l'étude du Dr Justinus Kerner sur *La Voyante de Prevorst* (1846). Pour cette orientation nouvelle de la méthode scientifique, toute psychologie descriptive « romantique » était anathème. Les espoirs excessifs de cette science expérimentale de laboratoire se reflètent déjà dans la « *Psychophysique* » de Fechner. Elle aboutit aujourd'hui à la psychotechnique et à un changement général de point de vue scientifique au profit de la *phénoménologie*. Toutefois on ne saurait encore prétendre que le point de vue phénoménologique ait pénétré dans tous les esprits. La théorie joue partout encore un rôle bien

---

2. *Elemente der Psychophysik*, 1860.
3. *Grundzüge der physiologischen Psychologie*, 1874.
4. Voir par exemple le recueil du Dr G. H. SCHUBERT: *Altes und Neues aus den Gebiet der innern Seelenkunde*, 1825-1844.

trop considérable au lieu d'être, comme il le faudrait, englobée dans la phénoménologie. Même Freud, dont l'attitude empirique est incontestable, a couplé sa théorie, dont il a fait une condition *sine qua non*, avec sa méthode, comme si les phénomènes psychiques devaient être nécessairement regardés dans un certain éclairage pour être quelque chose. Cependant c'est Freud qui, dans le champ des névroses tout au moins, a ouvert la voie à l'étude des phénomènes complexes. Toutefois le domaine libéré ne s'étendit pas plus largement que ne le permettaient certaines idées philosophiques fondamentales, si bien que la psychologie donna l'impression d'être un cas particulier de la physiologie des instincts. Pour la conception matérialiste de cette époque, qui remonte à cinquante ans bientôt, cette limitation de la psychologie était la bienvenue et, en dépit des modifications subies par l'image du monde, il en est encore de même aujourd'hui. On y trouve non seulement l'avantage d'un «champ de travail délimité», mais aussi un excellent prétexte pour ne pas avoir à se soucier de ce qui se passe dans un monde plus vaste. C'est ainsi que toute la psychologie médicale a omis de voir qu'une psychologie des névroses, comme par exemple celle de Freud, demeure entièrement en suspens sans la connaissance d'une phénoménologie générale. On a également négligé de voir que, dans le domaine des névroses, Pierre Janet[5] avait déjà commencé avant Freud à édifier une méthode descriptive, et cela sans l'alourdir d'un excès de postulats théoriques et philosophiques. La description biographique du phénomène psychique franchit les limites du domaine strictement médical grâce au chef-d'œuvre du philosophe genevois Théodore Flournoy, sa description de la psychologie d'une personnalité sortant de l'ordinaire[6]. Cet ouvrage

---

5. *L'Automatisme psychologique*, 1889. Idem: *L'Etat mental des hystériques*, 1892. Idem: *Névroses et Idées fixes*, 1898.
6. *Des Indes à la planète Mars*, 1900, et *Nouvelles Observations sur un cas de somnambulisme avec glossolalie. Arch. de Psychologie*, 1901, t. I, n° 2.

fut suivi, comme première étude d'ensemble, du chef-d'oeuvre de William James : *Varieties of Religious Experience* (1902). C'est principalement à ces deux derniers chercheurs que je dois d'avoir appris à saisir la nature du désordre psychique dans le cadre de l'ensemble de l'âme humaine. J'ai moi-même pendant de longues années procédé à un travail expérimental. Mais ma pratique intensive des névroses et des psychoses m'a contraint de voir — si souhaitable que soit la détermination quantitative — qu'il est impossible de se passer de méthode descriptive et qualitative. La psychologie médicale a reconnu que les états de choses décisifs sont extraordinairement compliqués et qu'ils ne peuvent être saisis que grâce à une description des cas individuels. Cependant l'emploi de cette dernière méthode exige que l'on soit libéré de tout préjugé théorique. Là où une science naturelle ne peut plus procéder expérimentalement, elle se fait descriptive, sans pour cela cesser d'être scientifique. Mais une science expérimentale s'ôte à elle-même toute possibilité si elle délimite son champ d'action d'après des notions théoriques. L'âme ne s'arrête pas là où cesse la portée d'un présupposé physiologique ou autre, ce qui veut dire que, dans chaque cas particulier que nous examinons scientifiquement, nous devons prendre en considération l'ensemble du phénomène psychique.

Ces réflexions sont indispensables dans la discussion d'une notion empirique comme celle de l'*anima*. Contrairement au préjugé souvent exprimé suivant lequel il s'agirait là d'une invention théorique ou — pis encore — d'une pure mythologie, je dois faire ressortir ici que l'idée d'anima est une pure notion d'expérience qui n'a d'autre but que de donner un nom à un groupe de phénomènes apparentés ou analogues. Cette notion n'est pas plus gratuite et n'a pas d'autre signification que, par exemple, le concept d'arthropodes qui comprend tous les articulés et donne ainsi un nom à ce groupe phénoménologique. Si regrettable que cela soit, les préjugés signalés proviennent de l'ignorance. Les critiques ne connaissent pas les phénomènes en question, car ceux-ci se trouvent pour la plupart situés en dehors des bornes d'un savoir uniquement médical, dans un domaine d'expérience concernant l'homme dans son ensemble. Leur nature ne se manifeste pas uniquement dans le domaine personnel, instinctif ou social, mais aussi dans le phénomène du monde en général; en d'autres termes, si nous voulons comprendre l'« âme », il nous faut y englober le monde. Sans doute, nous pouvons, et même nous devons, pour des raisons pratiques, limiter notre champ de travail, mais ceci ne peut se faire qu'en gardant conscience du présupposé de la limitation. Mais plus les phénomènes que la pratique doit affronter sont complexes, plus l'hypothèse et la connaissance correspondantes doivent être vastes.

C'est pourquoi celui qui ne connaît pas la diffusion et l'importance universelles du *thème* de la *syzygie* (thème du couple[7]) dans la psychologie des primitifs[8], la mythologie, la science comparative des religions et l'histoire de la littérature, n'aura guère voix au chapitre quand il sera question de l'idée d'anima. Sa science de la psychologie des névroses pourrait sans doute lui en donner une certaine connaissance, mais c'est seulement la science de la phénoménologie générale de l'anima qui pourrait lui ouvrir les yeux sur la véritable signification de ce qui se présente à lui dans les cas individuels et souvent dans une déformation pathologique.

Un préjugé général veut encore que le fondement essentiel de notre connaissance soit exclusivement donné de l'extérieur, et que *nihil esse in intellectu quod non antea fuerit in sensu* (il n'y a rien dans l'intellect qui n'ait été auparavant dans le sens). Et pourtant une théorie importante comme la doctrine

---

7. *Syzygos*: accouplé, uni. *Syzygia*: *conjugatio*, accouplement.

8. Je désire mettre en particulier l'accent sur le chamanisme et sa notion d'« épouse céleste ». (M. ELIADE: *Le Chamanisme*, Payot, Paris, 1951, pp. 80 et *sq*.)

des atomes du vieux Leucippe et de Démocrite ne reposait absolument pas sur l'observation d'éclatements en atomes mais sur une représentation « mythologique » d'infimes particules que les habitants de l'Australie centrale, qui sont encore à l'âge paléolithique, connaissent déjà comme étant des atomes de l'âme, d'infimes particules animées[9]. Tous ceux qui connaissent l'ancienne science ou l'ancienne philosophie de la nature savent quelle part de données psychiques se trouve projetée dans l'inconnu du phénomène extérieur. Cette part est en fait si grande, qu'en fin de compte nous ne sommes jamais en mesure d'indiquer la manière dont, en définitive, le monde en lui-même est fait, car nous sommes bel et bien contraints de transposer l'élément physique dans un processus psychique, du moment que nous voulons parler de connaissance. Mais qui garantit que cette transposition fait apparaître une image du monde « objective » qui soit en quelque manière suffisante ? Il faudrait en effet que l'événement physique fût également psychique. Mais il semble bien qu'une grande distance nous sépare encore de cette constatation. En attendant, il nous faut bon gré mal gré nous contenter d'admettre que c'est l'âme qui nous offre ces images et ces formes, les seules qui, en définitive, rendent possible la connaissance de l'objet.

On admet généralement, à propos de ces formes, qu'elles ont été transmises par tradition, que si nous parlons encore aujourd'hui d'« atomes », c'est parce que nous avons entendu parler directement ou indirectement de la théorie des atomes de Démocrite. Mais où Démocrite ou celui, quel qu'il soit, qui a parlé pour la première fois de minuscules éléments constitutifs, a-t-il entendu parler d'atomes ? Cette idée a pris son origine dans les représentations dites archétypiques, c'est-à-dire dans des images primor-

---

9. Spencer and Gillen : *The Northern Tribes of Central Australia*, pp. 331 et pass. Voir également A. E. Crawley : *The Idea of the Soul*, pp. 87 et *sq.*

diales qui ne sont jamais des copies d'événements physiques, mais constituent des productions originales du *facteur psychique*. Malgré la tendance matérialiste qui voudrait concevoir essentiellement « l'âme » comme un simple décalque de phénomènes physiques et chimiques, il n'existe pas encore une seule preuve en faveur de cette hypothèse. Bien au contraire, d'innombrables faits attestent que l'âme traduit le processus physique en des successions d'images qui n'ont souvent qu'une connexion à peine discernable avec le phénomène objectif. L'hypothèse matérialiste est trop audacieuse et dépasse avec une prétention « métaphysique » le donné susceptible d'être expérimenté. Ce que nous pouvons établir avec certitude dans l'état actuel de notre savoir, c'est *notre ignorance de la nature du psychisme*. Il n'y a donc aucune raison de considérer la psyché comme quelque chose de secondaire ou comme un épiphénomène, mais il existe des motifs suffisants pour la concevoir — au moins d'une façon hypothétique — comme un facteur *sui generis*, tant qu'il n'aura pas été prouvé de manière satisfaisante que le processus psychique peut être lui aussi fabriqué dans une cornue. On a ridiculisé comme impossible la prétention de l'alchimie à posséder une pierre philosophale composée d'un corps, d'une âme et d'un esprit ; il conviendrait donc également de ne pas continuer à traîner le corollaire logique de l'hypothèse médiévale, à savoir le préjugé matérialiste concernant l'âme, comme si ses prémisses étaient chose avérée.

On ne parviendra pas de sitôt à mettre les données complexes de l'âme en une formule chimique ; le facteur psychique doit donc, par hypothèse, être considéré pour le moment comme une réalité autonome de caractère énigmatique, et cela, d'abord, parce qu'il apparaît, suivant toute expérience effective, comme *différent par nature* des phénomènes physicochimiques. Si nous ne savons pas finalement ce qu'est sa substance, cela est également vrai de l'objet physique, de la matière. Si donc nous considérons le psychisme comme un facteur autonome, il en résulte qu'il y a une existence psychique échappant à l'arbitraire de l'invention et de la manipulation conscientes. Si par conséquent un caractère évanescent, superficiel, plein d'ombre, futile même, s'attache à tout ce qui est psychique, cette constatation s'applique la plupart du temps aux éléments subjectivement psychiques, aux contenus de la conscience, mais non aux éléments objectivement psychiques, à l'*inconscient*, qui représente une condition *a priori* de la conscience et de ses contenus. Il émane de l'inconscient des effets déterminants qui, indépendamment de leur transmission, assurent dans chaque individu isolé la similitude et même l'identité de l'expérience ainsi que de la formulation par l'imagination. L'une des preuves principales en est le parallélisme quasi universel des thèmes mythologiques que j'ai appelés *archétypes* en raison de leur nature d'images primordiales.

L'un de ces archétypes, qui est d'une importance particulière pour le psychothérapeute, a été désigné par moi du nom d'*anima*. Cette expression veut caractériser quelque chose qui ne saurait être confondu avec aucune notion chrétienne et dogmatique de l'âme, ni même avec aucune des idées philosophiques de l'âme élaborées jusqu'à présent. Si l'on veut se faire une représentation à moitié concrète de ce que formule ce concept, on fera mieux de remonter à un écrivain ancien comme Macrobe[10] ou à la philosophie chinoise classique[11] où l'anima (en chinois *po* et *koui*) est conçue comme une partie féminine et chtonienne de l'âme. Un tel retour en arrière offre toujours, il est vrai, le danger de concrétisme métaphysique, danger que je cherche à éviter autant

10. *Sur le songe de Scipion.*
11. Richard WILHEIM et C.G. JUNG: *Das Geheimnis der goldenen Blüte* (Le Mystère de la Fleur d'Or), 5ᵉ éd. Rascher, Zurick, 1957, pp. 49 et *sq.* Chantepie DE LA SAUSSAYE: *Lehrbuch der Religionsgeschichte*, III, I, 71.

que faire se peut, mais auquel doit cependant succomber dans une certaine mesure toute tentative en vue d'une représentation claire. Il ne s'agit nullement d'une idée abstraite, mais d'une notion d'expérience nécessairement liée à la figure dans laquelle elle apparaît, que l'on ne pourrait décrire qu'en utilisant ce qui est sa phénoménologie spécifique.

Une psychologie scientifique doit, sans se soucier du pour et du contre qu'entraînent les conceptions du monde et les conditions de l'époque, considérer ces représentations transcendantes nées de tout temps dans l'esprit humain, comme des *projections*, c'est-à-dire des contenus psychiques transposés et hypostasiés dans le domaine métaphysique[12]. L'anima se présente à nous dans l'histoire tout d'abord dans les *syzygies* divines, les couples divins composés du mâle et de la femelle. D'une part ces syzygies plongent dans les ténèbres des mythologies primitives[13] et d'autre part elles s'élèvent dans les spéculations du gnosticisme[14] et de la philosophie chinoise classique où le couple cosmogonique d'idées est appelé *Yang* (masculin) et *Yin* (féminin). On peut affirmer tranquillement de ces syzygies qu'elles sont tout aussi universelles que la présence de l'homme et de la femme. De ce fait découle nécessairement la conclusion que l'imagination est liée par ce thème, de sorte qu'elle est amenée dans une large mesure à le projeter sans cesse à nouveau en tous lieux et en tous temps[15].

La projection est, comme nous l'apprend l'expérience médicale, un phénomène inconscient, automati-

12. Ce point de vue repose sur la critique kantienne de la connaissance et n'a rien à voir avec le matérialisme.

13. J. WINTHUIS : *Das Zweigeschlechterwesen bei den Zentralaustraliern und andern Völkern* ; Leipzig, 1928.

14. En particulier dans le système des Valentiniens. IRENEE : *Refutatio omn. haeres.* (Cf. H. LEISEGANG : *La Gnose*, trad. cit., pp. 197-198.)

15. La philosophie dite hermético-alchimique du XIVe au XVIIe siècle livre en abondance des exemples instructifs. Michel MAIER permet d'en avoir une vue relativement satisfaisante dans son ouvrage : *Symbola Aureae Mensae duodecim nationum* (Symboles de la Table d'Or des douze nations), Francfort, 1617.

que, par lequel un contenu dont le sujet n'a pas conscience est transféré sur un objet, de sorte qu'il paraît appartenir à cet objet. Par contre, la projection cesse au moment où elle devient consciente, c'est-à-dire quand le contenu est perçu comme appartenant au sujet[16]. C'est pourquoi le panthéon polythéiste de l'antiquité ne doit pas le moins du monde son affaiblissement à l'opinion répandue pour la première fois par Evhémère[17], suivant laquelle ses figures ne seraient que des reflets du caractère humain. Il est, certes, aisé d'expliquer que le couple divin n'est que le couple idéalisé des parents, ou un couple humain (d'amants) qui aurait pris place dans le ciel pour une raison quelconque. Cette supposition n'offrirait pas de difficulté si la projection était, non un phénomène inconscient, mais une intention consciente. On peut en général poser l'hypothèse que nos parents sont les individus les plus connus de nous, c'est-à-dire ceux dont le sujet est le plus conscient. Mais c'est précisément pour cette raison qu'ils ne pourraient pas être projetés, car la projection affecte un contenu dont le sujet est inconscient, c'est-à-dire dont il croit qu'il ne lui appartient pas. L'image des parents est donc justement celle qui pourrait le moins être projetée parce qu'elle est trop consciente.

En réalité, ce sont précisément, semble-t-il, les *imagines* des parents qui sont le plus souvent projetées, et ce fait est si lumineux que l'on pourrait presque en tirer la conclusion que ce sont justement les

---

16. Il existe, il est vrai, des cas où, en dépit d'une intelligence suffisante de la situation, l'action en retour de la projection sur le sujet ne cesse pas, c'est-à-dire que la libération escomptée n'a pas lieu. Dans ce cas, ainsi que je l'ai souvent constaté, il est encore des contenus pleins de signification, mais inconscients, qui demeurent liés au porteur de la projection. Ce sont eux qui entretiennent l'effet de cette dernière, alors qu'elle paraissait avoir été comprise. (Voir *Dialectique du moi et de l'inconscient*. Trad. du Dr Roland Cahen, Gallimard, Paris, 2ᵉ éd. 1964.)

17. Il vivait aux environs de 300 av. J.-C. Cf. R. Block: *Evhémère*, 1876.

contenus conscients qui se projettent. On le voit
d'une façon particulièrement évidente dans les cas de
transfert où le patient discerne avec une clarté toute
spéciale qu'il projette l'*imago* paternelle (ou même
l'*imago* maternelle) sur le médecin, et où il voit
même de la manière la plus aiguë la relation incestueuse qui en découle, sans être pour cela délivré du
contrecoup de sa projection, c'est-à-dire de l'effet du
transfert ; en d'autres termes, il se comporte comme
s'il n'avait pas discerné du tout sa projection. Toutefois l'expérience montre que la projection n'est
jamais consciente ; les projections ont toujours lieu
d'abord et ne sont reconnues qu'ensuite. On doit
donc supposer que, par-delà les phantasmes incestueux, des contenus dotés d'une forte charge émotionnelle sont liés aux *imagines* parentales et
réclament la prise de conscience correspondante. Ils
sont manifestement encore plus difficiles à rendre
conscients que les phantasmes d'inceste, dont on
admet qu'ils sont refoulés en raison d'une violente
résistance et qu'ils sont par suite inconscients. Si
nous admettons que cette opinion est correcte, force
nous est de conclure qu'outre les phantasmes incestueux, il existe d'autres contenus refoulés à la suite
d'une résistance plus grande encore. Comme on ne
peut guère se représenter quelque chose de plus choquant que l'inceste, on se trouve quelque peu
embarrassé lorsqu'on veut répondre à cette question.

Si nous laissons la parole à l'expérience pratique,
elle nous dit qu'à côté des phantasmes incestueux,
des représentations religieuses sont également associées aux *imagines* des parents. Je n'ai pas besoin
d'alléguer de preuves historiques à l'appui de cette
affirmation. Elles sont bien connues. Mais qu'en est-
il du caractère choquant d'associations religieuses ?

Quelqu'un a fait remarquer un jour que, dans une
société ordinaire, il est plus gênant de parler de Dieu
à table que de raconter une histoire un peu risquée.
Il est effectivement plus supportable pour bien des
gens d'admettre des phantasmes sexuels que de

devoir avouer que leur médecin est le sauveur, car le premier cas est, à tout prendre, biologiquement « légal » tandis que le second est bel et bien pathologique, et c'est de cela qu'on a le plus peur. Il me semble pourtant que l'on fait trop de cas de la « résistance ». On peut en effet tout aussi bien expliquer les phénomènes en question par un manque d'imagination et de réflexion qui rend l'acte de prise de conscience si difficile pour le malade. Peut-être même n'a-t-il aucune résistance particulière contre les représentations religieuses et est-ce seulement qu'il ne lui vient pas à l'esprit qu'il pourrait considérer sérieusement son médecin comme son dieu ou son sauveur. Déjà sa simple raison le met à l'abri d'illusions semblables. Mais il hésite moins à admettre que son médecin se fait une telle illusion. Quand on est soi-même un dogmatiste, il est aisé, comme on sait, de prendre l'autre pour un prophète et un fondateur de religion.

Les représentations religieuses, l'histoire le montre, sont dotées d'une extrême puissance de suggestion et d'émotion. Je range naturellement parmi elles toutes les « représentations collectives », ce que nous apporte l'histoire des religions et tout ce qui rime en *isme*. Cette dernière catégorie n'est qu'une forme bâtarde moderne des confessions historiques. Quelqu'un peut croire de bonne foi n'avoir pas d'idées religieuses. Mais nul ne peut tomber hors de l'humanité au point de ne plus avoir de représentation collective dominante. Son matérialisme, son athéisme, son communisme, son socialisme, son libéralisme, son intellectualisme, son existentialisme constituent précisément ce qui témoigne contre son ingénuité. Il est quelque part, d'une manière ou d'une autre, peu ou prou, possédé par une idée qui le domine.

La psychologie sait à quel point les idées religieuses sont liées aux *imagines* des parents. L'histoire a conservé de cette situation des témoignages décisifs, indépendamment des découvertes médicales modernes qui ont même eu tendance à considérer la relation avec les parents comme la véritable cause première de l'apparition d'idées religieuses. Cette hypothèse repose toutefois sur une médiocre connaissance des faits. En premier lieu, on ne doit pas transposer tout bonnement la psychologie moderne de la famille dans les rapports primitifs, où les choses se passent d'une manière entièrement différente ; ensuite, on doit se garder d'imaginations irréfléchies sur le premier père ou la horde primitive ; troisièmement et avant tout, on doit connaître de la façon la plus exacte la phénoménologie de l'expérience religieuse, qui est un cas *sui generis*. Jusqu'à ce jour, les recherches psychologiques effectuées dans ce domaine ne remplissent aucune des trois conditions énoncées.

Ce que nous savons de positif par l'expérience psychologique, c'est seulement que des représentations théistes sont associées aux *imagines* des parents, et cela (dans les matériaux fournis par nos patients) d'une façon la plupart du temps inconsciente. Quand l'intelligence qu'on en acquiert ne suffit pas à réduire les projections correspondantes, nous avons tout motif de penser à la présence de contenus émotionnels de nature religieuse, sans nous soucier de la résistance rationaliste du patient.

Aussi loin que s'étend notre connaissance de l'homme, nous savons qu'il est toujours et partout placé sous l'influence de représentations dominantes. Celui qui prétend ne pas l'être est simplement suspect d'avoir troqué une forme de croyance connue et attendue contre une variante moins familière à lui-même et aux autres. A la place du théisme, il professe l'athéisme, au lieu de Dionysos, il exhibe l'image plus moderne de Mithra[18], et au lieu de le chercher au ciel, il recherche le paradis sur terre.

Un homme sans représentation collective serait un phénomène tout à fait anormal. Mais ce phénomène n'apparaît que dans l'imagination d'individus isolés

18. [Allusion à l'expansion du culte de Mithra auprès de celui de Dionysos, dans le monde romain. — *N. d. T.*]

qui se font illusion sur eux-mêmes. Ils se trompent, non seulement sur la présence d'idées religieuses, mais aussi dans une proportion toute spéciale, sur l'intensité de ces dernières. L'archétype des représentations religieuses a, comme tout instinct, son énergie spécifique qu'il ne perd pas, même si la conscience l'ignore. Comme on peut supposer, avec la plus grande vraisemblance, que tout homme possède toutes les fonctions et les qualités humaines courantes, on doit s'attendre à la présence des facteurs religieux normaux, des archétypes, et cette attente ne trompe pas, comme il est aisé de s'en rendre compte. Si quelqu'un réussit à se débarrasser d'une enveloppe de croyance, il ne peut le faire que parce qu'il en a une autre sous la main : «Plus ça change, plus ça reste la même chose[19] ! » Nul n'échappe à sa situation première d'être un homme.

Les représentations collectives ont un pouvoir dominant et il n'est donc pas étonnant qu'elles soient réprimées au moyen de la résistance la plus forte. Dans leur état refoulé, elles ne se dissimulent pas derrière une banalité quelconque, mais derrière ces représentations et ces figures qui posent déjà des problèmes pour d'autres raisons et qui augmentent et accentuent leur complexité. Par exemple, tout ce que, de manière infantile, on attribue ou voudrait attribuer aux parents, se trouve exagéré et rendu fantastique par cet apport supplémentaire fait en secret, et c'est pourquoi la question demeure ouverte de savoir dans quelle mesure il faut prendre au sérieux l'image de l'inceste qu'entoure un halo douteux. Derrière le couple parental ou amoureux se trouvent des contenus de la plus haute charge émotionnelle qui ne sont pas perçus dans la conscience et, par suite, ne se rendent perceptibles que par l'intermédiaire de la projection. Que de telles projections soient des phénomènes authentiques et non de simples opinions traditionnelles, il est des documents historiques pour le prouver.

---

19. [En français dans le texte. — *N. d. T.*]

Ceux-ci montrent en effet que de telles syzygies sont projetées tout à fait à l'opposé des attitudes de la foi traditionnelle, et cela sous forme de visions, d'expériences vécues[20]. Un des cas les plus instructifs à cet égard est celui de Nicolas de Flue, qui a été récemment canonisé. C'était un mystique suisse du XVe siècle dont les visions nous ont été rapportées par des témoignages contemporains[21]. Dans les visions qui ont pour objet son initiation à l'état d'enfant de Dieu, la divinité apparaît sous une forme double, la première fois comme *père* royal et la seconde comme *mère* royale. Cette représentation est aussi peu orthodoxe que possible, puisque l'Eglise avait alors exclu depuis mille ans déjà l'élément féminin de la Trinité. Le frère Nicolas était un simple paysan analphabète qui n'avait certainement reçu aucun autre enseignement que la doctrine ecclésiastique approuvée ; il n'avait en tout cas aucune connaissance de l'interprétation gnostique du Saint-Esprit comme Sophia féminine et maternelle[22]. La vision de ce mystique, dite vision de la Trinité, est également un clair exemple de l'intensité du contenu projeté. La situation psychologique de Nicolas se prêtait parfaitement à une projection de cette sorte, car sa représentation consciente s'accorde si peu avec le contenu inconscient que ce dernier apparaît sous la forme d'une expérience étrangère à la conscience. On doit

20. En outre, il ne faut naturellement pas omettre de voir qu'il existe un nombre sans doute bien plus grand de visions qui correspondent au dogme. Toutefois, ce ne sont pas là des projections spontanées et autonomes au sens strict, mais des *visualisations de contenus conscients* évoqués grâce à l'auto- et à l'hétérosuggestion. C'est le but que poursuivent en particulier les exercices tels que les pratiques de méditation prescrites en Orient. Dans une recherche empreinte d'une certaine rigueur concernant de telles visions, il conviendrait entre autres d'établir également ce qu'était la vision proprement dite et dans quelle mesure son élaboration dans le sens du dogme doit être prise en considération.

21. Voir plus haut, Livre I, pp. 19 et *sq*.

22. La curieuse histoire d'amour de cet éon, le plus jeune de tous, figure chez IRENÉE : *Refut. omn. haeres.*, ch. II et *sq*.

en conclure que ce ne fut nullement la représentation traditionnelle de Dieu, mais bien au contraire une image « hérétique[23] » qui se manifesta par une vision, c'est-à-dire par une interprétation de nature archétypique qui se réveilla spontanément sans intermédiaire. C'est l'archétype du couple divin, de la syzygie.

Nous rencontrons un cas tout à fait analogue dans les visions du *Pèlerinage de l'âme* de Guillaume de Digulleville[24]. L'auteur voit Dieu au plus haut du ciel comme un roi sur un trône circulaire et rayonnant ; auprès de lui est assise la reine du ciel sur un trône semblable de cristal brun. Pour un moine de l'ordre de Cîteaux — lequel se caractérisait, comme on le sait, par la sévérité de sa règle — cette vision est fortement teintée d'hérésie. La condition de la projection se trouve donc ici encore pleinement réalisée.

Une description impressionnante du caractère vécu de la vision de la syzygie se trouve dans l'ouvrage d'Edward Maitland qui présente la biographie d'Anna Kingsford. Maitland dépeint en détail son expérience de Dieu, qui consiste en une vision de lumière très semblable à celle du frère Nicolas. Il dit textuellement : « C'était Dieu sous l'aspect du Seigneur prouvant par sa *dualité* que Dieu est substance aussi bien que puissance, amour et volonté, *féminin* aussi bien que *masculin*, mère aussi bien que père[25]. »

23. C. G. JUNG : *Bruder Klaus*, Neue Schweiz. Rundschau, 1933, n⁰ 4.

24. GUILLAUME écrivit trois « pèlerinages » à la manière de *La Divine Comédie*, mais indépendamment de DANTE, entre 1330 et 1350. Il fut prieur du monastère cistercien de Châlis, en Normandie. Cf. abbé Joseph DELACOTTE : *Guillaume de Digulleville. Trois Romans-poèmes du xiv⁰ siècle*, Paris, 1932. [Pour plus de détails sur ces visions, voir C. G. JUNG : *Psychologie et Religion*, trad. H. BERNSON et G. CAHEN, Buchet/Chastel, Paris, 1958, pp. 139 et sv. et *Psychologie et alchimie*, trad. cit, pp. 275 et *sq*. — N.d.T.]

25. Edward MAITLAND : *Anna Kingsford, her Life, Letters, Diary and Work*, Londres, 1896, pp. 129 et *sq*. La vision de MAITLAND correspond, par la forme et par le sens, à celles du *Poimandrès* (*Corpus Hermeticum*, Livre I), où la lumière spirituelle est également désignée comme mâle et femelle. J'ignore si MAITLAND a connu le *Poimandrès* ; il est vraisemblable que non.

Ces quelques exemples peuvent suffire à caractériser la projection, sa nature d'expérience vécue et indépendante de la tradition. On ne peut sans doute échapper à l'hypothèse qu'il y a dans l'inconscient un élément de tension émotionnelle tout prêt, qui, à un certain moment, parvient à l'état de projection. Le contenu est le thème de la syzygie qui exprime le fait qu'un facteur masculin est toujours accompagné d'un facteur féminin correspondant. L'extension et le caractère émotionnel extraordinaire du thème montrent qu'il s'agit d'un *fait fondamental et par conséquent d'une grande importance pratique*, sans qu'on ait par conséquent à se soucier de savoir si le psychothérapeute ou le psychologue comprend où et de quelle manière ce facteur psychique influence son champ de travail spécial. Les microbes, nous le savons, jouaient déjà depuis longtemps leur rôle dangereux avant d'être découverts.

Comme je l'ai observé plus haut, il était tentant de voir le couple des parents dans les syzygies. La fraction féminine, donc la mère, correspond à l'*anima*. Mais comme, pour les raisons énoncées plus haut, la conscience de l'objet empêche sa projection, il ne reste d'autre solution que d'admettre que les parents sont en même temps les plus inconnus de tous les êtres humains. Il existerait par suite un reflet inconscient du couple parental qui ne ressemble pas à ce dernier et lui est même complètement étranger, et donc incommensurable, comme un homme comparé à un dieu. On pourrait penser et, comme on le sait, une telle idée a été émise, que le reflet inconscient n'est autre que l'image du père et de la mère acquise dans la première enfance, surestimée et plus tard refoulée à cause de l'imagination incestueuse qui y est associée. Cette manière de voir présuppose toutefois que cette image a été à un moment donné *consciente*, sinon elle ne pourrait être « refoulée ». Il faudrait présupposer en outre que l'acte du refoulement moral lui-même a été inconscient, sinon l'acte de refoulement demeurerait contenu dans la conscience et, avec lui, au moins le souvenir de la réaction morale refoulante, dont le caractère permettrait à son tour de reconnaître aisément la nature de l'élément refoulé. Pourtant je ne m'arrêterai pas à cette considération; je désire simplement faire ressortir que, selon l'opinion générale, l'image des parents se forme non à l'époque de la pré-puberté, ou à un autre moment où la conscience est plus ou moins développée, mais plutôt dans les stades initiaux de la conscience, entre la première et la quatrième année, c'est-à-dire à une époque où la conscience n'a encore aucune véritable continuité et manifeste en conséquence une *discontinuité insulaire*. La relation au moi indispensable à la continuité de la conscience n'existe d'abord que partiellement; c'est pourquoi, à ce stade, une grande partie de la vie psychique se déroule dans un état que l'on ne peut sans doute désigner autrement que comme relativement inconscient. En tout cas, un pareil état chez un adulte donnerait l'impression d'un état de somnambulisme, d'un état de rêve ou de conscience crépusculaire. Mais, nous le savons par l'observation des jeunes enfants, ces états sont toujours caractérisés par une aperception de la réalité remplie de phantasmes. Ces phantasmes l'emportent sur l'influence des impressions sensibles et les modèlent dans le sens d'une *image psychique préformée*.

C'est à mon avis une grosse erreur de supposer que l'âme d'un enfant nouveau-né est une *tabula rasa*, en ce sens qu'elle ne contiendrait rien. Etant donné que l'enfant vient au monde avec un cerveau différencié, prédéterminé par l'hérédité et, en conséquence, individualisé, il n'apporte pas aux impressions sensibles venant de l'extérieur *n'importe quelles dispositions*, mais des dispositions *spécifiques*, ce qui suppose évidemment un choix propre et un modelage de l'aperception. On peut prouver que ces dispositions sont des instincts et des préformations hérités. Les préformations sont des conditions de l'aperception fondées sur des instincts, *a priori* et formelles. Leur présence imprime la marque anthropomorphique au monde de l'enfant et du rêveur. Ce sont les *archétypes* qui assignent leurs voies déterminées à toute activité de l'imagination et produisent ainsi d'étonnants parallèles mythologiques dans les phantasmes des rêves d'enfant aussi bien que dans les hallucinations de la schizophrénie, ainsi qu'on en retrouve aussi finalement, mais dans une moindre mesure, dans les rêves des sujets normaux et des névrosés. Il ne s'agit donc pas de représentations héritées, mais de *possibilités* héritées de représentations. Ce ne sont donc pas des héritages individuels mais pour l'essentiel des héritages universels, comme on peut le déduire de la présence absolument générale des archétypes[26].

De même que les archétypes apparaissent sous forme de mythes dans l'histoire des peuples, ils se rencontrent aussi dans chaque individu et exercent toujours en lui une action des plus puissantes, c'est-à-dire qu'ils donnent à la réalité une figure anthropomorphique, surtout là où la conscience est la plus réduite ou la plus faible et où, par suite, les données du monde extérieur peuvent être étouffées par les herbes folles des phantasmes. Cette condition est sans aucun doute réalisée chez l'enfant dans les premières années de sa vie. Aussi me paraît-il plus vraisemblable que cette forme archétypique du couple divin revêt et assimile d'abord l'image des véritables parents jusqu'à ce que finalement, la conscience venant à grandir, l'enfant perçoive la vraie figure des parents — et cela, plus d'une fois, à sa déception. Personne ne sait mieux que le psychothéra-

---

26. HUBERT et MAUSS (*Mélanges d'histoires des religions*, Préface, p. XXIX) donnent à ces formes *a priori* de représentations le nom de « catégories », sans doute par référence à KANT: « Elles existent d'ordinaire plutôt sous la forme d'habitudes directrices de la conscience, elles-mêmes *inconscientes*. » Les auteurs veulent que les images premières soient fournies par le *langage*. Cette hypothèse est vraie dans des cas isolés, mais, sur le plan général, elle est contredite par le fait que la psychologie des rêves aussi bien que la psychopathologie mettent au jour un certain nombre d'images et de connexions archétypiques qui ne seraient absolument pas communicables par l'utilisation historique du langage.

peute que la transfiguration mythologique des parents continue souvent bien avant dans l'âge adulte et qu'on n'y renonce pas sans une très grande résistance.

Je me rappelle le cas d'un malade qui se présenta à moi comme la victime d'un complexe maternel et d'un complexe de castration de première grandeur qui n'étaient pas encore surmontés malgré une «psychanalyse». Il avait, sans que je le lui aie demandé, fait de lui-même des dessins représentant sa mère, d'abord comme un être surhumain, puis comme un personnage pitoyable avec de sanglantes mutilations. Ce qui frappait spécialement, c'est qu'on avait de toute évidence fait subir une castration à la mère, car devant ses organes sexuels ensanglantés se trouvaient des parties génitales masculines coupées. Ces dessins représentaient une gradation descendante : la mère était tout d'abord un hermaphrodite divin qui, grâce à l'expérience décevante et désormais indéniable de la réalité, avait ensuite été dépouillée de sa perfection androgyne platonicienne et transformée dans la figure pitoyable d'une vieille femme banale. La mère avait donc été manifestement assimilée, depuis le commencement, c'est-à-dire depuis la prime enfance, par l'idée archétypique de la syzygie ou de la conjonction du mâle et de la femelle, et elle apparaissait en conséquence comme parfaite et surhumaine[27]. Cette dernière propriété s'attache en effet toujours à l'archétype et constitue aussi la raison pour laquelle il apparaît constamment comme étranger à la psyché, et c'est aussi pourquoi, dans le cas où le sujet s'identifie avec lui, l'archétype opère sur lui une transformation de la personnalité souvent dévastatrice, la plupart du temps sous forme de folie des grandeurs ou délire d'indignité.

La déception a fait subir une castration à la mère hermaphrodite : c'était le «complexe de castration»

---

27. Comme l'homme primordial aux deux sexes du *Banquet* de PLATON (ch. XIV) et l'être primordial hermaphrodite en général.

du malade. Il était tombé de l'Olympe de l'enfance
et n'était plus le fils-héros d'une mère divine. Sa
« peur de la castration » était la peur de la vie réelle,
qui ne correspondait en aucune manière à son attente
première infantile et était partout dépouillée de cette
signification mythologique dont pourtant il se souve-
nait obscurément depuis sa prime enfance. Son existence était — au sens le plus propre du terme —
« privée de dimension divine ». Et cela signifiait,
quoiqu'il ne le comprît pas, une lourde perte d'espé-
rance vitale et d'énergie. Il se donnait à lui-même
l'impression d'être « châtré », ce qui est une méprise
névrotique compréhensible, si compréhensible qu'on a
même pu en faire une théorie des névroses.

Comme la crainte est générale de perdre, au cours de
la vie, la relation avec le prélude instinctif archétypique
de la conscience, l'usage s'est établi depuis longtemps
d'adjoindre au nouveau-né, à côté de ses parents naturels, deux parrains, un « *godfather* » et une « *godmother* » en anglais, un « *Götti* » et une « *Gotte* » en
suisse alémanique, auxquels incombe principalement le
bien-être spirituel du baptisé. Ils représentent le couple
divin qui apparaît à la naissance, indiquant le thème de
la « double naissance[28] ».

---

28. La « double naissance » traduit ce thème bien connu de
la mythologie du héros qui fait descendre ce dernier de parents
divins et humains. Ce thème joue un rôle important dans les
mystères et les religions en tant que motif du baptême et de la
renaissance. Il a conduit FREUD à une méprise dans son étude :
Un souvenir d'enfance de Léonard de Vinci. Sans se rendre
compte que Léonard n'est nullement le seul peintre à avoir utilisé le thème de sainte Anne représentée comme troisième personnage, il tente de réduire Anne et Marie, la grand-mère et la
mère, à la mère et à la belle-mère de Léonard, c'est-à-dire de
réduire le tableau à sa théorie. Les autres peintres de ce sujet
ont-ils tous eu, eux aussi, un père qui s'est remarié ? Ce qui
conduit FREUD à faire ainsi violence aux faits, c'est manifestement le phantasme de la double origine, que la biographie de
Léonard pouvait facilement faire naître. Mais son imagination a
oblitéré la réalité, qui ne lui était pas conforme, à savoir que
sainte Anne est la grand-mère et a empêché FREUD lui-même
d'explorer la biographie d'autres artistes qui ont traité le même

L'image de l'anima, qui conférait à la mère, aux yeux du fils, un éclat surhumain, se trouve peu à peu effacée par la banalité quotidienne et tombe ainsi dans l'inconscient, sans avoir pour cela aucunement perdu de la charge émotionnelle et de la plénitude instinctive qu'elle avait à l'origine. Dès lors elle est, en quelque sorte, prête à jaillir et se projette à la première occasion, dès qu'un être féminin produit une impression qui fait brèche dans la vie de tous les jours. Alors il se produit ce que Goethe vécut auprès de Mme von Stein[29] et qui se reproduisit dans les personnages de Mignon et de Marguerite. Dans ce dernier cas, on le sait, Goethe nous a révélé aussi toute la «métaphysique» qui se trouvait à l'arrière-plan[30]. Dans les expériences de la vie amoureuse de l'homme, la psychologie de cet archétype se manifeste sous la forme d'une fascination, d'une surestimation et d'un aveuglement sans bornes, ou dans celle de la misogynie à tous les degrés et sous tous ses aspects: tout cela ne

thème à trois personnages. La «coercition religieuse de la pensée» mentionnée p. 58 [de la trad. fr. de Marie Bonaparte, Gallimard, Paris 1927. — *N. d. T.*] s'est confirmée chez l'auteur lui-même. La théorie de l'*inceste*, si souvent soulignée, repose également sur un archétype, le *thème bien connu de l'inceste*, que l'on rencontre fréquemment dans le mythe du héros. Il dérive logiquement du type originel de l'hermaphrodite qui paraît remonter loin dans les âges primitifs. Chaque fois qu'une théorie psychologique procède en forçant quelque peu les faits, on a des raisons de soupçonner qu'une image archétypique essaye de déformer la réalité, ce qui correspondrait à la «coercition religieuse de la pensée» de FREUD. Mais chercher à expliquer l'origine des archétypes par la théorie de l'inceste serait exactement aussi profitable que de puiser de l'eau dans un chaudron pour la mettre dans un récipient placé à côté qui serait relié au chaudron par un tuyau. On ne peut expliquer un archétype par un autre, c'est-à-dire qu'on ne peut absolument pas expliquer d'où vient l'archétype, parce qu'il n'existe aucun point d'Archimède hors de ces conditions *a priori*.

29. «*Warum gabst du uns die tiefen Blicke?*» (Pourquoi nous as-tu donné les regards profonds?), avril 1776.

30. [En particulier dans les derniers vers du IIe *Faust* qui commentent la rédemption du héros: «*Das Ewig-Weibliche/ /Zieht uns hinan.*» (L'Eternel féminin/ /Nous entraîne en haut.) — *N. d. T.*]

se laisse absolument pas expliquer par la nature réelle de « l'objet » rencontré chaque fois, mais seulement par le transfert du complexe maternel. Mais celui-ci naît à son tour de l'assimilation, normale en soi et partout présente, de la mère à la partie préexistante, féminine, de l'archétype d'un couple d'opposés « homme-femme », puis dans un ajournement anormal de la séparation de l'image primitive de la mère. Les hommes ne peuvent en réalité supporter la perte totale de l'archétype. Il en découle en effet un immense « malaise de la civilisation » dans lequel l'homme ne se sent plus chez lui parce qu'il lui manque un « père » et une « mère ». Chacun sait les précautions que la religion a toujours prises dans ce domaine. Il y a malheureusement beaucoup de gens qui posent toujours, d'une manière assez irréfléchie, la question de la vérité là où il s'agit d'un problème de besoin psychologique. Ici une explication négative fournie par la « raison » ne résout rien.

Dans la projection, l'anima revêt toujours la forme féminine avec des qualités déterminées. Cette constatation empirique ne veut en aucune manière signifier que l'archétype *en lui-même* soit ainsi constitué. La syzygie homme-femme est seulement l'un des couples d'opposés possibles, l'un des plus importants dans la pratique, il est vrai, et, par suite, des plus fréquents. Elle a de très nombreux rapports avec d'autres couples qui n'indiquent rien moins que des distinctions de sexe, auxquels il faut par suite faire violence pour les ranger parmi les opposés sexuels. Ces relations se trouvent dans de multiples passages, notamment dans le yoga de la kundalini[31], dans le gnosticisme[32] et avant tout dans la philosophie alchimique[33], sans parler des formes de phantasmes ren-

31. *a*) Arthur AVALON : *The Serpent Power*, trad. cit. *b*) *Shrichakra-rasambhara Tantra. A Buddhist Tantra*. Ed. by Kazi DAWASAMDUP, Tantric Texts, vol. VII, Londres et Calcutta, 1919. *c*) Sir John WOO-DROFFE : *Shakti and Shâkta*, Madras et Londres, 1920.

32. SCHULTZ : *Dokumente der Gnosis*, Leipzig, 1910 ; en particulier les listes contenues dans IRENEE : *Refut. omn. haeres.*

33. Cf. *Psychologie et alchimie*, trad. cit.

contrées dans les matériaux des névroses et des psychoses. Si l'on pèse avec soin toutes ces données, il paraît vraisemblable qu'un archétype à l'état de repos, et non de projection, n'a aucune forme exactement déterminable, mais est une production formellement indéterminable qui possède la faculté d'apparaître sous une forme déterminée grâce à la projection.

Cette constatation semble contredire l'idée de «type». A mon avis, ce n'est pas seulement là une apparence : *c'est* une contradiction. Empiriquement, il s'agit sans doute de «types», c'est-à-dire de formes déterminées qui par suite peuvent aussi être nommées et distinguées. Mais dès que l'on a dépouillé ces types de la phénoménologie qu'ils présentent dans les cas individuels et que l'on tente de les examiner dans leurs rapports avec d'autres formes archétypiques, ils s'élargissent en des connexions si vastes, plongeant à tel point dans l'histoire des symboles, que l'on parvient à la conclusion que les éléments psychiques fondamentaux sont d'un polymorphisme aux chatoiements indéterminés dépassant nettement la capacité humaine de représentation. L'empirisme doit donc se contenter d'un «comme si» théorique. Il ne se trouve pas en plus mauvaise posture que la physique atomique, bien que sa méthode ne soit pas mesure quantitative mais description morphologique.

L'anima est un facteur de la plus haute importance dans la psychologie masculine partout où les émotions et les affects sont à l'œuvre. Ce facteur renforce, exagère, falsifie et colore d'une teinte mythologique toutes les relations émotionnelles avec la profession et les humains des deux sexes. La trame imaginative qui s'y trouve à l'arrière-plan est son œuvre. Lorsque l'anima est constellée dans une proportion assez grande, elle amollit le caractère de l'homme, qu'elle rend susceptible, excitable, sujet à des sautes d'humeur, jaloux, vaniteux et inadapté. Il est dans un état de «malaise» et diffuse ce malaise dans le plus large rayon. Parfois la relation de l'anima à une femme qui lui correspond explique l'existence du complexe symptomatique.

La figure de l'anima n'a pas échappé aux poètes, ainsi que je l'ai déjà observé plus haut. Il existe d'admirables descriptions qui nous fournissent également des indications sur le contexte symbolique dans lequel l'archétype se trouve ordinairement enchâssé. Je citerai avant tout les œuvres de Rider Haggard : *She, The Return of She* et *Wisdom's Daughter*, puis *L'Atlantide* de Pierre Benoit. Benoit fut en son temps accusé d'avoir plagié Rider Haggard, car l'analogie des deux descriptions est stupéfiante. Mais il semble qu'il ait pu se laver de cette accusation. Le *Prométhée* de Spitteler[34] contient également des observations très fines et son roman *Imago* décrit la projection de la manière la plus saisissante.

La question de la *thérapie* est un problème qui ne saurait être réglé en quelques mots, aussi n'ai-je pas l'intention de le traiter ici. Je voudrais toutefois donner une brève esquisse de mon point de vue sur la question : des hommes jeunes, non encore parvenus au milieu de la vie, qui se situe aux environs de trente-cinq ans, peuvent supporter sans dommage la perte apparemment complète de l'*anima*. Dans tous les cas, un homme devrait réussir à devenir un homme. Le jeune homme qui grandit doit pouvoir se libérer de la fascination de l'*anima* exercée par la mère. Il existe des cas exceptionnels, en particulier les *artistes*, chez qui le problème se pose d'une façon très différente, et l'*homosexualité* qui est d'ordinaire caractérisée par une identité avec l'anima. La fréquence reconnue de ce phénomène amène à se demander sérieusement s'il est légitime de le considérer comme une perversion pathologique. D'après les constatations psychologiques, il s'agit bien plutôt d'un détachement incomplet de l'archétype hermaphrodite, lié à une résistance marquée à s'identifier

34. Carl SPITTELER, *Prométhée et Epiméthée*, trad. fr. de Charles BAUDOIN, Neuchâtel-Paris, 1943.

au rôle d'un être sexuel unilatéral. Une disposition de ce genre ne doit pas, dans tous les cas, être jugée de façon négative, en tant qu'elle conserve le type de l'homme primordial qui se perd jusqu'à un certain point chez l'être unilatéralement sexué.

Par contre, une fois passé le midi de l'existence, la perte durable de l'anima marque une perte croissante de vitalité, de flexibilité et d'humanité. Elle consiste d'ordinaire en un engourdissement précoce, quand ce n'est pas une sclérose, une stéréotypie, une unilatéralité fanatique, un entêtement, une tendance à enfourcher les principes, ou l'inverse : résignation, fatigue, laisser-aller, irresponsabilité, et finalement un « ramollissement[35] » infantile avec penchant à l'alcoolisme. Aussi, quand on franchit le milieu de la vie, il faudrait rétablir le plus possible la liaison avec la sphère des expériences archétypiques[36].

35. [En français dans le texte. — *N. d. T.*]
36. J'ai décrit les problèmes essentiels concernant la thérapeutique dans *Dialectique du moi et de l'inconscient*, trad. cit., et aussi dans *Die Psychologie der Uebertragung, op. cit.* Sur l'aspect mythologique de l'anima, le lecteur pourra comparer l'ouvrage que j'ai publié en collaboration avec Karl KERENYI : *Introduction à l'essence de la mythologie*, trad. cit.

LIVRE III

Les aspects psychologiques de l'archétype de la mère[1]

1. Conférence donnée aux Rencontres d'Eranos de 1938. Le texte a été revu.

CHAPITRE PREMIER

De la notion d'archétype

Le concept de « Grande Mère » provient de l'histoire des religions et comprend les multiples formes du type d'une déesse-mère. A première vue, il ne concerne pas la psychologie, étant donné que l'image d'une « Grande Mère » n'apparaît que rarement sous *cette* forme dans l'expérience pratique et se présente alors dans des conditions très particulières. Le symbole est évidemment un dérivé de l'*archétype de la mère*. Si donc nous nous hasardons à examiner l'arrière-plan de l'image de la Grande Mère sous l'angle psychologique, nous devons, de toute nécessité, prendre pour base de notre étude l'archétype bien plus général de la mère. Bien que, sans doute, il ne soit plus nécessaire aujourd'hui de discuter longuement *le concept d'un archétype,* il ne paraît pas entièrement superflu dans le cas présent de formuler quelques observations de principe.

Malgré des opinions quelque peu divergentes et la tendance de la pensée aristotélicienne, les âges anciens n'éprouvaient pas trop de difficulté à comprendre la pensée de Platon suivant laquelle l'« idée » préexiste à toute réalité de l'ordre des phénomènes et se trouve placée au-dessus d'elle. L'« archétype » n'est autre chose qu'une expression déjà connue de l'antiquité qui est synonyme d'« idée » au sens platonicien. Quand, par exemple, Dieu est désigné comme τὸ ἀρχέτυπον φῶς (la lumière archétype) dans le *Corpus Hermeticum,* composé sans doute aux environs du IIIᵉ siècle, l'idée exprimée est qu'il est « l'image primordiale » de toute lumière, préexistant au phénomène « lumière » et placée au-dessus de lui. Si j'étais philosophe, fidèle à mon hypothèse, je pousserais plus loin l'argumentation platonicienne et je dirais : quelque part, « dans un lieu céleste », il existe une image pri-

mordiale de la mère préexistant à tout phénomène
« maternel » (au sens le plus large du terme) et placée au-dessus de lui. Toutefois, comme je ne suis pas
un philosophe mais un empiriste, je ne puis me permettre de donner *a priori* une valeur générale à mon
tempérament particulier, c'est-à-dire à mon attitude
individuelle en face des problèmes de pensée. Le
seul, apparemment, à pouvoir prendre une telle
liberté est le philosophe qui confère une valeur générale à ses dispositions et à son attitude, et ne voit
pas — si tant est que cela soit possible — dans sa
personnalité individuelle, avec ce qu'elle a de contestable, une condition essentielle de sa philosophie. En
tant qu'empiriste, il me faut constater qu'il existe un
tempérament pour lequel les idées sont des *essences
et non pas seulement de simples noms* (*nomina*).
C'est par hasard — serai-je tenté de dire — que
nous vivons actuellement, depuis quelque deux cents
ans, en un temps où il est devenu impopulaire, et
même incompréhensible, d'admettre que des idées
puissent être en définitive autre chose que de simples
noms. Celui qui, d'une façon quelque peu anachronique, pense encore à la manière de Platon doit, à sa
grande déception, vérifier dans sa vie que l'essence
« céleste », c'est-à-dire métaphysique, de l'idée est
rejetée dans le domaine incontrôlable de la foi et de
la superstition, ou abandonnée avec commisération
aux poètes. Le point de vue nominaliste a une fois
de plus « vaincu » l'attitude réaliste dans la querelle
séculaire des universaux, et l'image primordiale s'est
volatilisée en un « *flatur vocis*[2] ». Ce revirement fut
accompagné et même pour une bonne part amené par
la vigoureuse apparition de l'empirisme dont les
avantages ne s'imposaient que trop clairement à
l'intellect. Depuis lors, l'« idée » n'est plus un *a
priori*, mais un élément secondaire et dérivé. Naturellement, le nominalisme moderne revendique aussitôt
une valeur générale, bien qu'il repose sur un présup-

2. [« Un souffle de voix. » — *N.d.T.*]

posé déterminé et donc limité et dépendant du tempérament. Cette proposition peut être formulée comme suit : *Est valable ce qui vient de l'extérieur et par conséquent vérifiable.* Le cas idéal est la confirmation expérimentale.

L'antithèse est la suivante : *Est valable ce qui vient de l'intérieur et n'est pas vérifiable.* La situation désespérée de ce point de vue saute aux yeux. La philosophie grecque de la nature orientée vers la matérialité, en liaison avec l'intellect aristotélicien, a remporté sur Platon une victoire tardive mais capitale. Cependant toute victoire porte en germe une défaite à venir. A l'époque la plus récente, on voit se multiplier les signes indiquant une modification du point de vue. Chose caractéristique, c'est précisément la doctrine kantienne des catégories qui, tout en étouffant dans l'œuf toute tentative de métaphysique au sens ancien, prépare la voie à une renaissance de l'esprit platonicien : s'il ne peut plus y avoir de métaphysique qui se hausse là où l'homme ne peut atteindre, il n'y a pas non plus de réalité expérimentale qui ne soit saisie et limitée par un *a priori* de la structure de la connaissance. Au cours des cent cinquante années qui se sont écoulées depuis la *Critique de la raison pure,* une intuition s'est peu à peu fait jour, suivant laquelle la pensée, la raison, l'entendement, etc., ne sont pas en eux-mêmes des phénomènes affranchis de toutes conditions subjectives et soumis seulement aux lois éternelles de la logique, mais des fonctions psychiques afférentes à une personnalité et placées au-dessus d'elle. La question n'est plus : a-t-on vu, entendu, touché des mains, pesé, compté, pensé et trouvé logique ? Mais : *qui* voit ? *qui* entend ? *qui* a pensé ? Cette critique, qui avait commencé avec «l'équation personnelle» dans l'observation et la mesure des phénomènes minimaux, se développe jusqu'à la création d'une psychologie empirique telle qu'aucune époque avant nous n'en avait connu. Nous sommes aujourd'hui convaincus qu'il existe, dans tous les domaines du savoir, des prémisses psychologiques qui se prononcent d'une façon décisive sur le choix de la matière, la méthode pour la travailler, le genre de conclusions, la construction d'hypothèses et de théories. Nous croyons même que la personnalité de Kant a été un présupposé non accessoire de la *Critique de la raison pure.* Non seulement les philosophes, mais aussi nos propres inclinations philosophiques et même ce que nous appelons nos meilleures vérités se sentent inquiétés, sinon nettement menacés par l'idée des prémisses personnelles. Toute liberté créatrice — nous écrions-nous — nous est ainsi ôtée! Comment un homme pourrait-il ne penser, ne dire et ne faire que ce qu'il est?

A supposer que l'on évite de se laisser aller à l'exagération en sens inverse et de tomber ainsi dans un psychologisme sans limite, c'est là, me semble-t-il, une critique à laquelle on ne saurait échapper. Cette critique est l'essence, l'origine et la méthode de la psychologie moderne: à toutes les activités humaines, *il y a un* a priori, *la structure individuelle innée et, par suite, préconsciente et inconsciente de la psyché.* La psyché préconsciente, donc par exemple celle du nouveau-né, n'est nullement un néant vide auquel il faudrait tout apporter, en supposant l'existence de conditions favorables, mais un présupposé extrêmement complexe et individuellement déterminé de la façon la plus rigoureuse, qui n'apparaît donc comme un néant obscur que parce que nous ne pouvons le voir directement. Mais dès qu'apparaissent les premières manifestations psychiques visibles de la vie, il faut être aveugle pour ne pas voir leur aspect individuel, la personnalité propre. On ne peut sans doute supposer, alors, que toutes ces particularités naissent seulement au moment de leur apparition. S'il s'agit par exemple de dispositions morbides qui existent déjà chez les parents, nous admettons l'hérédité transmise par les cellules germinatives. Nous ne songeons pas à considérer l'épilepsie de l'enfant d'une mère épileptique comme une mutation surprenante. Nous nous comportons de même en face de dons que l'on peut suivre à travers les générations. Et c'est de la même manière que nous expliquons la réapparition d'actes instinctifs complexes chez certains animaux qui n'ont jamais vu leurs parents et n'ont donc pu être « éduqués » par eux.

Il nous faut aujourd'hui prendre pour point de départ l'hypothèse que l'homme ne représente pas une exception parmi les créatures, puisque, comme tout animal, il possède une psyché préformée correspondant à son espèce, qui montre en outre, comme le révèle une observation rigoureuse, des traits évidents de prédispositions familiales. Nous n'avons aucune raison d'admettre qu'il y ait certaines activités (fonctions) humaines pouvant faire exception à cette règle. De quoi sont faits les dispositions ou les préconditionnements qui permettent l'activité instinctive des animaux ? Nous ne pouvons absolument pas nous en faire une idée. Il est tout aussi impossible de connaître la nature des dispositions psychiques inconscientes grâce auxquelles l'homme est en mesure de réagir d'une manière humaine. Il doit s'agir de formes fonctionnelles auxquelles j'ai donné le nom « d'images ». Ce terme n'exprime pas seulement la forme de l'activité à exercer, mais en même temps la situation typique dans laquelle l'activité se déclenche[3]. Ces images sont des images « primordiales », en ce sens qu'elles sont entièrement propres à l'espèce et, si elles ont un jour pris forme, leur apparition se confond au moins avec le commencement de l'espèce. Elles déterminent la nature humaine de l'homme, la forme spécifiquement humaine de son activité. La manière d'être spécifique se trouve déjà dans le germe. L'hypothèse selon laquelle elle ne constitue pas un facteur héréditaire et apparaîtrait à nouveau en chaque être humain serait aussi absurde que la conception primitive pour laquelle le soleil qui se lève le matin est autre que celui qui s'est couché le soir précédent.

---

3. Cf. « Instinct et Inconscient » dans *L'Énergétique psychique*, trad. d'Yves Le LAY, Librairie de l'Université, Genève, 1956, p. 94.

Puisque tout psychisme est préformé, il en est de même des différentes fonctions psychiques, notamment de celles qui émanent de dispositions inconscientes. C'est avant tout le cas de *l'imagination créatrice*. C'est dans les productions de l'imagination que les « images primordiales » deviennent visibles et c'est là que la notion d'archétype trouve son application spécifique Ce n'est absolument pas à moi qu'appartient le mérite d'avoir pour la première fois remarqué ce fait. La palme en revient à Platon. Le premier à avoir mis en relief, dans le domaine de la psychologie des peuples, l'apparition de certaines « pensées primordiales » universellement répandues fut Adolf Bastian. Plus tard, ce sont Hubert et Mauss, deux chercheurs de l'école de Durkheim, qui parlent des véritables « catégories » de l'imagination. La préformation inconsciente sous forme d'une « pensée inconsciente » a été reconnue par un savant qui n'est rien de moins que Hermann Usener[4]. Si j'ai participé à ces découvertes, cela prouve que la propagation universelle des archétypes ne s'opère pas simplement par la tradition, par le langage et par les migrations, mais qu'ils peuvent à tout moment et partout réapparaître spontanément, et cela sous une forme qui n'est nullement influencée par une transmission venue de l'extérieur.

On ne doit pas sous-estimer la portée de cette constatation. Elle ne signifie rien de moins que ceci : des dispositions, des formes, précisément des idées au sens platonicien, inconscientes certes, mais néanmoins actives, c'est-à-dire vivantes, sont présentes dans chaque psyché, dont elles préforment et influencent instinctivement les pensées, les sentiments et les actions.

Je me heurte constamment à ce malentendu selon lequel les archétypes auraient un contenu déterminé, en d'autres termes, seraient des sortes de « représentations » inconscientes. C'est pourquoi il faut faire

---

4. H. USENER : *Das Weihnachtsfest* (La Fête de Noël), 1911, p. 3.

ressortir une fois de plus que les archétypes ne sont pas déterminés quant à leur contenu ; ils ne le sont que *formellement*, et encore uniquement d'une manière très conditionnelle. On ne peut prouver qu'une image primordiale est déterminée quant à son contenu que si elle est consciente, donc remplie de matériaux de l'expérience consciente. Par contre, sa forme est, ainsi que je l'ai expliqué ailleurs, assez comparable au système axial d'un cristal qui préforme en quelque sorte la formation cristalline dans l'eau-mère sans posséder lui-même d'existence matérielle. Cette dernière n'apparaît qu'à la manière dont s'opère la conglomération des ions et ensuite de la molécule. L'archétype est en lui-même un élément vide, formel, qui n'est rien d'autre qu'une *facultas praeformandi*[5], une possibilité donnée *a priori* de la forme de représentation. Ce qui est transmis par hérédité, ce ne sont pas les représentations, mais les formes, qui, à cet égard, correspondent rigoureusement aux instincts, également déterminés de façon formelle. Pas plus que l'existence de l'archétype en soi, celle des instincts ne peut être prouvée tant qu'elle n'est pas réalisée *in concreto*. En ce qui concerne la détermination de la forme, la comparaison avec la formation cristalline est éclairante, étant donné que le système axial détermine seulement la structure stéréométrique, mais non la forme concrète du cristal individuel. Celui-ci peut être grand ou petit, et il peut varier suivant les formes diverses que prennent ses faces ou suivant la croissance d'autres cristaux à ses côtés et leurs interpénétrations. Il n'y a de constant que le système axial dans ses proportions géométriques en principe invariables. Ceci vaut également pour l'archétype : il peut en principe recevoir un nom et possède un noyau invariable de signification, par lequel son mode de manifestation est toujours déterminé en principe mais jamais concrètement. *La manière* dont, par exemple, l'archétype de la mère

5. [« Une faculté de préformer. » — *N. d. T.*]

apparaît chaque fois empiriquement ne peut jamais être déduite de lui-même, mais repose sur d'autres facteurs.

CHAPITRE II

L'archétype de la mère

Comme tout archétype, celui de la mère revêt une quantité presque infinie d'aspects. Je mentionnerai seulement quelques-unes de ses formes les plus typiques : la mère et la grand-mère personnelles ; la belle-mère, épouse du père remarié, et la belle-mère du gendre ; une femme quelconque avec laquelle on est en relation, et aussi la nourrice ou la bonne d'enfants, l'aïeule ou la femme vêtue de blanc, et dans un sens plus élevé, dérivé, la déesse et en particulier la Mère de Dieu, la Vierge (mère rajeunie, par exemple Déméter et Coré), Sophia (mère-amante, éventuellement du type Cybèle-Attis, ou encore fille [mère rajeunie]-amante) ; le terme de l'aspiration à la rédemption (paradis, royaume de Dieu, Jérusalem céleste) ; dans un sens plus large, l'Église, l'université, la ville, le pays, le ciel, la terre, la forêt, la mer et l'eau tranquille ; la matière, les enfers et la lune ; dans un sens plus étroit, en tant que lieu de naissance ou de procréation, le champ, le jardin, le rocher, la grotte, l'arbre, la source, le puits profond, les fonts baptismaux, la fleur considérée comme vase (rose et lotus), en tant que cercle magique (le mandala comme padma[6]) ou en tant que corne d'abondance ; au sens le plus restreint, l'utérus, toute forme creuse (par exemple un écrou) ; la yoni[7] ; le four, la marmite ; sous la forme animale, la vache, le lièvre et, en général, tout animal secourable.

Tous ces symboles peuvent avoir un sens positif, favorable ou, par contre, négatif et néfaste. Un aspect ambivalent est représenté par la déesse du destin (Parques, Grées, Nornes) et un aspect néfaste par la sorcière et le dragon (tout animal qui engloutit et

6. [En sanscrit : « Lotus. » — N.d.T.]
7. [Id. « Matrice. » — N.d.T.]

enlace, comme le grand poisson et le serpent); la
tombe, le sarcophage, la profondeur des eaux, la
mort, le cauchemar et l'épouvante des enfants (type
Empouse, Lilith, etc.).

Cette énumération ne prétend nullement être
complète; elle se borne à indiquer les traits essentiels de l'archétype de la mère. Ses propriétés sont
« l'élément-maternel », de façon générale l'autorité
magique du féminin, la sagesse et l'élévation spirituelle au-delà de l'intellect; ce qui est bon, protecteur, patient, ce qui soutient, ce qui favorise la
croissance, la fécondité, l'alimentation; le lieu de la
transformation magique, de la renaissance; l'instinct
ou l'impulsion secourable; ce qu'il y a de secret, de
caché, d'obscur; l'abîme, le monde des morts, ce qui
dévore, ce qui séduit, ce qui empoisonne, ce qui provoque l'angoisse, l'inéluctable. J'ai décrit en détail
ces propriétés de l'archétype maternel et je les ai
munies des références correspondantes dans mon livre
Métamorphoses de l'âme et ses symboles[8]. J'ai caractérisé dans cet ouvrage l'opposition des propriétés
sous le nom de *mère aimante et mère terrible*. L'analogie historique la plus proche de nous est évidemment la figure de Marie qui, dans le monde
allégorique du Moyen Age, est également la croix du
Christ. En Inde, ce serait le personnage contrasté de
Kali. La philosophie du Sâmkhya a donné à l'archétype de la mère la forme conceptuelle de la Prakriti
et attribué à celle-ci comme propriétés fondamentales
les trois gunas, à savoir: la bonté, la passion et
l'obscurité: *sattvam, rajas* et *tamas*[9]. Ce sont bien
trois aspects essentiels de la mère: sa bonté tutélaire
et nourrissante, sa capacité orgiastique d'émotions et

8. Trad. cit.

9. Telle est la signification étymologique des trois gunas. Cf.
A. WECKERLING : Anandarayamakhi : *Das Glück des Lebens*, 1937, pp. 21
et *sq*., et R. GARBE : *Die Samkhya-Philosophie*, 1917, pp. 272 et *sq*. [Le
lecteur français pourra consulter R. GUÉNON : *L'Homme et son devenir
selon le Védanta*, 3e éd., Paris, 1947, et Shri AUROBINDO : *La Bhagavad
Gîtâ*, trad. fr. de Camille RAO et Jean HERBERT, Paris, 1942. — *N.d.T.*]

son obscurité d'enfer. Le trait particulier de la légende philosophique selon lequel Prakriti *danse* devant le Purusha pour lui remettre en mémoire la «connaissance discriminatrice» n'appartient pas immédiatement à la mère mais à l'archétype de l'*anima*. Dans la psychologie masculine, ce dernier est toujours d'abord contaminé par l'image de la mère.

Bien que la figure de la mère soit quasi universelle dans la psychologie des peuples, cette image subit des modifications qui ne sont pas sans importance dans l'expérience pratique de l'individu. Ici l'on est tout d'abord impressionné par l'importance apparemment prépondérante de la *mère personnelle*. Cette figure prend un tel relief dans une psychologie personnaliste que celle-ci n'a, comme on le sait, jamais dépassé la mère personnelle, même dans ses conceptions, fussent-elles théoriques. Disons tout de suite par anticipation que ma manière de voir se distingue dans son principe de la théorie psychanalytique en ce que je n'attribue qu'une signification relative à la mère personnelle. Cela veut dire que ce n'est pas simplement la mère personnelle qui constitue la source de toutes ces influences sur la psyché enfantine décrites dans la littérature, mais c'est bien plutôt *l'archétype projeté sur la mère* qui donne à celle-ci un arrière-plan mythologique et lui prête ainsi autorité et même numinosité[10]. Les influences étiologiques et traumatiques de la mère doivent être divisées en deux groupes: premièrement celles qui correspondent aux traits de caractère ou aux attitudes réellement existantes de la mère personnelle, deuxièmement celles qu'elle ne possède qu'en apparence, parce qu'elles constituent seulement des projections imaginaires (c'est-à-dire archétypiques) de l'enfant. Freud avait déjà reconnu que la véritable étiologie des névroses

---

10. La psychologie américaine fournit à ce sujet des exemples sur une grande échelle. A cet égard, l'ouvrage de P. WYLIE: *Generation of Vipers*, New York, 1942, est un véritable pamphlet, conçu toutefois dans une optique éducative.

ne prend pas véritablement racine dans des actions traumatiques, comme il l'avait d'abord supposé, mais bien plutôt dans une évolution particulière des phantasmes infantiles. On ne peut guère contester qu'une évolution de ce genre puisse être ramenée à des influences perturbantes venant de la mère. C'est pourquoi je recherche en tout premier lieu la cause des névroses infantiles chez la mère, car l'expérience m'a appris qu'un enfant a beaucoup plus de chances de se développer normalement que névrotiquement et que, dans la très grande majorité des cas, des causes définitives de troubles doivent être recherchées du côté des parents et en particulier chez la mère. Mais les contenus des phantasmes anormaux ne doivent être rapportés que partiellement à la mère personnelle, car ils renferment le plus souvent d'une manière claire et sans équivoque des assertions qui dépassent de beaucoup ce que l'on pourrait attribuer à une mère véritable ; c'est spécialement le cas lorsqu'il s'agit de productions nettement mythologiques, comme cela se rencontre fréquemment dans les phobies infantiles où la mère apparaît comme animal, sorcière, fantôme, ogresse, hermaphrodite et autres images analogues. Comme ces phantasmes ne sont pas toujours ouvertement mythologiques ou, s'ils le sont, ne proviennent pas toujours d'un présupposé inconscient, mais peuvent aussi, à l'occasion, tirer leur origine de contes ou de remarques fortuites, il convient de procéder dans chaque cas à un examen attentif. Pour des raisons pratiques, un tel examen entre beaucoup moins en ligne de compte chez les enfants que chez les adultes, qui transfèrent de façon quasi générale ces phantasmes sur le médecin pendant le traitement ou, pour parler plus exactement, ces phantasmes se rencontrent alors qu'ils sont déjà projetés. Il ne suffit pas alors de les reconnaître et de les écarter comme ridicules, tout au moins d'une manière durable, car les archétypes entrent dans la composition inaliénable de toute psyché et constituent ce «trésor dans le champ de représentations obscu-

res » dont parle Kant et que les innombrables thèmes
de trésor contenus dans le folklore nous font abondamment connaître. Dans son essence, un archétype
n'est nullement un simple préjugé irritant. Il n'est
cela que lorsqu'il n'est pas à sa place. En lui-même,
il fait partie des valeurs les plus hautes de l'âme
humaine et il a pour cette raison peuplé tous les
Olympes de toutes les religions. Le rejeter comme
sans valeur représente positivement une perte. Il
s'agit donc bien plutôt de détacher ces projections
pour rendre leur contenu à celui qui les a perdues
lors de leur extériorisation spontanée.

CHAPITRE III

Le complexe maternel

L'archétype de la mère constitue le fondement de ce que l'on appelle le complexe maternel. La question reste posée de savoir si un tel complexe se crée sans participation causale démontrable de la mère. D'après mon expérience, il me semble que la mère joue toujours un rôle actif dans la production du trouble, dans les névroses infantiles ou dans celles dont la cause remonte indubitablement à la première enfance. Mais, dans tous les cas, la sphère instinctive de l'enfant est troublée, et ainsi se trouvent constellés des archétypes qui se placent comme un élément étranger et générateur d'angoisse entre l'enfant et la mère. Lorsque, par exemple, les enfants d'une mère trop attentionnée rêvent régulièrement de celle-ci comme d'une bête méchante ou d'une sorcière, une telle expérience crée une dissociation dans l'âme enfantine et, par suite, une possibilité de névrose.

1. Le complexe maternel du fils

Les effets du complexe maternel sont différents, selon qu'il s'agit du *fils* ou de la *fille*. Comme effets typiques sur le fils, on mentionnera *l'homosexualité* et le *donjuanisme*, ainsi qu'occasionnellement l'impuissance[11]. Dans l'homosexualité, la composante hétérosexuelle s'attache sous une forme inconsciente à la mère, tandis que, dans le donjuanisme, la mère est inconsciemment recherchée «dans chaque femme». Les effets du complexe maternel sur le fils sont exprimés par des représentations formées autour du type Cybèle-Attis : autocastration, folie et mort prématurée. Chez le fils, le complexe maternel n'est pas pur, parce que l'on se trouve en présence d'une dissimilitude de sexe. Cette différence est la raison pour

11. Le complexe du père joue également ici un rôle considérable.

laquelle, dans tout complexe maternel masculin, l'archétype de la partenaire sexuelle, c'est-à-dire de l'*anima*, joue un rôle important à côté de celui de la mère. La mère est le *premier être féminin* que le futur homme trouve sur son chemin et, à voix basse ou à voix haute, grossièrement ou avec délicatesse, consciemment ou inconsciemment, elle ne peut s'empêcher de faire allusion à la virilité du fils ; et, de son côté, le fils remarque de plus en plus la féminité de la mère ou y répond instinctivement, au moins d'une manière inconsciente. Ainsi, chez le fils, les relations simples d'identité ou de résistance, tendant à la différenciation d'avec la mère, sont constamment traversées par les facteurs d'attrait ou de répulsion érotique. L'image se trouve par là considérablement compliquée. Mais je n'oserais prétendre qu'il faille en conséquence prendre plus au sérieux le complexe maternel du fils que celui de la fille. Dans l'exploration de ces phénomènes psychiques complexes, nous n'en sommes encore qu'au début, au stade du travail de pionniers. On ne peut établir de comparaisons que lorsqu'on dispose de résultats statistiques utilisables. Mais il n'en est encore en vue nulle part.

Ce n'est que chez la *fille* que le complexe maternel offre un cas pur et relativement sans complication. Il s'agit ici, d'une part d'un renforcement des instincts féminins qui émane de la mère, et d'autre part d'un affaiblissement de ces instincts allant jusqu'à l'extinction. Dans le premier cas, la prédominance du monde de l'instinct donne naissance à une inconscience de la personnalité propre, dans le second, on assiste au développement d'une projection des instincts sur la mère. Pour le moment, nous devons nous contenter de cette constatation que, chez la fille, le complexe maternel ou bien favorise démesurément l'instinct féminin, ou bien l'inhibe dans la même proportion, tandis que, chez le fils, il blesse l'instinct viril par une sexualisation qui n'est pas naturelle. Comme le « complexe maternel » est une notion de psychopathologie, il est toujours lié à celle de dommage et de souffrance. Mais, si nous le sortons de son cadre pathologique un peu trop étroit et que nous lui donnions un sens plus vaste et plus compréhensif, nous pouvons aussi faire mention de son action positive : chez le fils, à côté ou à la place de l'homosexualité naît, par exemple, une différenciation de l'*éros* (on trouve quelque chose de ce genre dans *Le Banquet* de Platon), ou bien un développement du goût et du sens esthétique auquel un certain élément féminin ne porte pas préjudice, ou encore des qualités d'éducateur qu'une capacité féminine de pénétration intuitive perfectionne souvent à l'extrême, un esprit historique conservateur au meilleur sens du terme, qui garde jalousement toutes les valeurs du passé, un sens de l'amitié qui tresse entre les âmes masculines des liens étonnamment tendres et délivre même l'amitié entre les sexes de la damnation qui en fait une impossibilité, une richesse de sentiment religieux qui fait d'une *ecclesia spiritualis* une réalité, et enfin une réceptivité spirituelle qui est un vase bienvenue pour la révélation.

Ce qui est négativement donjuanisme peut, sous son aspect positif, signifier une virilité audacieuse, voire brutale, une ambition tournée vers les buts les plus élevés, une opposition violente à l'égard de tout ce qui est bêtise, entêtement, injustice, paresse, un esprit de sacrifice touchant à l'héroïsme pour ce qui a été reconnu juste, l'endurance, l'inflexibilité et la ténacité de la volonté, une curiosité que n'effraient même pas les énigmes de l'univers, enfin un esprit révolutionnaire qui construit une nouvelle demeure à ses frères humains ou donne un nouveau visage au monde.

Toutes ces possibilités se reflètent dans les mythologèmes que j'ai énumérés plus haut comme étant des aspects de l'archétype de la mère. Ayant déjà traité dans une série d'ouvrages le complexe maternel du fils ainsi que la complication de l'*anima*, je désire, dans ces cours où il s'agit du type de la mère, laisser à l'arrière-plan la psychologie masculine.

2. Le complexe maternel de la fille[12]

a) *L'hypertrophie de l'élément maternel*

Nous avons remarqué tout à l'heure que le complexe maternel chez la fille engendre en quelque sorte une hypertrophie de la féminité ou une atrophie correspondante. L'exagération de l'élément féminin signifie un renforcement de tous les instincts féminins et, en premier lieu, de l'*instinct maternel*. Son aspect négatif est représenté par une femme dont l'unique but est d'avoir des enfants. L'homme est manifestement un accessoire; il est essentiellement un instrument de procréation et il est rangé comme un objet dont il faut prendre soin avec les enfants, les parents pauvres, les chats, les poules et les meubles. La personnalité propre d'une telle femme est également chose accessoire; elle est même souvent plus ou moins inconsciente, car la vie est vécue dans les autres et à travers les autres, puisqu'en raison de l'inconscience de la personnalité propre on leur est identique. Tout d'abord elle porte les enfants, puis elle s'accroche à eux, car sans eux elle n'a aucune raison d'être[13]. Comme Déméter, elle arrache aux dieux un droit de possession sur sa fille. *L'éros* chez elle n'est développé que comme relation maternelle mais, en tant que rapport personnel, il demeure inconscient. Un *éros inconscient* s'exprime toujours sous forme

12. Je présente dans ce chapitre une série de *types du complexe maternel* à l'aide desquels je formule mes expériences thérapeutiques. Des «types» ne sont pas des cas individuels, ce que tout homme cultivé devrait savoir. Un «type» n'est pas non plus un *schéma inventé* dans lequel il faut faire entrer tous les cas qui se présentent. Des «types» sont des constructions idéales, des coupes de l'expérience à l'aide desquelles un cas individuel ne se laisse jamais identifier. Mais des gens dont l'expérience est tirée seulement des livres ou des laboratoires psychologiques ne peuvent, il est vrai, se faire une juste image de l'expérience psychologique du médecin. [Voir C. G. JUNG : *Types psychologiques*, trad. d'Yves LE LAY, Librairie de l'Université, Genève, 3e éd. 1967 — *N.d.T.*]

13. [En français dans le texte. — *N.d.T.*]

de *puissance*[14]. C'est pourquoi ce type, en dépit de tout ce qu'il peut comporter d'esprit de sacrifice féminin évident, est absolument incapable d'offrir un sacrifice véritable, mais projette son instinct maternel avec une volonté de puissance souvent brutale, jusqu'à la destruction de sa personnalité propre et de la vie personnelle des enfants. Plus une telle mère est inconsciente de sa personnalité propre, plus sa volonté de puissance inconsciente est grande et violente. Il existe, à l'intérieur de ce type, des cas assez fréquents où le symbole convenable serait, non Déméter, mais Baubo[15]. L'intelligence n'est pas cultivée pour elle-même, mais persiste la plupart du temps dans sa disposition originelle, autrement dit demeure naturellement primitive, sans relations, ni scrupules, tout à la fois vraie et même à l'occasion profonde comme la nature[16]. Cependant une telle femme ignore cela et elle ne peut, pour cette raison, ni apprécier le sel de son intelligence, ni admirer philosophiquement sa profondeur : si elle le peut, elle oublie ce qu'elle a dit.

b) *Le débordement de l'éros*

Le complexe causé par une telle mère chez sa fille n'est pas forcément une hypertrophie de l'instinct maternel. Il peut se faire au contraire que, chez la fille, cet instinct se trouve même éteint. On voit alors apparaître comme succédané un *débordement de l'éros* qui conduit presque toujours à une attitude inconsciente d'inceste à l'égard du père[17]. L'*éros*

14. Cette phrase se fonde sur l'expérience fréquente du fait que, là où l'amour est absent, la puissance s'installe à la place vide.

15. [Baubo est la vieille servante du roi d'Eleusis qui, par ses plaisanteries et ses mimiques obscènes, réussit à distraire Déméter du chagrin causé par la perte de sa fille, à la recherche de laquelle elle parcourait le monde. — *N.d.T.*]

16. L'expression que j'ai employée pour la désigner dans mes séminaires anglais est celle de *natural mind*.

17. Dans ce cas, l'initiative part de la fille. Dans d'autres, la psychologie du père (projection de l'anima) crée chez la fille un lien incestueux.

débordant provoque une accentuation anormale de la personnalité de l'autre. La jalousie envers la mère et le désir de la supplanter deviennent des leitmotive d'entreprises ultérieures, de nature souvent désastreuse. Une femme de ce genre adore en effet les relations exaltantes et sensationnelles pour elles-mêmes et s'intéresse aux hommes mariés, moins pour leur bien-être que parce qu'ils sont mariés et offrent donc l'occasion de troubler un ménage, ce qui est l'objectif principal de l'entreprise. Ce but est-il atteint que l'intérêt s'évapore par manque d'instinct maternel et qu'un nouveau personnage entre en scène[18]. Ce type est caractérisé par une remarquable inconscience. De telles femmes sont frappées de véritable cécité à l'égard de leurs propres agissements[19], ce qui n'est rien moins qu'avantageux non seulement pour leurs partenaires, mais aussi pour elles-mêmes. Je n'ai sans doute pas à souligner que, pour des hommes dont l'*éros* est faible, ce type offre une excellente occasion d'opérer une projection de l'*anima*.

c) *L'identité avec la mère*

Si le complexe maternel ne provoque pas une accentuation de l'éros, il en résulte chez la fille une identité avec la mère et une paralysie de ses propres entreprises féminines. Il se produit une projection de la personnalité propre de la fille sur la mère, grâce à l'inconscience de son univers personnel d'instincts, de l'instinct maternel aussi bien que de l'éros. Tout ce qui, chez ces femmes, rappelle la maternité, la responsabilité, les liens personnels et la revendication érotique fait naître en elles des sentiments d'infériorité et les contraint à fuir naturellement vers la mère, laquelle vit de façon apparemment parfaite tout ce

18. C'est en cela que ce type se distingue de son parent, le complexe paternel de la femme, où le père est au contraire couvé et entouré d'égards maternels.

19. Cela ne veut pas dire qu'elles sont inconscientes de la matérialité de leurs actes. C'est seulement de leur signification qu'elles n'ont pas conscience.

qui semble inaccessible à la fille, incarnant aux yeux de celle-ci une « super-personnalité ». Involontairement admirée par sa fille, elle vit toutes choses avant cette dernière et à sa place. La fille se contente de s'attacher à sa mère, apparemment sans intérêt propre, et s'efforce en même temps, inconsciemment et comme malgré elle, de s'élever au rôle de tyran de sa mère, tout en gardant d'abord le masque de la parfaite loyauté et du parfait dévouement. Elle mène une existence d'ombre, souvent visiblement sucée par sa mère dont elle prolonge la vie par une sorte de transfusion sanguine continuelle. Ces pâles jeunes filles ne sont pas vaccinées contre le mariage. Bien au contraire, en dépit de leur évanescence et de leur indifférence, ou peut-être à cause d'elles, elles sont très cotées sur le marché matrimonial. Avant tout, elles sont si vides qu'un homme peut supposer en elles absolument tout ; en outre, elles sont si inconscientes que l'inconscient étend à partir d'elles d'innombrables antennes, pour ne pas dire d'invisibles tentacules, et suce toutes les projections masculines, ce qui plaît aux hommes au-delà de toute mesure. Une si grande indétermination féminine est en effet la contrepartie désirée de la détermination et du caractère univoque de l'homme, qui ne peuvent s'installer d'une façon satisfaisante que si l'on est en mesure de rejeter tout ce qu'il y a de douteux, d'équivoque, d'imprécis et de trouble en le projetant sur une délicieuse innocence féminine[20]. En raison de cette indifférence intérieure qui la caractérise ainsi que de ses sentiments d'infériorité qui simulent toujours l'innocence blessée, c'est à l'homme que revient le rôle avantageux de devoir supporter avec supériorité et indulgence, d'une manière quasi chevaleresque, les insuffisances féminines bien connues. (Que celles-ci consistent pour une bonne part dans

---

20. Cette sorte de femme exerce un remarquable effet d'allégement sur son mari, jusqu'au jour où il découvre *qui* il a épousé et *avec qui* il partage le lit conjugal : la belle-mère.

ses propres projections, cela lui demeure fort heureusement caché.) L'état *d'abandon* dans lequel se trouve notoirement la jeune fille exerce une attirance toute particulière. Elle est à ce point un simple prolongement de la mère qu'elle ne sait pas du tout ce qui lui arrive quand un homme s'approche d'elle. Elle éprouve alors un tel besoin d'aide et est tellement ignorante de tout que même le plus tendre berger devient un audacieux ravisseur de femmes qui arrache traîtreusement une fille à sa mère aimante. La chance immense de pouvoir peut-être devenir un « diable d'homme » ne se présente pas tous les jours et développe, pour cette raison, une force de motivation qui n'est pas mince : c'est ainsi que Pluton a enlevé Perséphone à l'inconsolable Déméter, mais il lui avait fallu pour cela, par arrêt des dieux, abandonner tous les ans pour la saison d'été sa femme à sa belle-mère. (Le lecteur averti remarque que de telles légendes ne naissent pas « par hasard ».)

d) *La défense contre la mère*

Les trois types extrêmes que je viens de décrire sont reliés par des degrés intermédiaires dont je ne voudrais mentionner qu'un seul, qui est essentiel. Dans ce type moyen, il s'agit moins d'une accentuation ou d'une paralysie des instincts féminins que *d'une défense contre la puissance écrasante* de la mère, défense qui éclipse tout le reste. Ce cas est l'exemple idéal de ce que l'on appelle *le complexe maternel négatif*. Son leitmotiv est : tout pourvu que ce ne soit pas comme la mère. Il s'agit, d'une part, d'une fascination qui n'est cependant jamais une identité, et, d'autre part, d'une accentuation de l'éros qui toutefois s'épuise dans une certaine résistance jalouse contre la mère. Cette fille sait, sans doute, tout ce qu'elle *ne veut pas*, mais elle est la plupart du temps incapable de discerner clairement ce qu'elle entend par son propre destin. Ses instincts sont tous entièrement concentrés sur la mère sous une forme défensive et par suite incapables de se bâtir une vie personnelle. Si pourtant elle en vient là, et, par exemple, se marie, le mariage ne lui servira qu'à se débarrasser de sa mère, ou bien le destin lui jouera le mauvais tour de lui donner un mari ayant, pour l'essentiel, les mêmes traits de caractère que sa mère. Tous les processus et les besoins instinctifs en elle rencontrent des difficultés inattendues ; ou bien la sexualité ne fonctionne pas, ou bien les enfants sont mal accueillis, ou bien les devoirs maternels paraissent insupportables, ou bien les exigences de la vie commune du couple provoquent de l'impatience et de l'irritation. Car tout cela, en quelque sorte, n'appartient pas aux données essentielles de la vie, puisque c'est seulement et uniquement la défense incessante contre la puissance de la mère sous toutes ses formes qui constitue le but suprême de l'existence. Dans de tels cas, il est souvent donné de voir les propriétés de l'archétype maternel dans tous leurs détails. Par exemple *la mère-famille* ou *la mère-clan* provoque de violentes résistances ou un manque total d'intérêt à l'égard de tout ce qui a nom famille, communauté, société, convention et autres choses semblables. La résistance contre *la mère-utérus* se manifeste souvent par des troubles menstruels, des difficultés dans la conception, l'horreur de la grossesse, des hémorragies pendant la durée de celle-ci, des accouchements avant terme, des grossesses interrompues et autres désordres du même genre. *La mère-matière* fait naître l'impatience à l'égard des objets, la maladresse dans le maniement des instruments et des ustensiles et aussi des erreurs dans l'habillement. La défense contre la mère suscite, à l'occasion, un développement spontané de l'intelligence en vue d'instaurer une sphère où la mère ne figure pas. Ce développement intervient comme conséquence de besoins personnels et non en l'honneur d'un homme auquel on voudrait en imposer ou faire croire à une camaraderie spirituelle. Il doit servir à briser la puissance de la mère par une critique intellectuelle et un savoir supérieur, ou à permettre de lui imputer toutes les sottises, tous les manques de logique et les lacunes d'instruction. Une certaine manifestation de qualités plus spécialement masculines va de pair avec le développement de l'intelligence.

CHAPITRE IV

Les aspects positifs
du complexe de la mère

1. La mère

L'aspect positif du premier type, l'hypertrophie de l'instinct maternel, est cette image de la mère qui a été chantée et célébrée dans tous les temps et dans toutes les langues. C'est cet amour maternel qui fait partie des souvenirs les plus touchants et les plus inoubliables de l'âge adulte, et qui signifie la secrète racine de tout devenir et de toute transformation, le retour au foyer et le recueillement, le fond primordial silencieux de tout commencement et de toute fin. Intimement connue et étrange comme la nature, amoureusement tendre et cruelle comme le destin, dispensatrice voluptueuse et jamais lasse de vie, mère de douleurs, porte sombre et sans réponse qui se referme sur le mort, la mère est amour maternel, elle est *mon* expérience et *mon* secret. A quoi bon toutes nos paroles trop prolixes, trop erronées, trop pauvres, voire trop mensongères au sujet de cet être humain appelé mère, dont — pourrait-on dire — le hasard fit le porteur de cette expérience qui enferme en elle ma mère, moi, toute l'humanité, et même toute créature vivante qui devient et passe, le porteur de l'expérience de la vie dont nous sommes les enfants? On l'a toujours fait, certes, et on le fera toujours, mais celui qui sait ne peut plus faire retomber cet énorme poids de signification, de responsabilité et de devoir, de ciel et d'enfer, sur ces êtres faibles et faillibles, dignes d'amour, d'indulgence, de compréhension et de pardon qui nous furent donnés pour mères. Il sait que la mère est porteuse de cette image innée en nous qui est la *mater natura* et la *mater spiritualis*, la sphère de la vie tout entière, à laquelle, enfants, nous avons été confiés et, en même temps, abandonnés. Il n'a pas non plus le droit d'hésiter un instant à délivrer

la mère humaine de ce fardeau effrayant, par égard
pour elle et pour lui-même. Car c'est précisément ce
poids de signification qui nous enchaîne à la mère et
qui l'enchaîne à son enfant, pour la perte spirituelle
et physique de l'une et de l'autre. On ne dénoue pas
un complexe maternel en réduisant unilatéralement la
mère à une mesure humaine, et, pour ainsi dire, en la
« rectifiant ». Ce faisant, on court le danger de dissoudre en atomes l'expérience « mère », de détruire ainsi
une valeur suprême et de jeter au loin la clé d'or
qu'une bonne fée mit dans notre berceau. C'est pourquoi l'homme a instinctivement adjoint au couple des
parents le couple divin préexistant sous la forme du
« *godfather* » et de la « *godmother* », de parrains du
nouveau-né, afin que celui-ci ne risque pas, par
inconscience ou rationalisme à courte vue, de revêtir
les parents de divinité

L'archétype est tout d'abord bien moins un problème
scientifique qu'une question immédiatement pressante
d'hygiène mentale. Même si nous manquions de toutes
les preuves de l'existence des archétypes et si tous les
gens intelligents nous démontraient de façon convain-
cante qu'il ne peut absolument rien exister de semblable, il nous faudrait pourtant les inventer pour ne
pas laisser sombrer dans l'inconscience nos valeurs
les plus hautes et les plus naturelles. Si, en effet,
elles tombent dans l'inconscient, la puissance élémentaire d'expériences originelles disparaît avec elles. A
leur place s'installe la fixation à l'*imago* maternelle
et, lorsque le concept en a été suffisamment défini et
affûté, nous sommes bel et bien ligotés à la *ratio*
humaine et condamnés dès lors à croire exclusivement ce qui est raisonnable. D'un côté, sans doute,
c'est une vertu et un avantage, mais c'est aussi une
limitation et un appauvrissement car on s'approche
ainsi du désert du doctrinarisme et de l'esprit de
« l'ère des lumières ». La déesse Raison[21] étend une
lumière trompeuse qui n'éclaire que ce que l'on sait

21. [En français dans le texte. — *N.d.T.*]

déjà, mais qui recouvre d'obscurité ce qu'il serait
par-dessus tout nécessaire de savoir et de rendre
conscient. Plus la raison prend des allures d'indépendance, plus elle devient pur intellect qui remplace la
réalité par des doctrines et qui, surtout, a devant les
yeux, non l'homme tel qu'il est, mais un mirage.

Que l'homme le comprenne ou non, le monde des
archétypes doit lui demeurer conscient, car c'est en
lui que l'homme est encore nature et relié à ses racines. Non seulement une conception du monde ou une
organisation sociale qui sépare l'homme des images
primordiales de la vie n'est pas une civilisation, mais
c'est en outre à un degré croissant une prison ou une
étable. Si les images primordiales demeurent
conscientes sous une forme quelconque, l'énergie
correspondante peut alimenter l'homme. Mais si l'on
ne parvient plus à maintenir le contact avec elles,
l'énergie qui s'exprime dans ces images et cause le
pouvoir de fascination inhérent au complexe parental
infantile retombe dans l'inconscient. Celui-ci acquiert
ainsi une charge qui se prête, comme une espèce de
vis a tergo irrésistible, à toute vue, idée ou tendance
que l'intellect offre à la « concupiscence » comme but
attirant. De cette manière, l'homme devient désespérément la proie de son conscient et de ses idées
rationnelles de juste et de faux. Je suis bien éloigné
de déprécier la raison, ce don des dieux, cette faculté
suprême de l'homme. Mais, si elle règne seule, elle
n'a aucun sens, tout comme la lumière dans un
monde où elle n'aurait pas l'obscurité en face d'elle.
L'homme devrait sans doute prêter attention au sage
conseil de la mère et à sa loi inexorable de la limitation naturelle. Il ne devrait jamais oublier que, si le
monde subsiste, c'est parce que ses contraires s'équi-
librent. Ainsi le rationnel est compensé par l'irrationnel et ce qui est intentionnel par ce qui est donné.

Cette digression dans l'universel était sans doute
inévitable, car la mère est le premier monde de
l'enfant et le dernier monde de l'adulte. Dans le
manteau de cette très grande Isis, nous sommes tous

enveloppés, nous, ses enfants. Mais revenons aux divers types de complexe maternel chez la femme. Chez l'homme, le complexe maternel n'est jamais « pur », c'est-à-dire qu'il est toujours mêlé à l'archétype de l'*anima*, d'où il résulte que les affirmations de l'homme sur la mère sont la plupart du temps de nature émotionnelle, c'est-à-dire qu'elles sont teintées d'« animosité ». Ce n'est que chez la femme qu'existe la possibilité d'examiner les effets de l'archétype maternel dénué de cette « animosité », ce qui, il est vrai, n'a de chances de réussir que là où il ne s'est pas encore développé d'*animus* compensateur.

2. L'éros débordant

Nous en venons maintenant au deuxième type du complexe maternel féminin, *du débordement de l'éros*. Parce qu'on le rencontre dans le domaine pathologique, j'ai tracé de ce cas un portrait des plus fâcheux. Pourtant ce type si peu sympathique a, lui aussi, un aspect positif dont la société ne pourrait pas se passer. Si nous prenons ce qui est précisément le pire effet de cette attitude, la destruction sans scrupule des ménages, nous apercevons derrière lui une disposition de la nature pleine de sens et adaptée à son but. Ce type provient souvent, comme nous l'avons montré, d'une réaction contre une mère purement naturelle et instinctive et, par suite, dévorante. Ce type maternel est un anachronisme, un retour à un sombre matriarcat où l'homme mène une existence insipide de fécondateur et d'esclave du champ. La fille, en mettant par réaction l'accent sur l'éros, vise l'homme qui doit être soustrait au poids écrasant de l'élément féminin-maternel. Une telle femme s'interposera d'instinct partout où elle est provoquée par l'inconscience du conjoint. Elle trouble le confort paresseux si dangereux de la personnalité masculine que l'homme considère volontiers comme de la fidélité. Ce confort conduit à l'inconscience de la personnalité propre et à ce mariage soi-disant idéal où lui n'est que « papa » et où elle n'est que « maman »

et où les époux se donnent aussi mutuellement ce
titre. C'est là une pente dangereuse qui rabaisse facilement le mariage à n'être qu'une identité inconsciente des partenaires.

La femme de notre type dirige le rayon brûlant de
son éros sur un homme placé dans l'ombre de l'élément féminin maternel et suscite par là un conflit
moral. Pourtant sans un tel conflit il n'y a pas de
conscience de la personnalité. «Mais pourquoi»,
demandera-t-on certainement, «l'homme doit-il "à
tort et à travers22" parvenir à une conscience plus
haute?» Cette question touche au centre du problème
et la réponse est passablement difficile. Au lieu
d'une véritable réponse, je ne puis qu'affirmer une
sorte de foi : il me semble en effet qu'au long des
milliers de millions d'années quelqu'un finalement ait
dû savoir que ce monde étrange des montagnes, des
mers, du soleil et de la lune, de la voie lactée, des
nébuleuses, des étoiles fixes, des plantes et des animaux *existait*. Lorsque, me trouvant dans les plaines
de l'Athi en Afrique orientale, debout sur une petite
colline, je vis les troupeaux sauvages de milliers et
de milliers de têtes paissant dans un si paisible
silence, comme ils l'avaient toujours fait depuis des
espaces de temps défiant l'imagination, j'eus le sentiment d'être le premier homme, le premier être, le
seul à savoir que cela *était*. Le monde entier autour
de moi était encore dans la paix du commencement
et ne savait pas qu'il était. Et c'est au moment précis
où je le sus que le monde devint, et sans ce moment
il ne serait pas devenu. C'est ce but que recherche
toute la nature, et elle le trouve dans l'homme et
seulement dans l'*homme le plus conscient*. Chaque
pas infime en avant sur le chemin de la réalisation
de la conscience est créateur de monde.

Il n'y a pas de conscience sans distinction des
contraires. C'est le principe paternel du *logos* qui,
dans un combat infini, s'arrache à la chaleur et à l'obs-

---

22. [En français dans le texte. — *N.d.T.*]

curité premières du sein maternel, à l'inconscience. Ne reculant devant aucun conflit, aucune souffrance, aucun péché, la divine curiosité tend vers la naissance. Pour le *logos*, l'inconscience est le péché originel, le mal pur et simple. Mais son acte libérateur qui crée le monde est le meurtre de la mère, et l'esprit qui s'était aventuré dans toutes les hauteurs et les profondeurs doit, comme le disait Synesius, subir également les châtiments divins, être fixé par des fers au rocher du Caucase. Car aucun des deux ne peut être sans l'autre puisque tous deux étaient un au commencement et redeviendront un à la fin. La conscience ne peut exister que si, sans cesse, on reconnaît l'inconscient et l'on tient compte de lui, de même que toute vie doit traverser de nombreuses morts.

Le déclenchement du conflit est une vertu luciférienne au sens propre du terme. Le conflit engendre le feu des affects et des émotions et, comme tout feu, celui-ci possède deux aspects, celui de brûler et celui de produire la lumière. L'émotion est d'une part le feu alchimique, dont la chaleur fait tout apparaître et dont l'ardeur « *omnes superfluitates comburit* », consume tout ce qui est superflu ; d'autre part, l'émotion est le moment où l'acier rencontre la pierre et où jaillit une étincelle : l'émotion est en effet la principale source de réalisation de conscience. Sans émotion, il n'est pas de transformation d'obscurité en lumière et d'inertie en mouvement.

La femme qui a pour destin de jeter le trouble n'est exclusivement destructrice que dans des cas pathologiques. Dans les cas normaux, en tant que perturbatrice, elle est elle-même saisie par la perturbation ; facteur de transformation, elle est elle-même transformée ; l'éclat du feu qu'elle attise jette une lumière sur toutes les victimes de l'imbroglio, mais, en même temps, les éclaire. Ce qui apparaissait comme une perturbation vaine devient un processus de purification « afin qu'à coup sûr l'insignifiant s'évapore entièrement ».

Si cette sorte de femme demeure entièrement inconsciente de sa fonction, c'est-à-dire si elle ne sait pas qu'elle est une partie « de cette force qui toujours veut le mal et toujours fait le bien[23] », elle périra aussi par l'épée qu'elle apporte. Mais la conscience la transforme en celle qui défait et qui sauve[24].

3. Celle qui n'est que fille

La femme du troisième type, celui de *l'identité avec la mère*[25] accompagnée de paralysie des instincts personnels, n'est pas nécessairement une nullité sans espoir. Dans les limites de la normale, il existe au contraire la possibilité que le vase vide soit rempli, précisément par une projection intense de l'*anima*. C'est, il est vrai, de cela que dépend une telle femme : sans l'homme, elle n'a aucune chance de se trouver elle-même ; il faut qu'elle soit bel et bien ravie à sa mère. En outre, il lui faut alors, pendant un temps assez long et au prix d'une très grande tension, jouer le rôle qui lui est imparti jusqu'à ce qu'elle en soit écœurée. Peut-être lui sera-t-il alors possible de découvrir qui elle est elle-même. De telles femmes peuvent être des épouses dévouées pour les hommes qui existent uniquement en s'identifiant avec une profession ou un talent et, pour le reste, sont et demeurent inconscients. Comme eux-mêmes ne représentent qu'un masque, il faut que leur femme soit à même de jouer avec quelque naturel le rôle d'accompagnatrice. Pourtant ces femmes peuvent posséder, elles aussi, des dons de valeur qui n'ont pas pu se développer pour la seule raison que leur personnalité propre est demeurée pratiquement inconsciente. Il se produit dans ce cas une projection de cette qualité sur un époux qui en est dépourvu et nous voyons alors comment un homme passablement

23. [Définition de Méphistophélès par lui-même. — *N.d.T.*]
24. [Allemand : *Löserin und Erlöserin.* — *N.d.T.*]
25. Causée par la projection des instincts.

insignifiant, et même à un point invraisemblable, se trouve comme soulevé par un tapis magique et emporté jusqu'aux plus hautes cimes. Cherchez la femme[26] et vous aurez la clé du mystère de ce succès. Ces sortes de femmes me rappellent — que l'on veuille bien pardonner cette comparaison désobligeante — de grandes et puissantes chiennes qui fuient devant un tout petit roquet, simplement parce que c'est un mâle terrible et qu'il ne leur vient absolument pas à l'idée de mordre.

Mais en définitive, le *vide* est un grand mystère féminin. C'est ce qui est pour l'homme l'étrangeté première, le creux, l'autre à la profondeur abyssale, le yin. La misère, propre à exciter la compassion, de cette nullité (je parle ici en homme) est malheureusement — serais-je tenté de dire — le puissant mystère de ce qu'il y a d'insaisissable dans le féminin. Une telle femme ne constitue rien de moins qu'un destin. Un homme peut à ce sujet tout dire, pour ou contre, ou ne rien dire, ou les deux à la fois ; finalement, contre toute raison, il tombe dans ce trou, ivre de béatitude, ou bien, s'il n'en fait rien, il a laissé échapper et a gaspillé[27] l'unique chance d'entrer en possession de sa virilité. Au premier, les raisonnements ne sauraient enlever son bonheur béat, au second on ne peut fournir de son malheur une explication qui l'apaise. «Les mères, les mères, cela résonne si étrangement[28] ! » Avec ce soupir qui scelle la capitulation de l'homme au seuil du royaume des mères, nous nous tournons maintenant vers le quatrième type.

4. Le complexe maternel négatif

Ce type est caractérisé par le *complexe maternel négatif*. En tant que phénomène pathologique, cette femme est pour l'homme une compagne désagréable,

26. [En français dans le texte. — *N.d.T.*]
27. [Allemand : *verpasst und verpatzt*. — *N.d.T.*]
28. [«*Die Mütter, die Mütter, 's klingt so wunderlich ?* » Faust, 2e partie. — *N.d.T.*]

revendicatrice et peu satisfaisante, car son effort tend, pour l'essentiel, à se cabrer contre tout ce qui sourd de la nature foncière. Mais il n'est nulle part écrit qu'une expérience vitale grandissante ne puisse lui enseigner une amélioration de manière qu'elle se mette à cesser de lutter contre la mère, au sens personnel et étroit. Cependant, même dans le meilleur des cas, elle sera l'ennemie de tout ce qui est obscur, trouble, équivoque, et cultivera tout ce qui est assuré, clair et raisonnable, pour le mettre au premier plan. Elle dépassera sa sœur féminine en objectivité et en jugement froid et pourra devenir pour son mari un ami, une sœur et une conseillère dotée de jugement. Elle sera aussi particulièrement aidée à tenir ce rôle par ses aspirations viriles, qui lui rendent possible une compréhension humaine, située au-delà de tout érotisme, pour l'individualité de l'homme. De toutes les formes du complexe maternel, c'est sans doute celle qui possède, pour la seconde moitié de la vie, les plus fortes chances de faire de son mariage une réussite, mais seulement lorsqu'elle aura victorieusement surmonté l'enfer du pur féminin, le chaos du sein maternel qui la menace tout particulièrement (à cause du complexe *négatif*). Comme on le sait, un complexe n'est surmonté de façon effective que lorsqu'on l'a épuisé en le vivant jusqu'à sa profondeur dernière. Ce que nous avons tenu éloigné de nous à cause de nos complexes, il nous faut finalement le boire jusqu'à la lie, si nous voulons avoir une chance d'en sortir.

Cette femme s'approche du monde en détournant le visage, comme la femme de Lot regardant en arrière vers Sodome et Gomorrhe. Et, pendant ce temps, le monde et la vie passent devant elle comme un rêve, comme une source importune d'illusions, de déceptions et d'irritations qui ne reposent sur rien d'autre que son refus de se laisser amener à regarder une bonne fois les choses en face. Et sa vie devient ainsi quelque chose de purement féminin-maternel, cela précisément contre quoi elle luttait par-dessus tout par suite de son attitude perpétuelle de réaction inconsciente à l'égard de la réalité. Mais si elle consent à tourner son visage, le monde s'ouvre alors à elle en quelque sorte pour la première fois dans la lumière d'une clarté mûre, paré de toutes les couleurs et de toutes les gracieuses merveilles de la jeunesse, et même parfois de l'enfance. Une telle façon de contempler signifie la reconnaissance et la découverte de la vérité, qui est l'indispensable condition de la conscience. Une partie de la vie s'est perdue, mais le sens de la vie, pour elle, est sauvé.

A la femme qui lutte contre son père, il reste toujours, certes, la possibilité de la vie féminine instinctive, car elle ne rejette que ce qui lui est étranger. Mais, quand elle lutte contre sa mère, elle peut, au risque de léser ses instincts, parvenir à une plus haute conscience, car dans la mère elle renie aussi toute l'obscurité, l'impulsivité, l'équivoque et l'inconscience de sa propre nature. Grâce à sa clarté, à son objectivité et à sa virilité, la femme de ce type peut se rencontrer fréquemment à des places importantes, où, découverte tardivement, sa féminité maternelle conduite par une froide raison déploie une efficacité féconde. Toutefois ce n'est pas seulement à l'extérieur que se constate sa rare combinaison de féminité et de raison masculine, mais aussi dans le domaine de l'intimité psychique. Elle peut, cachée au monde extérieur, jouer un rôle influent de *spiritus rector* invisible, comme guide et conseillère spirituelle d'un homme. Grâce à ses qualités, elle est plus transparente pour l'homme que les autres formes du complexe maternel, et c'est pourquoi le monde masculin lui applique souvent la projection d'un complexe maternel sans complications. Le « trop féminin » effraie un certain type de complexe maternel de l'homme qui est caractérisé par une grande délicatesse de sentiments. Mais, devant cette femme, il ne s'effraie pas, car elle construit pour l'esprit masculin des ponts par lesquels il peut amener sûrement le sentiment sur l'autre rive. Sa raison bien articulée inspire confiance à l'homme, élément qui ne doit pas être sous-estimé et qui manque plus souvent qu'on ne le croit dans la relation homme-femme. L'éros de l'homme ne conduit pas seulement vers le haut, mais en même temps aussi vers le bas, dans ce monde sinistre et obscur qui est celui d'une Hécate ou d'une Kali, devant lequel tout homme spirituel est saisi d'horreur. La raison de cette femme devient pour lui une étoile dans l'obscurité sans espoir de fausses routes sans fin.

CHAPITRE V

Récapitulation

Ce qui a été dit jusqu'à présent devrait faire apparaître que les affirmations de la mythologie ainsi que les effets du complexe maternel, si on les dépouille de la diversité des cas individuels, se rapportent en dernière analyse à l'*inconscient*. Comment l'homme aurait-il sans cela eu l'idée, prenant comme terme de comparaison le jour et la nuit, l'été et la saison pluvieuse de l'hiver, de diviser le cosmos en un monde lumineux de clarté et un monde d'obscurité rempli d'êtres fabuleux, s'il n'en avait trouvé le modèle précisément en lui-même, dans la conscience et dans la réalité agissante mais invisible, c'est-à-dire inconnaissable, de l'inconscient ? A l'origine, l'appréciation des objets ne provient que partiellement de la manière objective dont se présentent les choses ; mais elle tient aussi, et souvent pour la plus grande part, à des états de fait intrapsychiques qui ne peuvent en définitive être mis en rapport avec les choses qu'au moyen de la projection. Cela résulte tout simplement de ce que le primitif n'a pas encore fait l'expérience de l'ascèse de l'esprit, c'est-à-dire de la critique de la connaissance, mais qu'il ne vit le monde que d'une manière crépusculaire, comme un phénomène général, à l'intérieur du courant de phantasmes qui le remplit, où l'élément subjectif et l'élément objectif s'interpénètrent sans se distinguer. «Tout ce qui est dehors est aussi dedans», pourrait-on dire avec Goethe. Mais ce «dedans», que le rationalisme moderne fait dériver si volontiers du «dehors», a sa structure propre qui précède comme un *a priori* toute expérience consciente. Il est absolument impossible de se représenter comment l'expérience au sens le plus large, comment le psychisme en général pourraient découler exclusivement de l'extérieur. La psyché appartient à ce qu'il y a de plus intime dans le mystère de la vie, et, comme tout organisme vivant a sa structure et sa forme particulières, c'est aussi le cas de la psyché. La question de savoir si, en définitive, la structure de l'âme et ses éléments, les archétypes, ont toujours existé ou ont été créés, relève de la métaphysique et l'on n'a pas à y répondre. La structure est ce que l'on trouve dans chaque cas d'espèce, c'est-à-dire ce qui était chaque fois présent, la *condition préalable. C'est la mère*, la forme dans laquelle est saisie toute expérience vécue. En face d'elle, le père représente *le dynamisme de l'archétype,* car ce dernier est l'un et l'autre : forme et énergie.

C'est, en premier lieu, la mère personnelle qui est le porteur de l'archétype, parce que l'enfant vit tout d'abord en participation exclusive, c'est-à-dire en identité inconsciente, avec elle. La mère est la condition préalable de l'enfant, non seulement sur le plan physique, mais aussi sur le plan psychique. Avec l'éveil de la conscience du moi, la participation se dénoue progressivement et la conscience commence à s'opposer à l'inconscient, c'est-à-dire à ses propres conditions préalables. Il en résulte que le moi se distingue de la mère, dont la nature particulière et personnelle apparaît peu à peu plus clairement. Son image se dépouille ainsi de toutes les propriétés fabuleuses et mystérieuses, qui passent sur la possibilité la plus proche, par exemple la *grand-mère*. En tant que mère de la mère, celle-ci est « plus grande » que sa fille. Elle est très précisément la « grande mère » Assez souvent elle prend les traits de la *sagesse* ainsi que ceux de la *sorcière*. Car plus l'archétype s'éloigne de la conscience, plus celle-ci devient claire et plus le premier prend une nette forme mythologique. Le passage de la mère à la grand-mère signifie pour l'archétype un avancement. On le voit clairement dans la conception des Bataks : le sacrifice funéraire pour le père est modeste ; il est fait d'aliments ordinaires. Mais lorsque le fils a lui-même un fils, le père est alors devenu grand-père et il est ainsi parvenu à une dignité plus haute dans l'au-delà. On lui offre alors de grands sacrifices[29].

29. WARNECK : *Die Religion der Batak*, 1909.

A mesure que grandit la distance entre conscient et inconscient, la grand-mère monte en grade et devient « grande mère », tandis que les oppositions intérieures de cette image se divisent. On voit apparaître d'une part une bonne fée et d'autre part une méchante, ou bien une déesse bienfaisante et lumineuse en face d'une autre qui est dangereuse et sombre. Dans l'antiquité occidentale, et surtout dans les civilisations orientales, les contraires demeurent souvent unis dans la même figure, sans que la conscience soit troublée par ce paradoxe. Comme dans les légendes des dieux, le caractère moral de leurs figures est plein de contradictions. Dans l'antiquité occidentale, le caractère paradoxal et la moralité équivoque des divinités ont de bonne heure soulevé de l'opposition et suscité l'apparition d'une critique ; celle-ci a, d'une part, conduit à la dépréciation de la troupe des dieux de l'Olympe et, d'autre part, donné lieu à des interprétations philosophiques. Cela se traduit sans doute avec le plus de netteté dans la réforme chrétienne de la conception juive de Dieu : Yahvé, figure moralement équivoque, devint un Dieu exclusivement bon en face duquel le diable réunit en lui tout ce qu'il y a de mauvais. On dirait qu'un développement plus accentué du sentiment chez l'homme occidental l'aurait acculé à cette décision qui coupe moralement en deux la divinité. En Orient, par contre, l'attitude intellectuelle-intuitive prédominante n'a concédé aucun droit de décision aux valeurs de sentiment, et c'est pourquoi les dieux ont pu conserver sans être troublés la nature morale pleine de paradoxes qu'ils avaient à l'origine. C'est ainsi que Kali est représentative de l'Orient et la Madone, de l'Occident. Cette dernière a totalement perdu son ombre[30]. Celle-ci est tombée dans l'enfer vulgaire où elle mène une existence discrète comme *grand-mère du diable*. Grâce

---

30. [Ce jugement ne concerne évidemment pas les anciennes vierges noires qui attestent la présence parmi nous de l'antique Grande Mère. — *N.d.T.*]

au développement des valeurs de sentiment, l'éclat de
la divinité lumineuse et bonne s'est élevé à l'infini,
tandis que l'obscurité qui devait être représentée par
le diable s'est localisée dans l'homme. Cette évolution particulière a été principalement causée par le
fait que le christianisme, effrayé par le dualisme
manichéen, a cherché par tous les moyens à protéger
son monothéisme. Mais, comme on ne pouvait pas
nier la réalité de l'obscurité et du mal, il n'est resté
d'autre ressource que d'en rendre l'homme responsable. On est allé jusqu'à supprimer à peu près ou
même totalement le démon, ce qui a conduit à
«introjecter» dans l'homme cette figure métaphysique qui constituait auparavant une partie intégrante
de la divinité, si bien que l'homme est proprement
devenu le porteur du *mysterium iniquitatis* : «*Omne
bonum a Deo, omne malum ab homine*[31] !» Cette
évolution s'est tout récemment inversée de façon
infernale, puisque le loup, circulant revêtu d'une peau
de brebis, chuchote partout aux oreilles que le mal
n'est en réalité rien d'autre qu'une méprise du bien
et un instrument valable du progrès. On pense avoir
de cette manière donné le coup de grâce au monde
obscur, et l'on ne pense pas à l'empoisonnement spirituel de l'homme que l'on a ainsi déclenché. Ce dernier se transforme alors lui-même en diable, car
celui-ci est la moitié d'un archétype dont la puissance irrésistible arrache à l'Européen incroyant lui-
même, que les circonstances s'y prêtent ou non,
l'exclamation : «O mon Dieu !» Si l'on peut faire
autrement, on ne doit jamais s'identifier avec un
archétype, car, ainsi que le montrent la psychopathologie et certains événements contemporains, les suites
sont effroyables.

L'Occident a tellement gâché son âme qu'il doit
nier la quintessence des forces psychiques qui n'ont
pas été maîtrisées par l'homme et ne sauraient l'être,
à savoir la divinité elle-même, pour s'emparer du

31. « Tout bien vient de Dieu, tout mal vient de l'homme. »

bien afin de le placer auprès du mal qu'il avait déjà absorbé. Qu'on relise avec attention et dans un esprit de critique psychologique le *Zarathoustra*. Nietzsche a décrit, avec une logique rare et la passion d'un homme véritablement religieux, la psychologie de ce surhomme » dont le Dieu est mort, de cet homme qui se brise parce qu'il a enfermé la paradoxale nature divine dans la boîte exiguë de l'homme mortel. Goethe le sage a bien observé « quelle terreur s'empare du surhomme[32] » et s'est ainsi attiré le sourire supérieur du philistin cultivé. Sa glorification de la mère, dont la grandeur embrasse la Reine du Ciel et Maria Aegyptiaca[33] traduit une suprême sagesse et vaut un sermon de carême pour l'Occidental qui réfléchit. Mais où veut-on finalement en venir à une époque où les représentants qualifiés des religions chrétiennes eux-mêmes proclament publiquement leur incapacité à saisir les bases de l'expérience religieuse ? J'extrais d'un article théologique (protestant) la phrase suivante : « Nous nous comprenons — que ce soit d'une façon naturaliste ou idéaliste — *comme des êtres unitaires et non si singulièrement partagés que des puissances étrangères puissent intervenir dans notre vie intérieure*[34], comme le suppose le Nouveau Testament[35]. » L'auteur ignore manifestement que, depuis plus d'un demi-siècle déjà, la science a constaté et démontré expérimentalement le caractère labile et dissociable de la conscience. Nos intentions conscientes sont pour ainsi dire sans arrêt troublées et traversées, dans une mesure plus ou moins grande, par des intrusions inconscientes dont les causes profondes nous demeurent d'abord incompréhensibles. La psyché est loin de constituer une unité ; elle est au contraire un mélange bouillonnant

---

32. [Cf. *Faust*, Ire partie, vers 489-490. — *N.d.T.*]

33. [Marie l'Égyptienne, prostituée repentie et comptée au nombre des saintes, fait partie du chœur des pénitentes dans la scène finale du second *Faust*. — *N.d.T.*]

34. C'est moi qui souligne.

35. *Theologische Zeitschrift*, 8e année, 1952, n° 2, p. 117.

d'impulsions contradictoires, d'obstructions et d'affects, et son état de conflit est pour beaucoup d'hommes si insupportable qu'ils vont jusqu'à souhaiter pour eux-mêmes la rédemption célébrée par la théologie. Rédemption de quoi? Naturellement, d'un état psychique extrêmement précaire. L'unité de la conscience, de la prétendue personnalité, n'est pas une réalité mais un *desideratum*. J'ai gardé un souvenir très vif d'un certain philosophe qui, lui aussi, était engoué de cette unité et qui vint me consulter pour sa névrose: il était possédé par l'idée qu'il souffrait d'un cancer. Il avait déjà vu je ne sais combien de spécialistes et subi je ne sais combien de radiographies. On l'assurait toujours qu'il n'avait pas de cancer. Lui-même me dit: «Je sais que je n'ai pas de cancer, mais je pourrais en avoir un.» Qui est responsable d'une pareille imagination? Il ne la crée pas lui-même, mais c'est une force *étrangère* qui la lui impose. Je ne fais pas de différence entre cet état et celui des possédés de l'Évangile. Que je croie à un démon du royaume des airs ou à un facteur situé dans l'inconscient et qui me joue un tour diabolique, cela n'a aucune importance. Le fait que l'homme est menacé par des forces étrangères dans son unité imaginaire demeure le même, avant comme après. La théologie ferait sans doute mieux de prendre finalement une bonne fois en considération ces faits psychologiques plutôt que de continuer, avec des siècles de retard, à «démythologiser» comme à l'époque des lumières.

J'ai cherché dans ce qui précède à donner un aperçu de ces phénomènes psychologiques qui doivent être attribués à la prédominance de l'image maternelle. Sans y être chaque fois renvoyé, le lecteur aura pu apercevoir tout de suite, sous le masque de la psychologie personnaliste, les traits qui caractérisent dans la mythologie la figure de la «Grande Mère». Lorsque nous invitons nos patients qui sont sous l'influence particulière de l'image maternelle à exprimer par la parole ou par l'image ce qu'évoque pour eux la «mère» — que ce soit positif ou négatif — nous obtenons des formulations symboliques qui doivent être regardées comme des homologues immédiats de l'image maternelle mythologique. Avec ces analogies nous pénétrons, il est vrai, dans un domaine qui demande encore bien du travail pour être clarifié. Je me sens du moins personnellement incapable d'exprimer là-dessus quoi que ce soit de définitif. Si pourtant je me hasarde à faire quelques remarques, on voudra bien considérer qu'elles ne sont que provisoires et n'engagent en aucune façon.

Je voudrais avant tout attirer l'attention sur cette circonstance particulière, que l'image maternelle se tient sur un autre plan quand celui qui l'exprime est un homme et non une femme. Pour la femme, la mère est le type de sa vie consciente et conforme à son sexe. Mais pour l'homme, la mère est le type d'un vis-à-vis étrange, dont il faut faire l'expérience, rempli du monde d'images de l'inconscient latent. Cette raison à elle seule fait que le complexe maternel de l'homme est dans son principe distinct de celui de la femme. La mère est donc pour l'homme, par avance en quelque sorte, une affaire de caractère expressément symbolique, et c'est sans doute de là que vient la tendance à idéaliser la mère. L'idéalisation est un apotropéisme secret. On idéalise là où l'on veut bannir une crainte. Ce qui est craint est l'inconscient et son influence magique[36].

Tandis que chez l'homme, la mère est *ipso facto* symbolique, chez la femme, elle ne devient symbole qu'au cours du développement psychologique. Il est frappant que, selon l'expérience, chez l'homme ce soit le type de l'*ourania*[37] qui apparaisse en général avec plus de force, tandis que, chez la femme, c'est le type chtonien la « *mère-terre* », qui prédomine. Dans une phase, celle de l'apparition de l'archétype,

36. Naturellement, la fille peut aussi idéaliser la mère, mais il faut pour cela des circonstances spéciales, tandis que chez l'homme l'idéalisation a lieu pour ainsi dire à l'intérieur du cadre normal.

37. « La céleste. »

il se crée normalement une identité plus ou moins complète avec ce dernier. La femme peut s'identifier immédiatement avec la terre-mère; l'homme, par contre, ne le peut pas (hors les cas de psychose). Comme le montre la mythologie, l'une des propriétés de la Grande Mère est qu'elle apparaît fréquemment couplée avec son correspondant masculin. L'homme s'identifie donc avec le *fils-amant* qui a trouvé grâce auprès de la Sophia, « *puer aeternus* », *filius sapientiae,* sage. Mais le compagnon de la mère chtonienne est, tout à l'opposé, *un Hermès ithyphallique* (ou, comme en Egypte, un Bez) ou encore, dans la terminologie de l'Inde, un lingam. Ce dernier symbole revêt dans l'Inde une très haute signification spirituelle, tandis qu'Hermès est l'une des figures les plus remplies de contradictions du syncrétisme hellénistique, duquel sont émanés les développements spirituels décisifs de l'Occident : Hermès est un dieu des révélations et, dans la philosophie naturelle du haut Moyen Age, rien de moins que le *noûs* créateur du monde. La meilleure expression de ce mystère est sans doute renfermée dans les paroles obscures de *La Table d'Emeraude* : « *Omne superius sicut inferius.* » (Tout ce qui est en haut est comme ce qui est en bas.)

Avec ces identifications, nous entrons dans le domaine de la *syzygie,* autrement dit des *couples d'opposés* où l'un n'est jamais séparé de l'autre, qui est son contraire. C'est cette sphère d'événements vécus qui conduit directement à l'expérience de l'individuation, de la réalisation de soi. On pourrait puiser un grand nombre de symboles représentant ce processus dans la littérature de l'Occident médiéval et encore plus dans le trésor de sagesse de l'Orient, mais, en cette matière, les mots, les concepts, les idées elles-mêmes ne signifient pas grand-chose. Ils sont même de nature à devenir de dangereuses fausses pistes. C'est aussi dans ce domaine encore bien obscur de l'expérience de l'âme où l'archétype surgit pour ainsi dire immédiatement en face de nous, que sa puissance psychique se manifeste avec le plus de clarté. Si cette sphère a quelque réalité, elle est celle de l'expérience pure et ne peut en conséquence être captée ou anticipée par une formule quelconque. Mais celui qui sait n'aura pas besoin de longues explications pour comprendre la tension qu'Apulée exprime dans son admirable prière à la Reine du Ciel quand il associe à la *Venus coelestis* la «*nocturnis ululatibus horrenda Proserpina*[38]» : c'est l'effrayant caractère paradoxal de l'image primitive de la mère.

Lorsqu'en 1938 j'écrivais la première version de cette étude, je ne savais pas encore que douze ans plus tard la formulation chrétienne de l'archétype de la mère serait élevée au rang de vérité dogmatique. La *Regina coeli* chrétienne a naturellement dépouillé toutes les propriétés olympiennes, à l'exception de la lumière, du bien et de l'éternité, et son corps humain lui-même qui est, en tant que tel, ce qu'il y a de plus assujetti à la putrescibilité de la matière grossière, s'est transformé en une réalité éthérée et incorruptible. Les abondantes allégories qui entourent la Mère de Dieu ont malgré tout conservé certains rapports avec ses préfigurations païennes en Isis (ou Io) et Sémélé. Non seulement Isis et l'enfant Horus ont servi de modèle dans le domaine de l'iconologie, mais encore la montée au ciel de Sémélé, qui fut d'abord la mère mortelle de Dionysos, prépare l'Assomption de la Très Sainte Vierge. En outre, le fils de Sémélé est un dieu qui meurt et ressuscite (et le plus jeune des Olympiens). Sémélé elle-même semble avoir été une ancienne déesse-terre, de même que la Vierge Marie est la terre de laquelle le Christ a été enfanté. Dans ces conditions, la question se pose naturellement au psychologue de savoir ce qu'il est advenu de cette relation, si caractéristique de l'image maternelle, avec la terre, avec l'obscurité et la profondeur abyssale du corps humain à la nature

---

38. [On peut traduire ainsi : «Proserpine dont les hurlements nocturnes provoquent des frissons d'effroi.» — *N.d.T.*]

instinctive et passionnée, ainsi qu'avec la « *materia* ».
La déclaration du dogme est survenue en un temps
où les acquisitions de la science de la nature et de la
technique, unies à une vision du monde rationaliste
et matérialiste, menacent de destruction violente les
biens spirituels et moraux de l'humanité. Celle-ci
s'arme avec angoisse et à contrecœur en vue d'un
crime monstrueux. Des circonstances pourraient se
présenter où l'on se trouverait contraint, par exemple,
d'utiliser la bombe à hydrogène et où l'acte dont le
caractère effroyable dépasse la pensée deviendrait
inévitable pour la légitime défense de l'existence personnelle. La Mère de Dieu élevée au ciel forme un
parfait contraste avec cette évolution fatale des choses ; son Assomption est même interprétée comme
une contrepartie intentionnelle du doctrinarisme matérialiste qui représente un soulèvement des puissances
chtoniennes. Jadis, l'apparition du Christ avait aussitôt entraîné celle d'un démon caractérisé, contrefai-
sant Dieu, qui était sorti d'un fils de Dieu placé à
l'origine dans le ciel[39] ; ainsi, inversement, une figure
céleste s'est à présent séparée de son domaine chtonien originel pour prendre position en face et à
l'opposé des puissances titaniques déchaînées de la
terre et de l'enfer. De même que la Mère de Dieu
s'est trouvée débarrassée de toutes les propriétés
essentielles de la nature matérielle, la matière à son
tour a été dépouillée d'âme, et cela à une époque où
la physique pénètre dans un domaine de connaissances qui, si elles ne « dématérialisent » pas à proprement parler la matière, la regardent cependant comme
dotée de propriétés faisant de ses relations avec la
psyché un problème qui ne peut plus être éludé. Le
puissant développement des sciences de la nature
avait tout d'abord conduit à détrôner hâtivement
l'esprit et, avec tout aussi peu de réflexion, à déifier

---

39. [Cf. Job., II, 1. Ce thème est longuement développé dans
C. G. JUNG : *Réponse à Job* (trad. du Dr Roland CAHEN, Buchet/Chastel,
Paris, 1964). — *N.d.T.*]

la matière ; c'est la même poussée de la connaissance scientifique qui s'apprête aujourd'hui à jeter un pont sur l'énorme crevasse qui s'est ouverte entre les deux conceptions du monde. La psychologie incline à voir dans le dogme de l'Assomption un symbole qui anticipe dans un certain sens l'évolution indiquée. Elle tient les relations à la terre et à la matière pour une propriété incessible de l'archétype de la mère. Si donc une figure conditionnée par ce dernier est représentée comme reçue au ciel, c'est-à-dire dans le royaume de l'esprit, cela indique une réunion de la terre et du ciel, de la matière et de l'esprit. La connaissance scientifique suivra, il est vrai, le chemin inverse : elle reconnaîtra l'équivalent de l'esprit dans la matière elle-même, et l'image de cet « esprit » apparaîtra ainsi comme dépouillée de la totalité, ou, tout au moins, de la plupart des propriétés connues jusque-là, de même que la matière terrestre qui a fait son entrée dans le ciel s'est trouvée par là dépouillée de ses propriétés spécifiques. Il n'en reste pas moins qu'une réunion des principes séparés se frayera un chemin.

Envisagée concrètement, l'Assomption marque un contraste complet avec le matérialisme. Une opposition ainsi comprise n'atténue en aucune façon la tension entre les contraires, mais la pousse à l'extrême.

Mais, si on l'entend symboliquement, l'assomption du corps signifie une reconnaissance de la matière, laquelle n'avait été totalement identifiée au mal qu'en vertu d'une prédominance de l'attitude pneumatique. En eux-mêmes, l'esprit et la matière sont neutres ou, mieux, « *utriusque capax*[40] », c'est-à-dire capables de ce que l'homme appelle bien ou mal. Bien que ce soient là des désignations d'une nature hautement relative, elles sont pourtant fondées sur des oppositions véritables, qui appartiennent à la structure énergétique de la nature physique et psychique sans laquelle il n'y a pas d'être constatable. Il

40. « ... capable de l'un et de l'autre. »

n'est pas de position sans négation correspondante.
En dépit ou à cause même de l'extrême opposition,
l'un ne peut être sans l'autre. Il en est ici comme
dans la formule de la philosophie chinoise classique :
le yang (le principe clair, chaud, sec, masculin)
contient en lui le germe du yin (le principe obscur,
froid, humide, féminin) et vice versa. On aurait donc
à découvrir le germe de l'esprit dans la matière et le
germe de la matière dans l'esprit. Les phénomènes de
synchronicité depuis longtemps connus et confirmés
statistiquement par les expériences de Rhine indiquent, selon toute apparence, une telle direction[41].
Une certaine « animation » de la matière met en question l'immatérialité absolue de l'esprit, puisqu'il faudrait attribuer à ce dernier une certaine substantialité.
Ce nouveau dogme de l'Église, qui a été proclamé en
un temps où règne la plus grande division politique
que l'histoire ait jamais connue, est un symptôme
compensateur qui correspond à l'effort des sciences
de la nature vers une image unitaire du monde. Dans
un certain sens, les deux évolutions ont été anticipées
par l'*alchimie*, sous la forme du *hieros gamos des
contraires,* réalisation, il est vrai, seulement symbolique. Le symbole a toutefois le gros avantage de pouvoir récapituler en *une seule* image des facteurs
hétérogènes et même incommensurables. Avec la disparition de l'alchimie, l'unité symbolique de l'esprit
et de la matière s'est défaite, et par suite, l'homme
moderne se trouve déraciné et étranger dans une
nature privée de son âme.

L'alchimie a vu l'union des opposés sous le symbole de l'arbre et il n'est donc pas étonnant que
l'inconscient de l'homme d'aujourd'hui, qui ne se
sent plus chez lui dans son univers et qui ne peut
fonder son existence, ni sur le passé qui n'est plus,

41. « La synchronicité comme principe d'enchaînement a-causal ».
Etude de C. G. JUNG dans l'ouvrage publié en collaboration avec
W. PAULI : *Explication de la nature et psyché*, Rascher, Zurich, 1952
(trad. d'Henry PERNET).

ni sur l'avenir qui n'est pas encore, reprenne le symbole de l'arbre cosmique, enraciné dans ce monde et s'élevant vers le pôle céleste, arbre qui est également l'homme. L'histoire des symboles en général décrit l'arbre comme le chemin et la croissance vers l'immuable et éternel qui naît de l'union des opposés et rend cette union possible parce qu'il est déjà, éternellement. On dirait que l'homme, qui cherche en vain son existence et tire de là une philosophie, ne retrouve que par l'expérience d'une vérité symbolique le chemin qui le ramène dans ce monde où il n'est pas un étranger.

LIVRE IV

Les visions de Zosime[1]

1. Ce travail a pour origine une conférence prononcée aux Rencontres d'Eranos en 1937, conférence qui a été remaniée.

Première partie

Les textes

Au moment où j'entreprends de formuler quelques commentaires sur les visions de Zosime de Panopolis, alchimiste et gnostique notable du IIIᵉ siècle, je dois déclarer tout de suite que mon exposé ne prétend nullement élucider à fond une matière extraordinairement difficile. Mes contributions psychologiques à l'éclaircissement de ce cas singulier ne veulent signifier rien de plus qu'un essai de réponse à quelques-unes au moins des questions soulevées par les visions.

La première vision se trouve au début du traité Ζωσίμου τοῦ θείου περὶ ἀρετῆς (Traité du divin Zosime sur l'art[2]). Zosime ouvre le traité par des considérations générales sur les processus naturels et spécialement sur la θέσις ὑδάτων (la composition des eaux) et d'autres opérations, et il termine par ces mots : «Et sur ce système simple et multicolore repose l'exploration multiple et infiniment variée du Tout.» Il continue et le texte commence ainsi[3] :

III, I, 2. «En disant ces mots je m'endormis, et je vis un prêtre (ἱερουργόν)[4] qui se tenait debout devant moi, en haut d'un autel en forme de coupe (βωμὸς φιαλοειδής). Là, cet autel avait quinze

2. Ἀρετή ne doit pas être ici rendu par «vertu» ou «puissance» (BERTHELOT traduit : «vertu») mais par «art», expression qui correspond à l'«ars nostra» des Latins. Il n'est pas du tout question de vertu dans le traité.

3. BERTHELOT : *Collection des Anciens Alchimistes grecs*, Paris, 1887.

4. Le ἱερουργός est le sacrificateur qui préside aux cérémonies. Le ἱερεύς est davantage le ἱεροφάντης, le hiérophante, le prophète, directeur des mystères. Le texte ne fait pas de différence entre les deux.

degrés à monter. Le prêtre s'y tenait debout, et
j'entendis une voix qui me disait: "J'ai accompli
l'action de descendre les quinze degrés de l'obscurité
et celle de monter les quinze degrés de la lumière. Et
c'est le sacrificateur (ἱερουργῶν) qui me renouvelle
en ôtant l'épaisseur du corps, et, suivant une nécessité, ayant été consacré comme prêtre, je suis accompli comme esprit (πνεῦμα)." Et ayant entendu la
voix de celui qui se tenait debout sur l'autel en
forme de coupe, je l'interrogeai voulant savoir qui il
était. Et il me répondit d'une voix grêle, disant: "Je
suis Ion[5], le prêtre des sanctuaires les plus intérieurs
et les plus secrets (ἀδύτων) et j'endure un châtiment
intolérable[6]. Car quelqu'un est venu de grand matin
en toute hâte, et il m'a démembré en suivant la
composition de l'harmonie[7]. Et il a arraché la peau
de ma tête à l'aide du glaive qu'il tenait avec force,
et il a joint ensemble mes os et ma chair et les a
brûlés au feu suivant l'art, jusqu'à ce que j'aie
appris comment mon corps se transformait et
comment je devenais esprit. Et c'est là mon supplice
intolérable." Et comme il m'expliquait encore ces
choses et que je le contraignais à parler, ses yeux
devinrent comme du sang. Et il vomit toutes ses
chairs. Et je le vis changé en un *homunculus*

5. Dans la tradition sabéenne, nous rencontrons un Ἴων en la
personne de Jûnân ben Merqûlius (fils de Mercure). D'après EUTYCHIUS,
il serait l'ancêtre des Ioniens (el-Jûnâniûn). CHWOLSOHN: *Die Sabier und der
Sabismus*, 1856, I, 205, 206, 796 et II, 509. Hermès est également regardé
comme le fondateur, *loc. cit.*, I, 521.

6. Κόλασις, qui est rendu ici par châtiment, appartient à la même
famille que les «supplices» auxquels la *prima materia* doit être soumise
pour être transmuée. Cette procédure est désignée du nom de *mortificatio*.
(Cf. *Psychologie et alchimie*, trad. cit., pp. 509 et *sq.*, où l'on donne un
exemple.)

7. Διασπάσας κατὰ σύστασιν ἁρμονίας. BERTHELOT (*Alch.
grecs*, III, I) traduit: «... démembrant suivant les règles de la
combinaison.» Il s'agit du partage en quatre corps, natures ou éléments.
Cf. BERTHELOT: *loc. cit.*, II, III, 11 et *id. La Chimie au Moyen Age*, p. 92.
De même, *Aenigmata Philosophorum in Art. Aurif*, 1593, I, 151 et
Exercitationes in Turbam, IX, *loc. cit.*, I, 170. Je me suis vu contraint à
une traduction très libre.

(ἀνθρωπάριον) contrefait, en son inverse[8]. Et il se déchira lui-même avec ses propres dents, et il s'affaissa en lui-même.

3. « Rempli de frayeur, je m'éveillai et je songeai : "Ne serait-ce pas là la composition des eaux ? " Je me sentis convaincu que j'avais bien compris. Et je me rendormis. Et je vis le même autel en forme de coupe, et à la partie supérieure, de l'eau bouillonnante, et, autour, des gens en grand nombre, une multitude impossible à compter. Et il n'y avait personne que je puisse interroger en dehors de l'autel. Je monte alors vers l'autel pour contempler le spectacle. Et j'aperçois un barbier[9], un *homunculus* aux cheveux blancs qui me dit : "Que regardes-tu ? " Et je lui réponds : "Je suis dans l'étonnement devant l'ébullition des eaux et celles des hommes qui brûlent avec, et pourtant vivent." Et il me répondit : "Ce spectacle que tu vois est l'entrée et la sortie et la transformation." Je lui demandai encore : "Quelle transformation ? " Et il me répondit : "Le lieu de l'exercice (ἀσκήσεως) de ce que l'on appelle "embaumement[10]". En fait les hommes qui veulent devenir participants de l'art[11] entrent ici et deviennent des esprits, ayant fui le corps." Je lui dis : "Toi aussi, tu es un esprit ? " Et il me répondit : "Un esprit et un gardien d'esprits." Pendant que nous nous entretenions ainsi, que l'ébullition allait croissant et que les gens poussaient des gémissements, je vis un homme

8. Le texte porte : « εἶδον αὐτὸν ὡς τοὐναντίον ἀνθρωπάριον κολοβόν.» Sauf erreur de ma part, on voit ici apparaître pour la première fois dans la littérature alchimique la représentation et l'idée de l'*homunculus*.

9. Je lis ici, au lieu de l'inintelligible ξηρουργος du texte, ξυρουργός (barbier). Cf. III, V, 1, où le ξυρουργός apparaît effectivement comme ἀνθρωπάριον. Ou bien faut-il lire ξυρουργὸν (adjectif) ἀνθρωπάριον ? L'*homunculus* a les cheveux blancs car, comme on le dit plus loin, il représente le plomb.

10. [Ταριχεία: Balsamierung (JUNA). «Macération» (BERTHELOT) a une résonance plus alchimique. — *N. d. T.*]

11. Ἀρετή peut être «l'art» ou «la perfection morale».

d'airain tenant à la main une tablette de plomb. Et il
me dit les paroles suivantes en regardant la tablette :
" A tous ceux qui sont plongés dans ces châtiments,
j'ordonne de dormir, de prendre chacun à la main
une tablette de plomb et d'écrire de leur propre main,
de tenir les yeux levés, et il faut que vous gardiez la
bouche ouverte jusqu'à ce que votre luette soit gon-
flée[12]. " L'acte suivit la parole et le maître de maison
me dit : " Tu as contemplé, tu as allongé le cou vers
le haut et tu as vu ce qui s'est fait. " Je lui réponds
que j'ai vu et il me dit : " Cet homme d'airain que tu
as vu est le chef des sacrificateurs, et le sacrifié,
celui qui vomit ses propres chairs. L'autorité lui a
été donnée sur cette eau et sur les gens châtiés. "

4. « Après avoir contemplé cette apparition, je m'éveillai de nouveau. Et je me dis : "Quelle est la cause de
cette vision ? N'est-ce donc pas là l'eau blanche et
jaune et bouillonnante, l'eau divine ?" Et je trouvai
que j'avais très bien compris. Et je dis : "Il est beau
de parler et il est beau d'écouter ; il est beau de donner et il est beau de recevoir ; il est beau d'être pauvre et il est beau d'être riche. Et comment la nature
enseigne-t-elle à donner et à recevoir ? L'homme
d'airain donne et la pierre liquide (ὑγρόλιθος)
reçoit ; le métal donne et la plante reçoit ; les astres
donnent et les fleurs reçoivent ; le ciel donne et la
terre reçoit ; les tonnerres du feu qui s'élance donnent et toutes choses s'entrelacent. Et de nouveau
toutes se désenlacent ; toutes choses s'unissent, toutes

---

12. Cela doit signifier une ouverture de la bouche particulièrement
spasmodique liée à une violente contraction du pharynx. Cette contraction
a sans doute le sens d'un mouvement d'étouffement qui pourrait
représenter le vomissement des contenus. Ces derniers doivent être
inscrits sur les tablettes. Ce sont des inspirations venues d'en haut qui
sont amenées en quelque sorte par les yeux levés. Il s'agit
vraisemblablement d'un procédé que l'on peut comparer à l'*imagination
active*. [Le texte porte : « ἕως ἂν αὐξήσῃ ἡ σταφυλὴ ὑμῶν. » JUNG
prend σταφυλή, grappe de raisin, au sens figuré de luette ; BERTHELOT :
« ... jusqu'à ce que leur vendange soit développée. » — N. d. T.]

se combinent; toutes choses s'entremêlent et toutes
se démêlent; toutes choses se mouillent et toutes se
sèchent; toutes choses fleurissent et toutes se fanent
dans l'autel en forme de coupe. Car toutes choses se
produisent grâce à la méthode, la mesure et la pesée
(exacte)[13] des quatre éléments. L'entrelacement et le
désenlacement de toutes choses, ainsi que toute liaison, ne se font pas sans méthode. La méthode est
naturelle (φυσική); elle comporte inspiration et expi-
ration; elle conserve les arrangements réguliers; elle
apporte augmentation et diminution. Et toutes choses,
en résumé, concordent grâce à la division et à
l'union, sans que la méthode soit négligée en rien;
ainsi la nature apparaît. Car la nature retournée sur
elle-même se transforme. Ce sont là la nature et le
lien pleins d'art de l'univers entier. "

5 « Et, pour ne pas m'étendre davantage, ami très
cher, bâtis un temple d'une seule pierre, semblable à
de la céruse, à de l'albâtre, un temple de Proconnèse[14],
n'ayant ni commencement ni fin dans sa construction; qu'il ait à l'intérieur une source d'eau très
pure et une lumière éclatante, solaire. Observe avec
soin de quel côté est l'entrée du temple et prends en
main une épée et, ainsi, cherche l'entrée. Etroit est
en effet le lieu où se trouve l'ouverture. Et un dragon est couché à l'entrée, gardant le temple. Après
l'avoir maîtrisé, tue-le (θῦσον) pour commencer.
Ecorche-le et, prenant ses chairs avec ses os, sépare
ses membres; puis, réunissant (la chair) des membres
un à un[15] avec les os devant l'entrée du temple,
fais-toi un marchepied; monte et entre, et là tu trouveras la chose recherchée. Le prêtre, cet homme
d'airain que tu vois assis dans la source et rassemblant la chose, ne le regarde pas comme un homme
d'airain, car il a changé la couleur de sa nature et il

13. Οὔγγιασμῷ.
14. Prokonnesos était le célèbre gisement de marbre de Grèce appelé
aujourd'hui Marmora.
15. Le texte a ici le singulier μέλος.

est devenu un homme d'argent; si tu le veux, il deviendra en peu de temps un homme d'or.

6. « Ce préambule est une entrée destinée à t'ouvrir les fleurs des discours qui suivent, la recherche des arts, de la connaissance (φρονήσεως), des doctrines de l'intelligence (νοῦ), des méthodes efficaces et des révélations des paroles secrètes mises en lumière. »

III, v, 1. « Avec peine, je fus pris du désir de gravir les sept degrés et de contempler les sept châtiments; et, comme il convient, en un seul des jours, je parcourus le chemin de l'ascension. En m'y reprenant à plusieurs fois, je me trouvai enfin sur la route. Au retour, je perdis complètement mon chemin et, plongé dans un grand découragement, ne voyant pas par où sortir, je tombai dans le sommeil. Et j'aperçus en dormant un barbier, un *homunculus*, revêtu d'un manteau rouge et d'un habit royal, qui se tenait debout à l'extérieur du lieu des châtiments et qui me dit : " Que fais-tu, homme ? " Et moi je répondis : " Je suis arrêté ici parce que, m'étant écarté de tout chemin, je me trouve égaré. " Et il me dit : " Suis-moi. " Et moi je sortis et le suivis. Lorsque nous fûmes arrivés auprès du lieu des châtiments, j'aperçus cet homme qui me conduisait, ce barbier, cet *homunculus*. Et voici qu'il s'élança dans le lieu des châtiments, et tout son corps fut consumé par le feu.

2. « A cette vue, je fus hors (de moi) et je tremblai de peur; je me réveillai et me dis en moi-même : " Qu'est-ce donc que ce spectacle ? " Et de nouveau je tirai mon raisonnement au clair; je compris que ce barbier était l'homme d'airain revêtu d'un vêtement rouge, et je dis : " J'ai bien compris, c'est l'homme d'airain. Il faut d'abord qu'il se jette dans les châtiments. "

3. « De nouveau, mon âme désira monter aussi le troisième degré. Et de nouveau je suivis seul le che-

min, et, comme j'arrivais près du lieu des châtiments, je m'égarai encore, ne sachant pas ma route, et je m'arrêtai, désespéré. Et, une nouvelle fois, j'aperçus pareillement un vieillard blanchi par les années, devenu entièrement blanc, si bien que les gens étaient éblouis par sa blancheur. Il s'appelait *Agathodaïmon*. Se retournant, ce vieillard tout blanchi me considéra pendant un très long moment. Et moi, je lui demandai: "Montre-moi le droit chemin." Il ne se retourna pas vers moi, mais s'empressa de poursuivre sa propre route. Allant et venant de-ci de-là, je gagnai en hâte l'autel. Quand je fus arrivé en haut sur l'autel, j'aperçus le vieillard aux cheveux blancs, et il s'élança dans le lieu du châtiment. O créateurs des natures célestes! O frères, quel récit effroyable! Car, par la grande violence du châtiment, ses yeux se remplirent de sang. Je lui adressai la parole et lui dis: "Pourquoi es-tu étendu là?" Et lui, ouvrant à grand-peine la bouche, me dit: "Je suis l'homme de plomb et j'endure une violence intolérable." Là-dessus, saisi d'une grande crainte, je m'éveillai et recherchai en moi la cause du fait. De nouveau, je réfléchis en moi-même et dis: "J'ai bien compris qu'il faut rejeter ainsi le plomb; la vision se rapporte véritablement à la composition des liquides."

III, v *bis*. «Et de nouveau je remarquai le divin et saint autel en forme de coupe, et je vis un vénérable prêtre revêtu d'une robe blanche tombant jusqu'à ses pieds, qui accomplissait ces effrayants mystères, et je dis: "Qui est donc celui-ci?" Et il me répondit: "C'est le prêtre des sanctuaires interdits (ἀδύτων). C'est lui qui veut ensanglanter les corps, rendre les yeux clairvoyants et ressusciter les morts." Et, retombant, je m'endormis encore un peu de temps, et, comme je remontais au quatrième degré, je vis venir du côté de l'Orient quelqu'un tenant à la main un glaive. Et un autre (venait) derrière lui; il portait quelqu'un paré d'images tout autour, vêtu de blanc et beau d'aspect, dont le nom était: station du soleil à midi[16]. Comme ils approchaient du lieu des châtiments (j'entendis) que celui qui avait un glaive à la main (avait déclaré)[17] : "Coupe-lui la tête et mets ses chairs en morceaux, afin que ses chairs soient mises à cuire selon la méthode (ὀργανικῶς)[18] et qu'elles soient soumises au châtiment." Alors je m'éveillai de nouveau et dis : "J'ai bien compris ; il s'agit des liquides de (l'art) des métaux." Et celui qui tenait à la main le glaive dit encore : "Vous avez accompli la descente des sept degrés." Et l'autre dit, tandis qu'il faisait jaillir toutes les sources à partir des endroits humides : "L'art est accompli."»

III, VI, 1. «Et voici ; qu'il y avait un autel en forme de coupe, et un esprit igné se tenait debout sur l'autel. Et ils (?) s'occupaient du feu nécessaire pour faire bouillir, et de l'effervescence et de la calcination des hommes qui s'élevaient. Je m'informai

16. Le texte porte : «Καὶ ἄλλος ὀπίσω αὐτοῦ φέρων περιηκονισμένον τινὰ λευκοφόρον καὶ ὡραῖον τὴν ὄψιν, οὗ τὸ ὄνομα ἐκαλεῖτο μεσουράνισμα ἡλίου·» BERTHELOT traduit : «Un autre, derrière lui, portait un objet circulaire d'une blancheur éclatante et très beau à voir appelé Méridien du Cinabre.» On ne voit pas bien pourquoi ἥλιος relié à μεσουράνισμα (position à midi) devrait être rendu par une analogie alchimique. Περιηκονισμένον τινὰ doit se rapporter à une personne et non à un objet. Ainsi que me l'a fait remarquer Mlle von FRANZ, on peut mettre en parallèle avec ce passage un texte d'Apulée (*Métam.*, Liv. XI) : il dit de la *stola olympiaca* dont le myste est revêtu que c'est une *chlamys preciosa* (un manteau précieux) : «... *colore vario circumnotatis insignibar animalibus, hinc dracones, inde gryphes hyperborei*», etc. (J'étais décoré d'animaux dessinés tout autour, ici étaient indiqués des dragons, là des griffons hyperboréens.) «*Caput decore corona cinxerat palmae candidae foliis in modum radiorum prosistentibus.*» (Ma tête était ceinte de façon magnifique de feuilles de palmier éclatantes qui se dressaient à la manière de rayons.) Ainsi «*ad instar solis exornatus et invicem simulacri constitutus*» (orné comme le soleil et établi à la manière d'une statue) le myste fut montré au peuple. La nuit précédente, après sa mort figurée, il avait vu le soleil qu'il était désormais : «*Nocte media vidi solem candido coruscantem lumine.*» (Au milieu de la nuit je vis le soleil brillant d'une lumière d'une blancheur éclatante.)

17. Le texte doit ici comporter une lacune.

18. C'est-à-dire : conformément à la méthode.

au sujet des gens qui se tenaient là et je dis : "Je vois avec étonnement l'effervescence de l'eau et le bouillonnement, et comment des hommes qui sont calcinés peuvent encore vivre." Et il me répondit : "Cette effervescence que tu vois est le lieu de l'exercice appelé embaumement ; car les hommes qui veulent participer à l'art entrent ici, rejettent leur corps et deviennent esprit. L'exercice s'explique en effet ainsi, à partir du mot "s'exercer[19]". Car ce qui rejette l'épaisseur du corps devient esprit." »

En III, 1, 5, on a, en quelque sorte en dehors de l'enchaînement du sens (ce qui correspond à l'état de désordre du texte de Zosime), un résumé manifestement authentique, ou une amplification, qui est en même temps une interprétation symbolique de la série de visions[20] :

« Bref, mon ami très cher, bâtis un temple monolithe (blanc) comme de la céruse, comme de l'albâtre, comme du marbre de Proconnèse, n'ayant ni commencement ni fin dans sa construction (οἰκοδομή) (c'est-à-dire rond) : qu'il ait à l'intérieur une fontaine d'eau très pure et une lumière solaire éclatante comme l'éclair. Observe avec soin de quel côté est l'entrée du temple, et prends en main une épée, et, ainsi, cherche l'entrée. Etroit est en effet le lieu où se trouve l'ouverture. Et un dragon est caché à l'entrée, gardant le temple. Après l'avoir maîtrisé, commence par le tuer. Ecorche-le et, prenant ses chairs avec ses os, démembre-le (διελῇς μέλη) et mets les membres[21] avec les os à l'entrée du temple. Fais devant un marchepied ; monte et entre, et là tu trouveras la chose recherchée[22], à savoir, le prêtre,

---

19. Ἄσκησις doit avoir ici le sens de « méthode » ou d'« expérience ».

20. [Nouvelle citation, avec quelques variantes de traduction, du texte donné p. 139. — *N. d. T.*]

21. Je suis ici la leçon de Lc. (*Cod. Par. Gr.*, 2252).

22. La *res quaesita* (chose recherchée) ou *quaerenda* (à rechercher) est chez les Latins une expression consacrée.

l'homme d'airain (χαλκάνθρωπον) que tu vois assis dans la source et rassemblant (συνάγοντα) la chose. Mais bientôt tu ne le vois plus comme homme d'airain : il a changé la couleur de sa nature, et il est devenu homme d'argent (ἀργυράνθρωπος) ; si tu le veux, tu l'auras en peu de temps sous l'aspect d'un homme d'or (χρυσάνθρωπος). »

Deuxième partie

Le commentaire

CHAPITRE PREMIER

Généralités sur l'interprétation

On a d'abord l'impression de se trouver en présence d'une série ou même d'une succession graduée de visions. Toutefois les fréquentes répétitions et les analogies frappantes font apparaître la possibilité qu'il s'agisse, au fond, d'*une* vision essentiellement une qui, bien que contenant le thème de la succession graduée, ne comporte que de simples variations dans la répétition des récits. Il n'existe, tout au moins sur le plan psychologique, aucune raison de supposer qu'on ait affaire à une invention allégorisante. Différents traits semblent indiquer au contraire que Zosime considère la vision comme une *expérience* significative qu'il doit publier. Certes, la littérature alchimique renferme une série d'allégories qui sont sans aucun doute de pures fables composées en vue de l'enseignement et ne reposant sur aucune expérience immédiate[23]. Cependant, la vision de Zosime doit être une expérience authentique. Ceci me paraît ressortir de la manière dont l'auteur l'interprète lui-même dans le sens de ses préoccupations : « Ceci ne serait-il pas la composition des liquides ? » Cette interprétation paraît, à nos yeux tout au moins, négliger les images les plus impressionnantes de la vision et ainsi réduire à un trop petit dénominateur commun un état de fait bien plus vaste et plus significatif. Si la vision était une allégorie, les images qui ressortent le plus seraient sans doute aussi les plus importantes. Mais les interprétations subjectives des rêves offrent le trait caractéristique de se satisfaire d'une indication superficielle d'associations en négligeant l'essentiel. Pour trancher cette question, on doit

---

23. Je mentionnerai par exemple la *Visio Arislei* (*Art. Aurif.*, 1593, I, pp. 146 et *sq.*) et les visions du Livre de Cratès (BERTHELOT : *La Chimie au Moyen Age*, tome III).

également tenir compte du fait que diverses déclarations des alchimistes attestent l'existence de visions, de rêves pouvant survenir au cours de l'*opus*[24]. J'incline à penser que la vision ou les visions de Zosime est de ces événements qui se produisent durant l'opération et dévoilent la nature du processus psychique qui l'accompagne à l'arrière-plan[25]. Ces visions font apparaître au jour les contenus qui, demeurant inconscients chez l'alchimiste, se projettent dans les processus chimiques et sont alors perçus en eux comme s'ils étaient des propriétés de la matière. A quel point le processus de projection est également sous-tendu par l'attitude consciente, nous le voyons par l'interprétation apparemment quelque peu hâtive que Zosime donne lui-même de son rêve.

Si cette interprétation nous semble au premier abord peu éclairante, je dirai même recherchée et arbitraire, on ne doit pas oublier toutefois que, si l'idée des

24. Quelques-uns de ces récits sont rassemblés dans *Psychologie et alchimie*, trad. cit., pp. 319 et *sq.*

25. L'œuvre alchimique s'étale généralement sur un espace de temps indéterminé. Pendant tout ce temps, l'artiste doit s'occuper «religieusement» (*religiose*) du processus de transformation. Le processus est subjectif aussi bien qu'objectif. C'est pourquoi l'on comprend que la vie onirique, elle aussi, s'y trouve impliquée. G. Battista Nazari a même représenté l'opus sous la forme (allégorique) de rêves. (*Della Tramutatione Metallica Sogni Tre. Brescia*, 1599). «*Aqua philosophica tibi in somno aliquoties manifestata*» (L'eau philosophique qui t'a parfois été révélée pendant ton sommeil), dit la parabole de Sendivogius (Manget: *Bibliotheca chemica*, II, p. 475). Il n'y a pas à supposer ici une connaissance quelconque des visions de Zosime, mais sans doute une relation à la *Visio Arislei*. C'est à elle que fait allusion le passage suivant (*loc. cit.*, p. 457 b.) : «*Solum fructum arboris Solaris vidi in somniis Saturnum Mercurio nostro imponere.*» (J'ai vu en songe Saturne exposer à notre Mercure le seul fruit de l'arbre solaire.) Comparer la conclusion de la *Vision d'Arislée* : «*Vidimus te magistrum in somniis. Petiimus ut nobis subsidium Horfolto discipulo tuo offeras, qui nutrimenti auctor est.*» (Nous t'avons vu en songe, toi notre maître. Nous t'avons demandé de nous offrir ton aide ainsi qu'à Horfoltus, ton disciple, qui est l'auteur de l'aliment. *Cod. Berol., Qu.* 584, fol. 21 et *sq.* Ruska: *Turba Philosophorum*, 1931, pp. 327 et *sq.*) Mais au début de la vision, il s'agit de représenter la manière dont on pourrait récolter les fruits «de cet arbre immortel» (*ex arbore illa immortali*).

« eaux » est pour nous un facteur insolite, elle pourrait avoir pour Zosime, et pour les alchimistes en général, une signification insoupçonnée. Il se pourrait aussi que la mention de l'« eau » ouvre aux alchimistes tout un contexte dans lequel entreraient également les idées de dilacération, de meurtre, de torture et de transmutation. C'est que l'alchimie, dont les débuts remontent aux traités d'un Démocrite et d'un Comarios que l'on date du Ier siècle, traite, jusque bien avant dans le XVIIIe siècle, de l'*eau* merveilleuse, l'*aqua divina* ou *permanens* extraite de la « pierre », c'est-à-dire de la *prima materia*, moyennant le *supplice du feu*. L'eau est cet « humide radical » qui représente l'*anima media natura* ou *anima mundi* [25bis] retenue captive dans la matière ; elle est encore appelée âme de pierre ou métallique, *anima aquina*. Cette « âme » est libérée de « l'œuf », non seulement par la « cuisson », mais aussi par l'épée, ou bien restaurée au moyen de la *separatio*, qui est la dissolution en les quatre « racines » ou éléments [26]. La séparation, de son côté, est souvent représentée comme le démembrement d'un corps humain [27]. Il est également dit de l'*aqua permanens* qu'elle dissout les corps en les (quatre) éléments. L'eau divine a, d'une façon générale, une vertu de transformation. Elle change, par une ablution merveilleuse, la *nigredo* en *albedo* (la noirceur en blancheur) ; elle vivifie ce qui est mort,

---

25 *bis.* Dans notre texte, c'est Agathodémon lui-même qui subit la transformation.

26. Partage en les quatre éléments suivant la *mortificatio* dans : *Exercitationes in Turbam* IC. (*Art. Aurif.*, 1593, I, p. 170). De même les *Aenigmata Philosophorum* VI. (*Art. Aurif.*, I, p. 151). Sur le partage de l'œuf en quatre parties, voir le *Livre de Cratès* dans BERTHELOT : *La Chimie au Moyen Age, III*, p. 92. Le partage en quatre est désigné par l'expression τετραμερεῖν τὴν φιλοσοφίαν (partager en quatre la philosophie). (BERTHELOT : *Alch. grecs*, III, XLIV, 5.)

27. P. ex. dans : *Splendor Solis.* (Salomon TRISMOSIN : *Aureum Vellus*, 1598, p. 27). *Id., Splendor Solis,* Londres. Réimpression du Ms. London., planche X. *Id.,* Janus LACINIUS : *Pretiosa Margarita novella de Thesauro ac Pretiosissimo Philosophorum Lapide*, Venise, 1546, fol. ** XII.

ressuscite les morts[28] et possède en conséquence la vertu de l'eau baptismale dans le rituel de l'Eglise chrétienne[29]. De même que dans la *Benedictio Fontis* l'eau est partagée en quatre parties, en forme de croix, par la main du prêtre[30], le « serpent mercuriel » qui représente aussi l'« eau permanente » subit le dépècement, lequel est à son tour un homologue du démembrement du cadavre[31].

Je ne veux pas pousser plus loin cet entrelacement, si fréquent dans l'alchimie, de significations qui s'interpénètrent. Ce qui a été dit peut suffire à montrer que l'idée de l'« eau » et des opérations qui lui sont liées est suffisante pour déclencher dans l'esprit de l'alchimiste des connexions où apparaissent finalement tous les thèmes des visions. Pourtant, si on la considère du point de vue de la psychologie consciente de l'auteur, l'interprétation de Zosime semble moins recherchée et moins arbitraire. Un proverbe latin dit : « *Canis canem somniat, piscator pisces.* » (Le chien rêve de chien, le pêcheur, de poissons.) L'alchimiste, lui aussi, rêve dans le langage qui lui

28. « *Aqua est, quae occidit et vivificat.* » (C'est l'eau qui tue et vivifie.) *Ros. Phil.* (*Art. Aurif.*, 1593, II, 214).

29. De même qu'au témoignage de l'Evangile le baptême est un usage qui a précédé le christianisme, l'eau divine est de son côté d'origine païenne et préchrétienne. Le texte correspondant de la préface de la *Benedictio Fontis* (bénédiction de l'eau baptismale au cours de la nuit pascale) dit : « *Qui hanc aquam regenerandis hominibus praeparatam, arcana sui numinis admixtione fecundet : ut sanctificatione concepta, ab immaculato fontis utero, in novam renata creaturam, progenies caelestis emergat. Et quos sexus in corpore aut aetas discernit in tempore, omnes in unam pariat gratia mater infantìam.* » (Afin qu'il féconde par l'adjonction secrète de sa puissance cette eau préparée pour régénérer les hommes, pour que, la sanctification une fois conçue, une race céleste surgisse renée en une nouvelle enfance du sein immaculé de la fontaine divine, et que ceux qui sont distingués par le sexe dans leur corps et par l'âge dans le temps soient tous enfantés en une seule enfance par la mère qui est la grâce.) (*Missel romain.*)

30. « *Sacerdos dividit aquam manu in modum crucis.* » (Le prêtre, de la main, divise l'eau en forme de croix.) (*Missel romain.*)

31. L'expression technique désignant cette opération est *divisio* et *separatio*. Cf. *Psychologie et alchimie*, trad., cit., pp. 301, 496 et 569.

est propre. Cette circonstance nous contraint à une extrême prudence, d'autant plus que ce langage est parfaitement obscur. Pour le comprendre pleinement, il faudrait connaître le secret psychologique de l'alchimie. Il est en effet probable, comme le disent les vieux maîtres, que seul celui qui connaît le secret de la pierre comprend « de quoi ils parlent[32] ». On a, il est vrai, adopté, à une époque récente, le point de vue selon lequel ce secret serait une pure absurdité, et l'on s'est ainsi débarrassé du souci d'une enquête soigneuse. Le psychologue ne saurait, pour sa part, s'accommoder d'une telle légèreté, car une « absurdité » qui, pendant près de deux mille ans, a subjugué les esprits — et, parmi eux, non des moindres, comme Goethe et Newton[33], doit posséder quelque chose qu'il ne serait certes pas inutile au psychologue de connaître. A cela vient encore s'ajouter le fait que le symbolisme alchimique est relié dans une large mesure à la structure de l'inconscient, ainsi que je l'ai expliqué dans mon livre *Psychologie et alchimie*. De pareils cas ne sont en aucune façon des curiosités rares et quiconque cherche à comprendre le symbolisme des rêves ne peut fermer les yeux sur le fait que des songes d'hommes modernes contiennent à l'occasion les images et les

32. « *Clara est illa (scientia) intellectum habentibus... facilis videtur iis eam sapiunt.* » (Cette [science] est claire à ceux qui possèdent l'intelligence... elle est facile pour ceux qui la goûtent.) *Aurora Consurgens*, traité attribué à saint Thomas d'AQUIN. [Texte publié et commenté dans C. G. JUNG et M. L. VON FRANZ : *Mysterium Conjunctionis, op. cit.*, III. — *N. d. T.*] « *... ut dicta sua non intelligerent, nisi qui tali et tanto magisterio digni judicarentur.* » (... afin qu'ils ne comprissent pas leurs paroles, sauf ceux qui seraient jugés dignes d'un magistère d'une telle nature et d'une telle grandeur.) M. MAIER : *Symbola Aureae Mensae*, 1617, p. 146. « *Solus ille, qui scit facere lapidem Philosophorum intelligit verba eorum de Lapide.* » (Celui-là seul qui sait faire la pierre des philosophes comprend leurs paroles sur la pierre.) HORTULANUS *super Epistulam Hermetis. Rosarium Philosophorum. Art. Aurif.*, I, 270.

33. R. O. GRAY a étudié récemment l'influence de l'alchimie sur GOETHE. (*Goethe the Alchemist. A Study of Alchemical Symbolism in Goethe's Literary and Scientific Works*, Cambridge, 1952.)

métaphores que nous rencontrons dans les traités savants du Moyen Age[33bis]. Comme l'intelligence de la compensation biologique opérée dans les rêves est d'une certaine importance pour le traitement des névroses, ainsi que pour le développement de la conscience en général, la connaissance de tels faits présente aussi un intérêt pratique qu'il ne faut pas sous-estimer.

---

33 *bis*. Il m'a été souvent rétorqué que l'on ne trouve rien de ces symboles dans des rêves. Il va de soi que de tels symboles n'apparaissent pas dans tous les rêves et dans n'importe lesquels, mais seulement dans certains d'entre eux. Il y a une énorme différence entre les rêves, aussi bien qu'entre les divers individus. Une constellation déterminée de l'inconscient est nécessaire pour engendrer de tels rêves. Il s'agit de rêves «archétypiques», c'est-à-dire de rêves qui contiennent d'évidents mytho-logèmes. (Voir *Psychologie et alchimie*, trad. cit. 1re partie.) Pour les reconnaître, il est nécessaire de posséder quelques connaissances mytho-logiques, ce qui paraît manquer à beaucoup de psychologues.

CHAPITRE II

L'acte sacrificiel

L'image essentielle de notre vision onirique est une sorte d'acte sacrificiel entrepris en vue de la transmutation alchimique. Ce rite sacrificiel est caractérisé par le fait que le prêtre est à la fois *sacrificateur et victime*. Cette importante idée du sacrifice de soi-même s'était, nous le savons, présenté à Zosime sous la forme de la doctrine des « Hébreux » (c'est-à-dire des chrétiens[34]). Le Christ était un Dieu qui s'était offert lui-même en sacrifice. Une partie essentielle de l'acte sacrificiel est le *démembrement*. Zosime doit avoir bien connu ce thème à partir de la tradition *dionysiaque* des mystères. Là aussi c'est le dieu lui-même qui est la victime jetée dans le chaudron[35] après avoir été démembré par les Titans, et dont le cœur a été sauvé par Héra au dernier moment. Notre texte montre que l'autel en forme de coupe est lui-même un chaudron dans lequel un grand nombre d'hommes sont mis à bouillir et à brûler. Nous savons par la légende et par un fragment d'Euripide[36] qu'au cours de l'orgiasme dionysiaque on assiste à l'explosion de la voracité animale, et que des animaux vivants y sont lacérés à belles dents[37].

---

34. A supposer qu'il ne s'agisse pas à cet endroit d'interpolations de copistes moines.

35. PRELLER: *Griechische Mythologie*, I. Ed. I, 437.

36. Il s'agit du fragment des *Crétoises*, 472, n° 2. Cité par DIETERICH: *Mithrasliturgie*, 1910, p. 105. [Ce texte avec sa traduction figure dans le présent ouvrage, p. 247, n. 79. — N. d. T.]

37. Sur le thème du « démembrement » voir *Métamorphoses de l'âme et ses symboles*, trad. cit. Démembrement, transformation et réunification dans un cas de schizophrénie chez SPIELREIN: *Jahrb. f. Psychoan. und Psychopath. Forsch.*, vol. III, pages 358 et *sq.* Le démembrement est un thème quasi universel de la psychologie chamane qui remonte haut dans la mentalité primitive. Il constitue un élément essentiel de l'initiation vécue des chamans. (Voir Mircea ELIADE: *Le Chamanisme, op. cit.*, pp. 52 et *sq.*)

Dionysos est précisément désigné comme ὁ ἀμέριστος καὶ μεμερισμένος νοῦς (l'esprit non partagé et partagé[38]).

Le thème de l'écorchement doit également avoir été familier à Zosime. Le dieu Attis mourant et ressuscitant[39] a en effet un homologue bien connu dans la figure de Marsyas écorché et pendu. La légende a également réservé l'écorchement à Mani, le fondateur de religion qui vivait à une époque voisine de celle de Zosime[40]. Le rembourrage ultérieur de la peau avec de la paille est une allusion aux coutumes attiques relatives à la fécondité et à la renaissance. A Athènes en effet, on abattait et on écorchait chaque année un bœuf dont on bourrait la peau de paille. On plaçait cette dépouille une fois bourrée devant une charrue, manifestement en vue de revivifier la fertilité du champ[41]. De semblables usages d'écorchement étaient connus des Aztèques, des Scythes, des Chinois et des Patagons[42].

Dans la vision, l'écorchement est limité à la tête. C'est un *scalp*, par opposition à l'écorchement total (ἀποδερμάτωσις) décrit dans le « résumé » (III, I, 5). On a là une des spécifications originales qui distinguent le rêve de la description du processus dans le résumé. De même que le fait de découper et de dévorer le cœur ou le cerveau d'un ennemi doit opérer l'incorporation de ses forces ou de ses vertus vitales, le scalp doit sans doute représenter, en tant que *pars pro toto*, la prise de possession du principe vital ou de l'âme[43]. L'écorchement représente un

38. J. FIRMICUS MATERNUS : *Liber de errore profanarum religionum*, Ed. Halm, 1890. *Corp. Script. Eccl. Lat.*, vol. II, 78.

39. Attis est une figure proche du Christ, car, suivant une tradition ancienne, la grotte de la Nativité à Bethléem aurait été un sanctuaire d'Attis. Des fouilles récentes ont confirmé cette tradition.

40. Cf. FRAZER : *The Golden Bough*, 4e partie, Adonis, Attis, Osiris, 1907, pp. 242 et *sq.*

41. FRAZER : *loc. cit.*, p. 249.

42. *Ibid.*, p. 246.

43. Chez les Indiens Thompson de Colombie britannique, le scalp a la signification d'un « *guardian spirit* » secourable. Le même sens se retrouve chez les Shuswap, également en Colombie britannique. FRAZER : *Totemism and Exogamy*, 1910, III, pp. 417, 427.

symbole de la transformation, que j'ai soumis à un examen plus approfondi dans mon étude sur la *messe* (au livre V de ce volume). C'est pourquoi je me bornerai à mentionner le thème particulier du *supplice* (κόλασις : litt. châtiment) qui s'impose spécialement dans la description du démembrement et du scalp. Il existe à ce sujet des expressions parallèles remarquables dans *L'Apocalypse d'Elie*, manuscrit alchimique publié par Georg Steindorff[44]. Il est dit dans la vision, à propos de l'*homunculus* de plomb sur lequel s'accomplit la torture : « Ses yeux se remplirent de sang » à la suite du supplice. *L'Apocalypse* déclare de ceux qui sont jetés dans « le châtiment éternel » : « ... leurs yeux sont mêlés de sang » (*loc. cit.*, p. 43, 5, ligne 1). Et des saints persécutés par l'anti-messie, il est dit (*loc. cit.*, p. 95, 36, ligne 8) : « ... il leur arrachera la peau de la tête. »

Ces parallèles rendent vraisemblable le fait que la κόλασις n'est pas seulement un châtiment ou une punition, mais une *peine infernale*. Tandis que κόλασις doit être rendu en latin par *poena*, ce terme n'apparaît absolument pas dans la Vulgate, et, dans tous les endroits où il est question du supplice infernal, les mots employés sont *cruciare* (supplicier, tourmenter) et *cruciatus* (supplice, torture). Ainsi Apoc., XIV, 10 : « *Cruciabitur igne et sulphure* » (il sera tourmenté par le feu et le soufre) ou IX, 5 : « *ut cruciatus scorpii* » (comme le tourment infligé par le scorpion). L'expression grecque correspondante est βασανίζειν et βασανισμός qui signifie également « torturer, torture ». Le mot grec a un double sens pour les alchimistes : en effet, βασανίζειν signifie aussi mettre à l'épreuve par la pierre de touche (βάσανος), opération qui joue un rôle important en alchimie. *Lapis Lydius* (pierre de touche) est employé comme synonyme de *lapis philosophorum*. Le supplice du feu permet non seulement d'éprouver la

44. *Die Apokalypse des Elias*, 1899.

pureté, l'« incorruptibilité », mais aussi de les obtenir.
C'est là également un leitmotiv alchimique.

Dans notre texte, l'écorchement se rapporte spécialement à la tête, ce qui indiquerait en quelque sorte
une *extractio animae*, si l'équation primitive peau =
âme s'applique encore ici. La tête joue un certain
rôle dans l'alchimie, et cela depuis des temps
anciens. Ainsi, Zosime appelle ses philosophes παῖδες
τῆς χρυσέας κεφαλῆς (enfants de la tête d'or).
Comme ce thème se trouve traité en détail ailleurs[45],
je ne le développerai pas ici. La tête a, chez Zosime
et les alchimistes ultérieurs, la signification de
« corps rond » (*rotundum*), d'« élément oméga », de
στοιχεῖον στρογγύλον (élément rond), termes sous
lesquels il faut entendre la substance mystérieuse
(l'arcane), la substance de transformation[46]. La déca-
pitation (texte III, v *bis*) signifie donc l'acquisition
de la substance mystérieuse. D'après le texte, c'est
celui qui marche derrière le sacrificateur qui est
appelé μεσουράνισμα ἡλίου (station du soleil au
milieu du ciel) et à qui on doit couper la tête. Cette
décollation de la tête d'or se trouve aussi dans les
manuscrits du traité *Splendor Solis*, comme dans son
édition de Rorschach (1598). Dans la vision, le sacrifice concerne un myste qui vit son accomplissement
comme Hélios. Le soleil est en alchimie synonyme
de l'or. L'or est, comme le dit Michel Maier, le
« *circulatorium opus solis* » (l'œuvre circulatoire du
soleil), le « *lutum splendidum formatum in substantiam pulcherrimam, in qua radi solares congregantur
et elucent[47]* » (la boue splendide qui a pris la forme
d'une substance très belle dans laquelle les rayons du
soleil se rassemblent et brillent). Mylius dit que
« l'eau » vient « des rayons du soleil et de la lune[48] ».
Selon l'*Aurelia occulta*, les rayons du soleil doivent

45. Au Livre suivant: pp. 239 et *sq.*
46. Sur ces notions voir *Psychologie et alchimie*, trad. cit.
47. *De circulo physico quadrato*, 1616, pp. 15 et *sq.*
48. *Philosophia Reformata*, 1622, p. 313.

être rassemblés dans « l'eau d'argent » (*aqua argenti*)[49]. Dorn fait venir les métaux en général des « rayons invisibles » du ciel[50], dont la rotondité est le modèle du vase hermétique. C'est pourquoi nous ne nous tromperons guère en supposant que *le myste lui-même représente la substance mystérieuse*. Nous reviendrons plus loin sur cette idée.

Tournons-nous maintenant vers d'autres particularités de la vision. Ce qui frappe avant tout est *l'autel en forme de coupe*. Il est, à ne pas s'y méprendre, en relation avec le *cratère* de Poimandrès. Ce vase fut envoyé sur la terre par le démiurge, rempli de νοῦς (esprit) afin que ceux qui s'efforçaient d'atteindre une plus haute conscience pussent s'y plonger. Nous le rencontrons dans un passage significatif où Zosime donne à son amie et *soror mystica* le conseil suivant: « καὶ καταδραμοῦσα ἐπὶ τὸν ποιμέανδρα καὶ βαπτισθῖσα τῷ κρατῆρι, ἀνάδραμε ἐπὶ τὸ γένος τὸ σόν », ce qui peut se traduire ainsi: « Descendant en courant vers le Pasteur, et t'étant plongée dans le vase (κρατήρ: cratère, vase où l'on fait le mélange), monte en courant vers la race (γένος) qui est la tienne[51]. »

Le cratère est manifestement un vase merveilleux, une cuve baptismale ou une piscine dans laquelle s'accomplissait le *baptismos*, l'immersion, le baptême. Ainsi se produisait la transformation en un être spirituel. C'est le *vas Hermetis* de l'alchimie ultérieure. On ne peut guère douter que le cratère de Zosime soit en relation très étroite avec celui du Poimandrès du *Corpus Hermeticum*[52]. Ce dernier vase est le bain baptismal, dans lequel les hommes inconscients et privés de connaissance qui aspirent à l'*ennoia* peuvent parvenir à la conscience. Le vase

49. « *In qua radii solis conjuncti sunt.* » *Theatr. Chem.*, 1613, vol. IV, p. 563.
50. *Speculum Philosoph. Theatr. Chem.*, 1602, vol. I, p. 276.
51. BERTHELOT: Coll. *Alch. grecs*, III, LI, 8.
52. *Corpus Hermeticum*, Ed. Nock Festugière, Paris 1945, vol. I, traité IV, pp. 49 et *sq.* et REITZENSTEIN, *Poimandres*, 1904, pp. 8 et *sq.*

d'Hermès est un utérus du renouvellement ou de la
renaissance spirituelle. A cette idée correspond mot
pour mot le texte de la *Benedictio Fontis* que j'ai
cité plus haut en note. Dans le récit intitulé *Isis à
Horus*[53], l'ange qui apparaît apporte un petit vase
rempli d'eau transparente ou mieux, sans doute,
« brillante[54] ». Il faut, conformément à la nature alchimique du traité, concevoir cette eau comme l'eau
divine de l'art[55]; celle-ci représente en effet, outre la
prima materia, l'« arcane » proprement dit. L'eau (du
Nil) possède dans l'ancienne Egypte une signification
singulière : elle est *Osiris*, le dieu démembré par
excellence[56]. Il est dit dans un texte d'Edfou : « Je
t'apporte les vases avec les membres du dieu
(c'est-à-dire le Nil) pour que tu en boives ; je rafraî-
chis ton cœur pour que tu sois content[57]. » Les membres du dieu sont ses quatorze parties. Les textes
alchimiques contiennent de nombreuses allusions à la
nature divine secrète de la matière mystérieuse[58].
Conformément à cette ancienne tradition, l'eau possède la faculté de permettre la résurrection, car elle
est Osiris qui est ressuscité des morts. Dans le λεξι-
κὸν τῆς χρυσοποιίας (lexique de la chrysopée ou
fabrication de l'or[59]), Osiris est le nom du plomb et
du soufre, deux synonymes de la substance mystérieuse. Le plomb, qui, depuis longtemps, constituait
la désignation principale de la substance de transfor-

---

53. BERTHELOT: *op. cit.*, I, XIII, 1 et sv.

54. Κεράμιον ὕδατος διαυγοῦς πλῆρες. *Loc. cit.*, 2.

55. L'arcane est ici symbolisé par l'ensemencement des céréales, la
procréation de l'homme, du loup et du chien; dans l'application chimique,
c'est la fixation du mercure (*loc. cit.*, 6-9). Hg est l'un des antiques symboles de l'eau divine. Cette dernière a son éclat blanc argenté. «*Aqua
clarissima*», dit le *Rosarium Philosophorum* (*Art. Aurif.*, II, 213).

56. [En français dans le texte — *N. d. T.*]. Cf. Wallis BUDGE: *The
Gods of the Egyptians*, 1924, II, pp. 122 et *sq.*

57. H. JACOBSOHN: *Die dogmatische Stellung des Königs in der Theologie der alten Ägypter*, 1939, 28, p. 50.

58. Cf. plus haut l'identification d'Agathodaïmon à la substance mystérieuse.

59. BERTHELOT: *Alch. grecs*, I, II.

mation, est dit « le tombeau fermé d'Osiris qui cache en lui tous les membres du dieu[60]... ». Suivant la légende, Typhon aurait arrosé de plomb le cercueil d'Osiris. Petasios enseigne[61] : « La sphère du feu est contenue et enfermée par le plomb. » Olympiodore, qui cite cette phrase, observe à ce sujet que Petasios, s'expliquant lui-même, a déclaré : « (Le plomb) est l'eau qui vient du mâle. » Le mâle est, comme il le dit, « la sphère du feu ».

Cette pensée fait allusion au fait que l'esprit qui est une eau, ou l'eau qui est un esprit, représente au fond un paradoxe, un couple d'opposés assez analogue à celui du feu et de l'eau. Dans l'*aqua nostra* des alchimistes, les idées d'eau, de feu et d'esprit confluent, comme ils le font dans le langage religieux[62].

Outre le thème de l'eau, le récit-cadre du traité d'Isis contient aussi celui de *l'acte de violence*. Le textes[63] dit : « Isis la prophétesse à son fils Horus. Tu devais, ô mon enfant, t'éloigner afin d'aller combattre contre le perfide Typhon pour le trône de ton père. Moi-même m'étant rendue à Hormanouthi, ville de l'art sacré de l'Egypte, j'y demeurai un certain temps. D'après l'écoulement des moments convenables (καιρῶν) et le cours du mouvement nécessaire des

60. « Ὄσιρίς ἐστιν ἡ ταφὴ ἐσφιγμένη, κρύπτουσα πάντα τὰ Ὠσίριδος μέλη. » Traité d'OLYMPIODORE D'ALEXANDRIE (BERTHELOT : *loc. cit.*, II, IV, 42). Osiris est désigné ici comme «principe de toute humidité» en accord avec PLUTARQUE. Ceci se rapporte à la température de fusion relativement basse du plomb.

61. BERTHELOT : *loc. cit.*, II, IV, 43.

62. Cf. l'hymne de saint ROMAIN sur la théophanie (lors du baptême du Christ) : «*Quin immo in ambitu aquarum videns eum qui olim tribus pueris medius, ros in igne visus est, ignis nunc in Jordane micans, scaturiens, ipsum lumen inaccessum.*» (Bien plus, voyant dans le sein des eaux celui qui, autrefois, apparut au milieu des enfants comme une rosée dans le feu [de la fournaise. Daniel, III, 25, — *N. d. T.*], désormais feu brillant dans le Jourdain, jaillissant, lui-même lumière inaccessible. J. B. PITRA : *Analecta sacra*, I, 21.)

63. BERTHELOT : *loc. cit.*, I, XIII. (La traduction française que l'on va lire diffère en plusieurs points de celle qui figure dans l'édition de BERTHELOT. Elle a été directement réalisée sur le texte grec. — *N. d. T.*].

sphères[64], il arriva que l'un des anges qui habitent le premier firmament, m'ayant contemplée d'en haut, voulut réaliser avec moi la communauté de l'union (μίξεως). Il s'avança en hâte et s'apprêtait à en venir à ses fins; mais moi, je ne lui cédai point, voulant m'informer de la préparation de l'or et de l'argent. Comme je l'interrogeais sur ce point, il me dit qu'il ne lui était pas permis d'en parler, en raison de l'extrême élévation des mystères, mais que le jour suivant il viendrait un ange plus grand que lui, Amnaël; celui-là serait capable de donner la solution du problème. Il me parla aussi de son signe: il portait sur la tête et me montrerait un petit vase non enduit de poix, rempli d'eau transparente. Il voulait dire la vérité. Le lendemain, le soleil étant au milieu de sa course, apparut Amnaël, plus grand que le premier, pris du même désir à mon égard; il ne resta pas immobile, mais se hâta de se rendre là où j'étais aussi; mais je n'en décidai pas moins de l'interroger sur ces choses[65].» Elle ne se donna pas à lui et l'ange lui découvrit le secret qu'elle ne devait transmettre qu'à son fils Horus. Suit alors une série de recettes qui ne sont ici d'aucun intérêt.

L'ange, essence ailée ou spirituelle, représente, de même que Mercure[66], la substance volatile, le *pneuma*, l'ἀσώματον (l'incorporel). L'esprit a presque toujours dans l'alchimie une relation avec l'eau ou avec «l'humide» (radical), ce qui doit sans doute s'expliquer simplement par la réalité empirique de la plus ancienne «chimie»: l'art culinaire. L'eau qui s'évapore en bouillant transmet les premières impressions profondes de *metasomatosis*, c'est-à-dire de la

---

64. σφαιρικῆς, au lieu de φευρικῆς (?) du texte. Il s'agit du cours des astres.

65. A savoir, les secrets de l'art.

66. [JUNG désigne cette entité alchimique de son nom latin *Mercurius*, pour la distinguer du mercure vulgaire et du Mercure mythologique (qui n'en sont que deux images). Nous avons jugé préférable d'imiter les alchimistes français écrivant suivant le contexte «Mercure» ou «le Mercure», avec dans tous les cas une majuscule. — *N. d. T.*]

transformation de ce qui est corporel en l'incorporel, le *spiritus* ou le *pneuma*. La relation de l'«esprit» à l'eau consiste en ce qu'il est caché dans l'eau, comme un poisson. Dans les *Allegoriae super Librum Turbae*[67], ce poisson est désigné comme «rond» et doté de «vertu vivifiante». Il représente, ainsi qu'il ressort du texte[68], la substance de transformation. De la transformation alchimique naît, selon le texte, un collyre qui facilite aux philosophes la contemplation du mystère[69]. Le «poisson rond» semble être un proche parent du «*lapis albus rotundus*» (la pierre blanche ronde) de la *Turba*[70] Il est dit de cette pierre qu'elle a «en elle les trois couleurs et les quatre natures et qu'elle naît d'une chose vivante[71]». D'une manière générale, la «chose ronde» est une conception chère aux alchimistes. Nous rencontrons ainsi dans la *Turba* le «*trotundum*»: «J'indique à la postérité la chose ronde qui transforme l'airain en quatre[72].» Ainsi qu'il ressort du contexte, la «chose ronde» est identique à «l'eau» (*aqua permanens*). Nous rencontrons chez Zosime un enchaînement de

---

67. *Art. Aurif.*, 1593, I, 141.

68. «*Est in mari piscis rotundus, ossibus et corticibus carens, et habens in se pinguedinem, vivificam virtutem, quae si lento igne coquatur donec ejus pinguedo et humor prorsus recedit, et post modum teratur fortissime, et quousque lucescat, aqua maris imbuatur: deinde per hebdomadam sepeliatur, et postea assando candidetur...*» (Il est dans la mer un poisson rond, dépourvu d'os et d'écailles, et il a en lui une graisse, une vertu vivifiante; si on le cuit à feu lent jusqu'à ce que la graisse et l'humidité aient entièrement disparu, et qu'ensuite on le broie avec la plus grande énergie et qu'on l'imprègne d'eau de mer jusqu'à ce qu'il brille: qu'ensuite, on l'ensevelisse pendant une semaine et qu'après on le blanchisse en le mettant à griller...») Le texte décrit le processus de transformation.)

69. «*Cujus oculi liniti arcana Philosophorum de facili potuerunt intueri*» (... dont les yeux enduits [de collyre] ont pu contempler facilement les arcanes des philosophes).

70. *Cod. Vadian*, 390. (XVe siècle; mentionné par RUSKA: *Turba*, p. 93), sur le poisson, voir mes «Contributions au symbolisme du Soi», dans *Aion*, *op. cit*, p. 184.

71. «*Habet in se III colores et IV naturas et nascitur de viva re.*»

72. «*Significo posteris rotundum, quod aes in quatuor vertit.*»

pensées semblable. Il dit du στοιχεῖον στρογγύλον,
l'«élément rond» symbolisé par l'Ω (oméga): «Il se
compose de deux parties: il appartient à la septième
zone, celle de Kronos[73], selon le langage corporel
(κατὰ τὴν ἔνωμον φράσιν); dans le langage
incorporel, il est quelque chose d'autre qui ne doit
pas être dévoilé. Seul Nicothéos, le caché[74], le sait.
Mais dans le langage corporel il est appelé Océan,
selon eux origine et semence de tous les dieux[75].»
Chez les Pérates d'Hippolyte, Kronos est une puissance de destruction «claire comme l'eau[76]», «car
l'eau, disent-ils, est destruction». La «chose ronde»
est, par suite, extérieurement l'eau, mais intérieurement l'arcane.

Souvent l'eau et l'esprit sont pratiquement identiques. Hermolaus Barbarus dit[77]: «Il y a aussi une
eau céleste ou plutôt divine des chymistes, que
Démocrite et Mercure Trismégiste ont connue,
l'appelant tantôt eau divine, tantôt onde des Scythes,
tantôt *pneuma*, c'est-à-dire esprit, de la nature de
l'éther, et quintessence des choses[78].» Ruland nomme
l'eau «la vertu spirituelle», esprit «de nature
céleste[79]». Christophe Steeb donne de la naissance de
cette idée une intéressante explication: «L'action
d'incubation du Saint-Esprit produisit donc dans les

73. C'est-à-dire Saturne. Il est tenu pour l'obscur anti-soleil. De
même que Mercure est l'enfant du soleil et de la lune, il est aussi l'enfant
de Saturne.

74. Cf. *Psychologie et alchimie*, trad. cit., p. 465.

75. BERTHELOT: *Alch. grecs*, III, XIX, 1.

76. «Δύναμις γάρ, φησίν, ὑδατόχρους ἥν τινα δύναμιν φησὶν
τουτέστι τὸν κρόνον» (Puissance couleur d'eau, disent-ils, c'est-à-dire
Kronos.) *Eleuchos*, V, 16, 2.

77. Hermolaus Barbarus, Archevêque d'Aquilée et grand humaniste
(1454-1493).

78. «*Est et coelestis aqua sdive potius divina Chymistarum, quam et
Democritus et Mercurius Trismegistus novere, modo aquam divinam,
modo scythicum laticem, modo pneuma, hoc est spiritum, ex aetheris
natura et essentia rerum quinta.*» (*Corollarium in Dioscoridem*, cité par
M. MAIER: *Symbola*, etc., p. 174.)

79. *Lex. Alch.*, 1612, pp. 46 et *sq.*

eaux supracélestes une vertu pénétrant et réchauffant d'une façon très subtile toutes choses; en se combinant avec la lumière, elle engendre, dans le règne minéral des choses inférieures, le serpent de Mercure, dans le règne végétal le vert béni, dans le règne animal une vertu plastique, si bien que l'esprit supracéleste des eaux marié à la lumière peut être appelé à bon droit *âme du monde*[80].» Steeb ajoute que les eaux célestes, vivifiées par l'esprit, entrent bientôt dans un mouvement circulaire d'où est issue la forme sphérique parfaite de l'*anima mundi*. La «chose ronde» est donc une partie de l'âme du monde, et cela devait sans doute être le secret gardé par Zosime. Ces enchaînements d'idées se rapportent expressément au *Timée* de Platon. Dans la *Turba*, Parménide fait de «l'eau» l'éloge suivant: «O vous, natures célestes, vous qui, au signal de Dieu, multipliez les natures de la vérité! O toi, puissante nature, qui vaincs les natures et fais que leurs natures se réjouissent et sont joyeuses[81]! Celle-ci est en effet celle à qui, en particulier, Dieu a attribué une vertu que le feu ne possède pas. *Elle est elle-même la vérité*, ô vous tous, investigateurs de la sagesse, car, liquéfiée avec leurs corps, elle opère la plus haute des œuvres[82].»

Le Socrate de la *Turba* dit pareillement: «Oh, cette nature, comme elle transforme les corps en esprit!... Elle est le vinaigre très aigre qui fait que l'or devient pur esprit[83].» «Vinaigre» est synonyme «d'eau», comme le montrent les textes, et également

80. *Coelum Sephiroticum* (1679, p. 33): «*Produxit ergo spiritus sancti fotus in aquis supracoelestibus virtutem omnia subtilissime penetrantem et foventem, quae cum luce combinans, in inferiorum regno minerali serpentem Mercuri, in vegetabili benedictam viridatem, in animali plasticam virtutem progenerat, sic ut spiritus supracoelestis aquarum cum luce maritatus, anima mundi merito appellari possit.*»

81. Allusion à l'axiome du (pseudo-) DÉMOCRITE sur les natures qui se transforment d'elles-mêmes.

82. Ed. RUSKA, p. 190.

83. *Ibid.*, p. 197.

de «l'esprit rouge[84]». De ce dernier la *Turba* déclare:
«Mais du composé transformé en esprit rouge naît le
principe du monde», terme sous lequel on peut, une fois
encore, entendre l'âme du monde[85]. L'*Aurora consurgens*
dit: «*Emitte spiritum tuum hoc est aquam... et renovabis
faciem terrae*» (envoie ton esprit, c'est-à-dire l'eau... tu
renouvelleras la face de la terre). En un autre endroit on
trouve l'alternative: «*Imber seu spiritus*» (la pluie ou
l'esprit), ou bien: «*flabit spiritus (Verbi) et fluent
aquae*» (l'esprit [du Verbe] soufflera et les eaux couleront). Arnaud de Villeneuve (1235-1313) écrit dans son
traité «*Flos florum*» (*Art. Aurif.*, II, 482): «Ils ont
appelé l'eau, esprit, et elle est aussi le véritable esprit.»
Le *Rosarium Philosophorum* dit d'une manière brève et
concise: «*Aqua est spiritus*» (*Art. Aurif.*, II, 239). Dans
le traité de Comarios (Ier siècle ap. J.-C.), «l'eau» est
décrite comme le remède de vie qui éveille à un nouveau printemps les morts endormis dans l'Hadès[86].

84. *Loc. cit.*, pp. 200 et sv. L'*aqua nostra* est «en effet le feu parce
qu'elle consume et broie toutes choses, l'argent vif est le vinaigre». (Citation
de CALID dans le *Ros. Phil.*, *loc. cit.*, p. 218.) «*Aqua nostra fortior est igne...
Et ignis respectu ejus est tanquam aqua respectu ignis vulgaris. Ideos dicunt
Philosophi: Comburite aes nostrum igne fortissimo*» (*loc. cit.*, p. 250).
(Notre eau est plus forte que le feu... et le feu comparé à elle est comme
l'eau comparée au feu vulgaire. C'est pourquoi les philosophes disent: Brûlez
notre airain à l'aide d'un feu très violent.) L'«eau» est donc une sorte de
feu supérieur, un *ignis coelestis*, voilé sous le surnom d'«eau».

85. Contrairement à RUSKA (p. 201, n° 3), je m'en tiens à la leçon des mss.
car cet «esprit» désigne simplement un synonyme de l'âme humide de la matière
première, de l'«humide radical». Dans ce sens, un autre synonyme de «l'eau»
est le «sang spirituel» (*spiritualis sanguis*) (*loc. cit.*, p. 129) que RUSKA rapporte,
à bon droit, au πυρρὸν αἷμα (sang couleur de feu) des sources grecques. L'équation feu = esprit est courante en alchimie. Ainsi, comme RUSKA l'*indique* lui-
même (p. 221), Mercure (synonyme fréquent d'*aqua permanens*, cf. RULAND;
Lexicon Alchemiae) est appelé φάρμακον πύρινον (remède igné).

86. BERTHELOT: *Alch. grecs*, IV, xx: «Καὶ πῶς κατέρχονται τὰ ὕδατα
εὐλεγομένα τοῦ ἐπισκέψασθαι τοὺς νεκροὺς περικειμένους καὶ
πεπεδημένους καὶ τεθλιμμένους ἐν σκότει καὶ γνόφῳ ἐντὸς τοῦ Ἅδου
καὶ πῶς εἰσέρχεται τὸ φάρμακον τῆς ζωῆς καὶ ἀφυπνίζει αὐτούς.»
(Et comment les eaux bénies descendent d'en haut pour visiter les morts étendus, enchaînés, accablés dans les ténèbres et dans l'obscurité à l'intérieur de
l'Hadès, et comment le remède de vie parvient et les tire de leur sommeil.
Trad. BERTHELOT-RUELLE.)

Apollonius dit dans la *Turba* : « Mais ensuite, fils de l'enseignement, cette chose a besoin de feu jusqu'au moment où l'esprit de ce corps est transformé et laissé pendant la nuit et, tel l'homme dans sa tombe, devient poussière. Après que cela s'est produit, Dieu lui rendra son âme et son esprit et, après avoir écarté la faiblesse, cette chose est fortifiée et améliorée après la destruction, si bien qu'après la résurrection l'homme devient plus fort et plus jeune qu'il ne l'était en venant en ce monde. » « L'eau » opère sur la matière la même chose que Dieu opère sur le corps des hommes. Elle tient donc la place de Dieu et elle est elle-même, pour cette raison, de nature divine.

Comme nous l'avons déjà vu, selon la conception ancienne, la nature spirituelle de « l'eau » provient de l'incubation du chaos (Gen., I, 3). Une vue très semblable se trouve dans le *Corpus Hermeticum* (Livre III, I *b*) : « Il y avait une obscurité sans limites dans l'abîme, et de l'eau sans forme, et un souffle (πνεῦμα) subtil, intelligent (mouvait ? pénétrait ?) les choses dans le chaos[87]. » C'est avant tout à cette conception que correspondait le thème, présenté par le Nouveau Testament, du baptême par « l'esprit et l'eau », comme aussi le rite de la *Benedictio Fontis* célébré le Samedi saint[88]. Mais l'idée de « l'eau » merveilleuse tire son origine première de la philosophie naturelle hellénistique influencée vraisemblablement par l'Egypte, et nullement de sources chrétiennes ou bibliques. Grâce à cette vertu mystique, elle vivifie et

---

87. [La traduction de JUNG, que nous avons respectée, suit le texte de SCOTT (I, 146). Celui de NOCK publié dans la collection *Les Belles-Lettres* avec la traduction du P. FESTUGIÈRE (Paris, 1945) offre un sens moins frappant : « ... ces choses (l'obscurité, l'eau et le *pneuma*) étaient à l'état de chaos. » — *N. d. T.*]

88. Cf. la Préface : « *Descendat in hanc plenitudinem fontis virtus Spiritus sancti, totamque hujus aquae substantiam regenerandi fecundet effectu.* » (Que la puissance du Saint-Esprit descende dans la plénitude de cette fontaine et qu'elle féconde toute la substance de cette eau de l'effet de régénération.)

féconde, mais elle tue aussi. Ce cycle de vie et de
mort a déjà été représenté par l'alchimie ancienne
dans le symbole de l'*ouroboros*, celui qui mange sa
queue, c'est-à-dire le dragon[89] qui se mord la queue.
Cette manducation correspondait à l'autodestruction[90].
L'union de la queue et de la gueule du dragon était
également conçue comme une fécondation de lui-
même. C'est pourquoi les textes disent : «*Draco
interficit seipsum, maritat seipsum, impraegnat seipsum.*» (Le dragon se tue lui-même, s'épouse lui-
même, se féconde lui-même[91].)

Dans l'eau divine, dont la nature double (τὸ στοιχεῖον τὸ διμερές[92], est sans cesse soulignée, deux
principes se tiennent en équilibre, l'un actif, l'autre
passif, l'un masculin, l'autre féminin, et ils constituent dans l'éternelle alternance rythmique de la nais-

89. L'âme de l'obscurité était représentée en Egypte par le crocodile.
(Wallis BUDGE : *The Gods of the Egyptians*, I, p. 286.)

90. Le livre d'OSTANES (BERTHELOT : *La Chimie au Moyen Age*, III,
120) contient la description d'un monstre qui a des ailes de vautour, une
tête d'éléphant et une queue de dragon. Les différentes parties de la bête
se dévorent mutuellement.

91. Il est dit de l'*argentum vivum* (=*aqua vitae, perennis*) : «*Et ipsum
est serpens seipsum luxurians, seipsum impraegnans, et in die una par-
turiens, et suo veneno cuncta interficit animalia et corpora, et ignis fuerit,
etc.*» (*Rosinus ad Sarratantam. Art. Aurif.*, I, 406.) (Et lui-même est le
serpent qui jouit de lui-même, qui se féconde lui-même, enfante en un
seul jour, tue de son venin tous les animaux et tous les corps, et aura été
feu, etc.) «*Natus est draco in nigredine et pascitur mercurio suo et interficit seipsum.*» (*Ros. Phil. Art. Aurif.*, II, 230.) (Le dragon est né dans la
noirceur et il se repaît de son Mercure et il se tue lui-même.) «*Mercurius
vivus... dicitur Scorpio : id est venenum quia mortificat seipsum et seipsum vivificat.*» (*Loc. cit.*, p. 272.) (Le Mercure vivant... est dit «scorpion», c'est-à-dire venin, parce qu'il se tue lui-même et se vivifie
lui-même.) La phrase souvent répétée : «*Draco non moritur nisi cum fra-
tre et sorore sua*» est expliquée par Michel MAIER (*Symbola*, p. 466) de
la manière suivante : «*... quia Sol et Luna coelestis semper cum conjun-
guntur, id in capite vel cauda draconis fieri necessum sit ; in hoc facta
est Solis et Lunae conjunctio et initio, accidente Eclypsi.*» (... parce que
chaque fois que le soleil et la lune céleste entrent en conjonction, il est
nécessaire que cela se produise dans la tête ou la queue du dragon ; ainsi
se font la conjonction et l'union du soleil et de la lune, lorsque survient
l'éclipse.)

92. Cette propriété lui est commune avec le *Mercurius duplex*.

sance et de la mort l'essence même de la force créatrice[93].

La conception primitive de l'alchimie apparaît sous
une forme dramatisée dans la vision de Zosime, à
peu près comme elle pourrait se présenter dans un
rêve réel. Dans la première version, c'est le prêtre
Ion qui se soumet volontairement au supplice. Le
sacrifice se trouve accompli par le *hiérourgos*
(c'est-à-dire celui qui fait l'action sacrée) qui transperce Ion de l'*épée*. Ion est ainsi (III, V bis) en
quelque sorte substitué à ce personnage de la vision
vêtu de blanc et paré, que nous avons, dans une
note, mis en relation avec la *solificatio* (apothéose
solaire) du myste des mystères d'Isis. Cet Ion a pour
pendant la figure d'un mystagogue ou psychopompe
royal qui apparaît dans une vision onirique de
l'alchimie du Moyen Age tardif. Il s'agit de la
Declaratio et Explicatio Adolphi dans l'*Aurelia
Occulta*[94]. Selon toute probabilité, cette vision n'offre
aucun lien avec le texte de Zosime. De même, je
doute qu'on doive lui attribuer le caractère d'une
simple parabole. Elle possède en effet certains traits
qui ne sont pas traditionnels mais originaux; il est
donc possible qu'elle représente une pure expérience
onirique. Je sais, en tout cas, de par mon expérience
professionnelle, que de telles visions oniriques se
présentent également chez des hommes modernes qui
n'ont pas la moindre idée du symbolisme alchimique.
Il s'agit d'une figure masculine lumineuse, portant
une couronne d'étoiles. Son corps est transparent
comme le verre. Son vêtement est fait *de lin blanc,
parsemé de fleurs multicolores* où la couleur verte

---

93. «*In Lebensfluten, im Tatensturm, // Wall'ich auf und ab, // Wehe
hin und her! // Geburt und Grab, // Ein ewiges Meer, // Ein wechselnd
Weben, // Ein glühend Leben...*» (Dans l'océan de la vie et dans la tempête
de l'action, je monte et je descends, je vais et je viens! Naissance et
tombe! Mer éternelle, trame changeante, vie ardente.) Ainsi parle à Faust
l'Esprit de la Terre, qui n'est autre que le *serpens mercurialis* (*Faust,
vers 501-507, trad. Gérard de NERVAL*).

94. *Theatr. Chem.*, IV, 1613, p. 577 et sq.

brille d'un éclat particulier. Ce personnage calme les
doutes angoissés de l'adepte en lui disant: «*Adolphe,
sequere me, monstrabo tibi ea quae praeparata tibi
sunt ut e tenebris in lucem transmeare possis.*»
(«Adolphe, suis-moi; je te montrerai les choses qui
t'ont été préparées pour que tu puisses passer des
ténèbres à la lumière.») Il s'agit donc d'un véritable
et authentique «Hermès psychopompe et initiateur»
qui prépare le *transitus* spirituel de l'adepte. Ceci est
confirmé dans le cours de l'aventure, en ce que
l'adepte reçoit un livre dans lequel se trouve représentée la «figure parabolique» de l'*ancien Adam*. Il
est sans doute indiqué par là que l'apparition est
l'*Adam secundus*, donc un homologue du Christ. On
ne trouve, il est vrai, aucune mention de sacrifice,
mais cette idée serait cautionnée, si notre hypothèse
est exacte, par la présence du second Adam. En tout
cas, le «roi» est lié la plupart du temps au thème
de la *mortifiatio*. Ainsi l'Ion de notre texte, en tant
que personnification de l'arcane du soleil — ou de
l'or —, doit être sacrifié[95], et sa tête (d'or), qui était
auparavant ornée de la couronne du soleil (et représente donc clairement, entre autres, le soleil,
c'est-à-dire l'or), doit être décollée, car elle contient
ou elle est elle-même le secret[96], Ainsi se trouve
indiquée la nature psychique de l'arcane, car la tête
de l'homme signifie avant tout le siège de la cons-

95. Dans l'alchimie tardive apparaît le meurtre (*mortificatio*) du roi.
Celui-ci est, grâce à sa couronne, une sorte de soleil. (Cf. *Psychologie
et alchimie*, trad. cit., pp. 431 et *sq.*) Le thème est, d'une façon plus générale, celui du sacrifice du dieu, qui s'est développé non seulement en
Occident, mais aussi en Orient et en Amérique, notamment dans l'ancien
Mexique. Là, c'est le personnage représentant Tezcatlipocâ (miroir
ardent) qui est sacrifié lors de la fête de Toxcatl. (Lewis SPENCE: *The
Gods of Mexico*, 1923, pp. 97 et *sq.*) Un sacrifice semblable avait lieu
dans le culte du dieu soleil Uitzilopochtli dont la figure apparaît également dans le rite eucharistique de Téoqualo. (Voir plus loin.)

96. La nature solaire du sacrifice est indiquée par la tradition suivant
laquelle la victime destinée à figurer dans le culte harranien de la tête
devait avoir les cheveux blonds et les yeux bleus. (Voir Livre V.)

cience[97]. Ici encore, dans la vision d'Isis, l'ange porteur du secret est en relation avec le μεσουράνισμα τοῦ ἡλίου (la station du soleil au milieu du ciel), comme l'indique le texte: «τοῦ ἡλίου μέσον δρόμον ποιοῦντος» («le soleil accomplissant la moitié de sa course»). L'ange porte l'élixir mystérieux sur sa tête et représente, par sa relation même avec l'astre à midi, une sorte de génie solaire ou un messager du soleil, qui apporte «l'illumination», c'est-à-dire l'élévation et l'élargissement de la conscience. Ses manières fort peu mondaines doivent être rattachées au fait que la morale des anges jouit depuis toujours d'une réputation équivoque. Aujourd'hui encore, il est de règle que les femmes se couvrent la chevelure à l'église. Jusque dans le courant du XIXe siècle, il y avait, dans les pays protestants, beaucoup d'endroits où les femmes portaient un bonnet spécial[98] pour aller à l'église le dimanche. Cet usage était motivé, non point par le public masculin, mais par la présence possible d'anges qui pouvaient être éblouis à la vue de la «coiffure[99]» féminine. L'origine de cette manière de voir doit se trouver dans le récit de la Genèse (Gen., VI) suivant lequel les «fils de Dieu» (les anges) manifestèrent une affinité particulière pour les «filles des hommes» et ne surent pas mettre un frein à leur fougue plus que les deux anges du traité d'Isis. On date ce traité du Ier siècle ap. J.-C. Ses vues correspondent à l'angélologie judéo-hellénistique de l'Egypte[100]. L'Egyptien Zosime a donc pu l'avoir à sa disposition.

97. Voir mon exposé sur la «pierre dans la tête» (λίθος ἐγκέφαλος), le culte harranien de la tête et la tête oraculaire de la légende du pape Sylvestre II, *loc. cit.*

98. Sa forme a été conservée dans le bonnet des diaconesses.

99. [En français dans le texte. — *N. d. T.*]

100. Selon la tradition rabbinique, les anges (y compris Satan) ont été créés le deuxième jour de la création (le lundi, jour de la lune). Ils furent aussitôt d'avis partagés sur la création de l'homme. C'est pourquoi Dieu a créé Adam en secret pour éviter de fâcher les anges.

De telles manières de concevoir les anges s'accordent remarquablement avec la psychologie féminine aussi bien que masculine. Si en effet les anges ont une réalité quelconque, ils sont les intermédiaires personnifiés de contenus inconscients qui veulent avoir droit à la parole. Mais s'il n'existe dans la conscience aucune disponibilité pour accueillir les contenus inconscients, l'énergie de ceux-ci s'écoule dans le domaine de l'affectivité, et plus précisément dans la sphère des instincts. Il en résulte des explosions affectives, de l'irritabilité, des humeurs et des excitations sexuelles, phénomènes qui ont d'ordinaire pour effet de désorienter la conscience au plus profond d'elle-même. Si cet état devient chronique, il se développe une dissociation décrite par Freud sous le nom de refoulement avec toutes ses suites connues. C'est pourquoi il est du plus grand intérêt sur le plan thérapeutique d'apprendre à connaître les contenus qui constituent la base de la dissociation.

Tout comme l'ange Amnaël porte avec lui la matière mystérieuse, celle-ci est représentée par Ion lui-même, qui doit servir de victime. Le traitement qui lui est appliqué — il est transpercé, ou plutôt démembré — se retrouve sous la forme spéciale du découpage de *l'œuf.* L'œuf est également découpé à l'aide de l'épée, c'est-à-dire divisé en les quatre natures ou éléments. En tant qu'arcane, l'œuf est naturellement synonyme de « l'eau[101] ». C'est également un synonyme du dragon (*serpens Mercurii*)[102] et par conséquent de « l'eau », avec le sens particulier de *microcosme* ou de monade. Comme eau est syno-

---

101. *Assimilaverunt (aquam) ovo, quia circumdat totum, quod est in eo, habet enim totum in se, quo indiget.* » (Ils l'ont comparé [l'eau] à l'œuf parce qu'il entoure tout ce qui est en lui; il a en effet en lui tout ce dont il a besoin.) « Consilium Conjugii » de Massa Solis et Lunae. Ars Chemica, 1566, p. 140. Le « tout ce dont il a besoin » est un attribut « divin ». (Voir plus loin.)

102. « *Ovum Philosophicum alias Draco dicitur.* » L'œuf philosophique est encore appelé dragon. (M. MAIER : *Symbola*, p. 466.) Cf. SENIOR : *De Chemia*, 1566, p. 103 : « *Draco autem est aqua divina.* »

nyme d'œuf, la division par l'épée s'applique aussi à l'eau. «*Accipe vas, percute gladio, animam ejus accipe... Est itaque aqua haec nostra Vas nostrum*[103].» Le vase est également un synonyme de l'œuf, d'où la prescription : «*Rotundo vitreo vasculo, phiolae vel ovo simili, infunde*[104].» L'œuf est l'image de l'œuf du monde; le blanc de l'œuf correspond aux «eaux supracélestes», au «liquide splendide» (*splendidus liquor*) et le jaune au monde physique[105]. L'œuf contient les quatre éléments[106].

L'épée avec laquelle est opéré le partage paraît encore pouvoir renfermer un sens particulier. Le *Consilium Conjugii* déclare que le couple des époux, le soleil et la lune, doit être tué avec *sa propre épée*[107], comme il a été dit plus haut. Cela a lieu afin

---

103. «Prends le vase, coupe-le avec l'épée, prends son âme... C'est pourquoi cette eau qui est nôtre est notre vase.» (*Mus. Herm.*, 1678, p. 785.)

104. «Verse dans un petit vase rond en verre, semblable à une fiole ou à un œuf.»

105. Steeb: *Coelum Sephiroticum*, p. 33.

106. *Turba. Sermon IV. Ed.* Ruska, p. 112. Voir aussi la «nomenclature de l'œuf». Berthelot: *Alch. grecs*, I, iv. Et aussi *loc. cit.*, II, iv, 44.Olympiodore: sur l'œuf, la tétrasomie et la fiole sphérique. Sur l'identité de l'Ouroboros et de l'œuf, et sur la division en quatre, voir le livre d'El-Habib (Berthelot: *La Chimie au Moyen Age*, III, pp. 92 et 104). Le partage de l'œuf avec l'épée constitue le VIII⁰ emblème du *Scrutinium Chymicum* de M. Maier avec la légende: «*Accipe ovum et igneo pertute gladio.*» (Prends l'œuf et coupe-le avec l'épée de feu.) Le meurtre du dragon forme le XXV⁰ emblème du même ouvrage. Même opération réalisée à l'aide de l'épée dans la II⁰ figure de Lambsprinck (*Mus. Herm.*, p. 345) intitulé *«putrefactio»*. Le meurtre et le partage en quatre vont ensemble. «*Mortificatio (lapidis) separatio elementorum*» (La mortification [s.e. de la pierre] est la séparation des éléments.) (*Exerc. in Turbam*, IX.) Voir aussi les dramatiques combats de dragons dans les visions de Cratès (Berthelot: *La Chimie au Moyen Age*, III, pp. 73 et sq.)

107. *Ars Chemica*, 1566, p. 259. Le texte: «*Haec autem conjunctio Solis et Lunae non fiet nisi post ipsorum corruptionem. Unde in allegoriis: oportet enim utrumque occidi gladio proprio, imbibendo sibi animas permanentes, donec anima interius occultissima extinguatur.*» (Mais cette conjonction du soleil et de la lune ne se fera qu'après leur corruption. C'est pourquoi on lit dans les allégories: il faut en effet que tous deux soient tués avec leur propre glaive, en absorbant des âmes permanentes jusqu'à ce que s'éteigne leur âme très cachée à l'intérieur.)

que le couple uni par la *conjunctio* « absorbe en lui-même des âmes immortelles jusqu'à ce que s'éteigne l'âme (antérieure) totalement cachée à l'intérieur ». Dans une poésie de 1620, Mercure se plaint d'être « tourmenté par l'épée de feu[108] ». D'après la conception alchimique, ce Mercure n'est autre que le vieux serpent qui, déjà au paradis terrestre, possédait la « *scientia* » en tant qu'il est proche parent du diable (Méphistophélès !). C'est l'épée de feu de l'ange à la porte du paradis qui le tourmente[109], et pourtant il est lui-même cette épée[110]. Mercure est représenté dans le *Speculum Veritatis* tuant de son glaive le roi ou le serpent[111] et donc *gladio proprio se ipsum interficiens*. Saturne, lui aussi, est représenté transpercé à l'aide de l'épée[112]. L'épée est l'attribut du Mercure en tant qu'elle constitue un cas particulier du *telum passionis*, à savoir la flèche de Cupidon qu'il lance en tant que Cyllenios[113]. Dorn présente dans sa *Philosophia speculativa*[114] une interprétation aussi intéressante que complète de cette épée : c'est le *gladius irae* (le glaive de la colère) qui, en tant que Christ-Logos (*Verbum Dei*), fut suspendu à l'arbre de vie. De cette transformation provient, selon Dorn, la « rosée » qui se répand sur le monde entier comme « *aqua gratiae* ». Ici encore, comme dans le texte de Zosime, la production des « eaux » est reliée à l'acte sacrificiel. Le logos, la « Parole » de Dieu, est « plus pénétrant

108. *Verus Hermes*, 1620, p. 16.

109. Ce thème se trouve aussi dans la parabole d'Adam de l'*Aurelia Occulta* (*Theat. Chem.*, IV, 1613, p. 580). Là se trouve décrite la manière dont le glaive de l'ange cause à Adam de multiples blessures parce que ce dernier ne veut pas s'éloigner du paradis. Adam est la substance mystérieuse dont l'« *extractio ex horto* » d'Eve est finalement menée à bien grâce à un charme dans lequel entre le sang.

110. Cf. Livre suivant.

111. *Codex Vat. Lat.*, 728b (XVIIᵉ siècle). Figure 150 de *Psychologie et alchimie*, trad. cit.

112. *Cod. Voss. Leid.*, 29, fol. 73.

113. *Cantilena Georgii Riplaei*, strophe 17, in RIPLAEI, *Opp. omn.*, 1649, pp. 421 et *sq.*

114. *Theatr. Chem.*, I, 1602, p. 284.

qu'un glaive à deux tranchants » (*penetrabilior omni gladio ancipiti*) (Héb., IV, 12). Ainsi les paroles de la consécration de la messe sont conçues comme « le glaive du sacrifice » à l'aide duquel la victime est mise à mort[115]. On rencontre donc dans le symbolisme chrétien la même pensée « circulaire » gnostique que dans l'alchimie. Dans l'un et l'autre domaine, le sacrificateur est la victime, et l'épée meurtrière est la même chose que ce qui doit être mis à mort. Le même cercle apparaît chez Zosime dans l'identité du prêtre qui opère le sacrifice avec son offrande et dans l'idée étrange que l'*homunculus* dans lequel Ion se transforme se dévore lui-même[116]. Il vomit en effet sa propre chair, comme s'il l'avait avalée auparavant. Qu'il agisse de la sorte, on en a la preuve lorsqu'ensuite il déchire ses propres chairs. L'*homunculus* prend ainsi la place de l'*ouroboros* qui se dévore lui-même et s'enfante lui-même (vomissement). En tant que l'*homunculus* représente une métamorphose d'Ion, celui-ci est de même nature que l'*ouroboros* et, par suite aussi, que le *hiérourgos*. Il s'agit donc d'un seul et même principe sous trois aspects différents. Cette équation est confirmée par cette partie du texte que j'ai appelée « résumé » et placée pour cette raison à la fin de la série des visions. La victime est, en fait, le dragon *ouroboros*. Sa forme circulaire est indiquée par le temple dont « le plan n'a ni commencement ni fin ». Sa mise en pièces correspond à l'idée postérieure de la division du chaos en les quatre éléments. (Cf. le partage des eaux en quatre dans la *Benedictio Fontis*.) Ainsi se trouve réalisé le commencement d'un ordre dans la *massa confusa*, comme il est déjà indiqué en III, I, 2 : « κατὰ σύστασιν ἁρμονίας » (selon la réunion de l'harmonie). Le pendant psychologique est l'ordre qui s'établit, par la transformation en conscience et

---

115. Cf. Livre V.
116. Cette idée a pour homologue l'ancienne conception suivant laquelle le Christ aurait bu son propre sang.

la réflexion, à partir d'éléments de l'inconscient qui
paraissent d'abord chaotiques et qui ont fait irruption
dans la conscience. Sans rien connaître des opérations de l'alchimie, j'ai, en son temps, établi une
typologie psychologique divisée en quatre parties
comme principe de classement des phénomènes psychiques en général et, ce faisant, j'ai inconsciemment
utilisé le même archétype qui avait également incité
Schopenhauer à donner une quadruple racine au principe de raison suffisante.

Le temple monolithe[117] est manifestement une paraphrase de la « pierre ». La source qui y coule est une
source de vie ; il est ainsi indiqué que la production
de la totalité ronde, c'est-à-dire de la pierre, représente une garantie de vitalité. La lumière qui jaillit
également à l'intérieur de la pierre signifie l'illumination liée à la totalité[118]. L'illumination est
l'accroissement de la conscience.

Bien que le monolithe d'un blanc brillant représente, à n'en pas douter, la pierre, il possède à la
fois, comme il est aisé de le voir, le sens de *vase
hermétique*. Le *Rosarium Philosophorum* dit à ce
sujet : « *Unus est lapis, una medicina, unum vas,
unum regimen unaque dispositio*[119]. » Les scholies du
Tractatus Aureus Hermetis déclarent avec plus encore
de clarté : « *Sed omnia sint unum in uno circulo sive
vase*[120]. » (Mais toutes choses doivent être une seule
dans un seul cercle ou vase.) Michel Maier attribue à
Marie la Juive (*soror Moysis*!) cette opinion que tout
le secret consiste en la connaissance du vase hermétique. Celui-ci est en effet divin et il a été caché aux
hommes par la sagesse du Seigneur[121]. L'*Aurora*

117. « *Lapis noster fit ex uno re.* » (Notre pierre se fait à partir d'une
seule chose.)
118. L'éclat du vase est souvent mentionné ; ainsi dans les *Allegoria
super librum Turbae*. (*Art. Aurif.*, I, 143) : « *Donec videatis vas candescere
et veluti Jacinthum lucere.* » (Jusqu'à ce que vous voyiez le vase luire et
briller comme l'hyacinthe.) *Idem, Consilium Conjugii*, 1566, p. 221.
119. Ed. 1550, fol. A. III.
120. Reproduit dans MANGET : *Bibl. Chem.*, 1702, I, 442.
121. *Symb. Aur. Mensae*, 1617, p. 63.

Consurgens II[122] dit que le *vas naturale* est l'*aqua permanens* et le « vinaigre des philosophes », ce par quoi il faut naturellement entendre la substance mystérieuse. C'est également dans ce sens qu'il faut interpréter la *Practica Mariae*[123], quand Marie dit du vase hermétique qu'il est « la mesure de ton feu » (*mensuras ignis tui*) et que les Stoïciens l'avaient caché (*quod Stoici occultaverunt*)[124] ; c'est le « *corpus toxicum* » qui transforme le Mercure, c'est-à-dire l'« eau » des philosophes[125]. Cependant (en tant que substance mystérieuse) ce n'est pas seulement « l'eau » mais aussi le « feu », comme l'indiquent les *Allegoriae Sapientum*[126] : « *Item lapis noster, hoc* est IGNIS AMPULLA, *ex igne creatus est.* » (De même notre pierre, c'est-à-dire l'ampoule de feu, a été créée à partir du feu.) On comprend donc que Mylius[127] désigne le vase comme « la racine et le principe de notre art ». Laurentius Ventura[128] lui donne le nom de lune, qui est la « femme blanche » de l'art et la mère de la pierre. Le vase qui « n'est pas dissous par l'eau ni fondu par le feu » est, selon le *Liber Quartorum*[129], « comme l'œuvre de Dieu dans le vase du germe divin (*germinis divi*), parce qu'il a reçu le limon, l'a formé et mélangé d'eau et de feu ». Il y a sans doute là, d'une part, une allusion à la création de l'homme, mais il semble d'autre part qu'il s'agisse de la création *des âmes*, puisqu'immédiatement après le texte parle de l'apparition des âmes « à partir des germes du ciel[130] ». Mais, pour capter l'âme, Dieu a créé le « *vas cere-*

122. *Art. Aurif.*, 1593, I, 203.
123. *Ibid.*, I, 323.
124. Les « *Stoici* » sont également cités dans le *Lib. Quartorum*. *Theatr. Chem.*, 1622, V, p. 143.
125. DE HOGHELANDE : *Theat. Chem.*, I, 1602, 199 et *passim*.
126. *Theat. Chem.*, V, 1622, p. 67.
127. *Philosophia Reformata*, 1622, p. 32.
128. « *Istud vas est Luna.* » (Ce vase est la lune.) *Theat. Chem.*, II, 1602, p. 280.
129. *Theat. Chem.*, V, 1622, p. 148.
130. « *Cum animae processissent a germinibus cœlorum.* »

bri » (le vase du cerveau), c'est-à-dire *le crâne*. Ici le symbolisme du vase rejoint celui de la *tête* que je traite à part dans mon étude sur le symbole de la transsubstantiation dans la messe.

En tant qu'« humide radical », la *prima materia* n'est pas sans rapport avec l'*anima*, car celle-ci possède aussi une certaine humidité[131] (par exemple comme rosée[132]). Ainsi le symbole du vase est également transféré sur l'*âme*. Un exemple frappant nous en est offert par César von Heisterbach[133] : l'âme est une substance spirituelle de nature sphérique, comme le globe lunaire, ou comme un vase de verre qui est « *muni d'yeux devant et derrière* » et « voit l'univers entier », comme le dragon alchimique παντόφθαλμος (tout yeux) ou comme le serpent de saint Ignace de Loyola. Dans ce contexte, la remarque de Mylius[134] suivant laquelle « c'est au moyen du vase que le firmament tout entier tourne sur son axe » est d'un intérêt particulier, car le ciel étoilé et la multiplicité d'yeux coïncident symboliquement[135].

Le « temple » de Zosime apparaît dans l'alchimie postérieure comme *domus thesaurorum* et *gazophylacium* (maison aux trésors[136]).

Tout cela devrait rendre compréhensible l'opinion de Dorn suivant laquelle le vase doit être fabriqué à partir de la quadrature du cercle[137] ; il s'agit là d'une opération essentiellement psychique, c'est-à-dire de la

131. L'humidité est « *retentiva animarum* » (retient les natures). *Lib. Quart.*, *loc. cit.*, p. 148.

132. Cf. la *descenio animae* dans *Die Psychologie der Uebertragung*, *op. cit.* pp. 179 et sq.

133. *Dialogus Miraculorum. Dist.*, IV, chap. xxxiv et *Dist.*, I, chap. xxxii.

134. *Phil. Reformata*, 1622, 33.

135. Cf. l'hypothèse de la conscience multiple au Livre VII.

136. « Consilium Conjugii », dans *Ars Chemica*, 1566, p. 9.

137. *Theat. Chem.*, I, 1602, p. 574 : « *Vas nostrum... juxta vere Geometricam proportionem atque mensuram, et ex certa quadam circuli quadratura fabricari debere.* » (Notre vase doit être fabriqué selon une proportion et une mesure vraiment géométriques et à partir d'une certaine quadrature du cercle.)

réalisation d'une aptitude intérieure à recevoir l'archétype du Soi et à le faire apparaître (subjectivement). Dorn nomme le vase «*vas pellicanicum*» au moyen duquel la quintessence est extraite de la *prima materia*[138]. L'auteur anonyme des scholies au *Tractatus Aureus* dit de même: «Ce vase est en effet le vrai *pélican* philosophique et il n'en est pas d'autre qu'il faille rechercher dans le monde entier[139].» Ce vase est la pierre elle-même et, en même temps, il la contient, autrement dit *le Soi se contient lui-même*. A cette formulation correspond la comparaison fréquente de la pierre avec l'œuf ou avec le dragon qui se dévore et s'enfante lui-même.

L'univers de pensée comme le langage de l'alchimie s'appuient sur ceux de la mystique: le corps du Christ est appelé dans l'*Epître de Barnabé* τὸ σκεῦος τοῦ πνεύματος (le vase de l'Esprit). Le Christ lui-même est le pélican qui déchire sa poitrine pour nourrir ses petits[140]. Les Héracléonites mettent dans la bouche des mourants les paroles suivantes à l'adresse des puissances démiurgiques: «Je suis un vase plus précieux que cette nature féminine qui vous a faits. Tandis que votre mère ne connaît pas sa propre racine, j'ai la science de moi-même et je sais

---

138. *Theat. Chem.*, I, 1602, p. 500.
139. *Theat. Chem.*, IV, 1613, p. 789.
140. HONORIUS D'AUTUN: *Speculum de Mysterio Eeclesiae*, P. L. CLXXII, La poitrine déchirée, le côté ouvert et le martyre sont des homologues du meurtre, du démembrement, de l'écorchement, etc., et appartiennent comme eux à la percée et à la manifestation de l'homme intérieur. Voir à ce sujet le compte rendu donné par HIPPOLYTE du système des Phrygiens: ceux-ci enseignaient en effet que le père du Tout s'appelle «*Amygdalos*» (amandier), qu'il est préexistant (προόντα) et qu'il «porte en lui le fruit parfait, pousse et se meut dans la profondeur». Il a «déchiré (διήμυξε) sa poitrine et enfanté son fils invisible, sans nom et ineffable». C'est «l'invisible par lequel tout est devenu et sans lequel rien n'est devenu». (Référence au Logos, Jean, I, 3.) C'est «le joueur de flûte», c'est-à-dire le vent (πνεῦμα). C'est «l'être aux mille yeux, l'incompréhensible», la «Parole» (ῥῆμα) de Dieu, la Parole de l'annonce de la grande puissance. Il est «caché dans la demeure où la racine du tout a son fondement». C'est «le royaume du ciel, le grain de sénevé, le point indivisible que seuls les pneumatiques connaissent». (*Elenchos*, V, 9, 16.)

d'où je suis, et j'appelle la sagesse qui ne passe pas, qui est dans le Père[141] et qui est la mère de votre mère, celle qui n'a pas de mère et, en outre, pas de compagnon masculin[142] », etc.

Dans le symbolisme abstrus de l'alchimie résonne d'une part vers nous l'écho lointain de cet esprit qui, sans espoir de pouvoir se développer, devait succomber sous les coups de la censure de l'Eglise ; nous trouvons d'autre part en lui un tâtonnement et une prémonition annonçant un avenir qui ramènerait la projection dans l'homme, de qui elle est sortie. Il est intéressant de voir avec quelle étrange maladresse cette tendance se fraye un chemin dans la fantasmagorie alchimique. Johannes de Rupescissa donne l'instruction suivante : « Fais faire un vaisseau en la manière d'un Chérubin, qui est la figure de Dieu, et aye six aisles, en la façon de six bras, revenans en luy-mesmes : et dessus une teste ronde... Et mets dedans iceluy vaisseau la dite eau ardant[143] », etc. D'après ce texte, le vase idéal de distillation, le *vas Hermetis*, aurait donc une forme monstrueuse et divine, mais proche cependant de celle de l'homme. Rupescissa appelle également la quintessence « ciel humain » ; elle est « comme le ciel et les étoiles ». (Relation du « firmament » à l'inconscient.) Dans le livre *El-Habib*[144], il est dit : « La tête de l'homme, aussi, est semblable à un appareil de condensation. » Parmi les quatre clés qui ouvrent la maison aux trésors, le *Consilium Conjugii* mentionne le procédé sui-

---

141. HÉRACLÉON enseignait que le fondement du monde est un homme primordial nommé Bythos (fond de la mer) qui n'est ni masculin ni féminin. L'homme intérieur (ὁ ἔσω ἄ νθρωπος) semble non seulement venir de lui, mais lui correspondre, car il est dit de lui qu'il « est descendu du plérome supérieur » (ἐκ τοῦ ἄνωθεν πληρώματος).

142. EPIPHANE : *Panarium, Haer.*, XXXVI, chap. III.

143. *La Vertu et la Propriété de la quintessence en toutes choses*, Lyon, 1581, p. 26. [Traduction française d'un traité latin de Johannes de RUPESCISSA ou Jean de ROQUETAILLADE, religieux franciscain français et alchimiste mort aux environs de 1375. — *N. d. T.*]

144. BERTHELOT : *La chimie au Moyen Age*, III, 80.

vant: « Cette clé unique est l'ascension de l'eau à travers le col du vase jusqu'à sa tête qui a la ressemblance de l'homme vivant[145]. » Nous rencontrons une conception analogue dans le *Liber Quartorum*[146] : « Le vase... doit être de forme ronde, afin que l'artisan de cette œuvre soit celui qui change le firmament et le crâne, et que soit cette chose dont nous avons besoin, la chose simple. » Il est évident que ces conceptions remontent historiquement au symbolisme de la tête du texte de Zosime, mais ils donnent en même temps à reconnaître le fait que le processus de transformation a son siège dans la *tête*, c'est-à-dire que c'est un phénomène psychique. Cette reconnaissance n'a pas été voilée maladroitement, pour ainsi dire après coup; bien au contraire, c'est précisément le mal qu'elle a à se réveiller qui prouve son obstination à se projeter dans la matière. La connaissance psychologique par réduction des projections paraît avoir été de tout temps une affaire extraordinairement difficile.

Le dragon ou serpent représente l'*inconscience du premier commencement*, car cet animal aime, comme le disent les alchimistes, à se tenir « *in cavernis et tenebrosis locis* ». Cette inconscience doit être sacrifiée ; alors seulement on peut parvenir à entrer dans

145. « *Haec una clavis est ascensio aquae per vasis collum ad caput ejus habens similitudinem animalis hominis.* » Ars Chemica, 1566, p. 110.
146. « *Vas... oportet esse rotundae figurae : ut sit artifex hujus (operis) mutator firmamenti et testae capitis, ut cum sit res qua indigemus, res simplex.* » Theat. Chem., 1622, p. 151. Dans ce texte, le «*res simplex*» se rapporte en définitive à Dieu. La «chose dont nous avons besoin» est « simple ». La «chose simple» est «insensible» (*insensibile*). L'âme et la chose simple et «*opus non perficitur nisi vertatur in simplex*» (p. 130) (l'œuvre n'est pas achevée si elle n'est convertie en chose simple). «L'intelligence est l'âme simple» (*intelligentia est anima simplex*) «*et intelligentia noscit et quid superius eâ est et circumdat eam Deus unus, cujus qualitas apprehendi non potest*» (p. 145) (et l'intelligence connaît aussi ce qui est supérieur à elle, et elle est entourée par Dieu dont la qualité ne peut être saisie). «*Res ex qua sunt res, est Deus invisibilis et immobilis, cujus voluntate intelligentia condita est.*» (*Id.*) (La chose de laquelle proviennent les choses est le Dieu invisible et immobile par la volonté de qui l'intelligence a été créée.)

la tête, c'est-à-dire à posséder la connaissance consciente. Ici se joue à nouveau le combat universel du héros contre le dragon, dont l'issue victorieuse est chaque fois marquée par le lever du soleil; en d'autres termes, la conscience s'éclaire alors et perçoit, comme le décrit le texte de Zosime, que le processus de transformation a lieu à l'intérieur du temple, c'est-à-dire de la tête. C'est effectivement ὁ ἔσω ἄνθρωπος, l'homme intérieur représenté par l'*homunculus*, qui gravit les degrés et, du cuivre, parvient jusqu'à l'or en passant par l'argent. Ces degrés correspondent à une augmentation graduelle de valeur.

Pour l'homme moderne, c'est chose bien étrange que précisément l'homme intérieur et son essence, qu'il présuppose comme étant spirituelle, soient représentés par des métaux. Le fait historique ne peut être mis en doute; de plus, il ne s'agit pas d'une conception propre à la seule alchimie. Ainsi on raconte de Zoroastre qu'Ahuramazda lui remit dans une coupe le breuvage de la science universelle. Il vit alors en rêve un arbre portant quatre rameaux faits respectivement d'or, d'argent, d'acier et de fer mélangé[147]. Cet arbre correspond exactement à l'arbre alchimique des métaux, l'« arbre philosophique » qui, s'il signifie quelque chose, représente la croissance spirituelle jusqu'à l'illumination suprême. Le métal froid et mort peut, il est vrai, paraître juste le contraire de l'esprit, mais qu'en est-il lorsque l'esprit est aussi mort que le plomb et le cuivre? Un rêve peut alors dire par exemple: « Cherche dans le plomb ou dans le mercure! » Il semble en effet que la nature tienne à inciter la conscience à s'étendre et à s'éclairer; c'est pourquoi elle met à profit la convoitise constante de l'homme pour les métaux et en particulier les métaux précieux, et elle l'incite à les rechercher et à examiner leurs possibilités. Pendant

147. REITZENSTEIN et SCHAEDER: *Studien zum antiken Synkretismus aus Iran und Griechenland*, 1926, p. 45.

qu'il est ainsi occupé, l'idée peut se faire jour en lui
que, dans ses minières, il a trouvé non seulement des
filons, mais aussi des gnomes, et que dans le plomb
est caché un dangereux démon ou la colombe de
l'Esprit-Saint. Il est patent que des alchimistes isolés
ont parcouru ce processus de connaissance jusqu'à un
degré tel que seule une mince cloison les séparait
encore de la conscience psychologique. Christian
Rosencreutz se tient encore en deçà du seuil, mais le
Faust de Goethe est au-delà et il décrit par suite le
problème psychologique qui se pose lorsque
«l'homme intérieur», cette grande figure qui se
cachait auparavant dans celle, plus petite, de
l'*homunculus*, apparaît à la lumière de la conscience,
face au moi tel qu'il était jusqu'alors (l'*homo animalis*). Plus d'une fois Faust pressent la froideur
métallique de Méphistophélès qui commence par
décrire un cercle autour de lui sous la forme d'un
chien (thème de l'*ouroboros*); il se sert de lui
comme d'un *spiritus familiaris* (πάρεδρος, esprit
auxiliaire) et se débarrasse de lui en utilisant le
thême du diable mystifié, non sans avoir revendiqué
pour lui le printemps que lui apportait Mercure et, en
même temps, la gloire et la puissance de la magie.
La solution que Goethe a donnée au problème était
encore médiévale; elle correspondait pourtant à une
attitude psychique qui se passait de la protection de
l'Eglise. Ce n'était pas le cas chez Rosencreutz: il
pouvait encore se tenir sagement hors du cercle
magique; car lui, c'est-à-dire Andreae, demeurait
encore à l'intérieur de la tradition. Goethe fut plus
moderne et par suite plus imprudent. Il n'a jamais
bien compris de quelle nuit de Walpurgis de l'esprit
le dogme chrétien protège l'homme, bien que son
chef-d'œuvre lui ait offert précisément ce monde
infernal, et même en deux éditions. Mais jusqu'où un
poète ne peut-il pas aller sans que cela doive avoir
de sérieuses conséquences! Celles-ci, comme on le
sait, ne survinrent qu'un siècle plus tard. La psychologie de l'inconscient doit, il est vrai, compter avec

de tels espaces de temps, car elle a moins affaire à la personnalité éphémère qu'au processus séculaire où l'individu se dresse, tel à partir de son rhizome, le fragile porteur des fleurs et des fruits.

CHAPITRE III
Les personnifications

Ce qui nous apparaît comme un résumé, le passage que nous venons d'examiner, est appelé par Zosime προοίμιον, préface. Ce n'est donc pas une vision onirique, mais l'auteur y parle son langage conscient, celui de son art, et il l'exprime dans des concepts qui, de toute évidence, font partie du bagage courant de son lecteur. Le serpent, son immolation, son dépècement, le vase de la tête et le miracle de la χρυσοποιία (la chrysopée, la fabrication de l'or), la transformation des ἀνθρωπάρια, des esprits des métaux sont effectivement des notions de l'alchimie de son époque. C'est pourquoi aussi ce passage nous fait l'effet d'une allégorie consciente opposée aux visions proprement dites qui traitent le thème de la transformation d'une façon absolument non orthodoxe et originale, exactement comme peuvent le faire des songes. Les esprits métalliques abstraits sont ici transformés en des êtres souffrants, humains, et le processus tout entier est rapproché d'une initiation mystique, c'est-à-dire rendu psychologique dans une proportion considérable. La conscience de Zosime demeure pourtant encore fascinée par la projection au point qu'il est incapable d'apercevoir dans la vision autre chose que « la production des liquides ». On voit comme la conscience de l'époque s'écarte du processus mystique et se tourne vers l'opération matérielle, et comme c'est précisément la projection mystique qui sert à attirer l'attention sur l'élément physique. Car le monde physique n'était pas encore découvert. Si Zosime avait reconnu la projection, il serait retombé dans les brumes de la spéculation mystique de son époque, et le développement de l'esprit des sciences naturelles se serait trouvé retardé plus longtemps encore. Mais pour nous les choses se présentent autrement. Pour nous, c'est justement le contenu mystique de ses rêves qui offre une importance particulière, car nous en savons assez sur ces processus chimiques dont l'étude lui paraissait importante. Nous sommes par suite en mesure de les séparer de la projection et de reconnaître en eux l'élément psychique en lui-même et pour lui-même. Le résumé nous fournit un terme de comparaison qui nous rend aptes à saisir la différence entre la représentation donnée par la préface et celle offerte par la vision. Cette différence plaide en faveur de notre hypothèse suivant laquelle les visions sont des rêves et non des allégories. Toutefois, la forme défectueuse dans laquelle le texte nous a été transmis ne paraît guère permettre de reconstituer de façon certaine le rêve authentique.

La représentation du processus alchimique mystique demande quelque explication. Les _personnifications_ de choses inanimées sont des résidus d'une psychologie primitive et antique. Elles reposent sur une _identité inconsciente_ originelle[148] dite « participation mystique[149] ». L'identité inconsciente naît d'une projection de contenus inconscients dans un objet, opération dans laquelle ces contenus ne sont accessibles à la conscience que sous l'aspect de qualités paraissant appartenir à cet objet. Tout objet présentant quelque intérêt provoque une quantité plus ou moins grande de projections. Dans ce domaine, la différence entre la psychologie moderne et la psychologie primitive est avant tout qualitative et, secondairement aussi, c'est une différence de degré. Le développement de la conscience au sein de la civilisation est essentiellement extensif : la croissance s'élargit par acquisition, et en même temps par retrait des projections. Ces dernières sont reconnues comme étant des contenus psychiques et réintégrés dans la psyché. L'alchimie a pour ainsi dire concrétisé, personnifié toutes

---

148. Cf. _Types psychologiques,_ trad. cit., définition n° 26, p. 431.
149. LÉVY-BRUHL : _Les Fonctions mentales dans les sociétés inférieures._ 1912.

ses idées principales, les éléments, le vase, la pierre, la *prima materia*, la teinture, etc. L'idée de l'homme conçu comme un microcosme représentant dans toutes ses parties la terre ou l'univers (cf. par exemple les mélothésies médiévales) est un reste de l'identité psychique originelle qui correspondait à une conscience essentiellement crépusculaire. Un texte alchimique s'exprime de la manière suivante : (L'homme est regardé comme un microcosme...) « ses os cachés sous sa peau sont comparés aux montagnes ; par eux, en effet, le corps est consolidé comme la terre l'est par les pierres ; la chair est regardée comme la terre, les grandes veines comme de grands fleuves et les petites comme de petits cours d'eau qui se déversent dans les grands. La vessie est une mer dans laquelle les grands fleuves aussi bien que les petits se rassemblent ; les cheveux sont assimilés aux herbes qui croissent, les ongles des mains et des pieds, et tout ce qui est perçu à l'intérieur et à l'extérieur de l'homme, tout, selon son espèce, est comparé au monde[150] ».

Les projections alchimiques ne constituent rien d'autre qu'un cas particulier du mode de pensée général qui est caractérisé par l'idée du microcosme. Voici un bon exemple de personnifications de ce genre : « Et maintenant, observe, mon très cher, comment tu dois opérer. Tu dois aller vers la maison, et là tu trouveras deux portes qui sont fermées. Tu dois rester un petit moment devant, jusqu'à ce que quelqu'un vienne, ouvre les portes et sorte vers toi.

---

150. « *... Quod homo in se omneis vires habeat illarum rerum, quemadmodum ejus rei sententia illa testis est, dum homo pro parvo mundo aestumatur, atque etiam omnino cum mundo comparatur, ossa enim illius sub cute latentia saxosis cum montibus comparantur : cum illis namque corpus corroboratum est, non secus ac terra lapidibus, et caro pro terra aestumatur, atque venae magnae pro magnis fluentis parvae vero pro exiguis fluviis, qui in magnos sese exonerant. Vesica mare est, in qua tam magni, quam exigui etiam fluvii, pariter congregantur, crinis, herbis crescentibus, ungues in manibus et pedibus, et quod tam in — quam extrinsecus in homine deprehenditur, omnia juxta suam speciem, cum mundo comparantur.* » (Gloria Mundi. Mus. Herm., p. 270.)

Ce sera un homme jaune et il ne paraît pas joli à voir. Mais tu ne dois pas avoir peur parce qu'il est difforme. Il a la parole plus aimable et te demandera : "Ami, que cherches-tu ici, alors que, vraiment, depuis longtemps je n'ai pas vu d'homme ici devant, s'approchant ainsi de cette maison ?" Alors tu devras lui répondre : "Je suis venu ici chercher la pierre des philosophes." Le même homme jaune te répondra : "Mon cher ami, puisque tu es venu de si loin, je vais t'indiquer ce qu'il faut faire. Tu vas aller dans la maison jusqu'à ce que tu arrives à une fontaine qui coule. Et avance alors un peu. Alors viendra vers toi un homme rouge qui est rouge comme le feu et a les yeux rouges. Tu ne dois pas non plus avoir peur de son aspect effrayant, car il est modéré dans ses paroles." Lui aussi demandera : "Mon cher ami, que demandes-tu ici, alors que tu es pour moi un hôte étranger ?" Tu devras lui répondre : "Je cherche la pierre des philosophes." Alors il te demandera, etc.[151]. » Une source particulière de personnifications des métaux est constituée par les légendes populaires concernant les *lutins* que l'on voyait souvent dans les mines[152]. Nous rencontrons souvent chez Zosime les « hommes métalliques[153] », de même qu'un aigle d'airain[154]. On trouve également ce thème dans l'alchimie latine : « *Accipe illum album hominem de vase.* » (Prends ce fameux homme blanc dans le vase.) Ce personnage provient de la « conjonction de l'époux et de l'épouse » (*conjunctio sponsi et sponsae*[155]). A ce contexte se rattachent également les

151. Extrait de : « *Ein Philosophisches Werk und Gespräch, von dem Gelben und Rotten Mann Reverendissimi Domini Melchioris Cardinalis et Episcopi Brixiensis*, etc.» Publié dans Salomon TRISMOSIN : *Aureum Vellus*, Rorschach, 1958, pp. 179 et *sq*. Après l'homme rouge, il trouve le corbeau noir duquel sort la colombe blanche.

152. Intéressantes références chez Grégorius AGRICOLA : *De Animantibus Subterraneis*, 1549, et aussi chez Athanasius KIRCHER : *Mundus Subterraneus*, 1678, Livre VIII, chap. IV.

153. BERTHELOT : *Alchimistes grecs*, III, XXXV.

154. BERTHELOT : *loc. cit.*, XXIX, 18 et *sq*.

155. *Aenigma*, VI, *Art. Aurif.*, I, p. 151.

figures souvent citées de « la femme blanche » et de
« l'esclave rouge », qui désignent Beya[156] et Gabricus.
Ces deux personnages ont également trouvé place
chez Chaucer :

> *The statue of Mars upon a carté stood,*
> *Arméd, and lookéd grym as he were wood,*
> *And over his heed ther shynen two figures*
> *of sterrés that been clepéd in scriptures,*
> *That oon puella, that other Rubeus*[157].

Rien n'était plus aisé que de mettre l'histoire
d'amour de Mars et de Vénus en parallèle avec celle
de Gabricus et de Beya (*uxor candida et servus rubicundus*, personnifiés encore par le chien et la
chienne) ; des influences astrologiques sont également
vraisemblables. Si l'homme, par son identité, participe du macrocosme, celui-ci participe de même de
l'homme. C'est à la lumière de ce principe qu'il faut
entendre le passage suivant, qui est d'une importance
capitale pour l'alchimie. « Et tout comme l'homme
est composé des quatre éléments, il en est de même
de la pierre ; et ainsi elle existe à partir de l'homme,
et tu es sa minière, à savoir, au moyen de l'opération : et elle est extraite de toi, à savoir, au moyen
de la division : et elle demeure inséparablement en
toi, à savoir, par la science[158]. » De même que les
choses sont regardées comme des « humains », le
macrocosme est personnifié comme homme : « ... Si
bien que la nature tout entière se réunit en l'homme
comme en son centre et *que l'un participe de l'autre*
et qu'il ne sera pas erroné de conclure que la matière

156. *Visio Arislei.*
157. Geoffrey Chaucer : *The Canterbury Tales*, Globe Ed, p. 28. (La
statue de Mars se dressait sur un chariot,/ Armée, d'aspect farouche
comme s'il était de bois./ Au-dessus de sa tête brillaient deux figures/
d'astres qui sont unis dans les écritures./ L'une était puella [la jeune fille]
et l'autre Rubeus. »)
158. *Rosinus ad Sarratantam, Lib. II. Art. Aurif.*, I, p. 311 : «*Et ut
homo ex 4 elementis est compositus, ita et lapis, et ita est ex homine, et
tu es ejus minera scl. per operationem : et de extrahitur, scl. per divi-
sionem : et in te inseparabiliter manet, scl. per scientiam.*»

de la pierre philosophique se trouve partout[159].» Le
Consilium Conjugii déclare[160] : «*Quatuor sunt naturae, quae Philosophicum constituunt hominem.*»
«*Quatuor sunt Elementa lapidis optime proportionata
constituentia hominem, id est elixir perfectum huma-
num.*» «*Lapis dicitur homo, quia nisi ratione et
scientia humana ad eum pervenitur.*» («Quatre sont
les natures qui constituent l'homme philosophique.»
«Quatre sont les éléments de la pierre qui, parfaitement proportionnés, constituent l'homme, c'est-à-dire
l'élixir humain parfait.» «La pierre est appelée
homme parce que l'on ne peut parvenir à elle[161] si ce
n'est par la raison et la science humaine.») L'expression «*tu es minera*» (tu es la minière, le minerai) a
son homologue dans le traité de Comarios[162] : «En
toi (Cléopâtre) est caché le mystère effroyable et
merveilleux.» La même chose est dite des «corps»
(σώματα, c'est-à-dire matières) : «Car en eux est
caché le mystère tout entier[163].»

159. Orthelii *Epilogus*, etc. *Theat. Chem.*, VI, 1661, p. 438 :
«... *Adeo ut tota Natura in homine tamquam in centro concurrat et unum
de altero participet, et lapidis Philosophici materiam ubique reperiri non
injuria fuerit conclusum.*»

160. *Ars Chemica*, 1566, pp. 247, 253 et 254.

161. Le texte porte «*ad Deum*», ce qui n'a pas de sens. Des expressions comme «*corpus nostrum est Lapis noster*» (*Authoris Ignoti Opus-
culum*, Art. Aurif., I, p. 392) sont équivoques car «notre corps» peut
également signifier la substance mystérieuse.

162. «Enseignement de Cléopâtre.» Berthelot : *Alchimistes grecs*,
IV, xx, 8.

163. Berthelot : *loc. cit.*, 16.

CHAPITRE IV

Le symbolisme de la pierre

Zosime oppose le σῶμα au sens de σάρξ (chair) à l'homme spirituel (πνευματικός)[164]. Celui-ci est caractérisé par le fait qu'il cherche la *connaissance de lui-même et de Dieu*[165]. L'homme terrestre, charnel (σαρκικός) est appelé Thoth ou Adam. Il porte en lui l'homme spirituel, que l'on nomme: φῶς (lumière). Ce premier homme Adam-Thoth est symbolisé par les quatre éléments. L'homme spirituel et l'homme charnel se nomment Prométhée et Epiméthée. Toutefois ils constituent ensemble un seul homme «dans le langage allégorique». «Ce sont l'âme et le corps.» L'homme spirituel a été amené par *séduction* à revêtir le corps. Il y est lié par *Pandore* ou *Eve*, la femme[166]. Il s'agit ici d'une *anima* qui fonctionne comme lien (*ligamentum*) du corps et de l'esprit, et qui joue par conséquent le rôle de la çakti ou de la māyā, qui emprisonne la conscience dans le réseau du monde. Dans *Le Livre de Cratès*[167], l'homme spirituel dit: «Es-tu capable de connaître ton âme d'une manière complète? Si tu la connaissais comme il convient, et si tu savais ce qui peut la rendre meilleure, tu serais apte à connaître que *les noms que les philosophes lui ont donnés autrefois ne sont point ses noms véritables.*» Cette dernière phrase est une expression consacrée qui est utilisée à propos des noms du *Lapis* («la pierre plus précieuse que l'eau d'or[168]»). La pierre signifie l'homme intérieur, ἄνθρωπος πνευματικός. C'est la *natura abs-*

---

164. BERTHELOT: *loc. cit.*, III, XLIX, 4.

165. La littérature alchimique contient plus d'un texte prouvant l'importance de la connaissance de soi. Cf. *Aion, op. cit.*, pp. 237 et *sq.*

166. BERTHELOT: *loc. cit.*, 6-7. Traduction intégrale du texte dans *Psychologie und Alchemie*, 1952, pp. 492 et *sq.*

167. BERTHELOT: *La Chimie au Moyen Age*, III, p. 50.

168. [En français dans le texte. — *N. d. T.*]

condita, la nature cachée que l'alchimie travaille à
libérer. L'*Aurora Consurgens* dit dans ce sens que,
par le baptême de feu, «l'homme qui, auparavant,
était mort, a été fait âme vivante[169]». Les attributs
divins de la «pierre» sont si insistants — *incorrupti-
bilis, permanens, divinus, trinus et unus*, etc. — que
l'on ne peut s'empêcher de l'entendre comme un
«dieu caché dans la matière» (*deus absconditus in
materia*), c'est-à-dire comme le Dieu du macrocosme.
C'est sans doute là le pont conduisant au parallèle
avec le Christ qui se rencontre déjà chez Zosime[170],
s'il ne s'agit pas d'une interpolation ultérieure. Etant
donné que le Christ s'est revêtu d'un corps humain
passible, c'est-à-dire de matière, il existe une analogie avec la pierre, dont la nature corporelle est inlas-
sablement   soulignée.   L'ubiquité   de   la   pierre
philosophale correspond à l'omniprésence du Christ.
Son caractère «vil» est toutefois en contradiction avec
la vision de l'Eglise: la divinité du Christ n'émane pas
de l'homme, mais c'est par contre le cas de la pierre
qui guérit tous les maux, et chaque homme en est le
porteur et même le créateur. On voit sans peine
quelle est la situation consciente compensée par la
philosophie de la Pierre: Le *Lapis* — loin de *signifier* le Christ — est placé dans un rapport de complémentarité avec la conception générale qui était alors
celle de la figure du Christ[171]. Le dessein de la
nature inconsciente qui a produit l'image de la pierre
philosophale apparaît de la façon la plus claire.
L'idée est que celle-ci naît dans la matière, qu'elle
s'extrait de l'homme, qu'elle est répandue partout et
que sa réalisation, située au moins virtuellement dans
le domaine de l'homme, est partout possible. Ces
propriétés manifestent les lacunes que l'on ressentait
alors dans l'image du Christ: un air trop raréfié pour

---

169. «*Factus est homo qui prius mortuus erat in animam viventem.*»
170. BERTHELOT: *Alchimistes grecs*, III, XLIX, 4.
171. Cf. «Der Geist Mercurius» (L'Esprit Mercure) dans *Symbolik
des Geistes, op. cit.*, pp. 141 et *sq.*

les besoins humains, une distance trop grande et une place laissée vacante dans le cœur de l'homme. On était privé du Christ «intérieur» et appartenant à chaque homme. Sa spiritualité était trop haute et l'homme naturel trop bas. La «chair» se glorifiait à sa manière dans l'image du Mercure et de la pierre : elle ne se laissait pas transformer en esprit mais fixait au contraire l'esprit en pierre, et donnait à cette dernière à peu près tous les attributs des trois Personnes divines. La pierre doit donc, en un certain sens, être conçue comme un *symbole du Christ intérieur, du Deus in homine*. J'emploie intentionnellement le mot «symbole» : en effet, par son analogie avec le Christ, la pierre ne veut en aucune manière signifier une position contraire et complémentaire, mais, peu à peu, au cours des siècles alchimiques, la tendance se fait clairement jour à la présenter comme le *couronnement de l'œuvre de la rédemption*. Mais par là s'annonce la tentative en vue de faire entrer la figure du Christ dans la philosophie de la «*scientia Dei*». C'est au XVIᵉ siècle que Khunrath formule pour la première fois la place «théologique» de la pierre : elle est le *filius macrocosmi* par opposition au «Fils de l'homme» qui est désigné comme étant le *filius microcosmi*. Cette image du «fils du grand univers» indique clairement de quelle instance elle tire son origine : elle ne vient pas de l'esprit conscient de l'homme individuel, mais de ces *régions frontalières du psychisme qui débouchent dans le secret de la matière de l'univers*. Avec un juste pressentiment du caractère spirituel unilatéral de l'image du Christ, la spéculation théologique s'est très tôt préoccupée du corps du Christ, c'est-à-dire de sa matérialité, et a provisoirement résolu le problème grâce à l'hypothèse du «corps de résurrection». Comme il n'y avait là qu'une réponse provisoire et, par suite, non totalement satisfaisante, le problème s'est logiquement posé à nouveau avec l'Assomption de la Vierge Marie et a conduit tout d'abord à l'Immaculée Conception, puis à l'Assomption. Mais ainsi la véritable réponse n'est que renvoyée à plus tard, bien que sa voie s'en trouve préparée. La réception et le couronnement de Marie dans le ciel entraînent, ainsi que le montre l'iconographie médiévale, un accroissement de la Triade masculine au moyen d'un quatrième terme de nature féminine. Ainsi naît une quaternité représentant un symbole de la totalité qui est désormais effectif et non pas seulement postulé. Le caractère total de la Trinité est un simple postulat, car en dehors d'elle se tient l'adversaire autonome et éternel avec ses chœurs angéliques et ses habitants de l'enfer. Les symboles naturels de la quaternité, tels qu'ils apparaissent chez nous dans des rêves et des visions et, en Orient, dans les mandalas, sont des quaternités, des multiples de quatre ou des cercles divisés en quatre.

L'accent mis sur la matière se manifeste avant tout dans le choix du symbole divin, la *Pierre*. Nous rencontrons déjà le choix de ce symbole dans l'alchimie grecque la plus ancienne. On ne se trompera guère en admettant que le symbole de la pierre est incomparablement plus ancien que son utilisation dans l'alchimie. La pierre considérée comme lieu de naissance des dieux (par exemple : Mithra naît de la pierre) est reliée à des légendes primitives traitant de la naissance à partir de la pierre ; celles-ci remontent de leur côté à des conceptions plus proches encore de l'origine : ainsi il existe une conception australienne suivant laquelle les âmes des enfants habitent dans la pierre des enfants. Elles peuvent être incitées à émigrer dans un utérus quand un homme frotte la pierre des enfants avec un churinga. On appelle churingas des galets ou des pierres oblongues d'une certaine forme, décorées d'ornements, ou bien des morceaux ou des baguettes de bois oblongs, unis, également décorés d'ornements, qui ont la valeur d'instruments de culte. D'après la conception australienne et mélanésienne, les churingas proviennent de l'ancêtre totémique ; ce sont des reliques de son corps ou de son activité et ils contiennent son arunquiltha ou mana. Ils sont liés à son âme et aux esprits de tous ceux qui les ont possédés ultérieurement. Ils sont tabous, c'est-à-dire mystérieux; on les enterre dans des «caches» ou on les dissimule dans des creux de rochers. Pour qu'ils se renforcent, on les enterre aussi dans des cimetières pour capter le mana des morts. Ils procurent la croissance des fruits des champs, la multiplication des hommes et des animaux, guérissent les blessures, les maladies et les dommages causés à l'âme. Ainsi il existe une coutume australienne qui consiste à frapper rudement l'abdomen d'un homme avec un churinga de pierre pour guérir les embarras intestinaux causés par des émotions[172]. Pour le culte, les churingas sont enduits d'ocre rouge, oints de graisse, couchés sur des feuilles ou enveloppés dedans, après qu'on a craché un peu dessus (salive = mana[173]).

Ces représentations de pierres magiques ne se trouvent pas seulement en Australie et en Mélanésie, mais aussi en Inde et en Birmanie, ainsi que — *last but not least* — en Europe. La folie d'Oreste fut guérie par une pierre en Laconie[174]. De même, Zeus trouve la guérison de son chagrin d'amour sur la pierre de Leucate. En Inde, le jeune homme marche sur une pierre pour acquérir la fermeté de caractère, et aussi la fiancée pour obtenir la confirmation de sa fidélité. D'après Saxo Grammaticus, les électeurs du roi se tiennent sur des pierres pour conférer ainsi la durée au choix qu'ils ont fait en votant[175]. La pierre verte d'Arran est une pierre de serment et de guérison[176]. Dans une grotte du Birseck, près de Bâle, on

172. SPENCER et GILLEN: *The Northern Tribes of Central Australia*, 1904, pp. 257 et *sq.*

173. HASTINGS, XI, 874 b et FRAZER: *Magic Art*, I, pp. 160 et *sq.* On voit encore aujourd'hui des pierres colorées d'ocre, notamment en Inde dans le temple de Kali à Calcutta.

174. PAUSANIAS: *Descriptio Graeciae*, III, 22, 1.

175. De même les archontes d'Athènes quand ils prêtaient serment lors de leur entrée en charge.

176. FRAZER: *loc. cit.*, p. 161.

a trouvé une cache de semblables « pierres d'âmes »
et au cours des récentes fouilles dans la construction
sur pilotis du lac de Burgaeschi dans le canton de
Soleure, on a découvert un lot de galets enveloppés
dans des écorces de bouleau.

Cette conception extrêmement primitive de la puissance magique de la pierre mène, à un stade supérieur de civilisation, à la signification analogue des
pierres précieuses auxquelles on attribuait toutes sortes de vertus magiques et médicinales. Les plus célè-
bres des joyaux historiques seraient même à l'origine
des destins tragiques de leurs possesseurs.

Le phantasme primitif qui enveloppe la pierre de
ses vrilles se trouve décrit d'une manière particulièrement expressive dans un mythe des Navajos de l'Ari-
zona : au temps de la grande obscurité, les héros
ancestraux[177] virent comment le père Ciel s'inclinait
et comment la mère Terre s'élevait. Tous deux s'uni-
rent et, sur la cime montagneuse où ils s'étaient unis,
ces humains primordiaux trouvèrent une petite figure
turquoise[178]. Celle-ci se transforma ou — suivant une
autre version — donna naissance à Estsànatlehi « la
femme qui se rajeunit et se transforme ». Elle est, en
tant que mère des dieux jumeaux qui tuèrent les
monstres du monde primitif, « la grand-mère des Yéi,
des dieux ». C'est une des figures les plus importantes, sinon la plus importante, du panthéon matriarcal
des Navajos. Elle n'est pas seulement la « *changing
woman* », mais réellement une figure double, étant
donné qu'elle a une sœur jumelle, Yolkaiestan, dotée
de qualités essentiellement analogues. Estsànatlehi est
immortelle, car, à l'unisson de la Nature, elle est

177. Ils correspondent aux Aborigènes ou autochtones des temps
antérieurs à l'homme que les habitants d'Australie centrale désignent
comme l'époque d'Alcheringa (synonyme d'époque des ancêtres ou du
rêve).
178. Cf. le traité de COMARIOS. (BERTHELOT : *Alchimistes grecs*, IV,
XX, II) : « Monte au toit le plus élevé, vers la montagne touffue, au milieu
des arbres et vois : il y a une pierre (πέτρα) tout en haut ; prends de cette
pierre le masculin (ou l'arsenic), etc. »

jeune, mûrit et se flétrit comme une vieille femme, pour ressusciter comme jeune fille ; c'est donc une véritable *Dea Natura*. Quatre filles sont nées de différentes parties de son corps, mais la cinquième est sortie de son esprit. Le soleil est né de perles de turquoise placées dans son sein droit et la lune de perles blanches d'huîtres placées dans son sein gauche. Elle s'engendre elle-même de nouveau à partir de petits morceaux d'épiderme situés sous son sein gauche. Elle habite à l'Occident, dans une île de la mer. Son amant est le sauvage et cruel porteur du soleil qui a encore une autre femme. Mais il ne doit rester à la maison avec celle-ci que par temps de pluie. La déesse turquoise est tenue pour sainte à un tel point que l'on ne doit pas représenter son image. Les dieux eux-mêmes ne doivent pas la regarder. Lorsque ses enfants jumeaux lui demandent qui est leur père, elle leur donne de faux renseignements, manifestement pour les préserver du dangereux destin héroïque qui les menace[179].

Cette déesse matriarcale est une claire *figure de l'anima*, qui est aussi en même temps le symbole du *Soi* ; d'où sa nature de pierre, son immortalité (l'Eternel-Féminin), ses quatre filles sorties de son corps, plus la cinquième issue de son esprit, sa nature double (solaire et lunaire), son concubinage avec un homme marié et sa capacité de métamorphose[180]. Elle est le ciel bleu turquoise qui s'arrondit sur les hauts plateaux de l'occident et dont la fille a été trouvée en forme de turquoise sur les sommets des montagnes.

Le Soi de l'homme matriarcal est encore enveloppé dans sa féminité inconsciente, c'est-à-dire qu'il est inconscient, comme on peut le voir encore aujourd'hui dans tous les complexes maternels masculins. Mais la femme turquoise représente aussi la nature de la

179. Margaret E. SCHEVILL: *Beautiful on the Earth*, 1945, pp. 24 et sq., pp. 38 et sq.

180. Cf. *She* de Rider HAGGARD, trad. cit.

femme matriarcale qui, en tant que figure de l'anima,
capte les complexes maternels de tous les hommes et
dérobe ainsi à ces derniers leur autonomie — comme
une Omphale avec Hercule, ou une Circé qui réduit
les hommes à une inconscience animale, ou encore
(*last but not least*) comme *L'Atlantide* de Benoit qui
fait collection de ses amants momifiés —, tout cela
parce qu'elle renferme le secret de la précieuse
pierre, car « tout plaisir veut l'éternité » (Nietzsche).
Parlant à son élève Cléopâtre du mystère de la « philosophie », le légendaire Ostanes lui dit : « En toi est
caché tout le mystère terrible et merveilleux... Dis-
nous comment le plus haut descend vers le plus bas,
et comment le plus bas monte vers le plus haut, et
comment le milieu s'approche du plus élevé pour
unifier le milieu (ἑνωθῆναι τὸ μέσον[181]). » Ce
milieu est la pierre, le médiateur qui unit les opposés. De telles choses n'ont aucun sens si on ne les
entend pas des racines les plus profondes de l'âme.

Bien que le thème de la naissance à partir de la
pierre soit très largement répandu (voir la légende
grecque primitive de Deucalion et de Pyrrha), le
cycle américain de légendes semble préférer le thème
du corps de pierre, de la pierre animée[182]. Nous le
rencontrons par exemple dans le conte iroquois des
frères. Engendrée d'une manière merveilleuse dans le
corps d'une vierge, une paire de jumeaux vient au
monde. L'un apparaît à la lumière du jour de façon
normale, l'autre par contre suit une voie non naturelle (il sort par l'aisselle) et, ainsi, tue sa mère. Ce
dernier a un corps de pierre à feu. Il est méchant et
cruel par opposition à son frère dont la naissance a
été normale[183]. Dans la version des Sioux, la mère
est une tortue. Chez les Wichitas, le « porteur de

181. BERTHELOT : *Alchimistes grecs*, IV, XX, 8.
182. Je dois les matériaux extraits de ces contes au concours amical
de Mlle le Dr M. L. von FRANZ.
183. Voir : *Indianermärchen aus Nordamerika*, Diederichs, Düssel-
dorf, 1924, pp. 92 et *sq*.

guérison» est la grande étoile du Sud qui accomplit son œuvre de guérison sur la terre sous l'aspect «d'homme de pierre à feu». Il a un fils nommé la «jeune pierre à feu». Après l'achèvement de l'ouvrage, tous deux montent au ciel[184]. Ce mythe unit exactement comme l'alchimie médiévale le «porteur de guérison», c'est-à-dire le «sauveur», avec la pierre, l'étoile, le «fils» élevé «*super omnia lumina*» (au-dessus de toutes lumières). Chez les Natchez, on trouve un héros civilisateur descendu du soleil et, comme celui-ci, brillant d'un éclat insoutenable. Son regard était même mortel. Pour éviter de tuer et *pour préserver son corps de la corruption dans la terre*, il s'est métamorphosé en une statue de pierre de laquelle sont descendus par la suite les chefs-prêtres des Natchez[185]. Chez les Taos Pueblos, une vierge est rendue enceinte par de belles pierres[186] et elle enfante un jeune héros qui, sous l'influence espagnole, a pris les traits de l'Enfant Jésus[187]. La pierre joue également un certain rôle dans le cycle des légendes de l'ancien Mexique. Ainsi la mère de Quetzalcoatl fut rendue enceinte par une *pierre précieuse* verte[188]. Le dieu lui-même portait le surnom de «prêtre de la pierre précieuse» et portait un *masque de turquoise*[189]. «La pierre verte» représente un principe vivifiant. On la place dans la bouche des morts (pour qu'ils revivent[190]). La demeure originelle de l'homme est «la gangue de la pierre précieuse[191]». Le thème de la métamorphose en pierre, de la pétrification, se rencontre fréquemment dans les légendes péruviennes et colombiennes et devait être en connexion avec un

---

184. A. van Deursen: *Der Heilbringer*, 1931, p. 227.
185. A. van Deursen: *loc. cit.*, p. 238.
186. Comparer avec la signification de fécondité du churinga.
187. A. van Deursen: *loc. cit.*, p. 286.
188. *Märchen der Azteken und Inkaperuaner*, Maya und Musica, 1928, p. 36.
189. *Loc. cit.*, p. 65.
190. *Loc. cit.*, p. 330.
191. *Loc. cit.*, p. 317.

culte des mégalithes[192], et vraisemblablement aussi
avec le culte paléolithique des pierres d'âmes ou
culte des churingas. Ces cultes ont pour homologues
les menhirs de la civilisation mégalithique, qui
s'étendent jusqu'aux archipels du Pacifique. La civilisation, issue du mégalithique, qui a fleuri dans la
vallée du Nil, a transformé ses rois-dieux en figures
de pierre faites pour durer éternellement, dans
l'intention expresse de conserver ainsi le ka du roi
d'une façon impérissable. Les cristaux jouent un
grand rôle dans le chamanisme. Ils y ont souvent la
valeur d'esprits auxiliaires[193]. Ils proviennent du trône
de cristal de l'Etre Suprême ou de la voûte céleste.
Ils reflètent les événements de la terre ou révèlent ce
qui se passe dans l'âme du malade, ou encore confè-
rent la faculté de voler[194].

Le rapport entre la pierre et l'immortalité a été établi
très tôt. L'histoire de la pierre remonte en définitive
jusqu'aux temps les plus anciens. C'est « la pierre qui a
un esprit[195] ». C'est la panacée, la *medicina catholica*
(la médecine universelle), l'alexipharmacon (l'antidote),
la teinture qui transforme les métaux vils en or et les
cailloux sans valeur en pierres précieuses. Elle apporte
richesse, puissance et santé; en tant que remède de
l'âme, elle triomphe de la mélancolie et, à un niveau
plus élevé, elle est, en tant que *vivus lapis philosophi-
cus*, un symbole du rédempteur, de l'*anthropos* et de
l'immortalité. Cette incorruptibilité de la pierre se manifeste également dans la conception, qui appartient
encore à l'antiquité, suivant laquelle le corps des saints
devient semblable à une *pierre*.

C'est ainsi que *L'Apocalypse d'Elie* dit de ceux
qui échappent à la poursuite de l'Antimessie[196] :

---

192. *Loc. cit.*, p. 382.
193. ELIADE: *Le Chamanisme, op. cit.*, p. 62.
194. *Loc. cit.*, p. 135.
195. BERTHELOT: *Alchimistes grecs*, III, VI, 5,12 et *sq.*
196. STEINDORFF: *Apok. d. Elias*, 1899, 36, 17-37 et *sq.*

> *Le Seigneur prendra en lui*
> *Leur esprit et leur âme,*
> *Leur chair deviendra, étant pierre* (μέτρα) ;
> *Aucun animal sauvage ne les dévorera*
> *jusqu'au dernier jour du grand jugement...*

Dans une légende basouto rapportée par Frobenius, le héros se trouve placé par ses persécuteurs sur le bord d'un fleuve. Mais il se transforme en pierre et se fait jeter de l'autre côté par ses ennemis. (Thème du *transitus* : « l'autre côté » = éternité)[197].

197. *Das Zeitalter des Sonnengottes*, 1904, p. 106.

CHAPITRE V
Le symbolisme de l'eau

L'étude psychologique du symbolisme, telle que la permettent les documents historiques, révèle que la pierre philosophale représente l'idée d'une totalité transcendante qui coïncide avec ce que la psychologie complexe appelle le *Soi*[198], étant donné que les symboles historiques ou ethniques sont absolument identiques à ceux que l'inconscient produit sponta- nément. Dès lors, on comprend l'affirmation, absurde en apparence, des alchimistes, selon laquelle la pierre se compose d'un corps, d'une âme et d'un esprit et constitue, en définitive, un « être vivant » (*animal*) et donc aussi un *homunculus* ou « *homo* ». La pierre est bel et bien une idée de l'homme, ou, mieux, de *l'homme intérieur*, et les qualités paradoxales énumérées à son sujet sont proprement une description et une définition de l'« homme intérieur ». C'est sur cette signification de la pierre que repose son analogie avec le Christ. Derrière les nombreux parallélismes des langages métaphoriques de l'Eglise et de l'alchimie, on trouve le vocabulaire du syncrétisme hellénistique, qui, à l'origine, leur est commun. Des passages comme celui-ci, dont l'auteur est Priscillien, hérétique du IVe siècle teinté de gnose et de manichéisme, étaient à coup sûr des plus suggestifs pour les alchimistes : « *Unicornis est Deus, nobis petra Christus, nobis lapis angularis Jesus, nobis hominum homo Christus*[199]. » (La licorne est Dieu, la pierre est pour nous le Christ, la pierre angulaire est pour nous Jésus, l'homme des hommes est pour nous le Christ.) A supposer même que cela n'aura pas été le contraire, à savoir que l'évangile de Jean aura fait

---

198. Voir *Psychologie et alchimie*, trad. cit., pp. 285 et *sq.*
199. *Corp. Scrip. Eccl. lat.*, t. XVIII, p. 24.

passer quelques métaphores de la philosophie naturelle dans le langage de l'Eglise[200].

Le principe personnifié dans le rêve de Zosime est cette eau étrange, de nature double, qui est eau *et* esprit, qui tue et fait revivre. Lorsque Zosime, s'éveillant de son rêve, pense immédiatement à la « composition des eaux », c'est effectivement — au point de vue alchimique — la première conclusion qui vient à l'esprit. Puisque l'eau recherchée et nécessaire est un cycle de naissance et de mort, tout processus qui comporte mort et renaissance signifie naturellement l'eau divine.

Il n'est peut-être pas impossible qu'il y ait ici un passage parallèle à *l'entretien avec Nicodème* (Evangile de Jean, III). A l'époque de la composition du IVe évangile, « l'eau divine » était une notion courante chez les alchimistes. Quand Jésus dit : « A moins de naître d'eau et d'esprit », un alchimiste d'alors l'aurait sans doute immédiatement compris. Jésus s'étonne de l'ignorance de Nicodème et observe : « Tu es docteur en Israël et tu ignores ces choses ? » Manifestement, il présume ainsi qu'un docteur (διδάσκαλος) connaît le mystère de « l'eau et de l'esprit », c'est-à-dire de la mort et de la renaissance. Il continue par une phrase qui se rencontre couramment dans les traités alchimiques : « Nous parlons de ce que nous savons et nous attestons ce que nous avons vu. » Ce n'est pas que les anciens auteurs citent littéralement ces passages, mais ils pensent de la même manière. Chez un maître quelconque, ils auraient vu, ils auraient même touché de leurs mains comment agit « l'arcane » ou le « don du Saint-Esprit », l'eau éternelle « révélée[201] ». Même si ces témoignages proviennent d'une époque plus

---

200. Voir sur le parallèle *Lapis-Christus, Psychologie et alchimie*, trad. cit., *passim*.

201. « *Quae vidi propriis oculis et manibus meis palpavi.* » (Ce que j'ai vu de mes propres yeux et palpé de mes mains. « *Ros. Phil.* » dans *Art. Aurif.*, II, p. 205.)

récente, l'esprit de l'alchimie est demeuré à peu près
le même depuis les origines (donc depuis le Ier siècle
environ) jusque vers la fin du Moyen Age.

Le passage qui suit immédiatement dans l'entretien
avec Nicodème et où il est question de « choses
célestes » et de « choses terrestres » fait également
partie du bien commun de l'alchimie depuis les *Physika kai mystika* de Démocrite. Ce sont les *sômata*
et *asômata*, les *corporalia* et *spiritualia*[202], Immédiatement après vient le thème de l'ascension au ciel et
de la descente du ciel[203]. C'est de nouveau la mort

202. On ne doit toutefois pas omettre de voir que le vocabulaire
johannique use d'autres expressions que l'alchimie contemporaine : τὰ
ἐπίγεια et τὰ ἐπιουράνια ; dans la Vulgate : *terrena* et *coelestia*.
203. La source est ici HERMÈS TRISMÉGISTE : « *Ascendit a terra in coelum, interumque descendit in terram.* » « *Portavit eum in ventre suo.* » (Il
monte de la terre et il redescend en terre. Le vent l'a porté dans son ventre.
Table d'Emeraude.) Sans doute le texte a-t-il été appliqué depuis toujours
à la pierre. (HORTULANUS : *Commentariolus.*) Mais la pierre provient de
« l'eau ». Le passage suivant offre une analogie alchimique complète avec
le mystère chrétien : « *Et si nudus in coelos ascendero, tunc vestitus
veniam in terram et complebo omnes mineras. Et si in fonte auri et argenti
baptisati fuerimus, et spiritus corporis nostri cum patre et filio in coelo
ascenderit, et descenderit, animae nostrae reviviscent et corpus meum
animale candidum permanebit.* » (*Consilium Conjugii. Ars Chem.*, 1566,
p. 128.) (Et si je monte nu au ciel, je viendrai, vêtu, sur la terre, et je
remplirai tous les minerais. Et si nous sommes baptisés dans la fontaine
de l'or et de l'argent, et que l'esprit de notre corps monte au ciel avec le
père et le fils, et qu'il en descend, nos âmes revivront et mon corps animé
demeurera blanc.) L'anonyme de l'*Ars Chemica* tient un langage entièrement semblable : « *Certum est terram non posse ascendere, nisi prius
coelum descenderit : terra autem in coelum sublimari dicitur quando spiritu proprio soluta tandem cum eo una res efficitur. Hac similitudine tibi
satisfaciam : Filius Dei delapsus* (sic) *in virginem, ibique caro figuratus,
homo nascitur, qui, cum nobis propter nostram salutem veritatis viam
demonstrasset pro nobis passus et mortuus, post resurrectionem in coelos
remeat. Ubi terra, hoc est humanitas, exaltata est super omnes circulos
mundi et in coelo intellectuali sanctissimae Trinitatis est collocata. Pariformiter cum ego morior, anima adjuta gratia et meritis Christi ad fontem
vitalem remeat unde descenderit. Corpus in terram revertitur, quod tandem depuratum in extremo Mundi judicio, anima coelo labens secum perducit ad gloriam.* » (*Liber de Arte Chimica Incerti Authoris, Art. Aurif.*,
I, p. 613.) (Il est assuré que la terre ne peut monter si le ciel n'est descendu tout d'abord : on dit que la terre est sublimée dans le ciel lorsque,

et la naissance, l'ascension de l'âme hors du corps mortifié et la descente qui fait revivre, la chute de la « rosée » qui appartient aux thèmes favoris de l'alchimie[204]. Et lorsque Jésus mentionne aussi dans ce contexte le *serpent* élevé sur le poteau et met en parallèle le *sacrifice de lui-même*, un « maître » ne peut sans doute s'empêcher de penser à son *ouroboros* qui se tue et se revivifie lui-même. Dans la phrase suivante apparaît le thème de la « vie éternelle » et de la *panacée* (à savoir la foi dans le Christ), du φάρμακον ἀθανασίας (remède d'immortalité). Le but de l'œuvre n'est-il pas de produire le corps incorruptible, « la chose qui ne meurt pas », la « pierre invisible » « spirituelle », le *lapis aethereus*, le remède universel et l'*alexipharmacon*[205] ? Le *Monogenes* (le Fils unique) est synonyme du *Noûs* et celui-ci l'est du serpent sauveur et du serpent d'Agathodaïmon. Dans la phrase suivante (« Oui, Dieu a tant aimé le monde qu'il a donné son Fils unique... »), Jésus s'identifie au serpent sauveur de Moïse. Mais le serpent était alors synonyme de l'eau divine. On peut ainsi comparer ces paroles avec celles de l'entretien avec la Samaritaine (Jean, IV) : « Une source d'eau jaillissant en vie éter-

dissoute par son propre esprit, elle devient finalement une seule chose avec lui. Je te satisferai à l'aide de la parabole suivante : Le Fils de Dieu tombé (*sic*) dans la Vierge, ayant pris là une figure de chair, naît comme homme. Après nous avoir montré, pour notre salut, la voie de la vérité, ayant souffert et étant mort pour nous, il retourne au ciel après sa résurrection. Alors la terre, c'est-à-dire l'humanité, a été exaltée au-dessus de tous les cercles du monde et a été placée dans le ciel intellectuel de la Très Sainte Trinité. De même, lorsque je meurs, mon âme, aidée par la grâce et les mérites du Christ, retourne à la fontaine de vie d'où elle était descendue. Le corps retourne à la terre. Mais finalement, lorsqu'il est purifié lors du jugement dernier du monde, l'âme descendant du ciel le mène avec elle à la gloire.)

204. Le mouvement d'ascension et de descente appartient au phénomène naturel de l'eau (nuages, pluie. etc.).

205. THÉOSÉBIE doit descendre dans le cratère, lieu de la mort et de la renaissance, puis remonter vers sa « race », sans doute vers la communauté des êtres nés deux fois ou, dans le langage évangélique, vers « le royaume de Dieu ».

nelle[206] » Il est remarquable que dans cet entretien auprès du puits se trouve l'enseignement sur la nature spirituelle de Dieu « Dieu est Esprit[207] »).

Malgré l'obscurité, non toujours dénuée d'intention, du langage des mystères utilisé par l'alchimie, il n'est pas difficile de reconnaître que « l'eau divine » ou son symbole l'_ouroboros_ ne signifie rien d'autre que le _Deus absconditus_, le Dieu caché dans la matière qui s'est penché vers la _physis_ et a été enlacé et dévoré par elle[208]. Ce secret des mystères, celui de la divinité devenue physique, se retrouve sans doute non seulement derrière l'alchimie antique, mais tout autant, derrière beaucoup d'autres manifestations spirituelles du syncrétisme hellénistique[209].

206. JUSTIN LE MARTYR dit : « _Source d'eau vive de Dieu... ce Christ s'est élevé en bouillonnant._ » Cité par E. PREUSSCHEN : _Antilegomena_, 1901, p. 129). Chez les Pères « l'humanité du Christ » est également comparée à l'eau (saint GAUDENT, P. L. II, 985). Saint EUCHER DE LYON (P. L. L, 734) dit que le Christ « a conduit dans le ciel une chair qu'il nous a prise _(carnem ex nobis assumptam in coelum duxit)_. Cette idée coïncide avec l'arcane » de la _Table d'Emeraude_ dont il est dit : « _Ascendit a terra in coelum, iterumque descendit in terram, et recipit vim superiorum et inferiorum._ » (Il monte de la terre au ciel et de nouveau descend en terre et il reçoit la force des choses supérieures et des choses inférieures.)

207. « Esprit » est dans l'alchimie « le volatil », c'est-à-dire tous les corps transformés en vapeurs et volatils, les oxydes et les corps semblables. Mais c'est en même temps le psychisme projeté dans le sens d'un _corpus mysticum, d'un_ « subtle body » (cf. MEAD : _The doctrine of the Subtle Body in Western Tradition_, 1919). C'est dans ce sens qu'il faut entendre la définition de la pierre comme un « _spiritus humidus et aqueus_ ». Il y a là en outre une allusion au fait que l'« esprit » était conçu comme « _mens_ » (anglais : _mind_), et son entraînement et son affinement comme « _sublimatio_ ».

208. Cf. à ce sujet : Le Destin de l'homme de lumière chez ZOSIME. _Psychologie et alchimie_, trad. cit., pp. 466 et _sq._

209. Cette conception se trouvait déjà, de façon évidente, dans les plus anciennes sources alchimiques, toutefois elle était exprimée symboliquement. A partir du XIIIᵉ siècle, les textes qui célèbrent la partie mystique de l'arcane deviennent plus nombreux. L'un des plus clairs est le traité allemand : « _Wasserstein der Weysen/Das ist/Ein Chymisch Träctatlein, darin der Weg gezeiget, die Materia genennet und der Prozess beschrieben wird_ », etc., Francofurti, 1619. (L'hydrolithe des sages, petit traité chimique dans lequel la voie est montrée, la matière nommée et le processus décrit, etc.)

CHAPITRE VI

L'origine de la vision

Puisque l'alchimie constitue un mystère de nature à la fois spirituelle et matérielle, il n'y a rien de surprenant en soi si c'est un rêve qui révèle à Zosime la « composition des eaux ». Son sommeil est un sommeil d'incubation, son rêve un « *somnium a Deo missum* » (un songe envoyé par Dieu). L'eau divine est l'alpha et l'oméga de l'*opus*, que les philosophes recherchent et désirent désespérément. Le rêve apparaît donc comme une *explication dramatique* de la nature de cette eau. La dramatisation illustre en des images brutales le processus douloureux et violent de la métamorphose, qui est à la fois la cause et l'effet de l'eau, voire l'essence même de cette dernière. Cette dramatisation montre la manière dont le processus divin se manifeste dans le domaine de la compréhension humaine, et dont l'homme fait l'expérience de la divine transformation, à savoir un châtiment, un supplice[210] de mort et de métamorphose. Le rêveur décrit comment un homme se comporterait et ce qu'il éprouverait s'il était pris dans le cycle divin de mort et de naissance, et de quelle façon le *deus absconditus* attirerait un être humain à partager sa passion, si

---

210. L'élément du supplice, qui est si fortement mis en relief chez ZOSIME, se remarque également dans les autres œuvres de la littérature alchimique : « *Matrem mortifica, manus ejus et pedes abscindens.* » (Mortifie la mère en lui coupant les mains et les pieds. *Aenigma*, VI. *Art. Aurif.*, I, p. 151.) Sur le supplice voir *Turba*, Serm., XVIII, XLVII et LXIX. Ou bien ce sont les matières à transformer qui sont torturées, ou bien c'est la substance transformatrice, l'*arcanum*, qui subit le supplice. « *Accipe hominem, tonde eum, et trahe super lapidem... donec corpus ejus moriatur.* » (*Allegoriae sup. Lib. Turb. Art. Aurif.*, I, p. 139 et *sq.*) (Prends un homme, tonds-le et porte-le sur la pierre... jusqu'à ce que son corps meure.) « *Recipe gallum... et vivum plumis priva, post pone caput ejus in vitreo vase.* » (Prends un coq... et plume-le vivant ; ensuite place sa tête dans le vase de verre.) Les « supplices » de la matière étaient conçus dans l'alchimie du Moyen Age comme une illustration de la passion du Christ (cf. p. ex. *Wasserstein der Weysen*, 1619, p. 97).

un mortel parvenait à délivrer par « l'art » le « gardien des esprits » de sa sombre demeure. Il y a dans la littérature quelques indications qui font allusion à certains dangers[211].

Le côté mystique de l'alchimie, indépendamment de son aspect historique, est un problème psychologique. Il s'agit, selon toute apparence, d'un symbolisme concrétisé (projeté) du *processus d'individuation*. Ce processus provoque encore aujourd'hui la production de symboles qui sont en rapport très étroit avec l'alchimie. Il me faut renvoyer à ce sujet à mes travaux antérieurs où cette question est traitée au point de vue psychologique, et qui illustrent ce processus au moyen d'exemples pratiques.

En ce qui concerne les causes qui déclenchent un tel processus, il existe certains états pathologiques (principalement dans le domaine de la schizophrénie) produisant des symboles à peu près semblables. Mais les matériaux les meilleurs et les plus clairs proviennent d'êtres sains d'esprit qui, sous la pression d'une détresse spirituelle, accordent une attention particulière à l'inconscient pour des raisons religieuses, philosophiques ou psychologiques. Comme l'un des traits du Moyen Age en remontant jusqu'à l'Empire romain était de mettre naturellement l'accent sur l'homme intérieur, et qu'une critique psychologique n'est devenue possible qu'à l'époque des sciences de la nature, les données internes innées atteignaient beaucoup plus facilement la conscience sous forme de

---

211. « *Hujus artis fundamentum propter quod multi perierunt.* » (Sermo XV, *Turba.*) (Le fondement de cet art à cause duquel beaucoup ont péri.) ZOSIME mentionne *antimimos*, le démon de l'égarement. (BERTHELOT : *Alchimistes grecs*, III, XLIX, 9.) OLYMPIODORE rapporte un propos de PETASIOS selon lequel le plomb (la *materia prima*) serait possédé par un démon impudent qui conduit les adeptes à la folie ($\mu\alpha\nu\acute{\iota}\alpha$) (BERTHELOT : *loc. cit.*, I, IV, 44). Le diable cause, au cours de l'œuvre, l'impatience, le doute et même le désespoir (*Mus. Herm.* p. 461). Theobald von HOGHELANDE décrit la manière dont le diable l'aurait trompé par des illusions, ainsi que ses amis. (*De Alchemiae Difficultatibus. Theat. Chem.*, 1602, I, pp. 152 et *sq.*) Il existe manifestement des dangers psychiques qui menacent l'adepte. Voir le Livre VI du présent ouvrage.

projections que ce n'est le cas aujourd'hui. Le texte suivant pourra illustrer le point de vue du Moyen Age :

« Et comme dit le Christ en Luc, 11 : "L'œil est la lumière du corps ; de même que ton œil est ou sera un fourbe, ton corps est obscur ou il fait que la lumière soit en toi ténèbres", il dit de même au chapitre 17 : "Voici : le royaume de Dieu est au-dedans de vous " ; l'on voit ainsi clairement que la connaissance de la lumière en l'homme doit tout d'abord être apportée de l'intérieur à l'extérieur et non de l'extérieur à l'intérieur, ainsi que l'Ecriture en témoigne en plusieurs endroits et à plusieurs reprises. Le fait que l'*objectum* extérieur (comme on s'exprime d'ordinaire) ou la lettre écrite à cause de notre faiblesse (existe en fonction de) la lumière intérieure insérée et conférée par Dieu ; on en donnera seulement pour exemple Matth., 24[212]. De même aussi la parole recueillie de bouche à oreille doit être regardée et considérée comme une impulsion, une aide et une chose nécessaire. Pour prendre un exemple : si l'on te présente un tableau noir et un tableau blanc, et que l'on te demande lequel des deux, à ton avis, est noir et lequel est blanc : si la connaissance des deux couleurs distinctes ne préexistait pas en toi, tu saurais seulement débattre péniblement devant moi les questions qui t'ont été posées, à partir des *objecta* ou tableaux simples et muets, puisque la connaissance ne peut pas reconnaître d'elle-même à partir des tableaux (qui sont muets et morts) mais prend son appui et sa source dans le savoir inné en toi et exercé chaque jour. Sans doute, les *objecta* (comme on l'a déjà pensé) meuvent les sens et leur font connaître que la connaissance ne leur livre pas du néant, mais elle doit provenir du dedans de celui qui connaît, et la science de telles couleurs vient de

---

212. [Matth., XXIV contient la description dramatique de la Parousie. Il faut voir ici une allusion à une interprétation spirituelle de l'Ecriture. — *N. d. T.*]

celui qui juge et sort de lui. Ainsi encore lorsque quelqu'un désire avoir de toi un feu ou une lumière matérielle et extérieure à partir d'une pierre à feu appropriée (dans laquelle le feu ou lumière est caché), une telle lumière secrète et cachée devrait être, non introduite dans la pierre, mais obtenue nécessairement à partir d'elle au moyen de l'acier approprié, et le feu caché doit être mû et éveillé dans la pierre, tiré hors de la pierre et rendu manifeste. Toutefois ce feu doit, avant tout, être capté et amplifié avec soin dans une mèche de bonne qualité et bien préparée, pour éviter qu'il ne s'évanouisse et disparaisse : tu recevras alors une lumière de bonne apparence et d'un éclat de feu, et, aussi longtemps qu'elle est entretenue et gardée, tu pourras, à ton gré, opérer, agir et marcher avec elle. Combien donc aussi cette lumière céleste et divine est également cachée tout uniment dans l'homme, et comme elle n'est pas mise dans l'homme de l'extérieur, mais doit sortir de l'homme et être tirée de lui !

« C'est que Dieu n'a pas donné à l'homme par hasard et en vain, dans la partie la plus haute de son corps, deux yeux et deux oreilles, voulant indiquer par là que l'homme voit et entend de deux côtés, et qu'il a à apprendre et à considérer avec attention un intérieur et un extérieur. Il est ainsi montré qu'il doit juger les choses spirituelles à l'aide de l'intérieur et qu'il doit accorder et donner le spirituel à ce qui est spirituel (en lui), et également ce qui est extérieur à la partie correspondante, conformément à I Cor., II, 1, 13. » (*Wasserstein der Weysen.*, 1619, pp. 73 et sv.)

L'eau divine est pour Zosime et les esprits de son école de pensée un *corpus mysticum*. Une psychologie d'orientation personnaliste poserait naturellement la question : « Comment Zosime en est-il venu à rechercher un "corps mystique[213]" ? » il faudrait répondre

---

213. Cette notion est utilisée dans l'alchimie ; ainsi : «*Congelare (argentum vivum) cum suo mystico corpore.*» (Congeler l'argent-vif avec son corps mystique.) (*Consilium Conjugii, loc. cit.*, p. 189.)

en rappelant les conditions de l'époque : c'était le problème de ce temps. Mais puisque le *corpus mysticum* est, aux yeux de l'alchimiste, un *donum Spiritus Sancti*, on peut d'une façon très générale le concevoir comme un *don de la grâce visible*, c'est-à-dire un *acte de rédemption*. L'aspiration à la rédemption est essentiellement un phénomène général, aussi n'est-ce que dans des cas exceptionnels qu'elle peut être rattachée à une motivation personnelle ; il ne s'agit pas alors du phénomène originel authentique, mais d'une anomalie abusive. Les imposteurs hystériques et normaux qui se dupent eux-mêmes ont toujours su abuser de tout pour échapper aux nécessités de la vie, aux devoirs inévitables et avant tout aux devoirs vis-à-vis d'eux-mêmes. Ils font par exemple semblant de chercher Dieu pour ne pas être obligés de faire l'expérience de la vérité, à savoir, qu'ils sont de vulgaires égoïstes. Dans de tels cas, il vaut la peine de poser la question : « Pourquoi recherches-tu l'eau divine ? »

Mais nous n'avons aucune raison d'admettre que l'ensemble des alchimistes se dupaient ainsi eux-mêmes ; au contraire, plus nous nous efforçons de pénétrer profondément dans les cheminements obscurs de leur pensée, plus nous sommes obligés de leur reconnaître le droit de se dénommer « philosophes ». L'alchimie a été à toutes les époques une des grandes quêtes humaines de l'inaccessible. Du moins est-ce ainsi que la désignerait un préjugé rationaliste. Mais l'expérience religieuse de la grâce est un phénomène irrationnel qui est aussi indiscutable que le « beau » et le « bien ». A ce point de vue, aucune quête sérieuse ne débouche sur une simple chimère. C'est une donnée instinctive que l'on ne peut réduire à une étiologie personnelle, non plus que l'intelligence, le talent musical ou quelque autre disposition innée. C'est pourquoi je suis d'avis que l'analyse et l'interprétation du rêve de Zosime ont atteint leur but si l'on a réussi à comprendre l'essentiel de cette vision à la lumière de l'état d'esprit d'alors et,

dépassant ce stade, si l'on est parvenu à saisir le
thème et le sens de l'ordonnance du rêve. Lorsque
Kekule rêva de couples de danseurs et en tira l'idée
de l'anneau du benzol, il est ainsi parvenu à quelque
chose que Zosime avait cherché en vain. Sa « composition des eaux » ne s'est pas aussi bien ordonnée
que ne le furent les CH de l'anneau du benzol.
L'alchimie a projeté son expérience intérieure, psychique, sur une matière qui semblait offrir des possibilités mystérieuses, mais qui se révéla réfractaire à
ses desseins.

La chimie n'a certes rien à apprendre des rêves de
Zosime ; ceux-ci constituent par contre une mine pour
la psychologie moderne, qui serait terriblement
embarrassée si elle était privée de ces témoignages
d'expériences psychiques venant d'un lointain passé.
Dans ce cas en effet, ses constatations demeureraient
fatalement en l'air et seraient ainsi des *nova* compa-
rables à rien d'autre, dont l'appréciation et l'explication offriraient des difficultés insurmontables. Mais la
possession de pareils documents fournit à la recherche un point d'Archimède situé hors de son domaine
limité et, par suite, l'inestimable possibilité d'une
orientation objective dans le chaos apparent des événements individuels.

LIVRE V

Le symbole
de la transsubstantiation
dans la messe[1]

1. Cette partie provient de deux conférences faites aux Rencontres d'Eranos de 1941 et publiées pour la première fois dans *Eranos-Jahrbuch*, (*Les Annales d'Eranos*), 1940-1941, pp. 67 et *sq*. Dans le texte que l'on va lire la partie psychologique a été considérablement augmentée. La description et l'étude suivantes du symbole essentiel de la messe constituaient primitivement l'objet de deux conférences faites au club psychologique de Zurich. Elles furent conçues comme les compléments de deux autres conférences prononcées au sein du même cercle par un théologien catholique, directeur de conscience, le Dr Gallus Jud, qui avait traité du développement historique ainsi que de la structure liturgique et du symbolisme de la messe. Je lui suis très obligé d'avoir eu la complaisance de revoir et de corriger les chapitres I et II.

REMARQUE PRÉLIMINAIRE

La messe est un mystère encore vivant dont les origines remontent aux premiers temps du christianisme. Il est superflu de souligner que, parmi les éléments auxquels elle doit d'avoir conservé sa vitalité, figure une incontestable efficacité psychologique; elle paraît en conséquence constituer un sujet d'études tout indiqué pour la psychologie. Que cette étude ne puisse être envisagée que du point de vue phénoménologique, cela saute immédiatement aux yeux. Les réalités de la foi sont situées au-delà du domaine psychologique.

Mon exposé se divise en quatre parties : l'introduction comprend le rappel de certains textes du Nouveau Testament qui constituent des sources de la messe, ainsi que quelques remarques récapitulant la structure et la signification de cette dernière. Dans le second chapitre, je décris brièvement le cours de l'action rituelle. Dans le troisième chapitre, je cite un texte du paganisme antique qui représente un homologue du symbolisme chrétien du sacrifice et de la transsubstantiation : ce sont les visions de Zosime. Dans le quatrième chapitre enfin, je tente une explication psychologique du sacrifice et de la transsubstantiation[2].

---

2. [Le mot allemand Wandlung employé par C. G. JUNG désigne le changement en général, la transformation, la métamorphose, et traduit en outre le concept théologique de transsubstantiation. Nous l'avons rendu par l'un ou l'autre de ces termes suivant les exigences du contexte. — N. d. T.].

INTRODUCTION

La forme la plus ancienne du récit de l'institution se trouve dans la première épître aux Corinthiens, XI, 23-26 dont voici le texte :

Ἐγὼ γὰρ παρέλαβον ἀπὸ τοῦ κυρίου ὃ καὶ παρέδωκα ὑμῖν, ὅτι ὁ κύριος Ἰησοῦς ἐν τῇ νυκτὶ ᾗ παρεδίδοτο, ἔλαβεν ἄρτον καὶ εὐχαριστήσας ἔκλασε καὶ εἶπε · λάβετε, φάγετε τοῦτό μού ἐστι τὸ σῶμα τὸ ὑπὲρ ὑμῶν κλώμενον τοῦτο ποιεῖτε εἰς τὴν ἐμὴν ἀνάμνησιν. Ὡσαύτως καὶ τὸ ποτήριον μετὰ τὸ δειπνῆσαι, λέγων · τοῦτο τὸ ποτήριον ἡ καινὴ διαθήκη ἐστὶν ἐν τῷ ἐμῷ αἵματι · τοῦτο ποιεῖτε, ὁσάκις ἂν πίνητε, εἰς τὴν ἐμὴν ἀνάμνησιν. Ὁσάκις γὰρ ἂν ἐσθίητε τὸν ἄρτον τοῦτον, καὶ τὸ ποτήριον τοῦτο πίνητε, τὸν θάνατον τοῦ Κυρίου καταγγέλλετε ἄχρις οὗ ἂν ἔλθη.

« Pour moi en effet j'ai reçu du Seigneur ce qu'à mon tour je vous ai transmis: le Seigneur Jésus, la nuit où il était livré, prit du pain et, après avoir rendu grâces, le rompit et dit: "Prenez et mangez: Ceci est mon corps qui est pour vous; faites ceci en mémoire de moi." De même après le repas, il prit la coupe en disant: "Cette coupe est la nouvelle Alliance en mon sang; toutes les fois que vous en boirez, faites-le en mémoire de moi. Chaque fois en effet que vous mangez ce pain et que vous buvez cette coupe, vous annoncerez la mort du Seigneur, jusqu'à ce qu'il vienne [3]." »

Des récits analogues se trouvent dans Matthieu, Marc et Luc. L'évangile de Jean mentionne à l'endroit correspondant un « repas » (δεῖπνον) qui est relié au lavement des pieds. Il est à noter qu'au cours de ce repas (Jean XIII, 2) le Christ prononce des paroles qui sont en rapport étroit avec la signification de la messe: « Je suis le vrai cep. » « Demeu-

3. [Sauf mention contraire, les traductions bibliques figurant dans cette partie sont empruntées à la version dite « Bible de Jérusalem ». — N. d. T.].

rez en moi comme moi en vous.» «Je suis le cep, vous êtes les sarments.» La concordance des récits évoque une source de tradition extra-biblique. Une célébration proprement dite de l'Eucharistie n'est établie qu'à partir de 150 ap. J.-C.

La messe est une célébration de l'Eucharistie rehaussée d'abondants motifs liturgiques. Sa structure est la suivante :

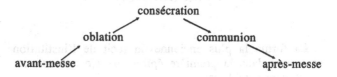

Mon étude étant essentiellement limitée au symbole de la transsubstantiation, je dois renoncer à une explication de la messe en général.

Deux conceptions en elles-mêmes bien distinctes se trouvent mêlées dans le sacrifice de la messe : le *deipnon* et la *thysia*. Thysia vient de θύειν : «sacrifier, immoler», mais aussi «s'enflammer, entrer en effervescence». Ce dernier terme s'applique au flamboiement du feu sacrificiel qui consume les offrandes présentées aux dieux. L'offrande d'aliments était primitivement présentée en vue de nourrir les divinités ; la fumée de l'offrande consumée porte les aliments jusqu'à la résidence céleste des dieux. Au stade ultérieur, l'offrande passée en forme de fumée représente le caractère spirituel de la nourriture, car, jusque dans les âges chrétiens et même jusqu'au Moyen Age, l'esprit (*pneuma*) a été conçu comme étant constitué d'une manière subtile (d'une fumée[4]). Deipnon signifie *repas*. C'est tout d'abord un repas de ceux qui participent au sacrifice, auquel la divinité est censée être présente. Puis c'est un repas «béni» au cours duquel on goûte aux «choses consacrées», un *sacrificium* (de *sacrificare* : sanctifier, consacrer).

---

4. Ceci n'a rien à voir avec la conception officielle de l'Esprit qui est celle de l'Eglise.

Le double sens de *deipnon* et de *thysia* se trouve déjà renfermé dans les paroles de l'institution : τὸ σῶμα τὸ ὑπὲρ ὑμῶν = « le corps qui est pour vous ». Ces mots peuvent signifier « qui vous a été livré » en nourriture ou — indirectement — « qui a été livré pour vous à Dieu ». Par l'intermédiaire de l'idée de repas le terme « corps » prend également le sens de σάρξ = chair (en tant que substance qui se mange). Chez Paul σῶμα et σάρξ sont pour ainsi dire identiques[5].

En plus des paroles de l'institution, une étude des sources de la messe doit mentionner le texte suivant de l'épître aux Hébreux (XIII, 10 et *sq.*) : « Nous avons un autel dont les desservants de la Tente n'ont pas le droit de se nourrir. Ces animaux, en effet, dont le grand prêtre porte le sang dans le sanctuaire pour l'expiation du péché, leurs corps sont brûlés en dehors du camp. C'est pourquoi Jésus, lui aussi, pour sanctifier le peuple par son propre sang, a souffert hors de la porte. Par conséquent, pour aller à lui, sortons en dehors du camp, en portant son opprobre. Car nous n'avons pas ici de cité permanente, mais nous cherchons celle de l'avenir. Par lui, offrons à Dieu un sacrifice de louange en tout temps. »

Le texte d'Hébreux, VII, 17, doit être également compté parmi les sources de la messe[6] : « Tu es prêtre pour l'éternité selon l'ordre de Melchisédech. » L'offrande perpétuelle du sacrifice et le sacerdoce éternel sont des éléments essentiels de la notion de messe. Melchisédech qui, suivant Heb., VIII, 3 « est

5. KÄSEMAN: *Leib und Leib Christi*. Beitrage z. hist. Theol., 1933, p. 120.
6. Le Dr Gallus JUD a attiré de façon amicale mon attention sur un passage de Malachie (I, 10-11) qui doit également être pris en considération : « *Quis est in vobis qui claudat ostia et incendat altare meum gratuito* ?... *Ab ortu enim solis usque ad occasum, magnum est nomen meum in gentibus, et in omni loco sacrificatur, et offertur nomini meo oblatio munda.* » (Qui d'entre vous fermera les portes pour que vous n'embrasiez pas inutilement mon autel ?... Mais de l'orient au couchant mon Nom est grand chez les nations, et en tout lieu un sacrifice d'encens est présenté à mon Nom ainsi qu'une offrande pure.)

sans père, sans mère, sans généalogie, dont les jours
n'ont pas de commencement et dont la vie n'a pas de
fin, qui est assimilé au fils de Dieu » peut être considéré comme une incarnation préchrétienne du Logos.

L'idée du sacerdoce éternel et celle du sacrifice
offert « en tout temps » conduisent au mystère proprement dit, à la métamorphose des substances, comme
troisième aspect de la messe. Les concepts de *deipnon* et de *thysia* ne présupposent ni ne contiennent
de mystère, bien que l'holocauste implique déjà primitivement l'idée d'une métamorphose, dans le sens
d'une spiritualisation de la victime réduite en fumée
et en cendres. Cependant cet aspect ne joue pratiquement aucun rôle dans la messe. Il apparaît seulement
dans le rite tout à fait accessoire de l'encensement de
l'autel conçu comme oblation de parfums. Mais le
mysterium apparaît sans doute de façon évidente dans
le sacerdoce éternel « ordine Melchisedech » (selon
l'ordre de Melchisédech) et dans l'offrande « présentée sans cesse par lui ». L'apparition dans le sacrifice
de la messe d'un ordre situé au-delà du temps présuppose l'idée de transsubstantiation dans le sens
d'un *miracle* réalisé *vere, realiter, substantialiter*[7].
En effet les offrandes présentées ne sont tout d'abord
en rien distinctes d'objets naturels et doivent même
être des substances naturelles déterminées de nature
bien connue, du pain fait de farine de froment et du
vin naturel pur. Celui qui offre le sacrifice est également un homme ordinaire ; sans doute il possède le
« *character indelebilis*[8] » du sacerdoce et, par suite,
les pleins pouvoirs pour offrir le sacrifice, mais il
n'était pas à l'origine qualifié pour constituer l'instrument de l'offrande[9] que la victime divine fait

---

7. [Ce sont les termes du concile de Trente définissant le dogme de
la transsubstantiation. N.d.T.]

8. [Imprimé par le sacrement de l'ordre. — *N. d. T.*]

9. Le prêtre n'est pas le maître de l'offrande de ces dons : « C'est
bien plutôt la grâce divine qui est l'agent de leur oblation. Car cette
oblation consiste précisément en leur sanctification. Mais celui qui

d'elle-même dans la messe[10]. De même, la communauté qui se tient derrière lui n'est pas encore récon-
ciliée, consacrée et devenue elle-même offrande du
sacrifice. L'acte rituel de la messe prend cette situation et la modifie graduellement jusqu'au point
culminant — la consécration — où le Christ, sacrificateur et victime, prononce lui-même les paroles
décisives par la bouche du prêtre. A cet instant le
Christ est présent dans le temps et dans l'espace.
Toutefois sa présence n'est pas une réapparition, et
par suite la consécration n'a pas le sens de la répétition d'un acte historique accompli une fois pour
toutes ; elle est bien plutôt la manifestation visible
d'un fait existant dans l'éternité, elle déchire le
rideau des conditions temporelles et spatiales qui
sépare l'esprit humain de la contemplation des réalités éternelles. Cet événement est nécessairement un
mystère, car il se place au-delà du pouvoir humain
de compréhension et de représentation. Cela veut
dire que le rite de la messe est nécessairement un
symbole dans chacune de ses multiples parties. Toutefois un « symbole » n'est pas un *signe* mis arbitrai-
rement et intentionnellement pour un état de fait
connu et concevable ; c'est une expression délibérément
anthropomorphique, et donc limitée et valable seulement d'une manière relative, destinée à traduire un
contenu dépassant le monde humain et, par suite,
saisissable d'une manière seulement relative. Sans
doute, le symbole est la meilleure expression possible, mais il n'en demeure pas moins inférieur à la
grandeur du mystère qu'il désigne. C'est en ce sens
que la messe est un symbole. Je citerai ici les

accomplit chaque fois l'action sacrée est le serviteur de la grâce et c'est
pourquoi les dons et leur oblation sont toujours agréables au Seigneur. Si
le serviteur est mauvais, cela ne change rien aux dons et à leur oblation.
Le prêtre n'est que le serviteur, et cela même il le tient de la grâce et non
de lui-même. » KRAMP : *Die Opferanschauungen der römischen Messlitur-
gie*, 1924, p. 148.

10. C'est-à-dire avant d'avoir accompli les actions préparatoires à la
messe.

paroles d'un auteur catholique, le P. J. Kramp s.j.[11] :
« Le sacrifice est, suivant la conception généralement
acceptée, une action *symbolique*, c'est-à-dire que
l'offrande de dons visibles au Seigneur Dieu ne constitue pas une fin en soi, mais sert de moyen
d'expression à une idée. On voit apparaître dans le
choix de ce moyen d'expression un anthropomor-
phisme aux formes multiples, du fait que l'homme va
vers Dieu comme Dieu vient vers l'homme, si bien
que les choses se passent comme si Dieu lui-même
était un homme. On offre à Dieu un présent comme
on le fait à l'égard d'un ami ou d'un souverain
terrestre. »

Puisqu'il est admis que la messe est un symbole
anthropomorphique d'une réalité située au-delà du
monde et de la compréhension humaine, le symbolisme de la messe constitue un objet légitime de la
recherche analytique et de la psychologie comparée.
Ce qui aide à l'explication concerne naturellement et
exclusivement l'expression symbolique.

11. *Op. cit.*, p. 17.

CHAPITRE PREMIER

Les différentes parties du rite de la transsubstantiation

Le rite de la transsubstantiation commence approximativement avec l'offertoire, antienne chantée pendant l'oblation des offrandes. Nous rencontrons ici le premier acte rituel qui ait rapport à la transsubstantiation[12].

1. L'oblatio panis (l'oblation du pain)

L'hostie est élevée vers la croix de l'autel. Le prêtre fait sur elle le signe de la croix avec la patène. Par l'évocation de la croix, le pain est mis en relation avec le Christ et sa mort sur la croix et prend la valeur de « *sacrificium* ». Il acquiert ainsi le caractère de chose consacrée. L'élévation traduit un exhaussement dans le monde spirituel. C'est un acte préparatoire de spiritualisation. Justin fait l'intéressante remarque que la présentation des lépreux purifiés dans le temple est une « image du pain eucharistique » (τύπος τοῦ ἄρτου τῆς εὐχαριστίας). Il y a là une allusion à l'idée (qui joue ultérieurement un rôle dans l'alchimie) du « *corpus imperfectum* » ou « *leprosum* » qui doit être parfait par l'opus (*quod natura relinquit imperfectum, arte perficitur*[13]).

2. La préparation du calice

Elle est plus solennelle que celle du pain. Cette différence vient manifestement de la nature « spiri-

---

12. J'ai utilisé dans cet exposé l'ouvrage de J. Brinktrine: *Die heilige Messe*, 2ᵉ éd., 1934.

13. « Ce que la nature laisse imparfait est rendu parfait par l'art. »

tuelle» du vin qui, par suite, demeure aussi réservé au prêtre[14]. On mêle au vin un peu d'eau.

Ce mélange du vin et de l'eau se réfère à l'origine à la coutume antique de ne boire du vin que mêlé d'eau. Un buveur, un alcoolique est dit: «*akratopotes*»: «buveur de (vin) pur». En grec moderne, le vin se dit: «κρασί»: «mélange». La coutume des Arméniens monophysites, de ne pas mélanger d'eau le vin eucharistique (pour que soit conservée la nature exclusivement divine du Christ) laisse supposer que l'eau contient une acception hylique (physique), celle de la matérialité humaine. Le mélange opéré dans le rite romain signifierait donc que l'humanité est aussi indissolublement mêlée à la divinité que le sont le vin et l'eau mélangés ensemble[15]. Saint Cyprien (évêque de Carthage † 258) rapporte le vin au Christ et l'eau aux fidèles, considérés en quelque sorte comme le corps du Christ. La signification de l'eau est expliquée par une référence à l'Apocalypse (Apoc. XVI, 15): «*Aquae quas vidisti ubi meretrix sedet, populi sunt et gentes, linguae*[16]. (*Meretrix*, «la prostituée», est, dans l'alchimie, un nom de la *prima materia*, du *Corpus imperfectum* qui est recouvert de ténèbres, de même que l'homme qui marche dans les ténèbres, inconscient et non racheté. Cette idée est préfigurée dans l'image gnostique de la *physis* qui, d'une étreinte ardente, attire le *Noûs* dans son obscurité.) L'eau est à l'origine un *corpus imperfectum* ou même *leprosum*. C'est pourquoi elle est bénite, c'est-à-dire consacrée avant le mélange, afin que seul un corps pur soit ajouté au vin, à l'esprit, c'est-à-dire pour que seule une communauté sanctifiée et pure soit adjointe au Christ. Cette partie précise du rite signifie donc la préparation d'un *corpus*

---

14. Il en va ainsi dans le rite romain. Dans le rite grec uniate la communion a lieu sous les deux espèces.

15. Interprétation d'Yves de CHARTRES (évêque de Chartres †1116).

16. «Les eaux que tu as vues, au bord desquelles la prostituée est assise, ce sont des peuples, des nations et des langues.»

perfectum c'est-à-dire du *corpus glorificationis*, du corps de résurrection. A l'époque de saint Cyprien, la communion était encore fréquemment célébrée avec de l'eau[17]. Et après lui encore, saint Ambroise (évêque de Milan † 397) dit: «*In umbra*[18] *erat aqua de petra quasi sanguis ex Christo*[19].» La communion, sous l'espèce de l'eau, a son remarquable prototype dans Jean, VII, 37 et sv.: «Si quelqu'un a soif, qu'il vienne à moi et qu'il boive, celui qui croit en moi!» Selon le mot de l'Ecriture: De son sein couleront des fleuves d'eau vive. Il parlait de l'Esprit que devaient recevoir ceux qui croiraient en lui; car il n'y avait pas encore d'Esprit, parce que Jésus n'avait pas encore été glorifié. Et également dans Jean, IV, 14: «Mais qui boira de l'eau que je lui donnerai n'aura plus jamais soif: l'eau que je lui donnerai deviendra en lui source d'eau jaillissant en vie éternelle.» Le passage: «Selon le mot de l'Ecriture: De son sein (litt.: de son ventre) couleront des fleuves d'eau vive» ne se trouve pas dans la Bible. Il doit provenir d'un écrit que l'auteur de l'évangile de Jean a manifestement considéré comme authentique, mais qui demeure inconnu de nous. On peut, il est vrai, en trouver une préparation dans Isaïe LVIII, 11: «Yahvé te guidera constamment, dans les déserts il te rassasiera. Il te rendra vigueur et tu seras comme un jardin arrosé, comme une source d'eau dont les eaux sont intarissables.» (Voir aussi Isaïe, XLIV, 13.) La vision d'Ezéchiel (XLVII, I) doit également être évoquée ici: «Voici que de l'eau sortait de sous le seuil du Temple vers

---

17. Saint Cyprien dans sa lettre à Cecilius s'élève contre cet usage hérétique.

18. Le terme d'*umbra* désigne la préfiguration dans l'Ancien Testament, suivant la maxime: «*Umbra in lege, imago in evangelio, veritas in caelestibus.*» (L'ombre se trouve dans la loi, l'image dans l'Evangile, la vérité dans les choses célestes.)

19. «Dans l'ombre, l'eau jaillissant de la pierre figurait le sang jaillissant du Christ.» Cette sentence, bien entendu, ne se réfère pas à l'Eucharistie, mais au symbolisme de l'eau en général dans le christianisme primitif. Il en est de même de la citation de Jean qui suit. Saint Augustin dit également (*Tractatus in Johan.*, XLV, 9): «Là, le Christ était le rocher, pour nous le Christ est ce qui est placé sur l'autel de Dieu.»

l'orient, car le Temple était tourné vers l'orient. L'eau descendait de sous le côté droit du Temple, au midi de l'autel. » La liturgie d'Hippolyte († environ 325) met le calice d'eau en relation avec le bain baptismal, dans lequel l'homme intérieur est en quelque sorte renouvelé comme le corps[20]. Cette interprétation se rapproche considérablement du cratère baptismal de Poimandrès[21] et du vase hermétique rempli de *noûs*, que Dieu envoie à l'homme pour lui permettre d'atteindre l'ἔννοια[22]. L'eau a ici la signification de pneuma, c'est-à-dire d'esprit de prophétie, et aussi d'enseignement qu'un homme a reçu en lui et communique aux autres[23]. La même image de l'eau spirituelle se rencontre encore dans les *Odes de Salomon*[24] :

Puis un petit ruisseau est né
et il est devenu un grand et large fleuve.
Tous les êtres altérés de la terre y ont bu
et la soif a été apaisée et éteinte,
car le breuvage était donné par le Très-Haut.
C'est pourquoi bienheureux sont les serviteurs de ce
                                           [breuvage
à qui son eau a été confiée,
car ils ont rafraîchi les lèvres desséchées
et éveillé la volonté endormie,
arraché à la mort les âmes qui déjà se séparaient
et bien redressé les membres abattus.
Ils ont donné force à leur faiblesse
et lumière à leurs yeux ;
car ils se sont tous reconnus dans le Seigneur
et ont été rachetés par l'eau éternelle et impérissable[25].

20. HENNECKE : *Neut. Apokr.*, 2ᵉ éd., 1924, p. 580.
21. BERTHELOT : *Collection des Anciens Alchimistes grecs*, 1887, III, LI, 8.
22. *Corpus hermeticum*, Ed. Nock. Festugière, 1945 ; traité IV.
23. STRACK-BILLERBECK : *Kommentar zum Neuen Testament*, 1924, t. II, p. 492.
24. Recueil de chants gnostiques du IIᵉ siècle. HENNECKE : *loc. cit.*, p. 441.
25. Comparer l'« eau divine » (ὕδωρ θεῖον), l'*aqua permanens* des anciens alchimistes et aussi le traité de Comarios (BERTHELOT : *Coll. des Anc. Alch. grecs*, IV, XX).

Le fait que l'Eucharistie ait été également célébrée avec de l'eau indique que pour ces chrétiens primitifs le principal était l'exécution symbolique du mystère et non la fidélité au récit de l'institution. (Il existait encore d'autres variantes telle la « galactophagie » (absorption de lait) qui a une place analogue.

Une autre interprétation immédiate et suggestive de l'eau et du vin est fournie par Jean, XIX, 34 : « Et aussitôt il s'écoula du sang et de l'eau[26]. » Il convient de faire une mention toute particulière de la remarque de saint Jean Chrysostome (évêque de Constantinople † 407) pour qui c'est le Christ qui, *le premier, a bu son propre sang* dans le vin. (Comparer Zosime au chap. III.)

Dans cette section de la messe on trouve cette remarquable prière :

« *Deus quae humanae substantiae dignitatem mirabiliter condidisti, et mirabilius reformasti, da nobis per hujus aquae et vini mysterium, ejus divinitatis esse consortes, qui humanitatis nostrae fieri dignatus est particeps, Jesus Christus.* »	O Dieu qui avez créé de façon admirable la dignité de la substance humaine, et qui l'avez restaurée de façon plus admirable encore, donnez-nous, par le mystère de cette eau et de ce vin, d'avoir part à la divinité de celui qui a daigné devenir participant de notre humanité, Jésus-Christ[27].

3. L'élévation du calice au cours de l'offertoire

L'élévation, qui est un état de suspension entre ciel et terre, prépare la spiritualisation (volatilisation) du vin[28]. C'est à cette transformation en esprit que se réfère également l'invocation du Saint-Esprit qui suit immédiatement le rite : « *Veni sanctificator* », invocation exprimée plus clairement encore dans le rite mozarabe[29] où il est dit : « *Veni spiritus sanctifica-*

26. [Du côté du Christ mort, percé par la lance du centurion. — *N. d. T.*]

27. Missel romain.

28. Cette conception m'est personnelle et ne constitue en rien l'interprétation de l'Eglise, qui voit seulement dans ce rite une offrande.

29. De l'arabe : *musta 'rib* : arabisé. Il s'agit du rite des Goths occidentaux d'Espagne.

tor.» Cette invocation est manifestement destinée à
faire que le Saint-Esprit remplisse le vin, car
l'Esprit-Saint engendre, remplit et transforme. (*Obum-*
bratio Mariae : Marie couverte de l'ombre de
l'Esprit-Saint, Pentecôte). Après l'élévation on reposait autrefois le calice à droite de l'hostie pour sym-
boliser le sang et l'eau qui s'écoulèrent du côté droit
du Christ.

4. L'encensement des offrandes et de l'autel

Le prêtre fait avec l'encensoir (thuribulum) un triple *signe de croix* sur les offrandes et décrit trois
fois un cercle, deux fois de droite à gauche (dans le
sens contraire à celui des aiguilles d'une montre, ce
qui signifie psychologiquement une circumambulatio
vers le bas, c'est-à-dire un mouvement vers l'inconscient) et une fois de gauche à droite (donc dans le
sens des aiguilles d'une montre), psychologiquement
dans la direction du conscient[30]. Un encensement
compliqué de l'autel complète ces rites[31].

L'encensement a la signification d'une oblation de
parfums, par conséquent d'un reste de la thysia primitive. Mais il signifie en même temps une transformation de la matière du sacrifice et de l'autel allant
dans le sens d'une spiritualisation de tous les corps
physiques servant au sacrifice. Elle représente enfin
un apotropéisme[32], contre les puissances démoniaques
qui pourraient être présentes, en ce que l'air se
trouve pour ainsi dire rempli de la *bonne odeur* du
pneuma et ainsi rendu impropre à servir de séjour
aux esprits malins. La fumée indique le corps
sublimé, le *corpus volatile* ou *spirituale*, le *subtle*
body vaporeux. La fumée, substance spirituelle qui
s'élève, opère et représente l'ascension de la prière,

---

30. Dans le bouddhisme on veille soigneusement à ce que la *circu-*
mambulatio se fasse vers la droite.
31. L'encensement n'a lieu que lors des grand-messes solennelles.
32. [Un rite de protection contre les influences mauvaises. — *N. d. T.*]

d'où l'oraison : «*Dirigatur oratio mea sicut incensum in conspectu tuo*[33].»

Avec l'encensement se terminent les rites préparatoires, qui ont pour fin la spiritualisation. Les offrandes sont sanctifiées et prêtes pour la transformation proprement dite. Les prières «*Accendat in vobis Dominus ignem sui amoris*» (Que le Seigneur allume en vous le feu de son amour) et «*Lavabo inter innocentes manus meas*» (Je laverai mes mains parmi les innocents) purifient également le prêtre et les fidèles et les préparent à entrer dans l'unité mystique de l'acte sacrificiel qui vient ensuite.

5. L'épiclèse

Le «Suscipe, sancta Trinitas» comme l'«Orate fratres», le «Sanctus» et le «Te igitur» du Canon de la messe sont des prières propitiatoires qui assurent l'acceptation de l'offrande par Dieu. C'est pourquoi la préface qui suit la secrète est appelée dans le rite mozarabe «*Illatio*» (synonyme du grec ἀναφορά) et dans l'ancienne liturgie gallicane «*immolatio*» (au sens d'oblatio), ce qui se rapporte à la présentation des offrandes. La phrase qui suit le *trishagion* : «Benedictus qui venit in nomine Domini» (Béni soit celui qui vient au nom du Seigneur) contient déjà une allusion à l'apparition attendue et préparée du Seigneur, car selon une très ancienne conception nommer, c'est «évoquer» : le nom possède le pouvoir de rendre présent. Après le «*Te igitur*» vient le memento des vivants, suivi des prières «*Hanc igitur*» et «*Quam oblationem*». La messe mozarabe contient ici l'*épiclèse* (invocation) «*Adesto, adesto Jesu, bone Pontifex, in medio nostri : sicut fuisti in medio discipulorum tuorum*[34].» En nommant ainsi le Seigneur, on procède également à une «évocation».

---

33. «Que ma prière soit dirigée comme l'encens en ta présence.» [Ps. CXL, 2, que l'on récite pendant l'encensement de l'autel. — *N. d. T.*]

34. «Sois présent, sois présent, Jésus, pontife bon, au milieu de nous, comme tu fus présent au milieu de tes disciples.»

C'est une intensification du «*Benedictus qui venit*» qui, par suite, peut être et fut aussi parfois considéré comme *l'apparition du Seigneur*, c'est-à-dire comme le moment décisif et le point culminant de la messe.

6. La consécration

La consécration signifie le point culminant de la messe romaine, la transsubstantiation ou transformation du pain et du vin dans le corps et le sang du Seigneur. La formule de la consécration est la suivante[35] :

Consécration du pain.

«*Qui pridie quam pateretur, accepit panem in sanctas ac venerabiles manus suas, et elevatis oculis in caelum ad te Deum, Patrem suum omnipotentem, tibi gratias agens, benedixit, fregit, deditque discipulis suis, dicens : Accipite et manducate ex hoc omnes. Hoc est enim Corpus meum.*»

Consécration du calice.

«*Simili modo postquam cenatum est, accipiens et hunc praeclarum Calicem in sanctas ac venerabiles manus suas, item tibi gratias agens, benedixit, deditque discipulis suis, dicens : Accipite, et bibite ex eo omnes. Hoc est enim Calix sanguinis mei, novi et aeterni testamenti ; mysterium fidei : qui pro vobis et pro multis effundetur in remissionem peccatorum. Haec quotiescumque feceritis, in mei memoriam facietis.*»

Le prêtre et les fidèles, de même que les offrandes et l'autel, ont été purifiés, sanctifiés, élevés, spiritualisés par des prières et des rites depuis l'avant-messe

---

35. L'usage de l'Eglise demandait que ces paroles ne soient traduites en aucune langue profane en raison de leur caractère sacré. Bien que les livres de messe eux-mêmes pèchent contre cette sage prescription, je me bornerai à donner le texte latin sans traduction.

jusqu'au canon, et ont ainsi été préparés en tant qu'unité mystique à l'épiphanie du Seigneur. Par suite, l'énonciation des paroles de la consécration à la première personne représente le langage du Christ lui-même, et donc en même temps sa présence vivante dans le corps mystique du sacrifice du prêtre, des fidèles, du pain, du vin et de l'encens, qui représentent une unité mystique. A ce moment, l'éternité de l'unique sacrifice divin se manifeste au jour, c'est-à-dire qu'elle peut être vécue en un lieu et en un temps déterminés, comme si une fenêtre était percée ou une porte ouverte sur ce qui est au-delà de l'espace et du temps. C'est sans doute dans ce sens qu'il faut comprendre les paroles de saint Jean Chrysostome. «*Et vox haec semel prolata in ecclesiis ad unamquamque mensam ab illo ad hodiernum usque tempus et usque ad adventum ejus sacrificium perfectum efficit* [36].» Il est clair que seule l'apparition du Seigneur dans ses paroles et grâce à elles rend parfait (*perfectum efficit*) le corpus imperfectum de la victime, et que ce n'est pas l'action préparatoire du prêtre qui opère un tel effet. Si celle-ci était la cause efficiente, il n'y aurait dans le rite rien qui le distingue d'une magie vulgaire. Le prêtre est seulement «*causa ministerialis*» de la transsubstantiation. La cause qui opère de façon effective est la présence vivante du Christ qui se réalise spontanément, par une libre décision de grâce émanant de la divinité.

Jean Damascène († 754) déclare d'une manière correspondante que les paroles ont une vertu consécratoire quel que soit le prêtre qui les prononce, comme si elles étaient proférées par le Christ réellement présent[37]. Et Duns Scot († 1308[38]) observe qu'en instituant la cène, le Christ a également voulu

36. «Et cette parole prononcée une seule fois rend parfait ce sacrifice depuis ce moment jusqu'à ce jour et jusqu'à son avènement.»
37. «*Haec verba virtutem consecrativam sunt consecuta, a quocumque sacerdote dicantur, ac si Christus ea praesentialiter proferret.*»
38. H. KLUG in *Theologie und Glaube*, XVIII (1926), pp. 335 et *sq.* Cité par BRINKTRINE: *Die heilige Messe*, 1934, p. 192.

s'offrir comme victime, par l'intermédiaire du prêtre, dans chaque messe. Ainsi se trouve exprimé sans équivoque que l'acte sacrificiel n'est pas accompli par le prêtre mais par le Christ lui-même. L'agent de la transsubstantiation est donc en définitive la volonté divine *in Christo*. Le concile de Trente a défini que dans le sacrifice de la messe « *idem ille Christus continetur et incruente immolatur*[39] », bien qu'il ne s'agisse pas d'une répétition du sacrifice historique, mais de son renouvellement non sanglant. Etant donné que les paroles de l'institution ont le pouvoir d'accomplir le sacrifice parce qu'elles sont l'expression de la volonté divine, on était amené à les qualifier métaphoriquement de *couteau ou de glaive du sacrifice*, qui, conduit par la volonté divine, accomplit la *thysia*, Cette comparaison, dont l'auteur est le jésuite Leonhard Lessius († 1623), a acquis, après lui, droit de cité dans la langue de l'Eglise comme métaphore courante. Elle s'appuie sur Hébreux, IV, 12 : « Vivante en effet est la parole de Dieu, efficace et plus incisive qu'aucun glaive à deux tranchants : elle pénètre jusqu'au point de division de l'âme et de l'esprit, des articulations et des moelles », et peut-être plus encore sur Apoc. I, 16 : « De sa bouche sortait une épée effilée, à double tranchant. » Déjà, au XVIe siècle, on avait vu naître la théorie de la mactation ; son fondateur, Cuesta (évêque de Léon † 1560), affirmait que le Christ était immolé (*mactatus*) par le prêtre[40]. De là à la métaphore du glaive il n'y avait pas loin[41]. Nicolas Cabasilas (archevêque de Thessalonique † 1363) donne une description frappante du rite

---

39. « Ce même Christ est contenu et immolé de façon non sanglante. » Sessio XXII, H. DENZINGER : *Enchiridion*, 1888, p. 222.

40. « *Missa est sacrificium hac ratione quia Christus aliquo modo moritur et a sacerdote mactatur.* » (La messe est un sacrifice parce que le Christ, en quelque sorte, meurt et est immolé par le prêtre.) F. KATTENBUSCH in *Realenzyklopaedie für prot. Theol.*, XII, 693.) La question de la *mactatio* avait déjà été soulevée par Cabasilas de Thessalonique. (MIGNE : P.G., CL, 363 et *sq.*)

41. L'épée comme instrument du sacrifice se rencontre aussi dans « Les Visions de Zosime ». Voir le Livre III du présent ouvrage.

correspondant de l'Eglise grecque orthodoxe : « Le prêtre découpe un morceau de pain du corps avec les paroles : "Comme un agneau il a été conduit à la boucherie." Et en le déposant sur l'autel, il dit : "L'agneau de Dieu est immolé." » Alors on marque le pain d'un signe de croix et on le pique sur le côté avec une petite lance, en prononçant les paroles suivantes : « Et l'un des soldats ouvrit son côté de sa lance et il en coula du sang et de l'eau. » La *commixtio* (mélange) du vin et de l'eau a lieu à ce moment. Le calice est placé auprès du pain. » Le *doron (don) représente aussi le donateur ; le Christ est le sacrificateur et la victime.*

On a vu le symbole de la mort du Christ tantôt dans la fraction (de l'hostie), tantôt dans l'élévation avant le Pater, tantôt dans les signes de croix (tracés sur l'hostie) à la fin de la prière « Supplices », tantôt dans la consécration, mais personne n'a pensé à considérer cette « immolation mystique » du Christ comme l'essentiel de la messe. C'est pourquoi on ne s'étonnera pas de ne pas trouver mention d'une « immolation » du Christ dans la liturgie de la messe[42].

7. La grande élévation

Les substances consacrées sont élevées et montrées aux fidèles. En particulier, l'hostie consacrée signifie une « vision béatifique » du ciel, accomplissant la parole du Psaume XXVI, 8 (Vulgate) : « *Quaesivi vultum tuum Domine* » (J'ai recherché ta face, Seigneur[43]). L'homme-Dieu est devenu présent dans l'hostie.

8. La postconsécration

Ici se trouve l'importante prière « *Unde et memores* » que je transcris littéralement, ainsi que « *Supra quae* » et le « *Supplices* » qui la suivent.

42. KRAMP : *loc. cit.*, p. 56.
43. [*N. d. T.*]

« *Unde et memores, Domine, nos servi tui, sed et plebs tua sancta, ejusdem Christi Filii tui, Domini nostri, tam beatae passionis, nec non et ab inferis ressurectionis, sed et in caelo gloriosae ascensionis: offerimus praeclarae majestati tuae de tuis donis ac datis, hostiam puram, hostiam sanctam, hostiam immaculatam, Panem sanctum vitae aeternae et calicem salutis perpetuae.* »

C'est pourquoi nous souvenant aussi, Seigneur, nous tes serviteurs et avec nous ton peuple saint, de la passion si bienheureuse de ce même Christ, ton fils notre Seigneur, comme aussi de sa résurrection des enfers et de sa glorieuse ascension dans le ciel: nous offrons à ta glorieuse majesté, à partir de tes présents et de tes dons, une hostie pure, une hostie sainte, une hostie immaculée, le pain sacré de la vie éternelle et le calice du salut perpétuel.

« *Supra quae propitio ac sereno vultu respicere digneris et accepta habere, sicuti accepta habere dignatus est numera pueri tui justi Abel, et sacrificium Patriarchae nostri Abrahae, et quod tibi obtulit summus sacerdos tuus Melchisedech, sanctum sacrificium, immaculatam hostiam.* »

Daigne les regarder d'un visage propice et serein, et les accueillir comme tu as daigné accueillir les présents de ton serviteur le juste Abel, et le sacrifice de notre patriarche Abraham, et aussi celui que t'offrit ton grand prêtre Melchisédech, sacrifice saint, hostie immaculée.

« *Supplices te rogamus, omnipotens Deus: jube haec perferri per manus sancti Angeli tui in sublime altare tuum, in conspectu divinae majestatis tuae: ut, quotquot ex hoc altaris participatione sacrosanctum Filii tui corpus et sanguinem sumpserimus, omni benedictione caelesti et gratia repleamur.* »

Nous te le demandons en suppliant, Dieu tout-puissant: ordonne que, par les mains de ton saint Ange, ces offrandes soient portées jusqu'à ton autel suprême, en présence de ta divine majesté: afin que nous tous qui, participant à cet autel, aurons reçu le corps et le sang très saints de ton Fils, nous soyons remplis de bénédiction céleste et de grâce.

« *Per eundem Christum Dominum nostrum.* »

Par le même Christ notre Seigneur.

« *Amen.* »

Amen.

La première prière montre que dans les substances transformées est indiquée l'idée de la résurrection et de la glorification du Seigneur. La seconde prière rappelle les préfigurations du sacrifice dans l'Ancien Testament. Chez Abel, il s'agit du sacrifice de l'agneau. Chez Abraham, c'est primitivement le sacrifice du fils remplacé ensuite par une victime animale. Quant à Melchisédech, son histoire ne contient aucun sacrifice, mais mentionne le pain et le vin qu'il offrit à Abraham en présents d'hospitalité. Cette succession n'est vraisemblablement pas fortuite mais graduée. Abel est essentiellement fils et il sacrifie un *animal*; Abraham est essentiellement *père* (et même le père de la nation israélite) et se situe par suite à un degré plus élevé. Il ne sacrifie pas seulement une victime choisie parmi ses possessions, mais rien de moins que son bien le meilleur et le plus cher, son propre et unique fils. Melchisédech (roi de justice) est, selon Héb. VII, roi de Salem et «prêtre du Dieu très haut» (*El'Elion*). Philon de Byblos mentionne un «'Ελιοῦν ὁ ὕψιστος» comme étant une divinité cananéenne[44]. Ce Dieu ne peut évidemment pas être identique à Yahvé. Cependant Abraham reconnaît le sacerdoce de Melchisédech[45] en lui donnant la dîme qui lui revient. Sir Leonard Wooley, dans son livre *Abraham* où il traite des fouilles faites à Ur, explique la chose de très intéressante manière[46]. Melchisédech est placé au-dessus du patriarche par son sacerdoce. Les présents d'hospitalité qu'il offre à Abraham ont par conséquent le sens d'un acte sacerdotal. Il faut donc leur attribuer une valeur symbolique, qui est précisément indiquée par le pain et le vin. Ainsi le sacrifice symbolique se déplace pour atteindre un niveau plus élevé encore que le sacrifice du fils, lequel demeure toujours le sacrifice *d'un autre*. L'offrande de Melchisédech signifie, sous forme de *préfiguration*, le sacrifice du Christ par lui-même.

Dans la prière «*Supplices te rogamus*», on demande à Dieu de bien vouloir porter, «*per manus Angeli*», la victime «*in sublime altare*». Cette demande singulière a sa source dans l'écrit apocryphe «*Epistolae Apostolorum*», où se trouve la légende suivant laquelle le Christ, avant de s'incarner, aurait ordonné aux archanges de le remplacer à l'autel de Dieu pendant

44. EUSÈBE: *Praeparatio Evangelica*, I, 10, 11.
45. Sidik est le nom d'une divinité phénicienne.
46. *Abraham. Recent Discoveries and Hebrew Origins*, 1935.

son absence[47]. Ici apparaît l'idée du sacerdoce éternel qui unit Melchisédech et le Christ.

9. La conclusion du canon

Le prêtre fait trois fois le signe de la croix sur le calice avec l'hostie en disant: « *Per ipsum et cum ipso et in ipso.* » (C'est par lui et avec lui et en lui.) Puis il trace deux fois une croix entre lui et le calice. Ces croix mettent en relief un rapport d'identité entre l'hostie, le prêtre et le calice, confirmant une nouvelle fois l'unité du sacrifice dans toutes ses parties. L'union de l'hostie et du calice signifie l'union du corps et du sang, c'est-à-dire « l'animation » du corps (sang = âme). Vient ensuite le *Pater noster*.

10. Embolisme et fraction
(Embolisme signifie insertion)

La prière qui se trouve ici: « *Libera nos quaesumus Domine ab omnibus malis praeteritis, praesentibus et futuris*[48] » reprend en l'accentuant la demande du Pater, qui vient d'être récité: « *Sed libera nos a malo.* » La connexion avec la mort du Christ qui a lieu dans le sacrifice est établie par la descente aux enfers et la destruction de la puissance infernale qui s'y trouve liée. Le rite de la « fraction » qui vient ensuite est relié de façon évidente à la mort du Christ. L'hostie, placée au-dessus du calice, est brisée en deux morceaux. Un petit fragment, *la particule*, est détaché de la partie inférieure de la moitié gauche pour le rite de la consignatio et de la commixtio. Dans le rite byzantin, on procède à un partage en quatre parties, et les quatre morceaux sont désignés par des lettres de la manière suivante:

ΙΣ

ΝΙ   ΚΑ   ce qui signifie: « Jésus-Christ triomphe. »

ΧΣ

---

47. Kramp: *Opferanschauungen*, p. 98.

48. « Délivre-nous, nous t'en prions, Seigneur, de tous les maux passés, présents et à venir. »

Cette disposition curieuse représente manifestement une *quaternité*, figure qui, comme on le sait, représente depuis toujours un caractère de totalité. Cette quaternité se rapporte, ainsi que l'indique son nom, au Christ glorifié, *rex gloriae* et Pantocrator.

La fractio mozarabe est encore plus complexe: l'hostie est d'abord brisée en deux. Puis la partie de gauche est divisée en cinq et celle de droite en quatre parties.

Les cinq fragments sont appelés: et les quatre:

	1. corporatio (incarnatio)		1. mors
	2. nativitas		2. resurrectio
Gauche	3. circumcisio	Droite	3. gloria
	4. apparitio		4. regnum
	5. passio		

Les cinq fragments se rapportent exclusivement au cours terrestre de la vie du Seigneur, et les quatre à son existence au-delà du monde. Cinq est, suivant la conception ancienne, le nombre de l'homme naturel («hylique») dont les jambes et les bras étendus dessinent, avec la tête, un pentagramme. Par contre le quatre correspond à la totalité éternelle (comme le montre également le nom gnostique BARBELO qui se traduit par: «la quaternité est Dieu»). Ce symbole semble indiquer — ce que je désire simplement noter au passage — que l'extension dans l'espace et, plus spécialement, la position en croix, représentent d'une part la passion de la divinité (sur la croix) et d'autre part la maîtrise de l'espace cosmique.

11. La consignatio

Le prêtre dessine la croix sur le calice avec la particule qu'il laisse ensuite tomber dans le vin.

12. La commixtio

C'est le mélange du pain et du vin, comme le dit Théodore de Mopsueste († 428): «... Il les unit et les joint en un seul, afin qu'il soit montré par là à cha-

cun que, bien qu'ils soient deux, ils ne forment pourtant virtuellement qu'une seule chose[49].» Dans la
prière qui accompagne le rite, il est dit: «*Haec
commixtio et consecratio corporis et sanguinis Domini
nostri*, etc.» L'expression consecratio fait peut-être allusion à une consécration primitive per contactum. Cela
n'expliquerait pas, il est vrai, la contradiction qui
découle de la consécration déjà réalisée des deux substances. C'est pourquoi on a évoqué la coutume qui
existait de conserver le sacrement d'une messe à
l'autre, sous la forme suivante: l'hostie était plongée
dans le vin et conservée ainsi détrempée (mélangée).
On rencontre en outre des mélanges à la fin d'un grand
nombre de rites. Je rappellerai seulement la consécration de l'eau ou la boisson faite d'un mélange de lait
et de miel que, suivant la liturgie d'Hippolyte, les néophytes recevaient après la communion.

Le *Sacramentarium Leonianum* (VIIe siècle) interprète la commixtio comme un mélange de la nature
céleste et de la nature terrestre du Christ. C'est
aussi, d'après une conception postérieure, un symbole
de la résurrection, car en elle le sang (= l'âme) se
réunit au corps du Seigneur qui reposait dans le tombeau. Par une inversion significative de l'acte du
baptême primitif où le corps était immergé dans l'eau
de la métamorphose, le corps (la particule) est, lors
de la commixtio, plongé dans le vin symbolisant
l'esprit, ce qui équivaut à une glorification du corps.
C'est sans doute ce qui autorise à considérer la
commixtio comme un symbole de résurrection.

13. Résumé

Un examen attentif montre que la messe représente, tantôt clairement, tantôt par des allusions
répandues au long des différentes actions rituelles, la

---

49. «... *conjungit et applicat eos in unum, qua ra unicuique manifes-
tur ea, quamquam duo sunt, tamen unum esse virtualiter.*» *Opuscula et
Textus*, éd. Rücker, 1933, fasc. II. (Voir J. BRINKTRINE: *Die heilige
Messe*, 2e éd., 1934, p. 240.)

vie et la passion du Seigneur sous une forme condensée. Certaines phases se chevauchent à un point tel
ou sont si rapprochées qu'on ne peut guère penser à
une condensation consciente et intentionnelle. Il semble plutôt que le développement historique de la
messe ait conduit progressivement à rappeler, à
concrétiser les principaux aspects de la vie du Christ.
Nous avons tout d'abord (dans le «*Benedictus qui
venit*» et le «*Supra quae*») une anticipation et une
préfiguration de la venue du Christ. L'énoncé des
paroles de la consécration correspond à l'incarnation
du Logos, mais aussi à la passion et à la mort sacrificielle, cette dernière étant mise une nouvelle fois
en relief dans la fractio. Le «*Libera nos*» fait allusion à la descente aux enfers, tandis que la consignatio et la commixtio évoquent la résurrection.

Etant donné que l'offrant est lui-même l'offrande,
que le prêtre et les fidèles s'offrent eux-mêmes dans
le sacrifice, et que le Christ est à la fois sacrificateur
et victime, il existe une unité mystique de toutes les
parties de l'action sacrificielle[50]. La connexion de
l'offrande et des offrants dans l'unique figure du
Christ est déjà indiquée dans la pensée suivante de la
Didachê: tout comme le pain est fait d'un grand
nombre de grains de blé et le vin d'un grand nombre
de grains de raisin, le *Corpus mysticum*, l'Eglise, se
compose de la multitude des croyants. En outre le
corps mystique du Christ comprend aussi les deux
sexes, qui sont représentés par le vin et le pain[51].
Ainsi les deux substances signifient également

50. Cette unité est un bon exemple de la «participation mystique»
que LÉVY-BRUHL a mise en relief comme caractérisant la psychologie primitive et qui a été récemment combattue à nouveau par des ethnologues
à courte vue. Cela ne doit nullement faire considérer la notion d'unité
comme plus ou moins «primitive», mais montrer que la «participation
mystique» caractérise le symbole en général. En effet le symbole inclut
toujours l'inconscient, et par suite il exerce toujours une emprise sur
l'homme, ce qu'exprime le caractère numineux du symbole.

51. KRAMP: *loc. cit.*, p. 55.

l'*androgynie* du Christ mystique (le vin, le sexe masculin, et le pain, le sexe féminin).

De ce fait, la messe comporte comme noyau essentiel le mystère et le miracle, situé dans le domaine
humain de la métamorphose de Dieu, de son incarnation et de son retour dans son être-en-soi et pour-soi.
Plus encore : l'homme lui-même, grâce à son dévouement et à l'offrande qu'il fait de lui-même, est
compris en tant qu'instrument dans l'événement mystérieux. Le sacrifice de Dieu par lui-même est un
acte d'amour spontané, et l'action sacrificielle, par
contre, une passion et une mort cruelles et sanglantes[52] provoquées *instrumentaliter* et *ministerialiter* par
l'homme. (La formule « *incruente immolatur* », « il
est immolé de façon non sanglante », a trait seulement au fait, mais non au symbolisme.) Les affres de
la mort sur la croix sont les prémisses indispensables
de la métamorphose. Celle-ci est d'abord une vivification des substances qui, en elles-mêmes, étaient
mortes, et aussi leur transformation essentielle dans
le sens d'une spiritualisation, conformément à la
conception primitive du *pneuma* considéré comme
matière subtile. Cette conception s'exprime dans la
participation concrète au corps et au sang du Christ
dans la communion.

---

52. Comme le confirme la phrase suivante, le mot « sanglant » doit
s'entendre ici au sens symbolique.

CHAPITRE II

Les homologues du mystère
de la transsubstantiation

1. Le teoqualo aztèque

Bien que la messe constitue en elle-même un phénomène unique dans l'histoire comparée des religions, son contenu symbolique demeurerait étranger et extérieur à l'homme s'il ne prenait pas ses racines dans son âme. On doit donc compter pouvoir découvrir des ensembles symboliques analogues aussi bien dans l'histoire de l'esprit que dans le monde de pensée du paganisme contemporain du christianisme. Comme le montre la prière « *Supra quae* », le texte de la messe lui-même se réfère aux préfigurations de l'Ancien Testament et ainsi, de façon indirecte, au symbolisme antique du sacrifice en général. Il devient ainsi manifeste qu'avec le sacrifice du Christ et la communion on touche l'une des cordes les plus profondes de l'âme humaine, celle du sacrifice humain primitif et de l'anthropophagie rituelle. Je ne puis malheureusement entrer ici dans le détail du riche matériel ethnologique relatif à ce domaine. Je me bornerai à évoquer le *sacrifice du roi*, c'est-à-dire le meurtre rituel du souverain en vue d'assurer la fécondité et la prospérité de sa terre et de son peuple, et un second rite correspondant au premier, le renouvellement et la vivification des dieux par le sacrifice humain, ainsi que le *repas totémique*, qui a pour but de réunir ses participants aux âmes des ancêtres. Ces mentions peuvent à elles seules indiquer à quelle dimension et à quelle profondeur de l'âme et de son histoire notre symbole atteint. Comme on le voit, il s'agit des conceptions religieuses les plus antiques comme les plus centrales. Il existe à l'égard de telles conceptions, non seulement chez les profanes, mais aussi dans les cercles scienti-

fiques, un préjugé fréquent selon lequel des vues et
des coutumes de ce genre auraient été inventées
d'une manière ou d'une autre et auraient été ensuite
reproduites, imitées, si bien qu'elles n'existeraient
pas dans la plupart des endroits si elles n'y avaient
pas été introduites de la manière indiquée. Mais c'est
toujours une méthode assez défectueuse que de tirer
des conclusions concernant une situation primitive en
transposant des données de la mentalité moderne,
c'est-à-dire civilisée. L'expérience montre en effet
que la conscience primitive se distingue en des points
très importants de celle de l'homme blanc
d'aujourd'hui. Ainsi « l'invention » est, dans les
sociétés primitives, une chose essentiellement différente de ce qu'elle est chez nous, où une nouveauté
chasse l'autre. Chez le primitif, rien, absolument rien,
ne change à la longue, sauf peut-être dans une certaine mesure le langage, sans qu'une nouvelle langue
soit pour autant « inventée ». Le langage primitif
« vit » et peut, pour cette raison, se transformer, et
cet état de fait a déjà constitué une désagréable
découverte pour plus d'un lexicographe à la recherche d'une langue primitive. Même le pittoresque
slang américain n'a jamais été « inventé », mais il
sort, avec une fécondité jusqu'à présent intarissable
de l'obscur sein maternel de la langue courante. Ce
n'est sans doute pas autrement que les rites et leur
contenu symbolique se sont développés à partir des
débuts inconnaissables, et cela non pas simplement
en un endroit, mais en plusieurs à la fois et aussi à
des époques différentes. Ils sont issus spontanément
des présupposés propres à la nature humaine, qui
n'ont jamais été inventés, mais qui existent partout.

C'est pourquoi il n'y a pas à s'émerveiller outre
mesure si nous trouvons des rites qui se rapprochent
de très près des usages chrétiens dans un domaine
qui n'a certainement pas été en contact avec la
culture antique. Je songe en particulier au rite aztèque du *Teoqualo*, « la manducation du dieu », qui
nous a été transmis par Fray Bernardino de Sahagun,

lequel, huit ans après la prise de Mexico en 1529, entreprit son activité missionnaire au pays des Aztèques. On faisait une pâte avec des graines de coquelicots épineux (argemone mexicana) broyées et moulues, et on en façonnait le corps du dieu Uitzilopochtli. Voici le texte :

L'autre matin,
Le corps d'Uitzilopochtli a été sacrifié.
(Le prêtre qui représentait) Quetzalcoatl l'a tué,
Il l'a tué avec une lance dont la pointe était une
pierre à feu
Et il la lui a plantée dans le cœur.
Il a été sacrifié en présence
de Montézuma (le roi)
et du grand prêtre
avec lequel Uitzilopochtli parlait,
auquel il était apparu,
qui lui avait présenté des offrandes,
et (en présence) de quatre chefs des jeunes hommes ;
c'est en leur présence à tous
qu'est mort Uitzilopochtli.
Et après qu'il fut mort, ils ont découpé
son corps de pâte.
Le cœur est revenu à Montézuma
et les autres parties cylindriques
qui formaient pour ainsi dire ses os
ont été partagées entre (les assistants).
....
Chaque année ils mangent (le corps)
....
et quand ils répartissent entre eux le corps pétri en pâte,
(chacun d'eux reçoit) seulement un tout petit morceau.
De jeunes guerriers le mangent.
Et le manger ainsi s'appelle «manger le dieu».
Et ceux qui l'ont mangé sont appelés «gardiens du dieu[53]*».*

53. Extrait de l'*Histoire de Fray Bernardino de Sahagun.* (La traduction française est faite sur la version allemande du texte aztèque réalisée par E. Seler et éditée par C. Seler-Sachs, 1927, pp. 258 et *sq.*)

L'image du corps du dieu, son sacrifice en présence du grand prêtre auquel le dieu apparaît et avec qui il parle, la lance dont il est transpercé, la mort du dieu, le démembrement rituel qui le suit et la manducation (*communio*) d'un petit morceau de son corps, ce sont là des analogies qui ne peuvent demeurer inaperçues et qui ont, par suite, occasionné bien des maux de tête aux prêtres espagnols de l'époque.

Précédant de peu la fondation du christianisme, le culte de Mithra avait développé un symbolisme sacrificiel singulier et aussi, évidemment, un rituel correspondant qui ne nous est malheureusement connu que par des monuments muets. On y rencontre un *transitus* avec portement du taureau, *un sacrifice du taureau* duquel découle la fécondité de l'année, une représentation stéréotypée de l'acte sacrificiel flanquée des dadophores (porteurs de torches) dont l'un tient sa torche droite et l'autre, inclinée[54], un *repas* dans lequel on voit sur la table des pains *marqués de croix*; on a également trouvé des clochettes qui sont sans doute en rapport assez étroit avec les clochettes de la messe. Le sacrifice mithriaque traduit, par son contenu, un *sacrifice de soi*, car le taureau, en tant que taureau cosmique, est primitivement identique à Mithra. C'est sans doute ce qui explique la curieuse expression de souffrance sur le visage du taurochtone[55] qui peut se comparer à celle du crucifié de Guido Reni. Le *transitus* mithriaque correspond, en tant que thème, au portement de croix et la transformation du taureau sacrificiel, à la réapparition du Dieu chrétien devenu aliment et breuvage. La manière dont est figuré l'acte sacrificiel, la taurochtonie, correspond à la crucifixion entre les deux larrons, dont l'un monte et l'autre descend.

54. [Les dadophores portant leurs torches tantôt droites, tantôt abaissées se retrouvent aux portails des cathédrales chrétiennes sous les traits des vierges sages aux lampes droites et des vierges folles aux lampes renversées. Voir notamment, à Notre-Dame de Paris, les piédroits du portail du Jugement dernier. — *N. d. T.*]

55. F. Cumont: *Textes et Monuments figurés relatifs aux mystères de Mithra*, 1899, p. 182.

Les légendes cultuelles et les rites des dieux morts jeunes, pleurés et ressuscités du Proche-Orient offrent un choix abondant de parallèles. Mais ces indications empruntées au culte de Mithra peuvent suffire à les illustrer. Pour qui a seulement quelque connaissance de ces religions, la profonde parenté des types symboliques comme des idées ne fait aucun doute[56]. Le paganisme contemporain du christianisme primitif et des débuts de l'Eglise était rempli de telles représentations aussi bien que de spéculations philosophiques à leur sujet, et c'est devant cette toile de fond que se déroulent la pensée et la contemplation de la philosophie gnostique.

2. La vision de Zosime

L'esprit du gnosticisme trouve un représentant caractéristique en la personne de Zosime de Panopolis, philosophe de la nature et alchimiste du IIIᵉ siècle dont les œuvres nous ont été conservées, bien qu'en désordre, dans le célèbre manuscrit alchimique Codex Marcianus et éditées par Marcelin Berthelot, en 1887, dans sa *Collection des Anciens Alchimistes grecs*. En différents endroits de ses traités[57], Zosime rapporte des visions oniriques prétendues nombreuses dont le contenu remonte sans doute cependant à *un seul et unique rêve*[58]. Zosime est indubitablement un gnostique païen, et spécialement, comme le montre le célèbre passage sur le Cratère[59], un membre de la secte de Poimandrès, donc un philosophe hermétique. Bien que la littérature alchimique connaisse un grand nombre de paraboles, j'hésiterai à ranger dans cette catégorie la vision de Zosime. Pour qui connaît le

56. Voir la vue d'ensemble donnée par J. G. Frazer: *The Golden Bough*, Part III: «The dying God», 1918. Sur la manducation eucharistique du poisson, voir mes exposés dans *Aion, op. cit.*, pp. 152 et *sq.*

57. Berthelot: *Coll. des Anciens Alchimistes grecs*, III, 1, 2, 3; III, V; III, VI.

58. Pour plus de détails, voir «Les Visions de Zosime» au Livre III du présent ouvrage. On y trouvera la traduction du texte grec de Zosime.

59. Berthelot: *Alch. grecs*, III, LI, 8.

langage alchimique, il est clair que l'on doit voir
dans les paraboles de simples allégories de conceptions généralement connues. On y retrouve généralement sans difficulté les matières ou les procédés qui
ont été aritificiellement et intentionnellement déguisés
dans des figures et des actions. Les visions de
Zosime n'offrent rien de semblable. On est même
tout d'abord surpris de leur interprétation alchimique,
selon laquelle le rêve et son action impressionnante
ne signifieraient rien d'autre que la manière de produire « l'eau divine ». En outre, une parabole constitue un ensemble clos sur lui-même, tandis que notre
vision, comme un rêve authentique, opère des variations multiples sur un seul et même thème, et le
complète au moyen d'amplifications en vue d'une
clarté plus grande. Autant qu'on puisse formuler un
jugement quelconque sur la nature de ces visions, il
me paraît vraisemblable que, dans le texte original
déjà, les contenus d'une méditation élaborée par
l'imagination ont pris place autour du noyau d'un
véritable rêve et s'y sont entremêlés. Le fait qu'une
semblable méditation ait eu lieu ressort avec clarté
de la présence de fragments de méditation qui
accompagnent et commentent les visions. L'expérience montre que de telles méditations prennent souvent un tour entièrement imagé, comme si le rêve
continuait de se dérouler sur un plan plus proche de
la conscience. Ruland, dans son *Lexicon Alchemiae*
de 1612, définit encore la méditation qui, on le sait,
joue un rôle non négligeable dans l'alchimie, comme
un « *colloquium internum cum aliquo alio, qui tamen
non videtur* » (une conversation intérieure avec
quelqu'un d'autre que cependant l'on ne voit pas), à
savoir « avec Dieu, avec soi-même ou avec son ange
gardien » (*proprio angelo bono*), lequel est une forme
adoucie et non choquante, du *paredros* ou *spiritus
familiaris* de l'alchimie ancienne. Celui-ci est souvent
un esprit planétaire, que l'on évoque par des moyens
magiques. Il n'est guère douteux que ces usages ont
eu pour fondement à l'origine d'authentiques expé-

riences visionnaires. La vision n'est, en définitive, rien d'autre qu'un rêve qui fait irruption à l'état de veille. Nous savons, par une série de témoignages étalés sur plusieurs siècles, que l'alchimiste, dans son œuvre fantastique, avait des visions de toutes sortes[60] et qu'il lui arrivait même d'être menacé par la *folie*[61]. Les visions de Zosime, considérées comme expériences alchimiques, n'ont donc rien d'insolite ou d'inconnu. Et quant à leur contenu, elles doivent sans doute être rangées parmi les confessions les plus significatives que les alchimistes nous aient léguées.

Je ne citerai ici que le texte de la première vision, en manière de rappel, puisque j'ai déjà rapporté en détail ce récit au chapitre précédent : «En disant ces choses, je m'endormis, et je vis un prêtre qui se tenait debout devant moi, en haut sur un autel en forme de coupe. Cet autel avait quinze marches à monter. Le prêtre s'y tenait debout et j'entendis une voix qui disait d'en haut : "J'ai accompli l'action de descendre les quinze marches de l'obscurité et celle de monter les quinze marches de la lumière. Et c'est le sacrificateur qui me renouvelle en ôtant l'épaisseur du corps et, consacré par nécessité, je suis accompli comme esprit." Et ayant entendu la voix de celui qui se tenait debout sur l'autel des coupes, je l'interrogeai, voulant savoir qui il était. Et il me répondit d'une voix grêle, disant : "Je suis Ion, le prêtre des sanctuaires et je subis un châtiment intolérable. Car quelqu'un est venu de bon matin en toute hâte, il a été le plus fort et m'a pourfendu avec son glaive et il m'a démembré en suivant la combinaison de l'harmonie. Et il a arraché la peau de ma tête à l'aide du glaive qu'il tenait avec force, et il a joint ensemble mes os et ma chair et les a brûlés au feu du traitement jusqu'à ce que, mon corps se transformant, j'aie

60. Voir mon ouvrage : *Psychologie et alchimie*, trad. cit., pp. 321 et *sq*., où je donne quelques exemples.

61. Olympiodore attribue en particulier cet effet au plomb. BERTHE-LOT : *Alch. grecs*, II, IV, 43.

appris à devenir esprit. Et c'est là mon supplice intolérable. " Et comme il me parlait encore et que je le
contraignais de le faire, ses yeux devinrent comme
du sang et il vomit toutes ses chairs. Et je vis
comme il se changea en un homme plus petit[62], qui
avait perdu une partie de lui-même (un homme estropié ou rapetissé). Je le vis se déchirer avec ses propres dents et s'affaisser. »

Au cours de cette vision, le *hiéreus* apparaît sous
différentes formes. Il est d'abord divisé en *hiéreus* et
en *hiérourgos* (celui à qui est confiée *l'exécution* du
sacrifice). Toutefois ces formes se confondent puisque l'un et l'autre subissent le même destin. Le prêtre se soumet *volontairement* au supplice et se
dévoue lui-même à la transformation. Mais il est
offert en sacrifice par le sacrificateur, *transpercé ou
décapité par le glaive. Il est démembré sous une
forme rituelle*[63]. Le *deipnon* consiste en ce qu'il se
déchire avec ses propres dents et qu'*il se dévore*. La
Thysia consiste en ce qu'il est lui-même consumé sur
l'autel comme chair sacrificielle.

Il est le *hiéreus* en tant qu'il a pouvoir sur l'ensemble du rite sacrificiel ainsi que sur les hommes qui sont
également transformés dans la *thysia*. Il se donne le
nom de *gardien des esprits*. Il est désigné comme
«homme d'airain» et *xyrourgos* (barbier). La désignation d'homme «d'airain» ou de «plomb» est une allusion aux esprits des métaux, c'est-à-dire des planètes,
comme figures agissantes du drame sacrificiel. Il est à
supposer que ce sont des *paredroi* qui ont été évoqués
par magie, comme on peut le déduire de la remarque
de Zosime disant qu'il a «contraint avec puissance» le
prêtre à lui répondre. Les esprits planétaires ne sont
rien d'autre que les anciens dieux de l'Olympe, qui

62. Donc un «*homunculus*» (ἀνθρωπάριον).
63. Le thème du démembrement appartient, dans un contexte plus
vaste, au symbolisme de la nouvelle naissance. C'est pourquoi il joue également un rôle considérable dans les expériences d'initiation des chamans
ou des medicine-men, qui sont démembrés et reconstitués. (Pour plus de
détails voir M. ELIADE: *Le Chamanisme, op. cit.*, pp. 47 et *sq.*)

n'ont expiré qu'au XVIIIᵉ siècle chrétien, en tant qu'âmes des métaux, ou plus précisément se transformèrent, car c'est à cette époque que le paganisme a réapparu ouvertement pour la première fois (à l'ère des lumières en France).

Bien plus singulière est l'appellation de « barbier », car il n'est nulle part question de barbe ou de cheveux coupés, mais sans doute de *scalp*, ce qui, dans notre contexte, pourrait être en rapport très étroit avec le rite d'écorchement et avec sa signification magique[64]. Je mentionnerai par exemple Marsyas écorché, qui est, à ne pas s'y méprendre, un homologue du fils-amant de Cybèle, Attis, le dieu qui meurt et ressuscite. Un ancien rite attique de fécondité consiste à écorcher, à empailler et à ériger un bœuf. Déjà Hérodote avait fait connaître différentes coutumes scythes suivant lesquelles les victimes étaient écorchées, et en particulier scalpées[65]. Les rites d'écorchement ont en général la signification d'une *métamorphose*, d'un passage d'un état défectueux à un autre plus parfait, donc d'un renouvellement et d'une nouvelle naissance. Les meilleurs exemples dans ce domaine nous sont sans doute transmis par l'ancienne religion mexicaine[66]. Ainsi, pour réaliser le renouvellement de la déesse lunaire, on décapitait une femme, on lui *arrachait la peau*, puis un homme s'enveloppait de cette peau et représentait ainsi la déesse ressuscitée. Ce renouvellement a sans doute

---

64. Tableau d'ensemble dans Frazer: *The Golden Bough*, Part. IV: « Adonis, Attis, Osiris », 1907, pp. 242 et *sq.* et p. 405, ainsi que dans mon livre: *Métamorphose de l'âme et ses symboles*, trad. cit. pp. 633 et *sq.* Voir aussi Colin Campbell: *The Miraculous Birth of King Amon-Hotep III*, etc., 1912, p. 142. (Il s'agit de la présentation du défunt, Sennetsem devant Osiris, seigneur de l'Amentet.) « Dans cette scène le dieu est habituellement représenté sur son trône. Devant et derrière lui, suspendue à une perche, pend la peau d'un taureau mis à mort pour rendre l'âme d'Osiris lors de sa reconstitution, avec, au-dessous, le vase pour recueillir le sang. »

65. Hérodote: IV, 60. Voir « Les Visions de Zosime » au Livre III du présent volume.

66. Cf. l'exposé de Seler dans Hastings: *Encyclop. of Religion and Ethics*, vol. VIII, pp. 615 et *sq.*

pour modèle la mue annuelle du serpent. Le fait que, dans notre cas, l'écorchement ait été limité à la tête, peut très vraisemblablement s'expliquer par l'idée fondamentale de la vision, celle d'une transformation *spirituelle*. Depuis une époque reculée, les cheveux rasés sont en relation avec la consécration, c'est-à-dire la transformation spirituelle ou initiation : les prêtres d'Isis avaient le crâne rasé et la tonsure est, on le sait, une pratique demeurée en usage jusqu'à nos jours. Ce symptôme de la transformation peut s'expliquer par l'idée antique que le sujet de la métamorphose est un enfant *nouveau-né* (néophyte, *quasimodo genitus*) à la tête chauve. Dans le rite primitif du héros, celui-ci perd la totalité de sa chevelure pendant l'incubation, c'est-à-dire pendant son séjour dans le ventre du monstre, par suite de la chaleur qui y règne (*chaleur de couvaison*[67]). Cet usage de la tonsure, basé sur de telles conceptions très antiques, présuppose naturellement la présence du barbier rituel[68]. Chose curieuse, nous rencontrons encore le barbier dans cet autre «*mysterium*» alchimique que sont *Les Noces chymiques* de 1616. A peine entré dans le château mystérieux, le héros est assailli par des barbiers invisibles qui lui pratiquent une espèce de tonsure[69], Ici encore les cheveux rasés accompagnent de façon significative l'initiation et le *processus de transformation* en général[70].

67. Tableau d'ensemble dans L. Frobenius : *Das Zeitalter von Sonnengottes*, 1904, p. 30.

68. Les barbiers constituaient dans l'ancienne Egypte une classe relativement aisée, ce qui témoigne de la prospérité de leur profession. (Cf. Erman : *Ägypten und ägyptisches Leben im Altertum*, 1885, p. 411.)

69. *Les Noces chymiques de Christian Rosencreutz*. trad. fr. par Auriger, Paris, 1928, pp. 21-22. Comme Andreae, l'auteur des *Noces chymiques*, était un savant alchimiste, il n'est pas exclu qu'il ait eu devant les yeux le *Codex Marcianus* où sont conservés les écrits de Zosime. De tels manuscrits existent à Gotha, Leipzig, Munich et Weimar. Sous forme imprimée, je n'en connais qu'une édition italienne du XVIᵉ siècle.

70. C'est à cela que se rattache l'opération consistant à «raser un homme», ou à «plumer un oiseau», que l'on rencontre dans les recettes magiques. Le «changement de perruque» lors du jugement des défunts pourrait également faire allusion à un thème analogue. Cf. la représentation dans le tombeau de Sen-netsem (Campbell : *The Miraculous Birth*,

Dans le cours des visions on trouve encore la version particulière d'*un dragon*, qui est tué et sacrifié de la même manière que le prêtre. Le premier est donc sans doute l'équivalent du second. On songe involontairement à ces représentations médiévales assez fréquentes (même en dehors de l'alchimie) où le serpent est suspendu à la croix à la place du Christ, conformément à Jean, III, 14 (comparaison du Christ avec le serpent de Moïse).

Une désignation du prêtre mérite d'être relevée: celle d'*homunculus* de plomb; celui-ci n'est autre que l'esprit du plomb, c'est-à-dire l'esprit planétaire *Saturne*. Or, à l'époque de Zosime, Saturne était regardé comme le *Dieu des Juifs*, vraisemblablement à cause de la *sanctification du sabbat* (samedi = jour de Saturne[71]), et aussi à cause de parallèle gnostique établi avec l'archonte supérieur Jaldabaoth (enfant du chaos), qui, en raison de sa forme léonine ($\lambda\epsilon o\nu\tau o\epsilon\iota\delta\eta\varsigma$[72]), est rangé avec Baal, Kronos et Saturne[73]. Le nom d'Al-'Ibri (l'Hébreu) donné plus tard à Zosime par les Arabes ne prouve pas, il est vrai, qu'il ait été lui-même juif, mais il ressort d'une façon assurée de ses écrits qu'il possédait une certaine connaissance des traditions juives[74]. Le parallèle Dieu des Juifs-Saturne est de la plus haute importance pour la conception alchimique

etc., 1912, p. 143). Quand le défunt est amené devant Osiris, sa perruque est *noire*. Immédiatement après (lors du sacrifice, dans le papyrus d'Ani) elle est blanche.

71. Cf. PLUTARQUE: *Quaest. conviv. IV*, 5 et DIOGÈNE LAËRCE: II, § 122. (REITZENSTEIN: *Poimandres*, 1904, pp. 75 et sv.; p. 112.) Dans un texte interpolé dans le Maslama Al-Madjriti et intitulé *Ghâya-alhakîm*, l'invocation à Saturne est précédée des paroles suivantes: « Arrive vêtu à la manière des Juifs, car il est leur patron. » (DOZY et DE GOEJE: *Nouveaux Documents pour l'étude de la religion des Harraniens, Actes du sixième Congrès international des Orientalistes*, 1883, p. 350.)

72. ORIGÈNE: *Contra Celsum*, V, 31. *Pistis Sophia*, ch. 31. BOUSSET: *Hauptprobleme der Gnosis*, 1907, pp. 351 et sq.

73. Cf. ROSCHER: *Lexic. s.v. Kronos*. Le dragon ($\chi\rho\acute{o}\nu o\varsigma$) et Kronos sont souvent confondus.

74. E. V. LIPPMANN: *Entstehung und Ausbreitung der Alchemie*, vol. II, 1919, p. 229.

de la transformation du Dieu de l'Ancien Testament en celui du Nouveau. Saturne, en tant que planète la plus éloignée, archonte suprême (les Harraniens le nomment «Primas»), démiurge Jaldabaoth, possède une grande signification[75] puisqu'il est précisément ce *spiritus niger* qui gît captif dans l'obscurité de la matière. Il est ce Dieu ou cette partie de Dieu qui a été englouti par sa création. Il est le Dieu sombre qui, au cours du mystère de la transmutation alchimique, recouvre son état primitif, lumineux. L'*Aurora Consurgens I* dit: «*Beatus homo qui invenerit hanc scientiam et cui affluit prudentia* (*vel providentia*) *Saturni.*» (Heureux l'homme qui aura trouvé cette science et à qui afflue cette prudence [autres manuscrits: providence] de Saturne.)

L'alchimie postérieure connaît également, à côté du meurtre du dragon, celui du lion, au moins sous la forme du lion auquel on coupe les pattes[76]. En outre, le lion se dévore lui-même, comme le dragon[77]. Il n'est donc évidemment qu'une variante du dragon.

L'intention générale du processus de transformation, telle qu'elle est annoncée dans les visions, est la spiritualisation du sacrificateur: il doit devenir *pneuma*. Il est dit aussi qu'il veut «transformer les corps en sang, faire que les yeux voient et que les morts ressuscitent». Dans une sorte de scène de glorification, il apparaît d'une blancheur éclatante et brillant comme le soleil à midi.

Dans le cours des visions, on voit tout de suite que le sacrificateur et la victime sont un seul et même être. Cette idée de l'unité de la *prima* et de

---

75. Voir mes exposés dans *Aion, op. cit.*, pp. 114 et *sq*.

76. Figure dans *Pandora* (1588). Voir aussi le frontispice du *Songe de Poliphile* de BEROALDE de VERVILLE, Paris, 1600.

77. Les représentations montrent la plupart du temps deux lions qui s'entre-dévorent. Mais l'ouroboros est également figuré souvent sous la forme de deux dragons qui se dévorent mutuellement. (*Viridarium Chymicum*, 1624, fig. LV.) [*Chymisches Lustgärtlein*, version allemande de cet album de 107 figures, a été réédité à Darmstadt en 1964. Trad. fr. en préparation. — *N. d. T.*]

l'*ultima materia*, du solvant et de la matière à dissoudre, pénètre l'alchimie du commencement à la fin. « *Unu est lapis, una medicina, unum vas, unum regimen, unaque dispositio.* » (Une est la pierre, une la médecine, un le vase, un le régime et une la disposition), est la formule clé du langage énigmatique des alchimistes[78]. Dans l'alchimie grecque, la même idée s'exprime dans la phrase : « ἓν τὸ πᾶν » (un est le tout). Le symbole en est l'*ouroboros* qui se dévore lui-même. Dans notre vision, c'est le prêtre qui, comme sacrificateur, se dévore lui-même comme victime. Cette automanducation se retrouve dans la pensée de saint Jean Chrysostome montrant que dans l'Eucharistie le Christ a bu son propre sang ; on peut ajouter pour compléter qu'il a aussi mangé sa propre chair. L'aspect horrible de la manducation dans le rêve de Zosime rappelle les repas orgiaques, les victimes animales dilacérées dans le culte de Dionysos. Ces animaux représentent Dionysos-Zagreus lui-même, dont le démembrement prépare, comme on le sait, l'apparition du νέος Διόνυσος (le nouveau Dionysos[79]).

Zosime nous apprend que la vision représente ou explique « la production des eaux ». Les visions elles-mêmes ne montrent qu'une transformation en *pneuma*. Toutefois *pneuma* et eau sont synonymes dans le langage des alchimistes[80], comme aussi dans celui des premiers chrétiens, chez qui l'eau signifie

---

78. Cité dans le «*Rosarium Philosophorum*», Art. Aurif., 1593, vol. II, p. 206.

79. Comparer le fragment des *Crétoises* d'Euripide (cité par DIETE-RICH : *Ein Mithrasliturgie*, 1910, p. 106) :

Ἁγνὸν δὲ βίον τείνων, ἐξ οὗ
Διὸς Ἰδαίου μύστης γενόμην
Καὶ νυκτιπόλου Ζαγρέως βούτας
Τὰς ὠμοφάγους δαῖτας τελέσας·

(... menant une existence sainte, grâce à laquelle je suis devenu un myste du dieu de l'Ida, Zeus, et ayant accompli les repas de chair crue du bouvier Zagreus qui erre la nuit.)

80. « *Est et coelestis aqua sive potius divina Chymistarum... pneuma, ex aetheris natura et essentia rerum quinta.* » (C'est aussi l'eau céleste, ou plutôt divine, des chymistes... le pneuma de la nature de l'éther, et la

le *spiritus veritatis*. On lit dans le *Livre de Cratès* :
« Tu liquéfies les corps, de sorte qu'ils se mêlent et
deviennent un liquide homogène ; celui-ci s'appelle
alors "l'eau divine[81]". » Ce passage correspond au
texte de Zosime affirmant que le prêtre veut « changer le corps en sang ». L'eau et le sang sont identiques chez les alchimistes. La transmutation signifie la
solutio ou *liquefactio*, qui est un synonyme de la
sublimatio car « l'eau » est également « feu ». « *Item
ignis... est aqua, et ignis noster est ignis et non
ignis.* » (En outre le feu... est eau, et notre feu est
feu et non-feu.) L'*aqua nostra* est « *ignea*[82] ». Notre
eau est de feu. Le « feu secret de notre philosophie »
(*secretus ignis nostrae philosophiae*) est « *nostra
aqua mystica* ». On bien l'*aqua permanens* est « la
forme ignée de l'eau véritable » (*forma ignea verae
aquae*[83]). L'*aqua permanens* (l'eau divine [ὕδωρ
θεῖov] des Grecs) signifie aussi « *spiritualis sanguis*[84] » et est identifiée avec l'eau jaillie du côté

quintessence des choses.) HERMOLAUS BARBARUS : *Coroll. in Dioscoridem.* Cité par M. MAIER : *Symbola Aureae Mensae*, 1617, p. 174. « *Spiritus autem in hac arte nihil aliud ac aquam indicat.* ») (Dans cet art,
l'esprit n'indique pas autre chose que l'eau.) (THEOBALD de HOGHELANDE
in *Theat. Chem.*, 1602, I, p. 196.) « L'eau est un « *spiritus extractus* » ou
un « *spiritus qui in ventre (corporis) occultus est et fiet aqua et corpus
absque spiritu : qui est spiritualis naturae* » (un esprit qui est caché dans
le ventre [du corps] et qui deviendra eau et corps sans esprit : il est de
nature spirituelle). (MYLIUS : *Philosophia Reformata*, 1622, p. 150.) Cette
citation permet de voir clairement à quel point « l'eau » et « l'esprit » sont
étroitement liés dans la pensée des alchimistes. « *Sed aqua caelestis gloriosa scilicet aes nostrum et argentum nostrum, sericum nostrum totaque
oratio nostra, quod est unum et idem scl. sapientia, quam Deus obtulit
quibus voluit.* » (Mais la glorieuse eau céleste, c'est-à-dire notre airain et
notre argent, notre soie et notre prière tout entière [ou : l'objet de notre
prière], qui constituent une seule et même chose, c'est-à-dire la sagesse
que Dieu a offerte à qui il a voulu.) « *Consilium Conjugii* » in *Ars Chemica*, 1566, p. 120.)

    81. BERTHELOT : *La Chimie au Moyen Age*, 1893, III, p. 53. MYLIUS :
Philosophie Reformata, 1622, pp. 121 et 123. Sur l'égalité Eau = sang
= feu, voir RIPLEY : *Opp.*, 1649, pp. 162, 197, 295 et 427.

    82. RIPLEY : *Opp.*, 1649, p. 62.

    83. « *Rosarium Philosophorum* » in *Art Aurif.*, 1593, vol. II, p. 264.

    84. MYLIUS : *loc. cit.*, p. 42.

transpercé du Christ. Henri Khunrath dit de l'eau:
« Ainsi s'ouvrira pour toi un flux salutaire qui naît
du cœur du fils du grand monde. » C'est une eau
« que le fils du grand monde fait couler vers nous de
son corps et de son cœur en une *aqua vitae* véritable
et naturelle[85] ».

De même qu'une eau de grâce et de vérité
s'écoule du sacrifice du Christ, une « eau divine »
naît de l'action sacrificielle dans la vision de Zosime.
Nous la rencontrons déjà dans le vieux traité « *Isis à
Horus*[86] », où l'ange Amnaël l'apporte dans un vase à
la prophétesse. Puisque Zosime appartenait peut-être
à la secte de Poimandrès, on doit aussi rattacher à ce
contexte le cratère que Dieu a rempli du *noûs* et
qu'il a destiné aux hommes qui doivent parvenir à
l'ἔννοια[87]. Or le *noûs* est identique au Mercure de
l'alchimie. Ceci ressort déjà de la citation d'Ostanès
qui figure chez Zosime : « Va vers les courants du
Nil et tu trouveras là une pierre ayant un esprit.
Prends-la et coupe-la en deux ; mets ta main dans
l'intérieur et tires-en le cœur : car son âme est dans
son cœur[88]. » Zosime commentant cette phrase dit
qu'avoir un esprit « est une expression figurée pour
désigner l'extraction du Mercure *(exhydrargyrosis)* ».
Au cours des premiers siècles chrétiens, les mots
noûs et *pneuma* étaient employés côte à côte, si bien
qu'ils pouvaient facilement être substitués l'un à
l'autre. En outre la relation du mercure à l'esprit est
une très ancienne donnée astrologique. Comme Hermès, Mercure (l'esprit planétaire) est un dieu des
révélations qui ouvre à l'adepte le secret de l'art.
Le *Liber Quartorum* auquel, puisqu'il est d'origine harranienne, on ne doit pas assigner une date
plus tardive que le Xe siècle, dit à propos de Mercure :

85. Henri KHUNRATH: *Von Hylealischen Chaos*, etc., 1957, pp. 274
et *sq.*

86. BERTHELOT: *Alch. grecs*, I, XIII.

87. *Ibid.*: III, LI, 8 et *Corpus Hermeticum*, IV, 4.

88. *Ibid.*: III, VI, 3 (trad. BERTHELOT-RUELLE).

«*Ipse enim aperit clausiones operum cum ingenio et intellectu suo*[89].» Il est en outre «l'âme des corps», l'«*anima vitalis*[90]». Ruland le définit comme «un esprit devenu terre[91]». Le Mercure est un esprit qui pénètre dans la profondeur du monde corporel avec une action transformante. De même que le *noûs*, le Mercure est symbolisé par le *serpent*. Chez Michel Maier, il indique le chemin du paradis terrestre[92]. Il est identifié à Hermès Trismegiste[93]. Il est également désigné comme «médiateur[94]», «homme primordial» «l'Adam hermaphrodite[95]». Il ressort de nombreux textes que le Mercure est aussi bien une eau qu'un feu, lesquels caractérisent à leur tour la nature de l'esprit[96].

Le meurtre par le glaive est un thème qui revient souvent dans les traités alchimiques. L'«œuf philosophique» est ouvert à l'aide de l'épée et le «roi» est transpercé pareillement. C'est également par l'épée qu'est mis en pièces le dragon, ou le «*corpus*» qui était représenté comme le corps d'un homme auquel on a tranché les membres et la tête[97]. Au lion aussi, comme nous l'avons dit, on coupe les pattes avec l'épée. L'épée alchimique opère en effet la *solutio* ou *separatio elementorum* grâce à laquelle est reproduit

---

89. «Car c'est lui qui ouvre ce qui est fermé dans les œuvres à l'aide de son esprit et de son intelligence.» Je citerai en outre STEB: *Cœlum Sephiroticum*, 1679. «*Omnis intellectus acuminis author ... a cœlesti mercurio omnium ingeniorum vim provenire.*» (L'auteur de toute pénétration intellectuelle... la puissance de tous les esprits proviennent en effet du Mercure céleste.) Sur l'aspect astrologique voir BOUCHÉ-LECLERCQ: *L'Astrologie grecque*, 1839, pp. 321 et *sq.*

90. *Aurora Consurgens.* Chez MYLIUS (*Phil. Ref.*, p. 533), c'est un dispensateur de vie.

91. *Lexicon Alchemiae*, 1612.

92. «*Symbol*». *Aur. Mens.*, 1617, p. 592.

93. *Eod. loc.*, p. 600.

94. Chez RIPLEY: *Opp.*, préface, et H. KHUNRATH: *Von Hyl. Chaos*, le Mercure joue un rôle assez semblable à celui de l'Ame du Monde chez Plutarque.

95. DORN in *Theat. Chem.*, 1602, vol. I, p. 589.

96. Sur le Mercure, voir mon exposé dans: *Symbolik des Geistes, op. cit.*, pp. 71 et *sq.*

97. Figure dans «*Splendor Solis*» in *Aureum Vellus*, 1598.

l'état initial de chaos, si bien qu'une nouvelle *impressio formae* (impression de forme) ou imaginatio permet alors de créer un corps nouveau et plus parfait. C'est pourquoi l'épée est désignée comme étant ce qui « tue et vivifie » (*occidit et vivificat*), expression également-ment employée à propos de l'*aqua permanens* ou *mer-curialis*. Le Mercure est un donneur de vie aussi bien qu'un destructeur de la forme ancienne. L'épée qui, dans le symbolisme de l'Eglise, sort de la bouche du Fils de l'Homme apocalyptique, est, d'après Héb., IV, 12, le *Logos*, le *Verbum Dei*, donc le Christ lui-même. Cette analogie a naturellement trouvé place dans l'ima-gination des alchimistes, toujours à la recherche d'expression. Le Mercure était bien leur mediator et salvator, leur *Filius macrocosmi* (par opposition au Christ, *Filius microcosmi*[98]), celui qui dissout et sépare. Le Mercure est aussi l'épée parce qu'il est un esprit pénétrant (*penetrabilior ancipiti gladio* : plus pénétrant qu'un glaive à deux tranchants). Un alchimiste du XVIe siècle, Gérard Dorn, déclare que, dans notre monde, l'épée s'est transformée dans le Christ, notre rédempteur, ce qu'il explique de la façon suivante : « Longtemps après (la chute d'Adam) Dieu est entré au plus intime de ses secrets et là, comme son amour avait pitié tandis que sa justice était accusatrice, il décida d'ôter des mains de l'ange le glaive de sa colère et il lui substitua un hameçon d'or à trois dents, tandis que le glaive était suspendu à l'arbre ; ainsi la colère de Dieu se changea en amour... enfin lorsque la paix et la justice se furent embrassées, une eau de grâce s'écou-lant d'en haut descendit en plus grande abondance, arrosant désormais le monde entier[99]. »

98. Cf. H. KHUNRATH : *Von Hyl. Chaos*, 1597 et *Amphitheatrum Sapientiae Aeternae*, 1604.

99. Gérard DORN : « *Speculativa Philosophia* » in *Theat. Chem.* 1602, I, pp. 284 et sv. Voici le texte dans son intégralité : « *Post primam hominis inobedientiam, Dominus viam hanc amplissimam in callem strictissimam difficilimamque (ut videtis) restrinxit, in cujus ostio collocavit Cherubim angelum, ancipitem gladium manu tenentem, quo quidem arceret omnes ab introitu felicis patriae : hinc deflectentes Adae filii propter peccatum*

Ce passage, qui pourrait se rencontrer dans les
œuvres d'un Raban Maur ou d'un Honoré d'Autun et

primi sui parentis, in sinistram latam sibimet viam construxerunt, quam evi-
tasitis. Longo postea temporis intervallo D.O.M. secreta secretorum suorum
introivit, in quibus amore miserente, accusanteque justitia, conclusit
angelo gladium irae suae de manibus eripere, cujus loco tridentem hamum
substituit aureum, gladio ad arborem suspenso : et sic mutata est ira Dei in
amorem, servata justitia : quod antequam fieret, fluvius iste non erat, ut jam,
in se collectus, sed ante lapsum per totum orbem terrarum roris instar
expansus aequaliter : post vero rediit unde processerat, tandem ut pax et
justitia sunt osculatae se, descendit affluentius ab alto manans aqua gratiae,
totum nunc mundum alluens. In sinistram partem qui deflectunt, partim sus-
pensum in arbore gladium videntes, ejusque noscentes historiam, quia
mundo nimium sunt insiti, praetereunt : nonnulli videntes ejus efficaciam
perquirere negligunt, alii nec vident, nec vidis se voluissent : hi recta pere-
grinationem suam ad vallem dirigunt omnes, nisi per hamos resipicentiae
vel poenitentiae nonnulli retrahantur ad montem Sion. Nostro jam saeculo
(quod gratiae est) mutatus est gladius in Christum salvatorem nostrum qui
crucis arborem pro peccatis nostris ascendit. Haec omnia legum naturae,
divinaeque, tum gratiae tempora denotant. » (Après la désobéissance du premier homme, Dieu réduisit cette voie très large en un sentier très étroit et très
difficile [comme vous le voyez], et il plaça à sa porte un ange chérubin tenant
à la main une épée à deux tranchants, pour qu'il défendît à tous l'entrée de la
patrie bienheureuse : les fils d'Adam, s'en détournant à cause de la faute de
leur premier père, construisirent pour eux-mêmes une voie large allant vers la
gauche, que vous avez évitée. Après un long espace de temps, le Dieu Très-
Puissant et Très-Grand est entré au plus intime de ses secrets, et là, comme son
amour avait pitié tandis que sa justice se faisait accusatrice, il décida d'ôter des
mains de l'ange le glaive de la colère, et il lui substitua un hameçon d'or à trois
dents, tandis que le glaive était suspendu à l'arbre ; et ainsi la colère de Dieu
se changea en amour, la justice demeurant sauve. Avant que cela ne se produisît,
le fleuve que voilà n'était pas, comme désormais, rassemblé en lui-même, mais
avant la chute il était également répandu à travers la terre tout entière, telle une
rosée ; ensuite il revint à son point de départ, et enfin, lorsque la justice et la
paix se furent embrassées (Ps. 84, II, Vulg.), une eau de grâce s'écoulant d'en
haut descendit en plus grande abondance, arrosant désormais le monde
entier. De ceux qui se détournent à gauche, les uns, voyant le glaive suspendu
à l'arbre et connaissant son histoire, périssent parce qu'ils sont trop attachés au
monde ; certains, voyant son efficacité, négligent de s'en enquérir, d'autres ne
le voient pas et ne voudraient pas l'avoir vu : ceux-là dirigent tous leur marche tout droit vers la vallée, sauf certains qui sont ramenés par les hameçons
du repentir ou de la pénitence vers le mont Sion. Maintenant, en notre siècle
[qui est un siècle de grâce], le glaive s'est changé dans le Christ notre sauveur qui est monté à l'arbre de la croix pour nos péchés. Toutes ces choses
indiquent les temps des lois de la nature et aussi de la grâce divine.) Voir
aussi le chapitre IV du présent Livre, ainsi que le Livre VI de cet ouvrage.

qui ne serait pas indigne d'eux, se trouve toutefois dans un contexte qui révèle la doctrine secrète des alchimistes : une conversation entre *animus, anima,* et *corpus,* La fontaine d'où jaillissent les eaux (*scaturiunt aquae*), c'est la *sophia,* c'est-à-dire la *sapientia,* la *scientia* ou *philosophia* de l'alchimiste. Cette sagesse est le *noûs lié* et caché dans la matière, le « *serpens mercurialis* » ou l'« *humidus radicale* » qui apparaît au jour sous la forme du « *viventis aquae fluvius de montis apice* » (du fleuve d'eau vivante [sorti] du sommet de la montagne)[100]. C'est l'eau de la grâce, l'*aqua permanens* ou *divina* qui arrose désormais le monde entier. La transformation de Dieu qui semble être celle du Dieu de l'Ancien Testament dans celui du Nouveau est en réalité celle du *Deus absconditus* (le dieu caché), c'est-à-dire de la « *Natura-abscondita* », dans la « *medicina catholica* » de la sagesse alchimique[101].

La fonction séparatrice de l'épée, qui joue précisément un rôle important dans l'alchimie, est préfigurée dans l'*épée enflammée de l'ange* qui sépare les premiers parents du paradis comme le fait ressortir le texte de Dorn cité plus haut (angelo gladium irae eripere). La séparation par l'épée se rencontre encore dans la gnose des Ophites : le cosmos terrestre est entouré d'un cercle de feu qui contient en même temps le paradis. Toutefois le paradis et le cercle de feu sont séparés par « l'épée flamboyante[102] ». On trouve une interprétation remarquable de l'épée flamboyante chez Simon le Mage[103] : il existe une réalité

---

100. La remarque suivante de Dorn vise la même direction, *loc. cit.,* p. 288 : «(*gladium*) *arbori supra fluminis ripam suspensum fuisse*». (Le glaive fut suspendu à l'arbre sur la rive du fleuve.)

101. Dorn dit lui-même quelques lignes plus loin : «*Scitote, fratres, omnia quae superius dicta sunt et dicentur in posterum, intelligi posse de praeparationibus alchemicis.*» (Sachez, frères, que tout ce qui a été dit plus haut et qui sera dit plus loin peut s'entendre des préparations alchimiques.)

102. Leisegang : *La Gnose,* trad. cit., p. 60.

103. Hippolyte : *Elenchos,* Ed. P. Wendland, 191, vol. III, vi, 4 et *sq.*

incorruptible qui est virtuellement présente en chacun, c'est le pneuma de Dieu « qui se tient au-dessus et au-dessous dans le courant de l'eau ». Simon dit de lui : « Moi et toi, toi avant moi, moi, celui qui est après toi. » C'est une vertu qui s'engendre elle-même, qui se fait croître elle-même ; elle est sa propre mère, sa sœur, sa fiancée, sa fille, son propre fils, sa mère, son père, une unité, une racine du Tout. Elle est, dans le fond de son être, un désir intense de procréation qui naît du feu. Le feu est en rapport avec le sang qui « possède une forme chaude et rouge comme le feu ». Le sang se change en sperme chez l'homme, en lait chez la femme. Cette métamorphose est « l'épée flamboyante qui subit des changements[104] afin de garder le chemin de l'arbre de vie ». Le principe présent dans le sperme et le lait se transforme en père et mère. L'arbre de vie est gardé par l'épée de feu qui se transforme. C'est la septième vertu qui naît d'elle-même. « En effet, si l'épée enflammée ne se transformait pas, ce beau bois serait anéanti et périrait. Au contraire, se change-t-elle en sperme et en lait, l'entité qui réside en cet arbre en puissance, si le Logos survient, ainsi que le lieu du Seigneur dans lequel il est engendré, atteindra à sa pleine grandeur et, partie d'une petite étincelle, croîtra, et sa puissance infinie, immuable, sera égale à un Aeon immuable qui, de l'infinie éternité, ne rentrera plus dans le devenir[105]. » Il ressort clairement de ce remarquable aperçu de la doctrine de Simon le Mage donné par Hippolyte que l'épée n'est plus conçue comme un simple instrument de séparation. Elle est également elle-même la force qui se transforme, pas-

---

104. [*Wandlungssubtanz* signifie à la fois : « substance transformante » et « substance à transformer ». Jung emploie ce terme tantôt dans l'un ou l'autre de ces sens, tantôt — c'est le cas le plus fréquent — dans une acception équivoque et conforme à la doctrine alchimique de la « substance une », de la manière qui est en même temps le vase. C'est pourquoi nous avons généralement traduit par : « substance de transformation », expression qui conserve l'ambiguïté de l'original. — *N.d.T.*]

105. Leisegang, *loc. cit.*

sant de ce qu'il y a de plus petit à ce qu'il y a de plus grand, de l'eau, du feu et du sang jusqu'à l'éon infini. Il s'agit d'une transformation de l'esprit de vie dans l'homme jusqu'à devenir une forme divine. L'être naturel dans l'homme se change en *pneuma*, comme il est dit dans la vision de Zosime. La description du *pneuma* créateur, de la substance de transformation proprement dite correspond chez Simon, de façon exacte et dans le moindre détail, à l'ouroboros, au *serpens mercurialis* des Latins. Lui aussi est père, mère, fils et fille, frère et sœur, «depuis les tout premiers temps jusqu'à la fin de l'alchimie[106]». L'ouroboros s'engendre lui-même, se sacrifie lui-même et il est instrument de son propre sacrifice, car il est un symbole de l'eau mortelle et vivifiante[107].

Les idées de Simon projettent également une clarté singulière sur le passage de Dorn cité plus haut, où l'épée de la colère se transforme jusqu'à devenir divinité in Christo. Si les *Philosphoumena* d'Hippolyte n'avaient pas été découverts seulement au XIXᵉ siècle dans un couvent du mont Athos, on devrait incliner à penser que Dorn les a utilisés. Il existe dans l'alchimie d'autres symboles encore à propos desquels on se demande si leur apparition doit être attribuée à une tradition directe, à l'étude des hérésiologues ou à une résurgence spontanée[108].

L'épée utilisée comme instrument du sacrifice se retrouve par la suite dans le vieux traité «*Consilium*

---

106. C'est pourquoi il est désigné comme hermaphrodite.

107. En tant qu'il est son propre meurtrier, il est représenté par le scorpion.

108. Je n'ai trouvé jusqu'à présent qu'un seul auteur alchimique qui avoue avoir lu EPIPHANE, tout en proclamant son horreur sincère de l'hérésie. Le silence des alchimistes dans ce domaine n'a, il est vrai, rien de surprenant, puisque le simple voisinage de l'hérésie mettait leur vie en danger. Ainsi, quatre-vingt-dix ans après la mort de Trithème de Spanheim qu'on dit avoir été le maître de Paracelse, l'abbé Sigismond de Séon devait encore composer une apologie dans laquelle il s'efforçait de laver Trithème du reproche d'hérésie. (*Trithemius sui ipsius vindex*. Ingolstadt, 1616.)

Conjugii de Massa Solis et Lunae». «Oportet enim
utrumque occidi gladio proprio.» (Il importe en effet
que tous deux soient tués par leur propre épée.
«Tous deux» se rapporte au soleil et à la lune[109]).
Dans un traité encore plus ancien qui remonte
peut-être au XIe siècle, le *Tractatus Micreris*[110], nous
rencontrons l'épée de feu dans une citation d'Ostanès : «*Astanus (Ostanes) maximus ait : Accipe ovum
et igneo percute gladio, ejusque animam a corpore
sequestra.*» (Le très grand Astanus [Ostanes] dit :
Prends l'œuf, coupe-le avec l'épée de feu et sépare
son âme de son corps[111].) L'épée apparaît ici comme
ce qui sépare le corps et l'âme l'un de l'autre. Cette
séparation correspond à celle du ciel et de la terre,
du cercle de feu et du paradis, du paradis et des premiers parents. Dans un autre traité ancien, «*Allegoriae Sapientum supra Librum Turbae*», nous
retrouvons même la totalité du rite sacrificiel : «*Item
accipe volatile, et priva capite igneo gladio, deinde
pennis denuda et artus separa, et supra carbones
coque quousque unus color fiat*[112].» Il est ici question de décapiter avec une épée de feu, puis de raser,
ou plutôt, dans le cas présent, de «plumer» et finalement de cuire. Le coq, dont il s'agit vraisemblablement ici, est simplement désigné comme «*volatile*»
ce qui signifie normalement un «esprit», mais, de
toute évidence, un esprit encore imparfait par nature
qui a besoin d'être amélioré. Dans un autre traité,
également ancien, qui est désigné de façon analogue
du nom d'«*Allegoriae Super Librum Turbae*[113]»,

109. *Ars Chemica*, 1566, p. 256. Reproduit dans MANGET :
Bibliotheca Chemica, 1702, II, p. 235.

110. «*Micreris*» est sans doute une corruption de Mercurius. Le traité
est reproduit dans *Theat. Chem.*, 1662, V, pp. 101 et sv.

111. *Theat Chem.*, V, p. 103.

112. *Theat. Chem.*, 1622, V, p. 68. «Prends le volatile et prive-le de
tête avec l'épée flamboyante, puis dépouille-le de ses plumes et sépare
ses membres, cuis-le sur des charbons jusqu'à ce qu'il devienne d'une
seule couleur.

113. *Art. Aurif.*, 1593, I, pp. 139 et sv.

nous trouvons les variantes suivantes qui complètent notre passage : «*Matrem (materiam primam) mortifica, manus ejus et pedes abscindens*[114].» «*Viperam sume... priva eam capite et cauda*[115]» «*Recipe Gallum... vivum plumis priva*[116]» «*Accipe hominem, tonde eum et trahe super lapidem*[117].» «*Accipe vitrum cum sponso et sponsa et projice eos in fornacem et fas assare per tres dies et tunc erunt duo in carne una*[118].» «*Accipe illum album hominem de vase*[119].»

Il est permis de soupçonner que ces recettes constituent de vieilles prescriptions en vue de fins magiques qui rappellent celles des papyrus magiques grecs[120]. Je mentionnerai par exemple une recette tirée du papyrus Mimaut (lignes 2 et sv.) : « Prends un chat et fais-en Osiris (ἀποθέωσις, sacrifice) en plongeant son corps dans l'eau. Et, le prenant, asphyxié, parle dans son dos. » Voici un autre exemple tiré du même papyrus (l. 425) : « Prends une huppe, arrache son cœur, transperce-le avec un roseau, découpe son cœur et jette-le dans du miel attique... »

On procédait effectivement à de pareils sacrifices en vue d'évoquer le *paredros,* le *spiritus familiaris.* (Méphisto est le *familiaris* de Faust.) Que de telles pratiques aient été réalisées ou tout au moins conseillées par les alchimistes, cela ressort du *Liber Quartorum*[121], où il est question des oblations et des

114. « Mortifie la mère (la matière première) en lui coupant les mains et les pieds », *loc. cit.,* p. 151.

115. « Prends la vipère... prive-la de sa tête et de sa queue », *loc. cit.,* p. 140.

116. « Prends un coq... prive-le vivant de ses plumes », *eod. loc.*

117. « Prends un homme, tonds-le et porte-le sur la pierre » (« Sèche-le sur une pierre chaude »).

118. « Prends le verre avec l'époux et l'épouse, jette-les dans la fournaise et fais-les rôtir pendant trois jours, alors ils seront deux en une seule chair », *loc. cit.,* p. 151.

119. « Tire ce fameux homme blanc du vase... » *eod. loc.,* p. 151.

120. *Papyri Graecae Magicae,* édités et publiés par Karl Preisendanz : 2 vol., 1928 et 1931.

121. *Theat. Chem.,* 1622, V, p. 153.

sacrifices offerts à l'esprit planétaire. Un autre passage pourrait indiquer une raison plus profonde encore. On y souligne que le vase doit être rond « à l'imitation de ce qui est en haut et de ce qui est en bas ». L'*artifex* est désigné comme « celui qui transforme le firmament et le crâne » (*testa capitis*). La « chose ronde » est la « chose simple » dont on a besoin dans l'œuvre. Elle est projetée du crâne « *videlicet capitis elementi hominis* » c'est-à-dire de l'élément capital de l'homme[122]).

On se demande jusqu'à quel point ces prescriptions doivent être prises à la lettre. A cet égard, un récit de l'écrit harranien « *Ghâya al-hakîm* » est très éclairant :

Le patriarche jacobite Denys I raconte qu'en l'an 765 un homme destiné à servir de victime, effrayé à la vue de la tête ensanglantée de son prédécesseur, s'enfuit et alla dénoncer les prêtres de Harran auprès d'Abbas, préfet de Mésopotamie. Le khalife Mamoun aurait dit en 930 aux envoyés harraniens : « Vous êtes donc certainement ces gens de la tête auxquels mon père Raschid a eu affaire. » La Ghâya nous apprend ce qui suit : un homme blond aux yeux bleus est attiré dans une salle du temple et il y est plongé dans un tonneau rempli d'huile de sésame. Il est enfermé dans le récipient de manière que seule sa tête dépasse. Il reste là pendant quarante jours et, pendant ce temps, il n'est nourri que de figues trempées dans l'huile de sésame. On ne lui donne pas une goutte d'eau. Par ce traitement, son corps est macéré au point de devenir mou comme de la cire. On procède souvent à des encensements du prisonnier et on prononce sur lui des formules magiques. Pour finir, on lui tranche la tête au niveau de la première vertèbre cervicale tandis que le corps demeure dans l'huile. La tête est alors mise dans une niche sur un tas de cendre d'olives et elle est entourée de coton.

122. *Loc. cit.*, p. 151. A cette question se rapportent encore : *loc. cit.*, pp. 127, 128, 130, 149, etc.

Elle est de nouveau encensée et fournit des révélations sur la pénurie ou l'abondance des récoltes, sur les changements de dynasties et sur les événements à venir. Ses yeux voient mais ses paupières ne remuent plus. La tête leur manifeste aussi leurs pensées intimes. On lui aurait également posé des questions concernant les sciences et les métiers[123].

Même si la possibilité n'est pas exclue qu'une tête factice ait remplacé par la suite la vraie tête, l'idée de cette cérémonie paraît faire allusion à un sacrifice humain primitif, en particulier si on la rapproche du texte du *Liber Quartorum* cité plus haut. Toutefois la représentation d'une tête mystérieuse est sans doute plus ancienne que l'école de Harran. Chez Zosime déjà, nous rencontrons le nom «d'enfants de la tête, car le *Liber Quartorum*, de son côté, met le vase rond que Zosime appelle Ω (oméga). Ce symbole doit désigner la tête, car le Liber Quartorum, de son côté, met le vase rond en relation avec la tête. En outre Zosime mentionne à différentes reprises «la pierre toute blanche qui est dans la tête» ou «encéphale». (τὸν πάνυ λευκότατον λίθον τὸν ἐγκέφαλον[124].) Cette idée remonte vraisemblablement à la *tête d'Osiris* séparée des autres parties de son corps, qui avait traversé la mer et qui, pour cette raison sans doute, était mise en relation avec la résurrection. Dans l'alchimie postérieure, la «tête d'Osiris» joue également un rôle.

Il convient de mentionner dans ce contexte la légende qui circulait sur Gerbert de Reims († 1003), devenu plus tard le pape Sylvestre II: il aurait possédé une *tête d'or* qui lui rendait des oracles. Gerbert fut un des plus grands savants de son temps et il est connu pour avoir servi d'intermédiaire dans la transmission de la science arabe[125]. Peut-être la tra-

123. M. J. de GOEJE in: VIᵉ Congrès des Orientalistes, 1883, II, p. 365.

124. BERTHELOT: *Alch. grecs*, III, XXIX, 4, et aussi I, IC, I et III, II, I.

125. THORNDIKE: *A History of Magic and Experimental Science*, vol. I, p. 705.

duction du *Liber Quartorum*, qui est d'origine harranienne, remonterait-elle à cet auteur ? Il y a malheureusement peu de chance pour que la preuve puisse
en être apportée.

La tête oraculaire des Harraniens doit, comme on
l'a déjà soupçonné d'un autre côté, être rapprochée
du théraphim judaïque. La tradition rabbinique tient
le théraphim pour avoir été à l'origine soit une tête
ou un crâne humain coupé, soit une tête artificielle[126]. On avait les théraphim chez soi comme des
sortes de pénates (une pluralité, de même que les
Lares et les Cabires). L'idée qu'ils devaient être une
tête se réfère à I Samuel, XIX, 13, où l'on décrit la
manière dont Michal, femme de David, plaça le théraphim dans le lit de son mari pour tromper les
émissaires de Saül : « Michal prit le théraphim, elle
le plaça sur le lit, mit à son chevet une tresse en
poil de chèvre et le couvrit d'un vêtement. »
L'expression « tresse en poil de chèvre » est obscure
dans le texte hébreu et a même fait interpréter le théraphim comme un « bouc ». Mais on devrait peut-être
penser plutôt ici à une perruque, ce qui conviendrait
mieux à l'image d'un homme allongé dans un lit.
Cette interprétation repose encore sur un autre argument indiqué dans une légende. Celle-ci provient
d'un recueil de Midraschs du XIIIᵉ siècle et elle
figure dans un livre de M. I. Bin Gorion : *Die Sagen
der Juden* (1935, p. 325[127]). La voici : « Les théraphim étaient des idoles que l'on obtenait de la façon
suivante ; on coupait la tête à un homme qui devait
être un premier-né et on lui arrachait les cheveux.
Puis la tête était saupoudrée de sel et ointe d'huile.
Puis on prenait une tablette de cuivre ou d'or sur
laquelle on écrivait le nom d'une idole et on la mettait sous la langue de la tête coupée. La tête était

---

126. Sɪɴɢᴇʀ : *The Jewish Encyclopaedia,* 1906, vol. XII, s.v. Thera-
phim.

127. Je dois la connaissance de cette tradition à une amicale commu-
nication de Mlle R. Schärf.

placée dans une salle; on allumait des cierges et on s'inclinait devant elle. Et il arrivait que, tandis qu'on était prosterné devant elle, la tête se mettait à parler et répondait à toutes les questions qu'on lui posait.»

Il s'agit manifestement d'un rite parallèle à celui des Harraniens. Les cheveux arrachés paraissent être importants, car ils sont l'équivalent de la chevelure scalpée ou rasée et, par suite, du mystère de la renaissance. Il n'est pas impensable que le crâne chauve ait été ensuite recouvert d'une perruque à l'occasion d'un rite de renouvellement, comme on le rapporte également des Egyptiens.

Il existe une certaine vraisemblance pour que ce procédé magique soit d'origine primitive. Je dois à l'écrivain sud-africain Laurens van der Post la relation du fait suivant:

«La tribu dont il est question dans ce récit est une branche du peuple bantou, la grande nation Swazi. Le vieux chef était mort depuis quelques années et son fils, jeune homme de caractère faible, lui avait succédé. Il se révéla bientôt si incapable que ses oncles convoquèrent une assemblée des anciens de la tribu. Ceux-ci décrétèrent qu'il fallait faire quelque chose pour rendre leur chef plus fort et consultèrent à cette fin les *medicine-men* de la tribu. Ces derniers lui firent prendre une «médecine». Mais ce «traitement» demeura sans résultat. Une seconde assemblée eut lieu et, cette fois, les anciens décidèrent d'exiger des *medicine-men* l'emploi de la médecine toute-puissante, puisque la situation politique devenait peu à peu critique et que le prestige comme l'autorité du chef déclinaient rapidement.

«A la suite de cette décision, un demi-frère du chef, garçonnet de douze ans, fut choisi pour servir de matière première à la "médecine". Un après-midi, un sorcier se rendit dans le pâturage où l'enfant gardait les vaches et il lia conversation avec lui. Il tira d'une corne une poudre qu'il versa dans sa main et il la souffla, à l'aide d'une tige de roseau, dans l'oreille et le nez du garçonnet. Un témoin me rapporta que l'enfant se mit aussitôt à tituber comme un homme ivre et qu'il tomba finalement à terre où son corps était parcouru de frissons. On le descendit ensuite jusqu'à la rivière et, là, il fut attaché à la racine d'un arbre. On répandit la même poudre autour de lui et le sorcier dit: "Désormais cet humain ne mangera plus de nourriture, mais seulement de la terre et des racines." L'enfant demeura neuf mois dans le lit de la rivière. Certains disent qu'on lui construisit une cage qui était plongée dans l'eau, avec le garçonnet à l'intérieur, des heures durant, pour que l'eau coule sur lui et qu'il blanchisse. D'autres rapportent qu'on pouvait le voir marcher à quatre pattes dans le lit de la rivière. Bien qu'une école missionnaire se trouvât à cent yards seulement de là, les gens étaient si remplis de terreur que personne n'osait s'approcher de l'enfant, à l'exception de ceux à qui était confiée l'exécution du rite. Tous furent unanimes à déclarer qu'au bout de neuf mois ce jeune garçonnet bien nourri et en bonne santé était devenu semblable à une bête et que sa peau avait blanchi. Une femme déclara: "Ses yeux étaient blancs et son corps aussi blanc que du papier blanc." Comme le moment approchait où l'enfant devait être mis à mort, un vieux *medicine-man* fut appelé dans le kraal du chef et invité à consulter les esprits de la tribu. Il se rendit pour cela dans le kraal des bestiaux et s'y entretint avec les esprits. Il choisit ensuite une vache pour être abattue et, après qu'elle eut été immolée, il se rendit de nouveau dans la hutte du chef. On lui remit alors des parties du corps de l'enfant, qui avait été tué dans l'intervalle: d'abord une main dans un sac, puis un pouce et un orteil. Il coupa le nez, les oreilles et les lèvres (du mort), les mit avec de la «médecine» et fit cuire le tout au-dessus du feu dans un récipient d'argile ébréché. Il ficha une lance dans la terre de chaque côté de la marmite. Puis les douze assistants, y compris le chef, se penchèrent sur la marmite et aspirèrent la vapeur à longs traits, plongèrent les doigts dans le bouillon et se les léchèrent. Tous firent de même, à l'exclusion de la mère de l'enfant, qui était également présente. Elle inhala, mais se refusa à plonger les doigts dans le bouillon. Avec le reste du corps, le *medicine-man* fit un produit désigné du nom de pain et destiné au traitement des récoltes de la tribu. »

Ce rite magique, bien qu'il ne représente pas à proprement parler un « mystère de la tête », possède un certain nombre de traits communs avec les pratiques précédentes : le corps est macéré, c'est-à-dire transformé, au moyen d'une immersion de longue durée. La victime est mise à mort. Des parties importantes de la tête constituent l'ingrédient principal d'une médecine « rendant fort », destinée au chef et à son entourage immédiat. Le corps est transformé en une sorte de pain symbolique, qui est manifestement conçu aussi comme une « médecine fortifiante » pour les plantes alimentaires de la tribu. Le rite est un processus de transformation, une sorte de nouvelle naissance après une incubation de neuf mois dans l'eau. Laurens van der Post est d'avis que si le corps a été blanchi[128] c'est pour être rendu pareil à l'homme blanc qui possède la puissance politique. Je me déclarerai d'accord avec cette remarque, en observant toutefois qu'en de nombreux endroits s'enduire d'argile blanche signifie se transformer en les esprits (des ancêtres), de même que chez les Nandis les néophytes sont rendus invisibles : ils déambulent dans des huttes d'herbe coniques transportables et manifestent ainsi leur caractère invisible.

Le culte du crâne est une pratique primitive largement répandue. En Mélanésie et en Polynésie, ce sont principalement les crânes des ancêtres qui permettent de se mettre en rapport avec les esprits ou servent de palladium, comme aussi la tête d'Osiris en Egypte. Les crânes tiennent également une place de choix parmi les reliques des saints. Entrer dans le détail du culte du crâne entraînerait trop loin. Je ne

---

128. Cf. l'*homo albus* mentionné ci-dessus.

puis donc que renvoyer mon lecteur à la littérature[129].
Je voudrais seulement faire ressortir que les oreilles,
le nez et la bouche coupés peuvent représenter la tête
en tant que *pars, pro toto*, ainsi qu'en font foi de
nombreux exemples. De même, la tête ou certaines
de ses parties (le cerveau) est utilisée comme aliment
d'une efficacité magique ou comme moyen d'accroî-
tre la fertilité des champs.

Il est particulièrement significatif pour la tradition
alchimique de noter que la Grèce connaissait également la tête oraculaire. Elien (*Var. Hist.*, XII, 8) rapporte que Cléomène de Sparte conservait la tête de
son ami Archonide dans un pot de miel et la consul-
tait comme oracle. On disait la même chose de la
tête d'Orphée[130]. Onians indique très justement que
cette ψυχή dont le siège était dans la tête correspond à « l'inconscient » moderne, et cela à un stade
où la conscience était localisée, avec le θυμός et le
φρένες, dans la poitrine, ou dans la région du cœur.
C'est pourquoi le nom d'αἰῶνος εἴδωλον (image de
l'éternité) que Pindare donne à l'âme revêt une signification si extraordinaire, car l'inconscient collectif
ne rend pas seulement des « oracles », mais il représente aussi depuis toujours le microcosme.

Nous n'avons guère d'indications sur les sources
des visions de Zosime. Il doit s'agir en partie de traditions et en partie d'imaginations spontanées qui
proviennent des mêmes fondements archétypiques
dont sont sorties les premières. Comme le montrent
mes exemples, le contenu symbolique des visions de
Zosime, bien que singulier en lui-même, n'est nullement un fait isolé, mais il est intimement entremêlé
avec des conceptions plus anciennes que Zosime a
connues, les unes certainement, les autres peut-être,
et aussi avec des représentations parallèles d'une
antiquité difficile à fixer qui ont continué pendant de

129. HASTINGS : *Encycl. of Rel. and Ethics*, 1913, VI, pp. 535 et *sq.*
130. R. B. ONIANS : *The Origins of European Thought*, 1951, pp. 101
et *sq.*

nombreux siècles à influencer les alchimistes. La
pensée religieuse des premiers siècles chrétiens n'est
pas dépourvue de tout rapport avec l'esprit de
l'alchimie ; des fils y vont à celle-ci et en viennent,
de même que plus tard cette pensée a encore fécondé
la philosophie de la nature. Vers la fin du XVIᵉ siècle, l'opus alchimique fut même représenté sous
forme de messe. L'auteur de ce tour de force est
l'alchimiste hongrois Melchior Cibinensis. Ayant déjà
mentionné ce parallèle dans un autre contexte, je me
permets de renvoyer à mon ouvrage indiqué en
note[131].

Dans les visions de Zosime, le hiéreus qui devient
pneuma représente le processus de transformation de
la nature et le jeu concourant des forces naturelles
opposées. La philosophie chinoise classique a exprimé
ce phénomène par l'action énantiodromique conjointe
du yang et du yin[132]. Toutefois les personnifications
et les symboles singuliers qui caractérisent non seulement ces visions mais aussi l'alchimie en général,
montrent, de façon non seulement accessoire mais
essentielle, qu'il s'agit en l'occurrence d'un processus
psychique qui se déroule surtout dans l'inconscient
et, par suite, ne peut devenir conscient que par
l'intermédiaire du rêve ou de la vision. Pour l'époque

---

131. Voir *Psychologie et alchimie*, trad. cit., pp. 503 et *sq*. [Cet auteur
ne nous est connu que par les *Symbola Aurea Mensae* de Michel Maier
où se trouve exposée son interprétation alchimique de la messe. Nous
serions tenté de faire nôtre l'hypothèse émise à son sujet par A. E. Waite
(*The Brotherhood of the Rosy Cross*, Londres, 1924). Le savant historien
anglais est d'avis que M. Maier, ayant médité sur l'analogie entre le
grand œuvre et la messe et conscient de l'extrême audace de son idée,
n'aura rien trouvé de mieux que de la faire endosser par un prêtre catholique imaginaire. Le nom de Melchior Cibinensis, où l'on reconnaît *cibus* :
«aliment» (la Pierre philosophale comme l'eucharistie est un *cibus
immortalitatis*) paraît avoir été confectionné pour les besoins de la
cause. Un tel procédé serait conforme aux habitudes des écrivains alchimiques : ceux-ci — surtout les meilleurs, c'est-à-dire les plus conscients — n'en sont pas à une mystification près, mais toujours, bien
entendu, pour le bon motif. — [*N. d. T.*]

132. Voir à ce sujet l'exemple du *Yi King*, trad. cit.

de Zosime comme pour de nombreux siècles après lui, il n'existait aucune intuition, aucun concept de l'inconscient. Des contenus qui auraient pu être éprouvés comme inconscients étaient projetés dans l'objet, ou plus précisément se manifestaient comme des objets apparents ou des propriétés visibles de la nature, et n'étaient pas reconnus comme étant des expériences intérieures. Chez Zosime lui-même, il existe un nombre assez important de témoignages prouvant qu'il était parfaitement conscient de l'aspect spirituel ou mystique de son art philosophique. Toutefois ce qu'il saisissait n'était pas pour lui de nature psychique, mais un esprit qui avait ses racines dans les choses naturelles et non au fond de l'âme humaine. Il était réservé à la science naturelle moderne avec sa connaissance « objective » de la matière de « déspiritualiser » la nature. Toutes les projections anthropomorphiques furent retirées de l'objet l'une après l'autre, ce qui entraîna un double effet : d'une part l'identité mystique de l'homme avec la nature se trouva limitée à un degré jusque-là inouï[133], mais d'autre part le retrait des projections dans l'âme provoqua une telle animation de l'inconscient que l'âge moderne ne peut s'empêcher de postuler l'existence d'une psyché inconsciente. Les premiers linéaments d'une telle connaissance se rencontrent déjà chez Leibniz et Kant, puis l'évolution se précipite rapidement chez Schelling, Carus et von Hartmann, jusqu'à ce que la psychologie moderne soit venue faire tomber les dernières objections métaphysiques des psychologues philosophes et limiter l'idée de l'existence psychique aux énonciations psychologiques, c'est-à-dire à la phénoménologie psychologique. Le cours dramatique de la messe représente la mort, le sacrifice et la résurrection d'un Dieu, ainsi que l'inclusion et la participation du prêtre et

---

133. Une identité « mystique » c'est-à-dire inconsciente se rencontre dans le cas de projection où le contenu, projeté dans un objet étranger en soi, engendre un lien apparent entre lui et le sujet.

de la communauté des fidèles : sa phénoménologie peut sans doute, dans ces conditions, être mise en relation avec des manifestations religieuses fondamentalement analogues, bien que plus primitives. On doit, ce faisant, supporter le sentiment désagréable de « comparer les petites choses aux grandes ». Je désire toutefois, avec la connaissance que j'ai de l'âme primitive, souligner que l'« effroi sacré » des hommes civilisés ne diffère pas essentiellement de celui des primitifs, et que le Dieu présent et agissant dans l'action mystérieuse est pour l'un et l'autre un mystère caché. Même si les différences extérieures sont aussi voyantes que possible, on ne peut pas omettre de constater l'analogie ou l'identité du sens.

CHAPITRE III

Sur la psychologie de la messe

1. Généralités sur le sacrifice de la messe

Tandis qu'au chapitre II, dans la description du rite de la transsubstantiation, j'ai suivi l'interprétation de l'Eglise, je considérerai ici cette dernière comme un symbole. Cette manière de faire, en tant que méthode, ne *signifie pas un jugement sur la valeur des énonciations de la foi*. Bien que la science critique doive s'en tenir au point de vue qu'un avis, une opinion, ou une croyance n'exprime pas un autre état de choses réel qu'un état psychologique, on doit toutefois se rendre compte que ce qui s'est manifesté ainsi n'est pas un néant, mais qu'une expression a été ainsi prêtée à une réalité psychique, celle-là même qui, susceptible d'être saisie empiriquement, constitue le fondement de l'énonciation de la foi ou du rite. Si la psychologie «explique» une énonciation de ce genre, d'une part elle n'enlève rien à la réalité de l'objet de ladite énonciation, mais au contraire lui attribue une réalité psychique; d'autre part, on n'a pas ainsi attribué faussement une autre base à cette *énonciation* conçue comme métaphysique puisque, de toute manière, elle a toujours été un phénomène psychique. En lui donnant la qualification particulière de «métaphysique», on veut dire que son objet, par-delà son apparence de phénomène psychique, est soustrait à la prise de la perception et de l'intellect et ne peut, par conséquent, donner lieu à un jugement. Mais toute science trouve son terme dans l'inconnaissable. Elle ne serait pas une science si elle considérait comme définitives ses limites, qui reculent sans cesse, et si elle niait l'existence d'une réalité s'étendant au-delà. Il n'est pas de science qui prenne ses hypothèses pour une vérité définitive.

L'explication psychologique est aussi peu en contradiction avec les énonciations métaphysiques que par exemple l'explication de la matière donnée par les physiciens ne l'est avec la nature (encore inconnue ou inconnaissable) de cette dernière. La présupposition de la foi possède en elle-même la réalité d'un fait psychique. Mais, ce que nous posons avec le concept de « psyché », nous ne pouvons tout simplement ni le savoir ni le saisir, car la psychologie est dans cette situation fâcheuse que l'observateur et la chose observée y sont en dernière analyse identiques. Par malheur, il n'existe pour elle au-dehors aucun point d'Archimède, puisque toute perception est de nature psychique, et que nous n'avons qu'une connaissance indirecte de données non psychiques.

L'événement rituel de la messe a un double aspect, l'un humain et l'autre divin. Du côté humain, on voit les offrandes présentées à Dieu sur l'autel, qui signifient également la consécration que le prêtre et les fidèles font d'eux-mêmes. L'action rituelle sanctifie les dons et les donateurs. Elle rappelle et représente la dernière Cène célébrée par le Maître avec ses disciples, l'Incarnation, la Passion, la Mort et la Résurrection. Mais cette action anthropomorphique, considérée du point de vue divin, n'est pour ainsi dire que la coquille ou l'enveloppe dans laquelle se produit une action non pas humaine mais divine. Pour un instant, la vie du Christ, éternellement présente dans le domaine intemporel, devient visible et se déroule dans une succession temporelle, malgré la forme concentrée de l'action sacrée. Le Christ s'incarne comme homme sous l'apparence des substances offertes. Il souffre, subit la mort, est mis au tombeau, brise la puissance de l'enfer et ressuscite dans la gloire. Dans l'énoncé des paroles de la consécration, la divinité elle-même intervient, agissante et présente, et proclame par là que l'événement essentiel de la messe est entièrement un acte de sa grâce, dans lequel le prêtre ne joue que le rôle de ministre, de même que les fidèles et les substances offertes. Tous sont des *causae ministeriales* (des causes instrumentales) de l'événement sacré. La présence de la divinité elle-même embrasse toutes les parties de l'acte sacrificiel dans une unité mystique, si bien que c'est Dieu lui-même qui s'offre en sacrifice dans le prêtre, les fidèles et les substances, et qui s'offre en holocauste, sous la figure humaine du Fils, à lui-même en tant que Père.

Bien que cet acte soit un événement éternel, intérieur à la divinité, l'humanité s'y trouve incluse comme indispensable partie intégrante, et cela de la manière suivante: d'une part Dieu se revêt lui-même de la nature humaine, et d'autre part il a besoin de la coopération du prêtre et des fidèles, en tant que serviteur et même, oui, des substances matérielles du pain et du vin qui ont une signification spécifique primordiale pour les hommes. Bien que Dieu n'ait qu'une seule nature en tant que Père et Fils, il apparaît dans le temps, d'une part comme Père éternel et d'autre part comme homme doté d'une vie terrestre dont la durée est limitée. L'humanité est, en définitive, comprise dans cette nature humaine de Dieu, et c'est pourquoi elle est également incluse dans l'acte du sacrifice. Si la divinité est l'*agens* et le *patiens* de l'acte sacrificiel, c'est aussi le cas de l'homme dans la mesure de son pouvoir limité. La cause efficiente de la transsubstantiation est un acte de grâce spontané de la part de Dieu. La doctrine de l'Eglise insiste sur cette représentation, qui tend même en définitive à attribuer l'action préparatoire du prêtre et l'existence du rite à l'impulsion divine plutôt qu'à la nature indolente, empêtrée dans le péché originel, qui est celle de l'homme[134]. Cette conception est de la plus haute importance pour l'intelligence psychologique de la messe. Toute prédominance de l'esprit magique dans un rite place celui-ci dans le voisinage

---

134. Suivant Jean, vi, 44: «*Nemo potest venire ad me, nisi Pater, qui misit me, traxerit eum.*» (Nul ne peut venir à moi si le Père qui m'a envoyé ne l'a attiré.)

du désir de puissance égotiste, trop humain et même sous-humain, qui est celui de l'individu, et disloque ainsi l'unité du *Corpus mysticum* de l'Eglise. Là où, par contre, le rite est compris comme un acte de la divinité elle-même, l'homme qui s'y trouve inclus ne revêt qu'une signification «instrumentale». La conception de l'Eglise présuppose donc l'état de fait psychologique suivant: la conscience humaine (représentée par le prêtre et les fidèles) est confrontée avec un événement autonome, se déroulant sur une base transcendant la conscience («divin» et «intemporel»), qui ne dépend en aucune manière de l'activité humaine, mais par contre suscite une telle action, inclut même l'homme comme instrument et fait de lui l'intermédiaire par lequel est représenté l'événement «divin». Dans l'action rituelle, l'homme se met à la disposition d'un facteur «éternel» autonome, c'est-à-dire «agissant» au-delà des catégories de conscience existantes, un peu — *si parva licet componere magnis* — comme un bon acteur ne fait pas que représenter, mais se laisse saisir par le génie du dramaturge. *La beauté de l'action cultuelle* est requise de façon indispensable, car l'homme n'a pas servi Dieu comme il faut s'il ne le sert pas aussi dans la beauté. C'est pourquoi le culte n'a aucun *caractère pratique*: ce serait là une fin *utilitaire*, donc une catégorie purement humaine. Or, tout ce qui est divin *a sa fin en soi-même* et c'est d'ailleurs la seule fin en elle-même légitime que nous connaissions. Toutefois la manière dont une chose éternelle peut, en définitive, «agir» est une question dont il est préférable que l'homme ne se mêle pas, car elle ne saurait recevoir de réponse. Puisque, dans la messe, l'homme est un (libre) *instrument*, il est mal placé pour porter un jugement quelconque sur la main qui le conduit. Le marteau ne trouve pas en lui-même ce qui le fait frapper. Ce qui le saisit et le meut est quelque chose d'autonome qui se trouve en dehors de lui. L'événement de la consécration est essentiellement un miracle et il doit l'être, sinon l'homme pourrait se poser des questions à son sujet, se demander s'il doit évoquer Dieu magiquement ou s'il doit cultiver un étonnement philosophique sur la manière dont une réalité éternelle peut agir, alors qu'une « action » est un processus se déroulant dans le temps avec un commencement, un milieu et une fin. *Il faut* que la transsubstantiation soit un miracle que l'homme ne puisse comprendre à aucun prix. C'est un mysterium au sens d'un secret δεικνύμενον et δρώμενον (représenté et accompli). L'homme ordinaire est inconscient de ce qui pourrait l'amener à représenter un tel « mystère ». Il ne le peut et ne le fait que quand et tant *qu'il est saisi par le mystère.* Cette emprise, ou l'existence d'une réalité qui l'exerce, ressentie ou supposée comme extérieure à la conscience, est le miracle par excellence, un miracle effectif et véritable, si l'on songe à *ce* qui est représenté. Qu'y a-t-il au monde qui puisse amener l'homme à représenter une pure impossibilité ? Quelle force est assez contraignante pour provoquer une extrême tension de l'esprit, une création de beauté opérée dans l'amour, une piété on ne peut plus profonde, une immolation héroïque de soi, oui, une sujétion de l'homme s'étendant sur des millénaires ? Quelle force sinon un miracle, une merveille ? C'est une merveille dont l'homme n'a pas à discuter, car, dès qu'il veut le faire, dès qu'il se met à philosopher à son sujet ou qu'il essaye de l'analyser intellectuellement, elle s'est déjà évanouie. Une merveille est ce sur quoi l'homme s'étonne, *s'émerveille*, parce que cela lui paraît inexplicable. On ne peut en fait expliquer à partir de la nature supposée connue de l'homme comment et à partir de quoi celui-ci s'est senti obligé à une telle énonciation et à une telle croyance. *Il faut* qu'il y ait pour cela une cause contraignante, qui ne peut toutefois en aucun cas être découverte dans le domaine de l'expérience habituelle. L'impossibilité de cette affirmation est précisément ce qui parle en faveur de l'existence de cette cause. C'est elle qui est, de la manière la plus rigoureuse, le fondement de la foi, ainsi que l'exprime de la façon la plus frappante le «*prorsus credibile quia ineptum*» (tout à fait croyable parce que déraisonnable) de Tertullien († 220[135]). On peut s'attendre à ce qu'une opinion invraisemblable appelle une rapide correction. Cependant les propositions religieuses sont les plus invraisemblables de toutes et elles se maintiennent à travers les millénaires[136]. Cette vitalité absolument inattendue prouve l'existence d'une cause première suffisante, dont la connaissance scientifique s'est dérobée jusqu'à présent à l'esprit humain. En tant que psychologue, je ne puis, à première vue, qu'indiquer l'existence de ce phénomène et exprimer ma conviction que, chaque fois que l'on se trouve en présence de tels phénomènes spirituels, il n'y a pas place pour des explications à bon marché du type : «ce n'est rien que».

Le double aspect de la messe ne s'exprime pas seulement dans l'opposition de l'action humaine et de l'action divine, mais aussi dans le double aspect de Dieu et de l'Homme-Dieu qui, certes, selon leur nature, constituent une unité, mais représentent une dualité dans le drame rituel. Sans ce «dédoublement» de Dieu (s'il est permis d'employer une telle expression), l'acte sacrificiel entier serait inconcevable et privé d'actualité. Selon la conception chrétienne, Dieu lui-même n'a jamais cessé d'être Dieu, même lorsqu'il est apparu sous une forme humaine dans la durée temporelle. Le Christ johannique affirme : «Le Père et moi, nous sommes un. Qui m'a vu a vu le Père.» Et sur la croix le Christ clame : «Mon Dieu, mon Dieu, pourquoi m'as-tu abandonné?» Il faut que cette contradiction existe, si la

---

135. «*Et mortuus est Dei filius, prorsus credibile est, quia ineptum est. Et sepultus resurrexit ; certum est, quia impossibile est.*» (Et le Fils de Dieu est mort ; cela est tout à fait croyable parce qu'absurde. Et enseveli, il est ressuscité ; cela est certain parce qu'impossible.) *De Carne Christi*, 5.

136. Le caractère audacieux et même dangereux de l'argument de Tertullien est incontestable, mais il n'enlève rien pour autant à sa justesse psychologique.

formule « vrai Dieu et vrai homme » est psychologiquement juste. Et si elle est juste, les différentes
affirmations du Christ ne présentent absolument pas
de contradiction. La véritable humanité est un
extrême éloignement et une extrême différenciation
de Dieu. « *De profundis clamavi ad te, Domine* »,
cette confession montre à la fois l'éloignement et la
proximité, l'obscurcissement le plus noir et en même
temps l'éclair de l'étincelle divine. Dieu, dans son
existence humaine, est sans doute si éloigné de lui-
même qu'il doit se chercher lui-même avec la plus
entière abnégation. Qu'adviendrait-il de la totalité de
Dieu, s'il ne pouvait pas être aussi le « tout autre » ?
C'est donc, me semble-t-il, à bon droit, sur le plan
psychologique, que le noûs gnostique, tombé au pouvoir de la physis, la figure ténébreuse et chtonienne
du serpent et l'homme primordial manichéen ont,
dans une situation semblable, assumé jusqu'aux propriétés du mal. Dans le bouddhisme tibétain, les divinités ont en général une forme de bonté et une forme
de colère, car leur règne s'exerce dans tous les
domaines. Le dédoublement de Dieu en divinité et en
humanité, et son retour à lui-même dans l'acte sacrificiel, contiennent pour l'homme la leçon réconfor-
tante que, dans son obscurité est cachée une lumière
qui retournera à sa source, oui, que cette lumière a
voulu descendre jusque dans cette obscurité, pour
libérer ce qui est lié dans les ténèbres et le conduire
à la lumière éternelle. Telle est la doctrine, déjà
antérieure au christianisme, de l'homme lumineux
primitif, de l'ἄνθρωπος ou homme primordial, que
les paroles du Christ dans les évangiles présupposent
comme généralement connue.

2. Sur la signification psychologique du sacrifice

a) *Les offrandes*

Kramp, dans son livre sur *Les Conceptions du
sacrifice dans la liturgie romaine de la messe*, fait
les remarques suivantes sur les substances qui symbo-

lisent le sacrifice : « Non seulement le pain et le vin sont la nourriture habituelle d'une grande partie de l'humanité, mais ils peuvent en outre être obtenus sur toute la surface de la terre (ce qui est d'une grande importance pour l'extension du christianisme au monde entier). En outre, tous deux réunis forment l'aliment parfait de l'homme, qui a besoin pour son entretien d'une nourriture solide et liquide. Puisque, par conséquent, tous deux réunis peuvent être regardés comme la nourriture typique de l'homme, ils sont des plus propres à servir de symbole à la vie et à la personnalité humaines. Ce point est d'une grande importance pour le symbolisme des offrandes[137]. »

Pourtant la manière dont le pain et le vin peuvent être « un symbole de la vie et de la personnalité humaines » ne saute pas aux yeux. Cette interprétation semble être déduite de la signification que ces substances revêtent dans la messe. Le mérite doit en revenir au texte de la messe et non aux substances en elles-mêmes, c'est-à-dire qu'il ne viendrait sans doute guère à l'esprit qu'en eux-mêmes le pain et le vin puissent signifier immédiatement la vie ou même la personnalité humaine. Mais en tant qu'ils constituent, à un certain point de vue, d'importants *produits de la culture*[138], ils expriment également l'effort humain correspondant. Ils représentent une réalisation de circulation obtenue par l'application, la patience, les soins, le dévouement et le travail pénible. L'expression « le pain quotidien » traduit toute la peine que l'homme se donne pour subsister. C'est en produisant le pain qu'il a assuré son existence. Comme toutefois il « ne vit pas seulement de pain », celui-ci se trouve associé de façon adéquate au vin, dont la culture a toujours suscité de son côté un intérêt particulier et réclamé un soin correspondant de la

---

137. *Loc. cit.*, p. 55.

138. [On sait que l'allemand *Kultur* signifie à la fois « culture » et « civilisation ». Dans tout ce passage, l'accent est mis tantôt sur l'un, tantôt sur l'autre de ces sens. — *N. d. T.*]

part de l'homme. C'est pourquoi le vin est également une expression des réalisations de la culture. Là où l'on cultive le blé et la vigne, la vie civilisée a établi son règne. Mais là où la culture du blé et de la vigne est absente, c'est l'état sauvage des nomades et des chasseurs qui prédomine.

Dans l'oblation du pain et du vin, c'est donc avant tout le produit de la culture qui est offert, en quelque sorte le meilleur de ce qu'engendre l'activité humaine. Toutefois « le meilleur » n'est créé que par ce qu'il y a de « meilleur » dans l'homme, c'est-à-dire son application minutieuse et son dévouement. Les produits de la culture peuvent donc aussi représenter aisément *les conditions psychologiques de leur production*, c'est-à-dire ces vertus de l'homme qui le rendent en définitive capable de s'adonner à la culture[139].

En ce qui concerne la nature des substances, le pain est évidemment un aliment. Le vin « fortifie », certes, comme l'affirme la voix populaire, mais dans un autre sens qu'un aliment. Il stimule et « réjouit le cœur de l'homme », grâce à une certaine substance volatile appelée depuis toujours « esprit ». Par suite, il constitue, à la différence de l'eau inoffensive, une substance « qui inspire », car il est habité par un « esprit » ou un « dieu » qui engendre l'extase de l'ivresse. Le miracle du vin à Cana était en même temps le miracle des temples de Dionysos, et il existe un sens profond au fait que le Christ représenté sur le calice de Jean Damascène trône dans les pampres comme un Dionysos[140]. Le pain représente le moyen d'existence physique, le vin le moyen d'existence spirituelle. Lorsque, par conséquent, on offre le pain et le vin, cela représente une offrande du

---

139. La légitimité de cette conclusion se fonde sur le fait que tout symbole a une origine objective et une origine subjective (= relative à la psyché) et peut par conséquent être interprété « sur le plan de l'objet » aussi bien que « sur le plan du sujet ». Cette considération revêt une grande importance dans l'analyse des rêves. Voir *Types psychologiques*, trad. cit., pp. 457-458.

140. Autres matériaux dans EISLER: *Orpheus the Fisher*, 1921, pp. 277 et *sq.*

produit de la culture matérielle aussi bien que spirituelle.

En outre, plus l'homme a ressenti le soin et la
peine qu'il prodiguait, moins il a pu manquer
d'observer que les plantes cultivées par lui croissent
et prospèrent suivant une loi propre, interne, ou qu'il
existe en elles un *agens*, une force à l'œuvre, que
l'on comparait au souffle, à l'esprit de vie. Frazer a
désigné à bon droit ce principe du nom de « *spirit of
the corn* ». A coup sûr, l'initiative et le travail de
l'homme étaient nécessaires, mais, aux yeux du primitif, il était plus nécessaire encore d'accomplir avec
exactitude et soin ces cérémonies qui entretiennent le
numen des plantes de culture, qui le fortifient et le
rendent propice[141]. Le blé et le vin se trouvent dotés
par là d'une sorte d'âme personnelle, d'un principe
de vie propre, qui les rend aptes à représenter non
seulement le produit de la culture humaine, mais
aussi le dieu qui meurt et ressuscite suivant le cours
des saisons, et qui est leur esprit vital. Aucun symbole n'est « simple ». Seuls sont simples les signes et
les allégories. Le symbole, lui, recouvre toujours un
état de choses complexe qui se trouve placé au-delà
des concepts du langage, de telle sorte qu'il ne peut
absolument pas être exprimé de façon univoque,
claire[142]. Ainsi le symbole du blé et du vin se présente à nous avec une signification à quatre niveaux :

1. Produits de l'agriculture ;
2. Produits d'une certaine préparation (le pain, du
blé ; le vin, du raisin) ;
3. Expression d'une réalisation psychologique
(peine, soin, patience, dévouement, etc.) et de la
force vitale de l'homme en général ;
4. Manifestation du mana ou du daïmon de la
végétation.

---

141. De même, à la chasse, les « rites d'entrée » sont plus importants que
la chasse elle-même, car il dépend des rites que la chasse soit bonne ou non.
142. Cf. *Types psychologiques*, trad. cit., s.v. « symbole », p. 468.

Il est aisé de voir à partir de ce résumé qu'un symbole était déjà nécessaire pour désigner un pareil état de choses d'une telle complexité physique et psychique à la fois. La formulation la plus simple du symbole est par suite « pain » et « vin » dans leur complexe signification primitive qu'ils ont toujours eue pour l'agriculture.

b) *Le sacrifice*

Comme nous l'avons vu par ce qui précède, l'offrande est symbolique, c'est-à-dire qu'elle concerne tout ce qui est exprimé par le symbole : le produit physique, la substance préparée, l'acte accompli par l'âme de l'homme, et le principe vital propre et autonome de la plante de culture, avec sa nature de daïmon. La valeur de l'offrande se trouve augmentée du fait qu'il s'agit du meilleur, de la fleur ou des prémices. En tant que le pain et le vin constituent la fleur de ce que produit l'agriculture, ils sont aussi la fleur du travail de l'homme. Il en résulte que le blé traduit spécialement la manifestation visible du *numen* divin qui meurt et ressuscite, et le vin, la présence d'un *pneuma* qui promet l'ivresse et l'extase[143]. L'antiquité a conçu ce dernier comme étant Dionysos, et spécialement le Dionysos-Zagreus souffrant, dont la substance divine est répandue dans la nature tout entière. Par conséquent, ce qui est sacrifié sous la figure du pain et du vin est, en bref, la nature, l'homme et Dieu rassemblés dans l'unité d'un don symbolique.

L'oblation d'un don d'une telle importance soulève immédiatement la question : l'homme peut-il, en définitive, offrir un tel don ? Un tel don relève-t-il de ses possibilités psychiques ? A cette question, l'Eglise répond par la négative en déclarant que le prêtre est le Christ lui-même. Toutefois, puisque l'homme, ainsi que nous l'avons vu, est inclus d'une double manière dans l'oblation, l'Eglise donne en outre une réponse affirmative, mais, il est vrai, de *façon conditionnelle*.

---

143. Voir Leisegang : *Der Heilige Geist*, 1919, pp. 248 et *sq*.

Du côté du sacrificateur, nous nous trouvons aussi devant un état de choses symbolique complexe : en effet, le *symbole est le Christ* qui est à la fois sacrificateur et victime. Ce symbole possède lui aussi un sens aux strates multiples que je voudrais tenter d'analyser maintenant.

L'action sacrificielle consiste d'abord en l'offrande d'une chose qui m'appartient. Tout ce qui m'appartient porte comme une empreinte le fait d'être mien[144], c'est-à-dire une identité subtile avec mon moi. Certaines langues primitives expriment ce fait de façon suggestive, quand, par exemple, elles ajoutent le suffixe de l'être vivant à la pirogue si elle m'appartient, mais non si elle est à un autre. Cette appartenance à ma personnalité de tout ce qui est marqué de l'empreinte d'être mien a été désignée d'une façon très adéquate par Lévy-Bruhl du nom de « participation mystique[145] ». Il s'agit d'une identité irrationnelle, inconsciente, provenant de ce que toute chose qui est en contact avec nous n'est pas seulement elle-même, *mais aussi en même temps un symbole*. La symbolisation résulte du fait que d'abord chaque homme a des contenus inconscients et qu'ensuite chaque chose a aussi son côté inconnu. Ainsi, par exemple, ma montre : qui, s'il n'est horloger, osera affirmer qu'il connaît le mécanisme de sa montre ? Et quel horloger, à moins d'être par hasard minéralogiste ou physicien, connaît la structure moléculaire de l'acier des ressorts qu'il emploie ? Et quel minéralogiste est-il en état de réparer sa montre ? Mais là où deux éléments inconnus se réunissent, ils ne se laissent plus distinguer. L'inconnu dans l'homme et l'inconnu dans la chose coïncident. De là naît une identité psychique qui peut à l'occasion revêtir des formes grotesques. Ce qui est « à moi », un autre ne doit pas le toucher, à plus forte raison l'utiliser. Je me sens offensé s'il n'accorde pas les

144. [Allemand : *das Meinsein. — N. d. T.*]
145. *Les Fonctions mentales dans les sociétés inférieures*, 1912.

égards suffisants à « mes » affaires. Ainsi deux coolies
chinois conduisant des rickshaws étaient entrés dans
une violente querelle et, comme on menaçait d'en
venir aux voies de fait, l'un des antagonistes donna
un coup de pied au véhicule de l'autre, mettant ainsi
le point final à la discussion[146]. Nos contenus inconscients sont en effet toujours projetés tant qu'ils
demeurent inconscients, et cette projection s'opère
dans tout ce qui est « mien », choses aussi bien que
bêtes et hommes. Et en tant que « mes » objets sont
porteurs de projections, ils sont davantage et ils exercent une fonction plus importante que ce qu'ils sont
en eux-mêmes et pour eux-mêmes. Ils ont une signification aux strates multiples et sont par suite symboliques, état de choses dont nous ne sommes, il est
vrai, que rarement ou jamais conscients. Notre psyché s'étend en réalité bien au-delà des frontières de
la conscience, ce dont un alchimiste semble avoir eu
conscience, lorsqu'il disait que l'âme est pour sa plus
grande partie extérieure à l'homme[147].

Par conséquent, ce que je donne de ce qui est à
moi est déjà en lui-même un symbole, c'est-à-dire
une réalité aux sens multiples, mais, en raison de
l'inconscience de son caractère symbolique, ce bien
est rattaché à mon moi, puisqu'il constitue une partie
de ma personnalité. C'est pourquoi une revendication
personnelle est, peu ou prou, reliée à toute offrande.
Qu'on le veuille ou non, c'est toujours un *do ut des*
(je donne pour que tu donnes). Le don signifie par
suite une intention personnelle, car le simple fait de

---

146. [Ce n'est sans doute pas sans un brin de malice que Jung est allé
chercher son exemple en Extrême-Orient : n'est-il pas arrivé en effet à
chacun de nous d'être une fois ou l'autre le témoin — sinon l'acteur —
d'une scène semblable, à cette seule différence que l'objet de l'identification était, non un pousse-pousse, mais un véhicule à quatre roues et à
moteur ? — *N. d. T.*]

147. « (*Anima*) *quae extra corpus multa profundissima imaginatur...* »
(L'âme qui imagine beaucoup de choses très profondes à l'extérieur du
corps...) Michel SENDIVOGIUS (XVIᵉ siècle) : *De Sulphure.* (*Mus. Herm.*,
1678, p. 617.)

donner n'est nullement un *sacrifice*. Pour qu'il existe quelque chose de tel, il faut d'abord que soit sacrifiée, c'est-à-dire abandonnée, l'intention personnelle du « do ut des » (je donne pour que tu donnes) qui est liée au don. Ce qui est donné, s'il prétend constituer un sacrifice, doit en effet être éloigné par l'acte du don comme s'il avait été *détruit* [148]. Ce n'est qu'alors qu'existe la possibilité de voir la revendication égoïste annulée. Si le pain et le vin étaient donnés sans la conscience d'une revendication égoïste, l'inconscience ne serait pas une excuse mais elle garantirait bien au contraire l'existence d'une revendication *secrète*. En raison de la nature nettement égoïste de cette prétention, l'offrande posséderait immanquablement le caractère d'une action magique propitiatoire réalisée dans le but inavoué et l'attente tacite de pouvoir acheter ainsi la bienveillance divine. Pour éviter ce semblant de sacrifice dépourvu de valeur éthique, l'identité avec le don doit au moins devenir assez conscient pour que l'homme reconnaisse *jusqu'à quel point il se donne lui-même* lorsqu'il présente une offrande. Cela signifie qu'à partir du fait naturel de l'identité avec ce qui est « mien » grandit le devoir éthique, l'obligation de nous sacrifier, c'est-à-dire de sacrifier cette part de nous-mêmes qui est identique au don. On doit savoir que l'on se donne ou que l'on se dessaisit soi-même et que des revendications sont toujours liées à ce fait, d'autant plus grandes que l'on en a moins conscience. Seule cette conscience garantit que l'offrande est réellement un sacrifice. Lorsque, en effet, je sais et j'admets que je me donne ou me sacrifie moi-même et que je ne veux pas recevoir de paiement pour cela, j'ai sacrifié ma revendication, c'est-à-dire une partie de moi-même. C'est pourquoi une offrande faite en renonçant à notre revendication, c'est-à-dire

---

148. C'est ce que traduit de façon parallèle la destruction totale de l'objet offert en sacrifice et qui est soit brûlé, soit jeté dans l'eau ou dans les abîmes.

une offrande à fonds perdu[149] à tous égards, représente un *sacrifice de nous-mêmes*. Un don banal qui
n'est pas payé de retour est ressenti comme une
perte. Mais l'offrande doit être une sorte de perte
pour que l'on soit sûr de la disparition de la revendication égoïste. Il faut donc que le don soit remis
comme s'il avait été détruit. Et s'il me représente
moi-même, je me suis détruit moi-même en lui,
autrement dit, je me suis dessaisi de moi-même sans
rien attendre en retour. Cette perte voulue n'est toutefois pas considérée, pour autant, à un autre point
de vue, comme une perte véritable, mais au contraire
comme un gain, car le *fait de pouvoir se sacrifier
montre que l'on se possède*. Nul ne peut donner ce
qu'il n'a pas. Par conséquent, celui qui s'offre, qui
sacrifie sa revendication, doit l'avoir possédée, en
d'autres termes, il doit être devenu conscient de sa
revendication. Ceci présuppose un acte de *connaissance de soi*, sans lequel on demeure tout à fait
inconscient d'une telle revendication. C'est pourquoi
la confession des péchés précède logiquement, à la
messe, le rite de la transsubstantiation. En s'exami-
nant ainsi, l'homme doit devenir conscient de la prétention égoïste liée à tout don, et cette dernière doit
être « sacrifiée » consciemment, faute de quoi le don
n'est pas un sacrifice. Par le sacrifice, l'homme
prouve qu'il se possède, car se sacrifier ne signifie
pas se laisser prendre, mais c'est une cession consciente et voulue prouvant que l'on peut disposer de
soi-même, c'est-à-dire de son moi. Le moi devient
ainsi *l'objet* de l'action morale, car « je » décide
alors à partir d'une instance *qui est placée au-dessus
de mon égoïsme*. Je décide en quelque sorte contre
mon « moi » et sacrifie ma revendication. La possibilité d'un anéantissement de soi est un fait empirique
que je constate du point de vue purement psychologique, mais que je ne veux pas discuter philosophiquement. Psychologiquement, il veut dire que le moi est

---

149. [En français dans le texte. — *N. d. T.*]

une grandeur relative, qui peut à tout moment être
assumée par des instances quelconques placées au-
dessus d'elle. Ces instances ne sont pas *eo ipso* iden-
tifiées à une conscience collective morale comme le
voulait Freud avec son surmoi, mais bien plutôt à
des conditions psychiques qui existent *a priori* dans
l'homme et n'ont pas été acquises empiriquement.
L'homme n'a derrière lui ni l'opinion publique ni le
code général des mœurs[150], mais cette personnalité
dont il est encore inconscient. Comme l'homme est
encore maintenant ce qu'il était auparavant, il est
aussi déjà à tous moments ce qu'il sera plus tard. La
conscience n'embrasse pas la totalité de l'homme, car
celle-ci se compose d'une part des contenus de sa
conscience, mais aussi d'autre part de son inconscient, dont l'ampleur est indéterminée et auquel on
ne peut assigner de limites. Le conscient est contenu
dans cet ensemble, peut-être comme un petit cercle
dans un plus grand. Voilà sans doute pourquoi il
existe la possibilité de faire du « moi » un objet, ou,
plus précisément, de voir une personnalité plus
compréhensive apparaître graduellement au cours de
l'évolution et s'assujettir le moi. La croissance de la
personnalité se fait à partir de l'inconscient, dont les
frontières ne peuvent être délimitées. Par suite
l'ampleur de la personnalité qui se développe graduellement est également *illimitée*. Mais, en rigoureuse opposition avec le surmoi freudien, elle est
individuelle. Elle est même l'*individualité* dans le
sens le plus élevé, et par suite théoriquement limitée,
puisqu'il est impossible qu'un être individuel présente

---

150. S'il n'y avait en fait derrière l'homme que l'échelle de valeur
collective d'une part et l'impulsion naturelle d'autre part, toute infraction
à la norme normale ne serait qu'une révolte de la nature de l'instinct.
Alors les nouveautés valables et significatives seraient impossibles, car
les instincts sont l'élément le plus ancien et le plus conservateur qui soit
dans l'animal et dans l'homme. Cette manière de voir oublie l'impulsion
créatrice qui peut, certes, se comporter comme un instinct, mais qui par
contre est une particularité rare de la nature, à peu près exclusivement
limitée à l'espèce *homo sapiens*.

toutes les qualités. (J'ai désigné le phénomène de la
réalisation sous le nom de *processus d'individuation*.)
En tant que la personnalité est encore potentielle, elle
peut être désignée comme *transcendante* et, en tant
qu'elle est inconsciente, elle ne peut être distinguée de
tout ce que ses projections contiennent, c'est-à-dire
qu'elle est identique à une partie considérable de son
entourage, ce qui correspond à la participation mystique décrite plus haut. Cette situation est de la plus
haute importance pratique, étant donné qu'elle permet
d'expliquer les symboles particuliers par lesquels cet
état se traduit dans les rêves. Je veux parler des symboles du monde environnant et des symboles cosmiques.
Ces faits constituent le fondement psychologique de la
représentation de l'homme comme *microcosme*, lequel
est relié, comme on le sait, au macrocosme par les
composantes du caractère formulées en termes astrologiques. Le terme de « Soi[151] » m'a semblé être une
désignation adéquate de cet arrière-plan inconscient
dont l'exposant dans la conscience est toujours le
moi. Le moi se trouve à l'égard du Soi dans un rapport de patient à agent ou d'objet à sujet, car les décisions qui émanent du Soi englobent le moi et, par
suite, le dominent. De même que l'inconscient, le Soi
est la donnée existant *a priori* dont naît le moi. Il préforme en quelque sorte le moi. *Ce n'est pas moi qui
me crée moi-même : j'adviens plutôt à moi-même.* Cette
conception des choses est d'une importance capitale
pour la psychologie de tous les phénomènes religieux, c'est pourquoi Ignace de Loyola a placé à bon
droit son « *homo creatus est* » comme « fondement »
en tête des *Exercices spirituels*. Bien que cette idée
soit fondamentale, elle ne peut cependant constituer
que la moitié de la vérité psychologique. Sa valeur
exclusive serait identique à un *déterminisme*, car si
l'homme est une réalité purement créée ou évoluant à
partir d'un présupposé inconscient, il n'a aucune

---

151. Voir à ce sujet: *Dialectique du moi et de l'inconscient* et *Psychologie et alchimie*, trad. cit.

liberté, et la conscience, aucune raison d'être[152]. Le jugement psychologique doit rendre compte du fait que, malgré tous les assujettissements à la causalité, l'homme éprouve un sentiment de liberté qui est identique à l'autonomie de la conscience. Bien que tout et chaque chose prouvent au moi sa dépendance et son caractère conditionné, il ne peut être convaincu de son entière absence de liberté. On doit, en fait, admettre qu'une conscience absolument préformée et un moi totalement dépendant seraient un spectacle sans but, car tout irait aussi bien et même mieux en demeurant inconscient. L'existence de la conscience du moi n'a de sens que si celle-ci est libre et autonome. Avec cette constatation, nous avons, il est vrai, formulé une *antinomie*, mais aussi esquissé une image correspondant aux situations effectives. Il existe des différences temporelles, locales et individuelles dans les degrés de dépendance et de liberté : dans la réalité, deux choses sont toujours présentes à la fois : la prépondérance du Soi et l'*hybris*[153], la présomption de la conscience.

Ce conflit entre la conscience et l'inconscient est au moins acheminé vers sa solution par l'élaboration en conscience. Le sacrifice de soi présuppose un tel acte par lequel les éléments inconscients sont rendus conscients. Le moi doit prendre conscience de sa revendication, et le Soi doit anéantir la sienne propre qui existait à l'adresse du moi. Cela peut se produire de deux manières :

J'annule tout d'abord ma revendication en considération d'un présupposé moral commun suivant lequel, si l'on offre un présent, on ne doit pas attendre de rémunération. Dans ce cas, le Soi coïncide avec l'opinion publique et le code général des mœurs. Le Soi est alors identique au surmoi de Freud, donc pro-

---

152. [En français dans le texte. — *N. d. T.*].
153. [Chez les Grecs, la démesure qui appelle, par un choc en retour, la vengeance des dieux (Némésis). — *N. d. T.*]

jeté dans les conditions du monde ambiant et, par
suite, inconscient comme facteur autonome.

J'annule ensuite ma revendication parce que je m'y
sens poussé par des raisons intérieures qui ne sont
pas totalement claires. Ces raisons ne me procurent
aucune satisfaction morale particulière, et je ressens
peut-être même de la résistance à leur égard. Je dois
toutefois m'incliner devant la puissance qui réprime
ma revendication égoïste. Dans ce cas, le Soi est
« intégré », c'est-à-dire retiré de la projection et
devenu susceptible d'être éprouvé comme puissance
psychique déterminante. L'objection selon laquelle,
dans ce cas, le code des mœurs demeure simplement
inconscient n'est pas valable, car je sais pertinem-
ment à quelles critiques morales je me serais heurté
en mettant mon projet égoïste à exécution. On doit,
il est vrai, admettre que, dans un cas où le désir de
mon moi entre en collision avec la norme morale, il
paraît difficile de mettre en évidence la nature individuelle de la tendance réprimante. Mais, s'il s'agit
d'une collision de devoirs ou de ce cas dont l'exemple classique est le prophète Osée recevant l'ordre
d'épouser la prostituée, le désir du moi coïncide avec
le code moral et Osée aurait dû accuser Yahvé
d'immoralité. Ou bien encore l'économe infidèle
aurait-il dû convenir de sa faute ? Jésus était à ce
propos d'un autre avis[154]. *Des expériences identiques
ou analogues montrent à l'évidence que le Soi ne
peut être identifié ni à une morale collective ni à
l'instinct naturel, mais qu'il doit être conçu comme
une détermination individuelle* sui generis. *Le surmoi
est un succédané nécessaire et inévitable de l'expérience du Soi.*

De cette confrontation une chose ressort bien clairement : ce qui diffère, ce ne sont pas seulement les
points de vue, mais aussi les situations dans lesquelles

---

154. Au profanateur du sabbat, Jésus dit : « Si tu sais ce que tu fais,
tu es bienheureux. Mais si tu ne sais pas ce que tu fais, tu es un maudit
et un violateur de la loi. »

les revendications sont annulées. Dans le premier cas, il doit s'agir d'une situation qui ne nous saisit pas personnellement à la gorge. Dans le second, au contraire, ce ne peut être qu'un acte d'offrande très personnel dans lequel ce qui est mis en cause engage très sérieusement le donateur et est une véritable victoire sur soi-même. Pour donner un exemple qui a trait à notre domaine : dans le premier cas, il s'agit d'une participation à une messe, dans le second de quelque chose comme le sacrifice du fils unique offert par Abraham ou de l'agonie du Christ à Gethsémani. On peut vouloir ressentir sérieusement et vivre avec piété la première, sorte de sacrifice, mais la seconde est vécue de façon effective[155].

Tant que le Soi est inconscient, il correspond au surmoi de Freud et constitue une source de conflits moraux constants. Mais s'il s'est retiré des projections, c'est-à-dire s'il n'est plus l'opinion des autres, l'homme sait qu'il est son propre oui et son propre non. Alors le Soi agit comme une *unio oppositorum* et constitue par là l'expérience la plus immédiate du divin que la psychologie puisse en définitive saisir[156].

c) *Le sacrificateur*

Ce que j'offre est ma revendication égoïste renonçant ainsi en même temps à moi-même. Tout sacrifice est donc plus ou moins un sacrifice de soi. Le degré dépend de l'importance de l'offrande. Si mon offrande est très précieuse et atteint ma sensibilité la plus personnelle, je puis être sûr que l'abandon de la revendication égoïste sera pour ma personnalité égotique une provocation à la révolte. Je puis être également certain que la force qui a réprimé cette revendication me refrène également et qu'elle doit donc être le Soi. *Le Soi est par conséquent ce qui*

155. Afin d'éviter les malentendus, je dois faire ressortir ici que je ne parle que de l'expérience personnelle et non du *mysterium* de la messe qui est à la base de la croyance religieuse.

156. Voir à ce sujet la signification du «symbole unificateur» dans: *Types psychologiques*, trad. cit., pp. 184, 202, 251.

m'appelle au sacrifice, ou même qui me contraint au sacrifice. Le Soi est le sacrificateur, et je suis la victime offerte, la victime humaine[157]. Mettons-nous un instant dans l'âme d'Abraham invité par un commandement divin écrasant à sacrifier son fils unique. Dans de telles circonstances, un père, au-delà de la compassion éprouvée pour son fils, ne se sentirait-il pas lui-même la victime et ne ressentirait-il pas le coup de couteau dans sa propre poitrine? *Oui, il serait à la fois le sacrificateur et la victime.*

Puisque l'attitude du moi à l'égard du Soi correspond à celle du fils en face de son père, on peut dire que le Soi, en nous contraignant au sacrifice de nous-mêmes, accomplit sur lui-même l'acte sacrificiel. Ce que cet acte sacrificiel représente pour nous, nous le voyons en toute clarté; mais ce qu'il représente pour le Soi n'est pas si clair. Comme le Soi ne peut être saisi que dans des actes isolés, mais demeure caché en tant que tout, à cause de sa nature globale, nous pouvons seulement tirer des conclusions du peu que nous pouvons expérimenter du Soi. Nous avons vu qu'un sacrifice n'a lieu que si le Soi l'accomplit sur nous d'une manière sensible et indubitable. Nous pouvons également risquer la supposition que, puisque le Soi se comporte à notre égard comme le père à l'égard du fils, il ressent en quelque sorte notre sacrifice comme un sacrifice de lui-même. Par le sacrifice de nous-mêmes nous nous gagnons nous-mêmes, gagnons le Soi, car nous n'avons que ce que nous donnons. Mais le Soi, que gagne-t-il? Nous voyons qu'il se manifeste, qu'il se détache de la projection inconsciente, qu'en s'emparant de nous il entre en nous et ainsi passe de l'état de dissolution de l'inconscience à l'état de cons-

---

157. Dans la philosophie hindoue, nous avons le parallèle entre le Prajāpati et le Purusha Nārāyana, dans lequel le premier convie le second à sacrifier. Toutefois l'un et l'autre sont au fond identiques. Sur l'invitation à se sacrifier: *Satapatha-Brāhmana. Sacred Books of the East.* Vol. XLIV, 1900, pp. 172 et *sq.* «Sacrifice du Purusha» dans le *Rigveda*, X, 90.

cience, de l'état potentiel à l'état actuel. Ce qu'il est à l'état inconscient, nous ne le savons pas; mais désormais nous savons qu'il est devenu homme, oui, qu'il est devenu nous-mêmes.

Ce processus de l'incarnation est représenté dans les rêves et les images intérieures comme une réunion à partir de multiples unités, un rassemblement de ce qui était dispersé d'une part et, d'autre part, une manifestation et une clarification progressives de quelque chose qui était toujours présent[158]. C'est autour de ce processus que gravitent la pensée et la spéculation de l'alchimie, et en partie aussi celles du gnosticisme. Mais le même phénomène s'exprime également dans le dogme chrétien, et en particulier à la messe dans le mystère de la transsubstantiation. La psychologie de ce processus permet de comprendre pourquoi l'homme apparaît d'une part comme le sacrificateur, et d'autre part comme la victime, et pourquoi aussi il n'est pas le sacrificateur et l'offrande puisque c'est Dieu qui est l'un et l'autre, et pourquoi Dieu devient, dans l'acte sacrificiel, homme souffrant et mourant, et pourquoi ce dernier, en mangeant dans l'Eucharistie le corps glorifié, acquiert la certitude de sa résurrection, ou mieux, prend conscience de sa participation à la divinité.

L'intégration ou incarnation du Soi est, comme on l'a déjà indiqué, préparée du côté conscient par la

---

158. Cette contradiction est inévitable, étant donné que l'idée du Soi ne permet que des propositions antinomiques. Le Soi est, par définition, l'idée d'une entité plus vaste que la personnalité consciente. Par suite, cette dernière n'est pas en mesure de porter un jugement qui embrasse le Soi, ce qui veut dire que tout jugement et toute proposition à son sujet sont incomplets et doivent donc être complétés (sans être supprimés) par une négation relative. Lorsque par conséquent je pose: «Le Soi est», je dois compléter: «Et c'est comme s'il n'était pas.» Pour être complet, on pourrait également renverser la proposition: «Le Soi n'est pas, et c'est en même temps comme s'il était.» Ce renversement s'avère, il est vrai, inutile en raison du fait qu'il ne s'agit pas d'une idée philosophique, comme par exemple «la chose en soi» de Kant, mais d'une notion psychologique expérimentale, ce qui permet de l'hypostasier moyennant les précautions énoncées.

prise de conscience des vues égoïstes, c'est-à-dire
que l'homme se rend compte de ses mobiles et cherche à se former une image aussi complète, aussi
objective que possible de son être propre. C'est un
acte de réflexion sur soi, de rassemblement de ce qui
était dispersé et jamais mis en liaison mutuelle, et
une confrontation avec soi-même en vue de devenir
pleinement conscient. (Un sacrifice de soi-même
inconscient est donc simplement un événement, mais
non un acte moral.) Cependant, la réflexion sur soi
est pour l'homme chez qui l'inconscience prédomine
ce qu'il y a de plus difficile et de plus rebutant. La
nature humaine elle-même témoigne une peur marquée devant la prise de conscience. Mais ce qui y
pousse l'homme malgré tout est le Soi lui-même, qui
réclame le sacrifice en se sacrifiant en quelque sorte
à nous. D'une part la prise de conscience, en tant
que réunion de parties fragmentées, est un acte de
volonté consciente du moi, mais d'autre part elle
représente aussi une manifestation spontanée du
Soi[159] qui était depuis toujours[160]. L'individuation
apparaît d'une part comme la synthèse d'une nouvelle unité qui était auparavant faite de parties dispersées, mais d'autre part comme la révélation d'un
être qui préexistait au moi, oui, qui était son père,
son créateur et son intégralité. Nous créons en quelque sorte le Soi par la prise de conscience de contenus inconscients et en conséquence il est notre fils.
C'est pourquoi les alchimistes appelaient leur substance incorruptible, qui signifie le Soi, le *filius philosophorum* (fils des philosophes). Toutefois nous
sommes amenés à faire cet effort par la présence
inconsciente du Soi duquel émanent de très pressan-
tes directives nous incitant à triompher de l'inconscience. Vu sous cet angle, le Soi est le *père*. De là
viennent les désignations alchimiques : *Mercure* consi-

159. En tant que le Soi amène le moi à réfléchir sur lui-même.
160. Sur la notion empirique du Soi, voir *Psychologie et alchimie*
trad. cit., pp. 67 et *sq.* et 135 et *sq.*

déré comme senex, vieillard, à savoir, Hermès Trismégiste, ainsi que *Saturne*, qui est regardé comme
vieillard et jeune homme dans le gnosticisme, exactement comme Mercure chez les alchimistes. Ces
connexions psychologiques s'expriment aussi de la
façon la plus claire dans les conceptions antiques de
l'homme primordial, du protanthropos et du fils de
l'homme. Le Christ existe de toute éternité en tant
que Logos, et en tant qu'homme il est le « fils de
l'homme[161] ». Le Christ en tant que Logos est le
principe créateur du monde. Il a pour pendant la
relation du Soi à l'égard de la conscience, sans
laquelle le monde en tant qu'existant ne serait pas
perçu. Le Logos est, en rigueur de termes, le *princi-
pium individuationis*, car c'est de lui que tout est
sorti et que procède tout ce qui existe sous forme
individuelle, depuis le cristal jusqu'à l'homme. C'est
dans cette manifestation aux divisions multiples, dif-
férenciées par des distinctions infinies, que s'exprime
l'auctor rerum. Celui-ci a pour correspondant d'une
part le Soi avec le caractère indéterminé et illimité
de son existence inconsciente (malgré son unicité et
sa singularité) et son attitude créatrice par rapport à
la conscience individuelle, d'autre part l'homme individuel en tant que forme de manifestation du Soi. La
philosophie antique a appliqué cette pensée à la
légende de Dionysos démembré qui est, en tant que
créateur, l'ἀμέριστος νοῦς (l'esprit non divisé) et en
tant que créature, le μεμερισμένος νοῦς (l'esprit
divisé[162]). Dionysos est divisé à travers la nature tout
entière et, de même que Zeus avala un jour le cœur
encore palpitant du dieu, de même ses fidèles déchi-
rent des animaux sauvages pour réintégrer l'esprit

---

161. Lorsque j'emploie, pour désigner les phénomènes psychiques
correspondants, le terme non historique de « Soi », je le fais dans le dessein conscient de ne commettre aucun empiétement, mais de bien montrer
par ma terminologie que je me limite au domaine de la psychologie expérimentale.

162. FIRMICUS MATERNUS : *De errore profanarum religionum*. HALM :
Corp. Script. Eccles. Lat., Vol. II, 78.

morcelé de Dionysos. Le rassemblement de la substance lumineuse dans la gnose de Barbelo et dans le manichéisme indique une tendance semblable. A celle-ci correspond l'intégration du Soi, réalisée en rendant conscients les contenus dissociés. C'est tout à fait dans ce sens qu'il faut entendre l'admonition que Monoimos adresse à Théophraste[163] : « Cessant de rechercher Dieu et la créature et toutes choses semblables, cherche-le à partir de toi-même et apprends qui est celui qui s'approprie absolument tout en toi et dit : "Mon Dieu, mon esprit (νοῦς), mon intelligence, mon âme, mon corps", et apprends d'où viennent le chagrin et la joie, l'amour et la haine, l'éveil involontaire et le sommeil involontaire, la colère involontaire et l'affection involontaire. Et si tu recherches ces choses avec rigueur, tu le trouveras en toi-même, l'un et le multiple, suivant ce point qui trouve une issue à partir de toi. »

La réflexion sur soi ou, ce qui revient au même, l'élan vers l'individuation, rassemble ce qui était dispersé et multiple, et l'élève à la figure originelle de l'*Un* de l'*homme primordial*. Ainsi l'existence particulière, c'est-à-dire toujours égotique, est supprimée, le cercle de la conscience est élargi et, grâce à la prise de conscience des paradoxes, les sources du conflit sont progressivement taries. La démarche vers le Soi est une sorte de *repristinatio* ou d'*apocatastasis*[164], étant donné que le Soi possède les caractères de l'incorruptibilité, d'« éternité », grâce à sa préexistence inconsciente, qui devance la conscience[165]. Ce sentiment s'exprime dans un passage de la Benedictio fontis : « *Et quos aut sexus in corpore aut aetas dis-*

163. Hippolyte : *Elenchos*, VIII, 15.

164. [« Restauration de l'état ancien, primitif. » — *N. d. T.*]

165. Et aussi grâce au fait, que j'effleure seulement ici, que l'inconscient n'est lié que de façon conditionnelle aux limites du temps et de l'espace. Les phénomènes assez fréquents dits de télépathie prouvent que l'espace et le temps n'ont pour la psyché qu'une valeur relative. Les expériences de Rhine en ont fourni la démonstration. Voir à ce sujet mon étude sur la synchronicité dans : *Naturerklärung und Psyche, op. cit.*

cernit in tempore, omnes in unam pariat gratia mater infantiam. » (Et que ceux qui sont distingués par le sexe dans le corps et par l'âge dans le temps soient tous enfantés en *une seule* enfance par la mère qui est la grâce.)

La figure du sacrificateur divin correspond trait pour trait au mode empirique de manifestation de cet archétype du Soi qui est à la base d'à peu près toutes les représentations de Dieu. Cet archétype n'est pas seulement une image statique, mais en même temps un dynamisme en mouvement : il constitue toujours un drame dans le ciel, sur la terre et dans l'enfer[166].

d) *L'archétype du sacrifice*

La comparaison des idées fondamentales de la messe avec le contenu des visions de Zosime offre, malgré toutes les différences, une remarquable similitude. Pour plus de clarté, je place ici en parallèle les similitudes et les dissemblances :

SIMILITUDES

Zosime	*Messe*
1. Les personnages de l'action sacrificielle sont deux prêtres.	1. Le prêtre et le Christ, prêtre éternel.
2. L'un des prêtres met l'autre à mort.	2. Mactatio Christi (immolation du Christ), par les paroles de la consécration, prononcées par le prêtre.
3. D'autres hommes encore sont sacrifiés.	3. La communauté des fidèles est elle-même une offrande.
4. Le sacrifice est une offrande volontaire de soi.	4. Le Christ s'offre lui-même volontairement en sacrifice.
5. La mort de la victime est pleine de tourments.	5. Le Christ subit la passion dans l'acte du sacrifice.
6. La victime est coupée en morceaux.	6. La fractio panis.
7. Une thysia a lieu.	7. Offrande de l'encens.
8. Le prêtre mange sa propre chair.	8. Le Christ boit son propre sang (saint Jean Chrysostome).

166. La mention de l'enfer dans ce contexte peut surprendre. J'invite toutefois mon lecteur à examiner d'un peu près l'*Ulysse* de James JOYCE ou *Les Mémoires et les Confessions d'un pêcheur justifié* de James HOOG.

9. Le prêtre se transforme en pneuma.	9. Les substances se transforment en corps et en sang du Christ.
10. Apparition d'une figure d'une blancheur éclatante, comme le soleil à midi.	10. L'hostie comme *visio beatifica*. (Quaesivi vultum tuum, Domine.) Grande élévation.
11. L'« eau divine » naît du sacrifice.	11. L'effet de grâce de la messe. Le calice d'eau comparé au bain baptismal. Le symbolisme de l'eau appliqué à l'effet de grâce.

DISSEMBLANCES

Zosime	*Messe*
1. La scène du sacrifice est la vision onirique d'un individu isolé. C'est un fragment d'inconscient qui se présente à la conscience onirique.	1. La messe est une création consciente, pleine d'art, d'un grand nombre de siècles et d'un grand nombre d'esprits.
2. Le rêveur est seulement le spectateur de l'action onirique symbolique.	2. Le prêtre et les fidèles coopèrent au sacrifice.
3. L'acte sacrificiel est un sacrifice humain, sanglant et horrible.	3. Tout trait choquant est évité. La mactatio elle-même n'est pas mentionnée. C'est une offrande non sanglante de pain et de vin. (Incruente immolatur.)
4. Le sacrifice est accompagné d'un scalp.	4. Aucun trait formant contraste.
5. Le sacrifice est accompli parallèlement sur un dragon.	5. L'agneau, victime symbolique.
6. La victime est brûlée et consumée.	6. Les substances sont transformées spirituellement.
7. Le sens de l'acte sacrificiel est la production de « l'eau divine » qui sert à transmuer les métaux et — mystice — à devenir soi-même.	7. Le sens de la messe est la communion du Christ vivant avec ses fidèles.
8. La nature qui se transforme dans la vision est vraisemblablement le daïmon de Saturne, l'archonte suprême (qui est en relation avec le Dieu des Juifs). C'est la hylè (matière) ténébreuse et pesante dans l'homme, qui devient pneuma.	8. L'entité qui se transforme dans la messe est Dieu qui, en tant que Père, a engendré le Fils sous la forme humaine, a souffert, est mort sous cette forme, puis est remonté à son origine première.

Dans la vision, le concrétisme brutal frappe à un point tel que l'on pourrait aisément se sentir tenté — pour des raisons esthétiques et autres — de renoncer à toute comparaison avec la messe. Si je me hasarde malgré tout à mettre en relief certaines analogies, je ne suis nullement guidé par l'intention d'apporter des «lumières» dans ce domaine et de diminuer la valeur d'un rite sacré en l'amenant en quelque sorte dans le voisinage d'un événement naturel et païen. Si j'ai une intention quelconque qui se situe au-delà de la vérité scientifique, mon souhait est de montrer que le mystère central de l'Eglise catholique repose, entre autres, sur des conditions psychologiques profondément enracinées dans l'âme humaine.

La vision, dont le caractère onirique est hautement vraisemblable, doit être abordée comme une production psychique non préméditée, c'est-à-dire dépourvue de dessein conscient. C'est une *production naturelle* comme tous les rêves. La messe, par contre, est un *produit de l'esprit*, très précisément un processus spirituel et conscient. Pour employer une nomenclature ancienne mais non surannée, la vision peut être désignée comme *psychique* et la messe comme *pneumatique*. La vision est une matière brute indifférenciée; la messe, par contre, un produit d'art hautement différencié. C'est pourquoi la première est horrible, mais la seconde, belle. Si la messe revêt une forme antique, c'est au meilleur sens du terme, et c'est pourquoi sa liturgie suffit encore aux exigences les plus hautes du temps présent. A l'opposé, la vision est archaïque et primitive, mais elle évoque par son symbolisme l'idée alchimique fondamentale de la substance incorruptible, c'est-à-dire du Soi soustrait au changement. La vision est un fragment de nature, sans artifice, banal, grotesque, choquant, horrible et profond comme elle. La vision ne déclare pas, mais elle laisse pressentir, avec cette incertitude et cette ambiguïté profonde, qui caractérisent tout ce qui est non humain, surhumain ou sous-humain. La messe exprime, représente et enveloppe même la divinité dans le vêtement de la plus belle humanité.

Il résulte clairement de tout cela que la vision et la messe sont deux choses distinctes et presque incommensurables. Pourtant, si nous parvenions à reconstruire le processus naturel qui constitue le fondement *psychique* de la messe, c'est-à-dire le processus qui se déroule dans l'inconscient, nous obtiendrions sans doute une image qui serait au contraire commensurable avec notre vision. Comme on le sait, la messe repose, suivant la conception de l'Eglise, sur les événements de la vie de Jésus. Nous voudrions faire ressortir certaines particularités de cette vie « réelle » qui ajoutent quelques traits réalistes à l'image de la transsubstantiation et la rapprochent ainsi, dans une certaine mesure, de la vision de Zosime : je mentionnerai la flagellation, le couronnement d'épines, le manteau de pourpre qui font de Jésus l'archaïque *victime royale*. Ce trait est souligné par l'intermède de Barrabas : « fils du père », qui confirme le sacrifice royal. Je rappellerai encore la torture du crucifiement, qui est en soi un spectacle infamant et épouvantable, bien éloigné, en toute vérité, de l'« *incruente immolatur* » ! La plèvre droite et peut-être la paroi droite du cœur furent ouvertes par un coup de lance et il s'écoula du sang coagulé et du sérum. Si nous insérons ces détails dans le tableau de l'événement qui sert de base à la messe, ils constituent l'équivalent digne de remarque de certains traits de l'image de la vision qui sont d'une cruauté archaïque. A cela viennent s'ajouter encore les idées dogmatiques fondamentales : comme le montre la référence à Isaac dans la prière « Supra quae », le sacrifice a la signification, non seulement d'un sacrifice humain, mais aussi d'un sacrifice du fils et même du *fils unique*. C'est un sacrifice d'un caractère archaïque insurpassable. Le sacrifice est si cruel qu'Abraham, comme on le sait, ne fut pas obligé de l'accomplir[167] ! Et même s'il l'avait accompli, un

167. La manière dont ce sacrifice a été ressenti par la piété juive nous est révélée par la légende talmudique suivante : « Et moi, clama Abraham, j'ai fait le serment de ne pas descendre de l'autel avant que Tu ne m'aies entendu : quand Tu m'as ordonné d'immoler Isaac, mon fils, tu as péché contre cette parole : "C'est en Isaac que ta postérité recevra un nom." Mais je me suis tu. Maintenant, s'il arrive que mes descendants pèchent

coup de couteau dans le cœur eût été pour la victime une mort assez rapide et relativement sans douleur. La sanglante cérémonie du découpage du cœur dans le sacrifice aztèque signifie elle-même une mort rapide. Mais ce sacrifice du Fils qui constitue la quintessence de la messe eut pour prélude une flagellation et des crachats au visage et fut constitué par une suspension de six heures à une croix à laquelle la victime demeurait attachée, clouée par les mains et par les pieds. Ce ne fut donc pas une mort rapide, mais un supplice lent et raffiné conduisant à la mort. En outre la crucifixion était un châtiment déshonorant pour esclaves. Dans ce sacrifice, l'horreur physique le dispute à la cruauté morale.

Faisons pour un instant abstraction de l'unité de nature du Père avec le Fils, ce qui est possible, puisque ce sont deux personnes qui doivent être distinguées et non confondues, et mettons-nous dans les dispositions d'un père qui doit voir de ses propres yeux une telle souffrance de son fils qui a osé pénétrer dans le pays des ennemis, et qui doit contempler ce spectacle en ayant conscience que c'est *lui* qui a exposé volontairement et sciemment son fils à ce danger! Un tel châtiment suprême est appliqué normalement par vengeance ou encore en punition d'un crime honteux auquel l'un et l'autre, père et fils, ont dû être mêlés. L'idée du *châtiment* est rendue particulièrement évidente par la crucifixion avec deux voleurs. Le *châtiment* est appliqué *à la divinité* elle-même. Le modèle de cette exécution est le meurtre rituel du roi. Le roi est mis à mort lorsqu'il manifeste des signes d'impuissance ou lorsque de

contre Toi qui entends les en punir, souviens-Toi que Toi non plus Tu n'es pas sans faute, et pardonne-leur.» «Eh bien, répondit le Seigneur, puisqu'il y a là un bélier pris par les cornes dans le buisson derrière toi, sacrifie-le à la place de ton fils Isaac. Et s'il arrive que tes descendants soient coupables, et qu'au premier jour de l'année je siège pour les juger, alors ils souffleront dans la corne d'un bélier afin que je me souvienne de tes paroles et que je fasse grâce.» (FROMMER et SCHNITZER: *Legenden aus dem Talmud*, Berlin, 1922, pp. 34 et *sq.*) Je dois cette notice à l'amicale collaboration de M. H. Imhof.

mauvaises récoltes jettent un doute sur son efficacité magique. Il est donc mis à mort pour l'amélioration de la situation de son peuple et Dieu est sacrifié pour la rédemption de l'humanité.

Mais par quoi est motivé ce châtiment infligé à Dieu ? Bien que l'idée frôle le blasphème, la question doit être posée en raison de l'incontestable caractère de châtiment que revêt le sacrifice. L'explication habituelle est, certes, que le Christ a été châtié à cause de nos péchés[168]. Comme il n'est nullement question pour moi ici de l'explication de l'Eglise, mais bien plutôt de la reconstruction de l'événement psychique de base, il faut logiquement établir une faute correspondant au châtiment. Si l'humanité porte la faute, elle devrait logiquement en être châtiée. Mais si Dieu prend le châtiment sur lui, il la disculpe par là même et il y a alors lieu de penser que l'humanité n'est nullement coupable, mais que c'est Dieu qui a la faute et que, par suite, il la prend logiquement sur lui-même. Pour des raisons compréhensibles, on ne doit pas espérer trouver de réponse satisfaisante à l'intérieur du christianisme primitif. Mais il existe à coup sûr une réponse dans l'Ancien Testament, dans le gnosticisme des premiers siècles et dans la spéculation catholique ultérieure. L'Ancien Testament nous apprend que Yahvé était un gardien de la loi, mais que lui-même n'était pas juste, et qu'il tombait dans des accès de colère dont il avait à se repentir. Certains systèmes gnostiques nous montrent que l'*auctor rerum* a été un archonte inférieur, qui s'imagina créer un monde parfait, alors qu'il ne réalisa qu'une création douloureusement imparfaite. Cet archonte démiurge est comparé, en raison de son caractère saturnien, au Dieu des Juifs Jéhovah qui était également considéré comme créateur du monde. Son œuvre était imparfaite et n'a pas prospéré, ce dont la créature n'est

---

168. Isaïe, LIII, 5 : «*Ipse autem vulneratus est propter iniquitates nostras... disciplina pacis nostrae super eum.*» (Il a été transpercé à cause de nos péchés... le châtiment qui nous rend la paix est sur lui.)

pas coupable. Cette argumentation provoqua, à l'intérieur du christianisme, la réforme de Marcion et conduisit à expurger le Nouveau Testament de parties intégrantes de l'Ancien. Au XVIIᵉ siècle encore, le savant jésuite Nicolas Caussin donne le *monoceros*[169] comme un symbole adéquat pour désigner le Dieu de l'Ancien Testament parce que, notamment, dans sa colère, il a mis le monde en désordre, tel un rhinocéros furieux. Mais finalement, soumis par l'amour à une vierge pure, il s'est transformé dans son sein en un Dieu d'amour[170].

Avec cette explication, nous rencontrons la logique naturelle que nous cherchions en vain dans la réponse de l'Eglise. La faute de Dieu consiste en ce qu'il s'est montré insuffisant en tant que créateur du monde et roi de ses créatures et, par suite, il a dû subir la mort rituelle. Le primitif peut atteindre le roi concret, par contre cela n'est plus possible à un degré de civilisation plus élevé, doté d'une idée spirituelle de Dieu. Des époques plus anciennes pouvaient encore détrôner leurs dieux en donnant des coups à leurs images ou en les enchaînant. Mais à un degré plus élevé, seul un Dieu pouvait encore détrôner l'autre et, lorsque le monothéisme se développa, Dieu seul put encore se transformer.

169. [«Animal à une corne», «licorne». — *N. d. T.*]
170. «*Polyhistor Symbolicus, electorum symbolorum et parabolarum historicarum stromata.*» 1623, p. 348 : «*Deus antea ultionum, tonans, fulminans, permiscens mundum, in Virginis sinu, imo utero conquievit, et amore captus est.*» (Dieu, qui était autrefois le Dieu des vengeances [Ps. 94, I], tonnant, fulminant, bouleversant le monde, s'est reposé dans le giron et même dans le sein d'une Vierge, et a été captivé par son amour.) De même PHILIPPUS PICINELLUS : *Mundus Symbolicus*, 1681, I, p. 419 (*De rhinozerote*) : «*Certe Deus, summe terribilis, postea quam Virginis beatissimae uterum habitare coepit, placidum se ac penitus mansuetum orbi exhibuit. S. Bonaventura : Christus, inquit, per mansuetissimam Mariam mansuescit et placatur, ne se de peccatore per mortem aeternam ulciscatur.*» (Assurément, Dieu, qui était au plus haut point terrible, s'est montré au monde paisible et plein de douceur après qu'il eut commencé d'habiter le sein de la bienheureuse Vierge. Saint Bonaventure dit : Le Christ est adouci et fléchi par Marie, afin de ne pas se venger du pécheur par sa mort éternelle.)

Le fait que le phénomène de transformation apparaisse comme «châtiment» — Zosime emploie ouvertement cette expression (κόλασις) — a dû correspondre à une certaine rationalisation, c'est-à-dire à un besoin d'expliquer dans une certaine mesure la cruauté du procédé. Un besoin de ce genre apparaît lorsque se fait jour un degré de conscience assez élevé caractérisé par une sensibilité assez évoluée; il s'emploie à découvrir une raison suffisante pour justifier la cruauté scandaleuse, incompréhensible, du processus, tel qu'il s'offre à nous par exemple dans l'expérience de démembrement de l'initiation chamane. La première chose à laquelle on pense est sans doute, à ce niveau, à la punition d'une faute ou d'un péché.

Le phénomène de transformation reçoit ainsi une détermination morale qui n'était sans doute pas à la base de l'expérience primitive. On dirait plutôt qu'un degré plus élevé et ultérieur de conscience s'est trouvé confronté à une expérience qui n'était pas motivée ou expliquée de façon plus précise et qu'elle a cherché à rendre compréhensible en y entremêlant une étiologie morale. On peut voir sans peine que le démembrement primitif tendait de la façon la plus claire à faire du candidat à l'initiation un homme nouveau et plus vigoureux. L'initiation a même l'aspect d'une guérison[171].

A la lumière de ce fait, l'interprétation morale qui parle de «châtiment» semble frapper à côté du but et, par suite, faire naître le soupçon qu'elle n'a pas entièrement compris le démembrement qu'elle veut expliquer. Dans son insuffisance, elle n'a pas vu la contradiction qu'elle renferme: une faute en effet doit être évitée pour empêcher que l'on ne soit puni. Mais ce serait pour le candidat à l'initiation un véritable péché que de se soustraire au supplice. La torture qu'on lui inflige n'est précisément pas un châtiment, mais le moyen indispensable de le mener vers sa destinée. Ces expériences se présentent sou-

---

171. M. Eliade: *Le Chamanisme, op. cit.*, p. 39.

vent à un âge si précoce qu'il ne peut être encore nullement question d'une faute d'une gravité correspondante. Pour cette raison, la conception morale de la souffrance comme châtiment me paraît non seulement insuffisante, mais encore, à un certain degré, propre à induire en erreur. Elle est manifestement une première tentative d'explication psychologique, dans le cas d'une représentation archétypique depuis longtemps transmise par la tradition, qui n'a jamais été jusque-là objet de réflexion. De telles idées et de tels rites, bien loin d'avoir jamais été inventés, ont bien plutôt été vécus et accomplis longtemps avant que l'on ait formulé des pensées à leur sujet. J'ai vu, chez les primitifs, pratiquer des rites dont personne ne savait dire ce qu'ils signifiaient, et en Europe il est encore des usages dont le sens a été de tout temps inconscient. C'est pourquoi les premières tentatives d'explication sont d'ordinaire assez maladroites.

L'aspect de supplice et de châtiment correspond à une conscience réflexive juxtaposée à laquelle le sens véritable du démembrement est encore incompréhensible. L'acte que l'on accomplissait sur une victime animale et que le chaman tient pour un fait réel apparaît à un niveau plus élevé, dans la vision de Zosime, comme un *phénomène psychique* dans lequel une forme revêtue par l'inconscient, un *homunculus*, est démembrée et transformée. Suivant les règles de l'interprétation des rêves, cette forme est un aspect du sujet qui observe, ce qui veut dire que Zosime apparaît à lui-même comme un *homunculus*, ou encore que l'inconscient le représente ainsi, c'est-à-dire comme un homme imparfait (« mutilé »), comme un nain, fait de matière pesante (par exemple de plomb ou de fer), ce qui veut sans doute traduire quelque chose comme un « homme hylique ». Un tel être est obscur et empêtré dans la matérialité. Il est essentiellement inconscient et a par suite besoin de transformation et d'illumination. A cette fin, sa forme doit être dissociée et réduite en morceaux, processus que l'alchimie a désigné des noms de division, sépa-

ration et solution, et a compris (dans ses écrits posté-
rieurs) comme une *discrimination et une connaissance de soi*[172]. Ce processus psychologique est, il
faut l'avouer, pénible, et constitue pour beaucoup une
réelle torture, de même qu'en définitive, chaque pas
en avant sur le chemin qui mène à la conscience ne
peut être acheté que par la souffrance.

Toutefois il n'est pas encore question chez Zosime
d'une conscience quelconque du processus de transformation, comme le montré d'une façon indubitable
son interprétation de la vision : il pense que l'image
onirique lui aurait montré « la production des
eaux[173] ». On doit en déduire qu'il ressent encore la
transformation comme extériorisée et nullement comme
sa propre modification psychique.

La situation est assez analogue dans la psychologie
chrétienne, où les rites et le dogme sont conçus
comme de purs facteurs extérieurs et non vécus
comme des événements intérieurs. Mais de même que
l'*imitatio Christi* et en particulier la messe manifestent une tentative évidente pour inclure le croyant
dans le processus de la transformation en le représentant comme l'homologue du Christ-victime, ainsi un
christianisme mieux compris surpasse de beaucoup
l'esprit de la vision de Zosime, tout comme le rite
de la messe est bien supérieur à la forme archaïque
de celle-ci. La messe vise à établir une « participation
mystique », c'est-à-dire une identité de la communauté
des fidèles et du prêtre avec le Christ, c'est-à-dire
d'une part une assimilation de l'âme au Christ et
d'autre part une réalisation intérieure, une introspection de la figure du Christ dans l'âme. C'est à la fois
une transformation de Dieu et de l'âme, car le drame
entier de l'incarnation se répète, au moins par voie
d'allusion, dans la messe.

172. Tout particulièrement chez Gérard DORN (XVIe siècle). *Theat.
Chem.*, I, pp. 276 et *sq.* [Cf. C.G. JUNG : *Mysterium Conjunctionis, op.
cit.*, II, *passim* et notamment pp. 312 et *sq.* — *N. d. T.*]
173. Cf. Livre IV, p. 137.

3. Messe et processus d'individuation

Considéré du point de vue psychologique, le Christ représente, en tant qu'homme primordial (Fils de l'homme, second Adam, τέλειος ἄνθρωπος), une totalité qui surpasse et englobe l'homme ordinaire et correspond à la personnalité totale qui transcende la conscience[174]. Nous la désignons, comme il a été dit plus haut, du nom de *Soi*. De même qu'au niveau assez archaïque de la vision de Zosime, l'*homunculus* est transformé en l'état plus élevé de pneuma, le mystère eucharistique transforme l'âme de l'homme empirique, qui n'est qu'une partie d'elle-même, en sa totalité exprimée par le Christ. On peut donc, dans ce sens, désigner la messe comme *un rite du processus d'individuation*.

Des considérations de cet ordre peuvent déjà être décelées de très bonne heure dans la littérature chrétienne antique, et cela dans l'écrit connu sous le nom d'*Actes de Jean* qui compte parmi les ouvrages les plus significatifs que la littérature apocryphe nous ait transmis[175]. La partie du texte qui nous occupe ici commence par la description d'une ronde mystique organisée par le Christ avant sa crucifixion. Il ordonne à ses disciples de se donner la main et de former un cercle. Lui-même se tient au milieu. Ils se meuvent en cercle, tandis que le Christ chante l'hymne dont je voudrais détacher quelques vers :

Je veux être sauvé et je veux racheter. Amen.
Je veux être délié et je veux sauver. Amen.
Je veux être blessé et je veux blesser. Amen.
Je veux être engendré et je veux engendrer. Amen.
Je veux manger et je veux être dévoré. Amen.
Je veux être pensé, moi qui suis tout pensée. Amen.

174. Voir mes exposés dans: «Beitrag zur Symbolik des Selbst», *Aion, op. cit.*

175. Les *Acta Joannis* appartiennent vraisemblablement au IIᵉ siècle, peut-être à sa première moitié. Th. ZAHN: *Acta Joannis*, 1880. Voir le texte correspondant dans HENNECKE: *Neutest. Apokryphen*, 1924, pp. 186 et *sq.*

Je veux être lavé et je veux laver. Amen.
L'unique octave chante l'hymne avec nous. Amen.
Le duodénaire en haut danse la ronde. Amen.
Celui qui ne danse pas ne connaît rien de ce qui se
passe. Amen.
. . . .
Je veux être uni et je veux unir. Amen.
. . . .
Je suis une lampe pour toi qui me vois. Amen.
Je suis un miroir pour toi qui me connais. Amen.
Je suis une porte pour toi qui frappes à moi. Amen.
Je suis un chemin pour toi, le voyageur. Amen.
Si tu te joins à ma ronde, vois-toi en moi, qui parle...
Si tu danses, réfléchis à ce que je fais, car c'est ta
passion, la passion de l'homme que je veux souffrir!
Car tu ne pourrais rien comprendre de ce que tu
souffres, si je ne t'avais pas été envoyé par le Père en
tant que Parole (Logos)... Si tu connaissais la souf-
france, tu posséderais l'absence de souffrance. Recon-
nais la souffrance et tu auras la non-souffrance...
Reconnais en moi la Parole de la Sagesse!

Je voudrais interrompre ici la citation, puisque nous sommes parvenus à une coupure naturelle, et intercaler quelques commentaires psychologiques. Ils nous aideront à comprendre les passages des *Actes de Jean* dont il nous reste à parler. Bien que notre texte utilise manifestement des modèles du Nouveau Testament, il frappe avant tout par son style antithétique et paradoxal qui n'a pas grand-chose de commun avec l'esprit des Evangiles. Ce caractère n'apparaît dans les écrits canoniques qu'en des endroits voilés, par exemple, la parabole du régisseur infidèle, le *Pater* («Ne nous induis pas en tentation»), Matth., X, 16 («Soyez prudents comme des serpents»), Jean, X, 34 («Vous êtes des dieux»), dans le logion (parole du Seigneur) du *Codex Bezae* en Luc, VI, 4, dans le logion apocryphe: «Qui est près de moi est près du feu», etc. Il existe aussi des passages où l'on sent le style antithétique, comme Matth., X, 26

(« car il n'est rien de voilé qui ne doive être dévoilé »).

Le paradoxe est une caractéristique des écrits gnostiques. Il se prête mieux à l'expression de l'*inconnaissable* que la clarté, qui ôte le secret à son obscurité et en fait quelque chose de *connu*. Cette dernière attitude constitue une usurpation qui fait tomber l'intellect humain dans la *hybris*, la démesure, en lui faisant croire que désormais, grâce à un acte de connaissance, il est entré en possession du mystère transcendant et qu'il l'a « compris ». Le paradoxe correspond par conséquent à un degré supérieur de l'intelligence et rend plus fidèlement le véritable état des choses, en ce qu'il ne fait plus violence à l'inconnaissable pour le présenter comme une réalité connaissable.

Les prédicats antithétiques de l'hymne indiquent un *travail de la pensée*, une formulation de la figure du Seigneur en propositions opposées, en tant que Dieu et homme, sacrificateur et victime. Cette dernière formule est particulièrement importante, étant donné que l'hymne est prononcé avant l'arrestation, donc à peu près au moment où les synoptiques placent la Cène et où l'évangéliste Jean situe (entre autres choses) le discours sur la vigne. D'une façon caractéristique, ce dernier ne mentionne pas l'institution de la Cène, et celle-ci est remplacée par la *ronde* dans les *Actes de Jean*. Mais la table ronde est, comme la ronde, un rapprochement et une *réunion* : dans la Cène, sous forme de participation au corps et au sang du Christ, c'est-à-dire d'incorporation au Seigneur, dans la ronde, sous forme de circumambulation autour du Seigneur qui est le centre. En dépit de leurs différences extérieures, les symboles ont une signification commune : la *réception du Seigneur au centre des disciples*. Mais cette signification commune fondamentale ne doit pas faire négliger la différence extérieure du rite. La célébration classique de l'Eucharistie suit le plan synoptique, celle des *Actes de Jean*, le plan johannique. Cette dernière exprime, sous une forme empruntée aux célébrations des mystères païens, une relation plus immédiate, pourrait-on presque dire, des fidèles au Christ, dans le style de la parabole johannique : « Je suis le cep, vous êtes les sarments. Celui qui demeure en moi et moi en lui porte beaucoup de fruits. » Cette relation étroite est représentée par le cercle et le centre : les deux parties sont indispensables et équivalentes. Oui, depuis toujours le cercle et le centre sont un symbole de Dieu qui illustre la totalité du Dieu incarné : le point unique au centre, les points multiples à la périphérie. La circumambulation rituelle s'appuie souvent de façon consciente sur la similitude cosmique de la rotation du ciel stellaire, de la « ronde des étoiles », idée que renferme encore l'antique comparaison des douze disciples aux signes du zodiaque, de même que les représentations assez fréquentes du cercle zodiacal, devant l'autel ou sous la croisée du transept. Une image analogue est sans doute encore à la base du jeu de balle auquel se livraient, au Moyen Age, les chanoines dans le chœur de la cathédrale.

Dans tous les cas, la danse circulaire solennelle a pour but et pour effet d'imprimer l'image du cercle et du centre, comme de mettre chaque point de la périphérie en relation avec le centre[176]. Psychologiquement, cette disposition signifie un mandala, et donc un symbole du Soi[177] sur lequel sont alignés non seulement le moi isolé, mais encore avec lui beaucoup d'êtres aux dispositions identiques ou liées par le destin. Le Soi n'est certes pas le moi, mais

---

176. Une conception analogue est celle qui fait de chaque homme un rayon de soleil. Cette image se rencontre chez le poète espagnol Jorge GUILLEN (*Hymnes Cantiques*), et aussi dans un texte gnostique du IIᵉ siècle. Guillen dit :

> « Où pourrais-je, où pourrais-je m'égarer?
>
> Mon centre est le point ici... »
> « Montant dans l'infini
> N'étant qu'un rayon de soleil de plus. »

177. Voir mes exposés dans *Aion, op. cit.*, pp. 44 et *sq.* et dans *Gestaltungen des Ubewussten, op. cit.*, Livre I.

une totalité placée au-dessus de lui qui embrasse la conscience et l'inconscient. Mais comme ce dernier ne possède pas de limites déterminables et qu'il est en outre, dans ses couches plus profondes, de nature collective, il ne peut pas non plus être distingué de celui d'un autre individu. Par suite, il constitue la « participation mystique » présente partout et toujours l'unité de la multiplicité, l'homme unique en tous. Ce fait psychologique est à la base de l'archétype de l'ἄνθρωπος, du fils de l'homme, de l'*homo maximus*, du *vir unus* (l'homme un), du *Purusha*, etc.[178]. Parce que l'inconscient en lui-même ne peut, en fait aussi bien que par définition, être discriminé, c'est essentiellement à partir de l'expérience que l'on a de lui que des conclusions sur sa nature peuvent être déduites. Il existe bien des contenus inconscients qui, sans aucun doute, doivent être attribués personnellement et individuellement, mais ne peuvent l'être à aucun autre individu de la même manière. Toutefois à côté de ceux-là, il en est un grand nombre d'autres qui peuvent être observés sous une forme quasi identique chez des individus distincts et indépendants les uns des autres. Ces expériences indiquent un aspect *collectif* de l'inconscient. C'est pourquoi on a peine à comprendre comment on peut de nos jours mettre en doute l'existence d'un inconscient collectif. Il ne viendra à l'esprit de personne de tenir les instincts ou la morphologie de l'homme pour des acquisitions personnelles ou des caractères arbitraires. L'inconscient est l'intermédiaire universel entre les hommes. Il est, à certains égards, l'Un qui embrasse tous les

---

178. L'universalité de cette figure constitue sans doute la raison pour laquelle ses épiphanies revêtent des formes si diverses, ce qu'expriment clairement les *Acta Joannis*. Ainsi Drusina voit le Seigneur (*loc. cit.*, p. 87) une fois sous la forme de Jean et une autre fois en jeune homme. Jacques le voit comme enfant, mais Jean comme un adulte. Ce dernier le voit tantôt comme un petit homme sans apparence, tantôt comme une figure atteignant le ciel (*loc. cit.*, p. 88), tantôt il sent son corps comme matériellement concret et tantôt comme immatériel, c'est-à-dire dépourvu de substance (*loc. cit.*, p. 93).

hommes, ou l'unique psychisme commun à tous. Les alchimistes l'ont désigné comme leur Mercure et ont conçu celui-ci comme médiateur, par analogie avec le Christ[179]... La doctrine de l'Eglise énonce effectivement des choses semblables à propos du Christ, et c'est ce que fait en particulier notre hymne. On pourrait effectivement appliquer ses affirmations antithétiques au Mercure aussi bien et peut-être mieux encore qu'au Christ.

Ainsi, dès le premier vers : « Je veux être racheté et je veux racheter », il n'apparaît pas clairement dans quelle mesure le Seigneur peut parler de lui en ces termes puisqu'il est le « rédempteur » (σωτήρ) par excellence. Le Mercure, par contre, la secourable substance mystérieuse des alchimistes (arcane), est l'âme du monde enchaînée dans la matière qui, tout comme l'homme primordial après sa chute dans la physis, a besoin d'être rachetée par l'art de l'artifex. Le Mercure est dissous (délié) et délivré[180] et il constitue, en tant qu'*aqua permanens*, le solvant classique. Un peu plus transparentes sont les expressions de « blessure » et de « blesser », qui évoquent la blessure du côté et l'épée qui sépare. Mais le Mercure est, de son côté, en tant que substance mystérieuse, divisé ou transpercé par l'épée (*separatio et penetratio*), tandis qu'il blesse au moyen du glaive ou du *telum passionis* (trait de la passion). On voit moins clairement comment les expressions « être engendré » et « engendrer » se rapportent au Christ, bien que la première de ces affirmations s'applique essentiellement au Seigneur, puisque le Fils est engendré par l'Esprit-Saint, mais non créé. « Engendrer » par contre est en général la propriété du Saint-Esprit mais non du Christ. Le point de savoir si le Mercure, âme du monde, est engendré ou créé demeure, il est vrai, obscur, mais il est indubitablement « vivifiant », et, en tant qu'Hermès Cyllénien ithyphallique, il est le

179. *Symbolik des Geistes*, op. cit., pp. 126 et sv.
180. [Allemand: *gelöst und erlöst*. — N. d. T.]

symbole de la génération en général. L'expression « manger » à laquelle répond celle « d'être mangé » n'est pas précisément caractéristique du Christ, mais elle s'applique bien au dragon dévorant, au Mercure corrosif qui, en outre, en tant qu'ouroboros, se dévore lui-même comme l'*homunculus* de Zosime[181].

Le terme d'« être pensé », si tant est qu'il soit évangélique d'une manière quelconque, est exclusivement une spéculation johannique postérieure aux apôtres concernant la nature du Logos. Très tôt Hermès est considéré comme *Noûs* et *Logos*, et Hermès Trismégiste n'est rien de moins que le *Noûs* qui révèle. Mercure est encore tenu jusqu'à la fin du XVIIᵉ siècle pour la « *veritas* » cachée dans le corps humain, c'est-à-dire dans la matière, qui doit être reconnue par la « méditation », la *cogitatio* (réflexion). « Méditation » est une notion totalement absente du Nouveau Testament[182]. Le terme de « *cogitatio* », qui lui correspondrait éventuellement, possède la plupart du temps dans le Nouveau Testament un caractère négatif, celui de « *cogitatio cordis* » mauvaise, conformément à Genèse, VI, 5 (et VII, 21) : « *Cuncta cogitatio cordis intenta ad malum* » (toutes les pensées de leurs cœurs se portaient vers le mal). Dans I Petr., IV, 1, ἔννοια (conscience, disposition d'esprit) est rendu par *cogitatio*. *Cogitare* possède une signification proprement positive chez Paul (II Cor., X, 7) : « Qu'il pense à nouveau à cela en lui-même. » *(Hoc cogitet iterum apud se,* τοῦτο λογιζέσθω πάλιν ἐφ' ἑαυτοῦ) où le sens est réellement : « s'aviser par réflexion ». Mais cette pensée positive en nous est une œuvre de Dieu (II Cor., III, 5 : *non quod sufficientes simus cogitare aliquid a nobis, quasi ex nobis...* οὐχ ὅτι ἀφ' ἑαυτῶν ἱκανοί ἐσμεν λογίσασθαι τι ὡς ἐξ ἑαυτῶν : non que nous soyons capables par nous-mêmes de penser quelque chose comme

---

181. Voir mon exposé sur la notion de « Mercure » dans : *Symbolik des Geistes, op. cit.*, Livre II.

182. *Haec meditare* (ταῦτα μελέτα) en I Tim., IV, 15, a le sens de « Pense à cela, soucie-toi de cela ».

venant de nous-mêmes...) L'unique endroit où la
cogitatio a le caractère de la méditation accompagnée
de l'illumination qui la couronne est Act., x, 19
(*Petro autem cogitante de visione dixit spiritus ei*, τοῦ
δὲ Πέτρου διενθυμουμένου περὶ τοῦ ὁράματος εἶπεν
τὸ πνεῦμα: ... comme Pierre réfléchissait sur la vision,
l'Esprit lui dit...).

La pensée fut, au cours des premiers siècles chrétiens, l'affaire des gnostiques plus que de l'Eglise ;
c'est pourquoi les grands gnostiques comme Basilide
et Valentin ressemblent fort à des théologiens chrétiens qui philosophent. La doctrine johannique du
Logos permettait de considérer le Christ comme Noûs
et en même temps comme objet de la pensée
(humaine), ainsi que le dit le texte : « Νοηθῆναι
θέλω νοῦς ὦν ὅλος. » (Je veux être pensé, étant
tout Esprit[183].) Il est dit de même dans les Actes de
Pierre (E. Hennecke : *Neutest. Apokryph.*, p. 248) à
propos du Christ : « Tu n'es connaissable qu'à partir
de l'Esprit. »

« Laver » se rapporte à la purification ou baptême
et en même temps à la toilette, au « lavage » du
cadavre. Cette dernière idée s'est conservée jusque
dans le courant du XVIIIᵉ siècle sous la forme de
lavage du « corps noir » et sous le nom d'*opus mulie-
rum* (œuvre des femmes). Ce qu'il fallait laver était
la noire matière initiale et, comme celle-ci, le moyen
de lavage (*sapo sapientum* : le savon des sages !) et
le laveur étaient constitués par l'unique Mercure sous
ses différents aspects. Mais, tandis que dans l'alchimie la *nigredo* (qui devait être lavée) et le péché
étaient des idées identiques, on ne trouve dans le
gnosticisme chrétien que des allusions à une identité
possible du Christ avec l'obscurité, comme par exemple le λούσασθαι (être lavé) de notre texte.

L'octave appartient, en tant que double quaternité,
au symbolisme du cercle (*mandala*). Elle représente

ici clairement l'archétype de la ronde ἐν ὑπερουρανίῳ
τόπῳ[184] car elle tourne avec la danse. C'est également
ment le cas du duodénaire, qui représente l'archétype
zodiacal du nombre des disciples, représentation cosmique qui résonne encore dans le paradis de Dante
où les saints forment des constellations.

Celui qui ne participe pas à cette danse, à la circumambulation autour du centre, c'est-à-dire du Christ
et *anthropos*, celui-là est frappé de cécité et ne voit
rien. Ce qui est décrit ici comme événement extérieur
est un symbole de la tendance vers le centre de chaque disciple c'est-à-dire vers l'archétype de l'homme,
vers le Soi, car on ne peut évidemment pas entendre
cette danse comme un événement historique. Elle doit
bien plutôt être comprise comme une sorte de paraphrase de l'Eucharistie et comme un phénomène de
réception, c'est-à-dire comme un symbole amplifica-
teur qui demande à être interprété comme un phénomène psychique. C'est un acte de prise de conscience
supérieure, la production d'un lien entre la conscience des individus isolés et le symbole de la totalité qui se trouve placé au-dessus d'eux.

Pierre dit à son tour (E. Hennecke, *loc. cit.*): «Tu
es pour moi un père, tu es pour moi une mère, un
frère, un ami, un serviteur, un intendant. Tu es le
Tout et le Tout est en toi; et tu es l'être, et il n'y a
rien d'autre qui soit hors de toi seul.» Cherchez
refuge en lui, vous aussi, frères, et apprenez que
votre être se trouve en lui seul et vous obtiendrez
alors ce dont il vous dit: «Ce que l'œil n'a pas vu,
que l'oreille n'a pas entendu et qui n'est pas monté
au cœur de l'homme» (I Cor., II, 9).

C'est dans ce sens que doit être entendue la phrase
suivante: «Je veux être uni...», la conscience subjective est reliée à un centre objectif. C'est de là que
naît l'unité humano-divine représentée par le Christ.
Le Soi est réalisé par la concentration du multiple au
centre, et il veut aussi cette concentration. Il est le

184. «En un lieu supracéleste.»

sujet et l'objet du processus. C'est pourquoi il
« brille » pour celui qui le « voit ». Sa lumière est
invisible si elle n'est pas vue. Il est comme si alors
il n'existait pas. Il est aussi dépendant du fait d'être
vu que la vue l'est de la lumière. En cela s'exprime
à nouveau la nature paradoxale de sujet et d'objet de
l'inconnaissable. C'est pourquoi le Christ, ou le Soi
est un « miroir » qui, d'une part, reflète la conscience
subjective du disciple c'est-à-dire le rend visible lui-
même, mais d'autre part « connaît » aussi le Christ,
c'est-à-dire qu'il ne se contente pas de refléter
l'homme empirique mais le montre également en tant
que totalité (transcendantale). De même qu'une
« porte » à laquelle « on frappe » s'ouvre, ou qu'un
« chemin » se révèle à celui qui cherche, ainsi un
processus de prise de conscience et une évolution
vers l'unité et la totalité commencent pour celui qui
se réfère à son centre (transcendantal). Il ne se voit
plus seulement comme l'isolé mais comme l'Un. Il
n'y a d'isolé que la conscience subjective. Mais si
celle-ci est rapportée à son centre, elle est alors intégrée dans la totalité. Celui qui participe à la ronde se
voit dans le centre qui forme miroir, et la souffrance
de l'être isolé est celle que celui qui se tient au centre « veut souffrir ». On ne saurait sans doute exprimer d'une façon plus belle et plus saisissante
l'identité et la distinction paradoxales du moi et du
Soi.

Ainsi que le dit le texte, on ne pourrait absolument
pas comprendre ce que l'on souffre si ce point
d'Archimède hors de nous ne nous était pas donné,
ce point de vue objectif du Soi à partir duquel le
moi peut être regardé en tant que phénomène. Sans
l'objectivation du Soi, le moi demeurerait embarrassé
dans une subjectivité sans espoir et ne pourrait que
tourner autour de lui-même. Mais celui qui a une vue
intuitive de sa souffrance sans la gêne de sa subjectivité et qui comprend cette souffrance, celui-là
connaît aussi « l'absence de souffrance » grâce à son
point de vue modifié, car il possède un lieu (« la

place du repos ») au-delà de tous les enchevêtrements. C'est là assurément l'authentique pensée chrétienne de la victoire sur le monde dans une formulation psychologique inattendue, bien qu'elle puisse donner lieu à une interprétation docétiste[185] : « Tu reconnaîtras qui je suis si je m'en vais d'ici. Comme je suis vu maintenant, cela je ne le suis pas. » Ces phrases sont élucidées par une vision dans laquelle le Seigneur se tient au centre d'une caverne et l'illumine. Il dit à Jean :

« Jean, pour la multitude, là-bas à Jérusalem, je suis crucifié et transpercé par les lances, abreuvé, à l'aide d'un roseau, de vinaigre et de fiel. Pourtant je te parle, et ce que je te dis, écoute-le : "Je t'ai suggéré de monter sur cette montagne, pour que tu entendes ce que le disciple doit apprendre du maître, et l'homme, de Dieu." Et en disant ces mots, il me montra une croix formée de lumière et, tout autour de la croix, une grande multitude qui n'avait pas une seule forme (μίαν μορφὴν μὴ ἔχοντα), et en elle (la croix) il y avait une seule forme et une image semblable (ὁμοία). Je vis le Seigneur lui-même au-dessus, en haut (ἐπάνω) de la croix, et il n'avait pas de forme (σχῆμα), mais seulement une certaine voix, non la voix qui nous est familière, mais une voix douce, bienveillante, véritablement celle d'un Dieu, qui me dit : "Jean, quelqu'un doit entendre ceci de moi, car j'ai besoin de quelqu'un qui l'entende. Cette croix de lumière a été appelée par moi, à cause de vous, tantôt Logos, tantôt Noûs, tantôt Jésus, tantôt Christ, tantôt porte, tantôt chemin, tantôt pain, tantôt semence (σπόρος), tantôt résurrection, tantôt Fils, tantôt Père, tantôt Pneuma, tantôt vie, tantôt vérité, tantôt foi (πίστις), tantôt grâce. Ainsi en ce qui concerne les hommes ; mais considérée pour elle-même et dans notre manière de parler, elle est la

---

185. [L'hérésie des Docètes professait que le Christ n'avait pas revêtu véritablement la nature humaine, mais seulement une apparence (*doxa*) d'humanité. — *N. d. T.*]

limitation du Tout et la réunion à partir de ce qui est
changeant[186]... et l'harmonie dans la sagesse, et, certes, la sagesse dans l'harmonie, mais il y a des (places) à droite et à gauche, des vertus, des puissances,
des dominations, des démons, des activités, des
menaces, des éclats de colère, le diable, Satan et la
racine inférieure d'où est sortie la nature de ce qui
naît. La croix est donc ce qui a réuni le tout à
elle-même grâce à la Parole et a limité le royaume
de la naissance et ce qui est en bas, et en tant
qu'unité elle a en outre fait alors jaillir toutes choses. La croix n'est pas ce bois que tu verras quand
tu descendras d'ici. Et je suis également celui qu'à
présent tu ne vois pas, mais dont tu entends seulement la voix, non celui qui est sur la croix. J'ai été
tenu pour ce que je ne suis pas, je ne suis pas celui
que j'ai été pour beaucoup d'autres; mais ce qu'on
dira de moi est inférieur à moi et indigne de moi.
Donc, comme on ne voit pas et qu'on ne nomme pas
le lieu du repos, on me verra (ou on me nommera)
beaucoup moins encore, moi, son Seigneur. Mais la
multitude (non) uniforme tout autour de la croix est
la nature inférieure. Et même si ceux que tu vois sur
la croix n'ont pas (encore) une seule forme, cela
signifie que tous les membres du (Seigneur) qui descend n'ont pas encore été réunis. Mais, si la nature
des hommes et une race qui se rapproche de moi, qui
suit ma voix, sont assumées, celui qui m'écoute à
présent sera uni à elles et il ne sera plus ce qu'il est
maintenant, mais il se tiendra au-dessus d'elles,
comme je le fais à présent. Car tant que tu ne te
nommes pas encore celui qui est à moi, je ne suis
pas celui que j'étais. Mais si tu me comprends, tu es
comme moi, en tant qu'ayant compris; et moi, je
serai ce que j'étais si je t'ai auprès de moi. C'est en
effet par moi que tu es ce que (tu es).

. . . .

186. Ἀνάγκη βίαβα, incertain.

Car ce que tu es, tu le vois, je te l'ai montré.
Mais ce que je suis, je suis seul à le savoir, et personne d'autre ne le sait. Laisse-moi donc avoir ce
qui est à moi, mais ce qui est à toi, vois-le à travers
moi. Quant à moi, vois-moi réellement, non ce que
je suis, comme je te l'ai dit, mais ce que tu peux
reconnaître en tant que m'étant apparenté[187]. »

Notre texte donne l'occasion d'émettre un doute
sur la conception traditionnelle et habituelle du docétisme. Sans doute il ressort de la façon la plus nette
de ce passage que le Christ a possédé un simulacre
de corps, qui n'a souffert qu'en apparence. Mais
c'est là une vue docétiste grossière. Les *Acta Joannis*
sont plus subtils en ce qu'ils raisonnent d'une façon
qui se rapproche beaucoup de la critique de la
connaissance : certes, les faits historiques sont réels,
mais ils ne permettent de reconnaître que ce qui est
perceptible et compréhensible aux hommes charnels.
Mais pour celui qui connaît les secrets divins, l'acte
de crucifixion est un *mysterium*, un symbole qui
exprime un événement psychique parallèle chez celui
qui le contemple. Dans le vocabulaire platonicien, c'est
un événement « dans le lieu céleste », c'est-à-dire sur
une « montagne » et dans une « caverne » où est dressée
une *croix de lumière* qui a de nombreux synonymes,
c'est-à-dire un grand nombre d'aspects et de significations. Elle exprime la nature inconnaissable du
« Seigneur », c'est-à-dire de la personnalité supérieure,
du τέλειος ἄνθρωπος, et elle est une quaternité[188],
donc une totalité partagée en quatre, symbole classique du Soi. Entendu dans ce sens, le docétisme des
Actes de Jean paraît être un parachèvement des faits

---

187. HENNECKE: *Neutest. Apokryphen*, 1924, pp. 186 et sq.
188. La quaternité, qui est déjà indiquée dans la vision d'Ezéchiel, se
présente de façon explicite dans le Livre d'Hénoch qui précède immédiatement le christianisme. Dans l'apocalypse de Zéphanjaa, le Christ apparaît entouré d'une couronne de colombes. (STERN: *Zeitschrift f. Agypt.
Spr.*, 1886, p. 224.) Comparer la représentation de l'abside de Saint-Félix
à Nole : le Christ entouré de colombes. *Id.* à Saint-Clément à Rome.
(WICKHOFF: *Röm. Quartalschr.*, 1889, et ROSSI: *Mus. Christ.*, tab. VII.)

historiques plutôt qu'un amoindrissement de leur
valeur. Qu'une subtilité de ce genre, qui est parfaitement intelligible du point de vue psychologique, soit
demeurée incomprise du vulgaire, cela ne saurait surprendre. D'autre part cependant le parallélisme du
déroulement terrestre et des événements métaphysiques
n'avait rien d'étrange aux yeux de l'homme cultivé de
ces premiers siècles ; simplement il ne discernait pas
avec clarté que ces symboles visionnaires n'étaient pas
nécessairement des réalités métaphysiques, mais avant
tout des perceptions de phénomènes intrapsychiques,
subliminaux, à savoir des *phénomènes de réception*. La
contemplation de la mort sacrificielle, cosmique du
Christ dans sa forme traditionnelle constellait (comme
c'est toujours le cas) des phénomènes psychiques analogues qui pouvaient, de leur côté, provoquer une abondante formation de symboles, ainsi que je l'ai montré
dans mes *Contributions au symbolisme du Soi*. Ce cas
se présente ici clairement, et cela dans une dissociation
hautement éloquente entre l'événement historique, perceptible aux sens, qui se déroule en bas sur la terre, et
le phénomène visionnaire idéel en haut : la croix de
bois comme instrument de martyre, d'une part, et
comme symbole illuminateur d'autre part. L'accent
est manifestement placé sur l'événement idéel et
ainsi la signification principale est involontairement
attribuée au phénomène psychique. Sans doute la tendance pneumatique diminue le sens de l'événement
concret d'une manière unilatérale et contestable, mais
elle ne peut cependant être rejetée comme superflue,
puisqu'un événement concret ne peut à lui seul créer
une signification et qu'il dépend à cet égard, dans
une large mesure, de la manière dont il est compris.
Ainsi que l'indique le mot « signification » (*Bedeutung*), une interprétation (*Deutung*) est nécessaire
pour la compréhension du sens qu'il renferme. Le
fait brut à lui seul n'est pas accompagné de sens. On
ne peut donc contester tout mérite à l'effort d'interprétation gnostique, même s'il a largement franchi le
cadre de la tradition chrétienne primitive. On pourrait

même se hasarder à affirmer qu'il se trouve déjà implicitement dans cette dernière, puisque la croix et la figure du crucifié sont quasi synonymes dans le vocabulaire du Nouveau Testament.

Le texte oppose la *croix* à la *multitude amorphe* : elle a ou elle est une «forme» et signifie la détermination d'un centre par deux droites entrecroisées. Elle est identique au *Kyrios* et au *Logos*, à Jésus et au Christ. Dans quelle mesure Jean peut «voir» le Seigneur sans forme sur la croix, c'est là un point qui demeure obscur. Il entend seulement une voix qui explique, ce qui veut peut-être dire que la croix de lumière elle-même n'est qu'une illustration de l'inconnaissable dont l'homme séparé par la croix peut entendre la voix. Ceci est sans doute confirmé par la remarque selon laquelle la croix est appelée «à cause de vous» *Logos*, etc.

La croix signifie *l'ordre en face du désordre*, en face du chaos de la multitude informe. Elle est en fait l'un des tout premiers symboles de l'ordre, comme je l'ai montré ailleurs. Dans le domaine des phénomènes psychiques, elle exerce également la fonction d'un centre générateur d'ordre et apparaît en conséquence aussi en tant que mandala divisé en quatre dans des états de désordre psychique[189], ce dernier étant causé la plupart du temps par l'irruption de contenus inconscients. Dans les premiers siècles chrétiens, une telle irruption était sans aucun doute un phénomène fréquent, et pas seulement dans les cercles gnostiques[190]. On comprend par suite que l'introspection gnostique n'ait pu manquer de constater le caractère numineux de cet archétype et se soit laissé dûment impressionner par lui. La croix était exactement pour elle, au point de vue fonctionnel, ce que l'Orient a entendu depuis toujours sous le nom d'*âtman* (Soi). Cette constatation représente une expérience centrale du gnosticisme. Celui-ci a, par

---

189. Représenté par la multitude amorphe.
190. Je rappelle les discours inspirés et la glossolalie.

suite, produit quantité d'autres symboles traduisant le
même contenu, comme je l'ai montré dans mes
Contributions à l'étude du Soi.

La définition du centre, de la croix, comme διορισμός
(limitation) du Tout est tout à fait originale. Elle
signifie que l'univers n'atteint pas ses limites à une
périphérie inexistante mais en son centre. Là seulement réside la possibilité d'un « au-delà de ». Tout ce
qui est changement culmine donc dans l'éternel et le
calme ; les disharmonies parviennent, dans le Soi, à
l'unité et à l'« harmonie de la sagesse ».

Le centre est une idée de la totalité et de l'aboutissement. Ce n'est donc pas sans à-propos que le
texte rappelle ici de façon apparemment soudaine le
fait de la dichotomie de l'univers, la droite et la gauche, l'élément céleste et la « racine inférieure » de
l'*omnium genetrix*. Il indique ainsi sans équivoque
que tout est contenu dans le centre et que par suite
le « Seigneur », autrement dit la croix, rassemble et
réunit toutes choses et qu'il est donc « *nirdvandva* »,
c'est-à-dire « libre d'oppositions », en net accord avec
les idées orientales correspondantes et aussi avec la
psychologie de ce symbole archétypique. La figure
gnostique du Christ, la croix, correspond donc au
type du mandala psychologique que l'inconscient, on
le sait, produit spontanément. C'est donc un *symbole
naturel*, qui se distingue dans son principe de la
figure dogmatique de laquelle l'obscurité est expressément exclue.

Dans ce contexte, il convient de citer encore les
paroles d'adieu que Pierre prononce au moment de
son martyre (il fut crucifié la tête en bas). On lit
dans les *Actus Vercellenses* (E. Hennecke, *loc. cit.*) :

« O nom de la croix, mystère caché, ô grâce inex-
primable exprimée par le nom de la croix ; ô nature
humaine qui ne peut être séparée de Dieu ; ô amour
indicible et indissociable qui ne peut être décrit par
des lèvres impures ; je te comprends à présent que
me voici au terme de ma carrière terrestre. Je veux
te faire connaître tel que tu es. Je veux ne pas taire

le mystère de la croix autrefois scellé et caché à mon âme. Vous qui espérez dans le Christ, une croix ne doit pas être pour vous ce qu'elle paraît être, car cette (souffrance) est quelque chose d'entièrement différent de ce qu'elle paraît être, conformément à la passion du Christ. Et maintenant surtout, puisque vous qui êtes capables d'entendre pouvez (entendre) ma parole, à moi qui me trouve arrivé à la dernière heure de ma vie, à l'heure des adieux, écoutez : tenez vos âmes éloignées de tout ce qui peut être perçu par les sens, de tout ce qui est apparence, car cela n'est pas réel. Bouchez-vous les yeux, bouchez-vous les oreilles, tenez loin de vous les événements (qui apparaissent) dans les phénomènes ! Et vous reconnaîtrez ce qui est apparu avec le Christ, le mystère entier de votre salut.

« Connaissez le mystère de la création tout entière et le commencement de toutes choses, comment il s'est produit. Car le premier homme dont je porte la race dans (ma) figure, renversé la tête en bas, manifesta une sorte d'origine qui n'existait pas auparavant, car elle était morte, car elle n'avait pas de mouvement. Mais, lorsqu'il eut été abaissé, lui qui projeta également son origine sur la terre, il a constaté l'ensemble de l'organisation suspendu selon le genre de vocation par laquelle il a montré la droite comme gauche et la gauche comme droite et a changé tous les signes de la nature, à savoir, pour considérer le non-beau comme beau et ce qui est en réalité mauvais comme bon. Le Seigneur dit en secret à ce sujet : "Si vous ne rendez pas la droite semblable à la gauche et la gauche semblable à la droite et ce qui est en haut semblable à ce qui est en bas, ce qui est derrière comme ce qui est devant, vous ne connaîtrez pas le royaume du ciel." Je vous ai procuré cette intelligence, et la manière dont vous me voyez suspendu est l'image de cet homme qui est venu à la naissance en premier. »

Dans ce texte également, la conception symbolique de la croix est liée au problème des opposés ;

d'abord dans l'idée singulière du renversement universel qui fut causé par la création de l'homme primordial, et ensuite dans la recherche de l'union des opposés au moyen de l'identification. L'identité de Pierre crucifié à l'envers avec le premier homme et avec la croix est également significative: «Le Verbe est ce bois dressé tout droit sur lequel je suis crucifié; mais le voile est la poutre transversale, la nature humaine; et le clou qui fixe au centre la poutre transversale au poteau vertical est le retour et le changement d'esprit de l'homme.» (E. Hennecke, *loc. cit.*)

Toutefois, on ne pouvait pas affirmer que le gnostique, en l'espèce l'auteur des *Actes de Jean*, ait eu une claire vision des conséquences de ses prémisses. On a bien plutôt l'impression que la lumière a englouti toute l'obscurité. De même que la vision illuminatrice est placée au-dessus de la crucifixion concrète, l'illuminé est, lui aussi, placé au-dessus de la multitude informe. Le texte dit: «Par conséquent, ne te soucie pas de la grande multitude et méprise ceux qui sont en dehors du secret!» Cette attitude présomptueuse naît d'une inflation qui provient de ce que l'illuminé s'identifie avec sa lumière, confond son moi avec le Soi et se targue d'être élevé au-dessus de son obscurité. Il oublie que la lumière n'a de sens que là où elle illumine une obscurité et que son illumination ne lui rend le service qu'il est en droit d'attendre d'elle que si elle l'aide à reconnaître sa propre obscurité. Si les puissances «de gauche» sont aussi réelles que celles «de droite», leur union réciproque ne peut qu'engendrer une tierce réalité qui participe à la nature de l'une et de l'autre. Des opposés s'unissent dans une pente d'énergie, la tierce réalité qui en résulte est une forme «libre d'opposition» qui se tient au-delà des catégories morales. Pour le gnosticisme, une telle conclusion eût été anachronique. L'Eglise a reconnu le danger de l'irréalisme gnostique et a par suite toujours insisté, avec une légitimité pratique, sur l'historicité concrète des faits,

bien que les écrits primitifs du Nouveau Testament
prévoient la déification finale de l'homme en faisant
écho de la façon la plus singulière à la parole du
serpent du Paradis Terrestre : « *Eritis sicut dii* [191]. »
Mais l'élévation de l'homme en dignité ne pouvait
être attendue avec une certaine légitimité qu'à l'époque qui suit la mort. Ainsi fut évité le danger de
l'inflation gnostique[192].

Si le gnostique ne s'était pas identifié avec le Soi,
il aurait dû voir de quelle obscurité il est composé,
ce que l'esprit de l'homme moderne commence à discerner, intuition qui ne va pas sans lui créer les pei-
nes qu'elle comporte. Le gnostique est même plus
près d'admettre qu'il est bel et bien un homme du
diable plutôt que de croire que son Dieu pourrait se
servir de manifestations contradictoires. Malgré toutes
les conséquences fâcheuses de sa fatale inflation, le
gnostique a acquis une intelligence de la psychologie
religieuse, une intuition religieuse dont nous avons
encore à apprendre. Il a plongé un regard profond
dans l'arrière-plan du christianisme et, par suite, dans
ses développements à venir. Ceci est relié au fait
que, grâce à son mariage avec la gnose païenne, il
représente un phénomène chrétien de réception qui a
tenté d'intégrer le message chrétien à l'esprit de son
époque.

La quantité insolite de synonymes accumulés pour
définir la croix a ses analogues dans les symboles
des Naassènes et des Pérates chez Hippolyte, symboles qui tous évoquent cette réalité unique et centrale.
C'est le ἓν τὸ πᾶν (un [est] le Tout) de l'alchimie,
d'une part le cœur et le principe du macrocosme,
d'autre part le reflet de celui-ci dans un point,

---

191. « Vous serez comme des dieux. » (Gen., III, 5.)

192. La possibilité d'inflation a été provoquée, ou peu s'en faut, par
la parole du Christ : « Vous êtes des dieux. » (Jean, x, 4.) [Sur ce point
critique de l'individuation voir *Dialectique du moi et de l'inconscient*,
trad. cit., IIe partie, ch. IV : La personnalité mana. Les alchimistes
connaissaient bien ce problème qu'ils appelaient dans leur langage
coloré : « Le passage du rouge au grenat ou rouge diminué. » — *N. d. T.*]

c'est-à-dire dans un microcosme que, depuis toujours, on a vu dans l'homme. L'homme est de la nature du Tout et son centre est le centre de l'univers. Cette expérience intérieure des gnostiques, des mystiques et des alchimistes est en rapport avec la nature de l'inconscient; l'on peut même dire que c'est l'expérience de l'inconscient, car celui-ci est une réalité objective, de laquelle émanent des effets indubitables qui s'exercent sur la conscience, et qui cependant ne peut être distinguée en elle-même et pour elle-même et demeure par conséquent inconnaissable. Sans doute on doit supposer dans l'inconscient l'existence d'hypothétiques tendances à la distinction, mais on ne peut pas les prouver, car tout y est contaminé avec tout. L'inconscient donne d'une part l'impression d'une abondance de réalités distinctes, mais d'autre part aussi celle d'une unité. Sans doute, nous sommes d'une part écrasés par l'énorme quantité de choses distinctes dans l'espace et le temps, mais d'autre part ce que nous savons du monde concret nous apprend que le domaine de validité de ses lois s'étend jusqu'à des distances infinies. Nous croyons que c'est un seul et même monde, du plus petit des êtres jusqu'au plus grand. Certes, l'intellect cherche toujours à voir des distinctions parce que, sans elles, il ne peut connaître. C'est pourquoi l'unité du monde demeure toujours pour lui un postulat nébuleux dont il ne sait pas tirer grand-chose. Mais l'introspection qui pénètre dans les arrière-plans psychiques se heurte bien vite à l'inconscient, Inconscient qui, par contraste avec la conscience, ne fait plus que pressentir des contenus déterminés et surprend par une abondance confuse de rapports, de parallélismes, de contaminations et d'identités. Bien que, pour des nécessités de connaissance, on soit contraint de supposer une quantité indéterminée d'archétypes différenciés les uns des autres, on se trouve sans cesse amené à se demander dans quelle mesure ils peuvent être clairement distingués. Ils se recoupent à tel point et possèdent de telles capacités de combinaisons que toute tentative pour les isoler comme idées séparées apparaît comme sans espoir. De plus, l'inconscient, en un contraste aigu avec les contenus de la conscience, tend à se personnifier d'une façon unitaire comme s'il n'avait qu'une seule forme ou une seule voix déterminée. Grâce à cette propriété, l'inconscient permet, procure une *expérience d'unité* à laquelle conviennent toutes les propriétés visées par toutes les assertions gnostiques et alchimiques, et bien d'autres encore.

Ainsi qu'en témoignent le gnosticisme et d'autres mouvements spirituels, il existe une tendance naïve et *a priori* à prendre toutes les manifestations de l'inconscient pour argent comptant et à croire que l'essence de l'univers, c'est-à-dire la vérité ultime s'y serait dévoilée. Cette hypothèse, pour présomptueuse qu'elle apparaisse à première vue, me paraît n'être pas totalement dépourvue de justification, car on voit finalement se manifester dans les expressions spontanées de l'inconscient une psyché qui n'est pas identique à la conscience, mais qui, dans certaines circonstances, s'écarte considérablement d'elle. C'est une activité psychique naturellement existante qui n'est ni apprise, ni soumise à l'arbitraire. L'expression de l'inconscient est donc la révélation d'un inconnaissable dans l'homme. On doit seulement faire abstraction de la sujétion du langage des rêves aux conditions ambiantes, et remplacer par exemple aéroplane par aigle, automobile et locomotive par monstre, injection par morsure de serpent, etc., pour parvenir au langage mythologique plus universel et plus fondamental. On établit ainsi le contact avec les images primordiales qui constituent la base de tous les actes de pensée et influencent nos conceptions, même celles qui concernent la science, d'une manière considérable[193].

---

193. Cf. W. PAULI: «Der Einfluss archetypischer Vorstellungen auf die Bildung naturwissenschaftlicher Theorien bei Kepler» (L'influence des représentations archétypiques sur la formation des théories scientifiques chez Kepler), in *Naturerklärung und Psyche, op. cit.*

Dans ces formes archétypiques s'exprime quelque chose qui est à tout le moins en relation avec l'essence mystérieuse d'une psyché naturelle, c'est-à-dire d'un facteur cosmique de premier ordre. Je dois en effet, pour réhabiliter la psyché objective dépréciée par l'envahissement moderne de la conscience, souligner avec persistance que, sans psyché, le monde ne serait pas perçu et encore moins connu. Il est assuré, d'après tout ce que nous savons, que la psyché originelle ne possède pas encore de conscience d'elle-même. Cette dernière ne s'est formée qu'au cours de l'évolution qui a en partie pour cadre l'époque historique[194]. Aujourd'hui encore, nous connaissons des tribus primitives dont la conscience ne s'est guère éloignée des ténèbres de la psyché originelle, et même chez l'homme civilisé on peut déceler encore de nombreux restes de l'état primitif. Il est même vraisemblable, étant donné les possibilités considérables de plus grande différenciation de la conscience, que celle-ci se tient encore aujourd'hui à un niveau relativement bas. Et pourtant elle s'est suffisamment développée et rendue autonome pour pouvoir oublier sa dépendance à l'égard de la psyché inconsciente. Elle n'est pas peu fière de cette émancipation, mais elle méconnaît le fait que, si elle s'est débarrassée en apparence de l'inconscient, elle devient en revanche victime *des concepts verbaux qu'elle a engendrés*. Le diable a été chassé par Belzébuth. La dépendance à l'égard des mots est même si forte qu'un « existentialisme » philosophique doit intervenir de façon compensatrice, et insister sur une réalité qui existe en dépit des mots. Toutefois cela ne va pas sans le risque menaçant que les mots « existence », « existentiel », etc., ne donnent à leur tour naissance à d'autres mots, grâce auxquels on croit avoir saisi une réalité. On peut en effet

---

194. Cf. à ce sujet la représentation remarquable d'un développement de la conscience dans un texte de l'ancienne Égypte traduit et commenté par H. JACOBSOHN (*Zeitlose Dokumente der Seele*, Studien aus dem C. G. Jung-Institut, vol. III, Rascher, Zurich, 1952.)

être exactement aussi dépendant des mots que de l'inconscient, et on l'est effectivement. C'est que le passage au Logos est une grande conquête; mais elle doit se payer par une perte d'instinct, c'est-à-dire de réalité, dans la mesure même où l'on est devenu d'une manière primitive tributaire des mots. Parce que les mots ont remplacé les choses, ce dont, bien sûr, ils sont incapables en réalité, ils reçoivent des formes emphatiques, deviennent étranges, bizarres, excessifs, et finissent par se transformer en ce que les malades schizophrènes appellent des «paroles de puissance», des maîtres-mots. Cela résulte tout simplement d'une magie verbale primitive par laquelle on se laisse impressionner plus que de raison, parce que le bizarre est ressenti comme particulièrement profond et plein de signification. De cela le gnosticisme nous offre précisément les exemples les plus instructifs. Les néologismes ont tendance non seulement à affirmer leur autonomie à un degré surprenant, mais encore à remplacer ce dont ils auraient dû à l'origine exprimer la réalité.

La rupture de contact avec l'inconscient et l'asservissement à la tyrannie du mot signifient un grand préjudice: le conscient se laisse aller toujours davantage à son activité de discrimination et l'image du monde se trouve ainsi décomposée en d'innombrables détails, ce qui entraîne la perte du sentiment originel de l'unité, qui est indissolublement lié à l'unité de la psyché inconsciente. Ce sentiment de l'unité, qui a même gouverné encore la réflexion philosophique jusqu'à une période avancée du XVIIᵉ siècle sous la forme de la doctrine des correspondances et de la sympathie universelle, réapparaît seulement aujourd'hui, dans le champ de vision scientifique, après un long obscurcissement, grâce aux découvertes de la psychologie de l'inconscient et de la parapsychologie. La manière dont l'inconscient a fait irruption dans le champ de la conscience, en provoquant un désordre névrotique dans ce dernier, ne rappelle pas seulement la situation politique et sociale contemporaine, mais paraît même en constituer un des aspects. Dans les deux

cas en effet il se produit une dissociation analogue,
dans l'un, sous forme de scission de la conscience du
monde par un « rideau de fer », dans l'autre, sous
celle d'une coupure de la personnalité individuelle.
Cette dissociation s'étend sur le monde entier et, psychologiquement, sur une infinité d'individus, dont la
totalisation suscite les phénomènes de masse correspondants. En Occident, c'est principalement le facteur social de masse, et en Orient c'est avant tout la
technique qui sapent les ordres anciens. Cette évolution a son origine tout d'abord dans le déracinement
économique et psychologique des populations indus-
trielles qui, de son côté, découle du rapide progrès
de la technique. Mais cette dernière repose évidemment sur une différenciation spéciale, dirigée ration-
nellement, de la conscience, laquelle a tendance à
refouler tous les facteurs psychiques irrationnels. De
là naît dans l'individu comme dans le peuple une
opposition qui se renforce avec le temps jusqu'à se
traduire en conflit ouvert.

Quelque chose d'analogue, bien qu'en sens inverse,
s'est déroulé, dans une moindre mesure et à un
niveau spirituel, au cours des premiers siècles de
l'ère chrétienne. La désorientation spirituelle du
monde romain fut compensée par l'irruption du christianisme. Naturellement, ce dernier dut lutter, pour se
maintenir, non seulement contre ses ennemis, mais
aussi contre ses propres prétentions poussées à
l'excès, et notamment contre le gnosticisme. Il lui
fallut rationaliser de plus en plus sa doctrine pour
pouvoir endiguer le raz de marée de l'irrationnel.
C'est ainsi que naquit au cours des siècles ce
mariage entre le message originel, irrationnel, du
Christ, et la raison humaine qui caractérise l'esprit
occidental. Mais, dans la mesure où la raison devenait peu à peu prépondérante, l'intellect s'imposait et
réclamait l'autonomie. Et de même que l'intellect
s'emparait de la psyché, il prenait également possession de la nature et enfantait une ère scientifique et
technique qui offrait un espace toujours plus réduit à

l'homme naturel et irrationnel. Mais ainsi se trouvait posé le fondement d'une opposition intérieure qui menace aujourd'hui le monde de chaos. Conséquence de ce renversement, l'enfer aujourd'hui se cache derrière la raison et l'intellect, c'est-à-dire derrière une idéologie rationaliste qui cherche comme une foi intransigeante à s'imposer par le feu et le glaive, rivalisant avec les aspects les plus sombres d'une *ecclesia militans*. Face à cette situation, l'esprit chrétien occidental est devenu, par une étrange énantiodromie, le défenseur de l'irrationnel, car, bien qu'il en soit le père, il n'a pas succombé au rationalisme et à l'intellectualisme au point de renoncer aux droits de l'homme, en particulier à la liberté de l'individu. Or, dans cette liberté, la reconnaissance du principe de l'irrationnel se trouve incluse et garantie, malgré le danger toujours aux aguets d'un individualisme chaotique. A l'appel aux éternels droits de l'homme est indissolublement liée la foi *en un ordre supérieur*, non seulement à cause du fait historique que l'idée centrale du Christ s'est révélée comme un facteur d'ordre pour de nombreux siècles, mais aussi parce que le Soi compense efficacement des états chaotiques, quel que soit le nom sous lequel il est pensé: le Soi est *l'anthropos* supracosmique, dans lequel la liberté et la dignité de l'homme individuel sont contenues. Sous cet angle, la dépréciation et le mépris du gnosticisme ne sont plus de mise à l'heure qu'il est: son symbolisme manifestement psychologique pourrait aujourd'hui devenir pour beaucoup le pont conduisant à une intelligence plus vivante de la tradition chrétienne.

Si nous voulons comprendre la psychologie de la figure gnostique du Christ, je dois rappeler ces transformations historiques, car les énonciations des *Actes de Jean* sur la nature du Seigneur ne deviennent compréhensibles que si nous les entendons comme une expression de l'expérience de l'unité originelle en face de la multiplicité amorphe des contenus de la conscience. Le Christ gnostique, dont la forme se trouve déjà implicitement indiquée dans l'Evangile de Jean, représente l'unité originelle de l'homme et l'élève jusqu'à faire d'elle le but rédempteur de l'évolution. Par la «réunion de ce qui est changeant», par l'ordonnance dans le chaos, l'unification des disharmonies et la disposition autour d'un centre, donc par la «limitation» du multiple et par l'orientation de la conscience vers la croix, la conscience doit être à nouveau reliée à l'inconscient et l'homme inconscient à son centre, qui est en même temps le centre du Tout; et ainsi doit être atteint le but de la rédemption et de l'élévation de l'homme.

Quelle que soit la pertinence de cette intuition, elle n'en est pas moins d'un égal danger, car elle présuppose une conscience du moi capable de résistance, qui ne succombe pas à la tentation de s'identifier avec le Soi. Mais, comme le montre l'histoire, une telle conscience du moi paraît exister d'une façon encore relativement rare : en général le danger existe de voir le moi s'identifier au Christ intérieur, danger renforcé par une *imitatio Christi* mal comprise. Mais cela ne signifie rien de moins que l'inflation, dont notre texte offre un éloquent spécimen. Afin de conjurer ce grave péril, l'Eglise n'a pas accordé trop d'importance au «Christ en nous» pour insister surtout sur celui «que nous avons vu et entendu et que nos mains ont touché» (cf. I Jean, I, 1), c'est-à-dire à l'événement historique «là-bas à Jérusalem». C'est là une sage attitude, qui tient compte avec réalisme du caractère primitif de la conscience d'alors aussi bien que de celle d'aujourd'hui. En effet, moins la conscience se souvient de l'inconscient, plus augmente le danger d'identification avec ce dernier, et par suite celui d'inflation qui, ainsi que nous en avons fait l'expérience, peut s'emparer de peuples entiers comme une épidémie psychique. Si, pour cette conscience relativement primitive, le Christ doit être «réel», il ne peut l'être que comme figure historique et entité métaphysique, mais non comme centre psychique dans la proximité dangereuse d'un moi

humain. Le développement gnostique, appuyé sur
l'autorité de l'Ecriture s'est avancé si loin que le
Christ a été clairement reconnu comme étant une
donnée intérieure, c'est-à-dire psychique. Cette
conception entraînait la relativité de la figure du
Christ, ainsi que notre texte le formule d'une façon
significative: «Car tant que tu ne te nommes pas
encore celui qui m'appartient proprement, je ne suis
pas ce que j'étais... Je serai ce que j'étais, quand je
t'aurai auprès de moi.» Il ressort de là sans équivoque que le Christ était certes tout au début des temps
ou avant le temps, c'est-à-dire avant la conscience,
mais qu'il a perdu ou sacrifié[195] cette intégralité pour
l'homme et qu'il ne peut la retrouver que par l'intégration de celui-ci. Sa totalité dépend de l'homme:
«Quand tu auras compris, tu seras comme moi!»;
cette conclusion inévitable montre clairement le danger.
Le moi est absorbé dans le Soi, c'est-à-dire qu'inconscient de lui-même, avec toutes ses insuffisances et son
obscurité, il est devenu un dieu et se croit supérieur à
ses frères humains non illuminés. Il s'est identifié avec
sa propre conception de «l'homme supérieur», sans se
rendre le moindre compte que, d'après sa propre définition, cette forme est une réunion de puissances, de vertus et de dominations, de droite et de gauche, de
démons et même du diable en personne. Mais une telle
forme est tout bonnement incompréhensible et constitue
un «horrible mystère», avec lequel il vaut mieux ne
pas s'identifier tant qu'on possède son bon sens. Il
devrait suffire de savoir qu'un mystère de ce genre
existe et que l'homme, en quelque point, est proche de
lui, mais qu'il devrait se garder de confondre son moi
avec lui. La confrontation avec son obscurité devrait au
contraire non seulement le mettre en garde contre cette

195. [Cette conception semble être implicitement contenue dans le
passage sur la *kénôsis* (Philipp., II, 6): «Ayez en vous les mêmes sentiments qui furent dans le Christ Jésus: lui qui, existant en forme de Dieu,
n'a pas regardé comme un butin l'égalité avec Dieu, mais il s'est anéanti
lui-même (litt. il s'est vidé, ἐκένωσεν, *exinanivit*) prenant une forme
d'esclave.» (Trad. orig.) — *N. d. T.*]

identification mais encore lui inspirer une crainte
salutaire devant ce dont un homme est capable. Il ne
peut vaincre l'effroyable opposition qui existe au sein
de sa nature, non par sa propre force, mais seulement
par l'expérience d'un événement psychique indépendant de lui, c'est-à-dire non provoqué par lui.

Si un pareil processus existe vraiment, on doit
pouvoir le constater. Mon expérience personnelle, de
plusieurs décennies et sur un grand nombre d'individus, comme aussi celle de nombreux autres médecins
et psychologues (abstraction faite des affirmations de
toutes les grandes religions qui, bien qu'enfermées
dans des terminologies différentes, coïncident pour
l'essentiel, et, *last but not least*, de la phénoménologie du « chamanisme » universellement répandu qui
anticipe, à un niveau archaïque, le symbolisme alchimique de l'individuation[196]), confirment l'apparition
et la présence d'un élément ordonnateur, indépendant
de la conscience du moi et compensateur, dont la
nature qui transcende la conscience n'est pas en
elle-même plus merveilleuse que l'ordre de la désintégration du radium, ou la conformité d'un virus à
l'anatomie ou à la physiologie de l'homme[197] ou la
symbiose d'un animal et d'un végétal. Par contre,
c'est une merveille inouïe que l'homme puisse avoir
une science consciente et réfléchie de ce processus
caché, tandis que les animaux, les plantes et les
corps inorganiques paraissent en être dépourvus.
Pourtant il est vraisemblable que ce serait aussi pour
l'atome de radium une expérience extatique de savoir
que le temps de sa désintégration est rigoureusement
déterminé ou, pour le papillon, de reconnaître la
fleur qui assure sa reproduction et qui a déjà pourvu
à l'avance à tout ce qui est nécessaire pour cela.

196. Comparer l'ample description donnée par Mircea ELIADE dans
Le Chamanisme, op. cit.
197. Je renvoie à la conférence donnée par Adolf PORTMANN à la session d'Eranos de 1952.

L'expérience numineuse du processus d'individuation est, au niveau archaïque, l'affaire du chamane et du *medicine-man*, puis, plus tard, du médecin, du prophète et du prêtre, et enfin, au stade de la civilisation, celle de la philosophie et de la religion. Les expériences de maladies, de torture, de meurtre et de guérison du chamane contiennent déjà ce qui sera à un niveau plus élevé la pensée du sacrifice, du renouvellement intégral, de la transsubstantiation et de l'élévation à la nature de l'homme pneumatique, en un mot, de l'apothéose. La messe est la somme et la quintessence d'un développement poursuivi au cours de plusieurs millénaires qui, avec l'élargissement et l'approfondissement croissant de la conscience, fait peu à peu, de ce qui était au début l'expérience isolée d'un individu doté de dispositions spécifiques, le bien commun d'un groupe plus vaste. Le processus psychique qui se trouve à la base demeure toutefois mystérieux et il est représenté de façon imagée et insistante dans des « mystères » et des « sacrements[198] », appuyé par des enseignements, des exercices, des méditations et des actes sacrificiels qui plongent si bien le myste dans la sphère du mystère qu'il peut devenir dans une certaine mesure conscient de sa connexion intime avec les événements mythiques. Ainsi nous voyons par exemple dans l'ancienne Egypte comment l'osirification, qui était primitivement une prérogative royale, s'étendit progressivement aux nobles et finalement vers la fin de la tradition égyptienne, à l'individu isolé. Les mystères du monde grec, primitivement fermés et soumis à la règle du silence, s'élargissent eux aussi peu à peu pour devenir des expériences collectives, et, à l'époque de l'Empire, c'était pour ainsi dire un sport pour le touriste romain que de se faire initier aux mystères étrangers. Le christianisme, après quelques hésitations, a achevé de transformer la célébration des mystères en cérémonies publiques, car c'était sa vocation particu-

---

198. [*Sacramentum* a également le sens de « mystère ». — *N. d. T.*]

lière que d'introduire le plus grand nombre possible d'hommes à l'expérience vécue des mystères. De sorte qu'il ne put manquer de se faire que l'individu trouvât là l'occasion de devenir conscient de sa propre transformation et des conditions psychologiques nécessaires pour cela, telles que la confession et la contrition des péchés. Sur cette base put naître l'intuition qu'il s'agissait moins, dans la transformation au sein du mystère, d'une influence magique extérieure, que d'un phénomène psychologique ; cette intuition s'est frayé de bonne heure un chemin dans l'alchimie pour laquelle « *l'opus operatum*[199] » pouvait être à tout le moins placé au niveau du *mysterium* chrétien et revêt même une signification cosmique, dans la mesure où, grâce à lui, l'âme divine du monde est libérée de la prison de la matière. Ainsi que je crois l'avoir montré[200], l'aspect « philosophique » de l'alchimie ne représente rien de moins qu'une anticipation symbolique de connaissances psychologiques qui, comme le montre l'exemple de Gérard Dorn, étaient, à la fin du XVIᵉ, siècle, déjà poussées très loin. Il a fallu tout l'aveuglement de notre ère dominée par l'intellect pour penser voir dans la recherche alchimique une chimie malencontreuse, et dans la perspective de la psychologie moderne une « psychologisation », c'est-à-dire un anéantissement du mystère. De même que les alchimistes savaient que la production de leur pierre était un miracle subordonné à la grâce de Dieu (*concedente Deo*), ainsi le psychologue moderne a conscience qu'il ne peut réaliser rien de plus qu'une description, formulée à l'aide de symboles scientifiques, d'un phénomène psychique, dont la nature véritable est aussi transcendante par rapport à la conscience que le mystère de la vie ou de la matière.

---

199. [« L'œuvre accomplie », expression empruntée à la théologie où elle est appliquée aux sacrements. — *N. d. T.*]

200. Dans *Psychologie et alchimie*, trad. cit., et *Aion, op. cit.* [Le présent ouvrage est antérieur à *Mysterium Conjonctionis* où cette démonstration est reprise et amplifiée. — *N. d. T.*] Cf. *Aion, op. cit.*, pp. 237 et *sq.*

Du mystère lui-même, il n'a nulle part donné d'explication, explication qui l'aurait exposé à être flétri. Conformément à l'esprit de la tradition chrétienne, il l'a seulement rendu plus proche de la conscience individuelle en faisant apparaître, grâce à une documentation empirique, la réalité, susceptible d'être expérimentée, du phénomène de l'individuation. Le fait qu'une proposition dite « métaphysique » soit considérée comme un phénomène psychique ne veut nullement dire que celui-ci soit « purement psychique » pour reprendre une expression favorite de mes critiques. Comme si, en employant le mot « psychique », on constatait quelque chose de généralement connu ! Personne n'aurait-il donc encore entrevu que, lorsque nous nommons la « psyché », nous évoquons symboliquement l'obscurité la plus épaisse que l'on puisse s'imaginer ? Il relève de l'éthos du chercheur de reconnaître où son savoir touche à sa fin. Car c'est cette fin qui sera le début d'une connaissance plus haute.

LIVRE VI

L'arbre philosophique

> « *Grau, teurer Freund, ist alle Theorie,*
> *Und grün des Lebens goldner Baum.* »
> Faust.
>
> (Grise, cher ami, est toute théorie,
> Et vert l'arbre d'or de la vie.)
> Faust.

FIG. 1
*L'arbre porte des bourgeons et des fleurs blanches.
Il se dresse sur une île ; à l'arrière-plan, la mer.*

Fig. 2

L'arbre se dresse sur le globe terrestre, et rappelle le baobab dont les racines font éclater le planétoïde sur lequel habite le « petit prince » de Saint-Exupéry. Analogie avec l'arbre du monde de Phérécyde, avec l'arbre des chamans et la représentation de l'axe du monde.

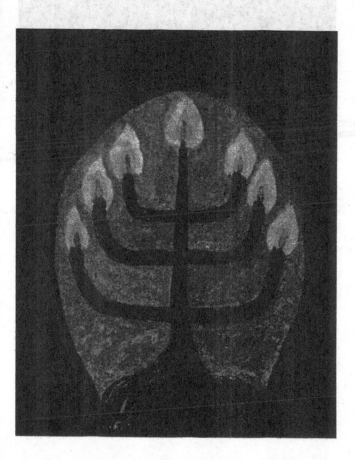

FIG. 3

*Arbre abstrait représenté sous forme de chandelier à sept branches
et d'arbre de Noël. Les lumières illustrent l'illumination et l'élargissement de la conscience que provoque la croissance de l'arbre.*

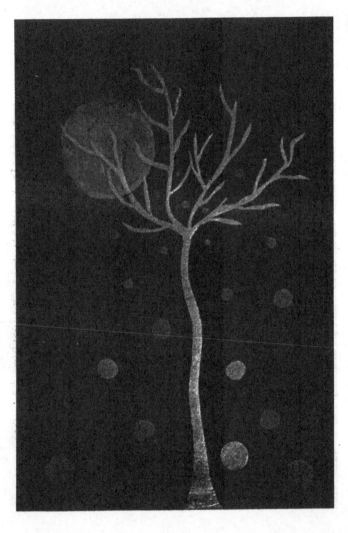

FIG. 4
*Le dessin se compose de feuilles d'or collées. Analogie avec
l'arbor aurea de l'alchimie et avec l'arbre du monde. Le soleil
s'élève à la cime de l'arbre. Les globes d'or sont des corps célestes.*

FIG. 5

L'arbre croît dans l'eau. Il porte des fleurs rougeâtres, mais est également fait de feu qui monte, en bas, de l'eau et, en haut, des branches.

FIG. 6
*Dans l'original en couleurs, l'arbre est d'un rouge intense et croît
sur l'eau à la fois vers le haut et vers le bas.*

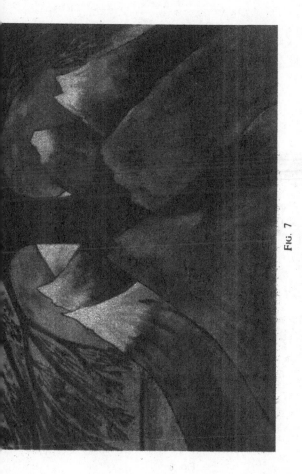

Fig. 7

L'arbre pousse puissamment de la profondeur vers la lumière et,
ce faisant, crève l'écorce terrestre.

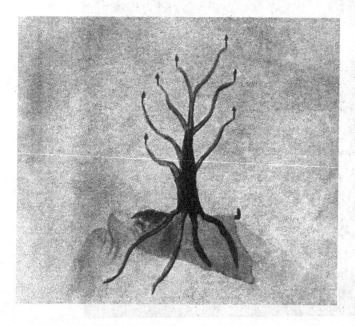

FIG. 8

L'arbre, qui porte des bougies sur ses branches, pousse du corps d'une femme. Celle-ci représente un synonyme de la terre et de l'eau (mer) et illustre la pensée que l'arbre est un processus qui sort de l'inconscient. Cf. à ce sujet l'origine de l'arbre mexicain du monde dans le corps de la déesse-terre (Lewis SPENCE : *The Gods of Mexico*, 1923, p. 58.)

FIG. 9
Deux dragons menacent un homme qui a cherché refuge dans un arbre. L'entrelacement des racines est très fortement accentué, ce qui indique un état d'inquiétude dans l'inconscient.

FIG. 10

*L'union des opposés est ici représentée par deux arbres qui crois-
sent l'un dans l'autre. Les arbres prennent leurs racines dans
l'eau et sont retenus ensemble par un anneau. Les crocodiles sont
contraires, séparés et, par suite, menaçants.*

Fig. 11

*La croissance verticale de l'arbre forme contraste avec le mouve-
ment horizontal du serpent. Ce dernier s'enroule autour de l'arbre,
qui deviendra ainsi l'arbre de la connaissance du Paradis.*

FIG. 12
De même que l'arbre porte un soleil à sa partie supérieure, le serpent, à la partie inférieure, porte un halo lumineux. Ceci indique une heureuse union de l'arbre et du serpent.

Fig. 13

L'arbre a 4 + 1 rameaux. Le rameau central porte le soleil, les quatre autres, des étoiles. L'arbre est creux à l'intérieur (voyez la porte). L'oiseau verse des larmes parce qu'« il a oublié la clef ».

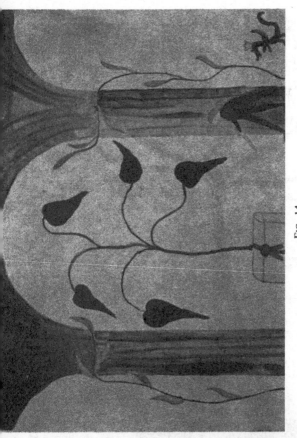

Fig. 14

Cette image et la suivante proviennent d'une série qui représente un « mythe du héros ». Le héros est accompagné d'un « esprit familier », petit dragon vert et couronné. L'arbre pousse à partir

FIG. 15
L'arbre enserre le trésor et, comme le héros la touche, une flamme jaillit de la feuille.

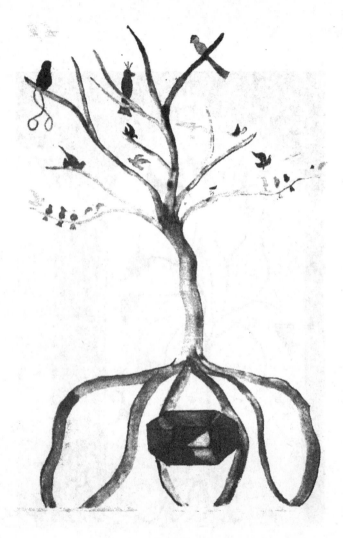

FIG. 16

Cette image provient d'un stade antérieur d'évolution de l'auteur des figures 14 et 15. Un saphir est caché dans les racines de l'arbre.

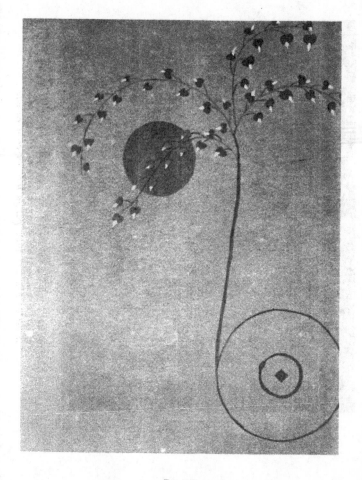

Fig. 17
Arbre en fleur avec disque solaire. Il croît à partir d'un cercle
magique qui entoure l'ouroboros contenant le saphir.

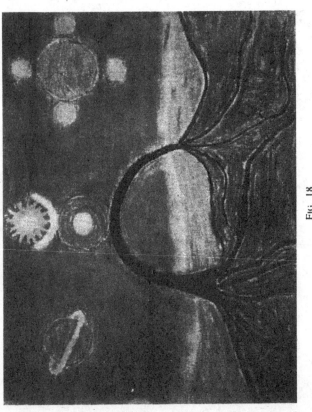

Fig. 18

*L'arbre dans l'espace cosmique ne peut pas se développer en hauteur.
Il est de nouveau attiré par la terre et croît en elle.*

FIG. 19

Même état régressif, associé à une plus grande conscience. (La dessinatrice de cette image n'est pas la même que celle de l'image n° 18.)

FIG. 20
L'arbre a de plus en plus un caractère cosmique. Dans son tronc se trouve cachée une poupée multicolore.

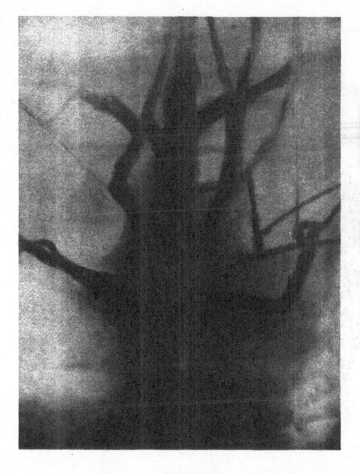

Fig. 21
*Même thème que dans le nº 20, d'un auteur différent. La figure
endormie est visible. (Peinture à l'huile.)*

Fig. 22

La figure endormie dans l'arbre est réveillée et sort à moitié de l'arbre. Le serpent se trouve dans les branchages et s'approche de l'oreille du personnage. L'oiseau, le lion, l'agneau et le porc complètent ce tableau paradisiaque.

FIG. 23

L'arbre lui-même prend une forme humaine et porte le soleil. On peut voir à l'arrière-plan une vague de sang qui se meut rythmiquement autour de l'île de la métamorphose.

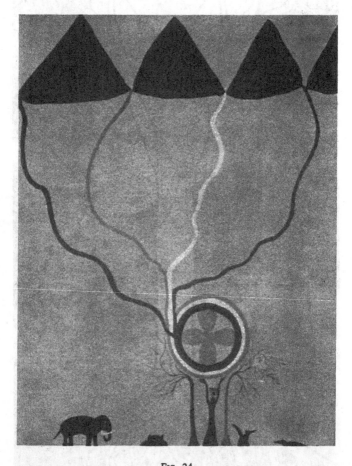

FIG. 24

Le même thème chez l'auteur des images 16 et 17. L'arbre est remplacé par un personnage féminin. Les animaux font partie du tableau paradisiaque. Le disque solaire est ici un symbole du processus d'individuation, une quaternité qui est alimentée par quatre fleuves de couleurs différentes qui sortent des quatre montagnes situées en haut.

Fig. 25

L'arbre est une figure féminine enlacée par le serpent. Elle tient
deux globes lumineux. Les points cardinaux sont désignés par des
épis de maïs et par quatre animaux : oiseau, tortue, lion et insecte.

FIG. 26

L'arbre est à peu près remplacé par le personnage féminin qui, à l'endroit des racines, prend une forme de croix. Au-dessous est la terre, au-dessus, l'arc-en-ciel.

FIG. 27
La forêt archaïque d'équisétacées indique les temps originels. L'arbre croît comme l'ovaire d'une fleur (en six degrés) à partir de quatre bractées qui possèdent des têtes humaines. Dans la fleur (lumineuse) apparaît le buste d'un personnage féminin.

Fig. 28
L'arbre est dans sa plus grande partie remplacé par une figure
féminine. Des oiseaux voltigent autour du feuillage qui croît à partir
de la tête.

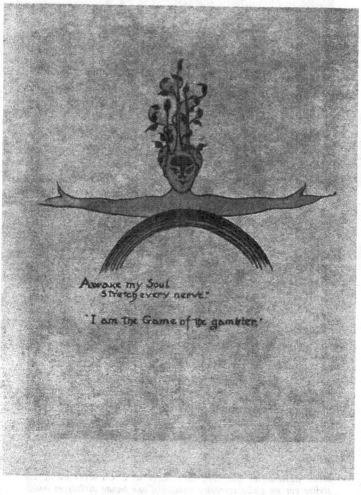

"Awake my Soul.
Stretch every nerve."

"I am the Game of the gambler."

FIG. 29
Même dessinatrice que celle de l'image n° 28. L'arbre est ici remplacé par un personnage masculin. Il s'élève au-dessus d'un arc-en-ciel.

FIG. 30

Même dessinatrice que celle de l'image n° 2. Un arbre du monde stylisé sur un globe terrestre entouré d'une bande divisée et multicolore. Le tronc est formé d'une figure démoniaque masculine sur laquelle un oiseau (?) descend du feuillage de l'arbre. En bas sont indiqués des symboles phalliques.

Fig. 31

L'arbre est en même temps une fleur qui contient une figure masculine ressemblant à un gnome. Le feuillage forme un mandala au centre semblable à une fleur, qu'entoure une couronne (corona).

FIG. 32

*L'arbre est conçu comme une fleur et représente l'union d'une
série d'opposés. En bas le cygne et le félin, puis « Eve et Adam »,
qui se voilent le visage dans une expression de pudeur, puis le
martin-pêcheur avec un poisson et, en face, un serpent à trois
têtes ; puis les quatre chérubins d'Ezéchiel avec la lune et le
soleil ; ensuite les fleurs lumineuses avec une figure de garçonnet
couronné et enfin, au sommet, un oiseau avec un œuf lumineux et
un serpent couronné et, en face, deux mains avec une cruche versant
de l'eau.*

Première partie

Représentations individuelles
du symbole de l'arbre[1]

1. Cette étude était primitivement destinée à figurer dans un volume
d'hommage composé à l'occasion du 70e anniversaire de mon ami
Gustav Senn, professeur de botanique à l'université de Bâle. En raison
de la mort du jubilaire survenue avant cette date, elle fut publiée dans les
Verhandlungen der Naturforschenden Gesellschaft de Bâle. (Vol. LVI,
2e part., 1945, pp. 411 et *sq*.) La présente version constitue un remanie-
ment et une extension de l'article primitif.

Parmi les figurations archétypiques de l'inconscient, il en est une qui apparaît souvent : celle de l'arbre ou de la plante merveilleuse en général. Lorsqu'on a recours au dessin pour traduire ces représentations imaginaires, on obtient fréquemment des figures symétriques qui, dans leur coupe transversale, offriraient l'image d'un *mandala*. Etant donné que ce dernier est en général une *vue d'ensemble du symbole du Soi*, l'arbre en désigne comme un *aspect*, c'est-à-dire qu'il représente le Soi comme un phénomène de croissance. Je ne désire pas traiter une nouvelle fois ici des conditions dans lesquelles se réalisent des représentations de ce genre. J'ai dit tout ce qui s'imposait à ce sujet dans l'ouvrage *Gestaltungen des Unbewussten*. Les exemples donnés ci-après proviennent tous de séries d'images dans lesquelles quelques-uns de mes malades ont exprimé graphiquement leurs expériences intérieures. Malgré la diversité du symbole, il s'en dégage des traits fondamentaux caractéristiques. Dans ce qui va suivre, je reproduirai et discuterai d'abord les images individuelles, pour représenter dans la seconde partie de cette étude « l'arbre philosophique » des alchimistes et ses rapports historiques. Le matériel que je présente est libre d'idée préconçue, étant donné qu'en aucun des cas il n'existait de connaissance préalable de l'alchimie non plus que du chamanisme. Les images sont des productions spontanées de l'imagination créant librement, et leur seul motif conscient est d'exprimer l'expérience qui se produit lorsque des contenus inconscients sont accueillis dans la conscience sans que celle-ci s'en trouve déracinée et sans que l'inconscient en soit violenté. La plupart des images proviennent de patients qui se trouvaient en traitement, mais quelques-unes aussi émanent de personnes qui n'étaient pas ou n'étaient plus sous une influence thérapeutique. J'affirme formellement que, dans de tels cas, j'évite avec soin de faire des prédictions qui pourraient exercer une action suggestive. En outre, 19 des 31 images ont été dessinées à une époque où moi-même je ne connaissais pas encore l'alchimie, et les 12 autres, avant la publication de mon livre sur l'alchimie.

Figure 1. L'arbre se dresse, solitaire, sur une île dans la mer. Sa grandeur se trouve mise en relief par le fait que sa partie supérieure est coupée par le bord du papier. Les bourgeons et les petites fleurs blanches indiquent que l'on est au printemps, saison où le grand arbre, dont l'âge dépasse de beaucoup la durée de la vie humaine, s'éveille à une nouvelle vie. L'unicité de l'arbre et sa position axiale dans l'image donnent à entendre qu'il s'agit d'une allusion à *l'arbre du monde* et à *l'axe du monde*, caractères qui appartiennent pour ainsi dire universellement au symbole de l'arbre. Par là s'exprime le processus intime qui meut l'auteur de l'image, et l'on peut deviner que la nature de cette évolution n'a au fond rien à voir avec la psychologie personnelle. L'arbre représente bien plutôt un symbole qui est universel et qui se dresse, étranger, face à la conscience personnelle, en admettant que l'auteur n'utilise pas d'une manière quelque peu consciente l'arbre de Noël pour illustrer son état intérieur.

Figure 2. La stylisation abstraite et la position de l'arbre sur le globe terrestre traduisent avec clarté le sentiment d'isolement éprouvé dans une existence spirituelle. La parfaite symétrie de la partie supérieure indique une union correspondante des contraires. Cette dernière est le thème et le but du processus d'individuation. En tant que l'auteur d'une telle image évite de s'identifier avec l'arbre et d'être assimilé par lui[2], il ne court pas le danger d'un iso-

2. Cf. *Aion, op. cit.*, pp. 45 et *sq.*

lement autoérotique ; il est seulement conscient d'une manière intense du fait qu'il y a en face de son moi personnel un événement qui ne peut être saisi que symboliquement, avec lequel il va lui falloir s'expliquer et qui est aussi réel et aussi indéniable que son moi. On peut nier et anéantir ce vis-à-vis de bien des manières, mais en agissant ainsi on oublie toute la valeur que représente le symbole. L'entendement naïvement curieux voudrait naturellement avoir une explication rationnelle et, s'il ne la trouve pas immédiatement, ou bien il se contente d'une supposition autant à bon marché qu'insuffisante, ou bien il se détourne, déçu. Il semble qu'il soit très difficile à l'homme de vivre avec des énigmes, ou de laisser vivre celles-ci ; on pourrait pourtant penser qu'étant donné le caractère énigmatique de l'existence en général, un peu plus ou un peu moins de questions demeurées sans réponse n'y ont guère d'importance. Mais peut-être le fait insupportable est-il précisément qu'il puisse y avoir dans notre âme personnelle des choses irrationnelles, qui inquiètent la conscience dans son illusion de sécurité et de clarté, en mettant à portée de son atteinte l'énigme de son existence.

Figure 3. Il s'agit ici d'un arbre lumineux qui est en même temps un chandelier. Aussi il a une forme abstraite et indique par là sa nature spirituelle. Les extrémités de ses branches sont des bougies allumées dont la lumière éclaire l'obscurité d'un espace clos, grotte ou voûte. Ainsi se trouve indiquée d'une part la nature secrète et cachée du processus et d'autre part sa fonction, qui est d'éclairer la conscience.

Figure 4. L'arbre est conçu de façon réaliste, bien qu'il soit en or. Il est encore à l'état de sommeil hivernal et dépourvu de feuilles. Il s'élève dans l'espace cosmique et porte, dirait-on, un grand corps lumineux doré, sans doute le soleil. L'or indique que la patiente qui a produit cette image, si elle n'entretient pas encore une relation vivante, c'est-à-dire consciente, avec ce contenu, a sans doute néanmoins, dans sa sensibilité, une intuition de sa grande valeur.

Figure 5. L'arbre n'a pas de feuilles, mais il porte de petites fleurs rougeâtres, ce qui indique un état printanier. Les extrémités des branches sont des flammes ; du feu monte également de l'eau à l'endroit où l'arbre en sort. L'arbre est donc une sorte de fontaine jaillissante. Le symbole de la fontaine, de la *fontina*, est propre a l'alchimie. Le corps de la fontaine y correspond à l'arbre et on le représente volontiers dans les gravures à la façon d'une fontaine publique d'une ville médiévale. L'union du feu et de l'eau dans notre figure exprime la pensée de l'union des contraires, qui constitue l'essence du processus d'individuation. L'image vérifie en outre la sentence alchimique : « *Aqua nostra ignis est*[3]. »

Figure 6. L'arbre est rouge et ressemble à un corail. Il ne se reflète pas dans l'eau, mais croît pareillement vers le bas et vers le haut. Les quatre montagnes à l'arrière-plan, elles non plus, ne sont pas des reflets, mais ont pour pendants cinq montagnes. Il est indiqué par là que le monde inférieur n'est pas le pur reflet du monde supérieur, mais un monde en lui-même et pour lui-même, et vice versa. L'arbre se dresse entre deux parois rocheuses qui constituent des positions contraires. Les quatre montagnes apparaissent également dans la figure 24.

Figure 7. L'écorce terrestre brisée en mottes témoigne de la force irrésistible avec laquelle la croissance de l'arbre se fraye un chemin. L'auteur de l'image fait connaître par là son expérience intérieure d'un processus analogue qui se déroule avec un caractère de nécessité qu'aucune résistance ne saurait arrêter. Comme les mottes représentent en même temps des montagnes couvertes de neige, l'arbre acquiert un caractère cosmique, c'est-à-dire qu'il signifie l'arbre du monde et l'axe du monde.

3. « Notre eau est feu. »

Figure 8. L'arbre est sans feuilles; à leur place, les extrémités de ses branches portent de petites flammes. Il est donc conforme au thème de l'arbre de Noël. Au lieu de sortir de la terre ou de la mer, l'arbre croît à partir du corps d'une femme. La dessinatrice est protestante et ne connaît pas le symbolisme médiéval de Marie. (*Maria = Terra, Maris Stella.*)

Figure 9. L'arbre est vieux et puissant et il se dresse sur un entrelacement de racines qui est mis en relief avec une vigueur inhabituelle. A gauche et à droite, deux dragons s'approchent. Sur l'arbre se trouve un homme qui y a manifestement cherché refuge contre les dragons. Ceci rappelle le dragon qui garde le jardin des Hespérides et, d'une façon générale, le serpent gardien du trésor. Le conscient de l'auteur se trouve dans une situation assez précaire, parce que sa toute récente acquisition, une certaine sécurité de sa conscience individuelle, menace d'être engloutie à nouveau par l'inconscient. Le réseau de racines fortement mis en évidence traduit l'inquiétude qui règne dans l'inconscient, de même que les dragons visiblement géants et la petitesse de l'homme. L'arbre n'est pas menacé, parce qu'il croît indépendamment de la conscience humaine. C'est un phénomène naturel et il est même dangereux de le contrarier d'une manière quelconque, puisqu'il est gardé par des dragons. Grâce au fait qu'il s'agit d'un processus naturel et toujours présent, il peut prêter à l'homme une protection sûre, à condition que ce dernier trouve la force de ne pas redouter des dragons et de monter à l'arbre.

Figure 10. Nous retrouvons ici les deux dragons représentés par des crocodiles. L'arbre est abstrait et dédoublé. Des fruits y pendent. Bien que double, il donne l'impression d'être un arbre unique. Ce trait, ajouté à l'anneau qui unit les deux arbres, indique l'union des opposés, qui sont même représentés en outre par les deux dragons ou crocodiles. Le Mercure des alchimistes est figuré par l'arbre aussi bien que par les dragons. Il est notoirement « *duplex* », en particulier masculin et féminin, et il est, par suite, uni dans la hiérogamie des noces chymiques.

Figure 11. Bien que l'arbre et le serpent soient tous deux des symboles du Mercure, ils traduisent, en raison de la duplicité de celui-ci, deux aspects différents. L'arbre correspond à un principe statique et végétatif, le serpent à un principe mobile et animal. Le premier serait la nature corporelle attachée à la terre, le second la nature émotive et animée (*animal !*). Sans *anima*, le corps est mort, et sans corps, l'âme est irréelle. L'union des deux, que cette image annonce manifestement comme imminente, correspondrait d'une part à une animation du corps et d'autre part à une réalisation de l'âme. L'arbre du paradis lui-même fait pareillement allusion de son côté à la vie véritable qui ne fait encore que se préparer pour les premiers parents, lesquels se trouvent encore dans un état pneumatique et infantile (c'est-à-dire dans l'état du plérome originel).

La confection du Mercure constitue un chapitre important du processus alchimique.

Figure 12. Dans cette image, l'arbre et le serpent sont réunis. L'arbre porte des feuilles et le soleil se lève en lui. Les racines sont en forme de serpent.

Figure 13. L'arbre, abstrait en lui-même, renferme un espace creux auquel conduit une porte fermée. La branche centrale, qui porte un corps lumineux ressemblant au soleil, a un net caractère de serpent. L'oiseau naïf, qui représente l'entendement de la dessinatrice, pleure parce qu'il a perdu la clé capable de lui ouvrir la porte menant à l'arbre. L'oiseau a manifestement flairé à l'intérieur quelque chose de désirable (un trésor).

Figure 14. La même dessinatrice a varié de différentes manières le thème du trésor; ici, sous la forme d'une légende héroïque: le héros découvre dans une mystérieuse salle voûtée un coffre scellé à partir duquel croît l'arbre merveilleux. Le dragon vert qui suit le héros comme un chien correspond au *spiritus familiaris* des alchimistes, *au serpens mercurialis* ou au *draco viridis* (dragon vert). Il n'est pas rare de voir apparaître de pareilles trames mythiques d'une certaine importance. Elles correspondent à peu près aux « paraboles » ou allégories des alchimistes.

Figure 15. L'arbre ne veut pas livrer le trésor, au contraire, il n'enserre que davantage le coffre. S'approchant, le héros touche l'arbre et une flamme en jaillit. C'est un *arbre de feu*, comme celui des alchimistes et l'arbre du monde de Simon le Mage.

Figure 16. Un grand nombre d'oiseaux sont posés sur l'arbre sans feuilles, thème fréquent dans l'alchimie : l'arbre de la *Sapientia* est entouré de nombreux oiseaux voletant, comme dans la Pandora de 1588, ou bien c'est la figure d'Hermès Trismégiste qui est entourée d'oiseaux comme dans le *De Alchemia* de 1566. L'arbre est représenté comme gardien du trésor. La pierre précieuse cachée dans les racines entrelacées du chêne, et qui renferme l'esprit de Mercure dont parle le conte de Grimm. La pierre est un saphir bleu sombre dont la connexion avec le plateau de saphir vu par Ezéchiel[4], et qui jouait un grand rôle dans les allégories de l'Eglise, est inconnue de la dessinatrice. Sa vertu particulière est de rendre celui qui la porte pur, pieux et constant. En médecine, c'était un remède pour le cœur : « *Utimur et hodie Saphiro in corde confortando*[5]. » La pierre est appelée *Flos saphyricus*[6]. Les oiseaux, êtres ailés, sont depuis toujours des emblèmes ou symboles de l'esprit et de la pensée. Les nombreux oiseaux de notre image veulent donc dire que les pensées de la

---

4. [Le *firmamentum* de la vision d'Ezéchiel (I, 22). Voir plus loin. — N. d. T.]

5. « Aujourd'hui encore, nous utilisons le saphir pour fortifier le cœur. » (RULAND : *Lexicon Alchemiae*, 1612, s.v.)

6. *Epistola ad Hermannum. Theat. Chem.*, 1622, V, 899.

dessinatrice tournent autour du secret de l'arbre, c'est-à-dire autour du trésor caché dans les racines. La même structure symbolique se retrouve dans la parabole du trésor caché dans le champ, de la perle précieuse et du grain de moutarde. La différence est que l'alchimie ne se rapporte pas au royaume de Dieu, mais à l'*admirandum Mundi Majoris Mysterium*, «l'admirable mystère du macrocosme», et il semble bien qu'il y ait dans notre saphir quelque chose d'analogue.

Figure 17. Elle provient de la même personne que l'image n° 16, mais à un stade de beaucoup postérieur, où la même idée revient sous une forme différenciée. La faculté de représentation par le dessin a fait, elle aussi, de grands progrès. La pensée fondamentale est la même, avec cette différence que les oiseaux sont remplacés par les fleurs, en forme de cœur, de l'arbre désormais vivant. A ses quatre branches correspond la forme carrée du saphir dont la constance est mise en relief par l'*ouroboros*, hiéroglyphe de l'éternité chez Horapollon. Le dragon qui dévore sa queue est considéré dans l'alchimie comme hermaphrodite, parce qu'il s'engendre et s'enfante lui-même. La «fleur de saphir» est par suite désignée comme «*Hermaphroditi flos saphyricus*» (fleur saphirique d'hermaphrodite). La constance et la durée ne s'expriment pas seulement dans l'âge de l'arbre, mais aussi dans la nature de son fruit, qui est la *pierre*. Celle-ci est, comme le fruit, tout en même temps semence, et, bien que les alchimistes ne cessent de mettre l'accent sur la mort du grain de blé dans la terre, la pierre est «incorruptible» malgré sa nature de semence. Elle représente, comme l'homme, un être éternel et en même temps toujours mortel.

Figure 18. Ici est représenté un état initial dans lequel l'arbre, malgré sa nature cosmique, est incapable de s'élever de la terre. Il s'agit d'une évolution régressive provenant probablement du fait que, si l'arbre a une tendance naturelle à s'éloigner de la terre et à croître dans l'espace cosmique avec ses phénomènes astronomiques et météoriques, il menace par là d'atteindre un monde étranger à la terre et d'entrer en contact avec des choses de l'au-delà que redoutent l'homme naturel et sa raison liée au sol. Non seulement la croissance de l'arbre en hauteur met en péril une prétendue sécurité terrestre, mais elle trouble en outre l'indolence et l'inertie morales et spirituelles, étant donné que l'arbre pousse dans des espaces et des temps nouveaux, où l'on ne peut se tirer d'affaire sans un important travail d'adaptation. Il ne s'agit pas simplement d'une déplorable lâcheté, mais, pour une bonne part aussi, d'une angoisse légitime justifiée, qui mettent en garde devant un avenir exigeant, sans que l'on puisse en percevoir les demandes, ou connaître les dangers qu'entraînerait une non-réalisation. Il n'est par suite que trop aisé de se débarrasser par des raisonnements de la résistance et de l'aversion apparemment non fondées et, moyennant un coup de pouce, de les chasser comme un insecte importun. C'est de là que découle alors la situation psychique représentée par notre image : une croissance à rebours qui plonge dans une inquiétude croissante la terre présumée sûre. Il naît alors des phantasmes secondaires qui, selon les dispositions de l'individu, se tournent vers la sexualité ou vers la volonté de puissance, ou vers l'une et l'autre. On en vient par suite, tôt ou tard, à la formation de symptômes névrotiques ou à la tentation presque inévitable que médecin comme patient prennent ces phantasmes au sérieux en les considérant comme primaires et omettent de voir la tâche réelle.

Figure 19. Cette figure montre que l'image n⁰ 18 n'est pas quelque chose d'unique. Il ne s'agit plus ici, il est vrai, d'une régression inconsciente, mais d'une prise de conscience de cette régression ; c'est pourquoi l'arbre a une tête humaine. L'image ne permet pas de discerner nettement si cette dryade à l'allure d'une sorcière cherche à saisir la terre ou si elle s'en élève à contrecœur. Cette indécision correspond pleinement à la discorde qui règne dans l'état conscient. Mais les arbres voisins qui se dressent tout droits indiquent qu'il existe et que l'on peut percevoir au-dehors ou au-dedans des exemples de la manière dont doivent pousser les arbres. La dessinatrice a interprété l'arbre comme une sorcière, et la croissance régressive comme la cause première d'effets magiques de nature néfaste.

Figure 20. L'arbre se dresse isolé et dans une attitude souveraine sur une montagne. Il est couvert de feuilles et contient dans son tronc une poupée dont l'enveloppe est faite de taches multicolores. La patiente qui a réalisé cette image évoque ici le thème d'Arlequin. Le vêtement de bouffon indique que l'auteur a le sentiment d'avoir affaire à un élément extravagant et irrationnel. Elle a conscience d'avoir pensé ici à Picasso, dont le style semble avoir été suggéré par le manteau d'Arlequin. Ce rapprochement a sans doute un sens plus profond que celui d'une association d'idées superficielle. C'est la même impression qui a entraîné l'évolution régressive dans les deux cas précédents : il s'agit même en fait d'un événement qui cause à l'entendement moderne d'assez grosses difficultés, et j'ai vu bon nombre de patients qui exprimaient ouvertement leur angoisse devant une évolution autonome de certains contenus psychiques. C'est précisément dans des cas semblables qu'il est de la plus haute importance thérapeutique de pouvoir prouver au malade la nature historique de ses expériences apparemment uniques dans leur genre et inassimilables. Lorsqu'un patient commence à ressentir que son développement intérieur est inéluctable, la panique peut aisément s'emparer de lui à l'idée qu'il est voué sans espoir de salut à glisser dans une extravagance où l'on ne peut plus rien comprendre. Il m'est arrivé plus d'une fois dans un cas de ce genre de tirer d'un rayon de ma bibliothèque un vieil alchimiste et de montrer au patient l'image du phantasme qui l'effrayait, sous la forme où elle avait été imprimée il y a de cela quatre cents ans. On obtient ainsi un effet apaisant, car le patient voit qu'il ne se trouve en aucune manière seul dans un monde étranger auquel personne ne comprend rien, mais qu'il appartient au grand fleuve de l'humanité historique, qui a vécu depuis longtemps et d'innombrables fois ce qu'il considère comme sa singularité exclusivement personnelle et pathologique.

La poupée renferme une figure humaine en état de sommeil. C'est l'homme qui, telle une larve, se métamorphose en un être nouveau.

Figure 21. La figure humaine cachée dans le tronc montre l'identité de l'arbre avec l'homme et se trouve en outre à l'égard de l'arbre dans le même rapport que l'enfant à l'égard de sa mère. Ce dernier trait concorde avec la signification féminine et maternelle de l'arbre.

Figure 22. Ici se trouve représenté un stade ultérieur où le personnage endormi s'éveille, se sépare à moitié de l'arbre et se met en relation avec le lion, c'est-à-dire avec les animaux en général. Ainsi l'«être né de l'arbre» se trouve caractérisé non seulement comme un être naturel, mais aussi comme homme primordial sortant du sol, comme αὐτόχθονος à la manière d'un arbre. La δενδρῖτις (nymphe des arbres) est dans ce cas une Eve qui n'a pas été tirée de la côte d'Adam, mais qui est passée d'elle-même dans l'existence à partir de l'arbre. Ce symbole compense de façon évidente, non seulement l'unilatéralité et l'absence de naturel de l'homme qui s'identifie à la civilisation, mais aussi, d'une façon spéciale, l'origine secondaire d'Eve insinuée par le mythe biblique.

Figure 23. La dryade porte le soleil et constitue une figure entièrement lumineuse. La bande ondulée à l'arrière-plan est rouge et se compose de sang vivant

qui baigne le bosquet de la métamorphose. Il est
ainsi indiqué que le processus de transformation n'est
pas un phantasme vaporeux, mais un phénomène qui
plonge jusque dans le domaine somatique ou y prend
même son origine.

Figure 24. Ce dessin unit différents thèmes des images précédentes en mettant spécialement l'accent sur
le symbole lumineux ou solaire. Celui-ci est représenté comme une *quaternité*. Cette quaternité est
entourée de quatre fleuves dont chacun a une couleur
distincte. Ils descendent de quatre montagnes célestes
(c'est-à-dire métaphysiques, ainsi que l'indique la
dessinatrice). Nous avons déjà rencontré la mention
des quatre montagnes dans l'image n° 6. Elles apparaissent également dans le dessin d'un patient, un
homme cette fois, que j'ai cité dans *Psychologie et
Alchimie* (p. 218). Les liquides des quatre sortes sont
représentés dans le *Codex Voss. Leid. 29* (reproduit
dans *Psychologie et Alchimie*, p. 363). Je suis en tout
cas aussi peu responsable de la présence du nombre
quatre que de toutes les quaternités alchimiques,
gnostiques et autres quaternités mythiques. Mes critiques semblent tenir curieusement à l'opinion selon
laquelle j'aurais une prédilection particulière pour la
quaternité et, par suite, la trouverais partout. Qu'ils
prennent seulement en main un traité d'alchimie ...,
mais cela demande manifestement un trop gros effort.
Comme ledit «esprit scientifique» est fait de 90 %
de préjugés, il faut normalement beaucoup de temps
pour que les faits soient perçus. Le nombre quatre
n'est pas dû au hasard, pas plus que la quadrature du
cercle; c'est pourquoi nous avons, pour rappeler un
exemple connu même de mes critiques, non pas trois
ou cinq, mais bien quatre points cardinaux. Que le
chiffre quatre possède en outre des propriétés mathématiques spéciales, c'est là un point que je me
contenterai d'indiquer. Au moyen de la quaternité,
notre image met tout spécialement l'accent sur le
symbole lumineux et l'amplifie de telle manière que

l'on reconnaît sans difficulté ce qui est signifié par là; il s'agit en quelque sorte de la réception de la totalité, c'est-à-dire d'une compréhension intuitive du Soi.

Figure 25. Cette image concerne un stade encore postérieur, dans lequel la figure féminine n'est plus seulement celle qui reçoit ou qui porte le symbole lumineux, le *mandala*, mais elle apparaît comme y étant incluse. La personnalité est ici affectée à un degré plus élevé que dans l'image n° 24. Ainsi augmente également le danger d'une identification avec le Soi, qu'il ne faut pas sous-estimer. Tout être qui parcourt une telle évolution se sentira au moins tenté de voir le terme de ses expériences et de ses efforts dans une unification avec le Soi. Il en existe d'ailleurs des précédents suggestifs. Dans le cas qui nous occupe, cette possibilité est tout à fait présente. Mais il existe dans l'image des facteurs qui doivent rendre possible la distinction entre le moi et le Soi: l'auteur du dessin est une Américaine qui a subi l'influence de la mythologie des Indiens Pueblos: d'où les épis de maïs qui caractérisent la figure féminine comme déesse. Elle est comme enchaînée à l'arbre par le serpent et forme ainsi un équivalent du crucifié, qui est également sacrifié, en tant que Soi, à l'humanité terrestre, comme Prométhée est enchaîné au rocher. A l'effort de l'homme vers la totalité correspond du côté inconscient, comme le montre le mythe, un sacrifice volontaire du Soi à l'absence de liberté et aux entraves qui caractérisent l'existence terrestre. Je veux seulement indiquer ici cette correspondance sans la développer.

Cette image donne donc sur le mythe divin des précisions telles que la conscience, à moins d'être complètement aveuglée, ce dont il n'y a ici aucun signe, peut facilement distinguer entre le moi et le Soi. A ce stade, il est indiqué et important que l'on ne succombe à aucune inflation, car un tel phéno- mène s'installe immanquablement avec toutes ses conséquences fort désagréables si, au moment où le Soi devient connaissable, on se ferme à cette connaissance en s'identifiant avec lui. Si en effet l'identité avec le Soi qui existe naturellement devient reconnaissable, une possibilité s'offre de se libérer d'un état d'inconscience. Mais si l'on ne voit pas cette possibilité, ou si on ne l'utilise pas, on n'en reste pas à l'état qui régnait jusque-là, mais il se produit un refoulement entraînant une dissociation de la personnalité. Le progrès dans le développement, que la connaissance aurait pu rendre possible, se transforme en une régression. Cette connaissance, je dois le souligner, ne consiste pas seulement en un acte intellectuel, mais aussi, par-delà ce dernier, en un acte moral auprès duquel l'aspect de connaissance peut passer à l'arrière-plan. C'est pourquoi on observe les mêmes conséquences dans les cas où quelqu'un, mû par des motifs inférieurs qu'il ne s'avoue pas, cherche à échapper à une tâche qui lui est assignée par le destin.

Je voudrais encore attirer l'attention sur une autre particularité de notre image : l'arbre n'a pas de feuillage et ses branches peuvent être tout aussi bien des racines. Son élément vital se trouve concentré sur le centre, sur la figure humaine qui représente sa fleur et son fruit. De cette manière, un homme qui est enraciné aussi bien en bas qu'en haut ressemble à un arbre qui serait aussi bien en position normale qu'inversée. Le but n'est pas le haut, mais le centre.

Figure 26. L'image développée dans la figure précédente se présente ici sous une forme un peu différente. Il s'agit en réalité de la représentation spontanée de l'idée, car la conscience de la dessinatrice obéit simplement à un sentiment vague qui se clarifie peu à peu pendant le travail. La conscience serait absolument incapable de formuler à l'avance en un clair concept ce qui va être exprimé. La structure de l'image est, comme l'indique le dessin, un *mandala* partagé en quatre, avec un centre repoussé vers le bas, placé sous les pieds de la figure. Celle-ci se tient dans la moitié supérieure et appartient donc au royaume de la lumière. Cela correspond à un renversement de la croix chrétienne traditionnelle, dont la plus longue branche se trouve au-dessous. Il s'en dégage la conclusion que le Soi a d'abord été réalisé comme une figure lumineuse idéale qui, toutefois, représente l'inverse de la croix chrétienne. Le centre de cette dernière en fait est repoussé vers le haut, ce qui assigne un but supérieur à la tendance inconsciente vers le centre. Le regard du personnage dirigé vers le bas montre que son but se trouve en bas. La branche courte de la croix (de lumière) se dresse sur la terre noire, et le personnage tient dans la main gauche un *poisson noir* qui provient de la sphère obscure. Le geste hésitant, du type mudra[7], de la main droite est caractéristique : il vise le poisson venant de la gauche (de l'inconscient). La patiente est influencée par l'Inde (c'est-à-dire par la théosophie), d'où le *mudra*. Le poisson a le sens de *sôtêr* (sauveur), qu'il soit conçu en termes chrétiens ou hindous (comme poisson de Manou ou avatar de Vischnou). On est fondé à penser (voir ci-dessous image 29) que la patiente a puisé dans la Bhagavad-Gîta (X, 31), où il est dit : « Entre les poissons je suis le Makara. » Celui-ci est un dauphin ou une sorte de Léviathan qui apparaît dans le *Svādhisthāna-chakra*. Ce centre se trouve dans la région de la vessie et est caractérisé, en tant que région de l'eau, par le poisson et par la lune. Comme les chakras du yoga tantrique équivalent vraisemblablement à d'anciennes localisations de la conscience, telle par exemple Anàhata au φρένες des Grecs[8], *Svādhis-thāna* est sans doute le premier en date. A cette région correspond le poisson avec son *numen* origi-

---

7. *Mudra* = geste rituel ou magique.
8. Sur la doctrine des chakras, voir Arthur AVALON, *La Puissance du serpent*, trad. fr., Lyon, 1959. Sur φρένες voir R. B. ONIANS : *The Origins of European Thought*, 1951, pp. 14 et *sq*.

nel. Cela rappelle « les jours de la création »,
c'est-à-dire le temps de l'apparition de la conscience,
où l'unité originelle de l'être était encore à peine
troublée par l'aurore de la réflexion psychique et où
l'homme nageait comme un poisson dans la mer de
l'inconscient. En ce sens, le poisson marque un rétablissement de l'état paradisiaque du plérome ou, dans
le langage du tantrisme tibétain, de l'état de *bardo*[9].
Les plantes aux pieds du personnage prennent véritablement leurs racines dans l'air. L'arbre, c'est-à-dire la
nymphe et les plantes sont soulevées de terre ou, ce
qui est plus vraisemblable, sur le point de descendre
sur la terre. C'est aussi ce qu'indiquerait le poisson
en tant que messager de la profondeur.

Selon mon expérience, cette situation est inhabituelle et doit reposer sur une influence théosophique,
car la théosophie (occidentale) est caractérisée par
une imprégnation de la conscience au moyen de
représentations idéales et non par la confrontation
avec l'ombre et l'obscurité. Pourtant on ne parvient
pas à la clarté en se représentant la lumière, mais en
rendant conscient ce qui est obscur. Mais cela est
désagréable et par suite impopulaire.

Figure 27. Cette représentation, contrairement à l'image
précédente, est expressément occidentale, quoiqu'elle se
rattache à la naissance divine à partir de l'arbre ou de
la fleur de lotus. Le monde archaïque des plantes du
carbonifère rend sensible l'état d'esprit dans lequel
s'est trouvée la dessinatrice quand elle a compris intuitivement la naissance du Soi. La figure humaine qui
sort de la plante archaïque est l'union et la quintessence des quatre têtes situées à sa base, ce qui correspond à la conception alchimique de la pierre composée
des quatre éléments (*lapis ex IV elementis compositus*).
Le sentiment créé par l'archétype prête à l'expérience
vécue le caractère d'une réalité primordiale, existant
depuis toujours. Le chiffre six, qui est celui des degrés

---

9. W. Y. Evans-Wentz : *Le Livre des morts tibétains,* trad. fr., 1933.

de croissance, paraît être purement fortuit, comme tant
d'autres choses dans le domaine de l'activité de l'imagination. Il faut cependant se rappeler que le six (*senarius*)
était déjà considéré dans l'antiquité comme «très propre
à la génération» (*aptissimus generationi*[10]).

Figure 28. Cette représentation provient de la même
patiente que l'image 26. Le personnage féminin qui porte
la couronne arborescente se trouve en position assise, ce
qui indique un déplacement vers le bas. La terre noire
qui, dans l'image 26, se trouvait loin au-dessous de ses
pieds, est maintenant placée dans son corps, sous forme
de sphère noire, dans la région du *manipurachakra* qui
coïncide avec le plexus solaire. L'homologue alchimique
en est le *sol niger* (le soleil noir[11]). Cela veut dire que le
principe obscur, l'ombre, a été intégré et qu'il est
désormais ressenti comme une sorte de centre dans le
corps. Il est possible que cette intégration soit reliée à
la signification eucharistique du poisson: la manducation du poisson opère une «participation mystique[12]»
avec le dieu[13].

Autour de l'arbre voltigent un grand nombre d'oiseaux.
Etant donné que l'oiseau est l'image de la pensée
ailée, nous devons conclure de cette représentation
qu'au fur et à mesure que le centre se déplaçait vers
le bas, le personnage humain s'est détaché du monde de
la pensée et, par suite, les pensées sont retournées à leur
état naturel. L'homme et la pensée étaient auparavant
identiques, si bien que le premier était soulevé de terre
comme s'il avait été lui-même un être aérien, et que la
seconde avait perdu sa liberté d'envol, puisqu'elle devait,
en planant, soutenir le poids d'un homme tout entier.

---

10. PHILON D'ALEXANDRIE: *De Mundi Opificio.*
11. Synonyme de *caput corvi* et de *nigredo* (tête de corbeau et noirceur). Dans l'état d'obscurité, la souveraineté est exercée par (*principa-
tum tenet*) l'*anima media naturae* (l'âme du monde), qui est à peu près
ce que je désigne du nom d'inconscient collectif. Sur le *sol niger*, voir
MYLIUS: *Philosophia Reformata*, 1622, p. 19. [Voir aussi C. G. JUNG:
Mysterium Conjunctionis, op. cit., I, p. 106 et *pas. — N. d. T.*]
12. [En français dans le texte. — *N. d. T.*]
13. Cf. *Aion, op. cit.*, pp. 165 et *sq.*

Figure 29. Même patiente. Le processus de séparation entre le monde de la pensée et le personnage
féminin se poursuit. On assiste à la révélation,
accompagnée d'une certaine expression de triomphe, d'un daïmon[14] masculin qui, manifestement,
est brusquement réveillé (*Awake my soul*): c'est
l'*animus*, la personnification de la pensée masculine (de la masculinité en général) chez une
femme. L'état de suspension qui était précédemment celui de l'auteur se révèle ici comme étant un
état de possession par l'animus qui maintenant se
détache d'elle. C'est une libération pour son conscient féminin aussi bien que pour son animus, que
d'être distingués l'un de l'autre. La phrase: «*I am
the game of the gambler*» (Je suis le jeu du
joueur), doit provenir de la *Bhagavad-Gītā* (X, 36):
«Je suis le jeu des dés[15].» C'est en ces termes que
Krishna parle de lui-même. La section dans
laquelle se trouve cette phrase commence par ces
paroles de la divinité: «Je suis, ô Gudakesha, le
soi (atma) qui réside dans tous les êtres; je suis de
tous les êtres le commencement, le milieu et la fin.
Je suis Vishnou parmi les Adhityas[16], le soleil
radieux entre les astres. »

Comme Krishna dans ce passage, Agni se représente lui-même par le jeu de dés dans le *Satapatha-
Brahmana* du *Yajur-Veda* (IVᵉ Brahmana, 23) qui
déclare: «Il (l'adhvaryo[17]) jette les dés en disant:
"Salué-par-Svaha[18], lutte avec les rayons de Sûrya[19]
pour la place d'honneur, la place centrale au milieu

---

14. Ce mot est la transcription en grec: δαίμων (génie, être surnatu-
rel) et ne désigne pas un diable chrétien.

15. L'occasion ne s'est malheureusement plus offerte pour moi
d'interroger cette patiente sur l'origine de cette phrase. Mais je sais
qu'elle a connu la *Bhagavad-Gītā*.

16. Les dieux solaires.

17. Le prêtre qui récite la prière du *Yajur-Veda*.

18. *Svaha* fait partie des syllabes sacrées. Elle est prononcée lors de
la récitation du *Veda* pendant l'orage (*Apastamba*, I, 4, 12. *Sacred Books
of the East*, II, 45) et pendant les sacrifices aux dieux (*loc. cit.*, p. 48).

19. *Sûrya* = soleil.

des frères." Car le terrain de jeu est le même que "le vaste Agni", et ces dés sont ses charbons, et ainsi c'est à lui (Agni) qu'il plaît par là[20]. » Ces deux passages placent non seulement le dieu, mais aussi la lumière, c'est-à-dire le soleil (*Sûrya*) et le feu (*Agni*), en relation avec le jeu de dés. Il est également dit dans les hymnes de l'*Atharva-Veda* (VI, 38): «L'éclat qui est dans le char, dans les dés, dans la force du taureau, dans le vent, dans Parganya[21] et dans le feu de Varuna[22]. » «L'éclat» correspond à ce que la psychologie primitive désigne comme le «mana», et à ce que la psychologie de l'inconscient dénomme «charge de libido» en valeur émotionnelle ou «accentuation du sentiment». Au point de vue de l'intensité émotionnelle, qui représente un facteur décisif pour la conscience primitive, les choses les plus diverses comme la pluie, l'orage, le feu, la force du taureau et le passionnant jeu de dés peuvent être *identiques. Dans l'identité émotionnelle le joueur et le jeu coïncident.*

Cette réflexion devrait expliquer le caractère de notre image qui exprime la libération, la reprise de l'haleine, le soulagement. La patiente ressent de toute évidence ce moment comme un *numen* divin. Ainsi que le montre notre texte de la *Bhagavad-Gîta*, Krishna est le Soi, avec lequel l'animus s'identifie dans le cas présent. Cette identité apparaît d'une façon presque générale lorsque l'ombre, c'est-à-dire le côté obscur, n'est pas suffisamment perçue, reconnue. Comme tout archétype, l'animus possède un double visage de Janus et, en outre, la limitation d'un principe purement masculin. Par suite, il n'est pas propre à représenter la totalité du dieu, c'est-à-dire du Soi. Il lui faut se contenter d'un degré préalable ou d'une position intermédiaire. Les généralisations caractéristiques de la théosophie hin-

---

20. *Sacred Books of the East*, XLI, 112.
21. Dieu de la pluie.
22. *Sacred Books*, XLII, 116.

doue ont, il est vrai, aidé ma patiente à identifier au moins provisoirement, par la voix d'un court-circuit psychologique, l'animus à la totalité, c'est-à-dire à le mettre à la place de celle-ci.

Figure 30. Le thème de l'image n° 29 est représenté ici sous une forme plus différenciée. La stylisation de l'arbre sans feuilles indique une forte abstraction, de même que la figure masculine du gnome revêtu d'une sorte de froc. Les bras étendus traduisent l'équilibre des deux côtés et le motif de la croix. Le caractère équivoque du personnage est mis en relief d'une part par l'oiseau venant d'en haut[23], qui est en même temps une fleur fantastique, et d'autre part par une flèche, visiblement conçue comme phallique, qui monte des racines entrelacées. Le personnage du daïmon apparaît aussi bien comme un équilibre de la droite et de la gauche que comme une union de l'intellect et de la sexualité, de même que le Mercurius duplex qui, en tant qu'il figure la pierre philosophale, représente une quaternité (à savoir les quatre éléments). La bande autour du globe représente la bande mercurielle que j'ai interprétée dans *Gestaltungen des Unbewussten* pp. 116 et *sq.* (tableau 4, p. 97). La dessinatrice elle-même y a vu le Mercure.

L'idée du Mercure alchimique provient exclusivement de la psychologie masculine et la représente, à savoir l'opposition caractérisque pour l'homme entre le *noûs* et la sexualité à laquelle manque l'éros féminin. La figure de l'animus offerte par notre image est un fragment de psychologie purement masculine qui, au cours du processus d'individuation, s'est détaché d'une psyché féminine.

Figure 31. La dessinatrice est la même que celle de l'image précédente. L'arbre est devenu ici une sorte de lotus, plante ou fleur. Le personnage ressemblant à un gnome en sort, rappelant la naissance divine dans le lotus. Des influences orientales se font sentir

---

23. Comparer la cigogne sur l'arbre. Voir plus loin.

ici aussi, mais elles sont d'une autre sorte que chez l'auteur de l'image n° 29. Il ne s'agit pas de théosophie hindoue apprise et vécue artificiellement en Occident, mais du fait que l'auteur des images n°s 30 et 31 est elle-même née en Orient, sans en avoir reçu consciemment la théosophie. Elle n'en est toutefois que plus imprégnée, et cela à un degré qui trouble considérablement son équilibre psychique.

Le progrès du développement dans cette image consiste en ce que le daïmon effectue un recul sensible; mais la cime de l'arbre subit pour cette raison une importante transformation: des feuilles et des fleurs apparaissent, et il se forme une couronne, une corona[24], autour d'un centre lumineux, semblable à une fleur. Les alchimistes utilisaient à ce sujet les expressions de corona ou de diadema cordis tui (diadème de ton cœur) et voulaient désigner par là un symbole de l'accomplissement.

La cime (corona) apparaît ici comme le «couronnement» du processus représenté par l'arbre. Elle constitue un mandala, la «fleur d'or» de l'alchimie chinoise, le «flos saphyricus» de celle d'Occident. Dans cette image, l'animus ne représente plus le Soi, mais celui-ci se sépare de lui et le «transcende».

Figure 32. Je ne reproduis cette image qu'avec hésitation car, à l'inverse de toutes les autres, elle n'est pas «pure», c'est-à-dire libre de toutes influences provoquées par ce qui a été lu et entendu. C'est en particulier le cri des matériaux au moins. Elle n'en est pas moins «authentique», en ce qu'elle a été produite spontanément et qu'elle fournit une expression à l'expérience intérieure de la même manière que toutes les autres, et même avec beaucoup plus de netteté et de plasticité parce que l'on disposait de représentations convenables. Cette image réunit par suite une foule de matériaux symboliques que je ne désire pas commenter, parce qu'ils ont déjà été expli-

---

24. [L'allemand *Krone* veut dire à la fois «couronne» et «cime d'un arbre». — *N. d. T.*]

qués dans leurs composantes essentielles, en partie dans la littérature, en partie dans la présente étude. Leur réunion sous forme d'arbre ou de plante est toutefois originale. Je veux simplement montrer par cet exemple quelle influence exerce sur les formations de cette sorte une certaine connaissance du symbolisme.

Je désirerais placer en conclusion de ma série d'images un exemple littéraire de symbolisme de l'arbre manifesté spontanément. Un poète français inconnu de moi, Noël Pierre, a décrit, dans une suite de poèmes intitulée « *Soleil noir*[25] » une authentique expérience de l'inconscient. L'arbre apparaît à la strophe XXVI :

> *... Une foule compacte s'y pressait.*
> *Des quatre directions. Je m'y mêlais.*
> *Je remarquais que nous roulions en spirale*
> *Un tourbillon dans l'entonnoir nous aspirait,*
> *Dans l'axe, un catalpa gigantesque*
> *Où pendaient les cœurs des morts,*
> *A chaque fourche avait élu résidence*
> *Un petit sage qui m'observait en clignotant.*

XXVII

> *Jusqu'au fond, où s'étalent les lagunes,*
> *Quelle quiétude, au nœud des choses !*
> *Sous l'arbre de ma vie, le dernier fleuve*
> *Entoure une île où s'érige*
> *Dans les brumes un cube de roche grise.*

Les caractéristiques de cette description sont les suivantes : 1. Centre universel de l'humanité ; 2. Rotation en spirale[26] ; 3. Arbre de vie et de mort ; 4. Le cœur comme centre de vie et de l'être en connexion avec l'arbre[27] ; 5. La sagesse de la nature sous forme de nain ; 6. L'île comme emplacement de l'arbre de vie ;

25. Paris, 1952, Ed. Seghers.
26. Souvent représentée par le serpent.
27. Cf. la figure 15 et le conte de Bata. Voir plus loin.

7. Cube = pierre philosophale = trésor, sur lequel croît l'arbre.

Je terminerai ainsi cette partie de mon travail pour décrire dans la seconde partie la manière dont le processus figuré ici dans des exemples individuels modernes se trouve représenté dans un matériel historique.

Contributions à l'histoire et à l'interprétation du symbole de l'arbre

CHAPITRE PREMIER

L'arbre comme image archétypique

Après avoir, dans la première partie, donné des exemples de symboles modernes de l'arbre, apparus spontanément, je voudrais, dans la seconde partie de cette étude, dire quelques mots de leur arrière-plan historique et justifier ainsi le titre de ce travail : « *L'Arbre philosophique.* » En effet, bien qu'il soit évident, pour qui connaît le sujet, que mes exemples individuels ne sont que des cas particuliers du symbolisme de l'arbre universellement répandu, l'interprétation de ces symboles requiert la connaissance de leurs antécédents historiques immédiats. Comme tous les symboles archétypiques, celui de l'arbre subit avec le temps un certain développement portant sur sa signification : celle-ci s'est bien éloignée du sens primitif de l'arbre des chamanes, même si certains traits essentiels se révèlent immuables. La forme psychoïde qui est à la base d'une représentation archétypique conserve son caractère à tous les stades, bien qu'elle soit susceptible de variations empiriques infinies. Même si la forme extérieure de l'arbre s'est transformée à de multiples égards au cours des âges, il reste que la richesse et la vie d'un symbole s'expriment encore davantage dans les variations de son sens. C'est pourquoi la phénoménologie du symbole de l'arbre comprend avant tout les *aspects de sa signification*. Les associations statistiquement les plus fréquentes concernant le sens de l'arbre sont probablement la croissance, la vie, le déploiement de la forme au point de vue physique et spirituel, le développement, la croissance de bas en haut et vice versa, l'aspect maternel : protection, ombrage, toit, fruits comestibles, source de vie, fermeté, durée, enracinement (et aussi impossibilité de bouger de place), âge, personnalité[28] et enfin mort et renaissance.

28. Dans le songe de Nabuchodonosor, le roi lui-même est représenté par l'arbre. Conformément à des représentations très anciennes, l'arbre

Cette liste de caractères est le résultat des expressions recueillies des lèvres des patients, au cours de longues années d'expérience médicale. Même le profane qui lira mon exposé sera frappé par tout ce que ces images présentent de commun avec les contes, les mythes et la poésie. A ce propos, il est étonnant de remarquer comme il est relativement rare que les individus interrogés se réfèrent consciemment à des sources de ce genre. On peut en donner les raisons suivantes : 1. En général on ne réfléchit que peu ou pas du tout aux origines des images oniriques, et encore moins aux thèmes des mythes ; 2. Les sources ont été oubliées ; 3. Les sources n'ont jamais été conscientes : il s'agit de *nouvelles créations archétypiques*.

Cette dernière possibilité est beaucoup moins rare qu'on ne pourrait le penser : elle se présente au contraire si souvent que, pour élucider les productions spontanées de l'inconscient, il a été absolument indispensable de recourir à *l'étude comparée des symboles*. La conception habituelle selon laquelle les mythologèmes[29] (ou mieux : thèmes mythiques) seraient toujours liés à la tradition s'est révélée insuffisante, étant donné que de telles représentations peuvent réapparaître spontanément n'importe où, à n'importe quel moment et chez n'importe quel individu, en dehors de toute tradition. Une image doit être considérée comme archétypique s'il peut être établi qu'elle existe dans une forme et avec une signification identiques dans les documents de l'histoire de l'humanité. Ce faisant, il faut distinguer deux extrêmes : 1. L'image est claire, c'est-à-dire consciemment liée à la tradition ; 2. Elle est indubitablement autochtone c'est-à-dire qu'une tradition n'est ni possible ni même vraisem-

---

figure même *in concreto* la vie de l'homme. Ainsi, à la naissance d'un enfant, on plante un arbre dont le destin est identique à celui de l'individu auquel il est rattaché : *Typus igitur nostrae conditionis sit arbor et speculum.* (Que l'arbre soit par conséquent la figure et le miroir de notre condition.) (Andreas ALCIATUS : *Emblemata cum Commentariis*, 1661, p. 888 b.)

29. C'est également à cela qu'il faut rattacher la métaphore.

blable[30]. Entre ces deux possibilités se rencontrent tous les degrés de combinaison des deux facteurs.

Par suite de la nature collective de l'image, il est souvent impossible d'établir sa signification dans toute son étendue à partir des matériaux fournis par les associations d'un individu. Mais, comme une telle détermination est d'une grande importance pour les buts pratiques de la thérapie, la nécessité d'une étude comparative des symboles s'impose à la psychologie médicale[31]. A cette fin, l'étude doit remonter jusqu'à des époques de l'histoire humaine où la formation des symboles se produisait sans entraves, c'est-à-dire où aucune critique de la connaissance ne s'exerçait encore sur les représentations engendrées et où, par suite, des états de fait inconnus en eux-mêmes se sont exprimés dans des formes de représentation déterminées. L'époque de ce genre chronologiquement la plus proche de nous est celle de la philosophie naturelle du Moyen Age qui a atteint son apogée au XVIIe siècle et a cédé progressivement la place à la science critique au cours du XVIIIe siècle. Elle est parvenue à son développement le plus important dans l'alchimie, c'est-à-dire dans la philosophie hermétique. C'est en celle-ci que débouchèrent comme dans un réservoir les mythologèmes les plus durables, c'est-à-dire les plus importants, du passé antique. C'était essentiellement — et cela est caractéristique — une philosophie de médecins[32].

---

30. Cette preuve n'est jamais facile à apporter, étant donné que la tradition est souvent devenue inconsciente, tout en réapparaissant dans la mémoire sous forme de cryptomnésie.

31. Il s'agit d'une attitude analogue à celle qui institue des comparaisons avec l'anatomie humaine, à cette seule différence qu'en psychologie les constatations comparatives ne sont pas uniquement théoriques, mais revêtent une signification pratique immédiate.

32. On peut bien l'affirmer, étant donné que non seulement un très grand nombre d'alchimistes étaient médecins, mais que la chimie était essentiellement une φαρμακοποιία (confection de remèdes). La chose recherchée n'était pas seulement l'*aurum philosophicum* ou *potabile*, mais aussi la *medicina catholica*, la panacée et l'ἀλεξιφάρμακον (antidote).

CHAPITRE II

L'arbre dans le traité
de Jodocus Greverus

Je voudrais maintenant représenter dans ce qui va suivre la manière dont la phénoménologie de l'arbre apparaît dans le contexte de l'époque spirituelle qui a immédiatement précédé la nôtre. Holmberg[33], qui a consacré une vaste étude à l'arbre de vie, dit de lui qu'il est «la plus grande création légendaire du genre humain», ce qui exprime le fait que l'arbre fait partie de ces mythologèmes qui occupent une place centrale et qui, du fait de leur diffusion universelle, manifestent partout la plus grande richesse de rapports.

Dans les textes alchimiques du Moyen Age, l'arbre apparaît fréquemment, et représente en général la croissance et la transformation de la substance mystérieuse en «or philosophique» (ou, en général, le but, quel que soit le nom dont il est désigné). On lit dans le traité de Pélage: «Zosime a dit» (en parlant du processus de transformation) qu'«il est (comme) un arbre cultivé, une plante arrosée qui se putréfie sous l'effet de l'abondance de l'eau, et qui, croissant grâce à l'humidité et à la chaleur de l'air, produit des fleurs, et qui porte des fruits grâce à la grande douceur et à la qualité (ποιότητι) de la nature[34]». Un exemple typique en est fourni par le traité de Jodocus Greverus, publié pour la première fois à Leyde[35]. L'opus tout entier y est représenté comme consistant à semer et à cultiver

---

33. Uno HOLMBERG: *Der Baum des Lebens*. Annales Acædemiae Scientiarum Fennicae, Helsinki, 1922-1923. Ser. B.T. XVI, 9.

34. BERTHELOT: *Alch. grecs*, IV, I, 12. [Nous nous sommes conformés, pour la traduction des derniers mots (τῇ ποιότητι τῆς φύσεως) à la version de Jung. Berthelot traduit: «Grâce à la qualité favorable de *sa* nature.» — *N. d. T.*]

35. L'ouvrage a pour titre: «*Secretum Nobilissimum et Verissimum Venerabilis Viri Domini Iodoci Greveri Presbyteri.*» Publié dans le *Theat. Chem.*, 1602, III, 783.

l'arbre dans un jardin bien protégé où rien d'étranger ne doit pénétrer. Le sol dans lequel on sème est fait de Mercure purifié. Saturne, Jupiter, Mars et Vénus forment le tronc (ou les troncs) de l'arbre, tandis que le soleil et la lune en contiennent les semences[36]. Ces noms de planètes désignent en quelque sorte les métaux correspondants. On peut voir ce qui est signifié par là grâce à la remarque restrictive de l'auteur : « *Non enim in hoc opus ingreditur Aurum vulgi nec Mercurius vulgi nec Argentum vulgi nec quidvis aliud vulgare, sed Philosophorum.* » (Il n'entre en effet dans cette œuvre ni or vulgaire, ni mercure vulgaire, ni argent vulgaire, ni un autre corps vulgaire quelconque, mais ceux des philosophes.) Les ingrédients de l'œuvre peuvent par conséquent être n'importe quelle substance. Ils sont en tout cas des *imaginations*, même s'ils étaient exprimés extérieurement par des matières chimiques. Les noms des planètes eux-mêmes désignent en fin de compte, non seulement des métaux, mais aussi, comme le savait tout alchimiste, des *tempéraments* (astrologiques), donc des facteurs *psychiques*. Ceux-ci sont constitués par des dispositions instinctives qui déterminent des phantasmes et des désirs spécifiques et permettent, de cette manière, de discerner leur caractère. La cupidité comme mobile premier de l'art royal est encore visible dans l'« *aurum non vulgi* », bien qu'on puisse reconnaître justement ici le revirement de la motivation et le transfert du but sur un plan différent. Dans la parabole qui forme l'épilogue du traité, le vieux sage dit avec pertinence à l'alepte : « *Depone, fili, mundanarum concupiscentiarum illecebras.* » (Laisse là,

---

36. Le texte porte : « *Saturnus, Jupiter*, etc., *sunt trunci*, » ce qui peut vouloir dire qu'il y a quatre troncs, ou que chacun des troncs se compose de ces quatre. M. MAIER, qui cite Grever (*Symbol. Aur. Mens.*, 1617, p. 269), n'y voyait manifestement pas très clair, lui non plus, sur ce point, car il attribue à l'auteur l'opinion que Mercure est la racine, Saturne, etc., le tronc et les branches, le soleil et la lune, les fleurs et les fruits de l'arbre. M. MAIER entend, à juste titre selon moi, par les quatre, la classique tétrasomie (voir plus loin).

mon fils, les séductions des désirs du monde.) Même si, ce qui le plus souvent ne fait aucun doute, le procédé allégué par un auteur n'a pour but que la production de l'or commun, la signification psychique de l'opération entreprise s'impose à l'adepte en dépit de son attitude consciente, dans la nomenclature symbolique qu'il emploie. Dans le traité de Greverus, ce stade même a été surmonté et il est admis, sans méprise possible, que le but de l'œuvre « n'est pas de ce monde ». Par suite l'auteur confesse dans la « conclusion » de son ouvrage, à propos de « _l'universus processus operis nostri_[37] » que celui-ci est « un don de Dieu, contenant le mystère de l'union indivise de la Sainte Trinité. O science très illustre qui est le théâtre de la nature tout entière et son anatomie, un firmament terrestre[38], une preuve de la toute-puissance de Dieu, le témoignage de la résurrection des morts, un exemple de la rémission des péchés, l'épreuve infaillible du jugement futur et le miroir de la béatitude éternelle[39] » !

Le lecteur moderne de cette glorification lyrique ne peut s'empêcher de la trouver exagérée et disproportionnée, car on a du mal à saisir comment, par exemple, l'unité de la Sainte Trinité peut être contenue dans la « science » alchimique. Ces comparaisons enthousiastes avec les mystères de la religion avaient déjà choqué au Moyen Age[40]. Ce ne sont pas des

37. « Le processus entier de notre œuvre. »

38. J'ai traduit « _astrologia_ », dans le sens où l'entend Paracelse, par « firmament » (dans l'homme). « _Anatomia_ » et « _astrologia terrestris_ » sont des concepts spécifiquement paracelsiens. Leur emploi signifie donc un _terminus a quo_ pour la date du traité de Greverus ; celui-ci remonte par conséquent à la seconde moitié du XVIᵉ siècle.

39. « _Donum Dei est, habens mysterium individuae unionis sanctae Trinitatis. O scientiam praeclarissimam, quae est theatrum universae naturae, ejusque anatomia, astrologia terrestris, argumentum omnipotentiae Dei, testimonium resurrectionis mortuorum, exemplum remissionis peccatorum, infallibile futuri judicii experimentum et speculum aeternae beatitudinis._ »

40. Cf. le refus signifié par l'imprimeur bâlois Conrad Waldkirch de publier _Aurora Consurgens_, I, dans _Artis Auriferae Volumina Duo_, Bâle 1593, _Psychologie et alchimie_, trad. cit., p. 478. [Le texte incriminé forme, avec le commentaire de Mlle von Franz, le tome III de l'ouvrage de C. G. JUNG : _Mysterium Conjunctionis, op. cit._ — _N. d. T._]

raretés, et elles étaient devenues au XVIIᵉ siècle, les leitmotive de certains traités qui ont, il est vrai, des précurseurs au XIIIᵉ et au XIVᵉ siècle. A mon avis, elles ne doivent pas toujours être comprises dans le sens d'une *captatio benevolentiae* ni d'une mystification charlatanesque; au contraire, les auteurs ont eu une pensée en les instituant. Ils ont discerné manifestement un parallélisme entre le processus alchimique et les représentations religieuses, relation qui, il est vrai, ne nous paraît pas immédiatement évidente. Un pont ne pourra être jeté entre ces deux domaines différents à l'extrême que si nous prenons en considération le troisième terme qui leur est commun: le tertium comparationis est l'*élément psychologique*. L'alchimiste se serait naturellement élevé avec indignation contre l'allégation que ses représentations de la matière chimique étaient des phantasmes, tel le métaphysicien de notre époque qui se figure encore, lui aussi, que ses affirmations sont plus que des anthropomorphismes. Tout comme l'alchimiste qui ne pouvait pas faire de distinction entre les choses en soi et pour soi et les représentations qu'il se faisait d'elles, le métaphysicien, encore aujourd'hui, croit que sa vision des choses exprime valablement son objet métaphysique. De toute évidence, ni l'un ni l'autre n'a prêté attention au fait que les conceptions les plus différentes ont depuis toujours régné à propos de leurs objets respectifs. En cas de besoin, on se contentait d'estimer que l'autre avait naturellement tort. A l'opposé des métaphysiciens, et en particulier des théologiens, les alchimistes n'affichent aucune tendance polémique, mais se plaignent hautement de l'obscurité d'un auteur qui leur est incompréhensible.

Il est clair pour tout homme raisonnable que, dans l'un et l'autre cas, nous avons affaire avant tout à des représentations imaginatives, ce qui ne veut nullement dire que leur objet inconnu n'existe pas. Peu importe ce à quoi ont trait les représentations imaginatives; elles sont toujours régies par les mêmes lois psychiques, à savoir les *archétypes*. Cela, les alchi-

mistes l'ont remarqué à leur façon quand ils insistent
sur le parallélisme entre leurs vues et celles de la
religion : Greverus compare son processus synthétique
à la Trinité. L'archétype commun est dans ce cas le
nombre trois. En tant que disciple de Paracelse, il
doit connaître la triade paracelsienne fondamentale :
Sulfur, Sal et *Mercurius* (le soufre appartient au
soleil ou le représente, et le sel a la même relation
avec la lune). Toutefois il ne mentionne rien d'une
synthèse de ce genre[41]. Le soleil et la lune livrent les
semences qui sont semées dans la terre (= Mercure).
Les quatre autres planètes constituent le tronc. Les
quatre qui sont réunies dans l'un indiquent la *tétrasomie* de l'alchimie grecque, où elles représentent les
métaux qui correspondent aux planètes : plomb, zinc,
fer et cuivre[42]. Dans son processus d'*hénosis* (unification, réunion), Greverus — ainsi que Michel Maier
l'a compris fort justement (voir la note) — n'a donc
pas pour objet les trois substances paracelsiennes
fondamentales,   mais   l'antique   tétrasomie   qu'il
compare dans sa conclusion à l'«*individua unio sanc-
tae Trinitatis*» (l'union indivisible de la sainte Trinité). La triade soleil, lune et Mercure constitue chez
lui le point de départ[43], en quelque sorte le matériel

41. Il mentionne, certes, «l'or, l'argent et le mercure» comme ingrédients initiaux qui doivent être préparés, c'est-à-dire purifiés «*ut vulgaria
(fiant) physica*» (pour que les métaux vulgaires deviennent physiques)
(!), expression où «*physica*» signifie «*non vulgi*», c'est-à-dire symboliques (*loc. cit.*, p. 786).

[Cet emploi du mot «physique» se retrouve dans l'expression «Pierre
physique» appliquée à la Pierre philosophale. Ce terme rappelle que le
grand œuvre est une opéation purement naturelle (φυσική). D'une
manière plus précise, les métaux «physiques» sont ceux qui ont été purifiés et ramenés à la pureté originelle de leur nature (φύσις). C'est sans
doute ici le lieu de rappeler qu'étymologiquement «métal» a une signification très vague et désigne simplement une réalité susceptible de se
transformer (grec : μεταλλάσσω: changer). Ce nom est en rapport avec
la conception ancienne de la formation des métaux, qui naîtraient et se
transformeraient dans le sein de la terre sous l'influence du soleil, de la
lune et des planètes. — *N. d. T.*]

42. Berthelot: *Les Origines de l'alchimie*, 1885, p. 59.

43. [En français dans le texte. — *N. d. T.*]

initial, en tant qu'elle signifie la semence de l'arbre et la terre dans laquelle elle est semée. C'est ce qu'il appelle la « *conjunctio triptativa*[44] ». Mais ici il s'agit de la « *conjunctio tetraptiva* » étant donné que les quatre sont unis pour former l'*individua unio* (l'union indivisible). Nous rencontrons ainsi un exemple caractéristique du dilemme du trois et du quatre qui, comme on le sait, joue un grand rôle dans l'alchimie sous le nom d'Axiome de Marie la Prophétesse[45].

44. « *Triptativa conjunctio: id est, trinitatis unio fit ex corpore, spiritu et anima... Sic ista Trinitas in essentia est unitas: quia coaeternae sunt coaequales. Tetraptiva conjunctio dicitur principiorum correctio.* » (Conjonction tritaptive: c'est-à-dire que l'union de la trinité est faite du corps, de l'esprit et de l'âme... ainsi cette trinité est unité dans son essence: car elles sont ensemble coéternelles et égales. La conjonction tétraptive est appelée correction des principes. « Elle est appelée » *laudabilissima conjunctio* » parce qu'elle engendre la pierre par l'union des quatre éléments. (*Scala Philosophorum*, in *Art. Aurif.*, 1593, II, p. 138.)

45. *Psychologie et alchimie*, trad. cit., pp. 210 et *sq.* [Cette prophétesse Marie est identifiée à la sœur de Moïse; cf. Exode, xv, 20. — N. d. T.]

CHAPITRE III

La tétrasomie

Dans la tétrasomie, il s'agit essentiellement de la réduction, ou mieux, de la synthèse d'un *quaternio* d'opposés en une unité. Déjà les noms des planètes indiquent deux astres bienfaisants (♃ et ♀) et deux néfastes (♄ et ♂), donc deux dyades, comme c'est souvent le cas dans la quaternité alchimique[46]. De même Zosime formule dans les termes suivants la manière dont la transformation qui est nécessaire pour la préparation de la «teinture» doit être accomplie : «Il vous faut une terre formée de deux corps et une eau formée de deux natures pour l'arroser. Lorsque l'eau a été mélangée à la terre... il faut que le soleil agisse sur cette argile et la transforme en pierre. Cette pierre doit être brûlée et c'est la combustion qui fera sortir le secret de cette matière, c'est-à-dire son esprit, lequel est la teinture[47] recherchée par les philosophes[48].» Comme le montre le texte, la synthèse consiste en la réunion d'une double dyade. Ceci s'exprime avec une particulière clarté dans une autre forme archétypique de la même idée, le schéma des noces royales qui est conforme au type du *cross-cousin-marriage*[49].

La pierre philosophale est normalement composée de la quaternité ou de l'octave des éléments ainsi que des qualités[50]. De même le Mercure désigné depuis toujours comme «*quadratus*» (carré) est la

---

46. «*Et duae sunt terrae et duae aquae in nostro opere.*» (Et il y a deux terres et deux eaux dans notre œuvre.) (*Scala Philosophorum* in *Art. Aurif.*, 1593, II, 137.)

47. Il est à remarquer que la teinture est un «poison igné et de forme aérienne», comme il est dit dans le *Livre de Cratès*. (BERTHELOT : *La Chimie au Moyen Age*, 1893, t. III, 67.)

48. BERTHELOT : *loc. cit.*, p. 82.

49. Cf. à ce sujet : *Psychologie der Ubertragung, op. cit.*, pp. 79 et sq. *quaterniones.* (*Aion, op. cit.*, pp. 347 et sq.)

50. Froid-chaud, sec-humide.

substance mystérieuse grâce à la transformation de laquelle la « pierre » (ou le but recherché quel que soit son nom) est réalisée. C'est ainsi qu'il est dit dans l'invocation ou l'évocation destinée à Hermès dans le *philokatadesmos* (incantation d'amour) de l'*Astrampsychus* : « Tes noms dans le ciel sont... Ce sont les (noms) aux quatre vents du ciel. Je connais aussi tes formes : à l'orient, tu as la forme d'un ibis, à l'occident, tu as la forme d'un cynocéphale, au nord, tu as la forme d'un serpent, mais au sud, tu as la forme d'un loup. Ta plante est le raisin[51] qui, là, est l'olive[52]. Je connais aussi ton bois : le bois d'ébène[53]..., etc. »

Mercure, le quadruple, est aussi l'arbre ou son *spiritus vegetativus*. L'Hermès hellénistique est d'une part un *dieu qui embrasse toutes choses*, comme le montrent les attributs indiqués ci-dessus, et d'autre part, en tant qu'Hermès Trismégiste, l'autorité majeure des alchimistes. Les quatre figures d'Hermès dans l'hellénisme égyptien sont de clairs rejetons des *quatre fils d'Horus*. On trouve déjà dans les pyramides de la Vᵉ et de la VIᵉ dynastie la mention d'un dieu à quatre visages[54].

---

51. *Vitis* (la vigne) est l'arbre philosophique jusque dans l'alchimie tardive. *Vindemia* (la vendange) désigne l'opus. Une citation d'Ostanes rapportée par Zosime (BERTHELOT : *Alch. grecs*, III, VI, 5) dit : « Ἀπό-θλιψον τὴν σταφυλήν » (Presse le raisin.) « *Sanguis hominis et succus uvae rubeus est ignis noster.* — (Le sang d'homme et le suc rouge de la grappe constituent notre feu.) (*Theat. Chem.*, 1602, I, 202.) *Uvae Hermetis aqua permanens.* (RULAND : *Lexicon Alchemiae*, s.v. uvae.) Sur la *vitis vera*, voir l'interprétation donnée par Aurora Consurgens, 2ᵉ partie (*Art. Aurif.* 1593, I, 186.) *Vinum* est un synonyme fréquent de l'*aqua permanens*. Ἑρμῆς βοτρυχίτης (Hermès vendangeur) dans BERTHELOT : *Alch. grecs*, VI, V, 3.

52. L'olive est un équivalent du raisin, parce qu'elle est également pressée et qu'elle donne un suc aussi précieux que celui de la grappe.

53. *Pap. Graec.* CXXII, Brit. Mus. PREISENDANZ : *Papyri Graecae Magicae*, 1931, II, 45.

54. Texte Pepi I : « *Homage to thee, o thou who hast four faces which rest and look in turn upon what is in Kenset... !* » (WALLIS BUDGE : *The Gods of the Egyptians*, 1904, p. 85.) Kenset est le premier nome (district) de l'Egypte, à savoir la région de la première cataracte.

Ceux-ci se réfèrent explicitement aux quatre directions du ciel, ce qui veut dire que le dieu *voit tout*. Au
chapitre CXII du *Livre des Morts* on voit apparaître un
dieu qui est vraisemblablement le même, sous la forme
du bélier de Mendès doté de quatre têtes[55]. L'Horus
primitif, qui représentait le visage du ciel, avait de
longs cheveux qui lui tombaient sur le visage. Ces
mèches de cheveux étaient en relation avec les quatre
colonnes du Shou qui soutenaient le plateau carré du
ciel. Plus tard un rapport s'institua entre les quatre
colonnes et les quatre fils d'Horus, qui remplacèrent les
anciens dieux des quatre directions de l'espace. Hapi
correspondit au nord, Tuamutef à l'orient, Amset au
sud et Quebshennuf à l'occident. Ils jouent dans le
culte des morts un grand rôle, en veillant à la vie du
mort aux enfers. Les deux bras de ce dernier étaient
reliés à Hapi et à Tuamutef, et ses deux jambes à
Amset et à Quebshennuf. Les quatre se composent de
deux dyades, ainsi qu'il ressort également du texte du
Livre des Morts : « Alors Horus dit à Râ : "Donne-moi
deux frères divins dans la cité de Pe et deux frères
divins dans la cité de Nekhen, qui ont jailli de mon
corps[56]" », etc. D'une façon générale, la quaternité est
un leitmotiv du rituel funéraire : quatre hommes portent
le cercueil avec les quatre canopes, quatre animaux
sont sacrifiés, il y a quatre vases ou instruments de
chaque sorte ; les formules et les prières sont répétées
quatre fois[57], etc. Il en ressort clairement que la quaternité était particulièrement importante pour les morts :
les quatre fils d'Horus devaient manifestement veiller à
ce que la quaternité, c'est-à-dire la *totalité* du mort fût
assurée. Horus avait engendré ses fils avec sa mère
Isis. Le thème de l'inceste, qui passe dans la tradition
chrétienne et se retrouve jusque très avant dans l'alchimie de la fin du Moyen Age, débute donc dans la
haute antiquité de l'Egypte. Une image souvent

55. Figure, *loc. cit.*, II, p. 311.
56. *Loc. cit.*, I, p. 497 et I, 210.
57. *Loc. cit.*, I, 491.

reprise montre les fils d'Horus debout sur un lotus devant leur grand-père Osiris : Mestha[58] a une tête humaine, Hapi une tête de singe, Tuamutef une tête de chacal et Quebshennuf une tête de vautour.

L'analogie avec la vision d'Ezéchiel (I et X) saute aux yeux. Ici ce sont les quatre chérubins qui devraient être considérés comme des figures humaines. Chacun des chérubins a quatre visages, respectivement celui d'un homme, d'un lion, d'un taureau et d'un aigle, c'est-à-dire que, comme chez les fils d'Horus, un quart est humain et trois quarts sont animaux. Dans le mirage d'amour d'Astrampsychus les quatre quarts par contre sont animaux, ce qui est sans doute en connexion avec le but magique de la formule[59].

En correspondance avec la propension égyptienne à multiplier le quatre constatée plus haut, il y a dans la vision d'Ezéchiel 4 X 4 visages[60]. En outre à chaque chérubin est attribuée une roue. Les quatre roues ont été interprétées dans les commentaires ultérieurs comme Merkabach, « char »[61], conformément à Ezéchiel XLIII, 3, où le prophète lui-même conçoit les roues comme un char.

Correspondant aux quatre colonnes du Shou et aux quatre fils d'Horus, en tant que dieux des quatre points cardinaux portant le plateau du sol céleste, il y a au-dessus de la tête des chérubins « un plateau[62] solide, brillant comme un cristal effrayant ». Dessus, se dressait le trône de celui qui « ressemblait à un homme »,

58. Forme tardive d'Amset.
59. L'unique tête humaine indique le caractère conscient d'un seul aspect, c'est-à-dire d'une seule fonction de la psyché individuelle. Horus, en tant que soleil levant, est illuminateur; la vision d'Ezéchiel indique également une illumination. La magie au contraire présuppose toujours, pour être efficace, l'état d'inconscience. Ceci pourrait expliquer l'absence de visages humains.
60. Cf. le symbolisme du Soi dont la totalité est caractérisée par quatre *quaterniones*. (*Aion*, 1951, pp. 347 et *sq.*)
61. En Inde, les anciennes pagodes sont même des chars de pierre sur lesquels trônent les dieux. En Daniel, VII, 9, l'Ancien des Jours est assis sur un trône (en forme de char).
62. [« Une voûte (B. d. J.), « un ciel solide » (SEGOND), « *firmamentum* » (Vulgate). — N. d. T.]

correspondant à Osiris qui, avec l'aide du plus ancien Horus et de Seth, avait gravi le plateau céleste.

Les quatre ailes des chérubins rappellent les génies féminins ailés qui protègent le cercueil du pharaon. A chacun des fils d'Horus en effet était adjoint un homologue féminin qui exerçait la même fonction protectrice que les premiers. Les chérubins sont également des génies protecteurs, ainsi qu'il ressort d'Ezéchiel, XXVIII, 14 et 16[63]. La signification apotropéique de la quaternité se révèle aussi en ce qu'Ezéchiel (IX, 4), sur l'ordre du Seigneur, doit tracer une croix[64] sur le front des justes pour les préserver du châtiment. La croix est explicitement le signe du Dieu qui a l'attribut de la quaternité. La croix caractérise *ses* protégés. En tant qu'attribut divin et en elle-même, la quaternité et aussi la croix signifient la *totalité*. Paulin de Nole écrit :

Lui qui, grâce à la croix qui s'étend en quatre
[branches de bois,
Atteint l'univers partagé en quatre parties
Afin d'attirer à la vie les peuples de tous les pays.
Et, puisque, par la mort de la croix, le Christ Dieu
[de toutes choses
S'élève au-dessus de tous pour faire naître la vie et
[mettre un terme aux maux,
La croix est placée entre un alpha et un oméga, lettres qui,
[l'une et l'autre composées de trois traits,
Achèvent des figures différentes de nature trine.
Car ce qui est parfait est un esprit unique et une vertu
[unique et un esprit multiple[65].

63. « Avec un chérubin protecteur je t'avais placé, etc. »

64. [Littéralement « un tav », comme le traduit la Vulgate. Cette lettre avait, dans l'alphabet (hébraïque) ancien, exactement la forme d'une croix. (Note de la Bible de Jérusalem, *ad loc.*) — *N. d. T.*]

65. *Qui cruce dispensa per quattuor extima ligni*
    Quattuor attingit dimensum partibus orbem
    Ut trahat ad vitam populos ex omnibus oris
    Et quia morte crucis cunctis Deus omnia Christus
    Extat in exortum vitae finemque malorum,
    Alpha crucem circumstat et Ω, tribus utraque virgis
    Littera diversum trina ratione figuram
    Perficiens, quia perfectum est mens una, triplex vis.

(*Carmina*, XIX, v. 640.)

Dans le symbolisme spontané de l'inconscient, la croix, en tant que quaternité, se rapporte au Soi et donc à la totalité de l'homme[66]. Le signe de la croix est donc une allusion à la vertu salutaire de la totalité, ou de la réalisation de la totalité.

Dans la vision de Daniel apparaissent également quatre animaux, dont le premier qui ressemblait à un lion « fut dressé sur ses pattes comme un homme, et un cœur d'homme lui fut donné ». Le deuxième animal était pareil à un ours, le troisième à une panthère et le quatrième était une bête féroce dotée de cornes et monstrueuse[67]. Seule l'attitude singulière du lion rappelle encore le quart humain du tétramorphe. Mais tous les quatre sont des bêtes féroces, c'est-à-dire des fonctions psychiques devenues la proie des appétits, qui ont ainsi perdu leur caractère angélique pour devenir démoniaques au mauvais sens du terme. C'est l'aspect destructif et négatif des quatre anges de Dieu qui forment son entourage le plus immédiat, comme l'indique le *Livre d'Hénoch*. Dans cette régression, il n'est certes pas question de magie, mais de la transformation des humains, c'est-à-dire de quelques individus puissants, en démons. Conformément à ces indications, les quatre animaux signifient quatre rois de la terre. Toutefois, l'interprétation poursuit : « Ceux qui recevront le royaume sont les saints du Très-Haut, et ils posséderont le royaume à jamais et pour l'éternité. » Cette surprenante interprétation provient encore, comme l'intelligence attribuée au lion, de l'apparition positive des quatre et se rapporte à un état bienheureux et protégé du monde, dans lequel quatre êtres angéliques protecteurs exercent l'autorité dans le ciel et quatre rois justes, sur la terre, et où les saints possèdent le royaume. Mais cet état est en voie de disparition, car à l'autre bout de la série des quatre le quatrième animal a pris des

66. Voir à ce sujet mes exposés sur le symbolisme du mandala dans *Gestaltungen des Unbewussten, op. cit.*, pp. 187 et *sq.*
67. Dan. VII, 4 et *sq.*

formes monstrueuses; il a dix cornes de la puissance et représente un *quatrième royaume* qui «dévorera toute la terre», c'est-à-dire qu'une monstrueuse avidité de puissance ramène le quart humain à l'inconscience. C'est là, malheureusement, un phénomène psychologique que l'on ne peut observer que trop souvent dans le domaine individuel aussi bien que collectif. Il s'est répété un nombre infini de fois dans l'histoire de l'humanité.

Par-delà Daniel et Hénoch, la tétrasomie des fils de Dieu pénètre de très bonne heure dans le monde chrétien des représentations. C'est aux auteurs des trois synoptiques et à Jean l'unique que les symboles des chérubins sont attribués pour emblèmes. Les quatre évangiles sont en quelque sorte les colonnes du trône du Christ et le tétramorphe devient au Moyen Age la monture de l'Eglise. Mais la spéculation gnostique s'est intéressée à la quaternité de façon toute spéciale. Ce thème est si vaste qu'il ne peut être traité ici plus en détail. Je me contenterai d'attirer l'attention sur la synonymie du Christ, du Logos et d'Hermès[68] et sur l'origine de Jésus rattachée à la «seconde Tétrade[69]» chez les Valentiniens. «Ainsi dans sa quadrupie division, Notre Seigneur conserve la forme de la sainte tétraktys et se compose: 1. du spirituel, qui provient d'Achamoth; 2. du psychisme qui provient du créateur du monde; 3. du corps préparé avec un art ineffable; 4. du divin, le Sauveur[70].»

La tétrasomie alchimique et sa réunion dans l'unité ont donc une longue préhistoire qui remonte bien au-delà de la tétraktys pythagoricienne, jusqu'à l'antiquité égyptienne. D'après les données de cette histoire, il nous est facile de comprendre que nous sommes en présence de l'archétype d'une image de la totalité divisée en quatre. Les représentations qui en découlent sont toujours de nature centrale; elles

68. HIPPOLYTE: *Elenchos*, V, 7, 29.
69. *Loc. cit.*, VI, 51, I.
70. H. USENER: *Das Weinachtsfest*. 2e éd. 1911, p. 149.

caractérisent donc des figures divines et transportent le caractère de celles-ci dans les matières mystérieuses de l'alchimie.

Une psychologie empirique n'a pas à spéculer sur la signification métaphysique possible de cet archétype. Elle peut seulement indiquer que dans les productions psychiques spontanées comme les rêves, les phantasmes, etc., c'est le même archétype qui est à l'œuvre et qui fait apparaître à nouveau *de façon autochtone* en principe les mêmes figures, les mêmes significations, les mêmes appréciations. Tout homme qui regarde sans parti pris la série des images individuelles de l'arbre données plus haut peut se convaincre de la justesse de mes conclusions.

CHAPITRE IV

Sur l'image de la totalité dans l'alchimie

Après cette digression sur l'histoire de la quaternité hermétique, revenons aux images alchimiques de la totalité qui reposent sur la tétrasomie.

L'un des arcanes les plus fréquents et les plus importants est l'*aqua permanens*, ὕδωρ θεῖον (eau divine) des Grecs. Selon des témoignages concordants de l'alchimie ancienne et plus récente, elle constitue un aspect de Mercure, et Zosime dit de cette « eau divine » dans son fragment περὶ τοῦ θείου ὕδατος : « C'est le divin et le grand mystère, la chose recherchée. C'est en effet le Tout (τοῦτο γάρ ἐστι τὸ πᾶν). Le Tout vient de lui et le Tout est par lui. Deux natures, une essence (οὐσία). Et l'une (l'essence unique) attire l'une. Et cette une domine l'une. C'est l'eau d'argent, l'homme-femme, qui toujours fuit... car il n'est pas dominé. C'est le Tout en tous. Il a vie et esprit et il est destructeur (ἀναιρετικόν[71]). »

En ce qui concerne la signification centrale de l'*aqua permanens*, il me faut renvoyer le lecteur à mes précédents travaux[72]. L'eau est tout autant l'« arcane » de l'alchimie que le « Mercure », la « pierre », le « *filius philosophorum* », etc. Comme eux, elle est une *image de la totalité* et, ainsi qu'il ressort de la citation de Zosime que l'on vient de lire, elle l'était déjà dans l'alchimie grecque du IIIᵉ siècle ap. J.-C. Notre texte est sans équivoque sur ce point : *l'eau est le tout*. Elle est l'ἀργύριον ὕδωρ, c'est-à-dire l'*hydrargyrum*, le vif-argent, mais elle n'est pas l'ὕδωρ ἀεικίνητον (l'eau sans cesse en mouvement), c'est-à-dire le mercure commun que l'alchimie latine distingue en tant que

---

71. BERTHELOT : *Alch. grecs*, III, IX. Sur « destructeur », voir plus haut la teinture empoisonnée.

72. *Psychologie et alchimie*, trad. cit., pp. 305 et *sq*.

Mercurius crudus du Mercurius non vulgi[73]. Chez Zosime toutefois, l'« argent-vif » est, comme nous le savons, un πνεῦμα (esprit[74]).

Le « tout » de Zosime est un microcosme, c'est-à-dire le tout ou la totalité (τὸ πᾶν) dans le plus petit point matériel, et il se trouve donc dans toute chose animée ou inanimée. Puisque le microcosme est identique au macrocosme, le premier attire le second, ce qui amène la réalisation d'une sorte d'apocatastasis, un rétablissement de tout ce qui est isolé dans la totalité originelle. Ainsi « chaque grain devient froment et tout métal devient or » comme le dit Maître Eckhart, et le petit homme isolé devient le « grand homme », l'homo maximus ou anthropos, c'est-à-dire le Soi ; à la transmutation alchimique en or, au sens « physique », correspond au sens moral la connaissance de soi, qui signifie une réminiscence[75] de l'homme total[76]. C'est ainsi par exemple qu'Olympiodore dit déjà en citant le conseil de Zosime à Théosébie : « Tandis que tu t'assieds, faisant reposer ton corps, fais reposer aussi tes passions et, en te dirigeant aussi toi-même, tu appelleras à toi la divinité et, en vérité, la divinité qui est partout[77] viendra à toi. Mais si tu te connais toi-même, tu connaîtras aussi le véritable Dieu

---

73. [Il convient d'ajouter que, dans le langage infiniment équivoque de l'alchimie, les « substances crues » peuvent désigner en outre les matières « légitimes » mais non encore « préparées ». Le Mercurius crudus ou Mercurius vulgi peut donc être à l'occasion, non seulement, le mercure matériel, Hg, mais la substance qui n'a pas encore subi l'« ascèse » nécessaire pour pouvoir être mise en œuvre. — N. d. T.]

74. BERTHELOT : Alch. grecs, III, VI, 5. Cf. à ce sujet : Symbolik des Geistes, op. cit., p. 101.

75. [Au sens platonicien. — N. d. T.]

76. Voir un exposé détaillé dans mes « Beiträge zur Symbolik des Selbst » in Aion, op. cit., pp. 237 et sq.

77. Le texte immédiatement antérieur observe que « Dieu est partout » et « non dans le plus petit lieu, comme un démon » (οὐκ ἐν τόπῳ ἐλαχίστῳ ὡς τὸ δαιμόνιον). Ainsi est mise en relief la nature illimitée comme caractère de la divinité, par opposition à la limitation (locale) du démon. Le microsome serait ainsi compris dans le concept de daïmon, et cela signifierait psychologiquement que le moi, par son extrême isolement et sa séparation d'avec Dieu, est guetté par la transformation en démon dès que l'égocentrisme met l'accent sur l'indépendance par rap-

unique[78]. » En accord avec ces paroles, Hippolyte déclare dans son exposé de la doctrine chrétienne : « Et tu seras dans la société de Dieu, et cohéritier du Christ... Car tu es devenu Dieu (γέγονας γὰρ θεός). Ce que tu as eu à supporter de souffrances en tant qu'homme, tu le donnais[79] parce que tu es homme, mais ce qui découle de la divinité, cela Dieu t'a ordonné de le donner, parce que tu as été fait Dieu (θεοποιηθῇς) et engendré (γεννηθείς) comme immortel. C'est le "connais-toi toi-même" (τὸ γνῶθι σεαυτόν) (à savoir), lorsque tu reconnais le Dieu qui t'a fait. Car le fait de se connaître soi-même est imparti en même temps que le fait d'être connu de Dieu à celui qui a été appelé par lui[80]. » Le traité de Jodocus Greverus m'a donné l'occasion de cette digression sur les vastes ramifications que possède le sens de l'arbre et j'ai jugé bon de placer ces aspects généraux avant la représentation et l'explication de l'arbre alchimique. Une telle orientation générale devrait aider le lecteur à ne pas perdre la vision de l'ensemble, dans l'inévitable enchevêtrement des opinions et des phantasmes alchimiques. Malheureusement l'exposé ne se trouve pas facilité par la mention de nombreuses analogies puisées dans d'autres domaines de l'histoire de l'esprit. Pourtant on ne saurait s'en passer, car les vues alchimiques proviennent en grande partie de présuppositions archétypiques inconscientes qui servent également de base aux représentations d'autres domaines de l'esprit.

---

port à Dieu. Dans ce cas, en effet, le dynamisme divin du Soi, qui est identique à celui du Tout (πᾶν), est placé au service du moi, et ce dernier se trouve ainsi «démonisé». Ainsi s'explique la personnalité suggestive et magique de ces personnages historiques que Jacob BURCKHARDT a dénommés «les grands destructeurs» (*die grossen Ruinierer*). *Exempla sunt odiosa !*

78. BERTHELOT : *Alch. grecs*, II, IV, 26. Olympiodore vivait au début du Vᵉ siècle ap. J.-C.

79. [Diverses conjectures ont été proposées pour remplacer cet «ἐδί-δου» (tu donnais). Aucune d'elles n'est satisfaisante. — *N. d. T.*]

80. HIPPOLYTE : *Elenchos*, X, 34, 4.

CHAPITRE V

Sur la nature et l'origine
de l'arbre philosophique

Dans mon livre *Psychologie et Alchimie*, j'ai consacré un chapitre spécial à la projection des contenus
psychiques (hallucinations, visions, etc.). Aussi puis-je
me dispenser de revenir dans ce contexte sur l'origine
spontanée du symbole de l'arbre philosophique chez
les alchimistes. L'adepte voit des branches et des
rameaux dans la cornue[81] où son arbre croît et fleurit[82]. Il lui est conseillé de contempler cette croissance, c'est-à-dire de l'assister à l'aide de l'imagination
active. La vision est « *quaerenda* » (à rechercher[83]).
L'arbre est « préparé » comme le sel[84]. Comme l'arbre
croît dans l'eau, il y est aussi putréfié, « brûlé » ou
« rafraîchi » avec de l'eau[85]. Il est dénommé chêne[86],

---

81. « *Cum corpus fuerit solutum, apparebunt aliquando rami duo,
aliquando rami tres, aliquando plures...* » (Lorsque le corps aura été
dissous, il apparaîtra tantôt deux rameaux, tantôt trois, tantôt davantage...) Hoghelande : *De Alchemiae Difficultatibus. Theat. Chem.*,
1602, I, 165.

82. « *Ut in vitro vescet in modum arboris* », « *in suo vitro fecit crescere in altum cum floribus discoloratis* ». (... afin qu'il le nourrisse dans
le (vase de) verre à la façon d'un arbre », « il le fait croître vers le haut
de son (vase de) verre avec des fleurs de couleurs variées ». George
Ripley : *Opera*, 1649, p. 86. « *Arbor philosophica ramis suis floruit.* »
(Les rameaux de l'arbre philosophique ont fleuri.) (*Introitus Apertus.
Mus. Herm.*, 1678, p. 694.)

83. « *Lilii auctor Senior dicit visionem ejus (vasis) magis quaerendam
quam scripturam.* » (L'auteur du Lys, Senior, dit que la vision de ce (vase)
doit être recherchée plus que l'Ecriture [!]. [C'est-à-dire les notions
livresques, si hautes soient-elles. — *N. d. T.*] Hoghelande : *loc. cit.*,
p. 199. Cf. aussi *Psychologie et alchimie*, trad. cit., p. 330.

84. (Après une description de la *praeparatio salis*) : « *Sal et arbor fieri
notest in humido commodoque aliquo loco.* » (Le sel et l'arbre peuvent
être faits en un lieu humide et commode quelconque.) (*Gloria Mundi.
Mus. Herm.*, 1678, p. 216.)

85. Ripley : *Opera*, 1649, pp. 39 et 46. *Tract. Aur. de Lap. Phil. Mus.
Herm.*, p. 39.

86. Ripley : *loc. cit.*, P. 6.

vigne[87], et myrte[88]. Djabir Ibn Hayyan dit du myrte:
«Sachez que le myrte, c'est la feuille et la tige;
c'est la racine sans être une racine. C'est à la fois
une racine et une branche. Quant à être une racine,
c'est une racine sans contredit, si on l'oppose aux
feuilles et aux fruits. Elle est détachée du tronc et
fait partie des racines profondes. Le myrte est ce
"que Marie[89] appelle les échelons d'or, que Démocrite nomme l'oiseau vert". On l'a nommée ainsi à
cause de sa couleur verte et parce qu'elle est pareille
au myrte, en ce qu'elle conserve longtemps sa couleur verte, malgré les alternatives de froid et de chaleur[90].» Il a sept branches[91]. Dorn dit de l'arbre:
«Une fois que la nature a planté la racine minérale
de l'arbre au milieu de sa matrice, c'est-à-dire la
pierre qui doit produire les métaux, la pierre précieuse, le sel, l'alun, le vitriol, la salive, la douce, la
froide ou la chaude, l'arbre de corail ou la marcas-
site[92], et a placé sa tige dans la terre, cette tige se
divise en des branches distinctes dont la forme de
substance, (celle) de la tige et des branches, est un
liquide, non de la nature de l'eau, ni de l'huile, ni

87. «*Vitis arborea*» dans le Ripley Scrowle. Brit. Mus. Ms. Sloane
5025. «*An ignoratis quod tota divina pagina parabolice procedit? Nam
Christus filius Dei modum servavit eundem et dixit: Ego sum Vitis vera.*»
(Ignorez-vous que toute l'Ecriture divine procède par paraboles? Car le
Christ, fils de Dieu, a trouvé la même manière (de parler) et dit: Je suis
la vraie Vigne. (*Aurora Consurgens* II. *Art. Aurif.*, 1593, I, 186.) «*Vitis
sapientum*» (la vigne des sages) (*loc. cit.*, p. 193 et *Tractatus Aureus.
Theat. Chem.* 1613, IV, 695).

88. Djabir Ibn Hayyan: *Le Livre de la concentration.* Berthelot:
La Chimie au Moyen Age, 1893, III, pp. 214 et *sq.*

89. Il s'agit de Marie la Juive, la prophétesse.

90. C'est la «*benedicta viriditas*» (le vert béni) de l'alchimie latine.
Il y a là une allusion à l'immortalité ou à l'incorruptibilité du fruit de
l'arbre.

91. «*Galenus dicit de arbore Philosophica quae septem ramos
habet...*» (Galien dit de l'arbre philosophique qui a sept branches...) (*Aur.
Cons.*, II, *Art. Aurif.*, I, 222.)

92. *Marcasita = materia metallica immatura.* (Ruland: *Lex. Alch.*,
1612, s.v.) En chimie, c'est un nom générique désignant différentes pyri-
tes. (Von Lippmann: *Entstehung und Ausbreitung der Alchemie*, vol. I,
1919, et vol. II, 1931; s.v.)

du gypse[93] humide, ni d'une mucosité, et il ne faut penser à rien d'autre qu'au bois né de la terre et qui n'est pas terre, bien qu'il provienne d'elle. Les branches s'étendent même à tel point que l'une est séparée de l'autre par un intervalle de deux ou trois climats et aussi d'un grand nombre de régions : de l'Allemagne jusqu'à la Hongrie et au-delà. De cette manière les branches de différents arbres se ramifient dans le globe terrestre tout entier, comme dans le corps humain les veines s'étendent dans les différents membres séparés les uns des autres. » Les fruits de cet arbre tombent, lui-même meurt et disparaît dans la terre. « Après quoi, suivant la condition naturelle, un autre est là, nouveau[94]. »

Dorn esquisse dans ce texte une image impressionnante de la naissance, de l'extension, de la mort et de la renaissance de l'arbre philosophique dont les branches sont les « filons » (venae) courant à travers la terre qui, sans doute, sont coupés en des endroits de l'écorce terrestre éloignés les uns des autres, mais appartiennent tous au même arbre d'une grandeur extraordinaire, dont il semble exister plusieurs exemplaires. L'arbre est manifestement conçu suivant le système des vaisseaux sanguins. Il se compose d'abord lui-même d'un liquide semblable au sang qui, lorsqu'il s'écoule au-dehors ou meurt, se coagule, c'est-à-dire devient solide, comme le fruit de l'arbre[94bis]. Il est remarquable que, déjà dans l'ancienne tradition perse, les métaux soient mis en

---

93. *Lutum* est le gypse ou l'argile ; cette dernière était utilisée, mélangée à des poils, pour rendre étanches les couvercles des récipients. (Von LIPPMANN : *loc. cit.*, I, 663.)

94. *De Genealogia Mineralium. Theat. Chem.*, 1602, I, 632. Voici le texte de la dernière phrase : « *Postmodum juxta naturae conditionem adest alia recens* » (*scil. arbor*).

94bis. « *Momentanea fit ipsorum* (*scl. fructuum*) *coagulatio.* » (Il se fait d'eux (les fruits) une coagulation passagère.) Les « fruits » sont « *per extremitates locustarum ab ultimae natura materiae protusi* » (poussent à partir de la nature de la matière dernière à travers les extrémités des branches). *Locustae* désigne les pousses de l'extrémité des branches. (Vide RULAND : s.v.) La forme *locusta* des mss. paraît s'appuyer sur *lucus* (bois sacré). (WALDE : *Lat. Etym. Wörterb.*, 1910, p. 438.)

relations avec le sang de Gayomard : le sang du héros
coulant dans la terre se transformait en les sept métaux.

A la description de l'arbre, Dorn joint une brève
considération dont je ne voudrais pas priver mon lecteur, car elle procure un aperçu significatif d'une
pensée alchimique classique en son genre : « Ceci et
des vues semblables (la description de l'arbre) proviennent de la vraie "physique" et des sources de la
véritable philosophie, desquelles naissent, par la
contemplation méditative des œuvres admirables de
Dieu, la véritable connaissance de l'auteur suprême
et de ses pouvoirs dans l'entendement et au regard
de l'esprit des philosophes ; non moins clairement
que la lumière apparaît à leurs yeux charnels. A eux
(les yeux) l'occulte devient manifeste. Mais ce Satan
grec a semé dans le champ philosophique de la vraie
sagesse l'ivraie[95] et ses fausses graines, j'entends, Aristote, Albert, Avicenne[96], Rasis[97] et ce genre d'hommes qui est ennemi de la lumière de Dieu et de celle
de la nature, qui ont faussé toute la sagesse physique
et cela, depuis qu'ils ont changé le nom de *Sophia*
en *philosophia*[98]. »

Dorn est un platonicien et un adversaire fanatique
d'Aristote et, comme on peut le voir, des empiristes
orientés vers les sciences naturelles. Sa position correspond, pour ses traits essentiels, à celle qu'adopte après
lui Robert Fludd contre Johannes Keplers[99]. C'est, au
fond, la vieille querelle des universaux, l'opposition
entre le réalisme et le nominalisme, qui en notre ère

95. *Lolium tremulentum* L.

96. IBN SINA (980-1037), médecin et adversaire de l'alchimie. [Plu-
sieurs traités alchimiques lui sont cependant attribués. Cf. FERGUSON :
Bibliotheca Chemica, 1906, s.v. — *N. d. T.*]

97. Egalement appelé Rhazès ou Razès. Il s'agit d'Abu bekr Muhammed
ben Zakeriya er Rasi (850/860-925), originaire d'Irak, médecin et alchimiste.
L'Occident connaît les *Excerpta ex Libro Luminis Luminum* publiés dans :
JANUS LACINIUS : *Pret. Margarita Novella*, 1546, pp. 167 et *sq.*

98. *Theat. Chem.*, 1602, I, 653.

99. Cf. W. PAULI : « Der Einfluss archetypischer Vorstellungen auf
die Bildung narturwissenschaftlicher Theorien bei Kepler » in *Naturerklärung und Psyche, op. cit.*, pp. 147 et *sq.*

scientifique est pratiquement tranchée dans le sens nominaliste. Tandis que le point de vue des sciences naturelles s'efforce d'expliquer la nature à partir d'elle-même sur la base d'un empirisme scrupuleux, la philosophie hermétique se donne pour but de former une description et une explication qui englobent la psyché, c'est-à-dire une vue d'ensemble de la nature. L'empiriste cherche avec plus ou moins de succès à oublier ses principes archétypiques d'explication et ses présupposés psychiques indispensables au processus de la connaissance et à les refouler au profit de son «objectivité scientifique». Mais la philosophie hermétique au contraire considère justement les présupposés psychiques, à savoir les archétypes, comme des composantes irrécusables de l'image du monde empirique. Il n'est pas encore absorbé par l'objet au point de perdre de vue la présence de sa présupposition psychique sensible sous forme d'idées éternelles ressenties comme réelles. L'empiriste nominaliste par contre observe déjà l'attitude moderne à l'égard de la psyché et estime que celle-ci peut et doit être écartée comme «subjective», étant donné que ses contenus ne sont rien d'autre que des concepts formulés après coup — *flatu vocis*. C'est pourquoi il espère pouvoir créer une image du monde qui soit, à tous égards, indépendante de l'observateur. Cet espoir ne s'est trouvé réalisé qu'en partie au cours de l'histoire, comme l'ont prouvé les résultats des recherches de la physique moderne : finalement l'observateur ne peut être écarté, c'est-à-dire que le présupposé psychique demeure agissant.

Or, chez Dorn, on voit avec toute la netteté désirable comment l'archétype de l'arbre qui renferme en lui les ramifications des bronches, des vaisseaux sanguins et des filons métalliques, se projette sur les données empiriques et engendre une vue quasi totalitaire embrassant l'ensemble de la nature morte et vivante et, allant plus loin encore, le monde «spirituel». Le fanatisme avec lequel Dorn défend son point de vue permet de reconnaître que, torturé par le doute intérieur, il combat en sentinelle perdue. Ni lui ni Fludd n'ont pu arrêter le cours des choses, et nous observons aujourd'hui que ce sont précisément les représentants de la prétendue objectivité qui se défendent avec une affectivité semblable contre une psychologie qui met en évidence le caractère inéluctable de la présupposition psychique.

CHAPITRE VI

L'interprétation de l'arbre
chez Gérard Dorn

Après cette digression qui n'était peut-être pas inutile, revenons à l'interprétation de l'arbre par Dorn. Dans son traité De *transmutatione metallorum* il écrit : « En raison seulement de la ressemblance et non de la substance, les philosophes comparent leur matière à un arbre d'or à sept branches, parce qu'ils pensent qu'il renferme les sept métaux dans sa semence et que (ceux-ci) y demeurent cachés ; c'est pourquoi ils qualifient (l'arbre) de vivant (*vegetabile*). Puis de la même manière que les arbres naturels produisent en leur temps une abondante floraison, la matière de la pierre manifeste les plus belles couleurs[100] au moment où apparaissent ses fleurs[101]. Ils ont également dit que le fruit de leur arbre tend vers le ciel parce qu'une certaine matière ou la ramification d'une éponge[102] analogue à la terre (*terra similitudine*) s'élève de la terre philosophique. C'est pourquoi ils ont émis l'opinion que le point autour duquel tourne l'art (l'alchimie) tout entier se trouve dans les productions vivantes de la nature (in *vegetabilibus naturae*) et non dans les aspects vivants de la matière et, en outre, parce que leur pierre contient en elle âme, corps et esprit comme les êtres

100. Cf. le réveil des morts dans l'Hadès : ils croissent comme des fleurs au printemps. Traité de Comarios, BERTHELOT : *Alch. grecs*, IV, xx, 9.

101. Exemples des *multi colores* de la *cauda pavonis* (la queue de paon), dont l'apparition fait présager, telle l'aurore, l'arrivée au but.

102. *Spongia marina*, l'éponge de mer. Le boviste en est un équivalent terrestre. L'éponge pouvait entendre et était dotée d'intelligence. Quand on l'arrache, elle laisse s'échapper d'elle un suc sanglant. Ce trait rapporte le cri que pousse la mandragore quand on la déracine. (« *Quando evelluntur a suis locis, audietur et erit rumor magnus.* » *Calidis filii Jazichi Liber secretorum. Art. Aurif.*, 1593, I, 343.) La plante marine est très importante. Cf. le corail.

vivants (*vegetabilia*). A partir d'une ressemblance qui n'est pas très lointaine, ils ont appelé cette matière lait de vierge et sang béni de couleur rose, bien que cette appellation ne convienne qu'aux prophètes et aux fils de Dieu. Pour cette raison les sophistes ont supposé que la matière philosophique se composait de sang animal ou humain. Dorn énumère alors toutes les substances avec lesquelles les chercheurs égarés — *frivolis nugis seducti*[103] — opèrent, telles qu'urine, lait, œufs, cheveux, sel et métaux de toutes sortes. Ces «sophistes» prennent les désignations symboliques dans un sens concret et cherchent à obtenir le magistère à partir de ces substances impropres. Ce sont manifestement les *chimistes* de cette époque qui, sur la base d'une méprise concrétiste, manipulaient les matières communes, tandis que les philosophes ont appelé leur pierre «animée», parce qu'au cours des dernières opérations, grâce à la vertu de ce très noble mystère igné, un liquide sombre (*obscurus*) et rouge, semblable au sang, sue goutte à goutte de leur matière et de leur vase. Pour cette raison, ils ont prédit que, dans les derniers temps, un homme très pur[104], par lequel le monde sera libéré, viendra sur la terre et laissera tomber des gouttes sanglantes de couleur rose ou rouge par lesquelles le monde sera racheté de sa chute dans le péché. De même le sang de leur pierre libère à sa manière les métaux lépreux[105], et aussi les hommes des maladies contagieuses[106]. C'est pourquoi ils ont dit, non sans bonnes raisons, que leur pierre est dotée d'une âme (*animalem*). Mercure parle à ce sujet au roi Calid

---

103. «Séduits par des bagatelles frivoles.»

104. *Putissimus*. «*Putus* peut être aussi rendu par «authentique» et «sincère». *Argentum putum* est l'argent «pur». *Putus* au lieu de «*purus*» est significatif.

105. Les «*leprosa metalla*» sont les métaux impurs, oxydes ou sels.

106. Les maladies des hommes sont parallèles à la lèpre des métaux. Le texte porte ici : «*liberabat*», d'après le sens, ce doit être «*liberabit*», car il s'agit d'une prédiction de l'adepte non encore réalisée. [Le texte latin offert par les traités alchimiques est souvent défectueux. — *N. d. T.*]

dans les termes suivants: «Connaître ce mystère n'est permis qu'aux prophètes de Dieu[107]»; c'est la raison pour laquelle la pierre est désignée comme animée. C'est en effet dans le sang de cette pierre qu'est cachée son âme. Elle est également produite par la réunion du corps, de l'âme et de l'esprit[108]. Pour une raison semblable, ils l'ont appelée leur microcosme, parce qu'elle contient la ressemblance (*similitudinem*) de toutes les choses de ce monde et ils disent encore pour cette raison qu'elle est animée (*animalem*). Des ignorants sont alors venus qui croient que la pierre est triple et cachée dans le triple genre, à savoir végétal, animal et minéral, ce qui a eu pour résultat qu'ils ont cherché dans les minéraux. Mais cette opinion (*sententia*) est très éloignée de celle des philosophes: ceux-ci constatent en effet que leur pierre est uniformément végétale, animale et minérale.

Ce texte remarquable voit dans l'arbre une forme métaphorique de la substance mystérieuse qui, en tant qu'être vivant, naît, croît, fleurit et porte des fruits

107. La citation n'est pas littérale. On lit dans CALID (*Liber Secretorum, Art. Aurif.*, 1593, I, 325): «*Scias, frater, quod hoc nostrum magisterium de lapide Secreto et officium honoratum est secretum secretorum Dei, quod celavit populo suo, nec voluit ullis revelare, nisi illis qui fideliter tanquam filii meruerunt et qui ejus bonitatem et magnitudinem cognoverunt.*» (Sache, frère, que ce magistère de la pierre secrète et ce devoir honorable qui sont les nôtres constituent le secret de Dieu, qu'il a célé à son peuple et qu'il n'a voulu révéler à personne, sauf à ceux qui l'ont mérité fidèlement comme fils, et qui ont connu sa bonté et sa grandeur.) Dorn voit, non sans vraisemblance, dans celui qui parle, Hermès (Trismégiste), qui indique plus loin: «*Discipulus meus, Musa.*» (Moïse, considéré comme alchimiste, était identifié à Musée, le maître d'Orphée.)

108. Dorn doit ici encore se référer à Calid qui dit (*loc. cit.*, p. 432): «Prends cette pierre qui n'est pas une pierre, et cependant de la nature de la pierre. C'est également une pierre dont la substance originelle est produite à la cime des montagnes (*in capite montium*) et le philosophe a voulu dire «montagnes» au lieu d'«êtres animés» (*animalia*).» La pierre se trouve, en quelque sorte, dans la tête d'un serpent ou d'un dragon, ou bien elle est l'«élément tête» lui-même, comme chez Zosime. Montagne cosmique, axe du monde, arbre du monde et *homo maximus* sont synonymes. Cf. UNO HOLMBERG: *Der Baum des Lebens, op. cit.*

suivant sa propre loi, comme une plante. Cette dernière est mise en parallèle avec l'éponge marine qui
croît dans la profondeur de la mer et paraît avoir
certaines relations avec la mandragore (voir note ci-
dessus). Ici Dorn distingue les *vegetabilia naturae* de
ceux de la matière. Il entend manifestement par
ceux-ci les êtres vivants concrets, matériels. Par
contre, ce que peuvent être les premiers est difficile
à discerner. Une éponge qui saigne et une mandragore qui crie quand on les extrait ne sont pas des
vegetabilia materiae et ne se présentent pas dans la
science naturelle, c'est-à-dire dans la nature telle que
nous la connaissons, mais sans doute ont-elles leur
place dans cette nature platonicienne plus vaste telle
que Dorn la comprend, c'est-à-dire dans une nature
qui renferme en elle des *animalia* psychiques, à
savoir des mythologèmes, des archétypes. Telles sont
en effet les mandragores et autres plantes semblables : de quelle manière Dorn a-t-il pensé concrètement des choses de ce genre, cela ne peut que
demeurer indécis. En tout cas, la « pierre qui n'est
pas pierre ni de la nature de la pierre » appartient à
cette catégorie.

CHAPITRE VII

Le sang rose et la rose

Le mystérieux sang «couleur de rose» (*rosei coloris, rosaceus*) apparaît aussi chez d'autres auteurs. Chez Henri Khunrath (*Confessio*, 1597, p. 93[109]) «le lion attiré hors de la montagne saturnienne» a un «sang couleur de rose». Ce lion, en tant qu'il est «*omnia et vincens omnia*» (*loc. cit.*) (toutes choses et vainquant toutes choses), correspond au πᾶν ou aux πάντα de Zosime, c'est-à-dire à la *totalité*. Plus loin Khunrath mentionne «le précieux sang catholique de couleur rose et l'eau éthérique qui s'écoule du côté azothiquement[110] ouvert avec puissance et art du Fils unique du grand monde. Par elle seulement et par absolument rien d'autre, les choses végétales, animales et minérales sont élevées naturellement et avec art par l'ablution de leurs impuretés à la plus haute perfection naturelle».

Le Fils du grand monde (*Filius macrocosmi*) constitue un équivalent du «*Filius microcosmi*», le Christ[111], et son sang est la *quinta essentia*, la teinture rouge du vrai et juste Mercure double ou du géant[112] à la double substance[113]... Dieu de nature, homme, héros, etc., qui a en lui l'esprit céleste qui vivifie toutes choses... Il est véritablement l'unique et

---

109. Et aussi, *loc. cit.*, p. 197.

110. Voir l'explication d'*azoth* dans *Symbolik des Geistes, op. cit.* p. 110. [L'*azoth*, dont le nom est formé de la première et de la dernière lettre des alphabets latin, grec et hébraïque, désigne le Mercure, principe et fin de toutes choses. — *N. d. T.*]

111. «*Christus comparatur et unitur cum lapide terreno... eximius typus et viva Incarnationis Christi imago est.*» (Le Christ est comparé et uni à la pierre terrestre... elle est une figure excellente et une image vivante de l'incarnation du Christ.) *Aquarium Sapientum. Mus. Herm.*, 1678, p. 118.

112. Psaume XVIII, 6 (Vulg.): «*Exsultavit ut gigas*» (Il [le soleil] a bondi comme un géant) est un texte appliqué au Christ.

113. Le texte se réfère à Matth., XXVI. Il fait manifestement allusion à l'institution de la Sainte Cène.

parfait sauveur de tous les corps imparfaits et de tous les hommes et le céleste médecin de l'âme... Essence universelle triune[114] qui est appelée Jéhova[115].

On a blâmé de telles explosions lyriques des alchimistes (elles ne sont pas tellement rares) comme de regrettables manques de goût ou on en a souri comme d'envolées fantastiques — à tort, me semble-t-il. C'est, pour eux, une affaire sérieuse, et on ne peut les comprendre que si on les prend au sérieux, si difficile que cela puisse paraître à nos préjugés. Les alchimistes ne se sont pas proposé délibérément de faire de leur pierre un sauveur du monde et n'ont pas eu l'intention d'y glisser quantité de mythologie connue et inconnue, pas plus que nous ne le faisons avec nos rêves. Ils trouvaient ces propriétés dans leur idée d'un corps obtenu par la réunion des quatre éléments et unissant en lui les oppositions les plus aiguës, et ils étaient étonnés par cette découverte, comme tout homme qui, ayant fait un rêve étrange et impressionnant, découvre ensuite par hasard un mythologème inconnu de lui qui correspond exactement au thème de son rêve. Il n'y avait donc rien d'étonnant à ce qu'ils attribuent également à la pierre ou à la teinture rouge, qu'ils tenaient pour véritablement réalisables, les propriétés qu'ils avaient découvertes dans l'idée d'un objet de cette sorte. De cette façon, il est aisé de comprendre une certaine phrase

114. La « *triuna essentia* » n'est pas non plus très sûre pour l'anonyme de l'*Aquarium Sapientum*. Il écrit : (Elle) « est d'un, une essence divine, puis de deux, de Dieu et de l'homme, c'est-à-dire de trois personnes, et de quatre, c'est-à-dire de trois personnes et d'une essence divine, comme aussi de cinq, de trois personnes et de deux essences », à savoir l'une, divine, et l'autre, humaine. (*Aq. Sap. Mus. Herm.*, p. 112.) Le *filius macrocosmi* paraît avoir relâché le dogme dans une proportion qui n'est pas mince.

115. « *Verus rectusque duplex Mercurius vel Gigas germinae Substantiae... Deus a natura homo heros* etc. *qui coelestem Spiritum in se habet, qui omnia vivificat... Unicus perfectusque Salvator omnium imperfectorum corporum et hominum est verus coelestique anima medicus... Triuna universalis essentia quae Jehova appellatur.* » *Aq. Sap. loc. cit.*, pp. III et *sq.*

qui est caractéristique du mode de pensée alchimique. Elle se trouve à la même page que la citation ci-dessus. La voici : « De même, dis-je, que cette pierre terrestre (*terrenus*) et (!) philosophique possède, avec sa matière, de nombreux noms divers, presque au nombre de mille, à ce qu'on dit, et que pour cette raison elle est également appelée merveilleuse, ainsi ces titres et ces noms mentionnés plus haut, aussi bien que d'autres, peuvent à plus forte raison et même au plus haut degré être dits du Dieu tout-puissant et du Bien suprême. » L'auteur ne pense manifestement pas qu'il a pu transférer sur la pierre les prédicats de la divinité, comme notre préjugé nous inclinerait à l'admettre. Cet état de fait indique que pour l'alchimiste la pierre n'est rien de moins qu'une *expérience religieuse originelle*, qu'il avait, en bon chrétien, à confronter et à concilier avec sa foi. C'est ainsi que naissait ce quiproquo, auquel on ne peut répondre sans équivoque, d'une identité ou d'un parallélisme, du *Filius microcosmi*, le Christ, et du *Filius macrocosmi*, la pierre philosophale, voire de la substitution du second au premier.

Le parallèle *Lapis-Christus* fut probablement le pont par lequel *la mystique de la rose* pénétra dans l'alchimie. Elle se manifeste d'abord dans le titre *Rosarium* (roseraie) et *Rosarius* (le jardinier) utilisé pour les traités. Le premier *Rosarium* (il en existe toute une série), publié pour la première fois en 1550, est attribué pour sa plus grande partie à Arnaud de Villeneuve. C'est une compilation dont les éléments ne sont pas encore historiquement différenciés. Arnaud vécut et travailla au cours de la seconde moitié du XIIIe siècle. On lui attribue, outre le *Rosarius*, le *Rosarium cum figuris*[116]. La rose y représentait *le symbole de la relation* — entre les personnages royaux. Le lecteur trouvera un exposé plus détaillé de ce sujet dans mon livre *La Psycholo-*

---

116. Traduction d'Etienne PERROT (Paris, Omnium littéraire).

gie du Transfert (1946) où sont en outre reproduites
les figures du *Rosarium*.

La rose a la même signification chez Mechtilde de
Magdebourg. Le Seigneur lui dit : «Contemple mon
cœur et vois ! » Une splendide rose à cinq pétales
recouvrait toute sa poitrine et le Seigneur dit :
«Loue-moi dans mes cinq sens qui sont indiqués par
cette rose. » Ainsi qu'il est expliqué ensuite, les cinq
sens sont les véhicules de l'amour du Christ pour les
hommes (par exemple : «*Per olfactum semper habet
quandam amatoriam dilectionem erga hominem*[117] »).

Dans le domaine religieux, la rose fait partie des
allegoriae Mariae, en tant que *rosa mystica*[118] de même
que l'*hortus aromaticus* (jardin d'aromates[119]), et l'*hortus conclusus* (jardin fermé[120]) ; dans le domaine profane, elle est la suprême bien-aimée, la rose des poètes,
des *fedeli d'amore* de cette époque. De même que saint
Bernard voit dans Marie le «*medium terrae*» (le milieu
de la terre[121]), Raban Maur, la «*civitas*[122]» l'abbé Godefrid,
le «*castellum*[123]» (château fort) et la *domus divinae
sapientiae* (maison de la sagesse divine[124]) et Alain de
Lille l'«*acies castrorum*» (armée rangée en bataille[125]),
la rose possède également la signification d'un mandala,
comme il est facile de le voir à propos de la rose céleste
de Dante. La rose, comme le lotus indien qui lui correspond, a une signification féminine marquée. Elle doit
être entendue chez Mechtilde comme une projection de
son propre éros féminin sur le Christ[126].

117. «Par l'odorat, il a une certaine dilection amoureuse pour
l'homme.» *Liber Gratiae Spiritualis Visionum et Revelationum Beatae
Mechtildis Virginis devotissimae*, etc. 1522, fol. L. VI, v.
118. Litanies de Lorette.
119. Alain de LILLE (Alanus de INSULIS) : Migne, *P. L.*, CCX, 95.
120. *Id. loc. cit.*, 82.
121. Migne, P. L. CLXXXIII, 327.
122. CXII, 897.
123. CLXXIV, 32.
124. *Loc. cit.*, 957.
125. CCX, 91, 94.
126. Cf. le chapitre «*De osculo Domini*», où se rencontre une projection analogue, *loc. cit.*, fol. I, IV r.

Il semble que le sang «rose» du rédempteur alchimique[127] provienne de la mystique de la rose qui a pénétré dans l'alchimie et que, sous la forme de teinture rouge, il exprime la *vertu salutaire, c'est-à-dire réalisant la totalité, d'un certain éros*. L'étrange concrétisme du symbole s'explique par l'absence totale d'un vocabulaire psychologique. Ce sang doit être conçu avec Dorn comme un *vegetabile naturae*, par contraste avec le sang ordinaire qui représente un *vegetabile materiae*. Comme le dit Dorn, c'est dans le sang qu'est cachée l'*âme de la pierre*. Mais comme la pierre traduit la *totalité de l'homme*[128], il est logique que, dans l'explication de la matière mystérieuse et de ses exsudations sanguines l'auteur en vienne à parler du *putissimus homo* (voir plus haut note 104), car c'est de lui qu'il s'agit. Il est l'arcane et la pierre et son homologue ou sa préfiguration est le Christ à Gethsémani[129]. Cet homme très pur «ou très véritable» doit, de même que l'*argentum putum* est de l'argent pur, n'être en aucune manière autre chose que ce qu'il *est*; donc un homme purement et simplement, qui connaît et qui possède tout l'humain et n'est altéré par aucune influence ou aucun mélange. Cet homme n'apparaîtra sur la terre qu'«*in postremis temporibus*» (dans les derniers temps), donc dans l'avenir. Il ne peut pas être le Christ, car celui-ci a déjà racheté le monde par son sang des suites de la chute originelle et personne n'a jamais entendu dire que son sang fût «rose». Le Christ est certes, «*purissimus homo*», mais non «*putissimus*». Il est homme, mais aussi en même temps, Dieu: il n'est pas «pur» argent, mais à la fois or; il n'est donc pas «*putus*». Il ne s'agit en aucun cas ici d'un *Christus* et *Salvator microscosmi* à venir, mais d'un

---

127. C'est-à-dire «du lion», lequel est, à son tour, mis en parallèle avec «le Lion de la tribu de Juda» (le Christ).

128. Voir *Psychologie et alchimie*, trad. cit., et aussi *Aion, op. cit.*

129. Luc, XXII, 44: «*Et factus est sudor ejus sicut guttae sanguinis.*» (Et sa sueur devint semblable à des gouttes de sang.)

Servator cosmi (conservateur du cosmos) alchimique,
de l'idée encore inconsciente d'un homme total qui
doit réaliser ce que le sacrifice du Christ a manifestement laissé incomplet : libérer le monde du mal.
Comme le Christ, il exsudera un sang rédempteur,
mais, en tant que « *vegetabile naturae* », ce sang est
« *rosacei coloris* » (de couleur rose), non sang naturel
(ordinaire), mais un sang symbolique, une substance
psychique, l'illustration d'un certain éros qui unit et
rend complets, sous le signe de la rose, l'individu
comme la multitude, et qui est par conséquent une
panacée (*medicina*) et préservation (*alexipharmacum*).

Nous sommes dans la seconde moitié du XVIe siècle,
à la veille de l'apparition des Rose-Croix, dont la
devise — *per crucem ad rosam* (par la croix vers la
rose) — commence à se faire jour. Goethe a caractérisé de façon excellente la tonalité de cet éros dans
son poème « Les Mystères ». Des apparitions de ce
genre, comme aussi la montée de l'idée et du sentiment de la *charitas* (ἀγάπη) chrétienne[130] indiquent
toujours une défectuosité sociale correspondante
qu'elles compensent. Ce qu'était cette lacune dans
l'antiquité, nous pouvons le voir nettement avec
l'éloignement dans le temps ; de même, dans le cours
du Moyen Age, avec sa juridiction cruelle et incertaine et ses conditions féodales, les droits de
l'homme et la dignité humaine étaient bien mal en
point. On pourrait penser qu'en face de tels états de
choses, l'amour chrétien du prochain était précisément à sa vraie place. Mais que se passe-t-il quand
cet amour est aveugle et sans compréhension ? On
peut expliquer même un Torquemada par le souci de
sauver les âmes des humains égarés. L'amour seul ne
sert à rien s'il n'est pas doté d'intelligence. Pour utiliser celle-ci comme il faut, on a besoin d'une conscience élargie et d'un point de vue élevé d'où
s'agrandit le cercle de l'horizon. C'est la raison pour
laquelle le christianisme ne s'est pas contenté, dans

130. Cor., XIII, 4 et *sq.*

sa réalité historique, d'exhorter les hommes à l'amour du prochain, mais il a également rempli une tâche civilisatrice et spirituelle que l'on ne saurait surestimer. Il a ainsi fait l'éducation de l'homme, l'amenant à une prise de conscience et à une responsabilité plus hautes. Certes l'amour est nécessaire pour cela, mais un amour qui va de pair avec l'intuition et l'intelligence. La fonction de cette dernière est d'éclairer des secteurs qui sont encore obscurs et de les amener à la conscience par la «compréhension», et cela, à l'extérieur, dans le monde ambiant, aussi bien qu'à l'intérieur, dans le monde de l'âme. Plus l'amour est aveugle, plus il est instinctif et menace d'avoir des conséquences destructrices, car c'est une dynamis qui a besoin de forme et de direction. C'est pourquoi il lui est adjoint un logos compensateur, lumière qui luit dans les ténèbres. Un homme qui est inconscient de lui-même agit instinctivement et est en outre le jouet de toutes les illusions qui proviennent du fait que ce dont il est inconscient semble venir à lui de l'extérieur, sous la forme de projections qu'il a faites sur son prochain.

CHAPITRE VIII

L'état d'esprit de l'alchimiste

L'état de choses qui vient d'être décrit semble avoir été soupçonné par les alchimistes; en tout cas, il se trouvait mêlé à leur opus. Au XIVe siècle déjà, ils découvraient que ce qu'ils cherchaient ne leur rappelait pas seulement toutes les substances secrètes possibles, tous les remèdes ou tous les poisons, mais aussi toutes sortes d'êtres vivants, de plantes et d'animaux, enfin un être mythique inconnu, un gnome, un esprit de la terre ou des minéraux, ou même une sorte d'homme-dieu. Voici ce qu'écrivait dans la première moitié du XIVe siècle Petrus Bonus de Ferrare: «Rasis dit dans une certaine lettre que "grâce à cette pierre rouge les philosophes se sont élevés au-dessus de tous les autres et ont prédit l'avenir". Toutefois ils n'ont pas seulement prophétisé en général, mais aussi en particulier. C'est ainsi qu'ils ont su que le jour du jugement et de la fin du monde doit venir, ainsi que la résurrection des morts, où chaque âme sera réunie à son corps antérieur et ils ne seront plus séparés l'un de l'autre pour l'éternité; alors tout corps, glorifié et amené à l'incorruptibilité et à la clarté et à une subtilité presque incroyable, pénétrera toute substance solide[131], parce qu'alors sa nature sera la nature de l'esprit aussi bien que celle du corps, etc.» A partir de ce présupposé, Bonus passe ensuite à l'arcane dont il dit: «C'est une nature qui, si on la soumet à l'humidité ou au feu et qu'on l'y laisse à longueur de nuits, paraît semblable à un mort, et cette chose a alors besoin de feu jusqu'à ce que l'esprit de ce corps soit extrait et laissé à lui-même des nuits entières, comme un homme dans un tom-

---

131. Citation de la *Table d'Emeraude*: «*Hic est totius fortitudinis fortitudo fortis, quia vincet omnem rem subtilem omnemque solidam penetrabit.*» (C'est ici la force forte de toute force, car elle vaincra toute chose subtile et pénétrera toute chose solide.) *De Alchemia*, 1541, p. 363.

beau, et qu'il tombe en poussière. Quand tout cela
s'est produit, Dieu lui rendra son âme et son esprit
et, après que la maladie aura été ôtée, cette chose
sera fortifiée et améliorée après l'incandescence
(coruscationem), de même que l'homme devient,
après la résurrection, plus fort et plus jeune qu'il ne
l'était auparavant.» Ils (les philosophes) ont donc vu
dans cet art, à savoir dans la germination et la naissance de cette pierre, le jour du jugement, ce jour qui
est plus miraculeux que rationnel, parce que (en lui) est
réalisée la réunion de l'âme à béatifier avec son corps
d'autrefois par l'intermédiaire de l'esprit, ainsi que sa
durée glorieuse dans l'éternité. «De même les anciens
philosophes de cet art ont reconnu et constaté qu'une
vierge devait concevoir et enfanter parce que chez eux
la pierre conçoit d'elle-même, devient enceinte d'elle-
même et s'enfante elle-même.» «Ayant donc vu la
conception, la gravidité, la naissance et la nutrition de
cette pierre si merveilleuse, ils en ont conclu qu'une
femme vierge devait sans homme concevoir, devenir
enceinte, enfanter de façon miraculeuse et demeurer
vierge comme auparavant.» Comme le dit Alphidius:
«Cette pierre est jetée dehors sur les chemins, élevée
dans les nuages, elle habite dans l'air, se nourrit dans
les fleuves et repose au sommet des montagnes. Sa
mère est vierge, son père ne connaît pas de femme[132].»
En outre ils ont encore su «*quod Deus fieri debeat
homo die novissima hujus Artis, in qua est operis
complementum, generans et generatum fiunt omnino
unum, et senex et puer et pater et filius fiunt omnino
unum; ita quod omnia vetera fiunt nova*[133]». Dieu lui-
même «a confié ce magistère à ses philosophes et à

---

132. On ne sait rien d'Alphidius. C'est un vieil auteur souvent cité
qui doit appartenir au XIIe ou au XIIIe siècle. (Voir KOPP, *Die Alchemie*,
1886, II, pp. 339 et 363.)

133. Trad.: «... que Dieu doit devenir homme au dernier jour de cet
art, où a lieu l'achèvement de l'œuvre, où ce qui engendre et ce qui est
engendré deviennent totalement un, où le vieillard et l'enfant, le père et
le fils deviennent totalement un, si bien que toutes les choses anciennes
deviennent nouvelles.»

ses prophètes dont il a rassemblé les âmes dans son Paradis[134] ».

Comme ce texte le montre clairement, Petrus Bonus découvre en quelque sorte que l'opus alchimique *anticipe* trait pour trait le mythe sacré de la génération, de la naissance et de la résurrection du Sauveur, car il est acquis pour lui que les plus antiques autorités de l'art, Hermès Trismégiste, Moïse et Platon, etc., ont depuis longtemps connu le processus et, par suite, anticipé prophétiquement la venue du salut *in Christo*. Il n'est en aucune manière conscient du fait que la situation pouvait peut-être être inversée et que l'alchimie pouvait avoir puisé dans la tradition de l'Eglise et assimilé après coup ses opérations à la légende sacrée. Le degré de son inconscience est plus que simplement étonnant : il est instructif, et cette extraordinaire cécité nous indique qu'il doit exister un motif puissant qui la crée. On n'en est pas resté en effet à cette première et unique profession de foi, mais les trois siècles suivants ont repris de façon croissante cette conception à leur compte et provoqué ainsi de l'irritation. Bonus était un savant scolastique et il aurait été intellectuellement — abstraction faite de ses croyances religieuses — en mesure de reconnaître son erreur apparente. Ce qui, en effet, l'amenait à cette conception, c'est qu'en fait il puisait à une source plus ancienne que la tradition de l'Eglise : tandis qu'il contemplait les phénomènes chimiques qui se déroulaient au cours de son opus, des analogies et des parallèles archétypiques, mythologiques, affluaient en lui, comme c'était déjà le cas chez les plus anciens alchimistes païens, et comme cela se produit encore aujourd'hui, lorsqu'on laisse libre cours à l'imagination dans l'examen et l'exploration de

---

134. MANGET : *Bibliotheca Chemica Curiosa*, 1702, II, 30. On allègue comme date de composition 1330. JANUS LACINIUS, qui a publié le traité pour la première fois (in *Pretiosa Margarita Novella*, 1546, fol. 1 et sv.), mentionne fol. 71 r que BONUS aurait été « fonctionnaire (*stipendiatus*) dans la ville de Pola, province d'Istrie, autour de l'année 1338 » et (fol. 46 v) « un contemporain » (*coaetaneus*) de Raymond LULLE, 1235-1315 ?).

certains produits de l'inconscient. Dans ces circonstances en effet apparaissent à la conscience des formes de représentation dont on ne peut découvrir
qu'après coup le parallélisme ou l'identité avec les
thèmes mythologiques et, notamment, chrétiens, analogies et équivalences que l'on aurait peut-être été bien
loin de soupçonner à première vue. C'est également
ce qui est arrivé aux vieux adeptes qui, vu l'ignorance régnante de la matière chimique, tombaient
d'une perplexité dans une autre : ils étaient contraints
volens nolens de s'abandonner à la toute-puissance de
représentations numineuses qui tentaient de combler
le vide obscur de leur intellect. Ils voyaient poindre
vers eux de cette profondeur une lumière sur la
nature de leur processus aussi bien que de son but.
Parce qu'ils ne connaissaient pas les lois de la nature
chimique, le comportement de celle-ci ne provoquait
aucune contradiction par rapport à leur conception
archétypique. Ils faisaient, certes, à l'occasion, quelques découvertes chimiques, ce qui ne pouvait manquer de se produire, mais ce qu'ils trouvaient
véritablement et ce qui les fascinait le plus longtemps et de la façon la plus féconde n'était rien de
moins que le *symbolisme du processus d'individuation*. Petrus Bonus fut en cela l'un des premiers à ne
pouvoir s'empêcher de reconnaître que les symboles
alchimiques, trouvés par des voies si totalement différentes, concordaient d'une manière étonnante avec
ceux de l'histoire chrétienne du salut. Dans leurs
efforts pour sonder le secret de la matière, les adeptes avaient, sans s'en douter, atteint l'inconscient et
étaient ainsi devenus, sans en avoir la moindre conscience, les découvreurs de ce processus qui est entre
autres à la base de la symbolique chrétienne. Cependant il ne fallut pas plus de deux cents ans environ
pour que les plus réfléchis parmi eux parvinssent à
voir clairement ce qu'il en était de la pierre. Avec
hésitation et par allusion tout d'abord, puis avec
toute la netteté désirable, se révéla l'identité de la
pierre avec l'homme, et même avec un facteur situé

dans l'homme mais placé au-dessus de lui, le « quid »
de Dorn, dans lequel nous pouvons reconnaître
aujourd'hui sans difficulté le Soi, ainsi que je l'ai
démontré ailleurs[135]. Les alchimistes ont tenté de différentes manières de se confronter avec le parallèle chrétien. Ils n'ont pas trouvé de solution. Celle-ci n'était
d'ailleurs pas possible tant que leur vocabulaire ne se
détachait pas de la projection sur la matière et ne devenait pas psychologique. Ce sont seulement les siècles
suivants, avec leur développement des sciences de la
nature, qui ont libéré la matière de la projection et
éliminé celle-ci en même temps que l'âme. Mais
même aujourd'hui ce processus de développement de
la conscience n'est pas encore parvenu à son terme.
Sans doute il ne vient plus à l'idée de personne
d'attribuer à la matière chimique des propriétés
mythologiques. Cette forme de l'activité projective
est devenue désuète. Elle se limite désormais aux
relations personnelles et sociales, aux utopies sociolo-
giques et politiques et à d'autres choses du même
genre. Le reste de la nature n'a plus rien à redouter
des interprétations mythologiques, mais il n'en est
sans doute pas de même pour le domaine de l'esprit,
en particulier pour celui que l'on désigne communément du nom de « métaphysique ». Là s'ébattent
encore des mythologènes prétendant à la vérité absolue, et quiconque en exprime un avec une certaine
solennité croit avoir fait par là une constatation valable et se fait même un mérite de ne pas posséder la
modestie requise de l'intelligence humaine, consciente de ses limites, qui sait qu'elle ne sait rien.
Bien plus, ces hommes vont jusqu'à croire que Dieu
lui-même est menacé si quelqu'un ose prendre leurs
projections archétypiques pour ce qu'elles sont, à
savoir des affirmations humaines, dont aucun esprit
raisonnable ne suppose qu'elles ne correspondent à
rien. Même les affirmations les plus absurdes de
l'alchimie ont elles aussi leur sens, mais à quelques

135. Cf. *Aion, op. cit.*, I, IV et *sq.*

exceptions près, justement pas celui que les adeptes cherchaient à donner à leurs symboles, mais un sens que seul l'avenir fût en état de formuler. Partout où l'on a affaire à des mythologènes, il est conseillé d'admettre qu'ils signifient plus qu'ils ne paraissent exprimer. De même que les rêves ne voilent ou n'expriment pas à mots couverts ce qui est déja connu, mais essaient de caractériser aussi bien que possible un état de fait encore inconscient, de même les mythes et les symboles alchimiques ne sont pas, de leur côté, des allégories évhéméristes qui représentent des secrets artificiels. Au contraire, ils cherchent à traduire des secrets naturels dans le langage de la conscience et à faire connaître ainsi la vérité qui appartient à tous. Par la prise de conscience, l'individu humain se trouve menacé à un degré croissant, de particularisation, d'isolement, ce qui est, d'un autre côté, la condition *sine qua non* de la différenciation de la conscience. Plus cette menace grandit et plus le danger est compensé par la production de symboles collectifs, c'est-à-dire archétypiques, qui sont communs à tous. Ce fait se traduit en général par l'existence de religions dans lesquelles la relation de l'individu à Dieu ou aux dieux veille à ce que l'homme ne perde pas le lien vital avec les images régulatrices et les puissances instinctives de l'inconscient. Cela ne vaut naturellement que tant que les représentations religieuses n'ont pas perdu leur numinosité, c'est-à-dire leur *pouvoir de saisir et d'émouvoir* l'individu. Mais une fois que cette perte est consommée, elle ne peut plus être réparée par des moyens rationnels. Dans cette situation, des images originelles compensatrices apparaissent sous forme de représentations symboliques, comme l'alchimie notamment en a produit en abondance ou comme nos rêves modernes en contiennent suffisamment. La conscience de l'individu, aussi bien chez les alchimistes que chez les modernes, réagit d'abord de la même manière caractéristique devant ces manifestations : l'alchimiste, conformément à ses présupposés,

réduit ses symboles à la matière chimique qu'il mani-
pule, et le moderne, à ses expériences personnelles,
comme l'a fait aussi Freud dans sa conception du
rêve. L'un et l'autre se donnent l'apparence de savoir
à quelles choses connues le sens de leur symbole
doit être réduit. L'alchimiste comme le moderne ont
raison tous les deux, en ce sens que le premier rêve
en son langage d'alchimiste tandis que le second,
accaparé par son moi, se sert de la problématique
psychologique et de son mode d'expression. Le matériel de représentations provient dans les deux cas de
contenus de la conscience déjà existants. Le résultat
de cette réduction est peu satisfaisant; si peu, en
fait, que déjà Freud s'est vu contraint de pousser
autant que possible les investigations vers le passé.
Ce faisant, il s'est heurté finalement à une représentation extrêmement numineuse, qui est l'archétype de
l'inceste. Il a ainsi atteint quelque chose qui correspond en quelque sorte au sens de la production des
symboles, l'aperception de ces images originelles qui
appartiennent à tous et conduisent pour cette raison
au-delà de l'isolement de l'individu. La rigidité dogmatique de Freud s'explique par le fait qu'il a succombé à l'action numineuse de l'image originelle
découverte par lui. Mais si nous admettons avec lui
que le thème de l'inceste est l'origine et le fondement de la problématique moderne comme de l'image
alchimique, nous n'avons rien acquis du tout quant
au *sens du symbole*. Nous sommes au contraire arrivés dans une sombre impasse, car à toute la symbolique présente et à venir nous ne saurons répondre
qu'une chose: qu'elle provient de l'inceste originel.
Freud a effectivement pensé ainsi; il m'a dit un
jour: «Je me demande souvent ce que feront les
névrosés à l'avenir, quand on saura communément ce
que signifient leurs symboles.»

   Ce que signifient les symboles est malheureusement, ou plutôt heureusement, plus que l'on ne peut
savoir d'abord. Leur sens est de compenser une situation plus ou du moins inadaptée, c'est-à-dire une

situation consciente ne remplissant pas son office, et qu'ils compléteraient dans un sens de totalité s'ils pouvaient être compris[136]. Si on les réduit, il devient impossible d'interpréter leur sens. C'est pour cette raison que certains alchimistes de l'époque tardive et en particulier du XVIᵉ siècle ont eu horreur de toutes les matières vulgaires et les ont remplacées par des substances « symboliques » qui laissent transparaître la nature de l'archétype. Cela ne veut pas dire que l'adepte n'opérait plus dans le laboratoire, mais qu'il avait un œil fixé sur l'aspect symbolique de ses transmutations. Ceci correspond exactement à la situation dans la psychologie moderne de l'inconscient: les problèmes personnels ne sont pas laissés de côté (le patient veille généralement lui-même à ce qu'ils ne le soient pas), mais le médecin garde devant les yeux les aspects symboliques, car seul ce qui conduit le patient au-delà de lui-même et de son emprisonnement dans le moi apporte la guérison.

136. Les images archétypiques étant numineuses, elles ont une certaine action, bien qu'elles ne soient pas comprises intellectuellement.

CHAPITRE IX

Aspects divers de l'arbre

Ce que signifie l'arbre pour l'alchimiste ne peut être déduit ni d'une interprétation isolée, ni d'un texte isolé. Pour parvenir à ce but, il est nécessaire de comparer un grand nombre de sources. C'est pourquoi nous allons faire porter notre examen sur d'autres citations concernant l'arbre. Les ouvrages médiévaux contiennent souvent des gravures représentant des arbres. J'en ai reproduit quelques-unes dans *Psychologie et Alchimie*. Le modèle est parfois l'arbre du paradis, mais au lieu de pommes, ce sont des fruits solaires et lunaires qui y pendent, comme dans les arbres[137] du traité de Michel Maier inséré dans le *Musaeum Hermeticum* (1678, p. 702); ou bien c'est une sorte d'arbre de Noël orné des sept planètes et entouré des allégories des sept phases de l'œuvre. Sous l'arbre se tiennent, non Adam et Eve, mais Hermès Trismégiste en vieillard et l'adepte en jeune homme. Au premier est assigné le *Rex Sol* assis sur le lion et accompagné d'un dragon crachant le feu, au second, la déesse lunaire Diane assise sur la baleine et accompagnée de l'aigle[138]. L'arbre est la plupart du temps garni de feuilles, c'est-à-dire vivant mais souvent tout à fait abstrait, représentant alors — expressis verbis — le processus et ses phases[139].

---

137. Extrait d'un *Symbolum Saturni*, dans MYLIUS: *Philosophia Reformata* (1622, p. 313): «Non loin de là, je suis conduit dans un pré dans lequel était planté un singulier jardin contenant des arbres de différentes espèces et dignes d'être vus. Parmi un certain nombre d'arbres, il m'en montre sept, désignés par leurs noms. Parmi eux j'en remarquai deux proéminents, plus élevés que les autres; l'un d'eux portait un fruit semblable à un soleil très éclatant et très lumineux et des feuilles pareilles à de l'or, tandis que l'autre produisait des fruits très blancs, d'un éclat plus lumineux que celui des lis, et ses feuilles étaient de l'argent vif. Ils furent appelés par Neptune, le premier, arbre de soleil et le second, arbre de lune.»

138. *Psychologie et alchimie*, trad. cit., p. 447.

139. *Loc. cit.*, pp. 331 et 551.

Dans le *Ripley Scrowle* le serpent du Paradis réside à la cime de l'arbre sous la forme d'une mélusine — *desinit in (anguem) mulier formosa superne*[140]. Un thème qui n'a absolument rien de biblique, mais relève d'un très antique chamanisme s'y trouve joint : un homme, vraisemblablement l'adepte, entreprend de grimper à l'arbre et rencontre, ce faisant, la mélusine ou Lilith qui descend du sommet. L'ascension de l'arbre magique a le même sens que le voyage au ciel du chaman. au cours duquel celui-ci rencontre son épouse céleste. Dans le domaine chrétien du Moyen Age, l'anima des chamans se transforme en une Lilith[141] qui, suivant la tradition, serait le serpent du Paradis et la première femme d'Adam, avec laquelle il aurait engendré les démons. Dans cette image s'entrecroisent des traditions primitives et judéo-chrétiennes. Parmi les images modernes et individuelles correspondantes je n'ai jamais vu de représentation de l'ascension de l'arbre, je ne l'ai rencontrée que comme thème onirique. Le motif de la montée et de la descente se trouve la plupart du temps lié chez les modernes à une montagne ou à un édifice et, à l'occasion, à des machines (ascenseur, avion).

Le thème de l'arbre sans feuilles et desséché n'est pas courant dans l'alchimie, mais il apparaît dans la tradition judéo-chrétienne sous la forme de l'arbre du Paradis desséché après la chute originelle. Une vieille légende anglaise[142] rapporte ce que Seth vit au Paradis : « Au milieu du Paradis jaillissait une source bril-

---

140. « Une femme belle dans sa partie supérieure se termine en serpent. » « *Anguis* » est substitué par moi à « *piscis* » (Cf. Horace : *Art poét.*) Image de l'Isis de la période hellénistique tardive qui, dans sa partie supérieure, est une déesse d'une grande beauté portant une couronne de murailles et des flambeaux, mais se termine par un *uraeus*.

141. La représentation classique provient de l'ouvrage appelé *Scrowle* de Sir George Ripley, chanoine de Bridlington, le plus important sans doute des alchimistes anglais (1415-1490).

142. A. Wünsche : *Die Sagen von Lebensbaum und Lebenswasser*, 1905, pp. 35 et *sq*. Wünsche cité d'après C. Horstmann : *Sammlung altenglischer Legenden*, 1870. Le poème anglais est daté de 1375.

lante, d'où coulaient quatre fleuves qui arrosaient le monde entier. Au-dessus de la source se dressait un grand arbre contenant nombre de branches et de rameaux, mais il ressemblait à un vieil arbre, car il n'avait *ni écorce ni feuilles*. Seth reconnut que c'était l'arbre dont ses parents avaient mangé le fruit, et c'est pourquoi il était maintenant dénudé. En le considérant de plus près, Seth vit comment un serpent nu et *sans peau*[143] s'était enroulé autour de l'arbre. C'était le serpent qui avait persuadé Eve de manger du fruit défendu. » Lorsque Seth put jeter un second regard dans le Paradis, il vit « que l'arbre avait subi un grand changement. Il était maintenant recouvert d'écorce et de feuilles, et à sa cime était caché un petit enfant nouveau-né enveloppé de langes qui gémissait à cause du péché d'Adam, etc. », ce qui désigne clairement le Christ comme second Adam. Cette figure se trouve dans l'image bien connue de l'arbre généalogique, au sommet de l'arbre qui sort du ventre d'Adam.

L'arbre coupé semble être un thème alchimique. Du moins forme-t-il dans le frontispice de l'édition française de *Poliphile* publiée en 1600 la contrepartie du lion aux pattes coupées, dont la signification alchimique est attestée par sa présence dans la *Pandora* de 1588[144]. Blaise de Vigenère (1523-1569), auteur influencé par la Kabbale, parle d'un *caudex arboris mortis* (tronc d'un arbre de la mort) duquel sort une lumière rouge destructrice[145]. Arbre de la mort est synonyme de « cercueil ». C'est sans doute dans ce sens qu'il faut entendre l'étrange recette : « *Accipe arborem et impone ei magnae aetatis hominem*[146]. » Ce thème remonte

---

143. L'absence d'écorce chez l'arbre et l'absence de peau chez le serpent indiquent l'identité de l'arbre et du serpent.

144. Reproduction du frontispice in *Psychologie et alchimie*, trad. cit., p. 56. Passages correspondants in *Alleg. sup. Lib. Turbae. Art. Aurif.*, 1593, I, 140 et 151. Ces amputations n'ont rien à voir avec le thème de la castration, mais elles se rapportent à celui du démembrement.

145. *De Igne et Sale. Theat. Chem.*, 1661, VI, 119.

146. « Prends l'arbre et place-le sur un homme de grand âge. » Cité sous cette forme par HOGHELANDE (*Theat. Chem.*, 1602, I, 162) qui emprunte la citation à la *Turba* (XIe-XIIe siècles) où il est dit au Sermo

très loin. Il se trouve déjà en effet dans le conte
égyptien de Bata conservé dans un papyrus de la 19ᵉ
dynastie. Le héros y dépose son « âme » sur le plan
le plus élevé d'un acacia. Mais lorsque l'arbre est
abattu, dans une intention perfide, elle est retrouvée
sous la forme d'une graine. C'est ainsi que Bata, qui
avait été mis à mort, est ramené à la vie. Alors qu'il
a été tué une seconde fois sous la forme d'un taureau, deux arbres perséa croissent à partir de son
sang. Lorsque ceux-ci sont abattus à leur tour, un
éclat de leur bois féconde la reine qui donne naissance à un fils : c'est Bata revenu à la vie qui est
désormais pharaon, c'est-à-dire une personne divine.
L'arbre joue ici, comme on le voit, le rôle d'un instrument de la métamorphose[147]. Le « *caudex* » de
Vigenère évoque l'idée de « l'arbre coupé » dans
Poliphile (1600)[148]. Cette image remonte sans doute à
Cassiodore qui symbolise le Christ par l'« *arbor in
passione succisa*[149] ».

L'arbre se présente plus souvent comme portant
des fleurs et des fruits. L'alchimiste arabe Abu'l
Qasim Muhammad (XIIIᵉ siècle) décrit ses fleurs de
quatre sortes comme étant respectivement rouges,
entre le blanc et le noir, noires et enfin entre le
blanc et le jaune[150]. La couleur quadruple est une
allusion aux quatre éléments que réunit l'œuvre alchi-

LVIII : « *Accipe illam albam arborem, et aedifica ei domum circumdan-
tem, rotundam, tenebrosam, rore circumdatam, et impose ei hominem
magnae aetatis, centorum annorum*, etc. » (Prends ce fameux arbre blanc,
édifie-lui une maison qui l'entoure, ronde, ténébreuse, entourée de rosée,
et places-y un homme de grand âge, de cent ans, etc.) (Ed. Ruska, p. 161.)
« L'homme âgé » se rapporte à Saturne = le plomb, comme *prima materia*.
[Cette « recette » est représentée dans l'Emblème XII de l'*Atalanta
Fugiens* de M. Maier, trad. cit. — *N. d. T.*]

147. W.-M. Flinders Petrie : *Egyptian Tales. Translated from the
Papyri. Second Series XVIIIᵗʰ to XIXᵗʰ Dynasty*, 1895, pp. 36 et *sq.*

148. Voir plus haut.

149. « L'arbre coupé dans la passion. » Migne : *P. L.*, LXX, 990.
Homologue du pin d'Attis.

150. *Kitâb al-ilm al-muktasab*, etc. : E. J. Holmyard, Paris, 1923,
p. 23.

mique. La quaternité, en tant que symbole de la totalité, signifie que l'œuvre a pour but la production
d'une unité qui embrasse toutes choses. Le thème de la
double quaternité, l'ogdoade, est également lié à l'arbre
du monde dans le monde de représentations des chamans : l'arbre cosmique à huit branches est planté en
même temps qu'apparaît le premier chaman. Les huit
branches correspondent aux huit grands dieux[151].

Il est beaucoup question de l'arbre porteur de fruits
dans la *Turba*[152]. Ses fruits sont d'une sorte particulière.
Il est dit dans la *Visio Arislei* : «... comment est planté
cet arbre très précieux qui est tel que celui qui mange
ses fruits n'aura plus jamais faim[153]. » L'homologue de
ce texte se trouve dans la *Turba* : « Je dis que ce vieillard ne cesse pas de manger des fruits de cet arbre,...
jusqu'à ce que ce vieillard devienne jeune homme[154]. »
Les fruits sont ici placés en parallèle avec le *panis
vitae* (le pain de vie) en Jean, VI, 35, mais renvoient en
outre au Livre (éthiopien) d'Hénoch (fin du IIe siècle
av. J.-C.) où il est dit que les fruits de l'arbre de la
terre occidentale serviront d'aliments aux élus[155].
L'indication de la mort et du *renouvellement* est
claire. Ce n'est pas toujours à partir des fruits de
l'arbre, mais de ceux du *granum frumenti*, du grain
de blé qu'est « préparé » l'aliment d'immortalité,
comme il est dit dans *Aurora consurgens*, Ire partie :
« *Ex his enim granis et fructibus cibus vitae confici-
tur, qui de coelo descendit.* » (Car c'est de ces grains

---

151. M. ELIADE: *Le Chamanisme, op. cit.,* pp. 78 et 173.
152. *Turba Philosophorum,* éd. RUSKA, 1931, pp. 127, 147, 162.
153. « *Qualiter haec pretiosissima arbor plantatur, cujus fructus qui
comedit, non esuriet unquam.* » Cod. Berol. Qu. 584, fol. 2 v. (RUSKA:
Turba, p. 324.)
154. « *Dico quod ille senex de fructibus illius arboris comedere non
cessat... quousque senex ille juvenis fiat.* » Sermo LVIII, RUSKA, p. 161.
155. KAUTZSCH: *Apokr. und Pseudepigr. des Alten Testamentes,*
1900, II, 254. Le « *fructus immortalis, vitam habens et sanguinem* » (le
fruit immortel, qui a vie et sang) sort des fruits de l'arbre du soleil et de
la lune, grâce à la préparation alchimique. « Le sang fait que tous les
arbres stériles portent des fruits de la même nature que la pomme. »
(MYLIUS: *Philosophia Reformata,* 1622, p. 314.)

et de ces fruits qu'est préparé l'aliment de vie qui
est descendu du ciel.) Manne, hostie et panacée constituent ici un mélange insondable. La même idée
d'un aliment spirituel merveilleux est encore citée
dans la vision d'Arislée. Il y est dit qu'Harforetus
(Carpocrate), «disciple de Pythagore» et «auteur de la
nourriture» (*nutrimenti auctor*) est venu en aide à
Arislée et à ses compagnons, manifestement avec les
fruits de l'arbre mentionnés dans le Codex Berolinensis
édité par Ruska. (*Turba*, 1931 p. 324, et *Psychologie
et Alchimie*, trad. cit., pp. 444 et *sq*.) Dans le Livre
d'Hénoch le fruit de l'arbre de la sagesse est comparé
au raisin, ce qui mérite considération, étant donné
qu'au Moyen Age l'arbre philosophique était volontiers
désigné comme «*vitis*» (cep, vigne), par référence à
Jean, XV, 1: «*Ego sum vitis vera*[156].» Les fruits et les
graines de l'arbre étaient dénommés *Soleil* et *Lune*[157],
ce qui place les deux arbres du paradis en parallèle
avec la lune et le soleil[158]. Les fruits du soleil et de la
lune remontent probablement à Deut., XXXIII, 13 et *sq*.:
«... *de pomis coeli, et rore, atque abysso subjacente,*
14. *de pomis fructuum solis ac lunae*, 15. *de vertice
antiquorum montium, de pomis collium aeternorum*[159].»

156. Ainsi *The Ripley Scrowle* (Brit. Mus. M. S. Additional, 10 302)
en tant que *vitis arborea* (vigne arborescente).

157. M. MAIER: *Symbola Aureae Mensae*, 1617, p. 269; également
dans le *Secretum* de JODOCUS GREVERUS (*Theat. Chem.*, 1602, III, 784)
et dans le *Summarium Philosophicum* de Nicolas FLAMEL (*Mus. Herm.*,
1678, p. 175). Cf. les illuminations de John PORDAGE (*Sophia*; Iʳᵉ édition
anglaise, 1675. Ed. allemande, Amsterdam, 1699, p. 10): «Je vis ici les
fruits et les herbes du Paradis que mon homme éternel devait désormais
manger et dont il devait vivre.»

158. De même que dans l'alchimie, ces arbres apparaissent aussi dans
le *Roman d'Alexandre* comme «*sacratissimae arbores Solis et Lunae
quae annuntiant vobis futura*» (arbres très sacrés du Soleil et de la Lune
qui vous annoncent les choses à venir). (A. HILKA: *Der altfranzösische
Prosa-Alexander-Roman*, etc., 1920, p. 208.)

159. Trad. du texte de la Vulgate qui, naturellement, fait autorité aux
yeux des alchimistes: «... des fruits du ciel, de la rosée et de l'abîme d'en
bas; 14. des meilleurs fruits du soleil et de la lune; 15. du sommet des
montagnes antiques, des fruits des collines éternelles.» La Bible de Jérusalem traduit: «... le meilleur de la rosée des cieux et de l'abîme sou-

Laurentius Ventura (*Theatr. Chem.*, 1602, II, 274)
dit : « *Dulce pomum est odorans, floridus hic pomu-
lus* » (Doux est ce pommier odorant, de belle couleur
cette petite pomme), et Aristote l'Alchimiste (*Theatr.
Chem.*, 1622, V, 383) dit : « *Collige fructus quia fructus arboris seduxit nos in et per obscurum.* » (Cueille
les fruits, car le fruit de l'arbre nous a séduits dans
et par l'obscurité.) Cette prescription équivoque fait
manifestement allusion à une connaissance qui n'était
pas dans les meilleurs termes avec la conception du
monde régnante.

Bénédictus Figulus nomme les fruits : « *aureola
Hesperida poma ab arbore benedicta philosophica
decerpenda* » (pommes d'or des Hespérides qui doivent être cueillies de l'arbre philosophique béni[160]),
texte qui fait apparaître l'arbre comme l'œuvre
(*opus*) et le fruit comme le résultat de celle-ci,
c'est-à-dire comme l'or dont un vieux maître dit :
« *Aurum nostrum non est aurum vulgi.* » (Notre or
n'est pas l'or du vulgaire[161].) Une phrase de la *Gloria
Mundi* projette une lumière spéciale sur la signification du fruit : « Prends le feu ou la chaux vive dont
parlent les philosophes, parce qu'il (le feu) croît dans
les arbres (le feu) dans lequel Dieu lui-même brûle
d'un amour divin[162]. La pomme d'or des Hespérides
représente le soleil, lequel est également de son côté
le fruit de l'arbre philosophique. Dieu lui-même
demeure dans l'ardeur du soleil et apparaît comme le
fruit de l'arbre philosophique et, par suite, comme le
résultat du grand œuvre alchimique dont le déroulement est illustré par la croissance de l'arbre. Cette
affirmation singulière perd son étrangeté si nous nous

terrain ; 14. le meilleur de ce que fait croître le soleil, de ce qui pousse
à chaque lunaison ; 15. les prémices des montagnes antiques, le meilleur
des collines d'autrefois. »

160. *Paradisus Aureolus Hermeticus*, Francfort, 1600.

161. *De Chemia Senioris*, 1566, p. 92.

162. « *Recipito ignem, vel calcem vivam, qua de Philosophi loquun-
tur, quod in arboribus crescat, in quo (igne) Deus ipse ardet amore
divino.* » *Mus. Herm*, 1678, p. 246.

souvenons que le but et le terme du *magnum opus*
consistent à libérer l'*anima mundi*, le pneuma divin,
créateur du monde, tenu captif dans la création. Cette
idée anime ici l'archétype de *la naissance à partir
de l'arbre*, qui nous est principalement connue par le
cycle de représentations égyptiennes et mithriaques.
C'est une représentation fréquente chez les chamans
que le Seigneur du monde demeure au sommet de
l'arbre cosmique[163]; la manière dont le christianisme
représente le Sauveur à la cime de son arbre généalogique en est une sorte de représentation parallèle. A
propos de la figure 27 où une tête de femme sort des
fleurs de l'arbre, on peut peut-être instituer une
comparaison avec la tête du relief mithriaque
d'Osterburken, qui se trouve «comme l'ovaire dans
la fleur[164]».

L'arbre paraît tantôt *petit et jeune*, tantôt *grand et
vieux*, le premier, un peu comme des *grani tritici
arbuscula*[165], le second comme un chêne[166], et même
comme l'*arbre cosmique* en général, en tant que le
soleil et la lune sont ses fruits (voir plus loin).

163. M. Eliade: *Le Chamanisme, op. cit.*, pp. 78 et *sq.*
164. Cumont: *Textes et Monuments figurés relatifs aux mystères de
Mithra*. 1899, t. II, p. 350, et Eisler: *Weltenmantel und Himmelszelt*,
1910, II, 519.
165. «L'Arbuste du froment.» *Instructio in arbore solari. Theat.
Chem.*, 1661, VI, 168.
166. Chez Bernard le Trevisan (*Theat. Chem.*, 1602, I, pp. 800 et *sq.*)
et autres.

CHAPITRE X

Emplacement et origine de l'arbre

L'arbre philosophique croît généralement *seul*, d'après Abu'l Qasim (*loc. cit.*), dans la terre occidentale, « sur la mer », donc vraisemblablement dans une île. La mystérieuse plante lunaire des adeptes est en général « *ad modum arboris in mari plantata* » (plantée dans la mer à la manière d'un arbre[167]). Dans une parabole[168] rapportée par Mylius, l'*arbor solaris et lunaris* se dresse sur une île dans la mer, et il est issu de cette eau merveilleuse qui est extraite des rayons du soleil et de la lune par la puissance de l'aimant. Henri Khunrath dit de même[169] : « De cette petite fontaine de sel pousse l'arbre du soleil et de la lune, l'arbre de corail rouge et blanc de notre mer. » Sel et eau (de mer) salée ont chez Khunrath, entre autres, la signification de la Sophia maternelle, de la Sagesse que tètent les *filii sapientiae*, les philosophes. Abu'l Qasim était à même d'utiliser la tradition perse (son surnom al-Iraqi le rapproche aussi géographiquement de la Perse) et, en particulier, la légende rapportée dans le *Bundehesh* d'un arbre qui croît dans la mer Vourukasha, ou de l'arbre de vie, dans la source Ardvîçura Anahita[170].

L'arbre (c'est-à-dire la plante merveilleuse) a aussi son emplacement sur les *montagnes*. Comme les idées du Livre d'Hénoch ont fréquemment servi de modèles,

---

167. *Alleg. super Turbam, Art. Aurif. Vol. Duo*, 1593, I, 141. Allusion explicite à l'arbre des Hespérides situé dans une île où se trouvent également la source d'ambroisie et le dragon. L'analogue en est le corail : *loc. cit.*, p. 143 et *Psychologie et alchimie*, trad. cit., pp. 145 et *sq.* Dans le *Livre d'heures du duc de Berry*, le Paradis est représenté comme une île ronde dans la mer.

168. *Philosophia Reformata*, 1622, p. 313.

169. Dans son ouvrage intitulé *Confessio*, 1597, p. 270.

170. Cf. à ce sujet WINDISCHMANN : *Zoroastrische Studien*, 1863, pp. 90 et 171.

il faut mentionner que, dans cet ouvrage, l'arbre se dresse dans la Terre d'Occident sur une montagne[171]. Dans la *Practica Mariae Prophetissae*[172], la plante merveilleuse est désignée comme « *crescens super monticulis* » (croissant sur les petites montagnes). Dans le traité arabe d'Ostanes, dans le *Kitab el-Foçul*[173] on lit : « C'est un arbre qui pousse sur les pics des montagnes. » La relation de l'arbre à la montagne n'est pas fortuite, mais elle repose sur une identité symbolique originelle très répandue de l'un et de l'autre : tous deux sont des moyens de monter au ciel, chez les chamans[174]. La montagne et l'arbre sont des symboles de la personnalité, c'est-à-dire du *Soi*, comme je l'ai montré ailleurs. Le Christ, par exemple, est représenté aussi bien comme montagne[175] que comme arbre[176].

L'arbre se dresse souvent dans un *jardin*, souvenir évident du chap. I de la *Genèse*. De même les sept arbres des planètes se trouvent dans le « *peculiaris hortus* » (jardin particulier) de l'île bienheureuse[177]. Chez Nicolas Flamel (1330 [?] – 1418 [?] « l'arbre suprême et célébré (*summa laudota arbor*) » croît dans l'*hortus philosophorum*[178].

171. *Loc. cit.*, p. 254. Il y a peut-être là un souvenir des sanctuaires de l'Astarté sémitique sur les montagnes.

172. In *Art. Aurif.*, I, 321.

173. Traduction d'HOUDAS dans BERTHELOT : *La Chimie au Moyen Age*, 1893, II, 117.

174. M. ELIADE : *Le Chamanisme, op. cit.*, pp. 244 et *sq.*

175. Par ex. EPIPHANIE : *Ancoratus*, 40. Chez saint AMBROISE : « *Mons exiguus et magnus.* » (MIGNE : P. L. XIV, 818.)

176. Par ex. saint GRÉGOIRE LE GRAND : « *Arbor fructifera in cordibus nostris excolenda.* » (Arbre fruitier qui doit être cultivé dans nos cœurs.) (MIGNE : P. L. LXXVII, 97.)

177. Dans la parabole *Symbolum Saturni* chez MYLIUS : *Philosophia Reformata*, 1622, p. 313. De même dans l'Hymne à saint Paul chez saint THÉODORE LE STUDITE : « *O beatissime, ex incunabulis effloruisti plantae instar venustae, ex horto ascetico ; tu adelevisti, onustus pomis Spiritus sancti exquisitissimis.* » (O bienheureux, dès ton berceau tu as fleuri comme une plante gracieuse, dans le jardin ascétique ; tu as grandi, chargé des fruits les plus exquis de l'Esprit.) (J. B. PITRA : *Analecta Sacra*, 1876, I, 337.)

178. *Mus. Herm.*, 1678, p. 177.

Ainsi que nous l'avons déjà vu, l'arbre est en relation spéciale avec l'eau, eau salée ou eau de mer, avec ce que l'on appelle l'«*aqua permanens*», qui est proprement l'arcane des adeptes. Ce dernier est, comme on le sait, le Mercure, qui ne doit pas être confondu avec Hg, le *mercurius crudus* ou *vulgaris*[179]. Le Mercure est l'arbre des métaux lui-même[180]. Il est la materia prima[181], ou bien celle-ci est originaire de lui[182]. L'eau dans laquelle l'arbre croît *le brûle également*[183]. Le dieu *Hermès* (*Mercure*) a humecté «avec elle (l'eau), son arbre et a fait croître les fleurs vers la hauteur avec son (vase de) verre[184]». Je mentionne ce passage parce qu'on voit transparaître ici l'idée subtile de l'alchimie, suivant laquelle l'artifex et son arcane sont identiques. L'eau qui d'une part fait croître l'arbre, mais d'autre part, le brûle, est le Mercure, qui est appelé «double» parce qu'il réunit en lui les opposés (il est métal et cependant liquide). Il est appelé pour cette raison eau aussi bien que feu. En tant que sève de l'arbre il est donc également feu (cf. à ce sujet fig. 15), ou encore, l'arbre est de nature aqueuse et ignée en même temps. Le gnosticisme connaît le «grand arbre» de Simon le Mage qui est fait de πῦρ ὑπερουράνιον (feu supra-céleste). «C'est de lui que toute chair est nourrie.» C'est un arbre comme celui qui apparut en rêve à Nabuchodonosor. Les branches et les feuilles de l'arbre brûlent, mais le fruit, quand il est complètement formé et a

179. Voir mon étude: «L'Esprit Mercure» dans *Symbolik des Geistes, op. cit.*

180. FLAMEL: *Mus. Herm.*, p. 177 et aussi 175.

181. *Symbolik des Geistes, op. cit.*, pp. 90 et *sq.*

182. ABU'L QASIM: *loc. cit.*, p. 23.

183. C'est à l'aide de l'*humiditas maxime permanens* que l'arbre d'Hermès est brûlé et réduit en cendres, comme le dit George RIPLEY (*Opp.* 1649, p. 39 et aussi p. 46): «*Aqua nostra habet intrinsecum ignem.*» (Notre eau possède un feu à l'intérieur.) (MYLIUS: *Philosophia Reformata*, 1622, p. 314.)

184. «*Cum ea (aqua) humectavit suam arborem, cum suo vitro fecit que crescere in altum flores.*» (RIPLEY: *Theat. Chem.*, 1602, II, 127, et *Opp.*, p. 86.)

acquis sa figure, est placé dans une grange
(ἀποθήκη) et non dans le feu[185]. Cette image
s'accorde d'une part avec celle bien plus antique du
πῦρ ἀεὶ ζῶον (feu toujours vivant) d'Héraclite, et
d'autre part avec la signification bien postérieure du
Mercure comme feu et comme *spiritus vegetativus*
qui pénètre et vivifie toute la nature, mais en outre
la détruit à cause de sa nature ignée. Le fruit « qui
n'est pas jeté au feu » est naturellement l'*homme* qui
a fait ses preuves, donc l'homme pneumatique au
sens gnostique. Un des synonymes de la pierre qui
signifie l'homme intérieur total, est « *frumentum nostrum*[186]. » L'arbre apparaît souvent comme métallique[187], c'est-à-dire la plupart du temps doré[188]. La
relation avec les sept métaux signifie en même temps
une relation avec les sept planètes, ce qui transforme
l'arbre en *arbre du monde* dont les fruits éclatants
sont les étoiles. Michel Maier (1568-1622) assigne
les parties du bois à ☿, les (quatre) fleurs à ♄ ♃ ♀ ♂,
et les fruits à ☉ et à ☽ [189]. L'arbre à sept branches
(= sept planètes) est cité par l'*Aurora Consurgens* et
identifié à la *Lunaria* ou *Berissa*[190] « dont la racine
est la terre métallique et la tige, rouge, mêlée d'une
certaine noirceur ; ses feuilles sont semblables aux

185. HIPPOLYTE: Elenchos, VI, 9, 8 et sv. On trouve des passages hindous parallèles avec preuves à l'appui dans A. K. COOMARASWAMY: *The
inverted tree*. Quart. Journal Myth. Society, Bangalore, XXIX, p. 16.
L'auteur dit : «*The tree is a fiery pillar as seen from below, a solar pillar
as from above, and a pneumatic pillar throughout; it is a tree of light*,
etc.» L'allusion au thème de la colonne est remarquable.

186. *Gloria Mundi. Mus. Herm.*, 1678, p. 240.

187. Le Mercure est désigné comme «arbre des métaux». Pour une
interprétation plus approfondie du symbole, voir Dorn in *Theat. Chem.*,
1602, I, 583.

188. «*Arbor aurea*» dans le Scriptum Alberti sup. arb. Aristotelis
(*Theatrum Chem.*, 1602, II, p. 524); également chez ABU'L QASIM, *loc.
cit.*, p. 54 et *Consilium Conjugii*, 1566, p. 211.

189. *Symbola Aureae Mensae*, p. 269, avec allusion à JODOCUS GRE-
VERUS, *loc. cit.*

190. Cette plante se réfère avant tout au μῶλυ homérique, comme je
le prouverai ailleurs. Voir à ce sujet l'excellent résumé de H. RAHNER
dans : *Die seelenheilende Blume. Eranos-Jahrbuch*, 1945, pp. 117 et *sq.*

feuilles de la marjolaine, elles sont au nombre de trente, conformément à l'âge de la lune quand elle croît et quand elle décroît; sa fleur est jaune[191]». Cette description donne clairement à reconnaître que l'arbre symbolise l'ensemble de l'œuvre. En accord avec elle Gérard Dorn déclare : « On plantera par conséquent l'arbre fait à partir d'elles (les planètes, c'est-à-dire les métaux); à Saturne sera assignée sa racine, par laquelle cet inconstant de Mercure et cette Vénus, montant dans le tronc et les branches, offrent à Mars des feuilles et des fleurs portant des fruits[192]. » (C'est-à-dire à Aries dont ♂ est le maître, donc au premier signe printanier du zodiaque.) La relation avec l'arbre du monde est également évidente lorsque Dorn dit que « la nature » a planté « la racine de l'arbre (des minéraux) au centre de sa matrice » (*in centro suae matricis*[193]).

191. «*Cujus radix est terra metallica, stipes ejus rubicundus quadam nigredine perfusus : folia ejus similia foliis majoranae, et sunt 30 secundum aetatem lunae in crescentia et in decrescentia, flos ejus citrinus.*» *Aurora Cons.*, IIe partie, *Art. Aurif.*, I, 222.

192. *Plantetur itaque arbor ex eis (planetis s. metallis), cujus radix adscribatur Saturno, per quam varius ille Mercurius ac Venus truncum et ramos ascendentes, folia floresque fructum ferentes Marti praebent.*» *Loc. cit.*, p. 533.

193. *Loc. cit.*, p. 652.

CHAPITRE XI

L'arbre renversé

L'arbre est souvent désigné comme « *arbor inversa* » (arbre renversé[194]). Laurentius Ventura écrit: «Les racines de ses minerais sont dans l'air et leurs sommets dans la terre. Et quand on les arrache de leurs lieux, on entend un son terrible et une grande frayeur s'ensuit[195]» La *Gloria Mundi* mentionne également que les philosophes disaient: «*Quod radix suorum mineralium in aere et eorum caput in terra siet[196].*» George Ripley déclare que l'arbre a ses racines dans l'air[197] et ailleurs, il prend ses racines dans la «*Terra gloriosa*», dans la terre du paradis, (c'est-à-dire dans le monde futur transfiguré[198].

Blaise de Vigenère écrit également que selon un «rabbi, fils de Joseph Carnitolus»: «Le fondement de toute structure inférieure est fixé en haut et son sommet est ici en bas, comme un arbre renversé[199].» Vigenère a une assez bonne connaissance de la Kabbale et compare ici l'arbre philosophique à l'arbre des Séphiroth qui représente, en fait, un arbre mystique du monde. Mais cet arbre représente également pour lui l'homme. Il allègue l'étrange idée que celui-ci serait implanté dans le paradis par les racines

194. Déjà indiqué sans doute dans le *Purgatorio de* Dante, Cant. XXII, pp. 131 et *sq.*
195. «*Radices suarum minerarum sunt in aere et summitates in terra. Et quanda evelluntur a suis locis, auditur sonus terribilis et sequitur timor magnus.*» *Theat. Chem.*, 1602, II, 257. Ce trait est également rapporté de la mandragore.
196. «Parce que la racine de leurs minéraux est dans l'air et leur sommet dans la terre», *Mus. Herm.*, pp. 240 et 270.
197. *Opp.*, 1649, p. 270.
198. *Opp.*, p. 279.
199. «*Rabbi Joseph Carnitoli filius... inquit: fundamentum omnis structurae inferioris supra est affixum et ejus culmen hic infra est sicut arbor inversa.*» (*Theat. Chem.*, 1661, VI, 39.) On lit également dans le *Prodomus Rhodo-Stauricus* que les Anciens avaient appelé l'homme «herbe renversée». (1620, fol. V r.)

des cheveux, en invoquant le texte de Cant., VII, 6:
« *Comae capitis tui sicut purpura Regis (vincta)*[200]
canalibus » que la Bible de Luther rend ainsi : « Ta
chevelure sur ta tête est comme la pourpre du roi
liée en tresses. » Les « *canales* » sont de petits tubes
qui peuvent représenter n'importe quel ornement de
la tête[201]. Knorr von Rosenroth est d'avis que le
« grand arbre » représente la séphira Tiphereth (grâce)
épouse de Malkouth (royaume[202]). La séphira supérieure Binah est nommée « la racine de l'arbre[203] ».
C'est dans Binah que l'arbre de vie prend racine.
Parce qu'il se dresse au milieu du jardin, on
l'appelle aussi *media linea* (ligne médiane). C'est par
cette ligne médiane, qui est comme un tronc du système, qu'il fait descendre la vie de Binah[204].

L'idée que l'homme est un arbre renversé paraît
avoir été fréquente au Moyen Age. On lit dans les
commentaires des Emblemata de l'humaniste Andréas
Alciatus († 1550) : « Il plaît au physicien que
l'homme debout ressemble à un arbre renversé, car
ce qui est là racine, tronc et branches est ici la tête
et le reste du corps avec les bras et les pieds. »
(*Inversam arborem stantem videri hominem placet
Physicis, quod enim radix ibi, truncus et frondes, hic
caput est et corpus reliquum cum brachiis et pedibus.*) Il y a ici une ligne qui, par-delà Platon[205],
conduit jusqu'aux représentations hindoues. Dans la

---

200. Le texte du *Theat. Chem.* porte à tort « *juncta* ».
201. Une traduction plus exacte de ce texte serait la suivante :
   Les nattes (de ta tête) sont comme la pourpre ;
   Un roi est pris à tes boucles.

(Bible de Jérusalem.)
202. *Cabbala Denudata*, 1677, I, 166.
203. *Loc. cit.*, p. 77.
204. *Loc. cit.*, p. 629.
205. Cf. CHWOLSOHN : *Die Sabier*, 1856, II, 373. Chez PLATON :
Timée, 90 A est seulement probable : « ὡς ὄντας (ἡμᾶς) φυτὸν οὐκ
ἔγγειον ἀλλ' οὐράνιον » (étant donné que nous sommes une plante non
terrestre, mais céleste). Chez VETTIUS VALENS, *Anthol. Liv. IX*, 330, 23.
Orphica fragmenta, coll. Otto Kern, nº 228 a : « ψυχὴ δ' ἀνθρώποισι
ἀπ'αἰθέρος ἐρρίζωται. » (L'âme est enracinée dans les hommes à partir
de l'éther.)

Bhagavad-Gîta, la divinité déclare qu'elle est
« comme l'Himalaya parmi les montagnes et comme
l'Asvattha parmi les arbres ». L'Asvattha (Ficus reli-
giosa) déverse d'en haut le breuvage d'immortalité
du Soma[206]. La divinité dit plus loin dans le même
livre : « On raconte qu'il est un asvattha impérissable,
les racines en haut, les branches en bas, dont les
hymnes du Véda sont les feuilles : celui qui le
connaît, celui-là connaît le Véda. Ses branches se
développent en hauteur et en profondeur, poussant
sur les gunas ; ses bourgeons sont les objets des
sens ; par en bas, ses racines se ramifient, liées aux
actes, dans le monde des hommes » (trad. L. Renou).

Les illustrations alchimiques qui représentent
l'opus comme un arbre et ses phases comme des
feuilles rappellent beaucoup l'idée hindoue de la libération par la « science », c'est-à-dire par l'acquisition
de la connaissance déposée dans le Véda. En Inde,
l'arbre pousse de haut en bas, dans l'alchimie au
contraire il croît (tout au moins dans les représentations) de bas en haut, et même, si nous en croyons
les images de la *Pretiosa Margarita Novella*[207] de
1546, sous une forme analogue à celle des asperges.
Le même thème se trouve dans un des cas cités plus
haut (fig. 27). L'impressionnante poussée vers le haut
des jeunes asperges décrit effectivement avec une
grande netteté la croissance intérieure de contenus,
auparavant inconscients, qui passent dans la conscience.

---

206. Dans la *Chandagya-Upanishad*, VIII, 5. Dans le *Satapatha-Brah-
mana* (*Sacred Books of the East*, XLIV, 317), il est dit : « Les Nyagrodha
avec des coupes — car, lorsque les dieux accomplissaient le sacrifice, ils
se penchèrent sur ces coupes de soma, se renversèrent et prirent racine ;
par suite, les Nyagrodhas, lorsqu'ils se renversèrent (*nyak*) prirent racine
(*roha*). » L'Ashvattha est le siège des dieux. (*Hymnes de l'Atharveda*.
(Trad. d'après la version anglaise des *Sacred Books*, XLII, 4.) Cf. à ce
sujet : ANANDA K. COOMARASWAMY : *The Inverted Tree*. The Quaterly
Journ. of the Myth. Soc., Bangalore, vol. XXIX, n° 2, pp. 12 et *sq*.

207. JANUS LACINIUS : *Pretiosa Margarita Novella*, 1546, fol. V.

Dans les deux cas, dans la psychologie orientale aussi bien que dans celle de l'Occident, il s'agit d'un processus vital aussi bien que d'un processus de connaissance ou d'illumination, que l'on peut sans doute saisir par une compréhension intellectuelle, mais qu'il ne faut pas confondre avec celle-ci.

L'arbre gardien du trésor se rencontre dans le conte alchimique *L'Esprit dans la bouteille*. Il contient le trésor qui se manifeste dans le fruit; il est par suite le symbole de l'œuvre de la chrysopée, de l'*ars aurifera* en général, selon le principe formulé par Hercules[208]: «Ce magistère procède d'abord d'une seule racine qui se répand ensuite dans plusieurs choses, puis revient à une seule[209]» George Ripley compare l'artifex à Noé qui cultivait la vigne[210]. Djabir emploie dans le même sens «le myrte mystique[211]» et Hermès la «*vitis sapientium*» (la vigne des sages)[212]. Hoghelande dit: «Certains fruits sortent de l'arbre très parfait au début du printemps et fleurissent au commencement de la fin[213].» Il ressort de là que la vie de l'arbre représente en même temps l'opus, lequel, comme on le sait, coïncide avec les saisons de l'année[214]. Si les fruits apparaissent au printemps et

208. L'empereur Héraclius de Byzance, 610-641.

209. Dans MORIENUS ROMANUS: *De Transmut. Met.*, in *Art. Aurif.*, II, 25 et *sq.* Voici le texte: «*Hoc autem magisterium ex una primum radice procedit, quae postmodum in plures res expanditur et iterum ad unam revertitur.*»

210. RIPLEY: *Opp.*, 1649, p. 46.

211. BERTHELOT: *La Chimie au Moyen Age*, III, pp. 244 et *sq.*

212. Cité par HOGHELANDE. (*Theat. Chem.*, 1602, I, 164.) La «*vindemia Hermetis*» (la vendange d'Hermès) remonte à une citation d'Ostanes rapportée par Zosime. (BERTHELOT: *Alch. grecs*, III, VI, 5.)

213. «*Quidem fructus exeunt a perfectissima arbore primo vere et in exitus initio florent.*» *Loc. cit.*, p. 164. HOGHELANDE renvoie au Sermo LVIII de la *Turba* où il est demandé à Balgus «*Cur arborem dimisisti narrare, cujus fructum qui comedit, non esuriet unquam?*» (Pourquoi as-tu cessé de parler de l'arbre dont le fruit est tel que celui qui en mange n'aura jamais faim?)

214. L'œuvre commence au printemps où les conditions favorables existent. (Cf. C.G, JUNG: *Paracelsica*, Rascher, Zurich, 1942, pp. 121 et *sq.*) et où «l'élément de la pierre est en plus grande abondance». (*Elementum lapidis magis abundat.*) (VENTURA: *Theat. Chem.*, 1602, II, 287.) La relation de l'opus avec le zodiaque est représentée sous forme d'image dans le *Brit. Mus. Ms. Sloane* 5025; fig. 92 de *Psychologie et alchimie*, trad. cit., p. 249.

les fleurs en automne, ces traits doivent être en relation avec le thème de l'inversion (*arbor inversa*) et de l'*opus contra naturam*. Les *Allegoriae Sapientium supra Librum Turbae* donnent cette prescription : « Plante également cet arbre sur une pierre, afin qu'il ne craigne pas le cours des vents, pour que les volatiles du ciel viennent et fassent des petits sur ses branches ; c'est en effet de là que jaillit la sagesse[215]. » Ici également l'arbre représente proprement la structure et l'arcane de l'œuvre. Ce secret est le « trésor des trésors » tant vanté. Tout comme l'arbre des métaux, l'arbre de la contemplation possède sept branches, ainsi que le montre un traité intitulé *De Arbore Contemplationis*[216]. L'arbre est ici un palmier à sept palmes et sur chaque palme se tient un oiseau : « *pavo* (illisible), *cignus*, (*h*)*arpia*, *filomena*, *hyrundo*, *fenix* » (paon [illisible], cygne, harpie, rossignol, hirondelle, phénix) ; il y a en outre chaque fois une fleur : « *viola*, *gladiola*, *lilium*, *rosa*, *crocus*, *solsequium*, *flos* (...?) » (violette, glaïeul, lis, rose, crocus, tournesol, fleur...?) qui toutes, ont une signification morale. Ces représentations sont très proches de celles des alchimistes. Ces derniers ont contemplé leur arbre dans la cornue où (d'après les *Noces chymiques*) il est tenu par un ange.

---

215. « *Item planta hanc arborem super lapidem, ne ventorum cursus timeat, ut volatilia coeli veniant et supra ramos ejus gignant, inde enim sapientia surgit.* » *Theat. Chem.* V, 68.

216. Ms. de l'université de Bâle, AX. 128 b, que Mlle von Franz a très amicalement étudié pour moi.

CHAPITRE XII

Oiseau et serpent

Comme nous l'avons déjà signalé, les oiseaux entretiennent une relation spéciale avec l'arbre. Le scriptum Albert déclare qu'«Alexandre aurait découvert au cours de son grand voyage un certain arbre qui avait sa *viriditas gloriosa* (sa verdure glorieuse) à l'intérieur. Une cigogne se tenait dessus, et Alexandre construisit là un palais d'or "et il mit à ses voyages un terme convenable[217]"». L'arbre avec l'oiseau représente l'œuvre et son accomplissement. Le thème a également été figuré dans des images[218]. Le fait que les feuilles de l'arbre (la *viriditas gloriosa*) poussent à l'intérieur représente visiblement ici encore une inversion *contra naturam* et illustre en même temps l'introversion dans l'état de la contemplation.

C'est, à ne pas s'y méprendre, à partir de la légende du Paradis terrestre que le *serpent* est rattaché à l'arbre. Cette relation est tout d'abord d'ordre général, étant donné qu'il est proprement le Mercure (*Serpens mercurialis*) et, en tant que *spiritus vegetativus* chtonien, il monte des racines dans les branches, et, en particulier, étant donné qu'il représente également le numen de l'arbre et apparaît comme Mélusine[219]. Le «dragon mercuriel» est cette substance mystérieuse qui se transforme dans l'arbre et constitue ainsi sa vie. Ce trait découle clairement du «*scriptum Albertis super arborem Aristotelis*» cité plus haut. Le texte commente sans doute un dessin qui n'est malheureusement pas contenu dans l'édition

---

217. *Theat. Chem.*, 1602, II, 527: «*Et posuit terminum itineri idoneum.*»

218. Par ex. dans *Pandora*, 1588, p. 225 et *Mus. Herm.*, p. 201.

219. Voir mes exposés dans *Psychologie et alchimie*, trad. cit., ainsi que l'étude d'Aniela JAFFE consacrée au conte d'E.T.A. HOFFMANN «Le pot d'or» (chapitre: «Die Erscheinung im Holunderbaum — Serpentina») in *Gestaltungen des Unbewussten, op. cit.*, pp. 300 et *sq.*

de 1602. (Je ne suis pas parvenu jusqu'à présent à en déceler la présence dans un manuscrit.) Le texte commence par cette constatation : « C'est la figure du ciel, appelée sphère du ciel ; cette sphère contient en vérité en elle les huit figures les plus nobles, à savoir la première figure qui est appelée premier cercle et est le cercle de la divinité », etc.[220]. Il ressort de cette description qu'il s'agit de cercles concentriques qui sont comptés en allant de l'extérieur vers l'intérieur. Le premier cercle contient « les paroles de la divinité », c'est-à-dire l'ordre divin du monde ; le second, le septénaire des planètes ; le troisième, les éléments corruptibles (*corruptibilia*) et créateurs (*generabilia*), le quatrième, un dragon furieux qui sort (*emanamtem*) des sept planètes ; le cinquième « la tête et la mort » du dragon. La tête du dragon qui « vit éternellement », est appelée « *vita gloriosa* » (au fond la vie des bienheureux) et « les anges la servent ». Le *caput draconis* est manifestement identifié ici au Christ, car « *angeli serviunt ei* » se réfère à ne pas s'y tromper à Matth., IV, 11, où le Christ vient de repousser Satan. Il s'agit ici du parallèle *Lapis-Christus* que j'ai exposé en détail dans *Psychologie et Alchimie*. Mais si la tête du dragon est identifiée au Christ, la queue du dragon doit être identifiée à l'antéchrist, c'est-à-dire au diable. D'après notre texte, le corps du dragon tout entier est absorbé par la tête, c'est-à-dire que le diable est intégré au Christ. Le dragon combattait en effet l'*imago Dei*, mais, par la puissance de Dieu, celle-ci a été implantée dans le dragon et forme sa tête : « Le corps tout entier suit la tête, et la tête elle-même hait le corps et le tue en commençant à le ronger avec ses dents, à partir de la queue, jusqu'à ce que le corps tout entier entre dans la tête et y demeure éter-

---

220. « *Haec est figura caeli quae sphaera caeli muncupatur, quae quidem sphaera continet in se octo nobilissimas figuras scl. figuram primam, quae primus circulus appellatur et est circulus Deitatis, etc.* » *Theat. Chem.*, 1602, II, 524.

nellement[221]. » La sixième figure représente six figures (*facies*) et deux animaux qui sont des cigognes.
Ces figures sont vraisemblablement humaines, car
l'une d'elles, selon le texte, ressemble à un « Ethio-
pien[222] ». La cigogne est, semble-t-il, un *vas circulatorium* (pour la distillation circulaire) comme le
« pélican » (*pelecanus*)[223]. Les six faces représentent
chacune trois phases de la transformation et forment
avec les deux animaux une ogdoade, symbole du processus de transformation. La septième figure, suivant
le texte, met en relation les *verba divinitatis* et les
sept planètes avec la huitième figure qui représente
l'arbre d'or. Sur le contenu de la septième figure, il
est préférable de se taire, estime l'auteur, car c'est
ici que commence le grand mystère qui ne peut être
révélé que par Dieu. C'est ici qu'est trouvée la pierre
que le roi porte dans sa couronne. « Les femmes
sages le cachent, mais les vierges folles le portent
ouvertement en vue parce qu'elles désirent être
dépouillées. » « Des papes, des prêtres et des moines
consciencieux le blasphèment, parce que cela leur a
été ordonné par les lois divines. »

L'arbre d'or de la huitième figure brille « *ad instar
fulgoris* » (tel l'éclair). L'« éclair » a dans l'alchimie
(comme chez Jacob Boehme) le sens de brusque
ravissement, d'illumination soudaine[224]. Tandis que
les deux cigognes de la figure précédente représentent les appareils de distillation pour deux transmutations à trois degrés chacune, celle qui se tient sur

221. « *Totum corpus sequitur caput et ipsum caput odit corpus et
interficit ipsum, incipiendo a cauda cum dentibus ipsum corrodere,
quousque totum corpus intrat in caput et in eo permanet sempiterne.* »
Theat. Chem., 1602, II, 526.

222. Cf. à ce sujet M. L. von FRANZ : « *Passio Perpetuae* » in *Aion*,
op. cit., pp. 463 et *sq.*

223. Le vase est de la plus haute importance pour la métamorphose
alchimique. Je renvoie à mes exposés dans *Psychologie et alchimie*, trad.
cit., s.v. vas. La cigogne (*ciconia* ou *storca*) est une cornue. (RHENANUS :
Solis e puteo emergentis, 1641, Livre I.)

224. Cf. mes explications sur ce point dans *Gestaltungen des Unbewussten*, *op. cit.*, pp. 102 et *sq.*

l'arbre d'or possède une signification beaucoup plus vaste. Depuis toujours, la cigogne est considérée comme un « oiseau pieux » (*pia avis*), comme on le voit aussi dans la tradition de la Haggadah, bien que le Lévitique (XI, 9) la range parmi les animaux impurs[225]. Sa piété doit se réclamer de Jérémie : « Même la cigogne, dans le ciel, connaît sa saison... Et mon peuple ne connaît pas le droit de Yahvé[226]. » Elle est déjà, sous l'empire romain, une allégorie de la piété et figure, dans la tradition chrétienne, le *Christus judex* (le Christ juge), parce qu'elle détruit les serpents. De même que le serpent ou le dragon représente le numen chtonien de l'arbre, elle représente le principe spirituel de ce dernier et symbolise ainsi l'anthropos[227]. Parmi les précurseurs de la cigogne alchimique il faut sans doute ranger aussi la cigogne Adebar de la mythologie germanique, qui ramène sur terre les âmes des défunts renouvelées dans le puits de la Hulda. Ici comme là, la cigogne est donc rattachée à la métamorphose de l'âme[228]. L'attribution du « *Scriptum* » à Albert le Grand est hautement invraisemblable. La manière dont l'ouvrage interprète l'arbre philosophique ne doit pas remonter plus haut que le XVIᵉ siècle.

225. M. GRUENBAUM : *Jüdisch-deutsche Chrestomathie*, 1882, p. 174.
226. [En fait, le nom de la cigogne (*hassidah*) signifie proprement « la pieuse ». — *N. d. T.*]
227. Cf. PICINELLUS : *Mundus Symbolicus*, 1680, s.v. ciconia.
228. August WÜNSCHE : *Die sagen vom Lebensbaum und Lebenswasser*, 1905, p. 85.

CHAPITRE XIII

Le numen féminin de l'arbre

En tant que lieu de la transformation et du renouvellement, l'arbre revêt une signification *féminine et maternelle*. Nous avons déjà vu que la divinité de l'arbre (*Ripley Scrowle*) est une Mélusine. Dans la Pandora, le tronc de l'arbre est une femme nue couronnée qui tient un flambeau dans chaque main. Sur sa tête est un aigle dans les branchages de l'arbre[229]. Dans les représentations hellénistiques, Isis a la forme d'une Mélusine, et le flambeau pour attribut. D'autres attributs sont la *vigne* et le *palmier*. Léto et Marie[230] enfantent sous un palmier, de même que Maya est ombragée maternellement par l'arbre sacré lors de la naissance de Bouddha. Dans le conte de l'Egypte antique, l'arbre procure la renaissance à Bata. « Suivant les Hébreux » (*Ut Hebraei aiunt*), Adam a été créé à partir de « la terre de l'arbre de vie » (*arboris vitae gleba*), appelée « terre rouge de Damas[231] ». D'après cette légende, Adam se tient dans le même rapport avec l'arbre de vie que le Bouddha avec l'arbre de Bodhi apparu en même temps que lui.

La nature féminine et maternelle de l'arbre se manifeste aussi dans sa relation avec la Sapientia. L'arbre de la connaissance (Genèse, II) est, dans le *Livre d'Hénoch*, celui de la sagesse dont le fruit ressemble au raisin[232]. Dans la doctrine des Barbéliotes chez Irénée (*Contra omnes Haereses*, Livre I, 29, 3), il est dit que l'Autogenes a finalement produit « l'homme véritable et parfait qu'ils nomment aussi Adamas ». La connaissance parfaite a été créée en même temps que lui et elle lui est rattachée. « *Ex Anthropo autem et Gnosi natum*

229. *Pandora*, 1588, p. 225.
230. *Coran*, Sourate XIX.
231. I. Ch. Steeb : *Cœlum Sephiroticum*, 1679, p. 49.
232. Kautzsch : *Apokr. u. Pseudepigr. des A.T.*, II, 256.

lignum, quod et ipsum Gnosin vocant.» (De l'Homme (parfait) et de la Connaissance est né le bois (c'est-à-dire l'arbre) qu'ils nomment aussi *gnosis*.) Ici encore nous rencontrons le même lien entre l'homme et l'arbre que chez Adam et le Bouddha. Un rapprochement semblable se retrouve dans les *Acta Archelai*: «*Illa autem arbor quae est in paradiso, ex qua agnoscitur bonum, ipse est Jesus est scientia ejus quae est in mundo.*» (Cet arbre) qui est dans le Paradis, à partir duquel on reconnaît le bien, c'est Jésus et sa science qui est dans le monde[233]. «*Inde (i. e. ex arbore) enim Sapientia surgit*» (Car c'est de là [de l'arbre] que se lève la Sagesse), disent les *Allegoriae Sapientum*[234].

L'alchimie possède des représentations analogues de l'arbre. Nous avons déjà vu qu'elle conçoit l'homme comme «*arbor inversa*», vue qu'elle partage avec la Kabbale. On lit dans les *Pirké* de R. Eliezer: R. Séhira enseigne disant: «du fruit de l'arbre»; non de cet arbre mais de l'homme «qui est semblable à un arbre» *qui similis est arbori*[235]. Dans la gnose de Justin les arbres du jardin d'Eden sont *des anges*. L'arbre de vie est l'ange Baruch, le troisième des anges paternels, et l'arbre de la connaissance du bien et du mal est le troisième des anges maternels, le Naas[236]. Cette division de l'âme de l'arbre en une figure masculine et une figure féminine correspond au Mercure alchimique en tant que principe de vie de l'arbre, car, comme hermaphrodite, il est double[237]. L'image de la Pandora citée plus haut, où le tronc

---

233. HEGEMONIUS: *Acta Archelai*, Ed. Ch. H. Beeson, 1906, p. 18, 1. 15 et *sq.*

234. Alleg. Sap. supra lib. Turbae. *Theat. Chem.*, 1622, V. 68.

235. R. DAVID GANZ: *Chronologia Sacra-Profana*, 1644. Cet ouvrage contient les «*Pirke vel capitula R. Eliezer. Ex Hebraeo in Latinum translata per Guilielmum Henricum Vorstium*». Les Pirke remontent au VIIe ou au VIIIe siècle. R. Eliezer appartient au IIe siècle.

236. HIPPOLYTE: *Elenchos*, v, 26, 6. Naas, le serpent, est la *prima materia* des Naassènes, «substance humide», comme l'eau de Thalès. Elle est à la base de toutes choses et contient tout. Elle est comme le fleuve de l'Eden qui se divise en quatre sources. (*Loc. cit.*, v, 13 et *sq.*)

237. Cf. *Symbolik des Geistes, op. cit.*, pp. 103 et *sq.*

est représenté par une figure féminine, évoque le Mercure dans son rôle féminin, auquel appartient le caractère de sagesse, de même aussi que son aspect masculin, illustré par la figure du *senex* (vieillard) ou encore d'Hermès Trismégiste.

CHAPITRE XIV

L'arbre comme pierre

De même que l'arbre et l'homme, qui sont des symboles centraux de l'alchimie, la *pierre* dans sa double acception de *prima* et d'*ultima materia* (matière première et dernière) y joue un grand rôle. Ainsi que nous l'avons vu, on lit dans les *Allegoriae* : « *Item planta hanc arborem super lapidem, ne ventorum cursus timeat.* » (Ensuite plante cet arbre sur la pierre, afin qu'il n'ait pas à redouter la course des vents), etc. Il semble qu'on ait ici une allusion à Matth., VII, 26 et sv., où il est question de la maison qui était bâtie sur le sable et s'est écroulée quand la pluie est venue et que les vents ont soufflé. La pierre pourrait donc signifier tout d'abord le fondement sûr qui se trouve dans la vraie matière première. Mais le contexte fait allusion au sens symbolique de la pierre, comme le montrent les deux phrases précédentes[238].

« La matière première est une eau huileuse (*aqua unctuosa*) et elle est la pierre philosophique dont les rameaux se multiplient indéfiniment[239]. Ici la pierre est elle-même entendue comme arbre et comme « substance humide » (ὑγρὰ οὐσία des gnostiques), plus précisément comme « eau huileuse » (l'eau et l'huile ne se mélangent pas). Cette dernière représente la nature double, c'est-à-dire contradictoire, du Mercure double.

Le *Consilium Conjugii*, commentant Senior, dit de même : « La pierre des sages vient donc d'elle-même et est perfectionnée en elle-même. Elle est en effet

---

238. « *Item accipe sapientiam vi intensissima (m) et ex ea vitam hauries aeternam, donec tuus (lapis) congeletur ac tua pigredo exeat, tunc inde vita fit.* » *Theatr. Chem.*, v. 68. (De même, prends une sagesse d'une force très intense et tu puiseras en elle la vie éternelle, jusqu'à ce que ta (pierre) soit congelée et que ta paresse s'en aille ; de là se fait alors la vie.)

239. Au lieu de « *rami infiniti multiplicantur* » je lis « *infinite* ». MYLIUS : *Philosophia Reformata*, 1622, p. 260.

l'arbre dont les branches, les feuilles, les fleurs et les fruits sont de lui, par lui et pour lui, et il est lui-même tout entier ou le tout (*tota vel totum*) et rien d'autre[240].» L'arbre est donc identique à la pierre et, comme elle, un symbole de la totalité. Henri Khunrath dit : «C'est par elle-même, à partir d'elle-même, en elle et au moyen d'elle-même qu'est accomplie et préparée la pierre des sages. Car ce n'est qu'un : comme un arbre (dit Senior) dont les racines, le tronc, les branches, les rameaux, les feuilles, les fleurs et les fruits sont par lui, au moyen de lui, à partir de lui, à lui, et tous proviennent d'une seule graine. Elle est elle-même tout ; rien d'étranger ne la fait[241].»

Dans le livre arabe d'Ostanes se trouve une description de la matière secrète, c'est-à-dire de l'eau sous différentes formes, liquide d'abord blanc, puis noir, puis rouge et finalement inflammable qui s'allume sur certaines pierres de Perse. «C'est un arbre», poursuit le texte, «qui pousse sur les pics des montagnes ; c'est un jeune homme né en Egypte ; c'est un prince sorti de l'Andalousie, qui veut le tourment des chercheurs. Il a tué leurs chefs... Les savants sont impuissants à le combattre. Je ne vois contre lui d'autre arme que la résignation, d'autre destrier que la science, d'autre bouclier que l'intelligence. Si le chercheur se trouve vis-à-vis de lui avec ces trois armes et qu'il le tue, il redeviendra vivant après sa mort, il perdra tout pouvoir contre lui et il donnera au chercheur la plus haute puissance, en sorte que celui-ci arrivera au but de ses désirs[242]».

Le chapitre dans lequel se trouve ce texte commence par ces mots : «Le Sage a dit : Ce qu'il faut d'abord à l'étudiant, c'est qu'il connaisse *la pierre*, objet des aspirations des Anciens.» L'eau,

240. *Cons. Conjug.*, 1566, p. 160.
241. *Confessio*, 1597, p. 20 f.
242. BERTHELOT : *La Chimie au Moyen Age*, 1893, T. III, 117. [Jung cite ici la traduction française publiée par BERTHELOT — *N. d. T.*]

l'arbre, le jeune Egyptien et le prince andalou se rapportent à la pierre. L'eau, l'arbre et l'homme apparaissent comme synonymes de la pierre. Le prince est un symbole important qui, à vrai dire, a besoin d'être expliqué. Il semble en effet que résonne ici un thème archétypique que nous rencontrons déjà dans l'épopée de Gilgamesh. Là il s'agit d'Enkidou, l'homme chtonien et l'ombre de Gilgamesh, créé par les dieux à l'instigation d'Ishtar insultée, pour perdre ce dernier — « il veut le tourment des chercheurs ». Il est leur ennemi et a tué leurs « chefs », c'est-à-dire leurs maîtres et leurs autorités.

Ce thème de la pierre ennemie est formulé textuellement de la manière suivante dans les *Allegoriae Sapientum* : « *Nisi lapis tuus fuerit inimicus, ad optatum non pervenies*[243]. » Cet ennemi apparaît partout dans l'alchimie sous la forme du dragon empoisonné ou crachant le feu, ou encore sous celle du lion. A ce dernier il faut couper les pattes[244] et le premier ou bien doit être tué, ou bien se tue ou se dévore lui-même, d'après la maxime de Démocrite (l'Alchimiste) : « La nature triomphe de la nature[245]. »

A propos de la mise à mort des chefs, on ne peut s'empêcher d'évoquer l'image embarrassante de la *Pandora*[246] : une Mélusine transperce de sa lance le côté du Christ. La Mélusine correspond à l'Eden gnostique et représente l'aspect féminin du Mercure, ce Noûs Féminin (le Naas des Naassènes) qui, sous la forme d'un serpent, séduisit nos premiers parents au Paradis. On peut mentionner comme passage parallèle le texte de l'*Aristoteles Alchymista* cité plus

243. « Si ta pierre n'est pas une ennemie, tu ne parviendras pas à ce que tu désires. » *Theat. Chem.* 1622, V, 67.
244. Image dans la *Pandora*, 1588, p. 227.
245. 'Η γὰρ φύσις τὴν φύσιν τέρπει καὶ ἡ φύσις τὴν φύσιν κρατεῖ καὶ ἡ φύσις τὴν φύσιν νικᾷ» (La nature charme la nature, la nature domine la nature, la nature vainc la nature.) (BERTHELOT : *Alch. grecs*, I, III, 12.)
246. *Loc. cit.*, p. 249. L'image est reproduite dans mes *Paracelsica*, *op. cit.*, p. 99.

haut : « Cueille les fruits, car le fruit de l'arbre nous a amenés dans l'obscurité et séduits à travers elle[247]. » Cette injonction est en nette contradiction avec la Bible et avec l'autorité de l'Eglise. On doit sans doute admettre que l'auteur d'une phrase de ce genre se trouvait obligatoirement en opposition consciente avec la tradition.

La relation avec l'épopée de Gilgamesh n'est pas sans intérêt, étant donné qu'Ostanes est considéré comme un Perse et un contemporain d'Alexandre le Grand. En ce qui concerne l'inimitié (initiale) d'Enkidou comme du prince andalou et de la pierre en général, l'analogie de la légende de Chadir[248] peut être prise en considération comme autre parallèle. Chadir, qui est un envoyé d'Allah, effraie d'abord Moïse par ses méfaits. Considérée comme expérience visionnaire ou comme récit didactique symbolique, cette légende représente la relation de Moïse, d'une part avec son ombre, le serviteur Josué, fils de Nûn, et d'autre part avec le Soi, Chadir[249]. Ce dernier est également considéré comme la pierre et comme son synonyme. Psychologiquement, ceci doit signifier que la première rencontre avec le Soi peut présenter toutes les qualités négatives qui caractérisent d'une façon presque générale le choc non préparé avec l'inconscient[250]. Le danger consiste en la possibilité d'une inondation fatale par l'inconscient, inondation qui est de nature psychotique dans les cas graves, à savoir quand la conscience ne peut capter ni intellectuellement ni moralement l'irruption des contenus de l'inconscient.

247. *Theatr. Chem.*, 1622, V, 883.
248. *Coran*, Sourate 18.
249. Cf. mon analyse dans : « Ueber Wiedergeburt » in *Gestaltungen des Unbewussten, op. cit.*, pp. 73 et *sq.*
250. Je renvoie ici à mes exposés dans *Aion*, pp. 22 et *sq.*

CHAPITRE XV

Le caractère dangereux de l'art

L'*Aurora Consurgens* dit, à propos des dangers qui menacent l'«artiste», que beaucoup «qui ne comprennent pas les paroles des sages ont péri à cause de leur ignorance, parce qu'ils ont manqué de discernement spirituel[251]». Théobald de Hoghelande est d'avis que «l'art tout entier est tenu à bon droit pour difficile et dangereux, et que quiconque n'est pas imprudent doit l'éviter comme très funeste[252]». Agidius de Vadis partage ce sentiment lorsqu'il dit: «Je tais cette science qui induit en erreur la plupart des gens qui y travaillent, car il n'y en a que très peu qui trouvent (le but), tandis qu'innombrables sont ceux qui sont précipités par elle dans la perdition[253].» Le vieil Haly (*Lib. Scr. Alch.*, c. 7) dit: «Notre pierre est vie pour celui qui la connaît, elle et sa confection, et celui qui ne l'aura pas connue, ne l'aura pas faite, et n'aura pas été assuré du moment où elle naîtra, ou pensera à une autre pierre, celui-là s'est déjà préparé à la mort[254].» Il ne s'agit

---

251. «...*Quam multi non intelligent dicta sapientum, ii perierunt propter eorum insipientiam, quia caruerunt intellectu spirituali.*» Aurora Consurgens Pars. I, in Joh. Rhenanus: *Harmoniae imperscrutabilis chymo-philosophicae Decades*, etc., 1625, p. 192. «*Hoc est ergo magnum signum, in cujus investigatione nonnulli perierunt.*» (*Rosarium Philosophorum. Art. Aurif.*, vol. Duo. 1593, II, 264.) «*Scitote sapientiae investigatores, quod hujus artis fundamentum, propter quod multi perierunt, unum quidem esse omnibus naturis fortius et sublimius...*» (*Turba. Art. Aurif.*, I, 83.) (Traduction des deux derniers textes: «C'est donc un grand signe dans l'exploration duquel plusieurs ont péri.» «Sachez, explorateurs de l'art, que le fondement de cet art, à cause duquel beaucoup ont péri, est une chose plus puissante et plus sublime, certes, que toutes les natures.»)

252. *Theatr. Chem.*, 1602, I, 146.

253. *Dialogus inter Naturam et Filium Philosophorum. Theatr. Chem.*, 1602, II, 117.

254. «*Lapis noster est vita ei qui ipsum scit et ejus factum et qui nesciverit et non fecit et non certificabitur quando nascetur aut putabit alium lapidem, jam paravit se morti.*» (*Theat. Chem.*, 1602, I, 204.)

pas ici du seul danger d'empoisonnement[255] ou d'explosions, cela ressort d'une remarque du même auteur. On y reconnaît aisément le danger de complications psychiques : « Qu'il évite prudemment et prévienne les illusions qu'inspire le diable qui se mêle souvent aux opérations chimiques, afin d'arrêter ceux qui opèrent avec des choses vaines et inutiles, en outrepassant les œuvres de la nature[256]. » Il fonde ce danger sur une citation d'Alphidius : « Cette pierre sort du lieu très glorieux et sublime de la suprême Terreur, qui a livré à la mort de nombreux sages[257]. » Il cite également une phrase de Moïse : « Cette œuvre de la transmutation se réalise aussi soudainement que les nuages qui viennent du ciel » et il ajoute (citation de Micreris) : « Quand tu verras soudain ce processus (*opus*), tu subiras la stupéfaction, la crainte et le tremblement ; c'est pourquoi, opère avec prudence[258]. »

Le *Liber Platonis Quartorum* mentionne également le danger provoqué par les puissances démoniaques : « A une certaine heure de la préparation, une certaine

255. Ce danger était connu. L'*Aurora consurgens* parle des « *odores et vapores mali mentem laborantis inficientes* ». (Odeurs et vapeurs mauvaises affectant l'esprit de celui qui travaille.) (*Loc. cit.*, p. 179.) Mais c'est, d'une façon caractéristique, l'esprit de l'alchimiste qui est en danger : « (*Opus*) *propter igneos sulphureosque, quos secum adfert, halitus, periculosissimum.* » (L'œuvre est périlleuse, à cause des exhalaisons ignées et sulfureuses qu'elle apporte avec elle.) (John DEE de Londres : *Monas Hieroglyphica. Theatr. Chem.*, 1602, II, 233.) « (*Aqua divina*) : *do plagam in faciem suam : id est, laesionem, quae edentatos facit et multas infirmitates generat per fumum.* » [L'eau divine parle] : je donne un coup à son visage : par une blessure qui rend édenté et engendre de nombreuses infirmités provoquées par la fumée.) (*Rosinus ad Sarratantam. Art. Aurif.*, 1593, I, 293.) Ils paraissent avoir connu l'intoxication au mercure. « *A principio Lapis est toxicum mortificans.* » (Au début, la pierre est un toxique qui tue.) Laurentius VENTURA : *De ratione conficiendi lapidis*, etc. *Theatr. Chem.*, 1602, II, 293.

256. « *Cautus sit in diaboli illusionibus dignoscendis et praecavendis, qui se chemisticis operationibus saepius immiscet, ut operantes circa vana et inutilia detineat praetermissis naturae operibus.* » (*Loc. cit.*, p. 140.)

257. « *Hic lapis a loco gloriosissimo sublimi maximi Terroris procedit, qui multos sapientes neci dedit.* » (*Loc. cit.*, p. 179.)

258. *Loc. cit.*, 204.

sorte d'esprit travaillera contre l'œuvre, et à un autre moment cette action contraire n'existera pas[259]. » La déclaration la plus nette est sans doute celle d'Olympiodore (VIe siècle) : « Et là-dessus le démon Ophiucus introduit la négligence entravant notre recherche, rampant de tous côtés, du dedans et du dehors, amenant tantôt des omissions, tantôt la crainte, tantôt l'insuffisance dans la préparation; en d'autres occasions il cherche par des échecs dans nos entreprises et par des dommages à nous détourner (de l'œuvre)[260]. » Il indique également que le plomb est possédé d'un démon qui rend fous les adeptes[261].

La pierre, ou la merveille que l'alchimiste attendait, ou vivait, doit avoir été une affaire des plus numineuses. C'est ce qui explique également la crainte sacrée de l'adepte devant le secret et la possibilité de le profaner : « Personne, dit Hoghelande, ne peut livrer le nom de la pierre sous peine de condamner son âme, car il ne pourrait en rendre compte devant Dieu[262]. » Cette conviction de l'auteur doit être prise au sérieux. Son traité *De Alchemiae Difficultatibus* est l'œuvre d'un homme honnête et intelligent, et il se distingue avantageusement de l'obscurantisme plein de fanfaronnades d'autres, en particulier des traités attribués à Lulle. Seul demeure obscur le point de savoir lequel parmi les « *mille nomina* » de la pierre il ne veut pas divulguer. La pierre est en effet le grand embarras de l'alchimie, car elle n'a jamais été réalisée, et c'est pourquoi personne n'était capable de dire ce qu'elle est en fait et en vérité. A moins que ce ne soit — et cela me paraît le plus vraisemblable — *une expérience psychique*, ce qui justifierait la peur souvent exprimée d'un trouble mental.

259. *Theatr. Chem.*, 1622, V, 141.
260. BERTHELOT : *Alch. grecs*, II, IV, 28 (trad. BERTHELOT-RUELLE).
261. *Loc. cit.*, II, IV, 43 et 46.
262. Eod. l. : «*Nomen lapidis patefacere nemo potest sub animae sua condemnatione, quia coram Deo rationem reddere non posset.*»

Wei Po-yang, qui semble être le plus ancien alchimiste chinois connu de nous et qui vivait au IIᵉ siècle de l'ère chrétienne, nous décrit de façon très instructive les suites dangereuses d'une erreur dans l'œuvre. Après avoir brièvement résumé celle-ci, il décrit le « *chên jên* », *l'homme véritable ou parfait* qui en est le commencement et le terme : « Il est et il n'est pas. Il ressemble à un vaste bassin d'eau, tantôt s'enfonçant subitement et tantôt flottant subitement[263]. » En lui qui apparaît comme une substance matérielle (analogue à la *veritas* substantielle chez Dorn[264]), se mêlent le carré, le rond, le diamètre et les dimensions, « et elles se restreignent mutuellement. Ayant existé avant le commencement des cieux et de la terre : souverain, souverain, élevé et vénéré[265] ». Nous nous trouvons donc ici encore en présence de cette impression d'un caractère numineux très intense que nous avons constatée chez les alchimistes occidentaux.

L'auteur parle ensuite d'une enceinte murée, fermée de toutes parts, dont l'intérieur se compose de labyrinthes reliés les uns aux autres : « La protection est assez complète pour détourner tout ce qui est diabolique et indésirable[266]. » Dans cet état, il est souhaitable que la pensée cesse (car elle ne sait que se mouvoir sur des sentiers battus), et « les agitations sont déraisonnables[267] ». Le *ch'i* divin (l'essence éthérique) remplit les « quartiers » (sans doute ceux de l'enceinte intérieure) et ne peut être retenu. Quiconque saura le retenir prospérera, et quiconque le perdra, périra. Ce dernier utilisera en effet la « fausse méthode » : il se

---

263. « *He is and he is not. He resembles a vast pool of water, suddenly sinking and suddenly floating.* » LU-CH' IANG WU and TENNEY L. DAVIS : *An Ancient Chinese Treatise on Alchemy entitled Ts' an T'ung Ch'i. Written by* WEI PO-YANG *about 142 A.D.* Isis XVIII, pp. 237 et *sq.*

264. *Aion, op. cit.*, pp. 235 et *sq.* et pp. 249 et *sq.*

265. « *And restrain one another. Having been in existence before the beginning of the heavens and the earth : lordly, lordly, high and revered.* »

266. « *The protection is so complete as to turn back all that is devilish and undesirable.* »

267. « *Worries are preposterous.* »

dirigera en toutes choses suivant le cours des étoiles et des planètes et ordonnera sa vie d'après le cours du soleil, en d'autres termes, il mènera une vie raisonnable, suivant la conception chinoise. Mais ainsi le Tao du yin (du féminin) n'est pas du tout compris, ce qui veut dire, dans notre terminologie, que l'inconscient ne s'accorde pas avec les principes de l'ordre conscient. (L'inconscient chez l'homme porte le signe féminin.) Si, à partir de ce moment, l'adepte organise sa vie selon les règles considérées traditionnellement comme raisonnables, il se met en danger. «*Disaster will come to the black mass.*» La «masse noire» est la «*massa confusa*», le «*chaos*» et la «*nigredo*» de l'alchimie occidentale, donc la *prima materia* qui est noire à l'extérieur et blanche à l'intérieur, comme le plomb. Elle est le *chên-jên* caché dans l'obscurité, l'homme total, qui est menacé par la règle de vie raisonnable et correcte, ce qui signifie que l'individuation est ainsi empêchée ou poussée sur des fausses routes. Le *ch'i*, la quintessence (le sang rose de l'alchimie européenne) ne se laisse pas retenir, c'est-à-dire que le Soi brûle de se manifester et menace d'asservir la conscience[268], ce qui entraîne de lourdes conséquences. Ce danger est particulièrement grave pour l'adepte occidental, car son éducation historique, qui s'effectue dans et par l'*imitatio Christi*, le conduit tout droit à considérer comme sa mission d'exsuder la substance de l'âme, le sang rose, par analogie avec le Christ. En d'autres termes, il se sentira moralement obligé de réaliser l'exigence du Soi à se manifester, sans se soucier de savoir si le Soi n'exige pas trop de lui. Il lui semble même que son Dieu, et par conséquent son principe moral suprême, réclame de lui ce «sacrifice de soi». En fait, c'est un sacrifice de soi, une véritable θυσία du Soi qui a lieu lorsque l'homme cède sans résistance à la pression de ce dernier et ainsi s'anéantit, car alors le Soi a lui aussi perdu la partie en détruisant l'homme qui devait lui servir de vase. Ce

268. Voir *Aion, op. cit.*, pp 45 et *sq.*

502 Les racines de la conscience

danger apparaît, ainsi que le maître chinois le fait observer fort justement, lorsque l'ordre de la vie consciente, régi par des principes traditionnels, moraux et raisonnables, est appliqué en un moment où il s'agit de quelque chose d'autre que la vie sociale, à savoir, de l'intégration de l'inconscient et par conséquent de l'individuation.

Wei Po-yang donne une description frappante des conséquences physiologiques et psychiques : « Des gaz provoqués par les aliments digérés feront du bruit dans les intestins et l'estomac. La bonne essence (*ch'i*) sera exhalée et la mauvaise inhalée. Les jours et les nuits seront passés sans sommeil, lune après lune. Le corps s'épuisera, faisant naître l'apparence de la folie... Les cent pouls s'agiteront et bouilliront si violemment qu'ils ôteront la paix de l'esprit et du corps. » On ne parviendra à aucun résultat même si (conformément à la morale consciente) « on élève un temple, qu'on y veille assidûment et que l'on y présente des offrandes matin et soir. Des objets fantomatiques apparaîtront, dont on s'émerveillera jusque dans le sommeil. Ainsi l'on tombe dans la tentation de s'en réjouir et de s'imaginer qu'on s'est assuré la longévité[269]. Mais soudain on est pris par la mort avant le temps ». L'auteur ajoute la morale : « Une erreur insignifiante a ainsi conduit à un grand malheur. » L'alchimie occidentale avec tout son discernement n'a pas pénétré à une telle profondeur. Il n'en reste pas moins qu'elle est consciente des dangers subtils de l'œuvre et qu'elle sait que certaines exigences élevées sont posées non seulement à l'intelligence, mais aussi aux qualités morales de l'adepte. On lit, chez Christian Rosencreutz, dans l'invitation au mariage royal :

> *Prends garde,*
> *Considère-toi toi-même,*

269. Ce sont là des symptômes typiques d'inflation. Un personnage connu m'assurait qu'il vivrait très longtemps ; il lui fallait au moins cent cinquante ans. L'année suivante il était mort. Dans ce cas, l'inflation était visible, même au profane.

> *Si tu ne te baignes pas souvent,*
> *Le mariage peut te nuire.*
> *Il subira du dommage, celui qui ici est indulgent*
> *Qu'il se garde, celui qui est trop léger*[270].

Ainsi qu'il ressort des événements qui se déroulent lors des *Noces chymiques*, il ne s'agit pas seulement de la transformation et de l'union du couple royal, mais aussi d'une individuation parallèle de l'adepte. L'union avec l'ombre et avec l'anima représente une difficulté qui ne doit pas être prise à la légère. La problématique des opposés qui fait là son apparition conduit, étant donné que les questions posées ne peuvent recevoir de réponse, à la constellation de contenus archétypiques compensateurs, c'est-à-dire à des expériences numineuses. Ce que nous n'avons découvert que tardivement dans la psychologie complexe avait été depuis longtemps compris « *symbolice* » par l'alchimie, malgré la limitation de ses moyens intellectuels. Laurentius Ventura a exprimé en quelques mots cette connaissance : « (La perfection de l'œuvre) n'est pas en effet au pouvoir de l'artiste, mais le Dieu très clément en fait don à qui il veut. Et c'est en ce point que réside le danger[271]. » Nous pouvons remarquer à ce propos que « *clementissimus* » doit sans doute être considéré comme un euphémisme apotropéique.

---

270. *Les Noces chymiques*, p. 3.
271. « *(Operis perfectio) non est enim in potestate artificis, sed cui vult ipse Deus clementissimus largitur. Et in hoc puncto totum est periculum.* » (*Theatr. Chem.*, 1602, II, 338, 1re édition, Bâle, 1571.)

CHAPITRE XVI

La compréhension
comme moyen de défense

Après ces développements sur les dangers qui menacent l'adepte, revenons à notre texte d'Ostanès. Les adeptes savent qu'ils ne peuvent opposer aucune résistance à la Pierre sous la figure du prince andalou. La Pierre paraît d'abord plus forte qu'eux, et le texte dit qu'ils n'ont que trois « armes » : avant tout, la « résignation », puis la « science » comme destrier, et l'« entendement » comme bouclier. Cette affirmation permet de se rendre compte que, d'une part, ils tenaient la politique de « non-résistance[272] » pour indiquée et d'autre part, cherchaient refuge dans le savoir et l'intelligence ou la raison. La puissance supérieure de la Pierre est confirmée par cette sentence : « *Philosophus non est magister lapidis, sed potius ejus minister[273]*. » Il s'agit donc manifestement d'une soumission à la puissance supérieure, mais en réservant des moyens de compréhension qui permettront pourtant à l'adepte de tuer finalement le prince. On ne se trompe sans doute pas en admettant que les adeptes ont cherché, en s'appuyant sur leur savoir, à *comprendre* cette force apparemment invincible et, ainsi, à briser son envoûtement. Il y a là non seulement un thème connu des contes (chez Grimm : *Rumpelstilzchen[273bis]*), mais aussi une présomption très primitive suivant laquelle celui qui devine le nom secret obtient pouvoir sur celui qui le porte. En psychothérapie, c'est un fait connu que, fréquemment, des symptômes névrotiques qui paraissent inattaqua-

---

272. [En français dans le texte. — *N. d. T.*]

273. « Le philosophe n'est pas le maître de la pierre, mais plutôt son serviteur. »

273 bis. [« Outroupistache » dans J. et W. GRIMM, *Les Contes*, trad. A. GUERNE, Flammarion, Paris, 1967. — *N. d. T.*]

bles sont rendus inoffensifs une fois qu'ont été rendus conscients et compris (et aussi, vécus) les contenus qui en sont l'origine. Il est compréhensible que l'énergie qui avait jusqu'alors entretenu le symptôme soit mise désormais à la disposition de la conscience, ce qui se traduit sous forme d'une intensification du sentiment vital ainsi que par la diminution ou la suppression des inhibitions inutiles et des autres troubles.

Si l'on veut comprendre notre texte, on doit penser à des expériences de ce genre. Elles se présentent partout où des contenus numineux jusque-là inconscients viennent à la conscience d'une manière ou d'une autre, soit spontanément, soit par l'emploi d'une méthode quelconque.

Ainsi que le font toujours les textes magiques, le nôtre suppose que la puissance du démon conjuré passe intégralement dans l'adepte. Même la conscience moderne ne peut guère résister à la tentation de penser de cette manière. Aussi admet-on volontiers que, grâce à la compréhension, on peut « en finir » entièrement avec des contenus psychiques. Mais cela vaut seulement dans une certaine mesure pour des contenus qui n'ont qu'une importance des plus réduites. Des complexes de représentations numineuses peuvent, certes, être amenés à changer de forme, mais leur contenu numineux, qui peut se traduire de multiples manières, ne disparaît pas en ce sens qu'on pourrait le rendre totalement inopérant. C'est qu'il possède en propre une autonomie qui, si elle est réprimée ou systématiquement ignorée, réapparaît ailleurs dotée du signe négatif, c'est-à-dire avec une valeur destructrice. Le diable, que le magicien pense avoir contraint à le servir, vient finalement le chercher, ce qui veut dire qu'il ne sert de rien de vouloir utiliser le démon à ses propres fins comme *spiritus familiaris*, mais qu'au contraire, il faut conserver présente à l'esprit d'une manière « religieuse » l'autonomie de cette figure aux significations multiples. C'est d'elle en effet qu'émane la force qui constelle le destin et qui exige l'individuation. C'est pourquoi les alchimistes n'ont pas hésité à attribuer à leur Pierre des qualités vraiment divines, et à en faire un microcosme et un homme qu'ils plaçaient en parallèle avec le Christ, « *et in hoc puncto totum est periculum* » (et en ce point réside tout le danger). L'on ne peut et l'on ne doit pas, à cause du danger de provoquer sa propre destruction psychique, chercher à vouloir faire entrer de force ce *numen* dans le cercle étroit du domaine humain, car il y a là, à tout le moins, plus que la conscience humaine et plus que la volonté qui dépend d'elle.

Si, occasionnellement, l'alchimiste manifeste un certain penchant à utiliser les symboles produits par l'inconscient comme des noms magiques contraignants, l'homme moderne emploie de même des *concepts* intellectuels dans un but tout à fait contraire, à savoir, pour minimiser, voire anéantir l'inconscient, comme si l'on pouvait se débarrasser du phénomène autonome de l'inconscient avec la raison et l'intellect. Il est comique que certains de mes critiques me croient précisément capable de remplacer l'âme vivante par des concepts intellectuels. Je ne comprends pas comment ces gens réussissent à ne pas voir qu'il y a à la base de mes concepts des faits empiriques et que lesdits concepts ne représentent rien d'autre que des noms pour certains domaines de l'expérience. Je comprendrais une telle méprise si j'avais négligé de décrire les réalités auxquelles je me réfère. Mais ces critiques oublient toujours intentionnellement que je parle de faits et de l'âme réelle et que je n'effectue aucune acrobatie conceptuelle et philosophique.

CHAPITRE XVII

Le thème du supplice

Notre texte arabe nous donne un précieux aperçu de la phénoménologie du processus d'individuation telle que la vivaient les alchimistes. Particulièrement intéressante est la mention du *supplice* que la Pierre faisait subir à l'artiste. Ce thème se présente également dans les textes occidentaux, mais sous une forme inversée : le supplicié n'est pas l'alchimiste, mais le Mercure, donc le prince — arbre — pierre. Cette inversion indique que l'artiste s'imagine infliger un supplice, alors que c'est lui-même qui est le supplicié. Il en prend, il est vrai, conscience plus tard, lorsqu'il a découvert à ses propres dépens les dangers de l'œuvre. La vision de Zosime est un exemple caractéristique de ce supplice projeté[274]. Il est dit dans la *Turba* : « Prenez le vieil esprit noir, détruisez et tourmentez avec lui les corps[275], jusqu'à ce qu'ils soient changés[276]. » A un autre endroit, un philosophe de l'Assemblée répond : « C'est pourquoi la substance tourmentée (*cruciata res*), lorsqu'elle est plongée dans le corps, transforme celui-ci en une nature immuable et indestructible[277]. » La réponse de Mundus au discours XVIII est équivoque : « Combien en est-il pourtant qui étudient ces applications[278], et qui en découvrent certaines, mais qui ne peuvent supporter les châtiments (*poenas*[279]) ? C'est pourquoi les applications sont diminuées[280]. »

---

274. Voir plus haut Livre IV.

275. « *Diruite et cruciate.* »

276. *Turba* : éd. Ruska, 1931, p. 152.

277. *Loc. cit.*, p. 168.

278. Par les « applications » il faut entendre les matières (mystérieuses), telles que la *gumma* (= *aqua permanens*) mentionnée dans le texte.

279. Correspondant aux κολάσεις de Zosime.

280. *Loc. cit.*, pp. 127 et *sq.*

Il faut conclure de ces citations que l'idée du supplice n'est pas univoque. Dans le premier cas les corps (*corpora*), c'est-à-dire les matières brutes à améliorer, sont « suppliciés » dans le second cas, la substance torturée est sans aucun doute la matière mystérieuse, désignée la plupart du temps sous le nom de « *res* », et dans le troisième, ce sont les chercheurs eux-mêmes qui ne peuvent pas supporter « les supplices ». Cette étrange incertitude n'est pas fortuite, mais a, au contraire, des raisons profondes.

Dans les anciens textes qui sont chronologiquement proches de la (traduction latine de la) *Turba*, on trouve des recettes sauvages dans le style de celles des papyrus magiques[281], comme, par exemple, plumer un coq vivant[282], dessécher un homme sur une pierre chaude[283], couper les mains et les pieds[284], etc. Ici le supplice est réservé au corps. Nous rencontrons par contre une version différente dans un ouvrage également ancien, le *Tractatus Micreris*[285]. Il y est dit que, tout comme le Créateur sépare les âmes des corps, les juge et les récompense, « ainsi nous devons, nous aussi, utiliser la flatterie (*adulatione uti*[286]) vis-à-vis de ces âmes et les condamner aux plus graves supplices (*poenis*, en marge : *laboribus*). L'interlocuteur du dialogue exprime le doute que l'on puisse de cette manière atteindre les âmes qui sont « ténues » et n'habitent plus leur corps. Le maître répond : « Elle (l'âme) doit être châtiée (*puniri*) au moyen de l'esprit le plus subtil (*tenuissimo spirituali*), à savoir au moyen de la nature ignée qui lui est semblable. Car si son corps est châtié (*punitum*

281. Vider un coq vivant. *Pap. Graec.*, CXXII. *Brit Mus.* PREISENDANZ : *Pap. Graec. Mag.*, 1928-1931, I, p. 79.

282. *Alleg. sup. Libr. Turbae in Art. Aurif.*, vol. Duo I, 140.

283. *Loc. cit.*, I, 139.

284. *Aenigm. Phil. in Art. Aurif.*, I, 151.

285. « *Micreris* » est sans doute un *Mercurius* estropié par la translitération arabe.

286. *Adulatio* est une expression qui désigne le jeu d'amour du mariage royal. Ici elle sert à attirer les âmes dehors.

est), elle ne le sera pas elle-même, le tourment (*cruciatus*) ne l'atteindra pas, car elle est d'une nature spirituelle, à laquelle seul un esprit touchera[287]. »

Dans ce cas, ce n'est pas la matière brute qui subit le supplice, mais, au contraire, son âme lui a déjà été ôtée et doit alors être soumise à un martyre spirituel. « L'âme » correspond en général à la substance mystérieuse, soit la *prima materia* secrète, soit le moyen qui sert à la transformer. Petrus Bonus qui est, comme nous l'avons vu, l'un des premiers alchimistes du Moyen Age à avoir conçu des pensées sur l'étendue de son art, dit : « De même que Geber a éprouvé des difficultés dans l'acquisition de l'art, nous aussi, nous sommes tombés de la même manière dans la stupeur (*in stuporem adducti*) pendant assez longtemps et nous étions cachés sous le manteau du désespoir. Donc, pendant que nous revenions à nous-mêmes et que nous nous martyrisions par les tourments d'une réflexion illimitée de notre pensée, nous avons considéré les corps. » Il cite alors Avicenne disant « qu'il était absolument nécessaire que nous découvrions cette opération (la « solution ») par nous-mêmes (*per nos ipsos*). Ces choses nous étaient connues *avant l'expérience*, et cela, à la suite d'une réflexion longue et intense, poussée jusque dans le détail[288] ».

Bonus transfère le supplice dans l'investigateur, dont il met en relief les douloureux efforts de pensée. Ce faisant, il touche juste, car les découvertes spécifiques et importantes de l'alchimie proviennent de la méditation des phénomènes psychiques propres des adeptes qui projetaient leurs formulations archétypiques sur la matière chimique, donnant ainsi l'illusion de possibilités inouïes. Cette même prescience des résultats est généralement admise, comme le dit, par exemple, Dorn : « Il est impossible qu'aucun des

287. *Theatr. Chem.*, 1622. V, 105.
288. Janus Lacinius : *Pretiosa Margarita Novella*, 1546, fol. 45 v.

mortels comprenne notre art, s'il n'est pas auparavant
illuminé par la lumière divine[289]. »

Sir George Ripley connait également le supplice
infligé à la matière : « Le feu contre nature doit tourmenter les corps, lui-même est un dragon brûlant violemment consumant comme le feu de l'enfer [290]. » Chez
cet auteur, la projection du supplice infernal est manifestement complète, comme chez beaucoup d'autres.
C'est seulement chez les auteurs des XVIe et XVIIe siècles
que l'intuition de Petrus Bonus surgit à nouveau. C'est
ainsi que Dorn (2e moitié du XVIe siècle) explique sans
équivoque : « C'est pourquoi les sophistes... ont poursuivi le Mercure lui-même de tourments divers, certains
par des sublimations, des coagulations, des précipita-
tions, des eaux-fortes mercurielles, etc., toutes voies
erronées qui sont à éviter [291]. »

Au nombre des sophistes, il range même Geber, et
Albert, « surnommé Le Grand » ajoute-t-il ironiquement.
Dans sa « *Physica Trismegisti* » il interprète même la
« noirceur » (*melanosis*, *nigredo*) depuis longtemps
connue comme une projection, lorsqu'il écrit : « (*Hermès*) dit en effet "toute obscurité s'enfuira de toi[292]", il
ne dit pas "des métaux". Par l'obscurité on n'entend
rien d'autre que les ténèbres des maladies et la mauvaise santé du corps et de l'esprit[293]. »

De nombreux passages de l'*Aurora Consurgens I*
donnent une expression éloquente de ces mêmes
expériences. Dans le Livre d'Ostanes, les philosophes
versent des *larmes* sur la Pierre qui est enfermée
dans une autre. A la suite de quoi, la Pierre, arrosée

289. *Theatr. Chem.*, 1602, I, 413.
290. « *Ignis contra naturam debet excruciare corpora, ipse est draco
violenter comburens, ut ignis inferni.* » *Theatr. Chem.*, 1602, II, 128.
291. « *Unde Sophistae... ipsum Mercurium variis torturis persecuti
sunt, aliqui sublimationibus, coagulationibus, praecipitationibus, mercu-
rialibus aquis fortibus, etc., quae omnes erronae viae vitandae sunt.* »
Theatr. Chem., 1602, I, 585.
292. *Table d'Emeraude.*
293. « (*Hermes*) *dicit enim, a te fugiet omnis obscuritas, non dicit, a
metallis. Per obscuritatem nihil aliud intelligitur quam tenebrae morbo-
rum et aegritudinem corporis atque mentis.* »

de larmes, perd sa noirceur et devient claire comme
une perle[294]. Une citation de Gratien rapportée par le
Rosarium Philosophorum dit : « En alchimie, il est un
certain corps noble... au commencement duquel sont
la misère avec le vinaigre, mais à la fin, la joie et
l'allégresse[295]. » Le *Consilium Conjugii* identifie
nigredo et *melancholia*[296]. Blaise de Vigenère dit du
plomb saturnien : « Le plomb signifie des tourments
(*vexationes*) et les tribulations dont Dieu nous afflige
et par lesquelles il nous conduit au repentir[297]. » On
voit par là que cet adepte était conscient de l'identité
du plomb, considéré depuis toujours comme la substance mystérieuse, avec l'état subjectif de dépression.
La *prima materia* personnifiée parle pareillement
dans l'*Aurelia Occulta* de son frère Saturne, dont
l'esprit est « accablé par la passion mélancolique[298] ».

Dans ces circonstances où le thème du supplice et de
la tristesse joue un si grand rôle, il n'y a rien d'inattendu à ce que l'arbre soit également rattaché à la
croix du Christ. Cette analogie était favorisée par le
fait que, depuis toujours, la légende affirmait que le
bois de la croix provenait de l'arbre du Paradis[299]. De
même la quaternité dont la croix est le symbole[300]
contribua à cette relation, car l'arbre possède la qualité
de la quaternité du simple fait qu'il représente le processus qui réunit les quatre éléments. La quaternité de
l'arbre est antérieure à l'ère chrétienne. Elle se trouve
déjà par exemple dans la vision de Zoroastre de l'arbre
aux quatre branches d'or, d'argent et de fer « mêlés[301] ».

    294. Berthelot : *Chimie au Moyen Age*, III, 118.
    295. *Art. Aurif.*, 1593, II, 278. «*In Alchimia est quoddam corpus
nobile,... in cujus principio erit miseria cum aceto, sed in fine gaudium
cum laetitia.*»
    296. Ed. 1566, pp. 125 et *sq.*
    297. *De Igne et Sale. Theatr. Chem.*, 1661, VI, 76.
    298. «*Melancholica passione obrutus.*» *Theatr. Chem.*, 1613, IV, 573.
    299. Zoeckler : *Das Kreuz Christi*, 1875, et tout spécialement,
C. Bezold : *Die Schatzhöhle*, 1883, pp. 5 et 35.
    300. John Dee : *Monas Hieroglyphica. Theat. Chem.*, 1602, II, 219.
    301. Cf. Reitzenstein et Schaeder : *Studien zum antiken Synkretis-
mus aus Iran und Griechenland*, 1926, p. 45.

A cette image font écho les représentations alchimiques ultérieures de l'arbre des métaux qui, de son côté, était comparé à la croix[302]. Le couple royal, c'est-à-dire les opposés suprêmes, est crucifié en vue de son union et de sa renaissance. Comme le Christ a déclaré, écrit Ripley : «Lorsque je serai élevé au-dessus de terre, j'attirerai toutes choses à moi. A partir du moment où les parties *qui sont crucifiées* et privées d'âme sont fiancées, le mâle et la femelle sont ensevelis ensemble et revivent ensuite par l'esprit de vie[303].» Chez Dorn également, l'arbre apparaît comme symbole de la transformation dans un passage, très intéressant au point de vue de la psychologie religieuse, de sa *Speculativa Philosophia* : «(Dieu) a décidé d'ôter des mains de l'ange le glaive de la colère, et il y a substitué un hameçon d'or à trois dents, après avoir suspendu le glaive à l'arbre : et ainsi la colère de Dieu s'est trouvée changée en amour[304], etc.» Le Christ, en tant que Logos, est l'épée à deux tranchants qui représente ici la colère de Dieu, d'après Apoc., I, 16 (*gladius utraque acutus*).

302. [L'édition suisse porte ici la phrase suivante: «Ainsi, dans la Chanson de Ripley, le renouvellement du roi se produit à l'aide de *l'arbor Christi*, ce qui signifie naturellement la crucifixion.» En fait, le texte de la *Cantilena Riplaei* offre, à l'endroit indiqué, l'expression *Christi sed ab ore* (mais de la bouche du Christ), et non *Christi sed arbore*, comme avait lu Jung. Cette rectification est mentionnée et justifiée dans la traduction anglaise, par F. C. HULL, *de Mysterium Conjunctionis* [*op. cit.*, p. 282, n° 88, ouvrage dans lequel ce texte se trouve intégralement cité et longuement. C. G. Jung a donné son accord à cette mise au point. — *N. d. T.*]

303. «*Si exaltatus fuero, omnia ad me traham. Ab eo tempore quo partes sunt desponsatae, quae sunt crucifixae et exanimatae contumulantur simul mas et foemina et postea revivificantur spiritu vitae.*» RIPLEY : *Opp.*, 1649, p. 81.

304. *Theat. Chem.*, 1602, I, 284. «*(Deus) conclusit angelo gladium irae de manibus eripere, cujus loco tridentem hamum substituit aureum gladio ad arborem suspenso : et sic mutata est ira Dei in amorem.*»

CHAPITRE XVIII

Le rapport du supplice
avec le problème
de la conjonction

Dans le texte cité plus haut, l'hameçon se rapporte au Christ, puisque l'allégorie médiévale figurait Dieu le Père capturant le léviathan avec le crucifié comme appât. Le trident d'or fait allusion à la Trinité. L'or vient évoquer l'alchimie, de même que, d'une façon générale, l'idée de la transformation de Dieu est mise, dans cette étrange allégorie, en relation assez profonde avec le *mysterium* alchimique. L'idée que Dieu projette un hameçon est d'origine manichéenne : il a en effet jeté l'homme primordial comme appât destiné aux puissances des ténèbres pour les capturer. L'homme primordial est désigné comme « psyché », chez Titus de Bostra, comme ψυχὴ πάντων (âme universelle[305]). La psyché correspond à l'inconscient collectif qui, en tant qu'*unique*, est représenté par l'*unique* homme primordial.

Ce complexe de représentations est intérieurement apparenté à l'idée gnostique de Sophia-Achamoth que l'on rencontre chez Irénée, I, 4. Il y est dit que « l'ἐνθύμησις (la réflexion, méditation) de la Sophia supérieure, séparée douloureusement (πάθει) du plérome supérieur, s'en est allée dans l'ombre et les espaces du vide, poussée par la nécessité. Hors de la lumière et du plérome, elle est devenue informe et amorphe, comme un avorton, parce qu'elle ne saisissait rien (c'est-à-dire qu'elle était inconsciente). Mais le Christ d'en haut, étendu sur la croix, a eu pitié d'elle et, par sa puissance, il lui a donné une forme, qui (suffisait) seulement, il est vrai, pour l'être, mais

305. Voir W. BOUSSET : *Hauptprobleme der Gnosis*, 1907, p. 178.

non pour la conscience ». Ici, ce n'est pas seulement
l'homme primordial qui parvient dans les ténèbres et y
est utilisé comme hameçon, c'est-à-dire comme appât,
mais c'est la Sagesse, figure féminine, qui, sous
l'empire d'une nécessité intérieure et de l'ἐνθύμησις,
abandonne le plérome et sa lumière pour plonger
dans les ténèbres. Elle est partiellement libérée de
l'absence de forme dans laquelle elle est tombée, par
le Christ étendu sur la croix, puisqu'il lui donne au
moins une existence formée, mais non la conscience
correspondante. « Après qu'il eut accompli cela, il
retourna au plérome en lui prenant sa force (celle de
Sophia), et il l'abandonna afin que, subissant la passion (πάθος) qui est liée à la séparation d'avec le
plérome, elle aspire à ce qu'il y a de meilleur,
puisqu'elle possédait un certain parfum d'immortalité
laissé en elle par le Christ et l'Esprit-Saint. »

Pour ces gnostiques, ce n'était pas simplement
l'homme primordial qui se perdait dans les ténèbres ;
une différenciation était apparue ici, étant donné que
la place de l'homme primordial avait été prise en
quelque sorte par la figure féminine de la Sagesse
(*sophia Achamoth*). Ainsi l'élément masculin était
soustrait au danger d'être englouti et demeurait dans
la lumineuse sphère pneumatique. Par contre, le féminin, mû en partie par un acte de réflexion et en partie par la nécessité (κατ' ἀνάγκην), se mettait en
liaison avec les ténèbres extérieures. La souffrance
qui l'accablait se composait d'une chaîne d'émotions,
comme le chagrin, la crainte, la consternation, la perplexité, la nostalgie ; tantôt elle riait, tantôt elle ver-
sait des larmes. C'est de ces « affects » (διαθέσεις)
qu'est sortie la création tout entière.

Ce curieux mythe de la création est évidemment
« psychologique » : il décrit, sous la forme d'une projection cosmique, *la séparation de l'anima féminine*
d'avec un conscient masculin orienté vers le domaine
spirituel et tendant à l'absolutisme, c'est-à-dire à une
victoire définitive de l'esprit sur le monde sensible,

et cela dans la philosophie païenne d'alors tout
autant que dans le gnosticisme. Ce développement et
cette différenciation de la conscience ont trouvé leur
expression littéraire dans les *Métamorphoses* d'Apulée et en particulier dans le conte *Amour et Psyché*,
ainsi que l'a montré E. Neumann dans l'analyse de
cet épisode[306].

L'état émotionnel de la Sophia perdue dans
l'inconscience (ἄγνοία)[307], son absence de direction
et de forme et la possibilité de sa perte complète
décrivent de la façon la plus exacte le caractère de
l'anima d'un homme qui s'identifie avec sa raison et
son intellectualité unilatérales. Il est en danger de se
trouver dissocié de son anima et de perdre ainsi
complètement sa relation avec l'inconscient compensateur. Dans un tel cas, l'inconscient a coutume de
produire des émotions de nature disproportionnée, telles qu'irritabilité, manque de maîtrise de soi, arro-
gance, sentiments d'infériorité, humeurs, dépressions,
explosions de colère et autres symptômes analogues,
le tout allant de pair avec un manque d'autocritique
et les troubles de jugement, les méprises et les aveu-
glements que cela entraîne.

L'orientation de l'esprit perd, dans ce cas, sa relation avec la réalité. L'esprit devient sans égards, prétentieux et tyrannique. Plus son idéologie est
inadaptée, plus il réclame d'être reconnu de tous, et
il est disposé à employer la force pour y parvenir.
Cet état est un véritable πάθος, une passion de
l'âme qui, toutefois, n'est pas perçue comme telle
dès le début à cause du manque d'introspection, mais
ne vient que peu à peu à la conscience comme un

---

306. E. Neumann: *Amor et Psyche*, Rascher, Zurich, 1952.
307. [Ἄγνοία signifie littéralement «ignorance». Le terme désigne,
notamment dans la littérature hermétique, l'ignorance métaphysique
opposée à la «connaissance» (γνῶσις). Mais la connaissance du Tout
(πάντος, chez Jung: «*Ganzheit*») a pour fondement la connaissance de
soi (γνῶθι σεαυτόν...), c'est-à-dire la «conscience», et son opposé,
l'ignorance, est faite d'*inconscience*. D'où, chez Jung, le choix de ce dernier terme pour rendre ἄγνοία. — *N. d. T.*]

vague « malaise[308] ». C'est ainsi que l'âme est incitée
à se tourner du côté de la perception et à constater
qu'il y a quelque chose qui ne va pas, que l'on souffre véritablement de quelque chose. C'est le moment
où naissent des symptômes corporels ou psychiques
qui ne peuvent plus être chassés de la conscience.
Exprimé en termes mythiques, voici ce que cela veut
dire : le Christ (en tant que principe de la spiritualité
masculine) reconnaît la souffrance de Sophia
(c'est-à-dire de la psyché) et lui donne ainsi forme,
c'est-à-dire existence ($\kappa\alpha\tau$ ' $o\mathring{v}\sigma\acute{\iota}\alpha\nu$), mais l'abandonne ensuite à elle-même, pour qu'elle ressente
clairement son tourment, c'est-à-dire que la conscience masculine se contente de percevoir la souffrance psychique, mais ne prend en aucune manière
conscience du motif de celle-ci, abandonnant l'anima
à l'$\mathring{\alpha}\gamma\nuo\acute{\iota}\alpha$, à l'inconscience,

Ce phénomène est typique et peut s'observer
aujourd'hui encore dans toutes les névroses masculines, et non seulement là, mais aussi chez les sujets
dits normaux qui sont entrés en conflit avec l'inconscient en raison d'une certaine unilatéralité (intellectuelle la plupart du temps) et d'une certaine cécité
psychologiques.

Dans ce mythe psychologique, l'homme primordial
(le Christ) demeure encore, certes, le moyen de dominer l'obscurité, mais il partage son rôle avec un être
féminin qui lui est parallèle, la Sophia, et le crucifié
n'apparaît plus comme un appât fixé à la ligne de
Dieu, mais il « prend en pitié » la moitié féminine et la
figure informe en se manifestant à elle comme « celui
qui est suspendu à la croix ». Le texte grec emploie ici
une expression vigoureuse « $\mathring{\epsilon}\pi\epsilon\kappa\tau\alpha\theta\acute{\epsilon}\nu\tau\alpha$ », qui souligne particulièrement l'extension et l'étirement. C'est
l'image d'un état de tourment qu'il place en face de
la Sophia souffrante de manière qu'ils puissent reconnaître réciproquement leur souffrance. Toutefois,
avant que ne se produise cette connaissance, la spiri-

---

308. [En français dans le texte. — *N. d. T.*]

tualité masculine se retire à nouveau dans son
domaine de lumière, Ce trait caractéristique se rencontre toujours dans les cas de ce genre : dès que la
lumière aperçoit l'obscurité et que se manifeste la
possibilité d'une relation, l'instinct de puissance qui
demeure dans la lumière comme dans l'obscurité se
déclare et ne veut rien céder de sa position. Le
monde lumineux ne veut pas atténuer sa clarté et le
monde obscur voudrait bien ne pas abandonner ses
émotions pleines de délices. Aucun d'eux ne remarque que sa souffrance est une seule et même chose
et qu'elle est liée au processus de transformation en
conscience. Dans celui-ci en effet une unité primordiale est séparée en deux moitiés irréconciliables qui
sont l'Un et l'Autre. Il n'est pas de conscience sans
cette discrimination principielle. Cette dualité ne peut
pas être supprimée immédiatement sans que s'éteigne
la conscience. Toutefois la totalité originelle demeure
comme un desideratum, dans notre texte comme la
valeur désirable à tout prix (ὀρεχθῇ τῶν διαφερόντων :
il s'étend vers ce qui diffère), qui est l'aspiration de
la Sophia plus que du Christ gnostique. De même les
choses sont encore aujourd'hui telles que la conscience rationaliste et intellectuelle (soi-disant spirituelle) tient plus à la distinction qu'à l'unification en
vue de la totalité. Aussi est-ce l'inconscient qui produit des symboles de totalité[309]. Ces symboles sont la
plupart du temps quaternaires et se composent de
deux couples d'opposés qui s'entrecroisent (par
exemple droite-gauche, haut-bas). Ces quatre points
déterminent un cercle qui, le point mis à part, représente le symbole le plus simple de la totalité, et
constitue donc l'image la plus simple de Dieu[310].
Cette réflexion devrait être prise en considération

309. Cf. *Psychologie et alchimie*, trad. cit., pp. 125 et *sq.*, et *Gestal-tungen des Unbewussten*, op. cit., pp. 95 et *sq.*
310. «*Deus est circulus, cujus centrum est ubique, cujus circumfe-rentia vero nusquam.*» (Dieu est un cercle dont le centre est partout et la circonférence nulle part.)

quand on veut interpréter la mise en relief, toute spéciale, de la croix διὰ τοῦ σταυροῦ ἐπεκταθέντα), car dans la croix comme dans l'arbre a lieu l'unification. C'est pourquoi saint Augustin pouvait comparer la croix au lit nuptial, et c'est pourquoi dans les contes le héros trouve sa fiancée à la cime du grand arbre, de même que le chaman y trouve son épouse céleste, comme aussi l'alchimiste. La *conjunctio* est un sommet de la vie, et en même temps la mort ; c'est pour cette raison que notre passage mentionne dans ce contexte le « parfum d'incorruptibilité » : ὀσμὴ ἀφθαρσίας). L'anima constitue précisément le pont menant au pays de l'au-delà, celui des images primordiales vivantes et éternelles, et d'un autre côté par sa nature émotionnelle elle insère et empêtre l'homme dans le monde chtonien et sa caducité.

Revenons, après ces considérations, à notre point de départ, au « *gladius ad arborum suspensus*[311] ». Cette *allegoria Christi* assez inhabituelle est sûrement née d'une analogie avec le serpent suspendu à la croix. Le « *serpens in ligno suspensus* » est déjà chez saint Ambroise un « *typus Christi*[312] », de même l'« *anguis aeneus in cruce* » (le serpent d'airain sur la croix) chez Albert le Grand[313]. Le Christ, en tant que Logos, est synonyme de *Naas*, le serpent du *noûs* chez les Ophites. L'*agathodaïmon* (le Bon Esprit) avait la forme d'un serpent, et le serpent était déjà considéré chez Philon comme l'animal « le plus spirituel » (πνευματικώτατον). Pourtant son sang froid et son organisation cérébrale inférieure ne laissent précisément supposer aucun développement particulier de la conscience et, inversement, son absence de relation avec l'homme et son évidente inconscience lui impriment le caractère d'un être étranger, redoutable et fascinant qui se dresse en face de ce dernier. Le ser-

---

311. « Le glaive suspendu à l'arbre. »

312. « Le serpent suspendu au bois. » MIGNE : P. L., XVII, 34.

313. Dans son hymne à la Mère de Dieu : « *Ave praeclara maris Stella.* » Remy de GOURMONT : *Le Latin mystique*, 1913, pp. 129 et *sq.*

pent représente par là un symbole frappant de l'inconscient, d'une part de son instinctivité froide et brutale et d'autre part de sa nature sophianique ou de sa sagesse naturelle, contenues dans les archétypes. La nature de Logos du Christ représentée par le serpent chtonien est la sagesse maternelle de la Mère de Dieu, que préfigure la *Sapientia* de l'Ancien Testament. Par ce symbole le Christ est proprement caractérisé comme une personnification de l'inconscient dans toute son ampleur et, comme tel, pendu à l'arbre comme victime (et « blessé par la lance », comme Odin).

Psychologiquement, ce sacrifice du serpent ne peut se comprendre autrement que comme signifiant d'une part une victoire sur l'inconscient, et d'autre part, une renonciation et un adieu douloureux à une attitude encore filiale, encore inconsciemment dépendante de la mère. Les alchimistes se sont servis de ce symbole pour représenter la transformation du Mercure[314] qui, d'une façon absolument dépouillée d'équivoque, personnifie l'inconscient[315]. J'ai souvent rencontré le même thème dans les rêves modernes, une fois comme serpent crucifié (avec relation consciente à la parabole évangélique), une autre fois comme *araignée* noire suspendue sur un pieu qui se transformait en croix, et une troisième fois comme un corps de femme, nu et crucifié.

---

314. *Symbolik des Geistes, op. cit.*, p. 129.
315. Illustration dans R. Abraham ELEAZARIS, *Uraltem Chym. Werk*, 1760 (Apocryphe se donnant pour le *Livre des Ecorces* de Nicolas FLA-MEL.)

CHAPITRE XIX

L'arbre comme être humain

La vision de Zoroastre, le rêve de Nabuchodonosor et le récit de Bardesanes (154-222 ap. J.-C.) sur le dieu des Indiens[316] sont des prototypes implicites du rapport de l'*arbor philosophica* et de l'homme. Il faut y ajouter l'ancienne idée rabbinique que l'arbre du Paradis, c'était l'homme[317]. Selon les idées les plus anciennes, les hommes sortent des arbres ou des plantes[318]. L'arbre est en quelque sorte une métamorphose de l'homme étant donné que, d'une part, il provient de l'homme primordial et que, d'autre part, il devient l'homme[319]. Les idées patristiques du

316. Dans STOBÉE, I, 3. Dans une caverne se trouve une statue aux bras étendus (comme un crucifié), dont la matière ressemble à du bois. A droite elle est masculine, à gauche, féminine. Elle transpire et saigne.

317. R. D. GANZ: *Chronologia Sacra-Profana*. Lugd, Bat., 1644, p. 47, c. XXI: «*Docet R. Zahira, dicens:* " *Ex fructu arboris* " *non vero arboris hujus, sed hominis, qui similis est arbori, etc.*» (R. Zahira enseigne disant: «Du fruit de l'arbre», non de cet arbre, mais de l'homme, qui est semblable à un arbre.) «*As is a tree, just such as is the Lord of Trees, so indeed is man.*» (Comme est l'arbre, tout comme est le Seigneur des Arbres, ainsi assurément est l'homme.) (Cité par A. K COOMARASWAMY: *The Inverted Tree*. Quart. Journ. Myth. Soc. Bangalore, vol, XXIX, n° 2, p. 28.)

318. D'après la tradition iranienne, les sept métaux dans la terre s'écoulent hors du corps de l'homme primordial Gaymmard dans la terre. De là est née la plante Reivas de laquelle sont sortis Mahryag et Mahryanag les premiers humains. Cf. à ce sujet l'*Edda*: Ask et Embla, les premiers humains, (A. CHRISTENSEN: *Les Types du premier homme et du premier roi dans l'histoire légendaire des Iraniens*. Archives d'Etudes orientales, vol, XIV, 35). Aux îles Gilbert, les hommes et les dieux sortent de l'Arbre primordial.

319. Cf. CHRISTENSEN, *loc. cit.*, p. 18, Bundehesh 15, I. Le même rôle est joué par le cèdre et l'arbre perséa dans le conte égyptien de Bata. Voir JACOBSOHN: *Die dogmatische Stellung des Königs in der Theologie der alten Aegypter*. Ägypt. Torsch. publié par A. Scharff 1939, p. 13. Il est regrettable que ces phénomènes de métamorphose, qui sont d'un grand intérêt au point de vue de la psychologie religieuse, aient été justement supprimés dans la traduction du conte de Bata figurant dans le grand recueil des textes de l'antiquité orientale composé par James B. PRITCHARD (*Ancient Near Eastern Texts*, 1950).

Christ comme arbre ou comme vigne ont naturellement exercé une très forte influence[320]. Dans la *Pandora*, l'arbre est, comme on l'a dit, représenté sous
une forme féminine, d'une manière qui correspond
pleinement aux dessins individuels mentionnés au
début de cette étude, lesquels, à l'opposé des images
alchimiques, ont été pour la plupart réalisés par des
femmes. Ici se pose la question de savoir comment
doit être interprété cet être féminin à l'aspect
d'arbre. Selon les résultats de notre recherche portant
sur les matériaux historiques, l'arbre doit être conçu
comme l'*anthropos*, c'est-à-dire comme le *Soi*. Cette
interprétation apparaît particulièrement dans le symbolisme du *Scriptum Alberti*; elle se trouve confirmée
par les matériaux phantasmatiques qui accompagnent
les dessins féminins individuels. L'interprétation du
numen féminin de l'arbre est donc juste chez la
femme, mais non chez les alchimistes ou les huma-
nistes[321], dont la figure féminine de l'arbre représente
une projection évidente du personnage de l'anima.
L'anima personnifie la féminité de l'homme, mais
non le Soi. D'une façon correspondante, la dessinatrice des figures 29 et 30 représente le *numen* de
l'arbre sous les traits de l'animus. Dans les deux cas,
le symbole du sexe opposé recouvre véritablement le
Soi. C'est normalement le cas là où soit la féminité
de l'homme, donc l'anima, soit la virilité de la
femme, donc l'animus, n'est pas encore suffisamment
différencié et intégré à la conscience, c'est-à-dire où
le Soi existe seulement à l'état potentiel, sous forme
d'intuition, mais non encore de façon actuelle[322].

---

320. Le Christ comme *arbor fructifera*. Migne : *P. L.*, LXXVI, 97 et
LXXIX, 495 et *passim*; comme cep de vigne, Jean, XV, 1. Le Tathâgata
(Buddha) est également désigné comme *tree of paradise*. (*Buddha-Karita*
d'Asvagosha. *Sacred Books of the East*, XLIX, 157.)

321. Je renvoie ici à Ulysse Aldrovandus (1522-1605) et à son interprétation de l'«Enigme de Pologne». (*Dendrologiae Libri Duo*, 1671,
p. 146.) (Voir *Mysterium Conjunctionis, op. cit.*, I, pp. 56 et *sq.*)

322. Cf. à ce sujet les symboles oniriques du processus d'individuation dans *Psychologie et alchimie*, trad. cit., pp. 59 et *sq.*

Dans la mesure où l'arbre symbolise l'*opus* et le processus d'individuation «moralement et physiquement» (*tam ethice quam physice*), il est également évident qu'il traduit le *processus vital* en général. Son identité avec Mercure, le *spiritus vegetativus*, confirme cette manière de voir. Puisque l'*opus* représenté par l'arbre est un mystère de *vie, de mort et de renaissance*, cette interprétation revient également à l'arbre philosophique et, en outre aussi, la qualité de *Sagesse*, qui donne une précieuse indication à la psychologie. Depuis longtemps déjà, l'arbre était considéré comme le symbole de la *gnosis* (connaissance) et de la sagesse. Irénée déclare que, suivant l'opinion des Barbéliotes, l'arbre était né de l'homme (c'est-à-dire de l'*anthropos*) et de la *gnosis*, et qu'ils l'appelaient aussi *gnosis*[323]. Dans la gnose de Justin, Baruch, l'ange de la révélation, est désigné comme τὸ ξύλον τῆς ζωῆς (arbre de vie[324]), trait que rappelle l'arbre du soleil et de la lune qui connaît l'avenir, dans le *Roman d'Alexandre*[325]. Les aspects cosmiques de l'arbre en tant qu'arbre du monde, colonne et axe de l'univers, apparaissent à l'arrière-plan tant chez les alchimistes que dans les phantasmes individuels des modernes, parce qu'il s'agit ici déjà, dans une proportion marquée, du phénomène d'individuation qui n'est plus projeté dans le cosmos. Une exception rare à cette règle est toutefois constituée par le cas décrit par Nelken d'un malade schizophrène dans le système cosmique duquel le «père primordial» du monde portait un «arbre de vie» sur sa poitrine. Cet arbre avait des fruits ou boules de couleur rouge et blanche qui signifiaient les univers. En haut de l'arbre se tenait une colombe, et plus haut encore, un aigle. Le rouge et le blanc sont des couleurs alchimi-

---

323. *Adv. Haer.*, I, 29, 3. Une idée analogue est celle de l'arbre de feu de Simon le Mage (Hippolyte: *Elenchos*, VI, 9, 8).

324. Hippolyte: *loc. cit.*, V, 26, 6.

325. Comparer encore le conte de Grimm: *L'Esprit dans la bouteille* que j'ai commenté dans mon étude: «L'Esprit Mercure» (dans *Symbolik des Geistes, op. cit.*, pp. 71 et *sq.*).

ques: le rouge correspond au soleil et le blanc à la lune. Comme la cigogne dans le *Scriptum Alberti*, la colombe et l'aigle se tiennent ici au haut de l'arbre. La connaissance de modèles alchimiques est ici exclue[326].

La récapitulation sommaire des documents ci-dessus doit faire ressortir que les productions spontanées de l'inconscient d'hommes modernes décrivent l'archétype de l'arbre d'une manière qui permet de reconnaître clairement le parallélisme avec sa forme historique. Les seuls modèles conscients, historiques, que l'on doive faire entrer en ligne de compte pour l'examen de mes observations sont l'arbre biblique du Paradis et peut-être tel ou tel conte. Mais je ne puis me souvenir d'un seul cas où le dessinateur ait déclaré spontanément qu'il s'était appuyé consciemment sur l'arbre du Paradis. Dans tous les cas, l'idée qui apparaissait spontanément était purement et simplement celle de l'arbre. Dans les cas où un être féminin fut mis en relation avec l'arbre, aucune des créatrices des images en question n'a eu l'idée de rattacher la figure féminine au serpent de l'arbre de la connaissance. Les images témoignent davantage de parenté avec la représentation antique de la nymphe de l'arbre qu'avec le modèle biblique. Dans la tradition juive, le serpent est du reste interprété comme étant *Lilith*. Il existe sans doute un fort préjugé en faveur de l'hypothèse suivant laquelle certaines formes d'expression sont nées pour la seule raison qu'il est apparu un jour, dans le milieu de civilisation correspondant, un modèle pouvant les déterminer. S'il en était ainsi, à peu près tous les cas de ce genre devraient, chez nous, se conformer au type de l'arbre du Paradis. Ainsi que nous l'avons vu, les choses se passent en réalité tout autrement: l'image de la nymphe de l'arbre, qui depuis longtemps n'a plus cours

---

326. J. NELKEN: «*Analytische Beobachtungen über Phantasien eines Schizophrenen.*» Jahrb. f. psychoanalyt. u. psychopath. Forsch., 1912, vol. IV, p. 541.

parmi nous, l'emporte sur le type arbre du paradis et
de Noël; nous trouvons même des indications de
l'image, désuète chez nous, de l'arbre du monde ou
même de l'*arbor inversa* qui, certes, est passée de la
kabbale dans l'alchimie, mais ne joue nulle part un
rôle quelconque dans notre milieu de civilisation. Par
contre nos matériaux nous placent en parfait accord
avec les conceptions largement répandues et relativement primitives des chamans concernant l'épouse
céleste du chaman mise en relation avec l'arbre[327].
Cette dernière est une projection classique de l'anima.
Elle est considérée comme l'« *ayami* » (*familiaris*, esprit
protecteur) des ancêtres chamans. Elle est aussi la
femme du chaman. Son visage est à moitié noir, à
moitié rouge. Elle apparaît parfois sous forme de
tigre ailé[328]. Spitteler compare également la Dame
Ame au tigre[329]. L'arbre représente très véritablement
la vie de l'épouse céleste des chamans[330]. L'arbre a
souvent une signification maternelle[331]. Chez les
Yakoutes, c'est un arbre à huit branches qui est le
lieu d'origine du premier homme. Celui-ci est nourri
par une femme qui sort du tronc jusqu'à mi-corps[332].
Ce thème se rencontre également dans mes exemples
cités plus haut (fig. 22).

De même qu'à un être féminin, l'arbre est encore
relié au serpent, au dragon et à d'autres animaux,
comme par exemple Yggdrasil[333]; ainsi l'arbre perse
Gaokêrêna dans le lac Vourouka[334], ou l'arbre grec des
Hespérides, sans parler des arbres sacrés de l'Inde

327. M. ELIADE: *Le Chamanisme, op. cit.*, p. 81, ff., 138, 173, 310,
312.

328. ELIADE, *loc. cit.*, p. 80.

329. *Prométhée et Epiméthée.* (Trad. cit.) Le tigre symbolise en Chine
le yin féminin.

330. ELIADE: *loc. cit.*, p. 83.

331. *Ibid.*, pp. 118, 173.

332. *Loc. cit.*, p. 247.

333. Ecureuil, cerf. Yggdrasil (le frêne cosmique) signifie aussi le
cheval d'Odin. Sur sa signification maternelle, voir *Métamorphose de
l'âme et ses symboles,* trad. cit., pp. 409, 418 et 468.

334. Bundehesh.

encore existants, à l'ombre desquels s'élèvent encore des douzaines de pierres représentant des najas (serpents[335]).

L'arbre renversé joue un grand rôle chez les chamans de Sibérie orientale. Kagarow a publié la photographie d'un arbre de ce genre appelé *Nakassä* du musée de Leningrad. Les racines signifient la chevelure. Sur le tronc, auprès des racines, un visage est sculpté, ce qui indique clairement que l'arbre représente bien un homme[336]. Celui-ci est vraisemblablement le chaman lui-même, ou sa personnalité supérieure, son *Soi*. Eliade, qui a donné une remarquable description d'ensemble du chamanisme, dit : « Le chaman esquimau ressent le besoin de ses voyages extatiques, car c'est surtout pendant la transe qu'il *devient véritablement lui-même* : l'expérience mystique lui est nécessaire en tant que *constitutive de sa propre personnalité*. » L'extase fait souvent apparaître un état dans lequel le chaman est « possédé » par ses *familiares*, ses esprits auxiliaires. Par cet état de transe, il entre en possession de « ses organes mystiques qui constituent en quelque sorte sa véritable et complète personnalité spirituelle », comme l'écrit Eliade[337]. Cette conception confirme la conclusion psychologique tirée du symbolisme des chamans, à savoir qu'il s'agit là d'une représentation projetée du processus d'individuation. La même conclusion vaut également, comme nous l'avons vu, pour l'alchimie et, dans les phantasmes modernes de ce genre, les affirmations des sujets qui ont produit ces images prouvent qu'ils cherchent à représenter par ce moyen un processus de développement intérieur indépendant de la conscience et de la volonté consciente. Le processus consiste la plupart du temps en l'unification d'une double opposition : bas (eau,

---

335. Ainsi devant la porte de Seringapatam. Voir en particulier : I. Ferguson : *Tree and Serpent Worship*, 1868.

336. E. Kagarow : *Der umgekehrte Schamanenbaum*, Archiv. f. Religionwissenschaft. 1929, vol. XXVII, 183.

337. Eliade : *loc. cit.*, p. 265. C'est moi qui souligne.

noirceur, animal, serpent, etc.) avec haut (oiseau, lumière, tête, etc.) et gauche (élément féminin) avec droite (élément masculin). La réunion des contraires, qui joue dans l'alchimie un rôle si grand et même si décisif, a la même importance dans le processus psychique déclenché par la confrontation avec l'inconscient, et c'est pourquoi le choix de symboles analogues et même identiques n'a rien d'étonnant.

CHAPITRE XX

Interprétation et intégration
de l'inconscient

De bien des côtés et — je dois malheureusement le dire — précisément chez mes collègues médecins, on n'est premièrement pas parvenu à comprendre la manière dont se produisent les séries de phantasmes que je décris et deuxièmement pourquoi je me donne tant de mal pour soumettre à une étude comparée un symbolisme qui leur est apparemment étranger. Je crains qu'ici toutes sortes de préjugés non rectifiés ne barrent le chemin à la compréhension, et avant tout l'hypothèse arbitraire que les névroses comme les rêves ne se constituent qu'à partir de souvenirs et de tendances refoulés (infantiles), et ensuite que les contenus de la psyché ou bien sont purement personnels ou bien, s'ils sont impersonnels, proviennent de la conscience collective.

Les troubles psychiques aussi bien que somatiques sont des phénomènes très complexes qu'une théorie purement étiologique ne peut à elle seule expliquer. Auprès de la cause première et de l'X de la disposition individuelle, il convient de prendre également en considération l'aspect final de leur utilité biologique qui, dans le domaine psychologique, doit être formulé en tant que *sens*. Dans les troubles psychiques, la simple prise de conscience des causes probables ou effectives est loin de toujours suffire : la thérapie doit s'occuper d'une intégration de contenus, qui sont dissociés de la conscience, mais non toujours par refoulement, celui-ci n'étant souvent qu'un phénomène purement secondaire. D'ordinaire même les choses se passent ainsi : au cours du développement, en particulier à partir de la puberté, des contenus affectifs, des tendances, des impulsions et des phantasmes réclament droit de cité en face d'un conscient qui, pour

toutes sortes de raisons, ne veut ou ne peut pas les
assimiler, Celui-ci réagit alors par refoulement sous
différentes formes pour se débarrasser de ces désagréables intrus. Il est de règle dans ce cas que, plus
le conscient adopte une attitude négative, c'est-à-dire
plus il résiste, dévalorise et éprouve de l'angoisse,
plus l'expression que revêt le contenu psychique dissocié devient désagréable, agressive et effrayante.

Toute forme d'entente avec la partie dissociée de
l'âme est efficace sur le plan thérapeutique. C'est ce
même effet qu'a la découverte réelle ou simplement
probable des causes premières. Même si ce ne devait
être qu'une hypothèse imaginaire, elle exerce au
moins par suggestion une action curative, notamment
lorsque le médecin y croit lui-même et fait un effort
sérieux de compréhension. Si par contre il éprouve
des doutes sur sa théorie étiologique, ses chances de
succès sombrent aussitôt et il se voit contraint de
trouver au moins les raisons réelles capables de persuader un patient intelligent, aussi bien que lui-
même. Si le médecin est doté d'esprit critique, cette
tâche peut lui devenir un lourd fardeau et souvent il
ne parviendra pas à se débarrasser de ses doutes,
Mais alors la réussite thérapeutique est mise en question. C'est cette difficulté qui explique aisément le
fanatisme doctrinaire de l'orthodoxie freudienne.

Je voudrais expliquer ces réflexions par un exemple rencontré tout récemment : un certain M. X., que
je ne connais pas, m'écrit qu'il a lu mon livre
Réponse à Job qui l'a beaucoup intéressé et a provoqué chez lui quelque émoi. Il l'a donné à lire à son
ami Y. et, là-dessus, celui-ci a fait le rêve suivant :
« Il est de nouveau dans un camp de prisonniers et
voit un aigle imposant qui trace des cercles au-dessus
du camp pour guetter sa proie. La situation est dangereuse et angoissante et Y. réfléchit à ce que l'on
peut entreprendre pour se défendre. Il pense qu'il
pourrait monter en l'air avec un avion à réaction
pour abattre l'oiseau de proie menaçant. » X. décrit
Y. comme un intellectuel à l'attitude rationaliste qui

a été assez longtemps déporté dans un camp de concentration. X. comme Y. rapportent le rêve à l'émotion déclenchée par la lecture de mon livre faite la veille. M. Y. s'est rendu chez M. X. pour lui demander conseil au sujet du rêve. X. a eu l'impression que l'aigle par lequel Y. s'est senti guetté était en relation avec lui (X.), à quoi Y. lui a rétorqué qu'il ne le croyait pas, mais que l'aigle se rapportait plutôt à moi, l'auteur du livre.

M. X. voulait maintenant avoir mon avis là-dessus. C'est en général une affaire délicate que de vouloir expliquer des rêves sur lesquels on ne possède aucun matériel d'amplifications et, en outre, de gens que l'on ne connaît pas. Nous devons donc nous contenter de quelques questions soulevées par les matériaux existants. D'où vient, par exemple, que M. X. croit savoir que l'aigle se rapporte à lui? Il ressort de ce que j'ai cru déduire de la lettre, qu'il a communiqué à son ami Y. certaines connaissances psychologiques, qu'il se sent par suite plus ou moins dans le rôle d'un mentor et qu'il voit ainsi en quelque sorte d'en haut dans les cartes de son ami. En tout cas, il joue avec l'idée qu'Y. éprouve un sentiment pénible à se sentir épié par lui, le psychologue. X. est de cette manière dans une situation assez analogue à celle du psychothérapeute qui, grâce à sa théorie sexuelle, sait d'avance ce qui se cache derrière les névroses et les rêves et qui, du haut de l'observatoire d'un savoir supérieur, communique au patient le sentiment d'avoir été pénétré. Il s'attend à émerger dans les rêves de ses patients sous un déguisement quelconque inventé par l'autorité mystique de la «censure». De cette manière, M. X. en vient aisément à supposer qu'il est l'aigle. Mais M. Y. est d'un autre avis. Il ne paraît pas avoir conscience d'être «inspecté» ou percé à jour par X., mais il remonte avec raison à la source évidente de son rêve, à savoir, mon livre qui paraît lui avoir fait une certaine impression. C'est sans doute pour cette raison qu'il voit dans l'auteur inconnu de lui, moi par conséquent, l'aigle. On peut en déduire qu'il s'est senti touché en quelque endroit comme si quelqu'un avait lu dans son jeu, l'avait connu ou compris en un point intime — d'une manière toutefois qui ne lui est pas totalement sympathique. Il n'a pas nécessairement pris conscience de ce sentiment, sinon en effet il ne se serait guère manifesté dans le rêve.

Deux interprétations s'affrontent ici, et l'une est aussi arbitraire que l'autre. Le rêve lui-même ne fournit pas le moindre argument en faveur de l'une ou l'autre direction. On pourrait tout au plus soutenir qu'Y. ressent une certaine crainte devant la perspicacité dominante de son ami X. et qu'il l'a par suite dissimulée derrière le masque de l'aigle, pour ne pas être contraint de la reconnaître. Mais Y. a-t-il fabriqué lui-même son rêve ? Freud a pour cette raison supposé l'existence d'un censeur à qui sont imputés ces artifices de transformation. En face de telles hypothèses, mon point de vue est le suivant : ainsi que l'expérience le montre, le rêve peut, s'il en a envie, appeler hardiment par leur nom les choses les plus pénibles et les plus douloureuses, sans le moindre égard pour les sentiments du rêveur. S'il ne le fait pas, il n'existe du même coup aucune raison suffisante pour qu'il veuille signifier autre chose que ce qu'il dit. Je suis donc d'avis que notre rêve dit « aigle » et veut également signifier un aigle. Ce faisant, j'insiste sur cet aspect précis des rêves qui les fait paraître si absurdes à notre raison. Ce serait évidemment tellement plus simple et plus raisonnable, si l'aigle était simplement M. X.

L'interprétation a donc, selon moi, à faire face au problème de découvrir ce que pourrait signifier l'aigle, indépendamment de nos phantasmes personnels. Je conseille donc au rêveur d'explorer ce qu'est l'aigle en lui-même et pour lui-même et quelles significations générales lui sont attribuées. La solution du problème conduit immédiatement à l'histoire des symboles, et ici nous rencontrons la raison concrète pour laquelle je m'attache à ce domaine apparemment si éloigné du cabinet de consultations du médecin.

Une fois que le rêveur a fait l'inventaire des significations générales de l'aigle, qui ne lui étaient que partiellement inconnues et nouvelles (il en a connu un certain nombre par l'intermédiaire de la littérature et du langage), il lui reste à examiner quel est le rapport de l'événement de la veille, dans le cas présent, la lecture de mon livre, avec le symbole de l'aigle. La question est: qu'est-ce qui l'a touché au point que de cette impression a pu sortir le conte d'un aigle puissant, capable d'enlever ou de blesser un homme adulte? L'image d'un oiseau de dimensions manifestement gigantesques (c'est-à-dire mythiques) qui décrit des cercles haut dans le ciel et observe la terre de ses yeux auxquels rien n'échappe est effectivement suggestive, eu égard au contenu de mon livre, puisque celui-ci traite de la représentation de Dieu et de son destin. Dans le rêve, M. Y. est ramené dans le camp de prisonniers qui est placé sous le contrôle d'un «regard d'aigle». Ceci constitue incontestablement une situation redoutée qui rend plausible une tentative de défense énergique. Par contraste avec l'oiseau qui n'est rien de moins que mythique, le rêveur veut utiliser une invention technique hautement moderne, un avion à réaction. La machine est un des grands triomphes de la *ratio* et de l'intellect; elle est diamétralement opposée à l'animal mythique, dont la menace doit être détournée au moyen de l'intellect rationaliste. Mais quel danger guette donc dans mon livre une personnalité ainsi faite? La réponse à cette question ne présente plus guère de difficultés quand on sait que M. Y. est juif. De toute manière, une porte doit s'ouvrir ici sur un réseau de problèmes menant à un tout autre domaine que celui du ressentiment personnel. Il s'agit ici de ces principes, idées dominantes ou représentations directrices qui gouvernent notre attitude face à la vie et au monde, donc de *Weltanschauung*, et de croyances qui, l'expérience le montre, sont des phénomènes psychiques inéluctables. Ils sont même si inéluctables que là où de vieux systèmes échouent, il s'en crée aussitôt de nouveaux.

Les névroses signifient, comme toutes les maladies, une adaptation amoindrie, c'est-à-dire des situations où l'homme, pour des entraves quelconques (faiblesses ou lacunes constitutionnelles, éducation défectueuse, expériences fâcheuses, attitude subjective inappropriée, etc.), tente de se soustraire aux difficultés que la vie apporte avec elle et revient ainsi au monde antérieur de l'enfance. L'inconscient compense cette régression par des symboles qui, s'ils sont compris objectivement, c'est-à-dire au moyen de l'étude comparée, rappellent à la vie ces représentations universelles qui servent de fondement à tous les systèmes de cette sorte qui se sont développés naturellement. Ainsi peut se réaliser ce changement d'attitude qui tempère la dissociation et jette un pont entre l'homme tel qu'il est et celui qu'il devrait être.

Dans le rêve de notre exemple, il s'agit de quelque chose d'analogue : il existe vraisemblablement chez M. Y. une dissociation entre un conscient extrêmement intellectuel et rationaliste et un arrière-plan irrationnel à un degré égal, qui est refoulé avec angoisse. Cette angoisse apparaît dans le rêve et devrait être reconnue comme un état de fait réel qui fait partie de la personnalité, car il est absurde d'affirmer que l'on n'a pas d'angoisse sous prétexte que l'on est incapable de découvrir la cause de celle-ci. C'est pourtant ce que l'on fait généralement. Si l'on pouvait admettre l'angoisse, il existerait aussi la possibilité d'en découvrir et d'en comprendre la cause. Dans notre cas, cette cause est représentée de façon impressionnante par le symbole de l'aigle.

Si nous admettons que l'aigle est une image archaïque de Dieu en face de laquelle l'homme se sent dans une situation de contrainte, il importe fort peu dans la pratique que cet homme croie ou ne croie pas en Dieu. Le fait que sa psyché est ainsi disposée et engendre de tels phénomènes devrait lui suffire pleinement, car il lui est aussi impossible de se débarrasser de sa psyché que de son corps : il ne peut troquer aucun des deux contre d'autres. Il se trouve dans la prison de son donné psycho-physique et il doit compter avec cet état de fait, qu'il le veuille ou non. On peut naturellement vivre à l'encontre des exigences de son corps et ruiner sa santé, et l'on peut, comme chacun sait, faire de même avec la psyché. Quiconque veut vivre aura l'intelligence de s'abstenir de tels artifices et s'informera constamment avec soin de ce dont le corps aussi bien que l'âme ont besoin. A partir d'un certain degré de conscience et d'intelligence, il devient impossible de vivre de façon unilatérale, mais l'ensemble des instincts psychosomatiques qui, chez le primitif, fonctionnent encore naturellement, doit être pris consciemment en considération.

De même que le corps a besoin d'être nourri, non d'une nourriture quelconque, mais seulement de celle qui lui convient, ainsi la psyché a besoin du *sens* de sa vie et, là encore, non pas de n'importe quel sens, mais des images et des idées qui lui correspondent naturellement, à savoir, celles qui sont suscitées par l'inconscient. L'inconscient livre en quelque sorte la forme archétypique qui est en elle-même vide et irreprésentable. C'est à partir du conscient qu'il est aussitôt rempli et rendu perceptible au moyen d'un matériel de représentations apparenté ou analogue. C'est pour cette raison que les représentations archétypiques sont toujours conditionnées dans le lieu, dans le temps et individuellement.

Il est probable que l'intégration de l'inconscient ne s'accomplit spontanément que dans de rares cas. En général, il faut des efforts particuliers pour rendre accessible à l'entendement les contenus spontanément produits par l'inconscient. Là où il existe déjà certaines représentations générales dont l'action est efficace ou considérée comme valable, l'entendement se laisse guider par elles et l'expérience nouvelle qui s'ajoute à elles vient s'annexer, c'est-à-dire se subordonner, au système déjà existant. Un bon exemple d'un tel processus est fourni par la biographie de notre saint national, Nicolas de Flue, qui, par de longues méditations et avec l'aide de l'opuscule d'un mystique allemand, parvint peu à peu à assimiler son effrayante vision de Dieu à la Trinité. Ou bien encore le système traditionnel est compris de façon nouvelle du point de vue des expériences faites, ce qui est également possible.

Il est évident que tous les affects et les ressentiments personnels participent à la formation du rêve et peuvent par conséquent être lus à partir du rêve, ce dont la thérapie doit se contenter la plupart du temps, notamment au début, car le patient tient pour raisonnable que les rêves tirent leur origine de sa psyché personnelle. Il aurait peine à comprendre, si on attirait tout de suite son attention sur l'aspect collectif de ses images oniriques. Freud lui-même a, cela est bien connu, tenté de réduire le mythologème à la psychologie personnelle, contredisant ainsi sa propre constatation que les rêves contiennent des archaïsmes. Pourtant ces derniers ne sont pas des acquisitions personnelles, mais, à tout le moins, des résidus d'une psyché collective antérieure. Mais il est également, pour confirmer la réversibilité des lois psychologiques, un nombre non négligeable de patients qui, non seulement comprennent aisément la portée générale de leurs symboles oniriques, mais ressentent en outre l'efficacité thérapeutique de cet aspect. Les grands systèmes de guérison psychique, les religions[338], consistent bien également en des thèmes mythiques universellement répandus qui, de par leur origine et leur contenu, sont de nature collective et non personnelle. C'est donc à bon droit que Lévy-Bruhl les a désignées du nom de « représentations collectives ». Certes, la psyché consciente est de nature personnelle, mais elle est loin de constituer le

338. [*Heil* possède en allemand le double sens de « guérison » et de « salut ». Cf. latin : — *N. d. T.*]

tout. Le fondement psychique de la conscience, la psyché proprement dite, est inconscient, et sa structure est, comme celle du corps, universelle, tandis que les caractères individuels ne représentent que des variantes sans importance. C'est pour cela qu'il est difficile ou presque impossible à l'œil inexpérimenté de distinguer les traits individuels dans une foule de race noire ou jaune.

Lorsque dans un rêve apparaissent des symboles comme celui de l'aigle qui n'ont en eux-mêmes rien qui signifie une personne déterminée, il n'existe aucun motif de supposer qu'il y en ait une de dissimulée. Il est beaucoup plus vraisemblable, au contraire, que le rêve veut signifier ce qu'il dit. Par conséquent, lorsqu'il paraît dissimuler, c'est-à-dire lorsqu'une certaine personne semble être indiquée, il existe alors manifestement une tendance à *ne pas* mettre celle-ci en évidence, car elle signifie pour le rêve une fausse route ou une erreur. Lorsque, par exemple, comme le cas s'en présente assez souvent dans les rêves féminins, le médecin est représenté comme coiffeur (parce qu'il « vous lave la tête »), le médecin n'est pas ainsi dissimulé, mais déprécié. C'est que la patiente a tendance à accorder du crédit à toute autorité, parce qu'elle ne veut pas ou ne peut pas se servir de sa propre tête. Le médecin ne doit pas avoir plus d'importance que le coiffeur qui lui remet en état la tête dont elle se servira. Aussi, lorsqu'on ne réduit pas les symboles oniriques à des situations, des choses ou des personnes que le médecin croit connaître par avance, mais qu'on les conçoit comme des symboles réels qui indiquent quelque chose de demeuré jusque-là inconnu, le caractère tout entier de la thérapie analytique se transforme : l'inconscient n'est plus réduit à ce qui est connu et conscient, réduction qui est bien impropre à faire cesser ce qui est précisément la dissociation entre la conscience et l'inconscient, mais il est reconnu comme effectivement inconscient ; le symbole alors n'est pas réduit, mais amplifié par le contexte fourni

par le rêveur et par la comparaison avec des mythologèmes analogues, si bien que l'on peut reconnaître ce à
quoi l'inconscient tendait par là. De cette manière, il
peut être intégré et la dissociation peut être surmontée,
La réduction, par contre, éloigne de l'inconscient et ne
fait que renforcer l'unilatéralité de la conscience. C'est
ainsi que l'école freudienne la plus orthodoxe n'a pas
repris et prolongé les jalons posés par son maître en
vue d'une exploration plus approfondie de l'inconscient,
mais s'est confinée dans la réduction.

Comme je l'ai dit plus haut, la confrontation avec
l'inconscient commence la plupart du temps dans le
domaine de l'inconscient personnel, c'est-à-dire des
contenus acquis personnellement qui constituent l'ombre
(morale), et se poursuit à travers les symboles archétypiques représentant l'inconscient collectif. La confrontation a pour but de faire cesser la dissociation. Pour
atteindre ce but thérapeutique, la nature elle-même, à
moins que ce ne soit l'aide et l'art du médecin, provoquent le choc et le conflit des opposés, sans lesquels
une unification est impossible. Cela ne signifie pas seulement une prise de conscience de l'opposition, mais
aussi une expérience d'une nature particulière, à savoir
la reconnaissance d'un autre, d'un étranger en moi,
c'est-à-dire d'un être à la volonté différente, objectivement présent, entité dont les alchimistes ont désigné avec une étonnante justesse la nature difficilement
compréhensible du nom de Mercure, incluant dans
leur concept l'ensemble des manifestations mythologiques aussi bien que scientifiques formulées à son
sujet: il est dieu, génie, personne, chose et ce qui se
cache au plus intime de l'homme, psychiquement
aussi bien que somatiquement. Il est lui-même la
source de tous les opposés, il est *duplex et utriusque
capax*[339]. Ce facteur fugitif[340] représente dans chacun

339. «Double et capable de l'un et de l'autre.»
340. [All. évasive. Le Mercure est le volatil qu'il faut fixer en pierre
et dont la nature fugitive fait le désespoir des alchimistes. Michel Maier
le symbolise par «Atalante qui fuit» (*Atalanta fugiens*). — *N. d. T.*]

de ses traits l'inconscient, à la confrontation duquel conduit une conception correcte des symboles. Se confronter, s'expliquer avec l'inconscient est, d'une part, un processus irrationnel d'expériences vécues, et d'autre part un phénomène de connaissance ; par suite, l'alchimie se compose de deux parties essentielles : d'un côté l'*opus* en laboratoire avec tous ses incidents de nature émotionnelle et démoniaque, de l'autre, la *scientia* ou *theoria* qui d'une part dispose et dirige l'œuvre, d'autre part en interprète et en incorpore les résultats. L'ensemble de ce processus, où nous voyons aujourd'hui un développement psychologique, fut désigné du nom d'« arbre philosophique », comparaison « poétique » qui institue une analogie non dépourvue de justesse entre le phénomène naturel de la croissance de la psyché et celui qui concerne les plantes. Il m'a paru indiqué pour cette raison de présenter en détail les phénomènes psychiques qui sont à la base de l'alchimie comme de la psychologie moderne de l'inconscient. Ce faisant, j'ai conscience, et j'espère l'avoir rendu évident à mon lecteur, qu'une compréhension purement intellectuelle ne saurait ici suffire. Nous nous contentons en effet ainsi d'acquérir certains concepts verbaux, mais nous passons à côté de leur contenu véritable, qui consiste en l'expérience vivante et impressionnante du processus faite sur nous-mêmes. On fera bien de ne s'abandonner à aucune illusion à ce sujet : aucune compréhension de mots, aucun artifice de la sensibilité ne peuvent remplacer l'expérience véritable. L'alchimie a perdu sa substance vitale propre au moment où une partie des alchimistes a émigré du « laboratoire » dans l'« oratoire » et une autre, du second dans le premier, les uns pour s'égarer dans un mysticisme de plus en plus vague, les autres pour découvrir la chimie, Nous plaignons les uns et admirons les autres, et personne ne s'inquiète du destin de l'âme qui, à cette occasion, a disparu et sombré pour des siècles.

LIVRE VII

Réflexions théoriques
sur la nature du psychisme[1]

1. Publié pour la première fois dans *Eranos-Jahrbuch* (Annales d'Eranos) de 1946, sous le titre: «Der Geist der Psychologie» (L'Esprit de la
psychologie). Ce titre se justifiait par le thème de la session de l'année.

Considérations historiques
sur la question de l'inconscient

Il n'est guère de domaine scientifique qui démontre mieux que la psychologie la transformation de l'esprit, de l'antiquité à l'époque présente. Son histoire[2], jusqu'au XVIIe siècle, consiste essentiellement en la nomenclature des doctrines concernant l'âme, sans que celle-ci ait réussi à se faire accepter comme objet de la recherche. Chaque penseur la tenait, en tant que donnée immédiate, pour quelque chose de connu, au point d'être convaincu qu'il n'était plus besoin d'une expérience supplémentaire ou même objective. Cette attitude est extraordinairement déconcertante pour le point de vue moderne, car nous sommes aujourd'hui d'avis qu'au-delà de toute certitude subjective, l'expérience objective est encore nécessaire pour fonder une opinion qui prétende au caractère scientifique. Malgré cela, il est encore difficile, même aujourd'hui, d'observer jusqu'au bout en psychologie le point de vue purement empirique, c'est-à-dire phénoménologique, car la vue primitive et naïve suivant laquelle l'âme serait, en tant que donnée immédiate, ce qu'il y a de plus connu, est encore très profondément enracinée dans notre conviction. Non seulement tout profane se permet, à l'occasion, de formuler un jugement, mais c'est aussi le cas de tout psychologue, et cela à propos non seulement du sujet, mais, ce qui est d'une plus grande portée, à propos également de l'objet. On sait, ou plutôt on croit savoir, ce qui se passe chez l'autre et ce qui lui convient. Cela tient moins à une méconnaissance souveraine de la dimension des différences qu'au postulat tacite de la similitude. Ce postulat fait

2. H. Siebeck: *Geschichte der Psychologie*, 1880.

que l'on incline inconsciemment à croire en la valeur générale d'opinions subjectives. Je mentionne cette circonstance simplement pour montrer qu'en dépit d'un empirisme qui est allé en s'accentuant pendant trois siècles, l'attitude première n'a nullement disparu. Sa permanence montre seulement avec quelle difficulté s'organise le passage de la conception philosophique ancienne à la vision empirique moderne.

Les tenants du point de vue antérieur n'ont naturellement jamais songé que leurs doctrines n'étaient rien d'autre que des phénomènes psychiques, puisqu'une hypothèse naïve voulait que, grâce à son entendement, c'est-à-dire à sa raison, l'homme fût en quelque sorte capable de se glisser hors de son état psychique conditionné et de se transporter dans un état suprapsychique, rationnel. On n'ose encore prendre au sérieux le doute qui porte à se demander si les assertions de l'esprit ne seraient pas finalement des symptômes de certaines conditions psychiques[3]. Cette question devrait être claire comme le jour, mais elle comporte des conséquences si immenses et si révolutionnaires que l'on conçoit trop bien que non seulement les siècles anciens, mais aussi le nouveau, évitent de s'y arrêter. Nous sommes encore aujourd'hui bien éloignés de considérer avec Nietzsche la philosophie ou même la théologie comme « ancilla psychologiae[4] », car le psychologue lui-même n'est pas disposé à admettre facilement qu'une partie au moins de ses formulations soit une profession de foi déterminée par des conditions subjectives. On ne peut parler d'une similitude des sujets que dans la mesure où ils sont hautement inconscients, c'est-à-dire inconscients de leur différenciation effective. Plus en effet un homme est inconscient, plus il se conformera au canon général du déroulement psychique. Mais

3. Cette constatation ne s'applique en fait qu'à l'ancienne psychologie. A une époque récente le point de vue s'est considérablement modifié.

4. [Transposition de la formule médiévale qui voyait dans la philosophie « la servante de la théologie ». — *N. d. T.*]

plus il est conscient de son individualité, plus sa différenciation par rapport aux autres sujets passe au
premier plan, et moins il correspondra à l'attente
générale. En outre, il sera bien moins possible de
prévoir ses réactions. Ceci tient à ce qu'une conscience individuelle est toujours plus hautement différenciée et plus vaste. Mais plus elle s'élargit, et plus
elle reconnaîtra de différences, et plus elle s'émanci-
pera aussi de la régularité collective, car la liberté
empirique de la volonté croît à proportion de l'élargissement de la conscience.

Dans la mesure, donc, où la différenciation individuelle de la conscience s'accroît, la validité objective
diminue et la subjectivité des conceptions d'une telle
conscience augmente, sinon nécessairement de facto,
du moins aux yeux de l'entourage. Car, pour qu'une
opinion soit valable, elle doit, pour la plupart des
gens, avoir l'approbation d'une foule aussi grande
que possible, sans souci des arguments qu'elle
apporte en sa faveur. Ce qui est vrai et valable est
ce que croit le grand nombre, car cela confirme la
similitude de tous. Toutefois, pour une conscience
différenciée, il ne va plus du tout de soi que la présupposition que l'on nourrit personnellement
convienne également aux autres et *vice versa*. Cette
évolution logique eut pour effet qu'au cours du
XVIIe siècle, époque si importante pour le développement de la science, la psychologie commença à prendre place auprès de la philosophie, et ce fut Christian
August Wolf (1679-1754) qui, le premier, parla de
psychologie «empirique» ou «expérimentale[5]» et
reconnut pour ainsi dire la nécessité d'asseoir la psychologie sur une base nouvelle. Il fallait l'arracher à
la définition rationnelle de la vérité qui était celle de
la philosophie, car, peu à peu, il devenait clair
qu'aucune philosophie ne possédait une validité universelle permettant de rendre équitablement justice à
la diversité des individus. Comme en outre les ques-

5. *Psychologia empirica*, 1732.

tions de principe pouvaient donner lieu à un nombre indéfiniment grand d'expressions subjectives diverses dont la validité ne pouvait, à son tour, être contestée que subjectivement, la nécessité se fit jour, d'une façon toute naturelle, de renoncer aux arguments philosophiques et de mettre à leur place l'expérience. Et ainsi, la psychologie devint une science naturelle.

D'abord, il est vrai, la philosophie garda pour elle le vaste domaine de ce que l'on appelle la psychologie rationnelle et spéculative et celui de la théologie, et ce n'est qu'au cours des siècles suivants que la psychologie put se développer progressivement pour devenir une science naturelle. Ce processus de transformation n'est pas encore achevé aujourd'hui. Dans beaucoup d'universités, la psychologie, en tant que matière d'enseignement, est encore attribuée à la faculté des Lettres et se trouve en général entre les mains de philosophes spécialisés, et il y a encore une psychologie « médicale » qui cherche un refuge à la faculté de Médecine. Officiellement, la situation est donc encore, pour une bonne part, moyenâgeuse, puisque même les sciences naturelles, sous la désignation de « Phil. II », sont pour ainsi dire admises sous le manteau de la « philosophie naturelle[6] ». Bien qu'il soit clair, depuis au moins deux siècles, que la philosophie dépend en tout premier lieu de présupposés psychologiques, on a cependant fait tout ce qui était possible pour au moins voiler l'autonomie des sciences expérimentales, après qu'il fut devenu impossible d'étouffer la découverte de la rotation de la terre autour du soleil et celle des satellites de Jupiter. De toutes les sciences expérimentales, c'est la psychologie qui a le moins réussi jusqu'à présent à conquérir son indépendance.

Cette arriération me semble significative. La situation de la psychologie peut se comparer à celle d'une

---

6. Ceci décrit la situation telle qu'elle existe en Suisse. Dans les pays anglo-saxons toutefois il existe le grade de *Doctor scientiae*, et la psychologie y jouit également d'une indépendance plus grande.

fonction psychique qui est entravée du fait de la conscience. On sait que seules se voient reconnaître le droit à l'existence les parties de ces fonctions qui sont en accord avec la tendance régnante dans la conscience. A ce qui ne s'y accorde pas on dénie l'existence, même en dépit du fait que de nombreux phénomènes, de nombreux symptômes sont là qui démontrent le contraire. Tous ceux qui connaissent de tels phénomènes psychiques savent au prix de quelles échappatoires et de quelles manœuvres destinées à se duper soi-même on parvient à opérer la séparation de ce qui ne convient pas à la conscience. C'est exactement ce qu'il advient de la psychologie empirique : en tant que discipline d'une psychologie philosophique générale, la psychologie expérimentale est admise comme une concession à l'empirisme scientifique moyennant une abondante pénétration du vocabulaire philosophique spécialisé. La psychopathologie reste, quant à elle, à la faculté de Médecine en tant qu'appendice insolite de la psychiatrie. En outre, la psychologie « médicale » n'est pas du tout ou n'est guère prise en considération dans les universités[7].

Je m'exprime intentionnellement avec une certaine exagération pour tenter de mettre en relief la situation de la psychologie à la fin du XIXe et au début du XXe siècle. La situation d'alors est caractérisée d'une façon particulièrement représentative par le point de vue de Wundt, étant donné notamment que de son école est sortie toute une série de psychologues renommés qui ont donné le ton au début du XXe siècle. Dans son *Précis de psychologie* (5e éd. 1902) Wundt déclare : « Un élément psychique quelconque qui a disparu de la conscience est désigné par nous comme étant devenu inconscient, en tant que nous présumons par là la possibilité de son renouvellement, c'est-à-dire de son retour dans le contexte actuel des phénomènes psychiques. Notre

7. Cette situation s'est récemment améliorée dans une certaine mesure.

connaissance des éléments devenus inconscients ne porte sur rien de plus que sur cette possibilité de renouvellement. Ces éléments forment donc... purement et simplement des aptitudes ou des dispositions à l'apparition de composantes futures de l'événement psychique... Des hypothèses sur l'état de l'inconscient ou sur des "phénomènes inconscients" quelconques... sont donc totalement stériles pour la psychologie[8]. Mais il existe sans doute des phénomènes physiques concomitants de ces dispositions psychiques qui peuvent être en partie démontrés directement et en partie déduits de nombreuses expériences. »

Un représentant de l'école de Wundt est d'avis « qu'un état psychique ne saurait être dit psychique s'il n'a pas atteint au moins le seuil de la conscience ». Cet argument présuppose, ou plutôt décide, que seul le conscient est psychique et, par suite, que tout psychisme est conscient. Il est arrivé à l'auteur de dire : un état « psychique » ; logiquement il aurait dû dire « un état » : ne conteste-t-il pas qu'un tel état soit psychique ? Une autre argumentation est la suivante : le plus simple des faits psychiques est la sensation. On ne peut le décomposer en faits plus simples. Aussi ce qui précède une sensation ou lui sert de base n'est jamais psychique, mais physiologique ; ergo : l'inconscient n'existe pas.

Herbart dit quelque part : « Lorsqu'une représentation tombe au-dessous du seuil de la conscience, elle continue d'exister de façon latente, dans un effort constant pour revenir au-dessus du seuil et refouler les autres représentations. » Sous cette forme, cette phrase est indubitablement inexacte, car ce qui est purement oublié ne manifeste malheureusement aucune tendance à revenir, Mais si, au lieu de « représentations », Herbart avait dit « complexes », au sens moderne, sa phrase aurait été prodigieusement juste. Nous ne commettrons sans doute guère d'erreur en pensant qu'il a aussi voulu signifier quelque chose

8. Souligné par moi.

de ce genre. A propos de cette phrase, un philosophe, adversaire de l'inconscient, fait cette observation lumineuse : « Une fois que l'on a admis cela, on est livré à toutes les hypothèses possibles concernant cette vie inconsciente, hypothèses qui ne peuvent être contrôlées par aucune observation[9]. » On voit que, chez cet auteur, l'important n'est pas de reconnaître un fait, mais que ce qui est décisif chez lui est la peur de tomber dans toutes sortes de difficultés. Et comment sait-il que cette hypothèse ne peut être contrôlée par aucune observation ? C'est purement et simplement pour lui une certitude *a priori*. Mais il ne s'appesantit pas le moins du monde sur la remarque de Herbart.

Si je signale cet incident, ce n'est en aucune manière parce qu'il aurait une importance pratique quelconque, mais uniquement parce qu'il caractérise l'attitude philosophique surannée en face de la psychologie expérimentale. Wundt lui-même est d'avis que, lorsque l'on parle de « phénomènes inconscients », « il s'agit, non d'éléments psychiques inconscients, mais dans tous les cas uniquement de facteurs "obscurément conscients" » et qu'« à ces phénomènes inconscients hypothétiques peuvent être substitués des phénomènes conscients effectivement démontrables ou, en tout cas, moins hypothétiques[10] », Cette attitude signifie un clair refus de l'inconscient en tant qu'hypothèse psychologique. Les cas de « double conscience[11] » sont expliqués par lui comme provenant de « modifications de la conscience individuelle qui, assez fréquemment, voire continuellement, se produisent en des transitions constantes, et auxquelles on substitue ici une pluralité d'individualités conscientes, moyennant une interprétation forcée et contraire aux faits ». « Ces individualités — c'est

9. Guido Villa : *Einleitung in die Psychologie der Gegenwart*, 1902, p. 339.

10. *Grundzüge der physiologischen Psychologie*, 5ᵉ éd., 1903, vol. III, p. 327.

11. [En français dans le texte. — *N. d. T.*]

ainsi que Wundt argumente — devraient cependant...
pouvoir apparaître simultanément chez un seul et
même individu. » « Or, dit-il, il faut convenir que ce
n'est pas le cas. » Il n'est sans doute guère possible
que deux consciences puissent s'exprimer simultanément dans *un seul* individu, d'une façon grossièrement discernable. C'est pourquoi ces états sont
généralement alternés. Janet a toutefois démontré
que, tandis qu'une conscience était, pour ainsi dire,
maîtresse de la tête, l'autre conscience se mettait
simultanément en relation avec l'observateur au
moyen d'un code s'exprimant par des mouvements
des doigts[12]. Il peut donc fort bien y avoir simulta-
néité des deux consciences.

Wundt est d'avis que l'idée d'une double conscience, donc d'une « conscience supérieure » et d'une
« conscience inférieure » au sens de Fechner[13], est
encore une « survivance du mysticisme psychologique » de l'école de Schelling. De toute évidence, il
se heurte au fait qu'une représentation inconsciente
est une représentation que personne n'« a » (Fechner,
Psychophysique, p. 439 de l'édition allemande). Dans
ce cas le terme de « représentation » devient naturellement, lui aussi, désuet, étant donné qu'il suggère
déjà en lui-même un sujet à qui quelque chose est
représenté[14]. C'est sans doute la raison principale
pour laquelle Wundt refuse l'inconscient. Pourtant il
serait facile d'échapper à cette difficulté en évitant
les termes de « représentations » et de « sensations »,
pour employer celui de « contenus », comme je le fais
habituellement. Mais je dois anticiper ici sur ce que

12. *Automatisme psychologique*, 1913, pp. 328 et *sq.*, 243.

13. *Elemente der Psychophysik*, 2ᵉ éd. 1889, vol. II, p. 483. FECHNER
déclare que « l'idée de seuil psychophysique... donne un fondement solide
à l'idée d'inconscient en général. La psychologie ne peut faire abstraction
de sensations et de représentations inconscientes, ou même des effets de
sensations et de représentations inconscientes ».

14. [La remarque est particulièrement frappante en allemand où *vor-
stellen* signifie aussi et d'abord : « présenter », et *Vorstellung* : « présentation ». — *N. d. T.*]

je traiterai en détail plus loin, à savoir le fait qu'il s'attache aux contenus inconscients un certain caractère tendant à les rendre représentés et conscients, et c'est pourquoi la possibilité d'un sujet inconscient demande à être sérieusement prise en considération. Ce dernier n'est toutefois pas identique au moi. Que Wundt ait surtout été envoûté par les « représentations », cela se voit encore à la manière emphatique dont il repousse l'idée des « représentations innées ». Sa façon de s'exprimer montre à quel point il prend cette idée à la lettre : « Si l'animal nouveau-né avait vraiment à l'avance une représentation de toutes les actions qu'il entreprend, quelle richesse d'expériences vitales anticipées il y aurait dans les instincts animaux et humains, et combien il semblerait incompréhensible que non seulement l'homme, mais les animaux eux aussi, ne s'approprient la plupart de leurs acquisitions que par l'expérience et l'exercice[15] ! » Cependant il y a quand même un *pattern of behaviour* inné et un trésor égal d'expérience vitale non anticipée, mais accumulée ; seulement il ne s'agit pas de « représentations », mais de dessins, de plans ou d'images qui, même s'ils ne sont pas présentés au moi, sont aussi réels que les 100 thalers de Kant cousus dans la doublure de la veste et que le propriétaire a oubliés : Wundt aurait pu se rappeler ici Chr. A. Wolf, qu'il cite lui-même, et sa distinction d'états inconscients « qu'on ne peut déduire que de ce que nous trouvons dans notre conscience[16] ».

Il faut ranger aussi parmi les « représentations innées » les « idées élémentaires » d'Adolf Bastian[17], par lesquelles il faut entendre les formes fondamentales de l'imagerie mentale qui se trouvent partout

15. *Grundzüge der physiol. Psychol.*, *loc. cit.*, p, 328.

16. *Eod. loc.*, p. 326. La citation est ici empruntée à Ch. A. WOLF : *Vernünftige Gedanken von Gott, der Welt und der Seele des Menschen*, § 193.

17. *Ethnische Elementargedanken in der Lehre vom Menschen*, 1895, et *Der Mensch in der Geschichte*, 1860, I, pp. 166 et sv., 213 et *sq.*, II, 24 et *sq.*

d'une façon analogue, donc à peu près ce que nous appelons aujourd'hui «archétypes». Naturellement, Wundt rejette cette vue, toujours mû par la suggestion qu'il s'agit de «représentations» et non de «dispositions». Il dit que l'«origine d'un seul et même phénomène en différents endroits n'est pas, certes, absolument impossible, mais qu'elle est, selon le point de vue psychologique empirique, invraisemblable au plus haut degré[18]». Il nie qu'il puisse exister un «patrimoine psychique commun à l'humanité» dans ce sens et rejette également l'idée d'un symbolisme des mythes susceptible d'interprétation, en mettant en avant l'argument caractéristique que l'hypothèse selon laquelle il se dissimulerait derrière le mythe un «système de concepts» est insoutenable[19]. L'hypothèse scolaire que l'inconscient puisse être précisément un «système de concepts» n'existait absolument pas à l'époque de Wundt, encore moins avant ou après.

Il ne serait pas exact de penser que le refus de l'idée d'inconscient ait été généralisé dans la psychologie officielle au tournant du siècle. Ce n'est nullement le cas, car non seulement Th. Fechner[20], mais aussi, après lui, Theodor Lipps, ont même attribué à l'inconscient une importance décisive[21]. Bien que, pour ce dernier auteur, la psychologie soit une «science de la conscience», il parle de sensations et de représentations «inconscientes», qu'il considère

18. *Völkerpsychologie*, 2ᵉ éd., vol. V, 2ᵉ partie, p. 459.

19. *Eod. loc.*, vol. IV, 1ʳᵉ partie, p. 41.

20. FECHNER: dit: «Sans doute, des sensations, des représentations ont cessé, dans l'état d'inconscience, d'exister en tant que réelles... mais quelque chose continue en nous: l'activité psychophysique, etc.» (*Elemente der Psychophysik*, 2ᵉ éd. 1889, 2ᵉ part. pp. 438 et *sq.*) Cette conclusion est un peu imprudente en ce que le phénomène psychique demeure plus ou moins le même, qu'il soit inconscient ou non. Une «représentation» ne consiste pas seulement en sa capacité d'être représentée, mais aussi et essentiellement en son existentialité psychique.

21. Cf. *Der Begriff des Unbewussten in der Psychologie*. IIIᵉ Congrès international de Psych., 1896, pp. 146 et *sq.* et *Grundtatsachen des Seelenlebens*, pp. 125 et *sq.*

pourtant comme des « phénomènes ». « Un "phénomène psychique" est, dit-il, de par sa nature, ou plus
exactement de par son concept, non un contenu ou
une expérience de la conscience, mais il est la réalité
psychique nécessairement impliquée qui est à la base
de l'existence de ces derniers[22]. » « La considération
de la vie de la conscience conduit à la conviction
que non seulement des sensations et des représentations inconscientes... se trouvent occasionnellement
en nous, mais que la continuité vitale psychique,
dans ce qu'elle a d'essentiel, *se déroule à chaque
instant dans celles-ci, et que ce n'est qu'occasionnellement, en des points précis, que ce qui agit en nous
manifeste immédiatement son existence en des images
appropriées*[23]. » « Ainsi la vie psychique dépasse chaque fois de beaucoup la mesure de ce qui, sous la
forme de contenus conscients ou d'images, est présent en nous ou peut l'être. »

Les remarques de Th. Lipps ne sont nullement en
contradiction avec les conceptions d'aujourd'hui ; au
contraire, elles représentent le fondement théorique
de la théorie de l'inconscient en général. Malgré
tout, la résistance à l'hypothèse de l'inconscient per-
sista encore longtemps. Il est par exemple caractéristique que Max Dessoir dans son *Histoire de la
psychologie allemande moderne* (2e éd. 1902) ne
mentionne même pas C. G. Carus et Ed. von Hartmann.

22. *Leitfaden der Psychologie*, 2e éd., 1906, p. 64.
23. *Loc. cit.*, pp. 65 et *sq.* C'est moi qui souligne.

CHAPITRE II

La signification
de l'inconscient
pour la psychologie

L'hypothèse de l'inconscient signifie un grand point d'interrogation placé après la notion de psyché. L'âme posée jusqu'alors par l'intellect philosophique et munie de toutes les facultés nécessaires menaçait de se révéler[24] dotée de propriétés inattendues et non encore explorées. Elle ne représentait plus la réalité immédiatement consciente et connue, au sujet de laquelle il ne restait à découvrir que des définitions plus ou moins satisfaisantes. Désormais elle apparaissait bien plutôt sous une étrange forme double, comme quelque chose de parfaitement connu et en même temps d'inconnu. La vieille psychologie se trouvait ainsi désarçonnée, et aussi révolutionnée[25] que la physique classique par la découverte de la

24. [« *Entpuppen* » signifie proprement « sortir du cocon » en parlant de l'insecte parfait. — *N. d. T.*]

25. Je reproduis ici les lignes que William JAMES consacre à la découverte de l'âme inconsciente (*The Varieties of Religious Experience*, 1902, p. 233) : « Je ne puis m'empêcher de penser que le pas en avant le plus important fait en psychologie depuis l'époque où j'étais étudiant en cette science est la découverte, réalisée en 1886, du fait qu'... il n'y a pas seulement la conscience du champ ordinaire, avec son centre et sa marge habituels, mais quelque chose qui s'y ajoute sous forme d'une série de souvenirs, de pensées et de sentiments qui sont entièrement extramarginaux et extérieurs à la conscience primaire, mais doivent être classés comme faits conscients d'une certaine sorte, capables de révéler leur présence à des signes indiscutables. J'appelle cela le pas en avant le plus important, parce que, à la différence des autres progrès faits par la psychologie, cette découverte nous a révélé une particularité entièrement insoupçonnée de la constitution de la nature humaine. Aucun autre pas en avant réalisé par la psychologie ne peut, comme celui-ci, élever une telle prétention. » La découverte de 1886 à laquelle se réfère JAMES est la création de l'idée d'une « *subliminal consciousness* » par Frederic H.W. Myers. Voir plus loin.

radioactivité. Il est arrivé à ces premiers psychologues expérimentaux dont nous venons de parler quelque chose d'analogue à ce qui est advenu à l'inventeur mythique de la série des nombres : il plaçait un petit pois auprès d'un autre petit pois et ne faisait qu'ajouter chaque fois une unité supplémentaire à celles qui existaient déjà. Lorsqu'il considérait le résultat, il n'existait selon toute apparence rien d'autre que cent unités identiques ; mais les nombres, qu'il avait seulement pensés comme des noms, apparaissaient d'une manière imprévue et inattendue comme des entités particulières dotées de propriétés inaliénables. Il y avait là, par exemple, des nombres pairs et impairs, des nombres premiers, des nombres positifs, négatifs, irrationnels, imaginaires[26], etc. Il en est de même pour la psychologie : si l'âme n'est réellement qu'un concept, ce concept, à lui seul, possède déjà une indétermination déroutante : c'est un être doté de propriétés que personne ne lui aurait supposées. On peut pendant longtemps édicter que l'âme est identique à la conscience et à ses contenus ; cela n'empêche nullement, mais favorise même, la découverte d'un arrière-plan dont on n'avait pas idée auparavant, d'une véritable matrice de tous les phénomènes conscients, d'une réalité antérieure et postérieure, supérieure et inférieure à la conscience. Au moment où l'on se fait l'idée d'une chose, on est parvenu à saisir l'un de ses aspects, et l'on succombe régulièrement à l'illusion d'avoir capté l'ensemble. Ce faisant, on ne se rend nullement compte, d'ordinaire, qu'une saisie totale est complètement impossible. Même un concept que l'on pose comme total ne l'est aucunement, car il est encore cette entité particulière dotée d'un nombre immense de propriétés. Cette illusion que l'on se fait à soi-même procure, il est vrai, la tranquillité et la paix de l'âme : l'inconnu

---

26. Un mathématicien dit un jour que dans la science tout est l'œuvre des hommes, mais que les nombres sont l'œuvre de Dieu lui-même.

est dénommé, ce qui est loin a été rendu proche, si bien qu'on peut le toucher de la main. On en a pris possession et il est devenu une propriété inaliénable, comme un gibier abattu qui ne s'enfuira plus. C'est un procédé magique que le primitif utilise à l'égard des objets et le psychologue à l'égard de l'âme. On n'est plus livré à l'inconnu, parce qu'on ne se doute pas que c'est précisément lorsqu'on saisit conceptuellement un objet que celui-ci acquiert la meilleure occasion de développer toutes ses propriétés, qui ne se seraient jamais manifestées si on ne l'avait pas cerné dans un concept.

Les tentatives faites au cours des trois derniers siècles pour saisir ce que c'est que l'âme font partie de l'extension prodigieuse de la connaissance de la nature, qui a rapproché de nous le cosmos dans une mesure presque inconcevable. Les grossissements de plusieurs milliers de fois obtenus par le microscope électronique rivalisent avec les distances de 500 millions d'années-lumière que pénètre le télescope. La psychologie est toutefois bien loin de connaître un développement analogue à celui des autres sciences naturelles; en outre, elle s'est jusqu'à présent bien moins libérée de l'emprise de la philosophie, ainsi que nous l'avons vu. Toute science cependant est fonction de l'âme et toute connaissance prend racine dans cette dernière. Elle est la plus grande de toutes les merveilles cosmiques et une condition *sine qua non* du monde en tant qu'objet. Il est au plus haut point étrange que l'humanité occidentale, quelques exceptions rarissimes mises à part, attache si peu d'importance à ce fait. Telle était la fascination des objets extérieurs de connaissance que le sujet de toute connaissance passa, par moments, à l'arrière-plan jusqu'au point de sembler ne plus exister.

L'âme était une présupposition tacitement établie qui semblait être connue d'elle-même dans toutes ses parties. La découverte de la possibilité d'un domaine psychique inconscient ouvrit l'occasion d'une grande aventure de l'esprit, et on aurait pu s'attendre qu'une telle possibilité suscitât un intérêt passionné. On sait que, non seulement cela n'a pas été le cas, mais qu'au contraire une résistance générale s'est dressée contre cette hypothèse. Personne n'a tiré la conclusion que, si le sujet de la connaissance, l'âme, possède aussi une forme d'existence obscure, non immédiatement accessible à la conscience, notre connaissance tout entière doit être incomplète à un degré indéterminé. La validité de la connaissance consciente a été mise en cause dans une proportion tout autre et autrement menaçante qu'elle ne l'avait été par les réflexions critiques de la théorie de la connaissance. Cette dernière posait, certes, à la connaissance humaine, certaines limites dont la philosophie idéaliste allemande postérieure à Kant chercha à s'émanciper ; mais la science de la nature et le sens commun s'en accommodaient sans difficultés, à supposer qu'ils s'en rendissent compte. La philosophie s'y opposa, au bénéfice d'une prétention surannée de l'esprit humain « à pouvoir s'élever plus haut que sa tête » et à connaître des choses qui se trouvent décidément situées au-delà de la portée de l'intelligence humaine. La victoire de Hegel sur Kant signifia pour la raison et pour le développement spirituel ultérieur, et, d'abord, pour celui de l'homme allemand, une très lourde menace, d'autant plus dangereuse que Hegel était un psychologue camouflé et projetait de grandes vérités hors du domaine du sujet dans un cosmos qu'il s'était créé lui-même. Nous savons l'étendue de l'influence exercée aujourd'hui par Hegel. Les forces destinées à compenser ce funeste développement se personnifient en partie dans le Schelling des œuvres tardives, en partie dans Schopenhauer et Carus, tandis que, chez Nietzsche, le « dieu bacchant » effréné que Hegel flairait déjà dans la nature achevait de faire irruption.

L'hypothèse de l'inconscient émise par Carus devait frapper d'autant plus durement l'orientation dominante de la philosophie allemande que celle-ci venait de surmonter en apparence la critique kan-

tienne et que la souveraineté quasi divine de l'esprit
humain — de l'Esprit tout court — venait d'être, par
elle, non pas restaurée, mais instaurée. L'esprit de
l'homme médiéval était encore, dans le bien comme
dans le mal, l'Esprit du Dieu qu'il servait. La critique de la connaissance était d'une part encore
l'expression de l'humilité de l'homme médiéval, et
déjà, d'autre part, un renoncement ou un refus de
l'Esprit de Dieu, donc un élargissement et un renforcement modernes de la conscience humaine à l'intérieur des limites de la raison. Chaque fois que
l'Esprit de Dieu se retire de l'équation humaine, une
formation de remplacement inconsciente y fait son
entrée. Chez Schopenhauer, nous trouvons la volonté
inconsciente comme nouvelle définition de Dieu, chez
Carus, l'inconscient, et chez Hegel, l'identification et
l'inflation, l'unification pratique de l'intellect philosophique avec l'Esprit absolu, ce qui rendit possible,
semble-t-il, cette délimitation de l'objet qui a produit
ses plus belles fleurs dans sa philosophie de l'Etat.
Hegel représente une solution du problème posé par
la critique de la connaissance, solution qui donnait
aux concepts une chance de démontrer leur autonomie ignorée. Ils procurèrent à l'intellect cette hybris
qui conduisit au surhomme de Nietzsche et, par là, à
la catastrophe qui a nom Allemagne. Ce ne sont pas
seulement les artistes, mais aussi les philosophes qui,
à l'occasion, sont prophètes.

Il est bien évident que toutes les affirmations philosophiques qui excèdent le domaine de la raison
sont anthropomorphiques et ne possèdent aucune
autre validité que celle que l'on doit accorder à des
énonciations conditionnées par le psychisme. Une
philosophie comme celle de Hegel est une autorévéla-
tion d'arrière-plans psychiques et, philosophiquement,
une usurpation, Elle signifie, au point de vue psychologique, ni plus ni moins qu'une irruption de
l'inconscient. Cette conception est corroborée par le
caractère étrange et recherché du langage hégélien. Il
évoque déjà le « langage de puissance » des schizo-

phrènes, qui se sert du pouvoir de paroles magiques pour plier le transcendant à une forme subjective ou pour procurer à ce qui est banal le charme de la nouveauté, ou encore pour donner à l'insignifiant l'apparence d'une sagesse subtile. Une langue aussi bizarre est un symptôme de faiblesse, d'impuissance et de manque de substance. Cela n'empêche pas que la plus récente philosophie allemande se serve précisément des mêmes vocables de puissance et de force pour se donner l'air de n'être pas une psychologie involontaire. (Combien est plus aimable l'utilisation qu'un Fr. Th. Vischer[27] fait de la bizarrerie allemande!)

Auprès de cette irruption élémentaire de l'inconscient dans le domaine occidental de la raison humaine, Schopenhauer comme Carus n'avaient aucun terrain où ils pussent continuer à croître et à déployer leur action compensatrice. La soumission salutaire à un Dieu bon et la distance protectrice prise à l'égard du démon ténébreux — ce grand héritage du passé — furent conservées chez Schopenhauer dans son principe et demeurèrent intactes chez Carus, en tant que celui-ci tenta de prendre le problème à la racine en le faisant passer du point de vue, présomptueux à l'excès, de la philosophie à celui de la psychologie. Nous devons sans doute ici faire abstraction de son allure philosophique pour donner tout son poids à son hypothèse, qui est essentiellement psychologique. Il s'était du moins rapproché de cette conclusion déjà indiquée auparavant en commençant à bâtir une image du monde contenant la partie obscure de l'âme. Il manquait, il est vrai, à cet édifice quelque chose d'aussi essentiel qu'inouï, que je voudrais maintenant m'efforcer de faire comprendre.

Pour cela, nous devons tout d'abord expliquer que la connaissance en général se réalise lorsque les réactions du système psychique qui s'écoulent vers la conscience sont mises dans un ordre qui correspond

---

27. [*Kauzigkeit* se rattache à *Kauz* : « hibou » qui, en allemand, au sens figuré désigne un « original ». *N. d. T.*]

au comportement des objets métaphysiques, ou
mieux, des choses réelles en soi. Si, comme le voudraient encore des points de vue récents, le système
psychique coïncide avec la conscience ou lui est
identique, nous pouvons, par principe, connaître tout
ce qui est, d'une façon générale, susceptible de
connaissance, c'est-à-dire tout ce qui se trouve à
l'intérieur des limites de la théorie de la connaissance. Il n'existe dans ce cas aucune raison d'inquiétude dépassant celle que l'anatomie et la physiologie
éprouvent à l'égard de la fonction de l'œil ou de
l'organe de l'ouïe. S'il devait s'avérer par contre que
l'âme ne coïncide pas avec la conscience, mais
qu'elle fonctionne inconsciemment, hors des limites
de cette dernière, de la même façon ou autrement
que sa partie susceptible de conscience, alors notre
inquiétude devrait atteindre un plus haut degré. Dans
ce cas en effet, il ne s'agit plus des limites générales
de la théorie de la connaissance, mais d'un simple
seuil de conscience qui nous sépare des contenus
psychiques inconscients. L'hypothèse du seuil de la
conscience et de l'inconscient signifie que cette
indispensable matière première de toute connaissance,
à savoir les réactions psychiques, que même des
« pensées » et des « connaissances » inconscientes qui
se trouvent immédiatement à côté, sont placées au-
dessous ou au-dessus de la conscience, séparées de
nous par un simple « seuil » et pourtant apparemment
impossibles à atteindre. On ne sait pas d'emblée
comment fonctionne cet inconscient, mais, puisqu'on
soupçonne que c'est un système psychique, il est
possible qu'il ait tout ce que possède la conscience,
à savoir : perception, aperception, mémoire, imagination,
volonté, affectivité, sensibilité, réflexion, jugement,
etc., mais tout cela sous une forme subliminale[28].

---

28. G.H. LEWES (*The Physical Basis of Mind*, 1877) présuppose en
quelque sorte cette hypothèse. Il dit par exemple à la p. 358 : « La science
a des degrés et des modes divers — tels que perception, idéation, émotion, volition, — qui peuvent être conscients, subconscients et inconscients » p, 363 : « La conscience et l'inconscience sont corrélatives, toutes

Ici s'élève à nouveau, il est vrai, l'objection déjà faite par Wundt, qu'il est impossible de parler de « sensations », de « représentations », de « sentiments » et même d'« actes de volonté » inconscients, puisque ces phénomènes ne sauraient être représentés sans un sujet qui en fait l'expérience. En outre, l'idée d'un seuil de conscience présuppose un point de vue énergétique d'après lequel la conscience de contenus psychiques dépend essentiellement de leur intensité, c'est-à-dire de leur énergie. De même que seule une excitation d'une certaine force est supraliminale, on a quelque raison de penser que les autres contenus psychiques doivent eux aussi posséder une énergie déterminée assez élevée pour pouvoir franchir ce seuil. S'ils ne possèdent cette énergie qu'à un degré moindre, ils restent subliminaux, comme les excitations sensorielles correspondantes.

Comme Th. Lipps l'a déjà souligné, la première objection tombe d'elle-même si l'on se rappelle que le phénomène psychique demeure, en lui-même et pour lui-même, identique, qu'il soit représenté ou non. Celui qui s'en tient au point de vue que les phénomènes de la conscience constituent la totalité de la psyché doit, il est vrai, insister sur le fait que ces « représentations que nous n'avons pas[29] » ne devraient pas non plus être désignées comme « représentations ». Et il doit refuser toute propriété psychi-

---

deux appartenant à la sphère du sensible. Chacun des processus inconscients est opérant, modifie l'état général de l'organisme et est capable de déboucher soudain en sensation discriminée, quand la force qui établit l'équilibre est troublée »; p. 367: « Il existe un grand nombre d'actions involontaires dont nous sommes distinctement conscients, et un grand nombre d'actions volontaires dont nous sommes par moments subconscients ou inconscients. » La pensée qui, à un moment donné, passe inconsciemment, et à un autre, consciemment, est en soi la même pensée... de même, l'action qui, à un moment donné, est volontaire et à un autre involontaire est elle-même la même action... » Lewes va toutefois un peu trop loin quand il dit (p. 373): « Il n'y a pas de distinction réelle et essentielle entre des actions volontaires et involontaires. » Il arrive qu'il y ait un monde entre elles.

29. FECHNER: *Psychophysik*, 1889, II, pp. 483 et *sq.*

que à ce qui peut encore en rester. Pour ce point de vue rigoureux, la psyché ne peut posséder que l'existence fantasmagorique de fugitifs phénomènes de conscience. Cette conception est difficilement compatible avec l'expérience générale qui parle d'une activité psychique possible même sans qu'il y ait conscience. L'opinion de Lipps sur l'existence de phénomènes psychiques en soi concorde mieux avec les faits. Je voudrais me dispenser ici de prendre la peine d'apporter des preuves; je me contente d'indiquer que jamais encore un homme raisonnable n'a douté de l'existence de phénomènes psychiques chez le chien, bien que jamais encore un chien ne se soit exprimé sur le caractère conscient de ses contenus psychiques[30].

30. Faisons abstraction ici du «Grosjean subtil» et du chien qui discourt sur «l'âme primordiale».

CHAPITRE III

La dissociabilité de la psyché

Il n'existe *a priori* aucune raison d'admettre que les processus inconscients doivent absolument avoir un sujet, et nous n'avons pas davantage l'occasion de douter de la réalité de phénomènes psychiques. Mais il faut bien reconnaître que ce problème devient difficile quand il s'agit des actes volontaires supposés inconscients. Lorsqu'il ne s'agit plus simplement de « pulsions » et de « penchants », mais de « choix » et de « décision » apparemment réfléchis, qui sont assurément le propre de la volonté, on ne peut sans doute s'affranchir de la nécessité d'un sujet qui dispose, auquel quelque chose est « présenté ». Mais alors une conscience serait — par définition — placée dans l'inconscient, opération intellectuelle qui, il est vrai, ne paraît pas trop difficile au psychopathologue. Il connaît en effet un phénomène psychique qui est d'ordinaire inconnu de la psychologie « académique » : la dissociation ou dissociabilité de la psyché. Cette particularité consiste en ce que la connexion des processus psychiques entre eux demeure très relative. Non seulement les processus inconscients témoignent souvent d'une remarquable indépendance par rapport aux faits vécus par la conscience, mais on peut aussi discerner un net relâchement ou une séparation dans les processus conscients. Je rappellerai seulement toutes les absurdités causées par les complexes, que l'on peut observer avec toute l'exactitude désirable dans les expériences d'associations. De même que les cas de double conscience[31] mis en doute par Wundt se présentent réellement, il existe aussi des cas où ce n'est pas à proprement parler la personnalité tout entière qui est scindée en deux, mais où seules de petites parties s'isolent : ces cas

31. [En français dans le texte. — *N. d. T.*]

sont encore beaucoup plus vraisemblables et plus fréquents. Il s'agit même de très antiques expériences
de l'humanité, que reflète l'hypothèse universellement
répandue d'une pluralité d'âmes dans un seul et
même individu. Ainsi que le montre la pluralité, ressentie au stade primitif, des composantes psychiques,
l'état originel correspond à un assemblage très lâche
des phénomènes psychiques entre eux et nullement à
une unité cohérente de ceux-ci. En outre, l'expérience psychiatrique montre qu'il suffit bien souvent
de peu de chose pour faire éclater l'unité de la conscience péniblement atteinte au cours de l'évolution et
pour la désagréger en ses éléments premiers.

A partir du fait de la dissociabilité, les difficultés
qui proviennent de l'hypothèse nécessaire d'un seuil
de conscience peuvent également être écartées sans
difficultés. S'il est sans doute exact en soi que des
contenus de la conscience deviennent subliminaux et
donc inconscients par perte d'énergie, et, inversement, que des processus inconscients deviennent
conscients par augmentation d'énergie, on devrait
s'attendre, si, par exemple, des actes de volonté
inconscients devaient être possibles, à ce que ceux-ci
possèdent une énergie qui les rende capables de
devenir conscients ; toutefois d'une conscience secondaire consistant en ce que le processus inconscient
soit « présenté » à un sujet qui choisit et décide. Ce
processus devrait même nécessairement posséder cette
somme d'énergie qui est absolument exigée pour
devenir conscient. Il devrait parvenir à atteindre son
« *bursting point*[32] ». Mais s'il en est ainsi, on est
obligé de poser la question : pourquoi donc le processus inconscient ne franchit-il pas le seuil et ne
devient-il pas perceptible par le moi ? Comme il est
évident qu'il ne le fait pas, mais qu'au contraire, à
ce qu'il semble, il reste attaché au domaine d'un
sujet secondaire subliminal, il faut désormais expliquer pourquoi ce sujet, auquel l'hypothèse a pourtant

32. W. JAMES : *Varieties of Religious Experience*, 1902, p. 232.

attribué la somme d'énergie suffisante pour devenir conscient, ne s'élève pas, en définitive, au-dessus du seuil pour s'incorporer au moi conscient primaire. Pour répondre à cette question, la psychopathologie tient tout prêt le matériel nécessaire. En effet, cette conscience secondaire représente une composante de la personnalité qui n'est pas séparée par hasard de la conscience du moi, mais doit sa séparation à des causes déterminées. Une telle dissociation a deux aspects différents : dans un cas, il s'agit d'un contenu primitivement conscient qui, en raison de sa nature incompatible, est devenu subliminal par refoulement ; dans l'autre cas, le sujet secondaire consiste en un phénomène qui n'a pas encore trouvé à faire son entrée dans la conscience, parce qu'il n'existe là aucune possibilité de son aperception, c'est-à-dire que la conscience du moi ne peut pas l'accueillir, à cause d'un manque de compréhension ; c'est pourquoi il demeure subliminal pour la plus grande part, bien que, considéré au point de vue énergétique, il soit sans doute susceptible de conscience. Il ne doit pas son existence au refoulement, car il représente un résultat de processus subliminaux qui, en tant que tel, n'a jamais été conscient auparavant. Toutefois, comme dans l'un et l'autre cas il existe une somme d'énergie qui rend possible la prise de conscience, le sujet secondaire exerce quand même une action sur la conscience du moi, mais transmise indirectement, c'est-à-dire par des « symboles ». Cette dernière expression, toutefois, n'est pas très heureuse. Les contenus qui apparaissent dans la conscience sont en effet d'abord symptomatiques. En tant que l'on sait ou que l'on croit savoir ce qu'ils indiquent ou sur quoi ils reposent, ils sont *sémiotiques*, ce que la littérature freudienne a toujours désigné par l'expression « symbolique », sans prendre garde au fait que l'on n'exprime jamais symboliquement que ce que l'on ne connaît pas en réalité. Les contenus symptomatiques sont en partie réellement symboliques et constituent des représentants indirects d'états ou de processus inconscients, dont la nature ne peut être inférée et rendue consciente que d'une façon incomplète à partir des contenus qui apparaissent dans la conscience. Il est donc possible que l'inconscient héberge des contenus dotés d'une telle tension énergétique qu'ils devraient, en d'autres circonstances, devenir perceptibles au moi. La plupart du temps il ne s'agit nullement là de contenus refoulés, mais de contenus non encore conscients, c'est-à-dire non encore réalisés comme subjectifs, tels que par exemple les démons et les dieux des primitifs ou les -ismes auxquels s'attache la croyance fanatique des modernes. Cet état n'est ni pathologique, ni doté de quelqu'autre étrangeté, mais c'est l'état normal primitif, alors que la totalité de la psyché rassemblée dans l'unité de la conscience constitue un but idéal et jamais atteint.

Ce n'est pas sans raison valable que nous établissons volontiers une analogie entre la conscience et les fonctions sensorielles, à la physiologie desquelles la notion de « seuil » a, en somme, été empruntée. Le nombre des vibrations sonores perceptibles par l'oreille humaine va à peu près de 20 à 20 000 et les longueurs d'onde de la lumière visible vont de 7 700 à 3 900 angströms. Cette analogie rend concevable qu'il puisse y avoir pour les phénomènes psychiques non seulement un seuil inférieur, mais aussi un seuil supérieur, et qu'ainsi la conscience, qui est bien le système de perception par excellence[33], puisse être comparée à l'échelle perceptible du son et de la lumière, et que, de même que pour le son et la lumière, une limite non seulement inférieure mais aussi supérieure lui soit assignée. Peut-être pourrait-on étendre cette comparaison à la psyché en général, ce qui serait possible s'il y avait des phénomènes psychoïdes aux deux extrémités de l'échelle psychique. D'après l'adage : *Natura non facit saltus*, cette hypothèse ne devrait pas être tout à fait erronée.

---

33. [En français dans le texte. — *N. d. T.*]

Si j'emploie l'expression «psychoïde», j'ai parfaitement conscience de me rencontrer avec la notion de psychoïde présentée par Driesch. Il entend par là ce qui dirige, «ce qui détermine la réaction», la «puissance prospective» de l'élément germinal. C'est «l'agens élémentaire découvert dans l'action[34]» l'«entéléchie de l'action[35]». Comme l'a fait ressortir avec pertinence Eugen Bleuler, l'idée de Driesch est plus philosophique que scientifique. Bleuler lui oppose la notion d'une psychoïde[36] qui représente un concept global groupant les principaux phénomènes subcorticaux, dans la mesure où ils concernent biologiquement les «fonctions d'adaptation». Il entend par là «réflexe et développement de l'espèce». Il donne la définition suivante: «La psychoïde est la somme de toutes les fonctions corporelles — y compris celles du système nerveux central — orientées vers une fin, agissant à la façon d'une mémoire et tendant à la conservation de la vie (à l'exclusion des fonctions corticales que nous sommes depuis toujours habitués à considérer comme psychiques)[37].» Il dit à un autre endroit: «La psyché corporelle de l'individu isolé et la phylopsyché réunies constituent à leur tour une unité qui doit précisément dans notre étude présente être utilisée au maximum, et dont la meilleure désignation est peut-être celle de psychoïde. La psychoïde et la psyché ont en commun... l'effort vers le but et l'utilisation des expériences antérieures en vue d'atteindre ce dernier, ce qui comprend mémoire (engraphie et ecphorie) et association, donc quelque chose d'analogue à la pensée[38].» Bien que ce que l'on entend par psychoïde soit clair, cette expression se confond dans la pratique avec celle de «psyché», ainsi que le montre

34. *Philosophie des Organischen*, p. 357.
35. *Loc. cit.*, p. 487.
36. *Die Psychoide*, 1925, p. 11. Ce nom est un féminin singulier manifestement construit par analogie à psyché (ψυχοειδής = semblable à l'âme).
37. *Loc. cit.*, p. 11.
38. *Loc. cit.*, p. 33.

ce texte. Et l'on ne voit pas bien pourquoi les fonctions subcorticales devraient être proprement désignées comme « semblables à l'âme ». La confusion provient visiblement de la conception, encore sensible chez Bleuler, qui opère à l'aide d'idées comme « âme corticale » et « âme du tronc cérébral » et révèle ainsi un penchant évident à faire provenir les fonctions psychiques correspondantes de ces parties du cerveau, alors que c'est toujours la fonction qui crée, entretient et modifie son organe. La conception organologique offre l'inconvénient que, finalement, toutes les activités de la matière visant à un but sont considérées comme psychiques, si bien que « vie » et « psyché » coïncident, de même que, par exemple, « phylopsyché » et « réflexe » dans le langage de Bleuler. Il est, à coup sûr, non seulement difficile mais même impossible de concevoir l'essence d'une fonction psychique indépendamment de son organe, bien que nous vivions, en fait, l'événement psychique sans sa relation au substrat organique. Pour le psychologue toutefois c'est précisément l'ensemble de ce vécu qui constitue l'objet de sa science, ce qui a pour conséquence de l'obliger à renoncer à la terminologie empruntée à l'anatomie. Si donc je fais usage du terme « psychoïde[39] », d'abord, ce n'est pas sous une forme substantive, mais adjective ; ensuite, ce qui est entendu par là n'est pas une réalité proprement psychique, à savoir du plan de l'âme, mais une qualité ressemblant au psychique, comme en possèdent les processus réflexes ; enfin, il s'agit de différencier par là une catégorie de phénomènes, d'une part, des simples manifestations vitales et, d'autre part, des processus proprement psychiques. Cette dernière distinction nous obligera aussi à définir le genre et l'étendue du

---

39. Je puis d'autant mieux me servir du mot « psychoïde » que, si mon idée provient d'une autre sphère de conceptions, elle cherche à embrasser approximativement le groupe de phénomènes qu'Eugène BLEULER avait de son côté en vue. Ce psychisme non différencié est appelé par A. BUSEMANN le « micropsychisme ». (*Die Einheit der Psychologie*, 1948, p. 31.)

psychisme et tout particulièrement du psychisme inconscient.

Si l'inconscient peut contenir tout ce qui est connu comme fonctions de la conscience, la possibilité s'impose qu'à la fin il possède également comme le conscient un sujet, c'est-à-dire une sorte de moi. Cette conclusion s'exprime dans la notion, qu'on ne cesse d'utiliser, de subconscient. Toutefois ce dernier terme prête quelque peu à malentendu, puisqu'il désigne soit ce qui est « sous la conscience », soit un « bas » de la conscience, une conscience inférieure, c'est-à-dire une conscience secondaire. En même temps l'hypothèse d'un « subconscient » auquel vient immédiatement s'adjoindre un « supraconscient[40] » laisse présager ce qui m'importe particulièrement ici, à savoir le fait que l'existence d'un second système psychique existant à côté de la conscience — quelles que soient les propriétés dont nous le soupçonnions — est d'une signification absolument révolutionnaire, étant donné que l'image que nous avons du monde pourrait s'en trouver transformée de fond en comble. Si nous pouvions faire passer dans la conscience du moi, ne serait-ce que les perceptions qui se reproduisent dans un second système psychique, nous obtiendrions la possibilité d'élargissements inouïs de l'image du monde.

Si nous prenons sérieusement en considération l'hypothèse de l'inconscient, nous devons voir que notre image du monde ne peut être considérée que comme provisoire, car, si l'on fait subir au sujet de la perception et de la connaissance une transformation aussi radicale que celle d'une duplication inégale, une image du monde différente de celle qui régnait auparavant doit faire son apparition. Toutefois

40. Cette « supraconscience » m'est objectée notamment par des personnes qui ont subi l'influence de la philosophie hindoue. Elles ne remarquent pas d'ordinaire que leur objection ne vaut que pour l'hypothèse d'un « subconscient », terme équivoque que j'évite d'employer. Ma notion d'*inconscient* par contre laisse entièrement ouverte la question du « supra- » ou du « sub- » conscient en incluant l'un et l'autre aspects du psychisme.

cela n'est possible que si l'hypothèse de l'inconscient est fondée, chose qui ne peut être prouvée que si des contenus inconscients peuvent être transformés en contenus conscients, c'est-à-dire si l'on réussit à intégrer par interprétation à la conscience les altérations qui proviennent de l'inconscient, c'est-à-dire les effets des manifestations, des rêves, des phantasmes et des complexes.

CHAPITRE IV

Instinct et volonté[41]

Alors qu'au cours du XIXᵉ siècle il s'agissait encore surtout du fondement philosophique de l'inconscient (surtout chez E. von Hartmann[42]), la fin du siècle vit s'instituer, à peu près au même moment et indépendamment les unes des autres en divers points de l'Europe, des expériences tendant à saisir expérimentalement ou empiriquement l'inconscient. Les pionniers dans ce domaine furent en France Pierre Janet[43] et dans l'ancienne Autriche Sigmund Freud[44]. Le premier s'est distingué surtout dans l'étude de l'aspect formel et le second dans celle des contenus des symptômes psychogènes.

Je ne puis décrire ici en détail la transformation des contenus inconscients en contenus conscients ; il me faut me contenter de quelques indications. Tout d'abord on parvint à expliquer la structure de ce que l'on appelle symptômes psychogènes au moyen de l'hypothèse des processus inconscients. Partant de la symptomatologie des névroses, Freud a rendu vraisemblable l'idée que les *rêves*, eux aussi, transmettaient des contenus inconscients. Ce qu'il découvrit ainsi en tant que contenus de l'inconscient semblait être fait d'éléments en soi tout à fait aptes à passer dans la conscience et qui, par suite, pouvaient, en d'autres circonstances, être également des éléments

41. [Sur la traduction de *Trieb* par «instinct», voir plus loin p. 573 note 49. — *N.d.T.*]

42. *Philosophie des Unbewussten*, 1869.

43. On trouvera une appréciation de son œuvre dans : Jean PAULUS : *Le Problème de l'hallucination et l'Evolution de la psychologie d'Esquirol à Pierre Janet*, 1941.

44. Il faut également évoquer dans ce contexte le grand psychologue suisse Théodore FLOURNOY et son chef-d'œuvre : *Des Indes à la planète Mars*, 1900. Parmi les pionniers on mentionnera encore les Anglais W. B. CARPENTER (*Principles of Mental Physiology*, 1874) et G.H. LEWES (*Problems of Life and Mind*, 1872-1879).

conscients de nature personnelle. Il lui sembla qu'ils étaient « tombés dans le refoulement » par suite de leur nature moralement incompatible. Ils avaient donc été autrefois conscients, à la manière de contenus oubliés, et c'est à la suite d'une réaction en provenance de l'attitude consciente qu'ils étaient tombés au-dessous du seuil et devenus relativement impossibles à reproduire. Grâce à une concentration appropriée de l'attention sur des associations significatives, c'est-à-dire sur des indices conservés dans la conscience, on parvenait à reproduire par association les contenus perdus, un peu comme dans un exercice mnémotechnique. Alors que des contenus oubliés à cause de la baisse de leur valeur liminale deviennent impossibles à reproduire, les contenus refoulés doivent leur incapacité relative de reproduction à une inhibition partant de la conscience.

Cette première constatation conduisait logiquement à voir dans l'inconscient un phénomène de refoulement devant être conçu d'une façon personnaliste. Ses contenus étaient des éléments perdus qui avaient autrefois été conscients. Plus tard, Freud a également reconnu en outre la persistance de résidus archaïques sous la forme de modes de fonctionnements primitifs, Mais ces derniers furent également expliqués sous l'angle personnaliste. Cette conception fait de la psyché inconsciente un appendice subliminal de l'âme consciente.

Les contenus rendus conscients par Freud sont ceux qui sont le plus aisément reproductibles à cause de leur aptitude à passer dans la conscience et à cause de leur ancien caractère conscient. Ils ne prouvent donc, en ce qui concerne la psyché inconsciente, que l'existence d'un psychisme au-delà de la conscience. Des contenus oubliés qui sont encore reproductibles en prouvent tout autant. Cela ne nous apprendrait pratiquement rien sur la nature de la psyché inconsciente, s'il n'existait un lien indéniable de ces contenus avec la *sphère des pulsions et de l'instinct*. On conçoit ce dernier sous l'angle physiologique, et surtout comme une fonction glandulaire. Cette façon de voir est très fortement étayée par la doctrine moderne des sécrétions internes, des hormones. La doctrine des instincts et des pulsions humains se trouve toutefois dans une situation des plus délicates, en ce sens qu'il est extrêmement difficile, non seulement de déterminer conceptuellement les instincts et les pulsions, mais encore de fixer leur nombre et leurs limites[45]. Sur ce point les opinions sont très divergentes. Ou peut seulement établir avec quelque certitude que les instincts et les pulsions ont un aspect physiologique et un aspect psychologique[46]. Pour les décrire, la manière de voir de Pierre Janet distinguant la partie supérieure et inférieure d'une fonction est d'une grande utilité[47].

Le fait que tous les phénomènes psychiques accessibles à l'observation et à l'expérience soient liés en quelque manière à un substrat organique prouve qu'ils sont incorporés à l'ensemble de la vie organique et qu'ils participent par conséquent à son dynamisme, à savoir, aux instincts et aux pulsions, c'est-à-dire qu'ils sont à un certain point de vue des résultats de l'action de ces derniers. Cela ne veut nullement dire qu'on doive faire dériver la psyché de la sphère des instincts ou des pulsions et, par suite, de leur substrat organique. L'âme, en tant que telle, ne peut être expliquée par le chimisme physiologique, pour la seule raison déjà qu'elle constitue avec

45. On pourrait se trouver devant une incertitude et une confusion des instincts qui, comme MARAIS l'a montré à propos des singes (*The Soul of the White Ant*, 1937, pp. 42 et *sq.*) sont également liées chez l'homme à une *capacité d'apprendre* qui l'emporte sur l'instinct. Sur la question des instincts, voir L. SZONDI : *Experimentelle Triebdiagnostik*, 1947 et *Triebpathologie*, 1952.

46. «Les instincts sont des dispositions physiologiques et psychiques qui... ont pour conséquence des mouvements de l'organisme indiquant une direction clairement déterminée.» (W. JERUSALEM: *Lehrbuch der Psychologie*, 3e éd., p. 188.) D'un autre point de vue, KÜPLE décrit l'instinct comme «un amalgame de sentiments et de sensations organiques». (*Grundriss der Psychologie*, 1893, p. 333.)

47. *Les Névroses*, 1909, pp. 384 et *sq.*

« la vie » en général l'unique facteur naturel qui
puisse transformer des ordonnances conformes aux
lois naturelles, c'est-à-dire statistiques, en des états
« plus élevés », c'est-à-dire « non naturels », par opposition à la loi d'entropie qui régit la nature inorganique. Comment la vie crée à partir de l'état
inorganique les complexités organiques, nous ne le
savons pas, mais nous faisons l'expérience immédiate
de la manière dont la psyché élabore les complexités.
La vie possède donc ses lois propres, qui ne peuvent
être déduites des lois physiques que nous connaissons. Malgré cela, la psyché se trouve dans une certaine dépendance par rapport aux processus organiques
qui lui servent de substrat. Il est en tout cas extrêmement probable qu'il en soit ainsi. La base pulsionnelle gouverne la partie inférieure de la fonction. A
la partie supérieure au contraire correspond la part
principalement « psychique » de cette même fonction.
La fraction inchangeable, automatique, se révèle
constituer la partie inférieure de la fonction ; la fraction volontaire et modifiable, la partie supérieure[48].

Ici se pose avec insistance la question : quand
pouvons-nous employer le terme « psychique » et
quelle définition générale donnons-nous du « psychique » par opposition au « physiologique » ? L'un et
l'autre sont des manifestations de la vie qui se distinguent cependant en ce que cette partie de la fonction
que l'on désigne comme « inférieure » offre un incontestable aspect physiologique. Son être ou son non-être
paraît être lié aux hormones. Son fonctionnement a

---

48. Janet dit (*Loc. cit.*, p. 384) : « Il me semble nécessaire de distinguer dans toute fonction des parties inférieures et des parties supérieures.
Quand une fonction s'exerce depuis longtemps elle contient des parties
qui sont très anciennes, très faciles, et qui sont représentées par des organes très distincts et très spécialisés... ce sont là les parties inférieures de
la fonction. Mais je crois qu'il y a aussi dans toute fonction des parties
supérieures consistant dans l'adaptation de cette fonction à des circonstances plus récentes, beaucoup moins habituelles, qui sont représentées
par des organes beaucoup moins différenciés. La partie supérieure de la
fonction consiste dans son adaptation à la circonstance particulière qui
existe au moment présent, au moment où nous devons l'employer... »

un caractère contraignant; de là la désignation
d'«instinct»[49]. Rivers lui assigne la nature de réaction
de tout ou rien (*all-or-none-reaction*[50]), c'est-à-dire que
la fonction agit totalement ou pas du tout, ce qui
représente une spécification de caractère contraignant.
Par contre, la partie supérieure, que l'on ne peut
mieux décrire que comme psychique et que l'on ressent également comme telle, a perdu le caractère
contraignant; elle peut être soumise au libre arbitre[51]
et même être amenée à une utilisation qui est en
opposition avec l'instinct premier.

D'après cette réflexion, le psychisme apparaît comme
une émancipation de la fonction hors de sa forme instinctuelle et de son caractère contraignant qui, lorsqu'ils
sont seuls à la déterminer, la figent en mécanisme. La
fonction ou qualité psychique débute là où la fonction
commence à relâcher ses liens avec les conditionnements extérieurs et intérieurs et devient capable d'un
emploi plus élargi et plus libre, c'est-à-dire quand elle
commence à devenir accessible à la volonté motivée
par d'autres sources. Au risque d'anticiper sur la chro-
nologie de mon exposé, je ne puis m'empêcher de faire
observer que, si nous délimitons le domaine psychique
par rapport à la sphère instinctuelle et pulsionnelle
physiologique, c'est-à-dire en quelque sorte vers le

49. [Dans le domaine des motivations impulsives, la langue allemande connaît depuis longtemps deux termes: «*Instinkt*» et «*Trieb*» qui
correspondent à peu près en français à «instinct» et au terme d'un usage
récent, «pulsion».

Nous ne voulons pas nous mêler aux querelles de ceux qui, pour traduire Freud, n'emploient que le mot «instinct» ou le mot «pulsion»: instinct (*Instinkt*) évoque une motivation très profonde, collective, et qui
correspond à l'archétype; pulsion (*Trieb*) se situe plus près de l'action et
de son déclenchement.

Nous avons donc employé — sans céder à un parallélisme rigoureux
qui aurait été artificiel — l'un et l'autre des termes d'instinct et de pulsion, parfois les deux, selon les nuances du contexte, en vue de la plus
grande fidélité à la pensée de l'auteur et de la plus grande intelligibilité
du texte français. — *N. d. T.*]

50. *Journal of Psychol.*, vol. X, n° 1.

51. Cette formulation est purement psychologique et n'a rien à voir
avec le problème philosophique de l'indéterminisme.

bas, une telle limitation s'impose également vers le haut. En effet, à mesure que s'accentue la libération par rapport à ce qui est purement instinctuel, la partie supérieure finit par atteindre un niveau où l'énergie incluse dans la fonction n'est plus du tout orientée d'après le sens originel de l'instinct, mais acquiert ce qu'on pourrait appeler une forme spirituelle. Il n'y a là aucune modification substantielle de l'énergie instinctuelle, mais seulement une modification de sa forme d'utilisation. Le sens ou but de la pulsion instinctuelle n'est pas quelque chose d'univoque, en ce sens que dans la pulsion peut être caché un sens final différent de l'élément biologique, qui ne devient visible qu'au cours du développement.

A l'intérieur de la sphère psychique, la fonction peut être infléchie et modifiée de multiples manières, sous l'action de la volonté. Ceci est possible parce que le système des pulsions ne représente pas à proprement parler une composition harmonieuse, mais est exposé à de nombreuses collisions intérieures. Un instinct trouble et refoule l'autre, et bien que, pris dans leur ensemble, les instincts rendent possible l'existence de l'individu, leur caractère de contrainte aveugle est souvent l'occasion de préjudices réciproques. La différenciation de la fonction hors de son caractère contraignant en vue de son emploi volontaire est d'une importance éminente en ce qui concerne le maintien de l'existence. Mais elle augmente la possibilité de collisions et provoque ces scissions, ces dissociations qui remettent sans cesse en question le caractère unitaire de la conscience.

A l'intérieur de la sphère psychique, la volonté agit, comme nous l'avons vu, sur la fonction. Elle exerce son action grâce au fait qu'elle est elle-même une forme d'énergie qui peut en dominer, ou tout au moins en influencer une autre. Dans cette sphère, que je définis comme psychique, la volonté est en dernière analyse motivée par des instincts, mais non toutefois de façon absolue, sinon ce ne serait pas la volonté, laquelle, d'après sa définition, doit s'accompagner d'une certaine liberté de choix. Elle signifie une quantité limitée d'énergie qui se tient à la libre disposition de la conscience. La conscience doit disposer d'une quantité d'énergie (= *libido*) de ce genre, sinon les modifications des fonctions seraient impossibles, étant donné que ces dernières sont si exclusivement liées aux instincts — lesquels sont en soi extrêmement conservateurs et, dans la même mesure, immuables — que des variations ne pourraient pas se produire, sauf si elles étaient provoquées par des modifications organiques. Ainsi qu'il a déjà été mentionné, la motivation volontaire doit être tout d'abord considérée comme essentiellement biologique. A la limite « supérieure » du psychisme — si l'on me permet cette expression —, où la fonction se détache en quelque sorte de sa fin première, les instincts perdent leur influence en tant que motivations de la volonté. Grâce à cette modification de sa forme, la fonction entre au service d'autres déterminations et d'autres motivations qui n'ont, semble-t-il, plus rien de commun avec les instincts. Je voudrais décrire par là le fait remarquable que la volonté ne peut franchir les limites de la sphère psychique : elle ne peut ni susciter l'instinct de force, ni le dominer, et n'a pas non plus pouvoir sur l'esprit, dans la mesure où l'on entend par ce mot autre chose que le seul intellect. L'esprit et l'instinct sont autonomes dans le genre, et l'un et l'autre circonscrivent d'une manière identique le domaine d'application de la volonté. Je montrerai plus tard en quoi semble consister, à mon avis, le rapport de l'esprit à l'instinct.

De même que l'âme se perd vers le bas dans la base organique matérielle, elle passe, vers le haut, dans une forme que l'on appelle spirituelle, dont la nature nous est aussi peu connue que le fondement organique de l'instinct. La portée de ce que je cherche à désigner comme la psyché proprement dite s'étend aussi loin que les fonctions sont influencées par une volonté. Une pure instinctivité ne laisse supposer aucune connaissance consciente et n'a d'ailleurs nul besoin de celle-ci. Mais, par contre, la volonté, à cause de sa liberté empirique de choix, a besoin d'une instance placée au-dessus d'elle, de quelque chose comme une connaissance consciente d'elle-même, pour modifier la fonction. Elle doit avoir la connaissance d'une fin différente de celle de la fonction. S'il n'en était pas ainsi, elle coïnciderait avec la force instinctive de cette dernière. C'est avec raison que Driesch souligne : « Pas de volonté sans connaissance[52]. » Le libre arbitre présuppose un sujet qui choisit et qui se représente différentes possibilités. Considérée sous cet angle, la psyché est essentiellement un conflit entre l'instinct aveugle et la volonté, c'est-à-dire le libre arbitre. Là où l'instinct prédomine, commencent les phénomènes psychoïdes qui appartiennent à la sphère de l'inconscient en tant qu'éléments non susceptibles de conscience. Par contre le phénomène psychoïde n'est pas l'inconscient pur et simple, car ce dernier a vraisemblablement une bien plus grande extension. Il y a dans l'inconscient, outre les phénomènes psychoïdes, des représentations et des actes de libre volonté, quelque chose par conséquent comme des phénomènes conscients[53] ; dans la sphère de l'instinct, par contre, ces phénomènes passent tellement à l'arrière-plan que le terme de « psychoïde » se justifie parfaitement. Mais, si nous limitions la psyché au domaine des actes de volonté, nous parviendrions d'abord à la conclusion que la psyché est plus ou moins identique à la conscience, car on ne peut se représenter une volonté et un libre arbitre sans une conscience, Il semblerait ainsi que j'atterrisse là où l'on se trouvait depuis toujours, dans l'axiome : psyché = conscience. Mais où reste alors la nature psychique de l'inconscient que nous avions postulée ?

52. *Die « Seele » als elementar Naturfaktor*, 1903, p. 80. « Des excitations individualisées communiquent l'état anormal au "connaissant primaire" et désormais ce "connaissant" ne "veut" pas seulement des remèdes, mais de plus, il les "connaît". (p. 82.)

53. Je renvoie ici mon lecteur au ch. VI de ce livre : « L'Inconscient comme conscience multiple ».

CHAPITRE V

Conscience et inconscient

Avec le problème de la nature de l'inconscient commencent les extraordinaires difficultés de pensée que nous prépare la psychologie des phénomènes inconscients. De tels obstacles surgissent toujours quand l'entendement entreprend l'audacieuse tentative de pénétrer dans le monde de l'inconnu et de l'invisible. Le philosophe a été vraiment bien inspiré lorsqu'en niant l'inconscient il a écarté toutes les complications sans autre forme de procès. Quelque chose d'analogue est également arrivé au physicien de l'ancienne école, qui croyait uniquement à la nature ondulatoire de la lumière et a dû découvrir qu'il existe des phénomènes absolument impossibles à expliquer autrement que par des corpuscules lumineux. Par bonheur, la physique a montré au psychologue qu'elle peut opérer, même avec une apparente *contradictio in adjecto*. Encouragé par cet exemple, le psychologue a le droit de s'attaquer à la solution de ce problème plein de contradictions, sans avoir le sentiment de sortir, par cette aventure, de l'univers de l'esprit scientifique. Il ne s'agit pas, évidemment, de poser une affirmation, mais bien plutôt de tracer un modèle qui permette de poser plus ou moins utilement la question. Un modèle ne dit pas que les choses sont ainsi, mais il illustre seulement un mode déterminé d'examen.

Avant de regarder de plus près notre dilemme, je voudrais clarifier à un certain point de vue le concept d'inconscient. L'inconscient n'est pas l'inconnu pur et simple, c'est le psychisme inconnu, c'est-à-dire tout ce dont nous présupposons que, s'il venait à la conscience, il ne se distinguerait en rien des contenus psychiques connus de nous. D'un autre côté, il nous faut aussi y compter le système psychoïde sur la composition duquel nous ne pouvons rien dire direc-

tement. Cet inconscient ainsi défini décrit un état de
fait extraordinairement flou : tout ce que je sais, mais à
quoi je ne pense pas momentanément ; tout ce dont je
fus conscient autrefois, mais qui est maintenant oublié ;
tout ce qui est perçu par mes sens, mais à quoi mon
conscient ne fait pas attention ; tout ce que je sens,
pense, me rappelle, veux et fais sans dessein et sans
attention, c'est-à-dire inconsciemment ; tout ce qui est
futur, qui se prépare en moi et ne viendra que plus tard
à la conscience ; tout cela est contenu de l'inconscient.
Ces contenus sont pour ainsi dire tous plus ou moins
susceptibles de conscience ou furent du moins conscients autrefois et peuvent le redevenir d'un moment à
l'autre. Ainsi compris, l'inconscient est « *a fringe of
consciousness* », ainsi que William James l'a un jour
appelé[54]. De ce phénomène marginal qui naît d'éclaire-
ments et d'obscurcissements alternés relèvent également
les constatations freudiennes, ainsi que nous l'avons vu.
Mais nous devons encore, comme il a déjà été dit, ranger dans l'inconscient les fonctions non susceptibles de
conscience, psychoïdes, dont l'existence ne nous est
connue qu'indirectement.

54. James parle d'un « champ transmarginal » de la conscience et
l'identifie avec la « *subliminal consciousness* » de Frederic W. H. Myers,
l'un des fondateurs de la British Society Psychical Research, (Cf. à ce
sujet *Proceedings S.P.R.*, vol. VII, p. 305, et W. JAMES : *Frederic Myers'
Services to Psychology, Proceed. S.P.R.*, XLII, May 1901). Sur le « champ
de conscience » James déclare (*The Varieties of Religious Experience*,
1902, p. 323) : « Le fait important que marque cette formule "champ" est
l'indétermination de la marge. Si inattentive que soit la manière dont on
se rend compte de ce que contient la marge, elle n'en est pas moins là et
elle aide à la fois à guider notre conduite et à déterminer le mouvement
suivant de notre attention. Elle nous entoure comme un "champ magné-
tique" à l'intérieur duquel le centre d'énergie tourne comme l'aiguille
d'une boussole, tandis que la phase présente de conscience se transforme
en celle qui lui succède. Toute notre réserve passée de souvenirs flotte
au-delà de cette marge, prête à entrer au premier contact ; et la masse tout
entière de pouvoirs, d'impulsions et de connaissances résiduels qui constitue notre personnalité empirique s'étend continuellement au-delà d'elle :
les traits qui séparent ce qui est actuel et ce qui est seulement potentiel
sont tracés d'une façon si vague à tout moment de notre vie consciente
qu'il est toujours difficile de dire à propos de certains éléments si nous
en sommes conscients ou non. »

Nous en arrivons maintenant à la question : dans quel état se trouvent des contenus psychiques quand ils ne se rapportent pas au moi conscient ? Ce rapport forme en effet ce qui peut être désigné du nom de conscience. D'après la maxime de Guillaume d'Occam « *Entia praeter necessitatem non sunt multiplicanda*55 », la conclusion la plus prudente serait de dire qu'en dehors du rapport au moi conscient, il n'y a en somme rien de changé lorsqu'un contenu devient inconscient. C'est pour cette raison que je repousse la conception suivant laquelle les contenus momentanément inconscients ne seraient que physiologiques. Les preuves manquent pour l'affirmer. La psychologie des névroses présente, quant à elle, des arguments en sens inverse qui sont décisifs. Que l'on songe seulement, par exemple, aux cas de double personnalité, d'automatisme ambulatoire, etc.56. Les découvertes de Janet comme celles de Freud montrent que, dans l'état inconscient, tout continue apparemment à fonctionner comme si c'était conscient. Il y a perception, pensée, sentiment, volonté, intention, comme s'il y avait un sujet. Il y a même des cas assez fréquents, comme ceux de double personnalité que je viens de citer, où un second moi apparaît d'une façon effective et fait concurrence au premier. De telles constatations semblent prouver que l'inconscient est, en fait, un « subconscient ». Toutefois, certaines expériences que Freud, pour une part, a déjà faites, montrent que l'état des contenus inconscients n'est pas totalement identique à celui des états conscients. Ainsi, par exemple, les complexes à forte tonalité affective ne se transforment pas dans l'inconscient dans le même sens que dans le conscient. S'ils peuvent s'enrichir au moyen d'associations, ils ne sont toutefois pas corrigés, mais

55. [« Les entités ne doivent pas être multipliées plus qu'il n'est nécessaire. » — *N. d. T.*]
56. [« Double personnalité » et « automatisme ambulatoire » sont en français dans le texte. — *N. d. T.*]

conservés sous leur forme primitive, ce qui peut se
constater aisément à la constance et à la régularité de
leur action sur la conscience. Ils prennent également
le caractère ininfluençable et contraignant d'un automatisme, qu'on ne peut leur enlever que si on les
rend conscients. Aussi cette dernière façon de faire
est comptée à juste titre parmi les facteurs thérapeutiques les plus importants. En fin de compte, les
complexes de ce genre, grâce à une auto-amplification,
revêtent, sans doute proportionnellement à leur éloignement de la conscience, un caractère mythologique
archaïque et, par suite, numineux, ce que l'on peut
constater sans difficulté dans les dissociations schizo-
phréniques. Or, la numinosité est totalement sous-
traite à la volonté consciente, car elle met le sujet
dans un état de saisissement[57], c'est-à-dire de soumission passive.

Ces particularités de l'état inconscient forment
contraste avec le comportement des complexes dans la
conscience. Ici ils deviennent corrigibles, c'est-à-dire
qu'ils perdent leur caractère automatique et peuvent
être sensiblement transformés. Ils dépouillent leur
enveloppe mythologique, s'aiguisent dans un sens
personnaliste et se rationalisent en entrant dans les
processus d'adaptation qui se déroulent dans le conscient, si bien qu'une confrontation dialectique devient
possible[58]. L'état inconscient est donc, de toute évidence, différent de ce qu'est l'état conscient. Bien
que dans l'inconscient le processus continue à première vue de se dérouler comme s'il était conscient,
il semble cependant, au fur et à mesure qu'augmente
la dissociation, sombrer en quelque sorte en un stade
plus primitif (c'est-à-dire mythologique-archaïque), se
rapprocher, dans ce qui le caractérise, de la forme

---

57. [All.: *Ergriffenheit.* — *N. d. T.*]

58. Ce passage à l'état conscient manque dans la dissociation schizophrénique, parce que les complexes ne sont pas reçus dans un conscient
complet, mais seulement fragmentaire. C'est pourquoi les complexes apparaissent si fréquemment dans leur état primitif, c'est-à-dire archaïque.

instinctuelle qui lui sert de base, et revêtir les propriétés qui caractérisent l'instinct, à savoir l'automatisme, la nature non influençable, l'*all-or-none-reaction*, etc. Si nous recourons ici à l'analogie du spectre, nous pouvons comparer cet abaissement des contenus inconscients à un déplacement vers l'extrémité rouge, comparaison qui est particulièrement suggestive puisque le rouge, couleur du sang, caractérise depuis toujours la sphère des émotions et de l'instinct[59].

L'inconscient est donc un autre milieu que le conscient. Dans les régions proches du conscient toutefois, peu de choses se modifient, car ici le clair et l'obscur alternent très souvent. C'est pourtant justement cette couche frontalière qui est de la plus haute importance pour la solution de notre grand problème, l'équation : psyché = conscient. Elle nous montre en effet combien l'état inconscient est relatif ; il l'est au point que l'on se sent même tenté d'utiliser une notion comme celle de « subconscient » pour caractériser justement cette partie obscure de l'âme. Mais la conscience est tout aussi relative de son côté, car, à l'intérieur de ses limites, il n'y a pas une conscience pure et simple, mais toute une gamme d'intensités de conscience. Entre « je fais » et « j'ai conscience de ce que je fais » il n'y a pas seulement un abîme, mais parfois même une opposition marquée. Il y a donc un conscient dans lequel l'inconscience l'emporte, comme il y a un conscient où c'est la conscience qui domine. Cette situation paradoxale est immédiatement compréhensible lorsqu'on se rend compte qu'il n'y a pas de contenu conscient dont on puisse affirmer avec certitude qu'on en a une conscience totale[60], car il faudrait pour cela une

59. Chez Goethe, toutefois, le rouge a une signification spirituelle, mais dans le sens de l'attitude de Goethe en faveur du sentiment (*Gefühl*). Il faut soupçonner ici un arrière-plan rosicrucien et alchimique : celui de la teinture rouge et du *carbunculus* (l'escarboucle). (Cf. *Psychologie et alchimie*, trad. cit., p. 592.)

60. E. BLEULER a déjà indiqué ce point (*Naturgeschichte der Seele und ihres Bewusstwerdens*, 1921, p. 300 f.).

totalité de conscience impensable, et celle-ci présup-
poserait une plénitude ou une perfection de l'esprit
humain qu'on ne peut se représenter davantage. Nous
en arrivons aussi à la conclusion paradoxale qu'il n'y
a pas de contenu de la conscience qui ne soit inconscient à un autre point de vue. Peut-être n'y a-t-il pas
non plus de psychisme inconscient qui ne soit en
même temps conscient[61]. Il est toutefois plus difficile
de prouver cette dernière proposition que la première,
car notre moi, qui serait le seul à pouvoir formuler
une telle constatation, est le point de référence de la
conscience, et ne se trouve précisément pas dans une
association avec les contenus inconscients telle qu'il
puisse formuler des affirmations au sujet de leur
nature. Cette dernière lui est pratiquement inconnue,
ce qui toutefois ne veut pas dire qu'il n'en ait pas
conscience à un autre point de vue, car il arrive qu'il
connaisse ces contenus sous un certain aspect, sans
savoir que ce sont eux qui, sous un autre aspect, provoquent des désordres dans la conscience. Il est en
outre des processus dont on ne peut prouver qu'ils
aient une relation quelconque avec le moi conscient
et qui, malgré cela, paraissent « représentés », analogues au conscient. Il y a enfin des cas où il existe
également un moi inconscient et, par conséquent, une
seconde conscience, ainsi que nous l'avons vu. Mais
ce sont là des exceptions[62].

---

61. L'inconscient psychoïde est expressément excepté, puisqu'il
comprend en lui ce qui n'est pas susceptible de conscience et qui est seulement analogue à l'âme.

62. Il convient de mentionner dans ce contexte que C. A. Meier met
de telles observations en relation avec des conceptions physiques analogues. Il dit : « Le rapport complémentaire entre conscient et inconscient
suggère un autre parallélisme du domaine physique, l'exigence d'une
application rigoureuse du "principe de correspondance". » Celui-ci
pourrait livrer la clé de ce dont nous faisons si souvent l'expérience en
psychologie analytique sous forme de « logique rigoureuse » (logique de
probabilité) de l'inconscient et qui va jusqu'à faire penser à un « état de
conscience élargi », (*Moderne Physik-moderne Psychologie*, in : *Die Kulturelle Bedeutung der Komplexen Psychologie*, 1935, p. 360.)

Dans le domaine psychique, le *pattern of behaviour* avec son caractère de nécessité cède la place à des variantes de comportement conditionnées par l'expérience et par des actes volontaires, autrement dit par des phénomènes conscients. Face à l'état psychoïde, instinctif et réflexuel, la psyché constitue donc un assouplissement de la sujétion et une réduction croissante des processus non libres au profit de modifications «choisies». Les choix préférentiels ont lieu d'une part à l'intérieur et d'autre part à l'extérieur de la conscience, c'est-à-dire sans relation avec le moi conscient, donc inconsciemment. Ce dernier phénomène est seulement similaire à un choix qui se déroule dans la conscience, c'est-à-dire comme s'il était «représenté», conscient.

Comme il n'y a aucune raison suffisante d'admettre qu'il existe un second moi dans chaque individu, en d'autres termes, que chacun possède une dissociation de la personnalité, il nous faudrait écarter l'idée d'une seconde conscience du moi d'où pourraient émaner des décisions de la volonté. Mais comme l'existence dans l'inconscient de processus hautement complexes analogues à ceux de la conscience est rendue à tout le moins extraordinairement vraisemblable par l'expérience de la psychopathologie aussi bien que de la psychologie des rêves, force nous est de conclure, bon gré, mal gré, que la situation des contenus inconscients, sans être identique à celle des contenus de la conscience, leur est toutefois quelque peu analogue. Dans ces conditions, il n'existe pas d'autre solution que d'admettre une position intermédiaire entre l'idée d'un état inconscient et celle d'un état conscient, à savoir la notion d'une conscience approximative. Comme notre expérience immédiate ne saisit qu'un état réfléchi, c'est-à-dire, en tant que tel, conscient et connu, à savoir la relation de représentations ou de contenus à un complexe du moi formant la personnalité empirique, une conscience d'une autre sorte — soit sans moi, soit sans contenu — ne semble guère concevable. Mais il n'est pas nécessaire de poser la question de façon aussi absolue. Déjà à un stade humain un peu plus primitif, le complexe du moi perd énormément de son importance et le conscient se modifie, par suite, d'une façon caractéristique. Avant tout il cesse d'être réfléchi. En outre, si nous considérons les processus psychiques chez les vertébrés supérieurs et en particulier chez les animaux domestiques, nous rencontrons des manifestations analogues à la conscience qui laissent à peine soupçonner l'existence d'un moi. La lumière de la conscience possède, comme nous le savons par l'expérience immédiate, de nombreux degrés de clarté, et le complexe du moi, de nombreuses gradations dans son intensité. Au stade animal et primitif règne une simple « *luminositas* » qui se distingue à peine de la clarté de fragments dissociés du moi, de même qu'au stade infantile et primitif de la conscience il n'existe pas d'unité, dans la mesure où la conscience n'est pas centrée sur un complexe du moi solidement charpenté, mais jette çà et là des feux quand des événements extérieurs ou intérieurs, des instincts et des affects viennent l'évoquer. A ce stade, elle possède encore le caractère d'une île ou d'un archipel. A un stade supérieur et au stade le plus élevé même, la conscience est une totalité non encore pleinement intégrée, mais susceptible d'un élargissement indéterminé. Des îles nouvelles, sinon des continents entiers, peuvent toujours émerger et venir s'ajouter à la conscience moderne ; c'est là un phénomène qui est devenu expérience quotidienne pour le thérapeute. Aussi sera-t-il toujours bon de se représenter la conscience du moi comme entourée de nombreuses petites luminosités.

CHAPITRE VI

L'inconscient
comme conscience multiple

L'hypothèse de luminosités multiples repose d'une part, comme nous l'avons vu, sur l'état «pseudo-conscient» des contenus inconscients, et d'autre part sur l'apparition de certaines images qu'il faut considérer comme symboliques et qui peuvent être constatées dans des rêves et des phantasmes visuels d'individus modernes ou dans des documents historiques. Comme on le sait, l'une des principales sources de représentations symboliques que le passé nous ait léguées est l'alchimie. Je lui emprunte avant tout l'image des *scintillae*, des étincelles que, sous forme d'illusions d'optique, on rencontre dans la «substance de transformation[63]». L'*Aurora Consurgens* 2e partie déclare: «Sache que la terre fétide reçoit bientôt de petites étincelles blanches[64].» Ces étincelles sont expliquées par Khunrath comme étant les «rayons et les étincelles» (*radii et scintillae*) de «l'âme universelle» (*Anima catholica*), qui est identique à l'Esprit de Dieu[65]. Il ressort clairement de cette interprétation

---

63. *Psychologie et alchimie*, trad. cit., pp. 171 et *sq.* et *passim*.

64. *Art. Aurif.*, 1593, I, 208: «*Scito quod terra foetida cito recipit scintillulas albas.*» Citation attribuée à Morien. (Voir plus loin.) On la retrouve dans MYLIUS: *Philosophia Reformata*, 1622, p. 146, qui ajoute, p. 149: «... *scintillas aureas.*»

65. «... *Variae ejus radii atque Scintillae, per totius ingentem materiei primae massae molem hinc inde dispersae ac dissipatae: inde mundi partibus disjunctis etiam et loco et corporis mole, necnon circumscriptione, postea separatis... unius Animae universalis scintillae nunc etiam inhibitantes.*» (... Ses différents rayons et ses différentes étincelles sont dispersés et disséminés çà et là à travers l'immense bloc de toute la matière de la masse première: étincelles de l'unique âme universelle qui maintenant encore habitent dans toutes les parties du monde, disjointes par le lieu, la masse du corps et la limitation.) *Amphitheatrum*, 1604, pp. 195 et *sq.* et p. 198.

que certains alchimistes déjà ont soupçonné la nature psychique de ces luminosités. Ce seraient des semences lumineuses projetées dans le chaos que Khunrath appelle « *mundi futuri seminarium*[66] » (semences du monde futur). L'intelligence humaine est également une telle *scintilla*[67]. Par « l'étincelle de feu de l'âme du monde », la substance mystérieuse (de la terre aqueuse ou eau terrestre [*limus*, limon] de l'Etre universel) est universellement animée, conformément au *Livre de la Sagesse* (I, 7) : « *Quoniam Spiritus Domini replevit orbem terrarum*[68]. » Dans l'« eau de l'art », dans « notre eau » qui est aussi le chaos[69] se trouvent les « étincelles de feu de l'âme du monde comme pures *Formae Rerum essentiales* (formes essentielles des choses)[70] ». Ces « formes[71] » correspondent aux idées platoniciennes, ce qui placerait les *scintillae* sur le même plan que les archétypes, si l'on admet que les images éternelles de Platon « conservées en un lieu supracéleste » sont une forme philosophique des archétypes psychologiques. De cette vision alchimique on devrait tirer la conclusion que les archéty-

---

66. *Loc. cit.*, p. 197. Comparer la doctrine gnostique des semences lumineuses que la Vierge de lumière récolte, et aussi la doctrine manichéenne des particules de lumière que l'on doit absorber dans la manducation rituelle, sorte d'eucharistie au cours de laquelle on consommait des *melons*. La première mention de cette idée paraît être le καρπιστής (celui qui récolte ?) chez IRÉNÉE : *Adv. Haeres.*, I, 2, 4. Sur le melon, voir M. L. von Franz : *Der Traum des Descartes* (*Le Rêve de Descartes*), Studien aus dem C. G. Jung-Institut, Rascher, Zurich, 1952.

67. « *Mens humani animi scintilla altior et lucidior.* » (L'esprit humain est une étincelle plus élevée et plus lumineuse.) *Loc. cit.*, p. 63.

68. « Parce que l'Esprit du Seigneur a rempli l'univers. » H. KHUNRATH : *von Hyleal Chaos.*, 1597, p. 63.

69. Khunrath donne pour synonymes « *forma aquina, pontica, limus terrae Adamae* (limon de la terre adamique), *Azoth, Mercurius* », etc., *loc. cit.*, p. 216.

70. *Loc. cit.*, p. 216.

71. Les « *formae scintillaeve Animae Mundi* » (formes ou étincelles de l'âme du monde) sont également désignées par Khunrath (p. 189) comme « *rationes seminariae Naturae specificae* » (raisons séminales de la nature spécifique) , ce qui reproduit une pensée antique. Il nomme également la *scintilla* : « *entelechia* » (p. 65).

pes possèdent en eux-mêmes une certaine clarté, une certaine similitude avec la conscience et qu'une *luminositas* correspond à la *numinositas*. Paracelse semble également avoir eu l'idée de quelque chose de ce genre. Dans sa *Philosophia Sagax* on lit le passage suivant : «Et tout comme il ne peut rien y avoir en l'homme sans le numen divin, il ne peut rien y avoir en l'homme sans le lumen naturel. Car numen et lumen doivent rendre l'homme parfait, et seules ces deux parties (le pourront). Tout vient des deux et les deux sont dans l'homme. L'homme n'est rien sans eux, mais ils sont sans l'homme[72]. » Khunrath écrit, en confirmation de cette pensée : «Ce sont les *Scintillae Animae Mundi Igneae, Luminis nimirum Naturae* (les étincelles de l'âme ignée du monde, lumière, assurément, de la nature)... dispersées ou disséminées dans et à travers l'édifice du grand monde, dans tous les fruits des éléments, en tout lieu[73]. » Les étincelles proviennent de la «*Ruach Elohim*», de l'Esprit de Dieu[74]. Parmi les étincelles, il distingue une «*Scintilla perfecta Unici Potentis ac Fortis*» (étincelle parfaite de l'Unique Puissant et Fort), qui est l'Elixir donc la substance mystérieuse elle-même[75]. S'il nous est loisible de mettre les archétypes en parallèle avec les étincelles, Khunrath, lui, place l'une de celles-ci dans un relief tout particulier. Cet Un est alors désigné également comme Monade et comme soleil, deux expressions qui désignent la divinité. Une image analogue se trouve dans l'Epître d'Ignace d'Antioche aux Ephésiens (XIX, 1 et sv.) où l'auteur écrit à propos de la venue du Christ : «Comment donc cela est-il devenu manifeste aux siècles ? Une étoile a lui dans le ciel, plus claire que toutes les étoiles, sa lumière était ineffable et une telle apparition provo-

---

72. Ed. Sudhoff, XII, p. 231, et Huser, X, p. 206.
73. *Loc. cit.*, p. 94.
74. *Loc. cit.*, p, 249.
75. *Loc. cit.*, p. 54. Ceci en accord avec Paracelse qui désigne le *lumen naturae* comme la quintessence extraite par Dieu lui-même des quatre éléments. (Sudhoff, XII, p. 36 et p. 304.)

qua l'étonnement. Tous les autres astres avec le soleil entouraient en chœur l'étoile.» Psychologiquement, l'unique étincelle ou monade doit être conçue comme symbole du Soi, aspect que je ne fais ici qu'indiquer.

Pour Dorn les *scintillae* ont une claire signification psychologique. Il dit : «Il verra ainsi peu à peu un certain nombre d'étincelles briller de plus en plus aux yeux de son esprit et croître jusqu'à une lumière telle que toutes les choses qui lui sont nécessaires soient connues de lui dans la suite du temps[76].» Cette lumière est le *lumen naturae* qui illumine le conscient, et les *scintillae* sont des luminosités germinales qui luisent hors de l'obscurité de l'inconscient. Dorn, comme Khunrath, est tributaire de Paracelse, Il s'accorde avec ce dernier quand il admet la présence en l'homme d'un «*invisibilem solem plurimis incognitum*» (un soleil invisible inconnu de la plupart[77]). De cette lumière naturelle, innée en l'homme, Dorn déclare : «La vie qui est la lumière des hommes[78] brille en nous bien qu'obscurément, comme dans les ténèbres; elle doit être recherchée non à partir de nous et cependant en nous et non par nous, mais par celui à qui elle appartient, et qui daigne même faire en nous son habitation.... C'est lui qui a planté cette lumière en nous, afin qu'en celui qui habite une lumière inaccessible[79] nous voyions la lumière[80]; et aussi pour que par cela

76. «*Sic paulatim scintillas aliquot magis ac magis indies perlucere suis oculis mentalibus percipiet, ac in tantam excrescere lucem, ut successivo tempore quaevis innotescant, quae tibi necessaria fuerint.*» *De Speculativa Philosophia. Theat. Chem.*, 1602, I, p. 275.

77. «*Sol est invisibilis in hominibus, in terra vero visibilis, tamen ex uno et eodem sole sunt ambo.*» (Il est un soleil invisible dans l'homme et un soleil visible sur la terre; tous deux cependant proviennent d'un seul et même soleil.) *Spec. Phil., loc. cit.*, p. 308.

78. «*Et la vie était la lumière des hommes, et la lumière luit dans les ténèbres.*» (Jean, I, 4 et 5.)

79. «(*Deus*) *qui inhabitat lucem inaccessibilem.*» (1ʳᵉ Epître à Timothée, VI, 16.)

80. «*Et in lumine tuo videbimus lumen.*» (Psaume XXXV, 11, Vulg.)

même nous surpassions en excellence toutes les autres créatures, étant assurément rendus semblables à lui pour le motif qu'il nous a donné une étincelle de sa lumière. C'est pourquoi la vérité ne doit pas être recherchée en nous, mais dans l'image de Dieu qui est en nous[81]. »

L'archétype unique que Khunrath met en relief est également connu de Dorn comme le « soleil invisible » ou « image de Dieu ». Chez Paracelse, la « lumière de la nature » provient d'abord de l'*astrum* ou *sydus*, l'« astre » en l'homme[82]. Le « firmament » (synonyme d'astre) est la lumière naturelle[83]. C'est pourquoi la « pierre angulaire » de toute vérité est l'« astronomie » qui « est la mère de tous les autres arts. Après elle commence la sagesse divine, après elle commence la lumière de la nature[84] »; les « religions justes » elles-mêmes dépendent de « l'astronomie[85] ». C'est que l'astre « désire pousser l'homme dans la grande sagesse... pour qu'il apparaisse merveilleux dans la lumière de la nature et que les mystères des merveilles de Dieu soient largement découvertes et manifestées[86] ». L'homme lui-même est un « astre »: « Non pas seul, par conséquent, mais ainsi continuellement avec tous les apôtres et les saints; chacun est un *astrum*, le ciel, une étoile.... C'est pourquoi l'Ecriture

---

81. « *Lucet in nobis licet obscure vita lux hominum tanquam in tenebris, quae non ex nobis quaerenda, tamen in et non a nobis, sed ab eo cujus est, qui etiam in nobis habitationem facere dignatur... Hic eam lucem plantavit in nobis, ut in ejus lumine qui lucem inaccessibilem inhabitat, videremus lucem ; hoc ipso quoque caeteras ejus praecelleremus creaturas ; illi nimirum similes hac ratione facti, quod scintillam sui luminis dederit nobis. Est ejus veritas non in nobis quaerenda, sed in imagine Dei quae in nobis est.* » De Philosophia, Meditativa, Theat. Chem., 1602, I, p. 460.

82. Sudhoff, XII, p. 23 : « Ce qui est dans la lumière de la nature est l'œuvre de l'astre. » (Huser, X, p. 19.)

83. *Philosophia Sagax.* (Huser, X, p. I; Sudhoff, XII, p. 3.)

84. *Loc. cit.*, Huser, pp. 3 et sv., Sudhoff, pp. 5 et sv.

85. Les apôtres sont « *astrologi* ». *Loc, cit.*, Huser, p. 23 et Sudhoff, p. 27.

86. *Loc. cit.*, Huser, p. 54, Sudhoff, p. 62.

dit également : vous êtes la lumière du monde[87]. »
« Ainsi donc la lumière naturelle réside tout entière
dans l'astre, et l'homme doit la tirer de lui comme la
nourriture de la terre, dans laquelle il est né de
même qu'il est né dans l'astre[88]. » Les animaux possèdent aussi la lumière naturelle, qui est un « esprit
inné[89] ». Au moment de sa naissance l'homme est
« doté d'une parfaite lumière de la nature[90] ». Paracelse la nomme le « premier et suprême trésor que la
monarchie de la nature renferme en elle[91] », en
accord avec les désignations bien connues de l'« Un »
comme perle précieuse, trésor caché, « chose précieuse difficile à atteindre, etc. »). La lumière est
donnée à « l'homme intérieur », ou corps intérieur
(*corpus subtile*) comme cela ressort du passage suivant : « C'est pourquoi un homme doté de noblesse et
de sagesse, etc. peut émerger de son corps extérieur.
En effet toute sagesse et toute intelligence dont
l'homme se sert sont éternelles avec ce corps et, en
tant qu'homme intérieur[92], l'homme peut vivre autrement que l'homme extérieur. Un tel homme intérieur
en effet est clarifié et véritable éternellement. Et s'il
n'apparaît pas comme parfait au corps mortel, il
apparaît cependant comme parfait lors de sa séparation, de la manière suivante : ce que nous avons déjà
nommé est appelé *lumen naturae* et est éternel. Dieu

87. *Loc. cit.*, Huser, p, 344, Sudhoff, p. 386. Cette dernière phrase se
réfère à Matth,, v, 14 : « *Vos estis lux mundi.* »

88. *Loc. cit.*, Huser, p. 409, Sudhoff, pp. 456 et *sq.*

89. « De même que les coqs qui annoncent par leur chant le temps
qu'il fera et les paons qui prédisent la mort de leurs maîtres... tout cela
se fait par l'esprit inné et c'est la lumière de la nature. » *Fragmenta
Medica*. Chap. *De Morbis Somnii*. (Huser, V, p. 130, Sudhoff, I, p. 361.)

90. *Liber de Generatione Hominis*. (Huser, VIII, p. 172, Sudhoff, I,
p. 300.)

91. « *Primum ac optimum thesaurum, quem naturae Monarchia in se
claudit.* » *De Vita Longa*. Publié par Adam von Bodenstein, 1562, Livre
V, ch. II.

92. *Philosophia Sagax* (Huser, X, p. 341, Sudhoff, XII, p. 382) : « Il
est manifeste que toute sagesse humaine (attachée) au corps terrestre
réside dans la lumière de la nature. » C'est « la lumière humaine de la
sagesse éternelle ». *Loc. cit.*, Huser, p. 395, Sudhoff, p. 441.

a donné (cette lumière) au corps intérieur, afin qu'il (l'homme) soit gouverné par le corps intérieur et, cela, selon la raison... car cette lumière de la nature est seulement la raison et rien d'autre... la lumière est ce qui donne la foi... Dieu a en effet donné à chaque homme assez de lumière, celle à laquelle il est prédestiné, afin qu'il ne s'égare pas... Nous décrivons ainsi l'origine de l'homme ou du corps intérieur : notez que tous les corps intérieurs ne sont qu'un seul corps et une seule chose dans tous les hommes. (Ce corps) est cependant divisé et distribué selon le nombre bien ordonné du corps, à l'un autrement qu'à l'autre. Mais si tous sont réunis, il y a une seule lumière, une seule raison[93]... » « Or la lumière de la nature est une autre lumière, qui est enflammée à partir de l'Esprit-Saint et ne s'éteint pas, car elle est bien enflammée... or la lumière est d'une nature telle qu'elle désire brûler[94], et que, plus longtemps elle brille, plus elle désire briller... il y a donc aussi dans la lumière de la nature un désir ardent d'enflammer[95]... » C'est une lumière « invisible » : « Il s'ensuit donc maintenant que l'homme a seulement dans l'invisible sa sagesse et son art par la lumière de la nature[96]. » L'homme est « un prophète de la lumière naturelle[97] ». On apprend « la lumière de la nature notamment par des rêves[98] ». « Comme la lumière de la nature ne parle pas, elle instruit pendant le sommeil par la puissance de la parole (de Dieu)[99]. »

---

93. *Liber de Generatione Hominis.* (Huser, VIII, pp. 171 et *sq.*, Sudhoff, I, pp. 299 et *sq.*)

94. « Je suis venu apporter le feu sur la terre, et comme je voudrais que déjà il fût allumé ! » Luc, XII, 49.

95. *Fragmenta cum Libro de Fundamento Sapientae,* (Huser, IX, p. 448, Sudhoff, XIII, pp. 325 et *sq.*)

96. *Philosophia Sagax* (Huser, X, p. 46, Sudhoff, XII, p. 53.)

97. *Loc. cit.*, Huser, p. 79, Sudhoff, p. 94.

98. *Practica in Scientiam Divinationis.* Huser, X, p. 438, Sudhoff, XII, p. 488.

99. *Liber de Caducis.* Huser, IV, p. 274, Sudhoff, VIII, p. 298.

Je me suis permis de m'arrêter assez longuement sur Paracelse et de produire un certain nombre de textes authentiques pour permettre au lecteur d'avoir une impression de la manière dont cet auteur conçoit le *lumen naturae*. Il me paraît être avant tout important pour notre hypothèse des phénomènes multiples de conscience que chez Paracelse la vision caractéristique des alchimistes — les étincelles qui luisent dans la noire substance mystérieuse — se transforme en la vision du « firmament intérieur » et de ses astres. L'auteur contemple la psyché obscure comme un ciel nocturne constellé d'étoiles, dont les planètes et les constellations d'étoiles fixes représentent les archétypes dans toute leur luminosité et leur numinosité[100]. Le ciel étoilé est bien véritablement le livre ouvert de la projection cosmique, le reflet des mythologèmes, des archétypes. Dans cette vision des choses, l'astrologie et l'alchimie, les deux antiques représentantes de la psychologie de l'inconscient collectif, se tendent mutuellement la main.

Paracelse est immédiatement influencé par Agrippa von Nettensheim[101], lequel admet une « *luminositas sensus naturae* ». De celle-ci « des lumières de présages descendent sur les animaux quadrupèdes, les oiseaux et d'autres êtres vivants » et les rendent capables de prédire l'avenir[102]. En ce qui concerne le *sensus naturae*, il invoque Guillaume de Paris, dans

---

100. Dans les *Hieroglyphica* d'Horapollon, le ciel étoilé représente Dieu comme ultime Fatum, et il est symbolisé en conséquence par un cinq, peut-être un quinconce.

101. Cf. *Paracelsica, op. cit.*, pp. 47 et *sq.*

102. *De Occulta Philosophia*, col. 1553, p. LXVIII : « *Nam juxta Platonicorum doctrinam, est rebus inferioribus vis quaedam insita, per quam magna ex parte cum superioribus conveniunt, unde etiam animalium taciti consensus cum divinis corporibus consentire videntur, atque his veribus eorum corpora et affectus affici, etc.* » (En effet, selon la doctrine des Platoniciens, dans les choses inférieures réside une certaine vertu par laquelle elles se rencontrent en grande partie avec les choses supérieures, ce qui fait que l'on voit l'accord tacite des animaux s'harmoniser avec les corps divins, et leur corps comme leurs sentiments subir l'influence des vertus de ces derniers, etc. » *Loc. cit.*, p. LXIX.

lequel nous reconnaissons Guillaume d'Auvergne
(*G. Alvernus*, † 1249), archevêque de Paris vers 1228.
Il composa de nombreux ouvrages dont Albert le
Grand subit l'influence. Le premier admet, à propos
du *sensu naturae*, que c'est un sens supérieur à la
faculté de compréhension humaine, et il souligne en
particulier que les animaux le possèdent également[103].
La doctrine du *sensus naturae* découle de l'idée de
l'âme du monde qui pénètre toutes choses, sujet qui
a été traité par un autre Guillaume de Paris, prédécesseur de Guillaume d'Auvergne : le scolastique platonicien Guillaume de Conches[104] (1080-1154), qui
enseigna à Paris. Celui-ci a identifié, comme le fit
Abélard, l'*anima mundi*, qui n'est autre que le *sensus
naturae*, avec le Saint-Esprit. L'âme du monde représente précisément une puissance naturelle qui est responsable de toutes les manifestations de la vie et de
la psyché. Comme je l'ai montré ailleurs, la conception de l'*anima mundi* est courante dans la tradition
alchimique en général où le Mercure est interprété
tantôt comme l'*anima mundi* et tantôt comme le
Saint-Esprit[105]. Etant donné l'importance des représentations alchimiques pour la psychologie de
l'inconscient, il convient sans doute d'accorder quelque attention à une variante révélatrice au sujet du
symbolisme de l'étincelle.

Un symbole encore plus fréquent que le thème des
étincelles est en effet celui des yeux de poissons, qui
a la même signification. Comme je l'ai mentionné
plus haut, les auteurs allèguent, comme source de la
doctrine des étincelles, un passage de Morien. Ce
passage se rencontre en fait dans le traité de Morienus Romanus. Mais il se présente comme suit :
« ... Le pur laton est cuit jusqu'à ce qu'il brille comme

103. Cf. LYNN THORNDIKE : *A History of Magic and Experimental
Science*, 1929, II, pp. 348 et *sq*.
104. Fr. PICAVET : *Essai sur l'histoire générale et comparée des théo-
logies et des philosophies médiévales*, 1913, p. 207.
105. Cf. *Psychologie et alchimie*, trad. cit., pp. 172, 248, 439, 535,
549 et *sq*.

des yeux de poissons[106]...» Cette phrase paraît déjà être ici une citation d'une autre source encore antérieure. On voit apparaître assez souvent les yeux de poissons chez les auteurs ultérieurs. Chez Sir George Ripley se trouve la variante que, lors du «dessèchement de la mer», une substance demeure qui «brille comme un œil de poisson[107]», ce qui constitue une claire allusion à l'or ou au soleil (en tant qu'œil de Dieu). Il n'y a pas loin de là à la phrase de Zacharie IV, 10, qu'un alchimiste du XVIIe siècle place en épigraphe de son édition de Nicolas Flamel : « *(Laetabuntur) et videbunt lapidem stanneum in manu Zorobabel. Septem isti oculi sunt Domini, qui discurrunt in universam terram[108].* » (Ils se réjouiront en voyant la pierre d'étain dans la main de Zorobabel. Ce sont les sept yeux du Seigneur qui parcourent la terre[109].) Ces sept yeux sont manifestement ici les

---

106. *Liber de Compositione Alchemiae. Art. Aurif.*, 1593, II, 32: «... *Purus laton tamdiu decoquitur, donec veluti oculi piscium elucescat.*» Les *oculi piscium* ont été interprétés par les auteurs eux-mêmes comme étant des « *scintillae* ». [Le *laton* est la matière au noir que l'on cuit ou lave — avec l'eau qui est feu — pour la faire parvenir à la blancheur, ou encore le plomb que l'on transmue en argent. Le nom de *laton* est rapproché de celui de Latone ou Létô, mère d'Apollon et de Diane, qui sont le soleil et la lune, ou l'or et l'argent alchimiques. Cf. notamment Michel Maier: *Atalanta Fugiens*, 1617, trad. cit., Emblème XI. — *N. d. T.*]

107. *Opp.*, 1649, p. 159.

108. On rapprochera encore Zach., III, 9: «*Super lapidem unum septem oculi sunt.*» (Sur la pierre unique il y a sept yeux.)

109. Eirenaeus Orandus: *Nicolas Flamel: His Exposition of the Hieroglyphical Figures*, etc., Londres 1624. [Contrairement à Jung, qui donne, auprès du texte latin, une traduction réalisée sur l'original hébreu, nous avons cru bon de traduire d'après la Vulgate latine. Au point de vue alchimique, en effet, le mot important du verset biblique est «*stanneum*»: «d'étain», tandis que l'hébreu dit: «le plomb», que la Bible de Jérusalem a corrigé en: «la pierre choisie». L'étain est le métal correspondant à la planète Jupiter. Astre modérateur placé dans le ciel à égale distance entre Saturne (symbole du principe passif) et Mars, le guerrier, le principe actif, Jupiter réconcilie les contraires, *éteint* leur antagonisme. Cf. Dante: *Paradiso*, XXII, 145. Chez les Grecs, l'étain (κασσίτερος) est le métal utilisé pour effectuer les *soudures*. Cette nature conciliatrice de l'étain amène l'alchimiste cité ici à y voir la pierre philosophale dans laquelle sont rassemblés les sept yeux (= vertus) du Seigneur qui sont, comme l'explique Jung, les sept planètes. — *N. d. T.*]

sept planètes qui sont, comme le soleil et la lune, les yeux de Dieu, qui jamais n'ont de repos, vont partout et voient tout. Le même thème doit être à la base du mystère d'Argos, le géant aux multiples yeux. Celui-ci porte le surnom de πανόπτης (qui voit tout) et est interprété comme signifiant le ciel étoilé. Tantôt il a un seul œil, tantôt quatre yeux, tantôt cent yeux ; parfois il est même μυριωπός (aux mille yeux). On considère également qu'il ne dort jamais. Héra fit passer les yeux d'Argos Panoptès sur la queue du paon[110]. De même qu'Argos est un gardien, la constellation du Dragon reçoit dans le ciel, d'après la citation d'Aratos rapportée par Hippolyte, une place d'où l'on observe tout. Il y est décrit comme celui qui « du haut du pôle observe et surveille toutes choses, afin que rien de ce qui se fait ne lui demeure caché[111] ». Ce dragon ne dort en quelque sorte jamais puisque « le pôle ne se couche jamais ». Il apparaît souvent comme étant mêlé au cours sinueux du soleil dans le ciel. « C'est pour ce motif qu'on dispose parfois les signes du zodiaque entre les circonvolutions du reptile », dit Cumont[112]. Il arrive que les signes du zodiaque soient portés sur le dos du serpent[113]. Ainsi que le souligne Eisler, la faculté de tout voir du dragon est transmise, par l'intermédiaire du symbolisme du temps, à Chronos qui est nommé chez Sophocle ὁ πάνθ᾽ ὁρῶν χρόνος (le temps qui voit tout) et dans l'inscription funéraire des morts de Chéronée πανεπίσκοπος δαίμων

110. Ce mythologème est important pour l'interprétation de la *cauda pavonis*.

111. « Τετάχθαι γὰρ νομίζουσι κατὰ τὸν ἀρκτικὸν πόλον τὸν Δράκοντα, τὸν ὄφιν, ἀπὸ τοῦ ὑψηλοτάτου πόλου πάντα ἐπιβλέποντα, καὶ πάντα ἐφορῶντα, ἵνα μηδὲν πραττομένον αὐτὸν λάθη. » *Elenchos*, IV, 47, 2, 3.

112. *Textes et Monuments figurés relatifs aux mystères de Mithra*, 1899, I, p. 80.

113. « Προσέταξε τὸν αὐτὸν δράκοντα βαστάζειν ἕξ ζῴδια ἐπὶ τοῦ νώτου αὐτοῦ. » (Il donna l'ordre que le même dragon portât six signes du zodiaque sur son dos.) PITRA : *Analecta Sacra*, V, 9, p. 300. Cité dans EISLER : *Weltenmantel und Himmelszelt*, 1910, II, 389, note 5.

(génie qui surveille toutes choses[114]). L'identité de celui qui voit tout et du temps permet d'expliquer les yeux sur les roues de la vision d'Ezéchiel (I, 8) : « Leurs circonférences à toutes les quatre étaient pleines d'yeux tout autour. » L'identification de la constellation qui voit tout avec le temps doit être mentionnée ici en raison de sa signification particulière ; elle indique en effet la relation du *mundus archetypus* de l'inconscient avec le « phénomène » du temps, à savoir, la synchronicité d'événements archétypiques sur laquelle je reviendrai encore dans le résumé final.

Nous apprenons par l'autobiographie qu'Ignace de Loyola dicta à Loys Gonzales[115] qu'il voyait assez souvent une vive clarté qui, à ce qu'il lui semblait, avait fréquemment l'aspect d'un serpent. Celui-ci paraissait être rempli d'yeux brillants qui, cependant, n'étaient pas vraiment des yeux. Tout d'abord il éprouva grâce à la beauté de cette vision une vive consolation, mais reconnut plus tard que c'était un mauvais esprit[116]. Cette vision récapitule tous les aspects traités ici du thème de l'œil et représente une formulation très impressionnante de l'inconscient avec ses luminosités disséminées. On se représente sans peine la perplexité qu'un homme du Moyen Age dut éprouver devant une intuition si éminemment « psychologique », d'autant plus qu'aucun symbole dogmatique ni aucune allégorie appropriée des Pères ne pouvaient venir en aide à son jugement. Mais Ignace ne s'était pas tellement égaré, car les mille yeux sont également la propriété de l'homme primordial, du Purusha. Il est écrit dans le Rigvéda X, 90 : « Le Purusha a mille têtes, mille yeux, mille pieds. Il tient la terre enfermée et il dépasse l'espace aux dix

114. *Loc. cit.*, II, 388.

115. Ludovicus Gonsalvus : *Acta Antiquissima*.

116. Ignace eut également la vision d'une « certaine chose ronde, paraissant faite d'or et grande » qui planait devant lui. Il l'interpréta comme étant le Christ qui lui était apparu sous la forme du soleil. (Ph. Funk : *Ignatius von Loyola*, 1913, pp. 57, 65, 74, 112,

doigts[117]. » Monoimos l'Arabe enseignait, selon Hippolyte, que l'homme primordial ("Ανθρωπος) est une monade unique (μία μονάς), non composée, indivisible, et en même temps composée et divisible. Cette monade est le point sur l'i (μία κεραία), et cette unité la plus petite de toutes, qui correspond à l'unique étincelle de Khunrath a « un grand nombre de visages » et « un grand nombre d'yeux[118] ». Monoimos s'appuie en cela principalement sur le prologue de l'Evangile de Jean ! Son homme primordial est, comme le Purusha, l'univers (ἄνθρωπον εἶναι τὸ πᾶν[119]).

Des visions de ce genre doivent être comprises comme des intuitions introspectives qui saisissent l'état de l'inconscient, et en même temps comme une forme de réception de l'idée chrétienne centrale. Naturellement ce thème apparaît également avec la même signification dans les rêves modernes et dans les phantasmes sous des formes telles que le ciel étoilé, le reflet des astres dans l'eau sombre, les pépites d'or répandues dans la terre noire[120] ou le sable aurifère, la fête nocturne sur un lac, c'est-à-dire des lampions sur de sombres surfaces aquatiques, l'œil isolé dans la profondeur de la terre ou de la mer, la vision parapsychique de sphères lumineuses, etc. Comme la conscience est caractérisée depuis toujours par des expressions qui sont tirées de phénomènes lumineux, l'hypothèse selon laquelle les petites luminosités correspondraient à de petits phénomènes de conscience n'est pas, à mon avis, très éloignée de la réalité. Si la luminosité apparaît sous forme de monade, par exemple, comme étoile isolée, soleil ou œil, elle revêt volontiers l'aspect d'un mandala et

---

117. Traduit d'après A. HILLEBRANDT: *Lieder des Rigveda*, 1913, p. 130.

118. *Elenchos*, VIII, 12, 5.

119. *Loc. cit.*, VIII, 12, 2.

120. Comme dans la prescription magistrale de l'alchimie: «*Seminate aurum in terram albam foliatam.*» (Semez l'or dans la terre blanche feuillée.) Cf. M. MAIER: *Atalanta Fugiens*, trad. cit., Emblème VI.

doit alors être interprétée comme le Soi. Pourtant il ne s'agit pas d'une « double conscience[121] », car une dissociation de la personnalité ne peut dans ce cas être décelée. Les symboles du Soi ont au contraire un sens « unificateur[122] ».

121. [En français dans le texte. — *N. d. T.*]
122. Voir mes exposés sur « les symboles unificateurs » dans *Types psychologiques*, trad. cit.

CHAPITRE VII

Pattern of behaviour
et archétype

Nous avons situé le début inférieur de la psyché dans l'état où la fonction s'émancipe de la contrainte de l'instinct et se laisse influencer par la volonté, et nous avons défini la volonté comme une quantité d'énergie disponible. Mais cela suppose, comme il a été dit, un sujet capable de jugement et de décision, auquel on doit attribuer la conscience. En suivant cette voie, nous en sommes arrivés en quelque sorte précisément à prouver ce qu'au début nous rejetions, à savoir l'identification de la psyché avec la conscience. Ce dilemme s'éclaire à présent, étant donné que nous comprenons combien la conscience est relative, parce que ses contenus sont à la fois conscients et inconscients, c'est-à-dire conscients sous un certain angle et inconscients sous un autre. Comme tout paradoxe, cette constatation paraît difficile à comprendre[123]. Mais il faut bien nous habituer à la pensée que le conscient n'est pas un « ici » et l'inconscient un « là ». La psyché représente bien plutôt une totalité consciente-inconsciente. En ce qui concerne la couche frontalière que j'ai désignée du nom d'« inconscient personnel », on peut démontrer sans difficulté que ses contenus correspondent exactement à notre définition du psychisme. Mais y a-t-il

---

123. Freud est également parvenu à de telles conclusions paradoxales. Il écrit (*Techniques de la psychanalyse et métapsychique*, 1924, p. 213): «Un instinct (*Trieb*) ne peut jamais devenir objet de la conscience, mais seulement la représentation qui l'évoque. *Mais dans l'inconscient également il ne peut être évoqué que par la représentation.*» (Souligné par moi.) De même que, dans mon exposé, que l'on vient de lire, la question du sujet de la volonté inconsciente demeure en suspens, on doit demander ici: à qui l'instinct est-il représenté dans l'état inconscient? Car « représentation » inconsciente constitue une *contradictio in adjecto*.

un inconscient psychique conforme à notre définition qui ne soit pas une «*fringe of consciousness*» et qui n'ait pas de caractère personnel?

J'ai déjà signalé que Freud a constaté dans l'inconscient la présence de restes archaïques et de modes de fonctionnement primitifs. Des recherches ultérieures ont confirmé cette constatation et récolté un riche matériel d'illustration. Eu égard à la structure du corps, il serait surprenant que la psyché fût le seul phénomène biologique à ne pas révéler des traces évidentes de l'histoire de son développement, et il est également vraisemblable que ces signes sont précisément dans le plus étroit rapport avec le fondement instinctif. Instinct et mode archaïque coïncident dans la notion biologique du *pattern of behaviour*. Il n'y a pas, en effet, d'instinct amorphe, étant donné que chaque instinct revêt la forme de sa situation. Il remplit toujours une image qui possède des propriétés fixes. L'instinct de la fourmi moissonneuse s'accomplit, dans l'image de la fourmi, de l'arbre, de la feuille, de l'action de couper, de transport et de la champignonnière[124]. Si l'une de ces déterminations vient à manquer, l'instinct ne fonctionne pas, car, sans la totalité de sa forme, sans son image, il ne saurait exister. Une telle image est un type de nature *a priori*. Celui-ci est inné dans la fourmi antérieurement à toute activité, car celle-ci ne peut avoir lieu que si un instinct de forme correspondante en donne l'occasion et la possibilité. Ce schéma est valable pour tous les instincts et il est présent sous une forme identique chez tous les individus de même espèce. Il en est de même pour l'homme: il possède en lui *a priori* des types d'instinct qui constituent l'occasion et le modèle de ses actions, dans la mesure où il agit instinctivement. En tant qu'être biologique, il ne peut absolument pas faire autrement que de se comporter d'une manière spécifiquement humaine et de remplir son *pattern of behaviour*.

---

124. Voir Lloyd Morgan: *Instinkt und Gewohnheit*, 1909.

Ainsi des limites étroites se voient posées à son libre arbitre, d'autant plus étroites que plus il est primitif, plus sa conscience dépend de la sphère des instincts. Bien que d'un certain point de vue il soit tout à fait exact de considérer le *pattern of behaviour* comme un résidu archaïque persistant, ainsi que, par exemple, Nietzsche l'a fait du mode de fonctionnement du rêve, on ne rend pas ainsi justice à l'importance biologique et psychologique de ces types. Ce sont en effet non seulement des reliquats ou des restes encore existants de modes de fonctions antérieurs, mais des régulateurs toujours existants et biologiquement indispensables de la sphère des instincts, dont l'efficacité s'étend à tout le domaine de la psyché et ne perd son caractère absolu que là où elle se trouve bornée par la relative liberté de la volonté. L'image représente le sens de l'instinct.

Autant est vraisemblable la présence de la forme globale (*Gestalt*) de l'instinct dans la biologie humaine, autant la démonstration empirique de l'existence de types distincts paraît difficile. En effet, l'organe à l'aide duquel nous pourrions les saisir, à savoir la conscience, est, en soi, non seulement une transformation, mais aussi un agent transformateur de l'image instinctuelle primitive. Il n'y a donc rien d'étonnant à ce que l'entendement ne parvienne pas à instaurer pour les hommes des types précis analogues à ceux que nous connaissons dans le règne animal. Il me faut avouer que je ne puis me représenter une voie directe conduisant à la solution de ce problème. Et cependant je suis parvenu, me semble-t-il, à découvrir au moins un accès indirect à l'image instinctuelle.

Je voudrais, dans ce qui va suivre, exposer brièvement l'histoire de cette découverte. J'ai souvent observé des patients dont les rêves évoquaient un riche matériel de phantasmes. J'ai également recueilli des patients eux-mêmes l'impression qu'ils étaient littéralement bourrés de phantasmes, sans qu'ils puissent préciser en quoi consistait cette poussée

intérieure. J'ai donc pris comme occasion une image
onirique ou une idée spontanée du malade pour le
charger de parfaire ou de développer cette esquisse
dans une libre activité imaginative. Suivant le penchant ou les dons de l'individu, cela pouvait se produire sous une forme dramatique, dialectique,
visuelle, acoustique, chorégraphique, picturale, dessinée ou plastique. Le résultat de cette technique était
un nombre incalculable de formations compliquées
dans l'abondante diversité desquelles je ne me suis
pas reconnu, des années durant, à savoir tant que je
ne fus pas capable de reconnaître que cette méthode
concernait la manifestation spontanée, seulement
appuyée sur la capacité technique du patient, d'un
processus inconscient en soi auquel je donnais plus
tard le nom de «processus d'individuation». Mais,
bien avant que cette connaissance vînt à poindre en
moi, je fis l'observation que souvent cette méthode
réduisait dans une très large mesure la fréquence et
l'intensité des rêves et diminuait ainsi l'inexplicable
pression exercée par l'inconscient. Cela signifiait,
dans un grand nombre de cas, un succès thérapeutique considérable, qui m'encourageait aussi bien que
le patient à continuer, malgré le caractère incompréhensible des contenus amenés au jour[125]. Il me fallait
insister sur la nature incompréhensible de ces derniers pour m'empêcher de tenter, sur la base de certains présupposés théoriques, des interprétations dont
je ressentais, non seulement qu'elles étaient insuffi-
santes, mais en outre qu'elles étaient propres à porter
atteinte aux formulations naïves et spontanées du
patient. Plus je soupçonnais qu'il y avait dans ces
dernières une orientation vers un but, moins j'osais
bâtir à ce sujet des théorèmes, quels qu'ils fussent.
Dans bien des cas, cette réserve ne m'était pas rendue facile, étant donné qu'il s'agissait de patients qui
avaient besoin de certaines conceptions pour ne pas

125. Voir: *Problèmes de l'âme moderne et Dialectique du moi et de
l'inconscient*, trad. cit.

se perdre entièrement dans le noir. Je devais tenter
de donner au moins des interprétations provisoires, ce
que je faisais de mon mieux, mais en les émaillant
de beaucoup de « peut-être », de « si » et de « mais »,
et sans jamais aller au-delà de l'image en cause. Je
veillais toujours avec anxiété à faire aboutir l'interprétation de l'image en une question dont la réponse
demeurait livrée à la libre activité imaginative du
patient.

La multiplicité d'abord chaotique des images se
condensait au cours du travail en certains thèmes et
éléments formels qui se répétaient sous une forme identique ou analogue chez les individus les plus divers. Je
mentionnerai ici comme signes les plus essentiels la
multiplicité chaotique et l'ordre, la dualité, l'opposition
de la clarté et de la lumière, le haut et le bas, la droite
et la gauche, l'union des opposés en un troisième élément, la quaternité (carré et croix), la rotation (cercle,
sphère) et, finalement, le centrage et la disposition
radiale, en général selon un système quaternaire. Les
formations ternaires étaient, la *complexio oppositorum*
ou union des contraires en un troisième élément mise à
part, relativement rares, et constituaient des exceptions
marquées qui s'expliquaient par des conditions particulières[126]. Le centrage constitue, dans mon expérience, le
sommet jamais dépassé du développement[127], lequel se
caractérise en tant que tel parce qu'il coïncide dans la
pratique avec l'effet thérapeutique maximum. Les
signes produits sont des abstractions extrêmes et expriment en même temps de la façon la plus simple les
principes formateurs qui sont à l'œuvre. La réalité
concrète des formations est infiniment plus bigarrée et
plus spectaculaire. Leur diversité dépasse tout pouvoir
de description. Je ne puis en dire que ceci : il n'existe
sans doute aucun thème d'une mythologie quelconque

126. Il se produit quelque chose d'analogue à propos des formes à
base de cinq.
127. Autant que le développement puisse être constaté d'après des
matériaux objectifs.

qui n'émerge à l'occasion dans ces productions. Si, d'une manière générale, il existait chez mes patients des connaissances mythologiques dignes d'être mentionnées, elles étaient largement dépassées par les idées spontanées de l'imagination créatrice. D'ordinaire, les connaissances mythologiques de mes patients étaient minimes.

Ces faits montraient bien, sans méprise possible, la coïncidence des phantasmes guidés par des régulateurs inconscients avec les monuments de l'activité de l'esprit humain en général, tels qu'ils nous étaient connus par la tradition et les recherches ethnologiques. Tous les signes abstraits signalés tout à l'heure sont à un certain point de vue conscients; tout le monde sait compter jusqu'à quatre et sait ce que sont un cercle et un carré, mais en tant que principes de formation, ce sont là des éléments inconscients et leur signification psychologique n'est pas davantage consciente. Mes vues et mes conceptions essentielles dérivent de ces expériences. D'abord, il y a eu les observations et ce n'est qu'après que je me suis péniblement bâti, à partir d'elles, des conceptions. Et c'est ainsi que les choses se passent également pour la main qui conduit le crayon, le pinceau, pour le pied qui fait un pas de danse, pour la vue et pour l'ouïe, pour la parole et la pensée : une impulsion obscure décide en dernier ressort de la forme que prendra la création, un *a priori* inconscient pousse à la réalisation d'une forme, et l'on ne sait pas que la conscience d'un autre est guidée par les mêmes motifs, alors qu'on a pourtant le sentiment d'être livré à un hasard subjectif sans limites. Sur tout ce processus semble planer une obscure prescience, non seulement de la configuration mais aussi du sens qu'elle contient[128]. L'image et le sens sont identiques, et, quand l'une se forme, l'autre se clarifie. La forme n'a pas besoin d'interprétation, elle représente son propre sens. Ainsi il y a des cas où je puis en défi-

128. Voir à ce sujet: *Psychologie et alchimie*, trad. cit., p. 290.

nitive renoncer à l'interprétation comme exigence thérapeutique. Toutefois, quand il s'agit de connaissance scientifique, c'est autre chose. Ici il nous faut découvrir, à partir de l'ensemble de l'expérience, certains concepts d'une valeur aussi générale que possible qui ne sont pas donnés *a priori*. Ce travail spécial signifie une traduction de l'archétype intemporel, toujours présent et opérant, dans le langage scientifique de chaque époque.

Ces expériences et ces réflexions m'ont permis de reconnaître qu'il est certaines conditions collectives existant dans l'inconscient qui agissent comme régulateurs et stimulants de l'activité de l'imagination créatrice et provoquent des formulations correspondantes, en faisant servir à leur but les matériaux conscients existants. Elles se comportent exactement comme les moteurs des rêves et c'est pourquoi l'imagination active, nom que j'ai donné à cette méthode, remplace même les rêves jusqu'à un certain point. L'existence de ces régulateurs inconscients, qu'il m'est également arrivé de désigner, en raison de leur mode de fonctionnement, du nom de dominantes[129], m'a paru être si importante que j'ai fondé sur elle mon hypothèse d'un inconscient collectif, impersonnel. Il m'a semblé hautement digne de remarque, dans cette méthode, qu'elle ne constitue pas une *reductio in primam figuram*, mais bien plutôt une synthèse, sous-tendue par une attitude volontaire, certes, mais naturelle au demeurant, de matériaux conscients passifs et d'influences inconscientes, donc une sorte d'amplification spontanée des archétypes. Ces images ne se laissent nullement reconnaître au moyen d'une réduction des contenus de la conscience à leur plus petit dénominateur commun, ce qui constituerait cette voie directe menant aux images primordiales, que j'ai qualifiée plus haut d'impossible à se représenter, mais elles se manifestent seulement grâce à l'amplification.

129. *Psychologie de l'inconscient*, trad. cit.

C'est sur le processus naturel d'amplification que s'appuie aussi ma méthode de la détermination du sens du rêve, car le rêve se comporte exactement de la même manière que l'imagination active; il n'y manque que le soutien au moyen de contenus conscients. Mais dans la mesure où les archétypes interviennent dans la configuration des contenus de la conscience pour les régulariser, les modifier et les motiver, ils se comportent comme des instincts. C'est pourquoi il n'y a de là qu'un pas pour admettre qu'il faille placer ces facteurs en relation avec les instincts et à poser la question de savoir si les images typiques de situations qui paraissent représenter ces principes collectifs de conformation ne sont pas, en définitive, absolument identiques aux formes instinctuelles, aux *patterns of behaviour*. Je dois avouer que je n'ai pu jusqu'à présent mettre la main sur aucun argument qui s'opposerait solidement à cette possibilité.

Avant de poursuivre le cours de mes réflexions, il me faut maintenant mettre l'accent sur un aspect des archétypes qui est particulièrement évident pour celui qui s'occupe d'une façon pratique de cette matière. L'émergence des archétypes a en effet un caractère numineux marqué que l'on doit considérer, sinon comme « magique », du moins comme véritablement spirituel. Ce phénomène est par suite de la plus haute importance pour la psychologie de la religion. Toutefois son effet n'est pas dépourvu d'ambiguïté. Il peut être salvateur ou destructeur, mais il n'est jamais indifférent, en supposant naturellement qu'il apparaisse avec un certain degré de clarté[130]. Cet

130. Il arrive que la manifestation des archétypes soit même liée à des effets de synchronicité, à des effets parapsychiques. J'entends par synchronicité, ainsi que je l'ai exposé en détail ailleurs, les coïncidences qui ne sont pas rares, d'états de fait subjectifs et objectifs qui ne peuvent être expliquées de façon causale, tout au moins à l'aide de nos moyens actuels. C'est sur ce postulat que reposent l'astrologie et la méthode du *Yi King*. Ces observations, tout comme les constatations astrologiques, ne sont pas reconnues d'une manière générale, ce qui, comme chacun sait, n'a jamais entamé un état de fait. Je ne mentionne ces effets que pour

aspect mérite le qualificatif de « spirituel » par excellence. Il n'est pas rare de voir l'archétype apparaître dans les rêves ou les formulations imaginaires sous la forme d'un esprit ou se comporter même comme un fantôme. Sa numinosité a souvent une qualité mystique et un effet correspondant sur la sensibilité. Il mobilise des notions philosophiques et religieuses chez des gens qui précisément se croient être aux antipodes de tels accès de faiblesse. Il pousse souvent vers son but avec une passion inouïe et une logique impitoyable, et captive le sujet par un charme que celui-ci, malgré une résistance désespérée, ne peut et, finalement, ne veut plus rompre. Il ne le fait pas parce que l'expérience vécue amène avec elle une plénitude de sens tenue jusque-là pour impossible, Je conçois au plus profond de moi-même la résistance de toutes les convictions solidement établies contre des découvertes psychologiques de ce genre. Mus par un pressentiment plus que par un savoir réel, ces gens éprouvent de l'angoisse devant la puissance menaçante qui se trouve liée au plus intime de chaque être humain et n'attend en quelque sorte que le mot magique qui rompra l'enchantement. Ce mot magique rime toujours en -isme, et agit avec le plus de succès chez les hommes qui précisément ont le moins accès aux réalités intérieures et qui se sont fourvoyés le plus loin de leurs bases instinctuelles dans le monde réellement chaotique de la conscience collective.

Malgré ou peut-être justement à cause de sa parenté avec l'instinct, l'archétype représente l'élément qui constitue proprement l'esprit, mais un esprit qui n'est pas identique à l'intellect de l'homme et

être complet, et seulement pour ceux de mes lecteurs qui ont eu l'occasion de se convaincre de la réalité de phénomènes parapsychiques. Pour plus de détails, voir mon étude sur la synchronicité dans *Naturerklärung und Psyche, op. cit.* [Voir aussi : C. G. Jung : Préface à la traduction anglaise du *Yi King* de Cary F. Baynes d'après la version allemande de Richard Wilhelm. Texte reproduit dans le vol. XIII des *Œuvres complètes (Gesammelte Werke)*, 1963. — *N. d. T.*]

représente bien plutôt le *spiritus rector* de ce dernier. Le contenu essentiel de toutes les mythologies, de toutes les religions et de tous les -ismes, est de nature archétypique. L'archétype est esprit ou non-esprit et ce comme quoi il se révélera finalement dépend la plupart du temps de l'attitude du conscient humain. L'archétype et l'instinct constituent l'opposition la plus forte que l'on puisse imaginer, ainsi qu'on peut le vérifier facilement en comparant un homme placé sous l'empire d'un instinct avec celui qui est saisi par l'Esprit. Mais, comme il existe entre tous les opposés un rapport si étroit qu'on ne peut trouver ou penser aucune position sans la négation correspondante, la maxime «les extrêmes se touchent[131]» s'applique également ici. Parce qu'ils se correspondent, ils vont de pair. Ce n'est certes pas qu'on puisse plus ou moins les faire dériver l'un de l'autre; ils existent bien plutôt côte à côte en tant que ces représentations que nous nous faisons de l'opposition qui est à la base de l'énergétique psychique. Finalement l'homme se retrouve à tout le moins comme quelqu'un qui est poussé à faire quelque chose et en même temps qui se représente quelque chose. Cette opposition n'a fondamentalement aucune signification morale, car, en soi, l'instinct n'est pas mauvais et l'esprit n'est pas bon. Chacun d'eux peut être l'un et l'autre. L'électricité positive est aussi bonne que la négative; elle est avant tout électricité. De même aussi les opposés psychologiques veulent être considérés d'un point de vue scientifique. Les opposés réels ne sont pas des grandeurs incommensurables, sinon ils ne pourraient pas s'unir; malgré toute leur opposition, ils manifestent toujours une tendance à le faire, et Nicolas de Cues a défini Dieu lui-même comme une *complexio oppositorum*.

Les opposés sont les propriétés extrêmes d'un état grâce auxquelles ce dernier peut être perçu comme réel, car ils constituent une différence de potentiel.

---

131. [En français dans le texte. — *N. d. T.*]

La psyché se compose de processus dont l'énergie peut naître de l'équilibration des oppositions les plus diverses. L'opposition esprit-instinct représente simplement une formulation des plus générales; elle a l'avantage de donner un dénominateur commun à la plupart des processus psychiques les plus importants et les plus compliqués. Ainsi considérés, les événements psychiques apparaissent comme des recherches d'équilibre énergétique entre l'esprit et l'instinct; mais la question demeure *a priori* parfaitement obscure de savoir si un phénomène peut être désigné comme spirituel ou comme instinctuel. Cette appréciation ou interprétation dépend entièrement du point de vue ou de l'état du conscient. Ainsi, un conscient peu développé qui, à cause de la présence d'innombrables projections de choses et d'états concrets ou paraissant tels, en est impressionné d'une façon décisive verra naturellement dans l'instinct la source de la réalité. Ce faisant, il est totalement inconscient de la portée spirituelle de sa constatation philosophique et s'imagine avoir établi par son jugement la nature essentiellement instinctuelle des phénomènes psychiques. Inversement, un conscient qui se trouve en opposition avec les instincts peut, du fait d'une influence excessive des archétypes qui intervient alors, inclure les instincts dans l'esprit, au point qu'à partir de phénomènes indubitablement biologiques, on verra naître des complications «spirituelles» parfaitement grotesques. Dans de tels cas, on ne voit pas tout ce qu'il y a d'instinctif dans le fanatisme nécessaire à une telle opération.

Les phénomènes psychiques se comportent donc comme une échelle le long de laquelle glisse la conscience. Tantôt elle se trouve dans le voisinage des phénomènes instinctifs et tombe alors sous leur influence; tantôt elle s'approche de l'autre extrémité où l'esprit prédomine et assimile même les processus instinctifs placés en face de lui. Ces positions opposées génératrices d'illusions ne sont nullement des manifestations anormales, mais constituent les unilatéralités psychiques qui caractérisent les hommes normaux d'aujourd'hui. Il va de soi qu'elles ne se manifestent pas seulement dans le domaine de l'opposition esprit-instinct, mais sous beaucoup d'autres formes encore que j'ai décrites en partie dans mes *Types psychologiques*.

Cette conscience « glissante » représente encore d'une façon tout à fait typique l'homme d'aujourd'hui. L'unilatéralité qui en résulte peut cependant être dissipée par ce que j'ai appelé réalisation de l'ombre. Il eût été aisé de trouver pour cette opération un nom hybride gréco-latin à la résonance plus scientifique que « poétique ». Mais on doit, en psychologie, déconseiller de telles entreprises pour des raisons pratiques, là du moins où il s'agit de problèmes éminemment pratiques. La « réalisation de l'ombre » est l'un de ceux-là ; elle est la reconnaissance de la partie inférieure de la personnalité, qui ne doit pas être falsifiée en un phénomène intellectuel, car c'est une expérience et une épreuve qui concernent l'homme tout entier. La nature de ce qui doit être reconnu et assimilé a été exprimée d'une façon si frappante et si évocatrice par la langue poétique dans le mot « ombre » qu'il y aurait presque de l'outrecuidance à vouloir s'écarter de l'usage de ce bien linguistique. Déjà l'expression « partie inférieure de la personnalité » est impropre et induit en erreur, alors qu'au contraire le terme « ombre » ne présume rien qui le détermine quant à son contenu. L'« homme sans ombre » est en effet le type d'homme statistiquement le plus fréquent, type qui croit pouvoir affirmer qu'il est seulement ce qu'il daigne savoir de lui-même. Malheureusement, ni l'homme dit religieux, ni celui dont l'attitude est nettement scientifique ne constituent des exceptions à la règle.

La confrontation avec l'archétype ou l'instinct signifie un problème éthique de premier ordre, dont celui-là seul commence à sentir l'urgence qui se trouve placé devant la nécessité d'assumer ou non l'assimilation de l'inconscient et l'intégration de sa personnalité. Cette nécessité, il est vrai, n'assaille que celui qui s'aperçoit qu'il a une névrose ou que tout ne va pas pour le mieux dans son état psychique. Ce n'est certes pas le grand nombre. Quiconque est, pour une part majeure de lui-même, homme de la masse n'a, par principe, aucune clairvoyance en ce qui concerne ses infériorités, et n'a pas non plus besoin d'en avoir, car le seul qui puisse réellement commettre des fautes est le grand anonyme conventionnellement désigné comme « Etat » ou « Société ». Mais celui qui sait que quelque chose dépend de lui, ou du moins devrait dépendre de lui, se sent responsable de sa constitution psychique, et cela d'autant plus qu'il voit plus clairement comment il devrait être pour être mieux portant, plus stable, plus accompli et plus efficace. S'il se trouve même dans la voie de l'assimilation de l'inconscient, il peut être sûr de n'échapper à aucune des difficultés qui sont composantes essentielles de sa nature. L'homme de la masse au contraire a le privilège de demeurer chaque fois parfaitement innocent dans les grandes catastrophes politiques et sociales où le monde entier est impliqué. Son bilan final s'établit en conséquence, tandis que l'autre a la possibilité de trouver un lieu spirituel, un royaume « qui n'est pas de ce monde ».

Ce serait un impardonnable péché par omission que de négliger la valeur affective de l'archétype. Elle est de la plus haute importance tant en pratique qu'en théorie. En tant que facteur numineux, l'archétype détermine le genre et le cours que va prendre la réalisation avec une apparente prescience ou avec une possession *a priori* du but circonscrit par le processus de centrage[132]. Je voudrais illustrer par un simple exemple la manière dont fonctionne l'archétype. Alors que je séjournais en Afrique équatoriale sur le versant sud du mont Elgon, je remarquai qu'au lever du soleil les gens venaient devant leurs huttes, tenaient leurs mains devant leurs bouches et cra-

132. Démonstration dans *Psychologie et alchimie*, trad. cit., IIe partie.

chaient ou soufflaient dedans. Puis ils levaient les
bras, la paume des mains tournée vers le soleil. Je
leur demandai ce que cela signifiait, mais aucun
d'eux ne put me donner d'explication. Ils avaient
toujours agi de la sorte et l'avaient appris de leurs
parents. Le *medicine-man* savait ce que cela voulait
dire. Je questionnai donc le *medicine-man*. Il en
savait aussi peu que les autres, mais m'assura que
son grand-père l'avait encore su. On faisait ainsi à
chaque lever du soleil et lorsque apparaissait pour la
première fois le croissant après la nouvelle lune.
Pour ces gens, d'après ce que je pus établir, le
moment de l'apparition du soleil et de la nouvelle
lune est « *mungu* », terme qui correspond au mélané-
sien « *mana* » ou « *mulungu* » et que les missionnaires
traduisent par « Dieu ». De fait, chez les Elgonyis, le
mot « *athista*[133] » signifie « soleil » aussi bien que
« Dieu », quoiqu'ils nient que le soleil soit Dieu. Seul
le moment du lever est « *mungu* », c'est-à-dire « *athista* ». La salive et le souffle signifient la substance de
l'âme. Ils offrent donc leur âme à Dieu, mais ne
savent pas ce qu'ils font, et ils ne l'ont jamais su.
Ils le font, motivés par le type préconscient que les
Egyptiens attribuaient aussi sur leurs monuments aux
singes cynocéphales vénérant le soleil, en étant parfaitement conscients, eux, il est vrai, qu'il s'agissait
là d'un geste rituel d'adoration de la divinité. Ce
comportement des Elgonyis nous paraît très primitif,
mais nous oublions alors que l'Occidental cultivé ne
se conduit pas autrement. Ce que pouvait signifier
l'arbre de Noël, nos ancêtres en avaient encore moins
conscience que nous, et ce n'est qu'à une époque
très récente qu'on s'est efforcé d'en déceler le sens.

L'archétype est nature pure et non falsifiée[134], et
c'est la nature qui détermine l'homme à prononcer
des mots et à exécuter des actions dont le sens lui

133. Le *th* est prononcé comme le *th* anglais. Voir C.G. JUNG: *Ma
Vie*, trad. cit., chap.: Voyages, p. 204.
134. « Nature » a ici le sens de pur donné, de pur existant.

est inconscient, si inconscient qu'il ne réfléchit jamais à leur sujet. Une humanité ultérieure, plus consciente, en vint, à propos de choses si pleines de signification dont pourtant personne ne savait indiquer le sens, à l'idée qu'il s'agissait de survivances d'une époque qualifiée d'âge d'or, où il y avait des hommes qui savaient et qui enseignaient la sagesse aux peuples. Plus tard des époques déchues auraient oublié ces enseignements et n'auraient fait que répéter mécaniquement des gestes incompris. Devant les découvertes de la psychologie moderne, il ne peut plus y avoir de doute qu'il existe des archétypes préconscients qui n'ont jamais été conscients et qui peuvent seulement être constatés de façon indirecte par leurs effets sur la conscience. Il n'existe à mon avis aucune raison soutenable contre l'hypothèse que toutes les fonctions psychiques qui nous apparaissent aujourd'hui comme conscientes aient été autrefois inconscientes et cependant aient agi approximativement comme si elles avaient été conscientes. On pourrait également dire que tout ce que l'homme produit en tant que phénomènes psychiques existait déjà auparavant dans un état d'inconscience naturelle. On pourrait objecter contre cette affirmation qu'on ne verrait pas pourquoi, dans ces conditions, il y a une conscience, Je dois toutefois rappeler, ainsi que nous l'avons déjà constaté, que tout fonctionnement inconscient possède un caractère d'automaticité instinctive et que des instincts entrent plus ou moins en collision ou, par suite de leur caractère contraignant, se déroulent sans subir d'influence, même dans des conditions qui parfois sont dangereuses pour la vie de l'individu. En revanche, la conscience rend possible un travail ordonné d'adaptation, autrement dit le refrènement des instincts, et c'est pourquoi on ne saurait s'en passer. C'est seulement parce qu'il est capable de conscience qu'un homme est un homme.

Faire la synthèse de contenus conscients et inconscients et rendre conscients certains effets des archétypes sur les contenus de la conscience représentent, quand elle est accomplie de façon consciente, la suprême performance d'une âme qui s'efforce et de la concentration des forces psychiques. Mais la synthèse peut aussi, dans certaines circonstances, être préparée, étiquetée et accomplie de façon inconsciente jusqu'à un certain point, à savoir jusqu'au « *bursting point* » de James, où elle fait spontanément sa percée dans la conscience et impose dans certains cas à cette dernière l'énorme tâche d'assimiler les contenus qui ont fait irruption, de telle sorte que soit conservée la possibilité d'existence des deux systèmes, celui de la conscience du moi d'une part et celui du complexe qui a surgi d'autre part. Des exemples classiques de ce phénomène sont la conversion de saint Paul et la vision dite de la Trinité de Nicolas de Flue.

L'« imagination active » nous rend à même de découvrir l'archétype, et précisément sans descendre au niveau de la sphère des instincts, abaissement du niveau de conscience qui ne conduit qu'à un état incapable de connaissance, ou, pis encore, à un succédané intellectualiste des instincts. Exprimé à l'aide de la comparaison du spectre lumineux, cela voudrait dire que l'image instinctuelle est découverte, non à l'extrémité rouge, mais à l'extrémité violette de la gamme des couleurs. Le dynamisme de l'instinct a en quelque sorte son siège dans l'infrarouge, mais l'image de l'instinct réside dans la partie ultraviolette du spectre. Si nous pensons à ce propos au symbolisme bien connu des couleurs, le rouge, comme nous l'avons vu, ne s'accorde pas mal avec l'instinct. Toutefois nous inclinerions à croire que le bleu convient mieux à l'esprit que le violet[135]. Celui-ci est la couleur dite « mystique », qui, elle, rend de façon satisfaisante l'aspect indubitablement « mystique », à savoir

---

135. Ceci se fonde sur l'expérience que le bleu, en tant que couleur de l'air et du ciel, est volontiers utilisé pour représenter des contenus spirituels, et le rouge, au contraire, en tant que couleur « chaude », pour des contenus relevant de la sensibilité et de l'émotion.

paradoxal, de l'archétype. Le violet se compose de
bleu et de rouge, bien que dans le spectre il soit en
lui-même une couleur. Mais ce n'est pas une simple
clause de style que de souligner que l'archétype est
caractérisé avec plus d'exactitude par le violet : il
n'est pas seulement image en soi, mais en même
temps aussi dynamisme, et ce dernier s'amorce dans
la numinosité, le pouvoir fascinant de l'image archétypique. La réalisation et l'assimilation de l'instinct
ne se produisent jamais à l'extrémité rouge, autrement dit, elles n'ont pas lieu par la plongée dans la
sphère des instincts, mais seulement par l'assimilation
de l'image qui, en même temps, signifie et évoque
l'instinct, sous une forme toutefois entièrement différente de celle où nous le rencontrons sur le plan biologique. Lorsque Faust dit à Wagner :

Oui, tu ne sens en toi que cette seule impulsion.

Ah ! puisses-tu ne jamais connaître l'autre[136],
cette exclamation peut s'appliquer à l'instinct en
général ; d'une part, il est vécu en tant que dynamisme physiologique, et d'autre part, ses formes multiples se présentent dans la conscience en tant
qu'images et groupes d'images, et déploient des
effets numineux qui se tiennent ou paraissent se tenir
dans l'opposition la plus étroite par rapport à l'instinct physiologique. Pour qui connaît la phénoménologie religieuse, ce n'est assurément pas un secret
que la passion physique et la passion spirituelle se
comportent comme des sœurs, ennemies certes, mais
sœurs quand même, et il suffit souvent d'un moment

---

136. Traduction Lichtenberger, Collection bilingue. Editions Montaigne.
     Du bist dir nur des einen Triebs bewusst,
     Ollerne nie den andern kennen...
Faust commente les propos où Wagner lui confie les jouissances célestes qu'il tire du savoir des livres. Ces vers précèdent immédiatement la
fameuse confession : «Deux âmes, hélas, habitent en ma poitrine ; l'une
aspire à se séparer de l'autre.» [Pour rester fidèle au contexte de la citation, nous avons traduit *Trieb* par «instinct» : Gérard de Nerval le rend
par «désir». Peut-être eût-ce été ici le moment de mettre à profit les progrès de la linguistique psychologique en utilisant «pulsion». Au lecteur
d'en décider. — *N. d. T.*]

pour que l'une se transforme en l'autre. L'une et l'autre sont réelles et constituent un couple d'opposés qui forme l'une des sources les plus fécondes de l'énergie psychique. Il ne convient pas de faire dériver l'une de l'autre pour donner à l'une ou à l'autre la primauté. Si d'abord on n'en connaît qu'une et ne remarque que longtemps après quelque chose de l'autre, cela ne prouve pas que l'autre n'existait pas déjà depuis longtemps. On ne peut faire dériver le chaud du froid et le haut du bas. Une opposition est faite d'une bipartition ou n'existe pas, et un être sans opposition est totalement impensable, puisque son existence ne pourrait absolument pas être constatée[137].

La chute dans la sphère instinctuelle ne conduit pas à la réalisation et à l'assimilation consciente de l'instinct, parce que la conscience se cabre et même est prise de panique en face de lui, redoutant d'être engloutie par la nature primitive et inconsciente de la sphère instinctuelle. Cette angoisse n'est-elle pas l'éternel objet du mythe du héros et le thème d'innombrables tabous? Plus on s'approche du monde de l'instinct et plus l'envie se fait violente de s'y soustraire et de sauver la lumière de la conscience des ténèbres de brûlants abîmes. Or l'archétype, en tant qu'image de l'instinct, est psychologiquement un but spirituel vers lequel tend la nature de l'homme, la mer vers laquelle tous les fleuves frayent la courbe de leur chemin, le prix que remporte le héros dans sa lutte contre le dragon.

Parce que l'archétype est le principe de la forme que revêt l'élan pulsionnel, il contient du rouge dans son bleu, c'est-à-dire qu'il apparaît comme violet, ou bien on pourrait également interpréter la comparaison comme une apocatastasis de l'instinct au niveau d'une fréquence de vibrations supérieure, tout comme

---

137. [L'être ne peut être perçu qu'en tant qu'objet: sa qualité d'objet suppose une limitation qui le définit. L'être ne peut donc exister sans non-être. Cela ne s'applique évidemment pas à l'Absolu et à sa connaissance, qui transcendent les catégories. — *N. d. T.*]

l'on pourrait faire dériver l'instinct d'un archétype latent (c'est-à-dire transcendant) qui se manifeste dans le domaine d'une longueur d'ondes plus grande[138]. Bien qu'il ne puisse y avoir là, par hypothèse, qu'une analogie, je me sens porté à recommander à mon lecteur l'image de cette couleur violette comme un signe qui illustre la parenté intérieure de l'archétype avec son propre opposé. L'imagination des alchimistes a tenté d'exprimer ce secret de la nature difficile à comprendre par un autre symbole non moins suggestif : celui de l'ouroboros, le serpent qui se mord la queue.

Je ne voudrais pas pousser à l'extrême cette comparaison, mais, le lecteur le comprendra, on est toujours bien aise, dans la discussion de problèmes difficiles, de rencontrer le soutien d'une analogie secourable. En outre, cette image nous aide à clarifier une question que, jusqu'à présent, nous n'avons pas encore posée et encore moins résolue : il s'agit de la question de la nature de l'archétype. Les représentations archétypiques que nous transmet l'inconscient ne doivent pas être confondues avec l'archétype en soi. Ce sont des formations extrêmement variées qui font référence à une forme fondamentale non représentable en elle-même. Cette dernière se distingue par certains éléments formels et par certaines significations principielles qui ne se laissent saisir que d'une façon approximative. L'archétype en soi est un facteur psychoïde qui appartient en quelque sorte à la partie ultraviolette du spectre psychique. En tant que tel, il ne paraît pas susceptible de conscience. Je hasarde cette hypothèse parce que tous les éléments archétypiques perçus par la conscience paraissent représenter des variations sur un thème fondamental. Cette circonstance devient particulière-

138. James JEANS (*Physique et Philosophie*) fait remarquer que les ombres, sur la paroi de la caverne platonicienne, sont aussi réelles que les figures invisibles qui les projettent et dont l'existence ne peut être déduite que mathématiquement.

ment impressionnante quand on étudie les variations infinies du thème du mandala. Il s'agit d'une forme fondamentale relativement simple dont on peut dire qu'elle possède une signification « centrale ». Bien que le mandala apparaisse comme la structure d'un centre, la question demeure indécise de savoir si, à l'intérieur de la structure, l'accent sera mis sur le centre ou sur la périphérie, sur la division ou sur l'aspect indivis. Comme il est d'autres archétypes qui fournissent l'occasion d'incertitudes du même genre, il me paraît vraisemblable que l'essence proprement dite de l'archétype n'est pas susceptible de conscience, c'est-à-dire qu'elle est transcendante, et c'est pourquoi je la désigne comme psychoïde. En outre, toute vue d'un archétype est déjà consciente, et par conséquent distincte, à un degré indéterminé, de ce qui en a fourni l'occasion. Comme Th. Lipps l'a déjà fait ressortir, l'essence du psychisme est inconsciente. Tout ce qui est conscient fait déjà partie du monde des phénomènes qui, ainsi que nous l'apprend la physique moderne, ne livre pas les explications qu'exige la réalité objective. Cette dernière demande un patron mathématique reposant sur des facteurs invisibles et non représentables. La psychologie ne peut se soustraire à la valeur universelle de ce fait, et cela d'autant moins que la psyché qui observe est déjà incluse dans la formation d'une réalité objective. Sa théorie ne peut pas, il est vrai, recevoir de forme mathématique, étant donné que nous ne possédons pas de mesure qui permette d'apprécier les quantités psychiques. Nous n'avons à notre disposition que des qualités, c'est-à-dire des données perceptibles car représentables dans leur forme. Mais, de ce fait, la psychologie est incapable d'affirmer quoi que ce soit sur des états inconscients, c'est-à-dire qu'il n'y a aucun espoir que la validité d'affirmations quelconques sur les états ou les processus inconscients puisse jamais être prouvée scientifiquement. Quoi que nous avancions de l'archétype, ce sont toujours des illustrations ou des concrétisations qui appartiennent à la conscience. Mais hors de cette approche nous ne pourrions absolument rien dire des archétypes. On doit toujours garder conscience que ce que nous voulons signifier par « archétype » est non représentable en soi, mais a des effets qui permettent des illustrations, lesquelles sont les représentations archétypiques. Nous rencontrons une situation tout à fait analogue en physique. Il y a là de toutes petites particules, qui sont en elles-mêmes non représentables mais ont des effets de la nature desquels on peut déduire un certain modèle. C'est à une construction de ce genre que correspond la représentation archétypique, ce qu'on appelle le thème ou le mythologème. Si on émet l'hypothèse de l'existence de deux ou plusieurs facteurs non représentables, on pose par là — ce dont on ne rend pas toujours suffisamment compte — la possibilité qu'il y ait, non deux ou plusieurs facteurs, mais *un seul*. L'identité ou la non-identité de deux grandeurs non représentables ne peut en effet se prouver. Lorsque la psychologie admet, sur la base de ses observations, l'existence de certains facteurs psychoïdes non représentables, elle agit suivant le même principe que la physique lorsqu'elle construit un modèle d'atome. La psychologie n'est pas la seule à connaître, par suite d'une telle attitude, la mésaventure de devoir donner à son objet, l'inconscient, ce nom négatif qui est souvent critiqué ; c'est aussi le cas de la physique qui n'a pu faire autrement que d'appliquer aux plus petites particules de masse le nom d'« atome » (insécable) qui existait depuis longtemps déjà. De même que l'atome n'est pas insécable, l'inconscient n'est pas purement inconscient, ainsi que nous le verrons encore. Tout comme la physique, au point de vue psychologique ne fait rien de plus que de constater l'existence d'un observateur sans pouvoir formuler d'affirmation sur la nature de celui-ci, la psychologie ne peut, de son côté, qu'indiquer la relation de la psyché à la matière, sans pouvoir démêler quoi que ce soit de sa nature.

Comme psyché et matière sont contenues dans un
seul et même monde, qu'elles sont en outre en continuel contact l'une avec l'autre et qu'en fin de
compte elles reposent toutes deux sur des facteurs
transcendantaux non représentables, il n'est pas seulement possible, mais, dans une certaine mesure, vraisemblable, que matière et psyché soient deux aspects
différents d'une seule et même chose. Les phénomènes de synchronicité indiquent, me semble-t-il, une
telle direction, puisque, sans lien causal, le non-psychique peut se comporter comme le psychique, et
vice versa[139]. Nos connaissances actuelles ne nous
permettent pas de faire beaucoup plus que de comparer la relation du monde psychique et du monde
matériel à deux cônes dont les sommets se touchent
et ne se touchent pas, en un point sans étendue, véritable point zéro.

Dans mes précédents travaux j'ai traité les phénomènes archétypiques comme psychiques, parce que
dans le matériel à décrire ou à étudier il s'agissait
toujours uniquement de représentations. La nature
psychoïde de l'archétype proposée ici n'est donc pas
en contradiction avec des formulations antérieures,
mais représente seulement une différenciation plus
poussée du concept qui devient indispensable au
moment où je me vois obligé à une confrontation
plus générale sur l'essence de la psyché et à une clarification de ses concepts empiriques ainsi que de
leurs rapports mutuels.

De même qu'il y a une transition progressive
« psychique infrarouge », c'est-à-dire de l'âme instinctive biologique, aux phénomènes vitaux physiologiques et par là, au système de conditionnements
chimiques et physiques, de même le « psychique
ultraviolet », c'est-à-dire l'archétype, représente de
son côté un domaine qui, d'une part, ne présente
aucune particularité du monde physiologique et,

139. Cf. « Synchronizität als ein Prinzip akausaler Zusammenhänge »
in *Naturerklärung und Psyche, op. cit.*

d'autre part et avant tout, ne peut pas davantage être désormais exprimé comme psychique, bien qu'il se manifeste sous forme psychique. C'est également ce que font les phénomènes physiologiques, sans qu'on en donne pour autant une explication psychique. Quoiqu'il n'y ait pas de sphère existentielle qui nous soit transmise autrement que sous une forme psychique, on ne peut malgré cela tout expliquer en termes de pur psychisme. Si nous sommes conséquents, il nous faut appliquer également cette argumentation à l'archétype. Comme leur être en soi et pour soi nous est inconnu et que leur action spontanée est cependant objet d'expérience, il ne nous reste présentement sans doute d'autre ressource que de désigner leur nature, d'après leur action essentielle, sous le nom d'« esprit », et cela dans le sens que j'ai tenté d'éclaircir dans mon étude sur la phénoménologie de l'Esprit[140]. Ainsi la position de l'archétype au-delà de la sphère psychique serait déterminée d'une façon analogue à celle de l'instinct physiologique, qui s'enracine directement dans l'organisme matériel et, grâce à sa nature psychoïde, constitue le pont menant à la matière en général. Dans la représentation archétypique et dans la réception de l'instinct, l'esprit et la matière se tiennent l'un en face de l'autre sur le plan psychique. La matière comme l'esprit apparaissent dans la sphère de l'âme comme des propriétés caractéristiques de contenus de la conscience. Tous deux sont, de par leur nature ultime, transcendantaux, c'est-à-dire non représentables, étant donné que la psyché et ses contenus constituent l'unique réalité qui soit pour nous une donnée immédiate.

140. *Symbolik des Geistes, op. cit.*

CHAPITRE VIII

Réflexions générales
et perspectives

La problématique de la psychologie complexe que je tente de décrire ici fut pour moi tout le premier un aboutissement surprenant. Je croyais pratiquer les sciences de la nature au meilleur sens du terme, constater des faits, les observer, les classer, décrire des connexions causales et fonctionnelles, pour découvrir en conclusion que je m'étais empêtré dans un réseau de réflexions qui allaient bien au-delà de toute science naturelle et pénétraient dans le domaine de la philosophie, de la théologie, de la science des religions comparées et de l'histoire de l'esprit en général. Cet empiétement aussi inévitable qu'épineux ne m'a pas causé peu de souci. Mon incompétence personnelle dans ces domaines mise à part, le principe de telles réflexions me parut également sujet à caution, étant donné que je suis convaincu au plus profond de moi-même de l'importante influence de ce que l'on appelle l'équation personnelle sur les résultats de l'observation psychologique. Le tragique est que la psychologie ne dispose pas d'une mathématique partout identique à elle-même. Elle est ainsi privée de cet immense avantage dont jouit par exemple la physique, de posséder un point d'Archimède. Cette dernière science observe le domaine physique du point de vue psychique et peut en donner une traduction psychique. La psyché par contre s'observe elle-même et ne peut traduire les phénomènes observés qu'en d'autres termes psychiques. Si la physique était dans cette situation, elle ne pourrait rien faire d'autre que d'abandonner le processus physique à lui-même, puisque c'est de cette manière qu'il peut être le plus nettement tel qu'il est. La psychologie ne peut se refléter dans rien; elle ne peut que se représenter en elle-même et se décrire elle-même. C'est là également, de façon conséquente, le principe général de ma méthode : celle-ci est, au fond, un pur processus d'événements vécus, dans lequel l'intervention et la maladresse, l'interprétation et l'erreur, la théorie et la spéculation, le médecin et le patient sont en même temps une symptosis (σύμπτωσις) ou un symptoma (σύμπτωμα), une rencontre de processus vitaux, et en même temps leur manifestation. Ce que je dépeins n'est donc au fond rien d'autre qu'une description d'événements psychiques qui présentent une certaine fréquence statistique. Ce faisant, nous ne sommes nullement placés, au point de vue scientifique, à un niveau qui soit en quelque manière situé au-dessus ou à côté du processus psychique, pas plus que nous ne l'avons transféré dans un autre milieu. La physique, elle, est par contre en mesure de faire exploser des formules mathématiques créées par une pure activité psychique et de tuer ainsi 78 000 personnes d'un coup.

Cet argument véritablement frappant devrait sans doute réduire au mutisme la psychologie. Elle doit cependant rappeler en toute modestie que la pensée mathématique est une fonction psychique, grâce à laquelle la matière peut être disposée dans un tel ordre que même les atomes qui sont liés par des forces énormes éclatent, ce que, par leur nature, ils n'auraient jamais eu l'idée de faire, du moins sous cette forme. La psyché est une perturbatrice du cosmos régi par les lois naturelles, et si un jour on devait faire quelque violence à la lune au moyen de la fission atomique, ce serait la psyché qui y serait parvenue. Elle est le pivot du monde ; non seulement elle est l'unique grande condition pour qu'il y ait un monde, mais, en plus de cela, elle est aussi une intervention dans l'ordre naturel existant, intervention dont personne ne saurait dire avec certitude où pourraient se trouver ses limites ultimes. Il est superflu de souligner la dignité de l'âme en tant qu'objet d'une science. Nous devons par contre souligner avec d'autant plus d'énergie qu'une modification, si minime soit-elle, du facteur psychique, étant donné qu'elle est

de nature principielle, est de la plus haute importance
pour la connaissance et l'édification de l'image du
monde. L'intégration de contenus inconscients dans
la conscience, qui constitue l'opération capitale de la
psychologie complexe, signifie une modification touchant au principe, étant donné qu'elle met fin à
l'hégémonie de la conscience subjective du moi et
qu'elle place en face d'elle des contenus collectifs.
La conscience du moi apparaît comme dépendante de
deux facteurs : d'abord les conditions de la conscience collective, c'est-à-dire sociale, et ensuite les
dominantes inconscientes collectives, c'est-à-dire les
archétypes. Ces derniers se divisent, au point de vue
phénoménologique, en deux catégories : d'une part la
sphère des instincts, d'autre part la sphère archétypique. La première représente les impulsions naturelles,
la seconde, les dominantes qui entrent dans la conscience sous forme d'idées générales. Entre les contenus
de la conscience collective, qui se présentent comme
des vérités généralement reconnues, et ceux de l'inconscient collectif, il existe une opposition si marquée
que ces derniers sont rejetés comme irrationnels,
absurdes même, et, d'une façon, il est vrai, tout à
fait illégitime, exclus de la recherche et de l'observation scientifique, absolument comme s'ils n'existaient
pas. Pourtant, des phénomènes psychiques de ce genre
existent, et, s'ils nous paraissent ne pas avoir de sens,
cela prouve seulement que nous ne les comprenons pas.
Une fois que leur existence est reconnue, ils ne peuvent plus être bannis de l'image du monde, même si la
vision du monde qui gouverne la conscience se montre
incapable de saisir les phénomènes en question. Un
examen rigoureux de ces phénomènes montre leur
importance extraordinaire et ne peut en conséquence se
soustraire à la constatation qu'il existe entre la conscience collective et l'inconscient collectif une opposition presque insurmontable dans laquelle le sujet se
voit enfermé.

En général la conscience collective l'emporte, avec
ses concepts généraux « raisonnables » qui n'offrent

aucune difficulté à l'entendement moyen. Celui-ci croit toujours à l'enchaînement nécessaire de la cause à l'effet et il n'a guère pris conscience de la relativité de la causalité. Il pense toujours que la droite est le plus court chemin d'un point à un autre, alors que la physique calcule au moyen d'innombrables liaisons plus courtes, ce qui, aux yeux du béotien instruit, est encore aujourd'hui de la plus totale absurdité. Pourtant l'impressionnant événement d'Hiroshima a entouré les constatations les plus abstruses de la physique moderne d'un respect presque sinistre. L'explosion bien plus redoutable dans ses effets que nous avons eu l'occasion d'observer en Europe n'est pour l'instant reconnue que par très peu de gens comme étant une pure catastrophe psychique. On préfère au contraire s'attacher aux plus absurdes théories de politique et d'économie nationale, qui sont aussi adaptées que le serait l'attitude voulant expliquer l'explosion d'Hiroshima comme un coup au but fortuit d'une grosse météorite[141].

Lorsque la conscience subjective préfère les représentations et les opinions de la conscience collective et s'identifie à elles, les contenus de l'inconscient collectif se trouvent refoulés. Le refoulement a des conséquences typiques: la charge énergétique des contenus refoulés s'additionne jusqu'à un certain degré[142] à celle du facteur refoulant, ce qui entraîne dans une proportion analogue l'augmentation de la valeur active de ce dernier. Plus cette charge s'élève et plus l'attitude refoulante possède un caractère fanatique et

141. [Voir C. G. Jung: *Aspects du drame contemporain*, trad. cit. et *Ma Vie*, trad. cit., chapitre: Voyages, p. 204. — *N. d. T.*]

142. Il est très vraisemblable que les archétypes possèdent, en tant qu'instincts, une énergie spécifique qui ne peut à la longue leur être ôtée. L'énergie propre à l'archétype ne suffit pas en général à faire monter celui-ci dans la conscience. Il faut pour cela un quantum d'énergie déterminé qui s'écoule du conscient dans l'inconscient, soit que le conscient n'utilise pas cette énergie, soit que l'archétype l'attire de lui-même. Il peut être frustré de cette charge supplémentaire, mais non de son énergie spécifique.

se rapproche ainsi du renversement dans son opposé, ce qu'on appelle l'énantiodromie. Plus forte est la charge de la conscience collective et plus le moi perd de son importance pratique. Il est en quelque sorte aspiré par les opinions et les tendances de la conscience collective et ainsi naît l'homme de la masse, qui toujours devient la victime d'un -isme quelconque. Le moi ne conserve son indépendance que s'il ne s'identifie pas avec l'un des opposés, mais sait garder le milieu entre les contraires. Cela n'est cependant possible que s'il est conscient non seulement de l'un, mais aussi de l'autre. Le discernement lui en est, il est vrai, rendu difficile, non seulement par ses chefs sociaux et politiques, mais aussi par ses guides religieux. Tous veulent une décision dans un sens et ainsi l'identification sans réserve de l'individu à une « vérité » nécessairement unilatérale, Même s'il devait s'agir d'une grande vérité, l'identification avec elle n'en serait pas moins une sorte de catastrophe, étant donné qu'elle arrête le développement spirituel. A la place de la connaissance, il reste seulement une conviction, ce qui est souvent beaucoup plus confortable et, par suite, plus attirant.

Si au contraire on rend conscient le contenu de l'inconscient, autrement dit, si l'on reconnaît l'existence et l'action des représentations archétypiques, un conflit, en général violent, naît entre ce que Fechner a appelé la « vision diurne » et la « vision nocturne ». L'homme du Moyen Age, comme encore l'homme moderne dans la mesure où il a conservé l'attitude du passé, vivait dans l'opposition consciente entre le temporel, assujetti au « prince de ce monde » (Jean, XII, 3 et XVI, 11[143]) et la volonté de Dieu. Cette contradiction lui fut illustrée et démontrée au long des siècles par l'opposition entre le pouvoir du pape

143. Bien que ces passages indiquent, l'un et l'autre, que le démon sera maîtrisé du vivant de Jésus, cette complète mise hors d'état de nuire est, dans l'Apocalypse, l'affaire de l'avenir et du jugement dernier. (Apoc., xx, 2 et *sq.*)

et celui de l'empereur. Dans le domaine moral, le conflit prenait le tour aigu de la lutte cosmique entre le bien et le mal, au centre de laquelle l'homme se trouvait introduit par le péché originel. Cet homme n'était pas encore aussi complètement tombé dans le temporel que l'homme de la masse d'aujourd'hui, car, en face des autorités évidentes et pour ainsi dire tangibles de ce monde, il reconnaissait des puissances métaphysiques tout aussi influentes dont il fallait tenir compte. Bien que, d'un côté, il fût fréquemment sans liberté et sans droits sur les plans politique et social (par exemple, le serf) et que, de l'autre, il se trouvât dans une situation tout aussi peu réjouissante, dans la mesure où il était tyrannisé par une sombre superstition, il était, au moins biologiquement, plus proche de cette totalité inconsciente qui est, dans une mesure assez complète, celle de l'enfant et du primitif, et que possède au degré parfait l'animal vivant à l'état sauvage. Du point de vue de la conscience moderne, la situation de l'homme médiéval paraît aussi déplorable que nécessitant une amélioration. Cependant l'élargissement si indispensable de la conscience par la science n'a fait que remplacer l'unilatéralité médiévale, à savoir l'inconscience depuis longtemps dominante et devenue progressivement caduque, par une autre unilatéralité, une surestimation de vues « scientifiquement » fondées. Celles-ci se rapportaient, en gros et en détail, à la connaissance de l'objet extérieur, et cela d'une façon si unilatérale que, jusqu'à ce jour, l'état d'arriération de la psyché et avant tout de la conscience de soi est devenu l'un des problèmes les plus pressants de l'époque. Par suite de l'unilatéralité régnante et malgré une effroyable *demonstratio ad oculos* de l'existence d'un inconscient qui se trouve en face de la conscience comme un étranger, il existe encore d'innombrables humains qui sont livrés, aveugles et désemparés, à ces conflits, et qui n'utilisent la scrupuleuse rigueur de leur esprit scientifique qu'à l'égard des objets sans l'appliquer jamais à leur propre état psychique.

Pourtant les faits psychiques réclament une exploration et une reconnaissance objectives. Il existe des
facteurs psychiques objectifs qui ont une importance
pratique au moins aussi grande que l'automobile et la
radio. Finalement, ce qui importe avant tout (et ceci
est particulièrement vrai de la bombe atomique) est
l'usage qu'on en fait ; et celui-ci est conditionné par
l'état mental du moment. Or, ce qui menace le plus
gravement l'état de l'esprit, ce sont les -ismes
régnants, qui ne sont pas autre chose que la dangereuse identité du sujet avec la conscience collective.
Une telle identité produit immanquablement la psyché
de masse avec son irrésistible penchant vers la catastrophe. Pour échapper à cette effroyable menace, la
conscience subjective doit éviter de s'identifier avec
la conscience collective, en reconnaissant son ombre
aussi bien que l'existence et l'importance des archétypes. Ces derniers constituent une protection efficace
contre la puissance écrasante de la conscience sociale
et de la psyché de masse qui lui correspond. Dans la
perspective de l'effet suscité, la conviction et l'attitude religieuses de l'homme médiéval correspondent
à peu près à l'état du moi engendré par l'intégration
de contenus inconscients, avec toutefois cette différence que, dans ce dernier cas, la suggestion du
milieu et l'inconscience sont remplacées par l'objectivité scientifique et la conscience. Mais, dans la
mesure où la religion est encore pour la conscience
d'aujourd'hui une confession et représente par suite
un système collectivement reconnu d'affirmations
religieuses codifiées en propositions dogmatiques abstraites, elle appartient plutôt au domaine de la conscience collective, bien que ses symboles expriment
les archétypes qui, à l'origine, étaient agissants. Tant
qu'il existe objectivement dans l'Eglise une conscience communautaire, la psyché — comme il a été
dit plus haut — jouit d'un certain équilibre. En tout
cas, il existe une protection suffisamment efficace
contre l'inflation du moi. Mais si l'Ecclesia et son
eros maternel viennent à disparaître, l'individu se

trouve livré sans défense à un quelconque -isme collectif et à la psyché de masse qui l'accompagne. Il tombe dans une inflation sociale ou nationale et, ce qui est tragique, avec la même attitude psychique qu'il avait auparavant quand il appartenait à une Eglise, Si, au contraire, il est assez indépendant pour reconnaître le caractère borné de l'-isme social, il est menacé d'inflation subjective, car il n'est généralement pas en mesure de voir que, dans la réalité psychologique, les idées religieuses, loin de reposer simplement sur la tradition et la croyance, dérivent des archétypes, dont la « prise en considération attentive » (*religere*) constitue l'essence de la religion. Les archétypes sont constamment présents et actifs, ils n'ont en eux-mêmes besoin d'aucune croyance, mais demandent que l'on reconnaisse leur sens et que l'on entretienne une sage crainte, une δεισιδαιμονία qui ne perd jamais des yeux leur signification. Une conscience avisée connaît les conséquences catastrophiques qu'entraîne pour les individus comme pour la société l'absence d'une telle attention. Comme l'archétype est d'une part un facteur spirituel et d'autre part une sorte de sens caché inhérent à l'instinct, l'esprit est également, ainsi que je l'ai montré, double et paradoxal : un grand secours et un danger tout aussi grand[144]. Il semble qu'il soit réservé à l'homme de jouer un rôle décisif dans la résolution de cette incertitude, et cela grâce à sa conscience, qui s'est élevée comme une clarté dans l'abîme ténébreux du monde originel. Il est vrai qu'on n'a pour ainsi dire nulle part connaissance de ces choses, surtout pas là où fleurit l'-isme, qui est un succédané subtil d'une connexion perdue avec la réalité psychique. La massification de l'âme[145] qui en résulte iné-

144. Cela est parfaitement exprimé dans le logion cité par Origène (*In Jerem. Hom.*, XX, 3) : « Quiconque est près de moi est près du feu ; quiconque est loin de moi est loin du royaume. » Cette « parole sans maître du Maître » se réfère à Isaïe, XXXIII, 14.

145. [Voir C. G. Jung : *Présent et Avenir*, Buchet/Chastel, Paris, 2e éd. 1962 et Denoël/Gonthier, Paris, 1970. — *N. d. T.*]

vitablement détruit le sens de l'individu et, par suite, celui de la civilisation en général,

Ainsi, non seulement la psyché trouble l'ordre de la nature, mais elle détruit même sa propre création, quand elle perd l'équilibre. C'est pourquoi la prise en considération attentive des facteurs psychiques a de l'importance pour l'instauration de l'équilibre ; non seulement dans l'individu, mais aussi dans la société, sinon les tendances destructrices prennent facilement le dessus. De même que la bombe atomique est un moyen jusqu'alors jamais atteint d'anéantissement physique des masses, l'évolution mal conduite de la psyché conduit à la dévastation psychique de ces mêmes masses. La situation présente est si critique que l'on ne peut réprimer le soupçon que le créateur du monde projette un nouveau déluge pour exterminer l'humanité actuelle. Pourtant, celui qui croirait pouvoir inculquer aux hommes la conviction salutaire de l'existence des archétypes penserait d'une façon aussi naïve que les gens qui veulent proscrire la guerre ou la bombe atomique. Cette dernière mesure rappelle cet évêque qui excommuniait les hannetons parce qu'ils se multipliaient de façon inadmissible. La modification de la conscience commence chez l'individu, et c'est une affaire séculaire qui dépend essentiellement de la question de savoir jusqu'où s'étend la capacité de développement de la psyché. Aujourd'hui nous savons seulement que, pour l'instant, il n'y a que des individus isolés qui soient capables de développement. Quel en est le nombre total, cela nous échappe, de même que nous ignorons quelle peut être la force de suggestion d'un élargissement de la conscience, c'est-à-dire quelle influence celui-ci a sur l'entourage. De tels effets ne dépendent jamais du caractère raisonnable d'une idée, mais bien plutôt de la question à laquelle on ne peut répondre qu'*ex effectu* : l'époque est-elle ou n'est-elle pas prête pour une transformation ?

La nature du psychisme 631

Si on la compare aux autres sciences naturelles, la psychologie se trouve, comme je l'ai expliqué, dans une situation fâcheuse, du fait qu'elle manque d'une base située hors de son objet. Elle ne peut se traduire qu'en elle-même, elle ne peut se représenter qu'en elle-même. Plus le domaine des objets qu'elle veut explorer s'élargit, plus ceux-ci deviennent complexes, et plus aussi il lui manque un point de vue distinct de l'objet. Et si la complexité atteint celle même de l'homme empirique, la psychologie de celui-ci débouche inévitablement dans le processus psychique lui-même. Elle ne peut plus se distinguer de ce dernier, mais elle le devient lui-même. Le résultat est qu'ainsi le processus parvient à la conscience. De cette manière, la psychologie réalise la poussée de l'inconscient vers la conscience. Elle est la venue à la conscience146 du processus psychique, sans être, au sens profond, une explication de celui-ci, étant donné que toute explication du psychisme ne peut être autre chose que le processus vital lui-même. Elle doit s'abolir elle-même en tant que science, et c'est précisément en le faisant qu'elle atteint son but scientifique. Chacune des autres sciences a quelque chose qui lui est extérieur; il n'en est pas ainsi de la psychologie, dont l'objet est en fin de compte le sujet de toute science.

La psychologie culmine nécessairement dans le processus d'évolution propre à la psyché, qui consiste en l'intégration des contenus susceptibles de conscience. Le processus signifie la réalisation de la totalité147 de l'homme psychique, opération qui a, pour la conscience du moi, des conséquences aussi remarquables que difficiles à décrire. Je doute qu'il me soit possible de représenter de façon convenable la transformation de l'individu sous l'influence du processus d'individuation: c'est qu'il s'agit d'un événement relativement rare, dont celui-là seul fait l'expérience qui a parcouru la dialectique de la confrontation avec

146. [Allemand: *Bewusstwerdung. — N. d. T.*]
147. [Allemand: *Ganzwerdung. — N. d. T.*]

les composantes inconscientes de la personnalité, opération lente, mais indispensable à l'intégration de l'inconscient. Lorsque des parties inconscientes de la personnalité sont rendues conscientes, il n'en résulte pas seulement une quelconque assimilation de celles-ci à la personnalité du moi, qui existait déjà depuis longtemps, mais bien plutôt une transformation de cette dernière. La grande difficulté est précisément de caractériser le genre de cette transformation. Le moi est d'ordinaire un complexe solidement charpenté qui, en raison de la conscience qui lui est liée et de la continuité de celle-ci, ne peut pas être modifié facilement et ne doit pas l'être, si l'on ne veut pas risquer des désordres pathologiques. Les phénomènes le plus directement apparentés à la transformation du moi se trouvent en effet dans le domaine de la psycho-pathologie, où nous ne rencontrons pas seulement les dissociations névrotiques, mais aussi la fragmentation schizophrénique et même la dissolution du moi. Dans le même domaine, nous observons encore des tentatives d'intégration pathologiques — s'il est permis d'employer cette expression. Ces derniers phénomènes consistent en des irruptions plus ou moins violentes de contenus inconscients dans la conscience, au cours desquelles le moi se révèle incapable d'assimiler les intrus. Si par contre la structure du complexe du moi est assez puissante pour pouvoir supporter l'assaut des contenus inconscients sans être fatalement disloquée dans sa texture, l'assimilation peut avoir lieu. Dans ce cas toutefois non seulement les contenus inconscients sont altérés, mais le moi l'est aussi. Certes, il est à même de conserver sa structure, mais il est comme écarté de sa position centrale et dominante, et passe ainsi au rôle d'un spectateur passif auquel manquent les moyens nécessaires pour faire valoir à tout prix sa volonté; et ceci survient moins parce que la volonté serait en elle-même quelque peu affaiblie que parce que certaines réflexions qui l'inhibent l'en empêchent. Le moi ne peut en effet éviter de découvrir que l'afflux des contenus inconscients vivifie et enrichit la personnalité, et édifie une forme qui surpasse en quelque manière le moi en ampleur et en intensité. Cette expérience paralyse une volonté trop égocentrique et persuade le moi que mieux vaut encore pour lui revenir au second rang, malgré toutes les difficultés, plutôt que de livrer un combat sans espoir dans lequel il aurait finalement le dessous. De cette manière, la volonté en tant qu'énergie disponible se soumet peu à peu au facteur plus puissant, c'est-à-dire à la nouvelle structure de caractère total à laquelle j'ai donné le nom de Soi. Dans cette situation, il existe naturellement la tentation très forte de suivre simplement l'instinct de puissance et d'identifier sans hésiter le moi au Soi, afin de maintenir par là l'illusion d'un moi souverain. Dans d'autres cas, le moi se révèle trop faible pour opposer la résistance nécessaire à l'afflux massif des contenus inconscients et il se trouve alors assimilé par l'inconscient, ce qui donne naissance à un effacement et à un obscurcissement de la conscience du moi et crée l'identité de celle-ci avec une totalité préconsciente[148]. L'une et l'autre de ces évolutions rendent impossible la réalisation du Soi et, en outre, portent préjudice à l'existence de la conscience du moi. Elles signifient donc des évolutions pathologiques. Les phénomènes psychiques que l'on a pu observer voici peu de temps en Allemagne appartiennent à cette catégorie. Il s'est ainsi avéré sur une immense échelle qu'un tel « abaissement du niveau mental[149] » — le moi étant subjugué par des contenus inconscients, ce qui crée une identité avec la totalité préconsciente — possède une virulence, un pouvoir de contagion physique

148. La totalité consciente consiste en une union réussie du moi et du Soi dans laquelle l'un et l'autre conservent leurs propriétés essentielles. Si, au lieu de s'unir au Soi, le moi est subjugué par lui, le Soi ne parvient pas non plus à la forme qu'il devait avoir, mais il demeure à un stade assez primitif et ne peut plus alors être exprimé que par des symboles archaïques.

149. [En français dans le texte. Voir C.G. JUNG: *Aspects du drame contemporain*, trad. cit. — *N. d. T.*]

inouï et est par suite capable de produire les effets les plus néfastes. De tels développements doivent donc être observés avec soin et demandent à être surveillés avec le maximum d'attention. A qui est exposé à de pareilles tendances, je conseillerai de suspendre au mur une image de saint Christophe et de méditer sur elle. Le Soi n'a en effet de signification fonctionnelle que lorsqu'il peut agir comme compensation d'une conscience du moi. Si en effet le moi vient à se dissoudre par identification au Soi, il en résulte une sorte de vague surhomme doté d'un moi boursouflé au détriment du Soi. Chez un tel homme, qu'il se comporte comme un sauveur ou quelque néfaste que puisse être par ailleurs son attitude, il manque la *scintilla*, l'étincelle de l'âme, cette petite et divine lumière dont la clarté n'est jamais plus vive que quand elle doit s'affirmer contre l'assaut de l'obscurité. Que serait l'arc-en-ciel s'il ne se déployait pas devant un nuage sombre[150] ?

Par cette comparaison, je voudrais rappeler que les analogies pathologiques du processus d'individuation ne sont pas les seules. Il est dans l'histoire de l'esprit des monuments d'une tout autre sorte, qui représentent des illustrations positives de notre processus. Avant tout, je voudrais indiquer les *koans* du bouddhisme *Zen* qui éclairent de façon fulgurante, grâce précisément à leur caractère paradoxal, les relations difficiles à démêler entre le moi et le Soi. Dans

150. [Ces réflexions sont admirablement illustrées (sinon inspirées) par un rêve de l'auteur adolescent rapporté dans l'autobiographie, «rêve inoubliable, dit Jung, qui m'effraya et m'encouragea en même temps. C'était la nuit, à un endroit inconnu; je n'avançais qu'avec peine contre un vent puissant soufflant en tempête. En outre il régnait un épais brouillard. Je tenais et protégeais de mes mains une petite lumière qui menaçait à tout instant de s'éteindre... Soudain j'eus le sentiment d'être suivi; je regardai en arrière et aperçus une gigantesque forme noire qui s'avançait derrière moi... Cette petite flamme, c'était ma conscience: c'était la seule lumière que je possédais... Ma connaissance propre était l'unique et le plus grand trésor que je possède. Il était certes infiniment petit et infiniment fragile comparé aux puissances de l'ombre, mais c'était tout de même une lumière, ma seule lumière. ». (*Ma Vie*, trad. cit. p. 110. — *N. d. T.*]

un langage tout différent et beaucoup plus accessible à l'Occidental, saint Jean de la Croix a décrit le même problème comme «La Nuit obscure de l'Ame». Que nous soyons contraints d'apporter des analogies puisées, les unes dans le domaine de la psychopathologie, les autres dans celui de la mystique orientale et occidentale, est dans la nature des choses: le processus d'individuation est, dans l'ordre psychique, un phénomène limite qui exige des conditions tout à fait particulières pour devenir conscient. C'est peut-être l'amorce d'une voie de développement que prendra une humanité à venir, mais qui, pour commencer, s'est présentée comme une fausse route pathologique et a conduit à la catastrophe européenne.

Pour tout connaisseur de la psychologie complexe il peut sembler superflu de commenter une fois de plus la différence, constatée depuis longtemps, entre la prise de conscience et la réalisation de soi (individuation). Mais je ne cesse de voir que le processus d'individuation est confondu avec la prise de conscience du moi et qu'ainsi le moi est identifié avec le Soi, ce qui entraîne naturellement une déplorable confusion d'idées. Par là en effet l'individuation devient simple égocentrisme et pur autoérotisme. Mais le Soi embrasse infiniment plus en lui-même qu'un simple moi, comme le symbolisme le montre depuis toujours. Il est autant l'autre ou les autres que le moi. L'individuation n'exclut pas le monde, elle l'inclut.

C'est par cela que je voudrais conclure mon exposé. J'ai tenté de décrire brièvement le développement et la problématique essentielle de notre psychologie et de faire sentir ainsi la quintessence, à savoir l'esprit de cette science. Devant les difficultés inhabituelles de mon sujet, je désire m'excuser auprès de mon lecteur d'avoir fait appel de façon excessive à son bon vouloir et à son attention, La critique de ses principes fait partie de la réflexion que toute science doit mener sur elle-même; mais pareille entreprise est rarement distrayante.

Épilogue

Les conceptions qui entrent en ligne de compte en vue de l'explication de l'inconscient donnent souvent lieu à des malentendus. C'est pourquoi je voudrais, en liaison précisément avec mes précédents exposés portant sur les principes, examiner d'un peu plus près deux au moins des principaux préjugés.

Ce qui rend avant tout la compréhension impossible est le préjugé fréquent et bien ancré qui veut faire d'un archétype une représentation innée. Il ne viendra à l'idée d'aucun biologiste d'admettre que chaque individu acquiert chaque fois à nouveau son mode général de comportement. Il est bien plutôt vraisemblable que le jeune oiseau-tisserand bâtit son nid caractéristique parce qu'il est un oiseau-tisserand et non un lapin. De même, il est également assez vraisemblable qu'un être humain naît avec son mode spécifique, humain, de comportement et non avec celui d'un hippopotame, ou même sans rien de ce genre. A son comportement caractéristique appartient également sa phénoménologie physique, qui se distingue de celles d'un oiseau ou d'un quadrupède. Les archétypes sont des formes de comportement typiques qui, lorsqu'elles deviennent conscientes, apparaissent comme des représentations, de même que tout ce qui devient contenu de la conscience. Dès lors qu'il s'agit de *modi* dont le caractère est d'être humains, il n'y a rien d'étonnant à ce que nous puissions constater chez l'individu des formes psychiques qui n'apparaissent pas seulement aux antipodes, mais aussi dans d'autres millénaires, auxquels nous ne sommes plus reliés que par l'archéologie.

Si maintenant nous voulons démontrer qu'une forme psychique est, non un événement isolé, mais un phénomène typique, cela ne peut se faire que si d'abord j'atteste moi-même que j'ai observé la même chose chez différents individus moyennant les précau-

tions nécessaires. Il faut ensuite que d'autres observateurs confirment qu'ils ont fait, de leur côté, des
observations identiques ou analogues. Enfin, il doit
en outre être établi que des phénomènes identiques
ou analogues peuvent être relevés dans le folklore
d'autres peuples et d'autres races, ainsi que dans les
textes que nous ont transmis des siècles et des millénaires précédents. Ma méthode et la réflexion générale ont donc pour base des faits psychiques
individuels qui ont été constatés non seulement par
moi-même mais aussi par d'autres observateurs. Le
matériel folklorique, mythologique et historique
apporté sert en premier lieu à démontrer l'identité de
forme de l'événement psychique dans l'espace et
dans le temps. En tant que le sens contenu dans la
forme typique individuellement existante est d'une
grande importance et que sa connaissance joue un
rôle considérable dans les cas individuels, il est inévitable que le mythologème soit ainsi amené, secondairement, dans un certain éclairage sous le rapport
de son contenu. Cela ne veut nullement dire le
but de l'investigation soit l'interprétation du mythologème. Mais c'est précisément à ce propos que règne
le préjugé répandu qui veut faire de la psychologie
des processus dits inconscients une sorte de philosophie
destinée à expliquer les mythologèmes. Ce préjugé malheureusement assez fréquent omet intentionnellement
de voir que notre psychologie découle de faits obser-
vables, et nullement de spéculations philosophiques.
Si par exemple nous observons les structures en
forme de mandalas qui se présentent dans les rêves
et les phantasmes, une critique irréfléchie pourrait
soulever l'objection — qui a en fait été opposée —
que l'on veut montrer, dans la psyché, de la philosophie hindoue ou chinoise. En réalité on n'a fait que
mettre en parallèle des phénomènes psychiques individuels avec des manifestations collectives qui leur
étaient visiblement apparentées. La tendance de la
philosophie orientale à l'introspection a précisément
produit au jour ce matériel que révèlent, en principe

en tout temps et dans tous les lieux de la terre, toutes les attitudes introspectives. La grande difficulté pour le critique consiste naturellement en ce qu'il connaît aussi peu par expérience personnelle les phénomènes en cause que l'état d'esprit d'un lama qui « construit » un mandala. Ces deux préjugés interdisent l'accès de la psychologie moderne à un assez grand nombre d'esprits, bien qu'ils soient au demeurant d'orientation scientifique. Il existe en outre bien d'autres obstacles, qui sont inattaquables par la seule raison : il est donc inutile d'en parler.

L'incapacité de comprendre ou l'ignorance du public ne peut empêcher la science de formuler certaines considérations dégageant des probabilités dont le caractère incertain ne lui échappe pas. Nous savons bien que nous pouvons connaître tout aussi peu les états et les processus de l'inconscient en eux-mêmes que la physique saisit les processus situés à la base du phénomène physique. Nous ne pouvons absolument pas nous représenter ce qui est au-delà du monde phénoménal car il n'est pas de représentation ayant un autre lieu d'origine que le monde phénoménal. Si nous voulons formuler des considérations de principe sur l'essence du psychisme, nous avons besoin d'un point d'Archimède, qui est en somme la première condition rendant un jugement possible. Ce point d'Archimède ne peut être que le non-psychique, car, en tant que phénomène vital, le psychisme a apparemment pour support une nature non psychique. Bien que nous ne percevions celle-ci que comme donnée psychique, il existe des raisons suffisantes d'être convaincu de sa réalité objective. Toutefois, dans la mesure où elle est placée au-delà de nos limites corporelles, elle ne nous est communiquée, en somme, que par des particules lumineuses qui viennent frapper notre rétine. L'arrangement de ces particules décrit une image du monde des phénomènes dont la nature dépend, d'une part des dispositions de la psyché qui perçoit, et d'autre part de la lumière qui transmet. La conscience qui perçoit s'est révélée comme étant susceptible de développement à un degré élevé et a construit des instruments à l'aide desquels la perception de la vue et de l'ouïe s'est considérablement élargie. Ainsi le monde des phénomènes dont on admet la réalité s'est étendu dans une proportion inouïe, de même que le monde subjectif de la conscience. L'existence de cette corrélation remarquable entre la conscience et le monde des phénomènes, entre la perception subjective et les processus objectivement réels, c'est-à-dire leurs effets énergétiques, ne nécessite sans doute pas de plus ample démonstration.

Comme le monde des phénomènes représente une accumulation de processus de l'ordre de grandeur de l'atome, il est naturellement de la plus haute importance de vérifier si et comment, par exemple, les photons nous permettent une connaissance sans équivoque de la réalité qui sert de base aux processus énergétiques de transmission. L'expérience a montré que la lumière comme la matière se comportent d'une part comme des particules séparées et d'autre part comme des ondes[151]. Ce résultat paradoxal a rendu nécessaire, à l'ordre de grandeur de l'atome, l'abandon d'une description causale de la nature dans le continuum espace-temps habituel, auquel se substituent des champs de probabilité non représentables dans des espaces pluridimensionnels qui représentent proprement le point atteint par nos connaissances actuelles. A la base de ce schéma abstrait d'explication se trouve une idée de la réalité qui, dans son principe, prend en considération l'influence inévitable de l'observateur sur le système à observer, ce qui entraîne, pour la réalité, la perte partielle de son caractère objectif et fait que l'image physique du monde comporte un élément subjectif[152].

151. [Cf. BANESH HOFFMANN: *L'Etrange Histoire des Quanta*, trad. de C. de RICHEMONT, Paris, 1967. — *N. d. T.*]

152. Je dois cette formulation à l'aimable concours du professeur W. Pauli.

L'application que la physique fait des lois statistiques aux phénomènes à l'échelle de l'atome a, d'une façon singulière, son pendant en psychologie, dans la mesure où celle-ci explore les fondements de la conscience, c'est-à-dire poursuit ses investigations jusqu'au point où les phénomènes conscients s'obscurcissent et cessent d'être représentables, et où seuls peuvent être encore constatés des effets qui exercent une influence ordonnatrice sur des contenus de la conscience[153]. L'étude de ces effets donne ce résultat étrange qu'ils

153. Mon lecteur trouvera sans doute de l'intérêt à recueillir sur ce point l'opinion d'un physicien. Le professeur W. Pauli [Prix Nobel de Physique, 1945. — *N. d. T.*], qui a bien voulu revoir le manuscrit de mon épilogue, m'écrit : «Le physicien s'attendra effectivement à trouver à cet endroit un pendant dans la psychologie, car la situation de la théorie de la connaissance portant sur les concepts de « conscience "et d'"'inconscient" paraît présenter une analogie très poussée avec la situation de "complémentarité" en physique esquissée ci-dessous. D'une part, assurément, l'inconscient ne se laisse déceler qu'indirectement grâce à ses effets (ordonnateurs) sur des contenus de la conscience, d'autre part, toute "observation de l'inconscient", c'est-à-dire toute opération consistant à rendre conscients des contenus inconscients exerce une réaction tout d'abord incontrôlable sur ces contenus inconscients eux-mêmes (ce qui, comme on le sait, exclut par principe un "tarissement" de l'inconscient par le fait de rendre conscients ses contenus). Le physicien conclura donc par analogie que cette réaction incontrôlable du sujet qui observe sur l'inconscient limite précisément le caractère subjectif de sa réalité et confère en même temps à celle-ci une certaine subjectivité. Bien qu'en outre *la place* de la "coupure" entre la conscience et l'inconscient (tout au moins jusqu'à un certain point) soit laissée au libre choix de "l'expérimentateur en psychologie", *l'existence* de cette coupure demeure une nécessité inéluctable. D'après ces données, le "système observé" ne se composerait pas seulement, du point de vue de la psychologie, d'objets physiques, mais il comprendrait en outre l'inconscient, tandis que le rôle assigné à la conscience serait celui de "moyen d'observation". Il est indéniable que le développement de la " microphysique " a produit un rapprochement considérable entre le genre de description de la nature réalisé par cette science et celui de la psychologie récente : tandis que la première se trouve, en raison de la situation de principe, désignée du nom de "complémentarité", devant l'impossibilité d'éliminer par des corrections déterminables l'influence de l'observateur et qu'elle a dû, par suite, renoncer, par principe, à saisir objectivement tous les phénomènes physiques, la seconde a pu compléter la psychologie de la conscience, seulement subjective, grâce au postulat de l'existence d'un inconscient caractérisé par une réalité objective dans une large mesure.»

émanent d'une réalité inconsciente, c'est-à-dire objective, qui se comporte en même temps comme une réalité subjective, c'est-à-dire dotée d'une certaine conscience. La réalité qui forme la base des effets de l'inconscient inclut donc également le sujet qui observe et possède par conséquent une nature non représentable. Elle est ce qu'il y a de plus intimement subjectif et en même temps d'universellement vrai, c'est-à-dire ce dont on peut, par principe, prouver partout la présence, ce qui n'est nullement le cas pour des contenus de conscience de nature personnaliste. L'évanescence, l'arbitraire, le caractère nébuleux et d'unicité, qui, aux yeux du profane, sont toujours liés à l'idée de psychisme, ne sont valables que pour la conscience et non pour l'inconscient absolu. Les unités d'efficience de l'inconscient que l'on ne peut déterminer de façon quantitative mais seulement qualitative, à savoir ce que nous appelons les archétypes, possèdent donc une nature que l'on ne peut pas qualifier avec certitude de psychique.

Bien que je sois arrivé à l'aide d'une réflexion purement psychologique à mettre en doute la nature exclusivement psychique des archétypes, la psychologie se trouve également contrainte par les conclusions de la physique de réviser ses présupposés purement psychiques. La physique lui a en effet déjà démontré qu'au niveau de la dimension de l'atome l'observateur est présupposé dans la réalité objective, et que c'est seulement à cette condition qu'un schéma d'explication satisfaisant est possible. Cela entraîne, d'une part un élément subjectif inhérent à l'image physique du monde, et d'autre part un lien entre celle-ci et le continuum objectif espace-temps indispensable pour l'explication de la psyché. Si le continuum physique ne peut être représenté, son aspect psychique nécessairement existant est aussi peu discernable. Mais l'identité relative ou partielle de la psyché et du continuum physique est de la plus haute importance théorique, car elle signifie une énorme simplification, en jetant un pont entre deux mondes apparemment incommensurables : l'univers physique et l'univers psychique ; non, il est vrai, d'une façon représentable, mais, du côté de la physique, par des équations mathématiques, et du côté psychologique, par des postulats déduits de l'expérience, à savoir des archétypes dont les contenus, s'ils ont une existence quelconque, ne peuvent être représentés. Les archétypes n'apparaissent que dans l'observation et l'expérience, à savoir en ordonnant des représentations, ce qui se produit de façon inconsciente et n'est donc jamais reconnu qu'après coup. Ils assimilent des matériaux de représentations dont on ne peut contester qu'ils proviennent du monde phénoménal, et ils deviennent par là visibles et psychiques. En conséquence, ils sont d'abord reconnus seulement comme grandeurs psychiques et interprétés comme tels, avec la même légitimité que celle qui nous conduit à mettre à la base de nos phénomènes physiques immédiatement perçus l'espace euclidien. C'est seulement l'explication de phénomènes psychiques d'une clarté minimale qui oblige à admettre que les archétypes doivent posséder un aspect qui n'est pas psychique. On est amené à cette conclusion par les phénomènes de synchronicité[154] qui sont liés à l'action de facteurs inconscients et que l'on a jusqu'à présent conçus — plus exactement : rejetés — comme « télépathie[155] ». Le scepticisme ne devrait cependant s'appliquer qu'à la théorie défectueuse, et non aux faits légitimement établis. Aucun observateur sans préjugé ne peut nier ceux-ci. La répugnance à les reconnaître repose principalement sur l'aversion que suscite l'hypothèse d'une faculté surnaturelle prêtée à l'âme, à savoir la clairvoyance. Les aspects extrêmement variés et déroutants de tels phénomènes s'expliquent, autant que j'aie pu le constater jusqu'à présent, d'une façon

---

154. Voir mon étude sur la synchronicité dans *Naturerklärung und Psyché*, *op. cit.*

155. Le physicien P. JORDAN (*Positivistische Bemerkungen über die paraphysischen Erscheinungen*, Zentralbl. f. Psychotherapie, vol. IX, pp. 14 et *sq.*) a déjà émis l'idée de l'espace relatif pour expliquer les phénomènes télépathiques.

quasi complète par l'hypothèse d'un continuum
espace-temps psychiquement relatif. Dans la mesure
où un contenu psychique franchit le seuil de la conscience, ses phénomènes synchronistiques marginaux
s'évanouissent. L'espace et le temps prennent leur
caractère absolu habituel, et la conscience est de
nouveau isolée dans sa subjectivité. On est ici en
présence d'un de ces cas que l'on ne peut mieux saisir que par la notion, connue en physique, de
« complémentarité ». Lorsqu'un contenu inconscient
passe dans la conscience, la manifestation synchronisti-
que cesse, et, inversement, des phénomènes synchronistiques peuvent être provoqués par le passage du sujet
dans un état inconscient (transe). Le même rapport de
complémentarité peut, du reste, être également observé
dans tous les cas fréquents et bien connus de l'expérience médicale où certains symptômes cliniques dispa-
raissent lorsque les contenus inconscients qui leur
correspondent deviennent conscients. On peut aussi,
comme on sait, provoquer au moyen de l'hypnose,
c'est-à-dire d'un rétrécissement de la conscience, une
série de phénomènes psychosomatiques, qui échappent,
le reste du temps, totalement à la volonté. Pauli a
donné du rapport de complémentarité ainsi exprimé la
formulation suivante qui est celle d'un physicien :
« L'expérimentateur (c'est-à-dire l'observateur) conserve
le libre choix des connaissances qu'il veut acquérir et
de celles qu'il veut perdre ; ou, si l'on préfère, il peut
choisir s'il veut mesurer A et éliminer B, ou mesurer B
et éliminer A. Mais il ne peut décider d'acquérir seulement des connaissances sans en perdre également[156]. »
Ceci s'applique tout spécialement à la situation respec-
tive des points de vue physique et psychologique. La
physique détermine des quantités et leur rapport à
l'égard les unes des autres, et la psychologie, des qualités, sans pouvoir mesurer des quantités quelconques.
L'une et l'autre sciences parviennent malgré tout à des
concepts qui se rapprochent étrangement les uns des

---

156. Contribution épistolaire.

autres. Le parallélisme des explications psychologique et physique a déjà été évoqué par C. A. Meier dans son étude *Physique moderne — psychologie moderne*[157]. Il dit (p. 362) : « L'une et l'autre sciences ont, au cours d'un travail effectué séparément durant de nombreuses années, entassé des observations et des systèmes de pensée adéquats. L'une et l'autre sciences se sont heurtées à certaines limites... de caractère identique dans leur principe. L'objet à étudier et l'homme avec ses sens et ses organes de connaissance ainsi que leurs prolongements — les instruments et les méthodes de mesures — sont indissolublement unis. C'est la complémentarité présente dans la physique comme dans la psychologie. » Il y a même, selon l'auteur, entre la physique et la psychologie, « un authentique et exact rapport de complémentarité ».

Dès que l'on aura pu s'affranchir du faux-fuyant dénué de tout caractère scientifique selon lequel il s'agirait uniquement d'une coïncidence due au hasard, on verra que les phénomènes en question sont des événements non point rares mais relativement fréquents. Ces circonstances concordent entièrement avec les résultats obtenus par Rhine et qui dépassent ce que la probabilité permettait d'escompter. La psyché n'est en aucune manière un chaos fait d'arbitraire et de hasard, mais une réalité objective qui est accessible à l'exploration au moyen des méthodes des sciences naturelles. Certains signes donnent à penser que les phénomènes psychiques sont en relation énergétique avec le fondement physiologique. En tant qu'il s'agit d'événements objectifs, on ne peut les interpréter autrement que comme des processus énergétiques[158], c'est-à-dire que nous ne parviendrons pas, malgré l'impossibilité de

157. Dans *Die kulturelle Bedeutung der komplexen Psychologie*, 1935, pp. 342 et *sq.*
158. Cela signifie simplement que les phénomènes psychiques présentent également un aspect énergétique grâce auquel ils peuvent précisément être qualifiés de « phénomènes », de « manifestations ». Mais on ne veut nullement dire par là que l'aspect énergétique embrasse ou explique l'ensemble de la psyché.

mesurer des processus psychiques, à comprendre le fait de transformations perceptibles opérées par la psyché autrement que comme un phénomène énergétique. Il en résulte pour le psychologue une situation qui, aux yeux du physicien, est très choquante : le premier parle aussi d'énergie, bien qu'il n'ait en main rien de mesurable et, de plus, le concept d'énergie représente une grandeur mathématiquement définie avec exactitude, qui, en tant que telle, ne peut absolument pas s'appliquer au psychisme. La formule de l'énergie cinétique :

$$L = \frac{m \; v^2}{2}$$ contient les facteurs m (masse) et v

(vitesse) qui nous apparaissent comme incommensurables avec la nature de la psyché empirique. Lorsqu'en dépit de cela la psychologie persiste à appliquer un concept énergétique propre pour exprimer l'efficacité (ἐνέργεια) de l'âme, elle n'utilise évidemment pas une formule mathématico-physique, mais seulement l'analogue de cette dernière. Ce concept est, toutefois, en même temps, une vue ancienne à partir de laquelle le concept physique d'énergie s'est développé à l'origine. Ce dernier repose en effet sur des emplois antérieurs d'une ἐνέργεια non mathématiquement définie qui remonte, en dernière analyse, à une vue primitive, archaïque, de « l'efficacité extraordinaire ». C'est le concept dit du *mana* qui n'est pas limité aux Mélanésiens, mais se rencontre également chez les habitants des Indes néerlandaises aussi bien que sur la côte orientale de l'Afrique[159], tandis qu'en latin *numen*, et, pour une part aussi, *genius* (par exemple *genius loci* : le génie du lieu) rendent encore un son semblable. L'emploi du terme libido dans la psychologie médicale moderne offre une surprenante parenté intérieure avec le *mana* primitif[160]. Cette vue archétypique n'est donc, en aucune manière, simplement primitive, mais

159. En kiswahili *mana* veut dire : « signification » et *mangu*, « Dieu ».
160. Voir mon ouvrage : *L'Energétique psychique*, trad. cit.

elle se distingue du concept physique d'énergie en ce qu'elle n'est pas quantitative mais essentiellement qualitative. A la mesure exacte des quantités est substituée en psychologie une détermination faite d'appréciations portant sur les intensités; on emploie pour cela la fonction du sentiment (estimation de la valeur). Cette dernière joue en psychologie le rôle de la mesure en physique. Les intensités psychiques et leurs distinctions graduelles indiquent des processus caractérisés de façon quantitative qui, cependant, sont inaccessibles à l'observation directe, c'est-à-dire à la mesure. Tandis que la constatation psychologique est, pour l'essentiel, qualitative, elle possède en même temps une énergie «physique» latente, car on peut reconnaître dans les phénomènes psychiques un certain aspect quantitatif. Si ces quantités pouvaient être mesurées d'une manière quelconque, la psyché apparaîtrait comme quelque chose qui est en mouvement dans l'espace, et à quoi s'applique la formule de l'énergie; autrement dit, comme la masse et l'énergie sont de même nature, la psyché, en tant qu'elle opère dans l'espace des effets susceptibles d'être constatés, devrait se voir appliquer, comme concepts adéquats, la masse et la vitesse; en d'autres termes encore, elle devrait posséder un aspect la faisant apparaître comme masse en mouvement. Si, à propos des processus physiques et psychiques, on ne veut pas postuler directement une harmonie préétablie, il ne peut y avoir là qu'une interaction. Mais cette dernière hypothèse requiert une psyché qui touche en quelque manière la matière, et, inversement, une matière possédant une psyché latente, postulat dont certaines formulations de la physique moderne ne sont pas trop éloignées (Eddington, Jeans, etc.). Je dois, dans ce contexte, rappeler l'existence de phénomènes parapsychiques dont, toutefois, la valeur de réalité ne peut être reconnue que de ceux qui ont eu l'occasion de les observer personnellement de façon suffisante.

Si ces réflexions sont justes, il en résulterait des conclusions lourdes de conséquences pour l'essence

de la psyché, étant donné que l'objectivité de celle-ci
ne se trouverait pas seulement reliée de la façon la
plus étroite aux phénomènes physiologiques et biologiques, mais aussi à ceux du monde physique et,
semble-t-il, tout spécialement à ceux de la physique
atomique. Comme mon exposé a dû le faire apparaître, il s'agit simplement, avant tout, de la constatation de certaines analogies dont l'existence ne permet
certes pas de conclure que la preuve d'une connexion
se trouve ainsi apportée. Dans l'état actuel de la
connaissance physique aussi bien que psychologique,
il faut se contenter de la simple similitude de certaines réflexions portant sur les principes. Les analogies
existantes sont toutefois, en tant que telles, suffisamment significatives pour justifier leur mise en relief.

INDEX DES NOMS D'AUTEURS
ET DES ŒUVRES*

* Les œuvres sont en italique.

Index général

A

abaissement — du niveau de conscience, p. 614 ; — du niveau mental, p. 633.

Abbas, p. 284.

Abel, pp. 254, 255.

abîme, pp. 114, 187.

Abraham, pp. 254, 255, 313, 314, 322.

acte ; — de connaissance, p. 72 ; — de libre volonté, p. 576 ; — moral, pp. 316, 410 ; — de rédemption, p. 231 ; — sacrificiel, pp. 175, 252, 264, 296, 299, 300, 320, 357 ; — de violence, p. 181 ; — volontaire (supposé inconscient), pp. 561 et suiv.

action, p. 72 ; — morale, p. 308 ; — sacrificielle, pp. 260, 319.

activité ; — imaginative (libre), p. 602 ; — intérieure, p. 44.

Adam, pp. 53, 194 n, 211, 407, 468, 490, 491 ; ancien —, p. 190 ; chute d'—, p. 277 ; création d'—, p. 191 n ; — hermaphrodite, p. 276 ; parabole d'—, p. 194 n ; péché d'—, p. 470 ; première femme d'—, p. 369 ; second — (— secundus), pp. 190, 329, 470.

adaptation, p. 58.

adepte, pp. 427 et suiv., 463 et suiv., 478.

Adonis, p. 176 n.

adulte, pp. 93, 95, 116, 130.

affect, pp. 52, 99, 133, 514, 534, 584 ; — incontrôlé, p. 47.

affectif ; états —, p. 51 ; explosions — ves, p. 192.

affectivité, pp. 192, 558.

affirmation, p. 70.

Afrique, pp. 132, 645 ; — équatoriale, p. 611.

Agathodémon (Agathodaïmon), pp. 163, 171 n, 180 n.

agneau (voir animal).

agriculture, pp. 303 et suiv.

Ahuramazda, p. 202.

aïeule, p. 113.

aigle (voir animal).

albâtre, pp. 161, 165.

albedo (voir blancheur).

Alcherringas (les), p. 72.

alchimie, pp. 34, 64 n, 72, 73, 82, 150, 171 et suiv., 173 n, 177-232, 243-358, 397-537, 585, 592 ; — ancienne, pp. 266, 440 ; — chinoise, p. 417 ; esprit de l'—, p. 224 ; — européenne, p. 501 ; — grecque, pp. 214, 273, 430, 440 ; langage de l'—, p. 199 ; — latine, pp. 208, 441, 444 n ; — médiévale, pp. 219, 227 ; — occidentale, pp. 501 et suiv. ; secret psychologique de l'—, p. 173.

alchimique ; conceptions —, pp. 194, 271 ; écrivains —, p. 291 n ; expériences —, p. 267 ; littérature —, pp. 159 n, 169 ; pensée — classique, p. 446 ; textes —, pp. 180, 426.

alchimiste, pp. 25 n, 62, 65, 69, 157, 170-231, 273-358, 397-537, 592, 617 ; — anglais, p. 469 n ; — arabe, p. 471 ; — chinois, p. 500 ; — du Moyen Age, p. 509 ; — occidentaux, p. 500 ; — païens, p. 462 ; — du XVIᵉ siècle, p. 467.

alcoolisme, p. 101.

alexipharmacon (ou *pharmacum*), pp. 183, 225, 458.

aliment, pp. 301, 302 ; — Dieu chrétien devenu —, p. 264 ; — spirituel, p. 473.

allégorie, pp. 27 et n, 69, 169 et suiv., 193 n, 206, 456, 468 ; — des alchimistes, p. 403 ; — du Christ, p. 518 ; — consciente, p. 205 ; — de l'Eglise, p. 403 ; — des evhéméristes, p. 465 ; — médiévale, p. 513.

Allemagne, pp. 481, 633 ; — du XIXᵉ siècle, p. 56.

all-or-none-reaction (réaction du tout ou rien), pp. 573, 581.

ambiguïté, p. 606.

N

Table

Imprimé en France par CPI en novembre 2020
N° d'impression : 2053861
Dépôt légal 1re publication : septembre 1995
Édition 09 - novembre 2020
LIBRAIRIE GÉNÉRALE FRANÇAISE
21, rue du Montparnasse - 75298 Paris Cedex 06

42/0404/6